**Werner Stefanc**



# Autodesk® AutoCAD 2016

## Guida di base per architettura, meccanica e design

Collana AM4 Educational

tecniche nuove

**Autodesk® AutoCAD 2016**
**Guida di base per architettura, meccanica e design**

Redazione e realizzazione editoriale: AM4 Educational, Lecco.

Immagine di copertina:
Su gentile concessione dell'architetto Patrizia Brivio.


Redazione: tel. 0239090258
e-mail: libri@tecnichenuove.com

Vendite: tel. 0239090440, fax 0239090335
e-mail: vendite-libri@tecnichenuove.com
www.tecnichenuove.com

ISBN 978-88-481-3042-4



Stampa: Prontostampa, Verdellino-Zingonia (BG)
Finito di stampare nel mese di Luglio 2015
Printed in Italy

# Sommario

# L'autore

Werner Stefano Villa, architetto e designer, utilizza e insegna AutoCAD (in seminari e Workshop mirati) da oltre vent'anni oltre ad essere esperto di progettazione e prototipazione rapida per il settore dell'industrial design, nel quale si occupa di consulenza professionale e di affiancamento progettuale.

Laureato in Architettura nel 1997, vince il XVIII Compasso d'Oro - Premio Progetto Giovane ADI 1998, con "Pneuma, la casa dinamica. Unità abitativa trasportabile gonfiabile".

Libero professionista dal 1998, si occupa di progettazione architettonica, progettazione d'interni, design, space planning, comunicazione grafica e gestione del workflow lavorativo. Come docente certificato Autodesk, si occupa, inoltre, di didattica presso il centro di formazione ufficiale AM4 e di consulenza grafica informatizzata.

Dal 2003 è docente a contratto presso la Facoltà (ora Scuola) del Design del Politecnico di Milano nei corsi di Design del Prodotto Industriale e Design degli interni, dove con lezioni e laboratori studia ed approfondisce le tematiche del progetto: dall'ideazione alla realizzazione, dalla progettazione CAD alla prototipazione fino alla stampa 3D, per la quale ha sviluppato profonde conoscenze delle dinamiche produttive.

Nel 2009 è fondatore, insieme a un gruppo di professionisti, di "ART|S elaboratorio creativo", gruppo artistico di design, grafica, pittura, fotografia e scultura, promotore e organizzatore di mostre e seminari.

È possibile contattarlo via e-mail all'indirizzo werner@am4.it.

# Ringraziamenti

Scrivendo questo libro ho ricevuto assistenza (e incoraggiamento) da molte persone. Senza il loro aiuto non sarei mai stato in grado di completarlo.
Desidero, quindi, ringraziare tutti coloro che, anche in modo indiretto, mi hanno fornito non solo le informazioni necessarie alla stesura dello scritto, ma anche aiutato ad essere l'architetto, il designer, l'artista, l'amico, il parente, il conoscente, il figlio, il marito, il padre, in una sola parola, la persona che lo ha curato.
Ogni contributo è stato un fondamentale sostegno, ogni rapporto un prezioso aiuto.
In fondo, tutte le persone che (non) ho menzionato e che, loro malgrado, mi hanno solo sfiorato hanno contribuito alla mia crescita. Gli eventuali errori sono solo miei.

# Per chi è scritto il libro

Questo libro è stato pensato e progettato sulla base delle necessità dei professionisti della progettazione che hanno la necessità di creare disegni e tavole tecniche con AutoCAD per i campi dell'architettura, della meccanica e del design.
Si tratta di una spiegazione completa sul metodo di lavoro da adottare con tale software; questo libro, quindi, è utile a:

- **Utenti neofiti**, che si avvicinano per la prima volta ad AutoCAD, e che vogliono imparare a creare rdisegni tecnici con il CAD più diffuso al mondo.
- **Utenti di base**, che già utilizzano il programma conoscendo i comandi più semplici, ma che vogliono approfondire le proprie conoscenze sull'uso delle tecniche avanzate di disegno e di composizione della tavola tecnica.

- **Utenti navigati**, che già usano il programma per creare disegni tecnici ma che necessitano di approfondire alcuni aspetti legati all'ottimizzazione del workflow per ridurre e ottimizzare i tempi di lavoro.

Nelle spiegazioni non è mai stato dato niente per scontato; tutte sono pensate per accompagnare l'utente che inizia da zero, per non confonderlo e per rendere l'esperienza di apprendimento la migliore in assoluto. Anche chi non è un neofita potrà trovare in esse metodologie di lavoro, trucchi e accorgimenti per migliorare la propria produttività. È stata posta particolare attenzione all'uso di una curva di apprendimento morbida e progressiva, senza picchi di difficoltà; grazie all'ordine sequenziale e logico dei temi trattati, l'utente non avrà mai la sensazione di smarrimento.

Gli argomenti e le spiegazioni tecniche sono usufruibili dagli utenti che dispongono almeno della versione 2016 di AutoCAD. È comunque possibile seguire le spiegazioni e la maggior parte delle esercitazioni anche con le versioni precedenti, la 2015 e la 2014.
Infine, l'organizzazione degli argomenti è stata progettata con il pensiero rivolto agli utenti (geometri, architetti, progettisti industriali, designer, etc.) ma anche agli istruttori che insegnano ad usare questo software nelle strutture di formazione professionali: il libro è stato redatto seguendo un ordine logico e fornendo un notevole background relativamente alle funzioni, alle procedure ed agli strumenti offerti dal programma seguendo un ordine progressivo che si adatta perfettamente sia all'apprendimento, sia all'insegnamento.

# Convenzioni grafiche

Per meglio illustrare le caratteristiche del software, della sua interfaccia grafica e delle sue funzioni, in questo Libro sono state adottate alcune semplici convenzioni grafiche che è bene conoscere per poter comprendere le spiegazioni:

### Nomi degli oggetti e riferimenti discorsivi

Per distinguere, nei testi dei Capitoli, gli elementi creabili con AutoCAD, nonché le funzioni, le impostazioni configurabili, dai nomi di tipo discorsivo, i primi sono stati scritti con la prima lettera maiuscola; per esempio:

- Se trovate un testo tipo "create una Linea", significa che dovrete creare un oggetto Linea nel disegno AutoCAD: ci si sta riferendo ad un oggetto che va creato con il programma e la prima lettera del nome degli oggetti stessi viene scritta in maiuscolo.
- Se trovate un testo tipo "notate che l'intensità della linea tratteggiata...", significa che stiamo parlando della linea, intesa come oggetto geometrico, in modo discorsivo, senza riferirci ad alcun comando di AutoCAD, o a qualche sua impostazione. La prima lettera del nome, quindi, è minuscola.

In generale, tutti i nomi delle funzioni del software sopraccitato vengono scritti sottostando a questa regola.

### Nomi dei comandi in corsivo

Quando nel testo ci si riferisce ad un comando o ad una funzione riportata su una finestra di dialogo, in un pannello o all'interno del software stesso, il nome viene riportato in corsivo; se invece se ne parla in modo discorsivo il nome viene riportato solamente con la prima lettera in maiuscolo. Per esempio:

- Se trovate scritto "premete il pulsante per aprire la finestra *Opzioni*" significa che ci stiamo riferendo ad una parte dell'interfaccia grafica, in questo caso ad una finestra di dialogo.
- Se trovate scritto " il comando Polilinea consente di creare spezzate composte da più segmenti" significa che stiamo solo parlando del comando in modo discorsivo, senza alcun riferimento all'interfaccia grafica.

### Valori da digitare

Quando viene richiesto, nel testo o nelle esercitazioni, di digitare un valore o un comando a tastiera (oppure di operare delle scelte di valori nelle finestre di dialogo), questi verranno scritti in grassetto, in modo che siano immediatamente riconoscibili e non possiate confondervi. Per esempio, se trovate scritto "Nella casella *Altezza* digitate **30.00** e premete INVIO" significa che in una casella che accetta dei valori per il parametro Altezza dovete digitare a tastiera esattamente il valore scritto in grassetto, comprensivo di virgole, punti e simboli quando indicati.

**Note e suggerimenti**
Spesso, nei vari Capitoli, il testo viene completato con riquadri di note o suggerimenti che vengono evidenziati, oltre che con un font diverso, anche da una riga di interruzione. Non disdegnate di leggerne il contenuto, sono stati creati per rendervi partecipi di considerazioni importanti e organizzate in modo che richiamino immediatamente la vostra attenzione.
Qui sotto potete vedere un esempio di nota:

**Nota**
Disegnando su piani assonometrici, è necessario utilizzare le ellissi per rappresentare i cerchi visualizzati da un'angolazione obliqua. Il metodo più semplice per disegnare un'ellisse con la forma corretta consiste nell'utilizzare l'opzione cerchioASs del comando ELLISSE, da digitare necessariamente da tastiera.

# Il Booksite e il materiale per le esercitazioni

Il Booksite è un sito web al quale potete accedere per scaricare tutti i file necessari a seguire gli esercizi distribuiti nei vari Capitoli, e tanto altro materiale che può essere utile al vostro lavoro. Si tratta, infatti, di un importantissimo strumento di contatto tra gli autori, che ne curano i contenuti, e l'utente che ne usufruisce: aggiornabile praticamente in tempo reale, costituisce quindi una comoda base di scambio informazioni, aggiornamenti e ricerca di risorse.

## Perché il Booksite

Tecniche Nuove e AM4 Educational credono fermamente che Internet sia un grandioso mezzo di comunicazione, ed un Booksite, differentemente da un CD-Rom allegato, può essere aggiornato ed implementato ogni volta che si rende necessario.
Riteniamo che ormai Internet abbia raggiunto una così ampia diffusione da permetterci di valutare positivamente la possibilità di distribuire gli esercizi dei file e delle altre risorse tramite le pagine web di un Booksite. In questo modo sono stati raggiunti due risultati:

- Minor costo del libro, grazie al risparmio sulla stampa di CD-Rom da allegare.
- Rapporto diretto tra autori e lettori.

Gli autori possono tenere costantemente aggiornato il contenuto del Booksite e avvisare gli utenti ogni volta che questo avviene.
Inoltre, grazie alla presenza di news, aggiornamenti, links, service pack e quant'altro l'utente ha la possibilità di tenersi a sua volta aggiornato senza dover perdere ore a navigare in internet per la ricerca delle risorse.

## Accesso al Booksite del libro

Potete collegarvi al booksite via internet digitando il seguente indirizzo nel browser:

**http://www.educational.am4.it/booksite**

Per accedere alle risorse del Booksite, nella pagina che viene caricata nel browser, è necessario registrarsi o, se non è la prima volta che vi collegate, fornire il **Nome utente** e la **Password** che avete scelto durante la fase di registrazione.

Se avete già effettuato la registrazione in precedenza per il Booksite di un altro libro non è necessario effettuarne una nuova: è sufficiente accedere con i propri dati e, una volta all'interno, attivare il nuovo Booksite. La procedura è descritta poche pagine più avanti.

## La prima registrazione al Booksite

Quando vi collegherete per la prima volta al Booksite sarà necessario registrarsi con l'apposito modulo, al quale potrete accedere fcendo clic sulla scritta **Non sei iscritto al Booksite? Registrati e accedi**. La registrazione avviene in tre semplici passaggi.

1. Nella prima pagina dovrete compilare il modulo coni vostri dati.
2. Nella seconda pagina dovrete scegliere il Booksite al quale volete accedere e rispondere ad una domanda di sicurezza riguardante il libro da voi acquistato.
3. Dopo aver risposto correttamente alla domanda di sicurezza e premuto il pulsante **Iscriviti al booksite**, comparirà una terza pagina di conferma sia per l'avvenuta iscrizione, sia per l'avvenuta attivazione del Booksite del libro scelto. Facendo clic su **Prosegui e accedi** verrete portati direttamente nella pagina principale del Booksite.

Una volta all'interno del Booksite potrete scaricare gli esercizi, le Extension, gli errata corrige oppure consultare link utili e collegamenti a service pack dalle apposite schede.

Nella scheda *Home* troverete alcune utilità per la gestione del Booksite, come il modulo per il contatto con l'autore, l'elenco dei Booksite ai quali siete già iscritti e la possibilità di attivare nuovi Booksite relativi ad altri libri acquistati.

## Registrazione ad altri Booksite

Quando vengono acquistati più libri della collana AM4 Educational è possibile attivare più Booksite per il proprio profilo.
Per attivare nuovi Booksite è sufficiente collegarsi alla pagina **http://www.educational.am4.it/booksite** ed accedere con i propri dati (nome utente e password). Nella pagina principale del Booksite (scheda *Home*) è necessario fare clic sulla scritta evidenziata nel paragrafo *Booksite di altri libri*.
Nella seconda pagina, dovrete scegliere il nuovo Booksite per il quale registrarvi e rispondere alla domanda di sicurezza.

Quando un utente è registrato a più Booksite, accedendo con i propri dati dalla pagina apposita viene portato ad una seconda pagina di selezione del Booksite dal quale scaricare il materiale.

## Modifica dei dati utente

Accedendo ad uno qualsiasi dei Booksite al quale siete iscritti potete modificare con molta facilità i vostri dati attivando la scheda *Profilo* . Al suo interno è sufficiente modificare i dati desiderati sovrascrivendoli e premendo **Salva le modifiche**.

## Segnalazione errori e omissioni

Come abbiamo già detto, il Booksite è un importante sistema di comunicazione fra la casa editrice e l'utente. Se doveste notare nel libro errori e/o omissioni, potete segnalarlo all'autore in modo diretto, tramite il modulo presente nella scheda Home.

# Le Certificazioni Professionali Autodesk

Autodesk ha implementato un programma di certificazione individuale che ha l'obiettivo di attestare e valorizzare le capacità tecniche legate al software; con le Certificazioni Autodesk è possibile migliorare le proprie credenziali diventando un esperto certificato e avere migliori possibilità per promuovere le vostre competenze, ottenere una promozione o trovare un lavoro.

## I livelli di certificazione

Per ottenere questi titoli è necessario sostenere appositi esami di certificazione
Gli esami di certificazione sono disponibili a due livelli:

- **Certified User**. Si tratta di una certificazione che attesta la valutazione delle competenze dell'utilizzatore, incentrate sulla conoscenza del prodotto usato.
- **Certified Professional**. Si tratta di una certificazione di livello più alto, per la quale il professionista deve dimostrare sia di conoscere in profondità il software, sia di conoscere il flusso di lavoro di progetto, dimostrando ottime capacità sia nell'uno che nell'altro campo.

Gli esami per ottenere le Certificazioni Autodesk possono essere rilasciati dagli Autodesk Certification Center che sono stati autorizzati a offrire gli esami di certificazione Autodesk Professional e Autodesk User.
Potete cercare un Autodesk Certification Center all'indirizzo **www.autodesk.com/certification** (in lingua inglese) e **www.autodesk.it/acc** (in italiano, ma passa attraverso la ricerca degli ATC).

## Vantaggi delle Certificazioni Autodesk

Ottenendo una certificazione ufficiale Autodesk nell'uso del software ci sono molti vantaggi, alcuni dei quali sono:

- L'ottenimento di migliori credenziali che attestano le proprie abilità nel settore a cui ci si rivolge.
- Utilizzo del logo Autodesk Certified Professional o Autodesk Certified User.
- Ottenimento di un certificato Autodesk Certified Professional o Autodesk Certified User., da utilizzare per la promozione della propria figura professionale.
- Inserimento dei propri riferimenti nel database Autodesk Certified Professional o Autodesk Certified User., disponibile online sul sito Autodesk e a disposizione delle aziende per la ricerca di professionisti.

## Il processo di certificazione

Per ottenere le certificazioni Autodesk è necessario seguire alcuni semplici passi:

- **Fase 1.** Scegliete la certificazione desiderata; è necessario selezionare il programma di certificazione desiderato, il livello (Associate o Professional) e il software su cui ottenerla. La certificazione è disponibile per molti dei prodotti Autodesk: dal link **www.autodesk.it/certification** potete scaricare l'elenco dei software per i quali sono disponibili gli esami e la guida completa alla certificazione.
- **Fase 2.** Sostenete la formazione necessaria alla preparazione, seguendo un corso specifico alla preparazione per gli esami presso un Autodesk Training Center (ATC) o con l'ausilio di questo Libro. Fate molta pratica con il software, l'esperienza diretta con l'applicazione è essenziale per il successo negli esami.
- **Fase 3.** Recatevi presso l'Autodesk Certification Center più vicino, o prendete con esso contatto per stabilire il giorno, e sostenete l'esame richiesto. Una volta sostenuto e superato l'esame otterrete la Certificazione Autodesk per la quale vi siete candidati.

## Maggiori informazioni sulla certificazione

Per ottenere più informazioni sulle Certificazioni professionali Autodesk contattate l'Autodesk Certification Center più vicino collegandovi all'indirizzo web
**Http://autodesk.starttest.com/**.

# Come contattarci

In qualità di lettori di questo Libro siete i nostri più importanti commentatori e critici; se volete contattarci, per porre domande sui contenuti, o per comunicarci qualsiasi altra cosa, potete scriverci via e-mail all'indirizzo **libri@tecnichenuove.com.**

Inserite per favore il titolo del libro e il suo codice ISBN (presente sul retro della copertina), insieme ai vostri dati. Avremo cura di leggere ogni vostro commento e di condividerlo con gli autori e gli editor che vi hanno lavorato e che lavoreranno alle versioni successive.

Se vi siete registrati nel Booksite, al suo interno troverete un modulo per l'invio di commenti e suggerimenti.

Contattateci per:

- Farci pervenire commenti o domande inerenti il testo;
- Segnalare eventuali errori;
- Fare proposte per le prossime versioni;
- Qualsiasi altra vostra necessità.

**AM4 Educational**
Corso Promessi Sposi 23d, 23900 Lecco
Tel 0341.259233
Fax 0341.259258
**info@educational.am4.it**
**http://educational.am4.it**

**Tecniche Nuove S.p.a.**
Via Eritrea 21, 20157 Milano
Tel 02.39090258
Fax vendite 02.39090355
**libri@tecnichenuove.com**
**http://www.tecnichenuove.com**

## Capitolo 1

# L'ambiente di lavoro

AutoCAD permette, attraverso il proprio ambiente lavorativo, di interagire con estrema precisione nella creazione di un qualsiasi elaborato grafico, mettendo a disposizione un insieme di elementi di controllo che, una volta conosciuti e compresi, permettono di padroneggiare con disinvoltura tutte le possibilità che il software fornisce. Il disegnatore, il progettista o il creativo hanno la possibilità di realizzare bi e tridimensionalmente qualsiasi oggetto a qualsiasi scala, dall'infinitesimo elemento microcellulare, alla topografia di un sistema stellare; il tutto con una precisione di calcolo che supera la nona cifra decimale, dove l'unico limite risulta essere la capacità creativa di chi lo utilizza. Questo primo capitolo apre le porte a un nuovo mondo, quello virtuale, che permette non solo di visualizzare le idee progettuali, ma anche di renderle, attraverso la costruzione digitale, reali.

## La schermata iniziale

Avviato AutoCAD, il sistema propone una schermata, chiamata *Inizio* (Figura 1.1), che permette di accedere facilmente alla creazione di nuovi disegni (pulsante *Inizia disegno*) o alla veloce apertura degli ultimi disegni effettuati (sezione *Documenti recenti*).

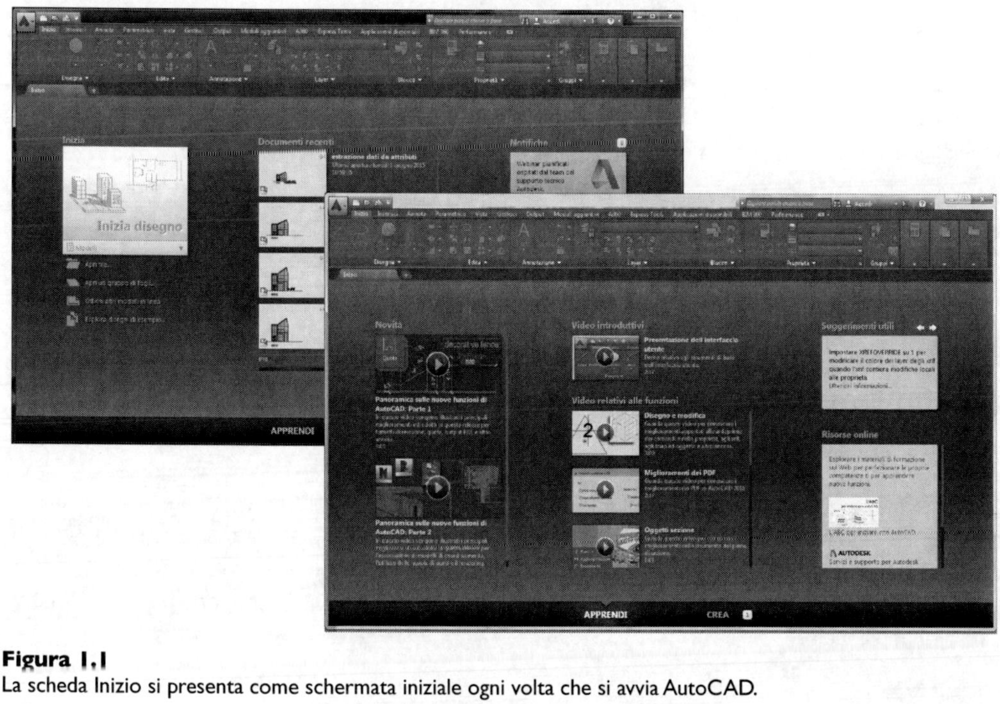


**Figura 1.1**
La scheda Inizio si presenta come schermata iniziale ogni volta che si avvia AutoCAD.

Inoltre permette, facendo clic sulla voce *APPRENDI*, di visualizzare i tutorial di apprendimento del software che Autodesk fornisce ai propri utenti.

---

**Nota:**
La schermata iniziale è sempre disponibile facendo clic sul nome della scheda Inizio presente in alto a sinistra dell'area di disegno (Figura 1.2).

---

Facendo clic sul pulsante *Inizia disegno*, AutoCAD apre velocemente un file nuovo che permette l'accesso all'ambiente di disegno di Figura 1.2.

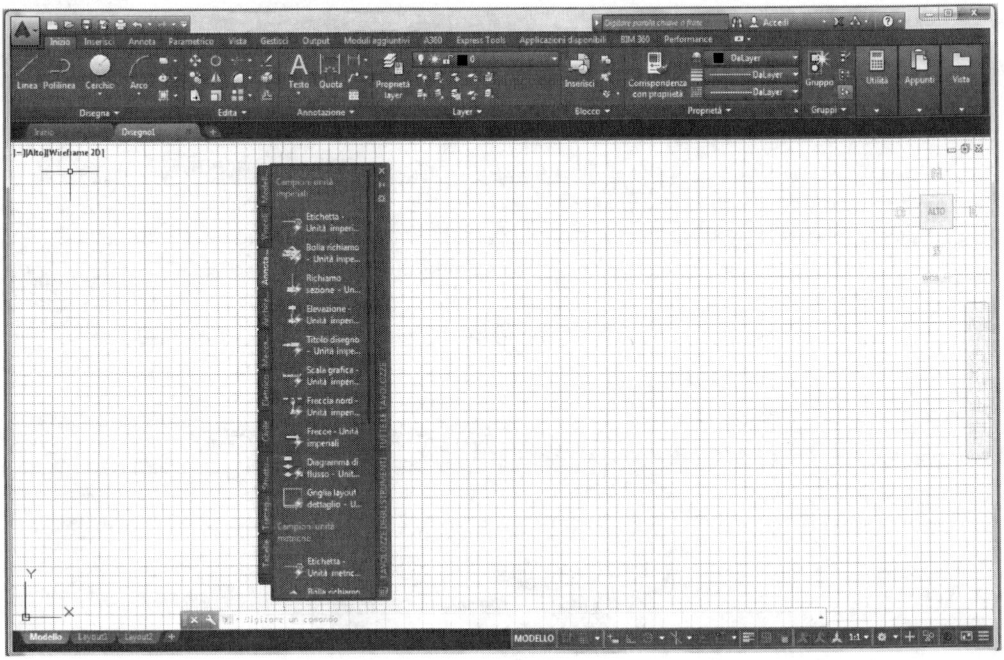


**Figura 1.2**
I principali elementi che definiscono l'interfaccia di AutoCAD.

## L'interfaccia grafica di AutoCAD

L'ambiente lavorativo di AutoCAD è definito da un'interfaccia articolata ma estremamente chiara che permette l'accesso ai comandi e alle opzioni del software attraverso elementi grafici tra loro differenti. Le modalità di controllo sono simili a quelle adottate da altri software che utilizzano Microsoft Windows come sistema operativo; si ritrovano infatti il *Menu dell'applicazione*, la *Barra multifunzione* o la *Barra di stato*. AutoCAD presenta, inoltre, interessanti oggetti interattivi come le *Tavolozze*, il *ViewCube* o la *Barra di navigazione* che permettono di interagire con il sistema velocemente e in maniera puntuale.

In verità il software permette di scegliere fra tre configurazioni differenti, chiamate *Aree di lavoro*, che visualizzano altrettante interfacce differenti; ognuna di queste presenta, a seconda del tipo di operazioni che si intende svolgere nell'area lavorativa, elementi e pulsanti personalizzati:

1. **Disegno e annotazione**. È l'interfaccia preposto esclusivamente per le operazioni di disegno bidimensionale.

2. **Elementi 3D di base**. È organizzata in modo da permettere un veloce e sintetico accesso alle principali funzionalità utili nell'ambiente tridimensionale.
3. **Modellazione 3D**. È la configurazione preposta al disegno e alla gestione degli oggetti tridimensionali, con funzionalità avanzate e schede dedicate.

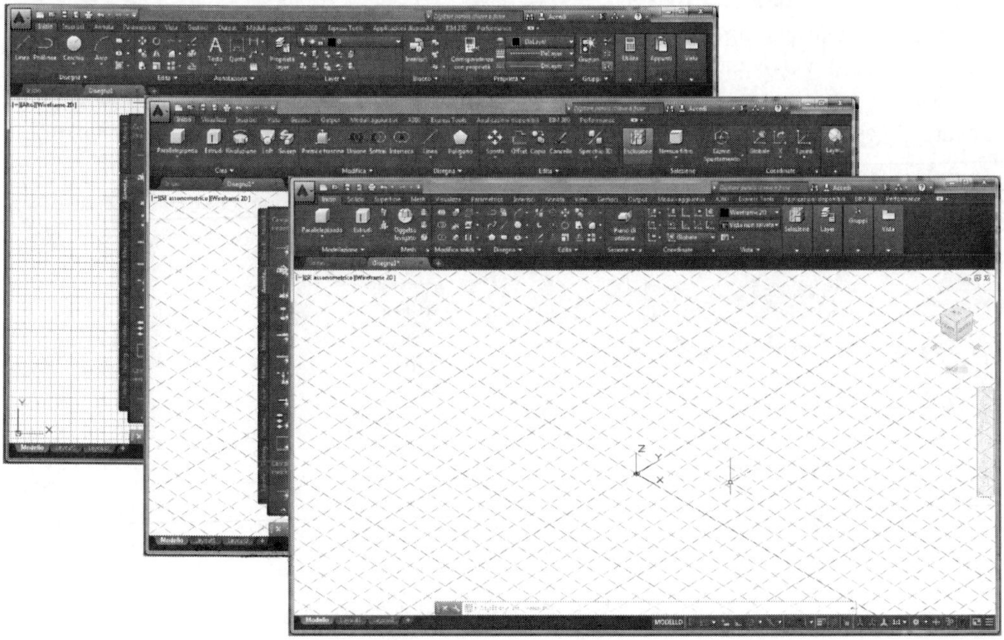

**Figura 1.3**
Le tre Aree di lavoro proposte da AutoCAD.

Per passare da un'*Area di lavoro* all'altra è necessario (Figura 1.4):

1. Fare clic sulla piccola freccia posta di fianco all'icona a forma di ingranaggio.
2. Fare clic su una delle configurazioni desiderate.

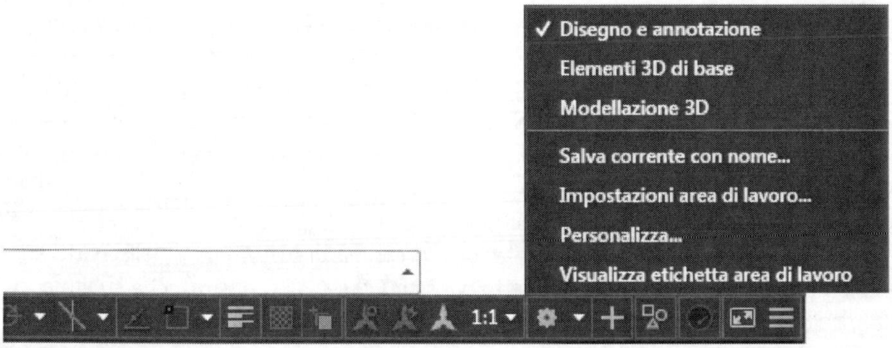


**Figura 1.4**
Scegliere dell'interfaccia da utilizzare per il disegno.

L'interfaccia può essere modificata in qualsiasi momento durante le operazioni di disegno, la sua variazione non comporta alcun cambiamento delle entità già create o delle loro impostazioni grafiche.

Nei prossimi paragrafi analizzeremo in modo più attento, partendo dalla parte alta della finestra del programma fino al raggiungimento della barra di stato posta in basso, le principali funzionalità delle varie componenti dell'interfaccia di AutoCAD.

## Il menu dell'applicazione

Facendo clic sul pulsante in alto a sinistra la cui icona simboleggia la "A" di AutoCAD, si attiva il *Menu dell'applicazione* (Figura 1.5, a sinistra) che permette di accedere alle funzioni di gestione del disegno, alla possibilità di aprire, salvare, esportare o stampare i file che compongono i vari elaborati grafici creati.

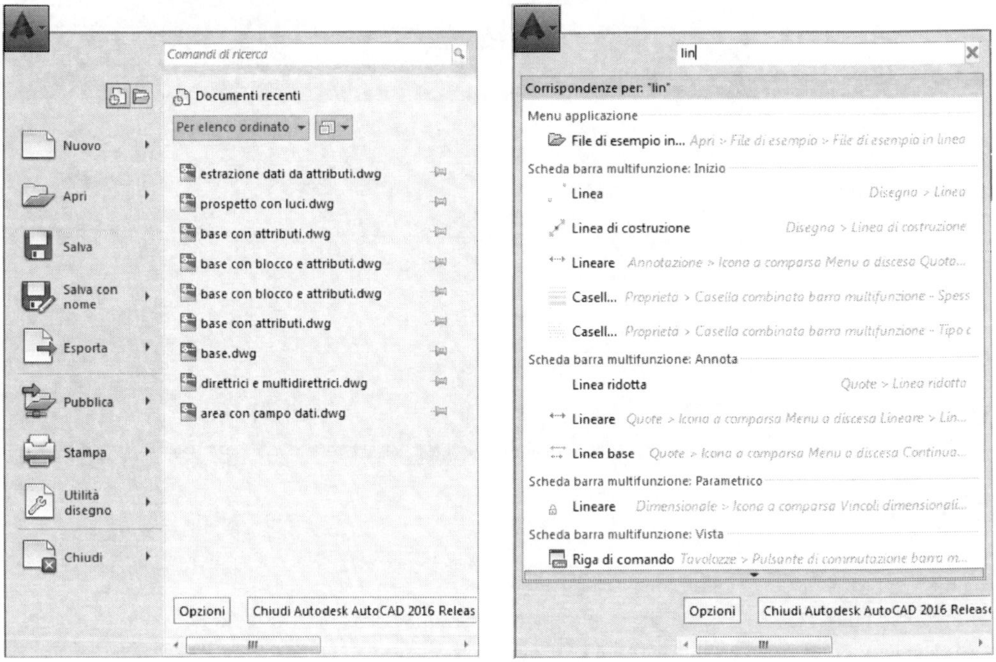


**Figura 1.5**
Il Menu dell'applicazione.

Il suo utilizzo è estremamente intuitivo e non necessita di grandi approfondimenti; è utile sottolineare che alcune voci presentano menu secondari che permettono una gestione ampliata del comando e sono attivabili facendo clic sulla freccia a destra dell'icona, oppure soffermandosi con il mouse sulla stessa.

Un'interessante caratteristica disponibile è rappresentata dalla possibilità di effettuare una ricerca sui comandi fruibili in AutoCAD; basta digitare nella casella di testo, posta nella parte superiore del Menu dell'applicazione, il comando o parte di esso (Figura 1.5 a destra), che subito appare un elenco di risultati che permettono di avere informazioni sul comando e sula sua ubicazione nella barra multifunzione.

## La barra Accesso rapido

Sulla destra del Menu dell'applicazione sopra descritto, è presente la barra degli strumenti *Accesso rapido*. Questa barra permette di accedere immediatamente ai comandi di uso frequente e può

essere implementata facilmente facendo clic sulla piccola freccia posta alla sua destra (Figura 1.6 a sinistra). Una volta visualizzato il menu a discesa basta selezionare il comando proposto per aggiungerlo alla barra.
Inoltre premendo il tasto destro su una qualunque delle icone della barra multifunzione è possibile aggiungerne il comando utilizzando il clic destro e selezionando la voce *Aggiungi alla barra degli strumenti Accesso rapido* (Figura 1.6 a destra) dal menu contestualmente aperto.

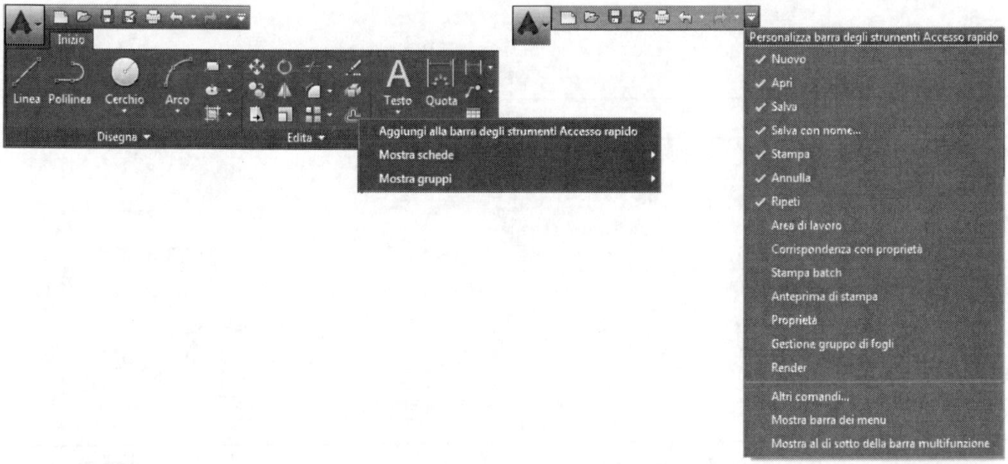


**Figura 1.6**
La barra degli strumenti Accesso rapido.

## La barra del titolo

Sulla barra del titolo è presente l'area dell'*Infocenter* che contiene alcuni strumenti di supporto. Tra questi, la *Guida in linea* (Figura 1.7) permette di ottenere informazioni immediate sul funzionamento di comandi e variabili, oppure il pulsante *Autodesk A360* che consente di accedere ad Autodesk 360, il cloud di Autodesk, dove è possibile, per esempio di salvare i propri elaborati in rete.

**Figura 1.7**
La barra del titolo e l'Infocenter.

Inoltre è importante specificare che la barra del titolo riporta sempre il nome del file in quel momento visualizzato nell'area di lavoro. Nel caso il disegno sia nuovo, il nome proposto è una mera indicazione e viene espressa con la voce *Disegno1.dwg, Disegno2.dwg*, ecc. fino a quando non lo si salva appositamente usando il comando *Salva con nome*.

## La barra multifunzione

La *Barra multifunzione* dev'essere considerata il centro operativo di tutte le operazioni che permettono la creazione e la modifica degli oggetti realizzati nell'Area di disegno nonché del controllo di tutti gli strumenti che permettono la gestione.

La Barra multifunzione, chiamata anche *Ribbon bar;* è suddivisa in Schede, che raggruppano per temi le funzionalità dei comandi di AutoCAD; le schede, a loro volta, sono suddivise in Gruppi, che riuniscono per attività comandi che sono tra loro omogenei (Figura 1.8).

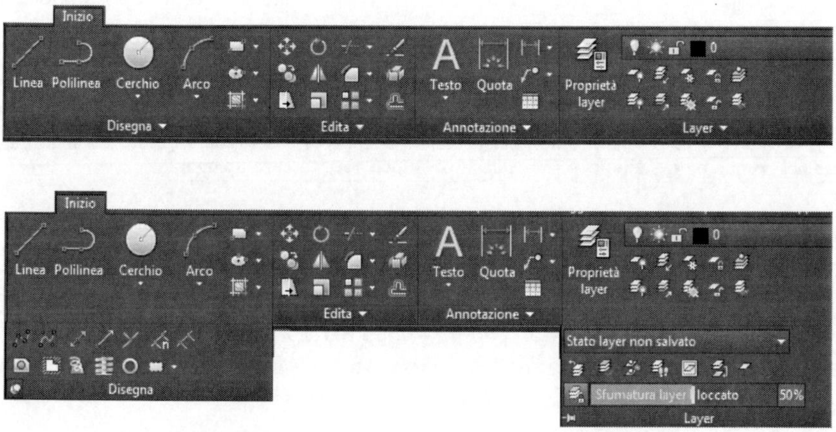


**Figura 1.8**
La Barra multifunzione composta da schede e gruppi.

Alcuni gruppi, quando presentano una freccia accanto al loro nome, indicano che possono essere espansi per visualizzare altri comandi in essi raccolti; un'icona simboleggiante una puntina da disegno permette di bloccare l'espansione del gruppo così da mantenere visibili i comandi.
In alcuni casi, poi, la piccola freccia posta a destra del nome del gruppo fa sì che si possa accedere a funzioni specifiche per il controllo e la gestione di quel gruppo (Figura 1.9).

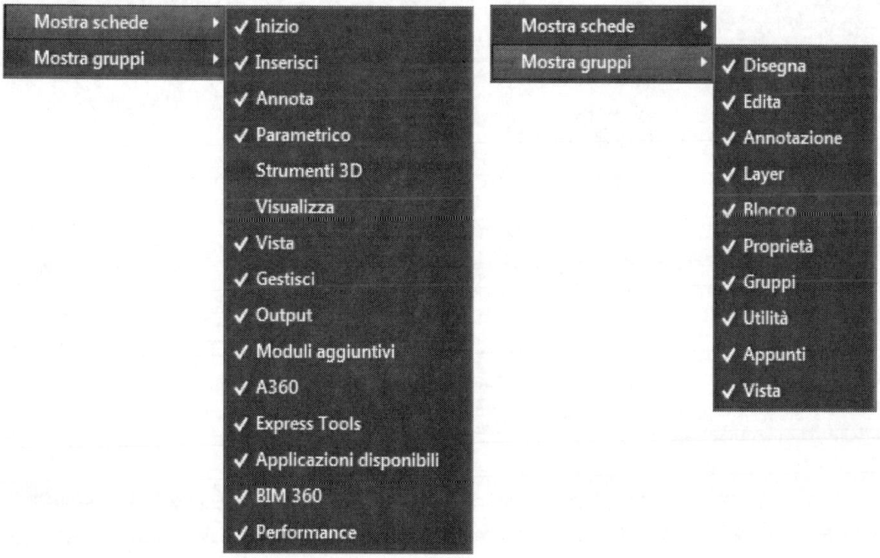


**Figura 1.9**
Gestione della visibilità sulla Barra multifunzione di schede e gruppi.

È importante sottolineare che, facendo clic con il tasto destro del mouse su un qualsiasi gruppo, è possibile gestire la visibilità, e quindi l'accesso all'utilizzo dei comandi raggruppati, di qualsiasi scheda o gruppo; è così possibile personalizzare l'interfaccia proposto dall'*Area di lavoro* scelta.

Inoltre AutoCAD, quando si attivano determinati comandi, apre automaticamente sulla Barra multifunzione alcune schede contestuali che permettono un'ulteriore e più approfondita gestione dell'oggetto che si sta creando o modificando.

**Nota**
Nel caso la risoluzione dello schermo non permetta la visione estesa dei gruppi, questi verranno contratti al solo nome del gruppo e dovranno perciò essere espansi per poter essere utilizzati.

## L'elenco delle schede di disegno

Al disotto della barra multifunzione sono presenti le schede che rappresentano l'elenco dei disegni aperti in AutoCAD. Puntando una delle schede e attendendo qualche secondo, compare l'anteprima del file e dei layout di stampa in esso contenuti (Figura 1.10 a sinistra); nell'anteprima vengono visualizzate anche delle piccole icone che permettono la stampa o la pubblicazione immediata della visualizzazione di quel disegno.

**Nota**
Come approfondito nei prossimi paragrafi e soprattutto nel Capitolo 22, i Layout sono le impaginazioni memorizzate di quello che si è disegnato nell'area di lavoro.

Inoltre, facendo clic su una scheda con il pulsante destro del mouse, è possibile far comparire un menu che consente di gestire il file puntato, ma anche di gestire contemporaneamente le altre schede con un unico comando (Figura 1.10 a destra).

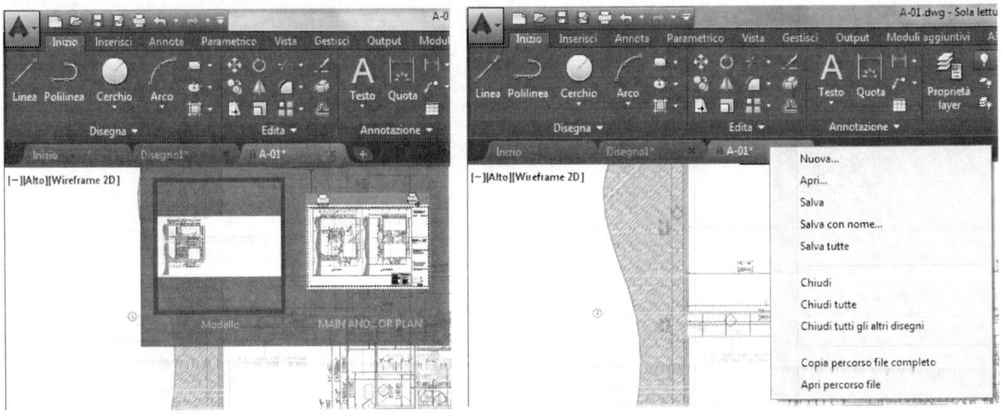


**Figura 1.10**
L'elenco delle schede di disegno.

In ogni scheda possono apparire due icone, una a forma di lucchetto, l'atra che simboleggia un asterisco. La prima indica che il file è stato aperto in sola lettura e che, quindi, potrà essere salvato solo con un altro nome o in un'altra cartella; l'asterisco, invece, avverte che il file è stato modificato e che gli aggiornamenti non sono ancora stati salvati.

## L'area di disegno

La parte centrale e preponderante della finestra del programma definisce l'*Area di disegno*, ovvero la porzione dello schermo preposta alla creazione e alla gestione degli elaborati grafici.

Generalmente AutoCAD presenta uno sfondo di colore scuro e una serie di linee verticali ed orizzontali di colore più chiaro che compongono una *Griglia* che permette di identificare immediatamente il piano di lavoro e in basso a sinistra un'icona che indica la direzione degli assi del sistema di riferimento in quel momento vigente.

**Nota**
Le impostazioni di controllo dell'Area di disegno verranno analizzate ed approfondite nei prossimi capitoli.

La scheda *Visualizzazione* della finestra di dialogo *Opzioni* (Figura 1.11), attivabile dal *Menu dell'applicazione*, permette di controllare, attraverso il pulsante *Colori* della sezione *Elementi finestra*, la combinazione di colori che identificano lo sfondo e i componenti grafici dell'*Area di disegno*. Inoltre sempre nella finestra *Opzioni* è possibile controllare le dimensioni del puntatore a croce che individua il movimento del cursore nell'area lavorativa.

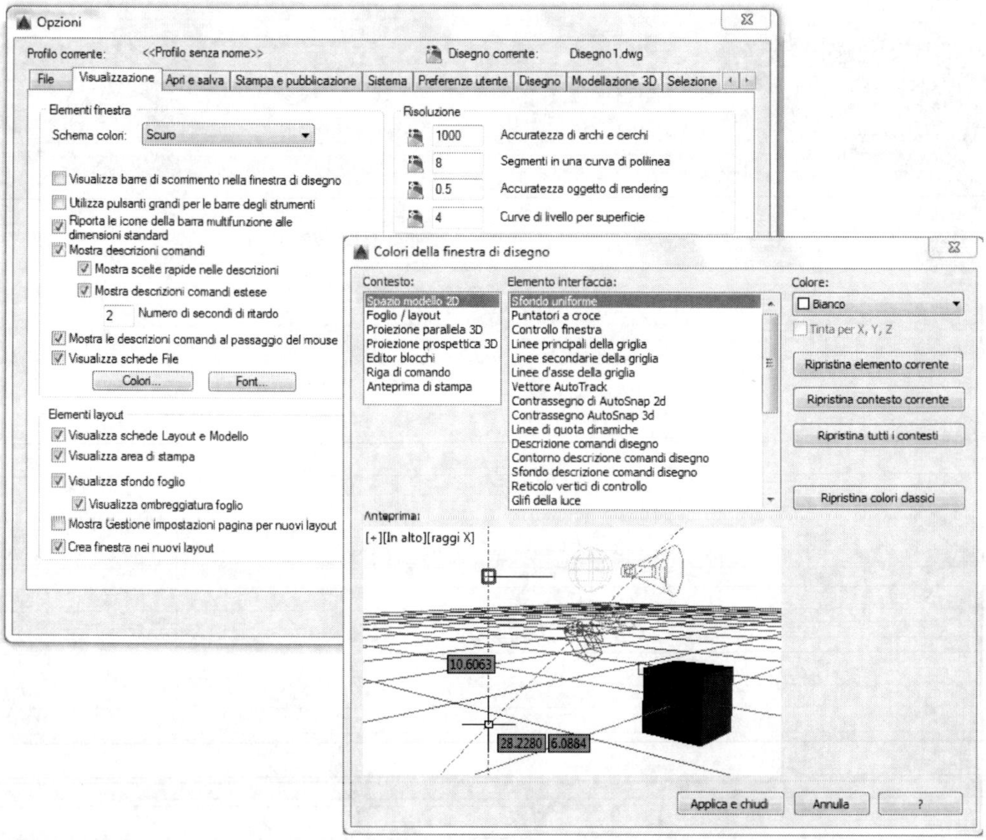


**Figura 1.11**
La scheda Visualizzazione della finestra di dialogo Opzioni.

Sempre nell'area di disegno, in alto a destra è visibile il *ViewCube* che permette la gestione della vista; nel disegno bidimensionale è opportuno che rimanga sulla voce *Alto* (per modificarla è sufficiente fare clic col tasto sinistro del mouse sulle parti che costituiscono il *ViewCube*) poiché rappresenta la vista zenitale del piano di lavoro.

Al di sotto vi è la *Barra di navigazione*, contenente un insieme di comandi per velocizzare il controllo della visualizzazione, che verrà analizzata nel Capitolo 5.
In alto a sinistra, invece, sono disponibili i menu dei controlli della finestra, che verranno approfonditi nel Capitolo 5, che consentono di gestire le impostazioni della vista e lo stile di visualizzazione; in genere quando si disegna nello spazio bidimensionale si preferisce utilizzare le voci *Alto* e *Wireframe 2D*.
In realtà AutoCAD presenta, alternativamente nell'Area di disegno, due spazi lavorativi:

- Lo Spazio modello.
- Lo Spazio carta, rappresentato dai vari Layout.

Il primo è quello preposto al disegno dell'oggetto, mentre il secondo viene espressamente utilizzato per memorizzare le impaginazioni (i Layout) di quello che si è disegnato nello spazio modello.
Le schede *Layout* poste in basso all'area di lavoro permettono di gestire, appunto, le eventuali impaginazioni create.

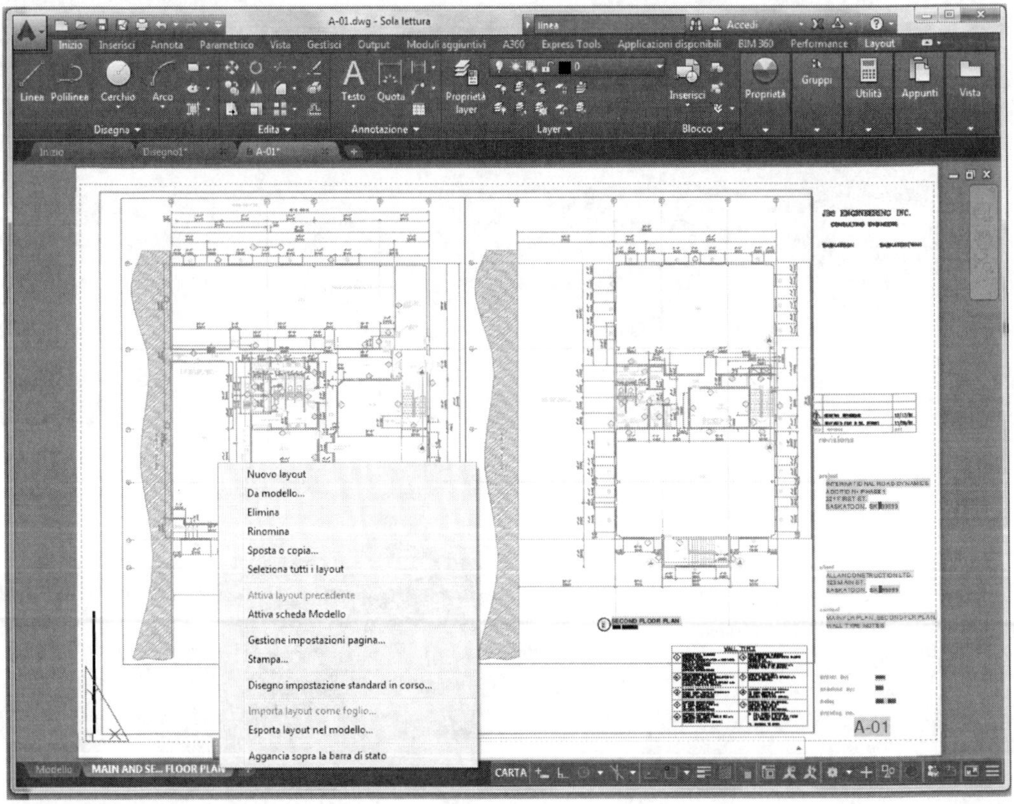


**Figura 1.12**
Esempio di impaginazione ottenuta mediante i Layout.

## Le schede Layout

Come anticipato nel paragrafo precedente le schede *Layout* permettono di passare velocemente dallo spazio modello allo spazio carta. Possono essere agevolmente gestite attraverso il menu che appare con la pressione del tasto destro del mouse, attivato puntando il cursore sul nome di un qualsiasi layout (Figura 1.12); inoltre è possibile spostarle, utilizzando il trascinamento, o copiarle, accoppiando al trascinamento la pressione del tasto CTRL, come per la gestione delle schede di qualsiasi Foglio elettronico.

## La riga di comando

La *Riga di comando*, generalmente posta nella parte inferiore dell'area lavorativa di AutoCAD premette di interagire con il sistema attraverso, come vedremo più approfonditamente nel prossimo capitolo, l'uso della tastiera o del mouse, grazie ai collegamenti ipertestuali proposti dalle opzioni dei comandi.

Nella *Riga di comando* vengono presentate tutte le richieste e le informazioni delle operazioni che si stanno svolgendo, risulta, quindi, un elemento estremamente importante nell'interazione con le funzionalità del programma.

Può essere un oggetto ancorato al di sopra o al di sotto (Figura 11.13) dell'*Area di disegno* oppure un'entità indipendente, riposizionabile attraverso la zona zigrinata alla sua sinistra; in quest'ultimo caso i testi vengono presentati che scorrono verso l'alto e dopo pochi secondi scompaiono (Figura 11.13 in basso).

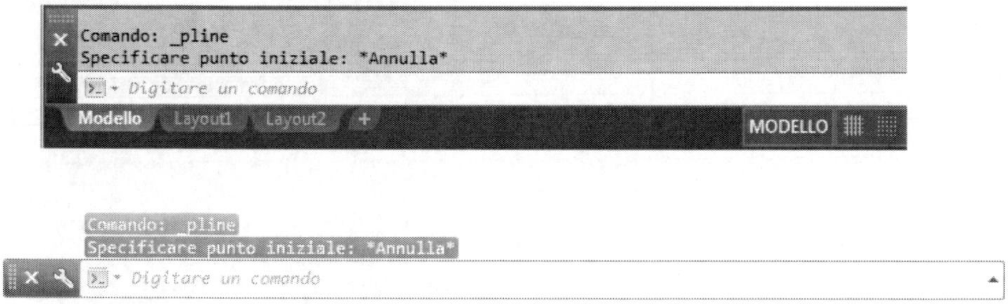


**Figura 1.13**
La Riga di comando, agganciata, sopra, e riposizionabile, sotto.

## La barra di stato

La barra di stato permette di disporre di utili se non fondamentali strumenti di aiuto e supporto alle operazioni di disegno. La gestione della visualizzazione delle icone che permettono il controllo di questi elementi è attivabile facendo clic con il tasto sinistro del mouse sull'ultima icona a destra della barra di stato (Figura 1.14).

Gli strumenti funzionano quasi tutti o come se fossero degli interruttori, attivando e disattivando le modalità di aiuto che l'icona che essi rappresentano supporta.

La Figura 1.15 presenta in forma tabellare le icone visualizzabili sulla barra di stato e una breve descrizione della funzionalità da essi sottesa.

**Figura 1.14**
La barra di stato e il menu che ne permette la gestione della visualizzazione degli elementi.

| Nome | Pulsante della barra di stato | Descrizione |
|---|---|---|
| Coordinate | 31.5262, 9.1136, 0.0000 | Visualizza le coordinate della posizione del cursore. |
| Spazio modello | MODELLO | Indica che si sta attualmente lavorando nello spazio modello. |
| Spazio carta | CARTA | Indica che si sta attualmente lavorando in un layout. |
| Griglia | | Visualizza una griglia nell'area di disegno. |
| Modalità snap | Snap polare<br>✓ Snap griglia<br>Impostazioni snap... | Attiva lo snap alla griglia. |
| Deduzione di vincoli | | Applica i vincoli geometrici automaticamente quando si crea o si modifica la geometria. |
| Input dinamico | | Visualizza una descrizione comandi accanto al cursore |
| Modalità orto | | Vincola il movimento del cursore alla direzione verticale o orizzontale. |
| Puntamento polare | | Punta il cursore lungo gli angoli polari specificati. |
| Disegno assonometrico | ✓ piano assonometrico - Sinistra<br>piano assonometrico - Alto<br>piano assonometrico - Destra | Simula un ambiente di disegno assonometrico mediante l'allineamento di oggetti lungo gli assi assonometrici, dove l'angolo tra ciascun asse è di 120°. |
| Puntamento Snap ad oggetto | | Punta il cursore lungo i percorsi di allineamento verticale e orizzontale da punti di snap ad oggetto. |
| Snap ad oggetto 2D | | Esegue lo snap del cursore al punto di riferimento 2D più vicino, mentre si sposta il cursore. |
| Spessore di linea | | Visualizza gli spessori di linea in un disegno. |
| Trasparenza | | Attiva la trasparenza per tutti gli oggetti che presentano la proprietà della trasparenza impostata su un valore diverso da zero. Quando questo pulsante è disattivato, tutti gli oggetti sono opachi. |
| Selezione ciclica | | Attiva la selezione ciclica, una funzionalità che consente di selezionare un oggetto, quando gli oggetti si sovrappongono. |
| Snap ad oggetto 3D | | Esegue lo snap del cursore al punto di riferimento 3D più vicino, quando si sposta il cursore. |
| UCS dinamico | | Allinea temporaneamente il piano XY del sistema UCS ad una faccia planare di un solido 3D. |
| Filtro di selezione | | Specifica quali oggetti vengono evidenziati quando si passa il cursore su di essi. |
| Gizmo | | Visualizza i gizmo 3D, che consentono di spostare, ruotare o mettere in scala un gruppo di oggetti lungo un piano o un asse 3D. |
| Ingrandisci finestra | | Espande la finestra di layout corrente per riempire lo schermo, per la modifica. |
| Ingrandisci finestra<br>Questo pulsante sostituisce sulla barra di stato quando la finestra viene ingrandita. | | Ripristina una finestra di layout ingrandita. |
| Visibilità annotazione | | Visualizza gli oggetti annotativi utilizzando la scala di annotazione. Quando l'opzione è disattivata, gli oggetti annotativi vengono visualizzati alla scala corrente. |
| Scala automatica | | Aggiunge automaticamente le scale di annotazione a tutti gli oggetti annotativi, quando la scala di annotazione cambia. |
| Scala annotazione | 1:1 | Imposta la scala di annotazione corrente per gli oggetti annotativi nello spazio modello. |
| Blocco finestre | | Blocca la visualizzazione di una finestra di layout. |
| Scala finestra | 2:1 | Visualizza la scala della finestra selezionata. Questa opzione è visibile solo quando si seleziona una finestra. |
| Sincronizzazione scala finestra | | Indica che la scala della finestra e la scala di annotazione sono uguali. Questa opzione è visibile solo quando si seleziona una finestra. |
| Sincronizzazione scala finestra | | Indica che la scala della finestra e la scala di annotazione sono differenti. Questa opzione è visibile solo quando si seleziona una finestra. |

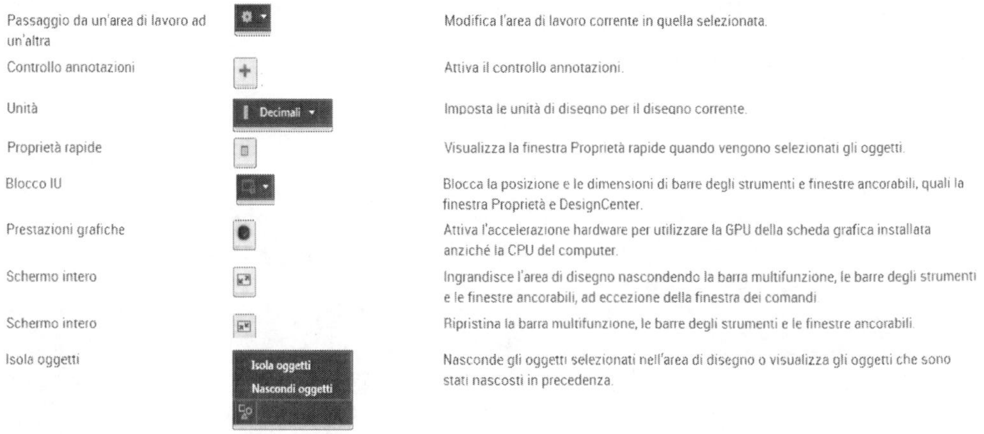

| | | |
|---|---|---|
| Passaggio da un'area di lavoro ad un'altra | | Modifica l'area di lavoro corrente in quella selezionata. |
| Controllo annotazioni | | Attiva il controllo annotazioni. |
| Unità | Decimali | Imposta le unità di disegno per il disegno corrente. |
| Proprietà rapide | | Visualizza la finestra Proprietà rapide quando vengono selezionati gli oggetti. |
| Blocco IU | | Blocca la posizione e le dimensioni di barre degli strumenti e finestre ancorabili, quali la finestra Proprietà e DesignCenter. |
| Prestazioni grafiche | | Attiva l'accelerazione hardware per utilizzare la GPU della scheda grafica installata anziché la CPU del computer. |
| Schermo intero | | Ingrandisce l'area di disegno nascondendo la barra multifunzione, le barre degli strumenti e le finestre ancorabili, ad eccezione della finestra dei comandi. |
| Schermo intero | | Ripristina la barra multifunzione, le barre degli strumenti e le finestre ancorabili. |
| Isola oggetti | Isola oggetti<br>Nascondi oggetti | Nasconde gli oggetti selezionati nell'area di disegno o visualizza gli oggetti che sono stati nascosti in precedenza. |

**Figura 1.15**
Le icone della barra di stato e il loro significato.

# Le tavolozze

Le *Tavolozze* concedono un accesso rapido e dinamico a molte delle funzioni presenti in AutoCAD. Per attivarle e disattivarle è possibile utilizzare il gruppo omonimo presente nella scheda *Vista*. Alcune di queste tavolozze saranno citate spesso nel corso del libro; per esempio, la tavolozza *Proprietà, DesignCenter*, o le *Tavolozze degli strumenti*. Tutte hanno comandi simili che permettono, attraverso la pressione del tasto destro del mouse sulla barra del titolo (Figura 1.16), di gestire intuitivamente la loro posizione e le proprietà di visualizzazione all'interno dell'area di lavoro; possono infatti essere ancorate alla finestra del programma o renderle semitrasparenti o, meglio ancora, nasconderle automaticamente quando non utilizzate.

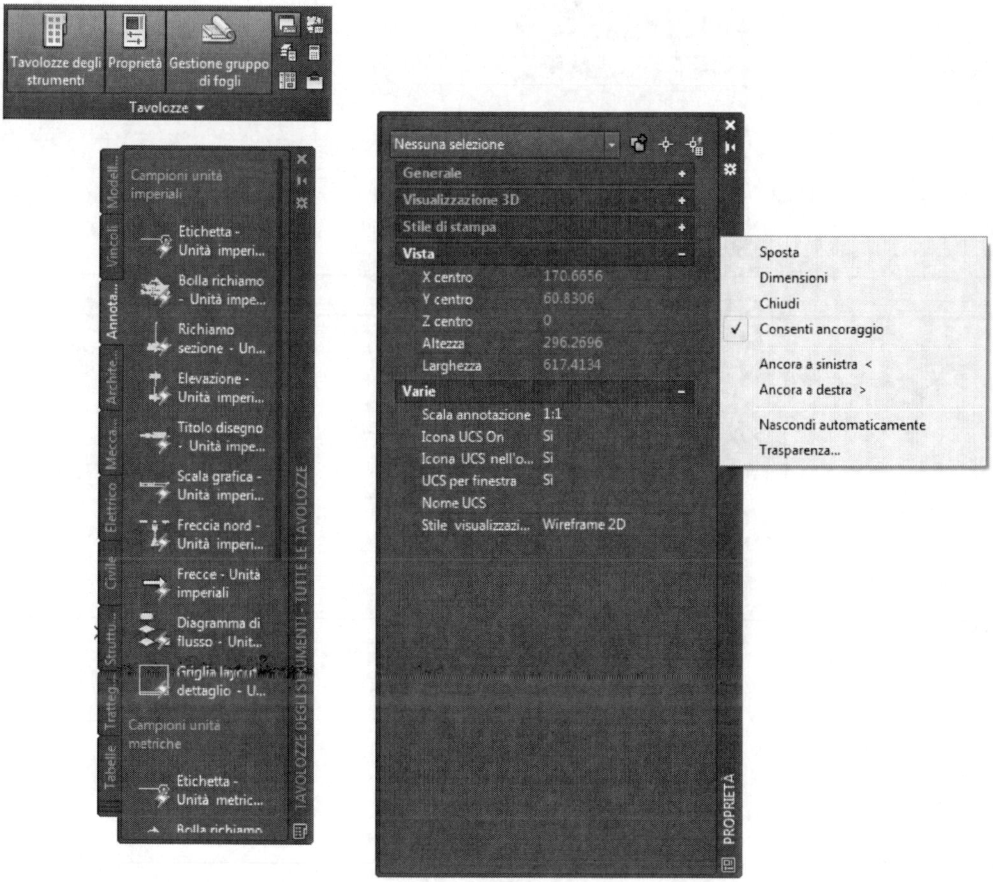


**Figura 1.16**
La gestione della visualizzazione delle tavolozze.

È possibile memorizzare la posizione delle tavolozze visualizzate nell'area di disegno, creando velocemente un'area di lavoro personalizzata; basta scegliere la voce *Salva corrente con nome* nel menu mostrato sempre in Figura 1.4.

Inoltre le *Tavolozze degli strumenti*, visualizzabili anche utilizzando la combinazione dei tasti CTRL+3, contengono strumenti di uso comune, raggruppati in schede. Da queste particolari tavolozze è possibile attivare comandi o trascinare all'interno del disegno oggetti predefiniti come blocchi o campiture. Utilizzando il menu, attivabile premendo, sulla barra del titolo della tavolozza, il tasto destro del mouse, è possibile in modo estremamente intuitivo personalizzarle, duplicandole o inserendovi oggetti già disegnati.

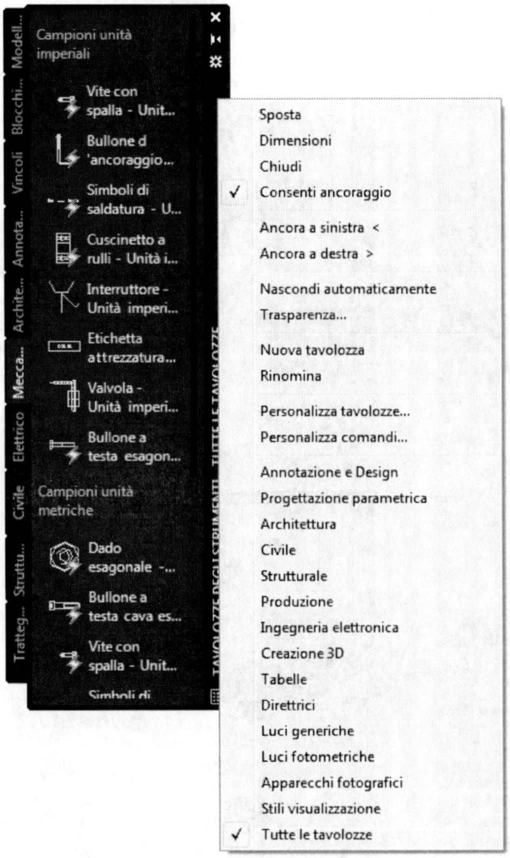


**Figura 1.17**
Le Tavolozze degli strumenti.

## Conclusioni

L'interfaccia di AutoCAD permette, grazie alle sue sfaccettature, di adattarsi in modo flessibile alle abitudini di ogni singolo disegnatore e consente di ottimizzare la propria concentrazione sulle operazioni di creazione del progetto, senza distrazioni: basta solo abituarsi a padroneggiarne il linguaggio operativo. In fondo gli antichi dicevano: "conosci il tuo nemico"; questo manuale vi aiuterà a far diventare AutoCAD il vostro migliore alleato.

## Capitolo 2

# L'uso dei comandi in AutoCAD

Nel capitolo precedente abbiamo visto come AutoCAD presenti il proprio ambiente lavorativo, soffermandoci sui differenti elementi che lo compongono; ora dobbiamo concentrarci su come poter comunicare con il sistema, così da sfruttarne appieno le potenzialità.
AutoCAD è un potentissimo programma grafico che permette un'interazione diretta e immediata grazie agli strumenti della barra multifunzione o delle tavolozze, ma il suo principale e precipuo mezzo di comunicazione risulta essere quello testuale; infatti è sulla *Riga di comando* che il programma accentra tutte le informazioni che permettono di effettuare uno scambio reciproco tra utente e macchina.
Interagire con AutoCAD nell'inserimento di opzioni o di coordinate relative a un comando richiede frequentemente la digitazione di elementi testuali o numerici ed è per questo che l'uso della tastiera e delle sue regole di digitazione sono importanti.
Dovete, quindi, prima di tutto apprenderne la sintassi, che vi permetterà di comunicare in un linguaggio semplice e diretto con AutoCAD e che vi consentirà di creare tutto quello che la vostra creatività riuscirà a trasformare in progetto.

## L'interazione con la riga di comando

Come abbiamo sottolineato, durante l'esecuzione dei comandi il principale punto di comunicazione fra utente e software risulta essere la *Riga di comando.*
In Figura 2.1 è stato attivato il comando CERCHIO (accessibile dall'icona omonima posta nel gruppo *Disegna* della scheda *Inizio*), AutoCAD immediatamente richiede nella riga di comando di *Specificare centro del cerchio o [3P 2P Ttr (tangente tangente raggio)]:*.

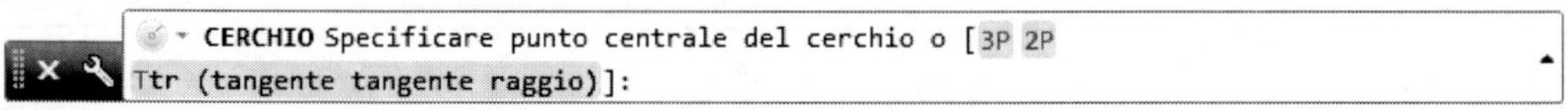


**Figura 2.1**
Le opzioni presenti sulla Riga di comando. È possibile attivarle da tastiera o facendovi sopra clic col mouse.

**Nota**
Non è questo il momento di concentrarsi su come far funzionare un comando, ora è necessario dirigere la propria attenzione unicamente sul modo in cui AutoCAD comunica, per poter poi utilizzare correttamente questa metodologia in seguito.

La prima parte indica la richiesta principale (*Specificare centro del cerchio*), mentre tra parentesi quadre vengono elencate le possibili opzioni del comando appena lanciato.
Le opzioni possono essere attivate in quattro modi:

1. Facendo clic con il mouse, quando queste presentano una o più lettere di colore blu che indica che sono un collegamento ipertestuale.
2. Digitando le lettere maiuscole dell'opzione desiderata seguite dalla pressione del tasto *INVIO*.
3. Premendo, nell'area di disegno, il tasto destro del mouse e scegliendo l'opzione dal menu di scelta rapida.
4. Utilizzando l'*Input dinamico*, che permette di avere le informazioni e le eventuali opzioni accanto al cursore.

Le opzioni, quindi, non sono attivabili solo da tastiera ma è attraverso la Riga di comando che AutoCAD esprime tutte le sue richieste. Questa, perciò non è solo uno spazio adibito alla digitazione, ma il vero e proprio cuore dell'interazione con il software, il fulcro di tutti i messaggi di comunicazione, l'elemento da tenere sempre sotto la propria vigile e attenta considerazione.

**Nota**
È estremamente importante che l'utente neofita di AutoCAD concentri la propria attenzione sulla Riga di comando. È infatti leggendo le informazioni qui riportate che si comprende quali siano le richieste del sistema che permettono di proseguire correttamente un comando, soprattutto quando l'attività proposta risulta essere piuttosto articolata. L'uso dell'input dinamico è un valido aiuto, ma, spesso, accanto al cursore non mostra tutte le possibilità offerte dal sistema.

## L'uso della tastiera

Generalmente l'uso della tastiera risulta essere uno dei metodi diretti più utilizzati per la definizione di coordinate e opzioni in AutoCAD.
Qualsiasi digitazione viene sempre immediatamente e automaticamente riportata nella Riga di comando; non è quindi assolutamente necessario farvi clic all'interno per potervi inserire valori alfanumerici.
In assenza di un comando attivo, quando vengono digitate delle lettere si avvia una funzione di aiuto, chiamata *Completamento automatico*, che suggerisce comandi o variabili che possono ultimare la digitazione sino a quel momento effettuata; più lettere vengono inserite, meno saranno i suggerimenti filtrati che potranno così soddisfare le richieste del sistema (Figura 2.2).

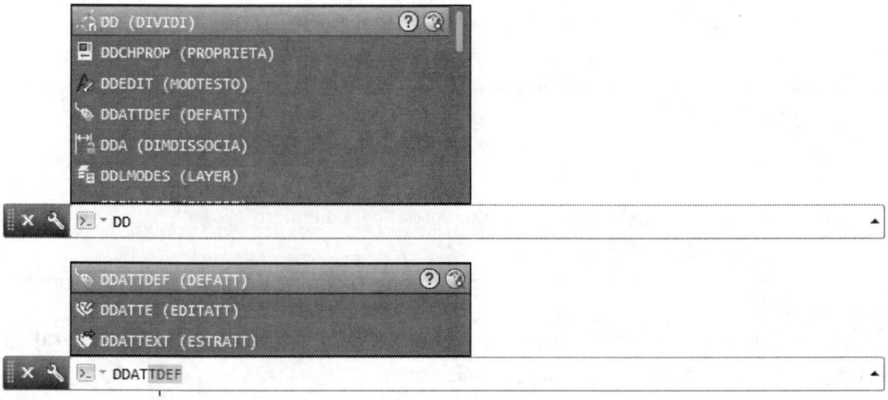


**Figura 2.2**
L'elenco dei comandi suggeriti dal Completamento automatico. Più lettere vengono digitate, meno sono i comandi o le varabili proposte.

La sintassi di AutoCAD impone che alcuni tasti assumano delle funzioni particolari quando vengono premuti. Nelle prossime righe è possibile avere una panoramica delle loro principali funzioni.

## Il tasto INVIO

È sicuramente uno dei tasti più utilizzati e più importanti all'interno del sistema comunicativo di AutoCAD e permette di seseguire le seguenti operazioni:

- Alla fine di ogni digitazione, che sia stato inserito un valore, un comando, una variabile o un'opzione è necessario comunicare, premendo INVIO, che si è terminato di scrivere e che vengano attuate le indicazioni digitate.
- Premendo INVIO alla richiesta *Comando:* AutoCAD ripete l'ultimo comando eseguito.
- Per terminare un comando che continua iterativamente a richiedere punti di inserimento si deve premere INVIO.
- Quando, all'interno di un comando di modifica, si deve indicare ad AutoCAD che si è finito di selezionare gli oggetti sui quali intervenire, bisogna premere INVIO.
- Se il valore di un'opzione viene proposta da AutoCAD racchiusa dai segni maggiore o minore (<>), per accettarla, senza digitarne i caratteri, basta premere INVIO.

---

**Nota**
AutoCAD è un insieme di Comandi e Variabili. I primi permettono di attivare azioni, le seconde permettono di definire il comportamento dei comandi e, quindi, del sistema stesso.

---

## La barra spaziatrice

Quando non ci si trova all'interno di un comando di testo, la barra spaziatrice equivale al tato INVIO.

### Il tasto ESC

La pressione del tasto ESC permette di:

- Interrompere il funzionamento di un comando.
- Deselezionare gli oggetti e fare scomparire i grip (apparsi dopo avere selezionato delle entità a comando inattivo).

**Nota**
I grip sono dei piccoli quadratini blu che appaiono nei pressi dei punti notevoli di un oggetto e servono per manipolarne la geometria. Ne parleremo nel Capitolo 10.

### Il tasto CTRL

Il tasto CTRL può essere utilizzato per attivare velocemente delle funzionalità di aiuto quando si stanno compiendo delle attività di modifica o selezione:

- Tenendo premuto CTRL durante il trascinamento di una tavolozza si evita che questa si agganci ai lati dello schermo.
- Inserendo un blocco dinamico (ne parleremo nel Capitolo 21), premere ripetutamente CTRL permette di variare in modo ciclico il punto di aggancio del cursore, utilizzando così i grip dei parametri definiti nel blocco.
- Il tasto CTRL può esser utilizzato per selezionare i suboggetti dei solidi tridimensionali, facce, bordi, o vertici.

### Il tasto SHIFT/MAIUSC

Il tasto SHIFT, in italiano chiamato anche MAIUSC, permette di:

- Deselezionare oggetti già selezionati, premendo SHIFT unitamente al clic del mouse.
- Decidere quale oggetto selezionare in caso di sovrapposizioni di entità; tenendo premuto SHIFT e usando ripetutamente la barra spaziatrice per attivare un ciclo di selezione.

### Il tasto CANC

La pressione del tasto CANC dopo avere selezionato delle entità presenti nell'area di disegno, ne comporta la cancellazione; si comporta, infatti, come il comando di AutoCAD chiamato *CANCELLA*.

### I tasti freccia

L'uso dei tasti freccia permette di:

- Scorrere sulla Riga di comando, quando nessun comando è attivo, l'elenco dei comandi o dei valori recentemente utilizzati.
- Far comparire vicino al cursore, avendo l'Input dinamico attivo, l'elenco delle opzioni disponibili.

### Il tasto TAB

Il tasto tabulatore dà la possibilià di:

- Scorrere le diverse possibilità di *snap a oggetto* disponibili per un'entità.
- Scorrere, con l'Input dinamico attivo, i diversi valori modificabili (angolo, lunghezza, etc.).

## L'uso del tasto destro del mouse

È possibile, per velocizzare le operazioni, utilizzare il tasto destro del mouse per attivare i menu di scelta rapida che risultano essere sempre contestuali alle azioni che si stanno svolgendo in quel frangente in AutoCAD.

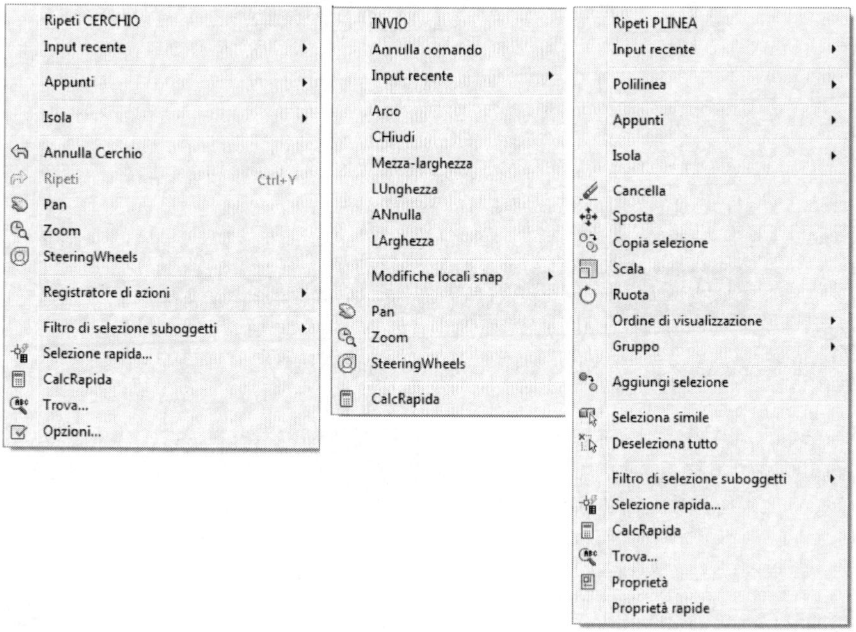


**Figura 2.3**
Esempi di utilizzo del tasto destro del mouse. A sinistra in attesa di un comando, al centro all'interno di un comando (Polilinea), a destra dopo avere selezionato un'entità disegnata.

Riguardo al tasto destro del mouse è necessario sapere che:

- Quando non vi sono comandi attivi, il menu di scelta rapida permette di ottenere delle voci di utilità generale, che permettono di attivare i comandi di modifica o il copia/incolla di Windows o i comandi di visualizzazione, o la selezione rapida, e così via (Figura 2.3 a sinistra).
- All'interno di un comando attivo, è possibile accedere, velocemente, alle opzioni disponibili in quel momento (Figura 2.3 a centro).
- Avendo selezionato un oggetto, il menu di celta rapida propone delle opzioni che permettono di intervenire puntualmente su quella particolare entità scelta (figura 2.3 a destra).

## L'input dinamico

L'*Input dinamico*, citato più volte nei paragrafi precedenti e approfondito puntualmente nel Capitolo 4, permette di interagire con AutoCAD nelle immediate vicinanze del cursore, permettendo di inserire più agevolmente comandi, valori o opzioni.

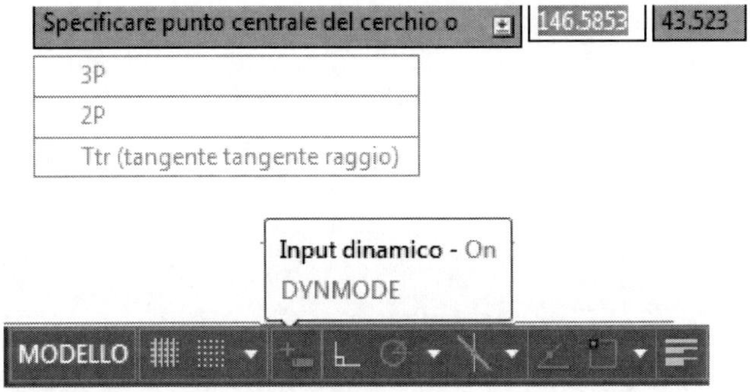


**Figura 2.4**
L'attivazione dell'Input dinamico permette di avere opzioni e richieste vicino al puntatore.

Sfortunatamente non tutti i messaggi di AutoCAD vengono visualizzati nei campi dell'Input dinamico, rendendo così questo utile interfaccia un'integrazione ma non un completo sostituto della fondamentale Riga di comando.

## Conclusioni

Compresa l'interfaccia grafica di AutoCAD e le sue componenti, capita la metodologia e la sintassi da utilizzare per comunicare efficacemente con AutoCAD, è arrivato il momento di intervenire nel controllo di quegli elementi che permettono di utilizzare le forme grafiche contenute nella memorizzazione di un elaborato digitale: i file e i suoi modelli.

## Capitolo 3

# La gestione dei disegni

L'utilizzo di un programma di disegno digitale presuppone che si memorizzino gli elaborati grafici creati, così da poterli ritrovare e riutilizzare velocemente.
AutoCAD permette la realizzazione di disegni vettoriali che, una volta salvati, diventeranno documenti con estensione *.dwg* (drawing, disegno appunto).
Nel panorama della progettazione digitale, però, non esiste solo questo formato, è perciò necessaria una conoscenza dei comandi che AutoCAD fornisce per la gestione, non solo dei propri file, ma anche, in caso di importazioni o esportazioni, degli elaborati creati con altri software.
Questo capitolo vuole fornire un insieme di informazioni che possano permettere di lavorare con efficienza all'interno di questo particolare mondo progettuale, dove cartelle, estensioni, modelli sono alcune delle parole chiave che permettono di gestire con efficacia la propria creatività.

## Aprire e salvare un file di AutoCAD

È possibile aprire o salvare i file di disegno utilizzando procedure del tutto analoghe a quelle utilizzate in qualsiasi altra applicazione che utilizza Microsoft Windows come sistema operativo.
In particolare per aprire velocemente gli elaborati grafici di AutoCAD è possibile utilizzare varie metodologie:

- Utilizzare l'icona *Apri* posta sulla barra degli strumenti *Accesso rapido* per visualizzare la finestra di dialogo *Seleziona file*.
- Scegliere dal *Menu dell'applicazione* il pulsante *Apri* e, come sopra, avvalersi la finestra di dialogo *Seleziona file* per individuare il disegno da utilizzare.
- Fare clic con il tasto destro del mouse su una delle schede di disegno presenti nell'area lavorativa e, come anticipato nel Capitolo 1 alla Figura 1.10, scegliere la voce *Apri* per visualizzare, come sempre, la finestra di dialogo *Seleziona file*.
- Utilizzare *DesignCenter* per aprire i disegni (questa particolare tavolozza verrà analizzata nel Capitolo 17).

Inoltre, essendo i file di disegno, come sottolineato in precedenza, dei "normali" documenti è anche possibile:

- Fare doppio clic sul disegno in *Esplora* risorse per avviare AutoCAD e aprire l'elaborato; naturalmente se il programma è già in esecuzione, il file si apre nella sessione corrente.
- Trascinare un disegno da *Esplora risorse* ad AutoCAD, rilasciando però il disegno in un punto qualsiasi al di fuori dell'area di disegno (ad esempio sulla riga di comando), altrimenti viene inserito come riferimento di blocco (i blocchi verranno trattati nel Capitolo 17).

Quando si apportano modifiche ad un disegno, è opportuno aggiornare spesso i cambiamenti, utilizzando il comando *Salva*, presente sia sulla barra degli strumenti *Accesso rapido*, sia nel *Menu dell'applicazione* (Figura 3.1).

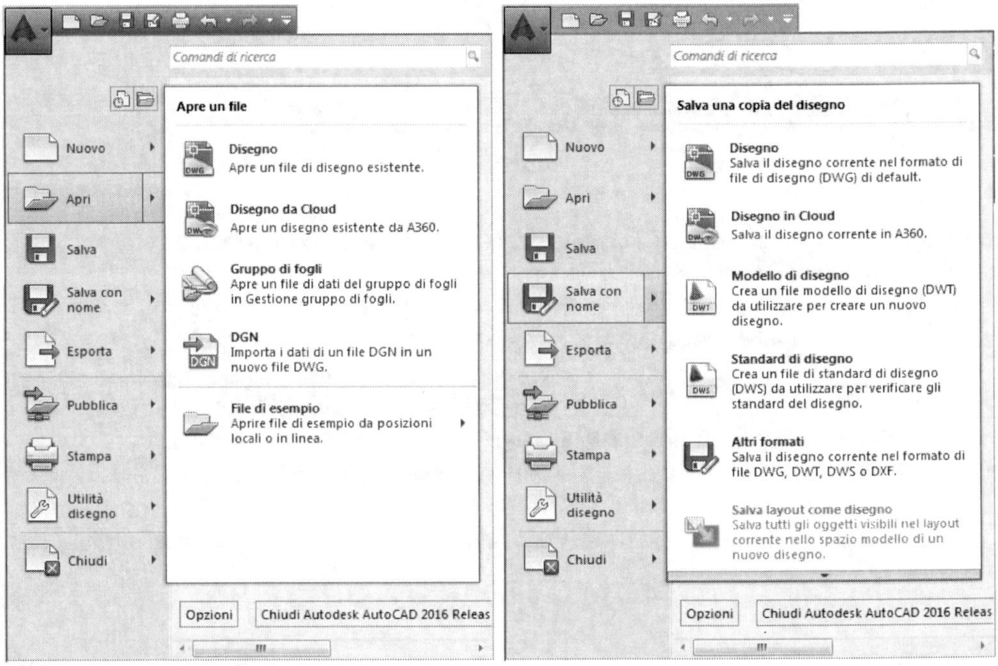


**Figura 3.1**
Aprire e salvare un elaborato grafico.

Il salvataggio impedisce la perdita dei dati nel caso in cui dovesse malauguratamente verificarsi, per esempio, un'interruzione di corrente.
Inoltre, a ogni salvataggio viene creare una copia di backup della versione immediatamente precedente; questa copia manterrà lo stesso nome del disegno originale appena aggiornato, ma presenterà l'estensione *.bak*.
All'interno della scheda *Apri e salva* della scheda *Opzioni* (attivabile, come abbiamo visto nel Capitolo 1, dal pulsante omonimo posto nella parte inferiore del *Menu dell'applicazione)* è possibile verificare, nella sezione *Sicurezza file* (Figura 3.2), che la copia di backup sia attivata, inoltre è possibile impostare la tempistica e il funzionamento dell'utile opzione *Salvataggio automatico*.

Per creare invece una nuova versione di un disegno senza modificare l'originale, è necessario salvarlo con un altro nome adoperando il comando *Salva con nome* che, come il precedente, è reperibile sulla barra degli strumenti *Accesso rapido* e anche nel *Menu dell'applicazione* (Figura 3.1).

**Nota**
Se la variabile di sistema FILEDIA è impostata sul valore 0, al posto della finestra di dialogo di selezione o di salvataggio dei file vengono visualizzati i messaggi direttamente sulla riga di comando.

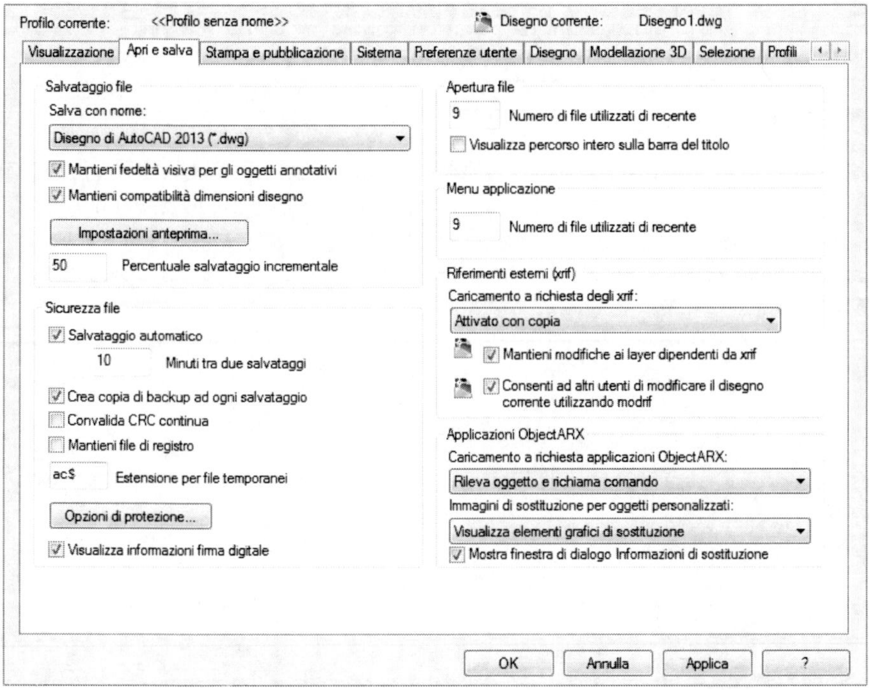


**Figura 3.2**
La scheda Apri e salva della finestra Opzioni.

La finestra *Salva con nome*, oltre che a permettere di decidere il nome e il percorso di salvataggio del nuovo file di disegno, permette anche di attivare, attraverso la voce, posta in alto a destra, *Strumenti* (Figura 3.3) le *Opzioni di protezione* e apporre così al file una password o una firma digitale.

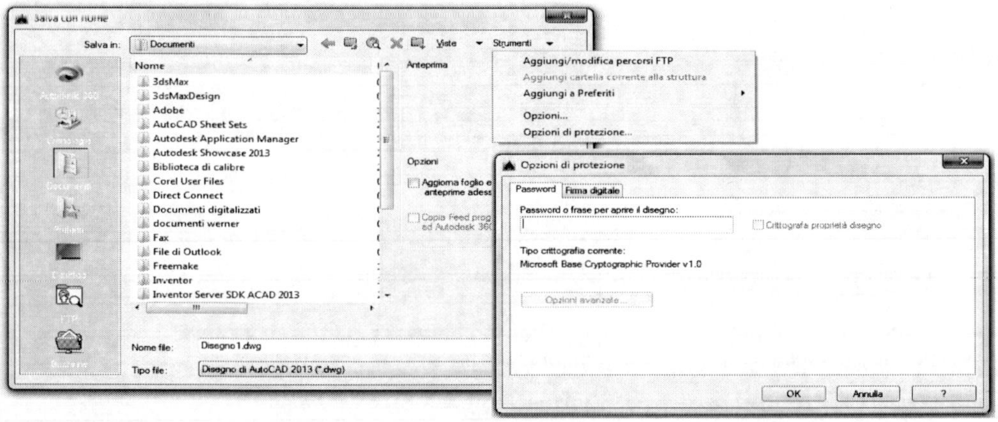


**Figura 3.3**
La finestra Salva con nome e il suo menu Strumenti che permette di apporre una password o una firma digitale al disegno.

**Nota**
La finestra, come vedremo nei prossimi paragrafi, permette di salvare con formati differenti o versioni precedenti il disegno, così da aumentarne le possibilità di utilizzo in altri contesti progettuali.

## Importare un file

Il comando *Apri* permette di utilizzare in AutoCAD solo formati che abbiano estensioni "native" (delle quali approfondiremo i significati in seguito); premette quindi di utilizzare unicamente file di disegno *.dwg*, file modello di disegno *.dwt*, file standard di progetto *.dws* o di interscambio *.dxf*.
Spesso però si ha la necessità di dover adoperare disegni che sono stati creati da altri software, come CATIA, SolidWorks, MicroStation, Pro/Engineer o altri.
In questo caso AutoCAD permette, attraverso il comando *Importa*, presente nel gruppo *Importa* della scheda *Inserisci*, di scegliere il formato e il file da importare nel disegno corrente (Figura 3.4).

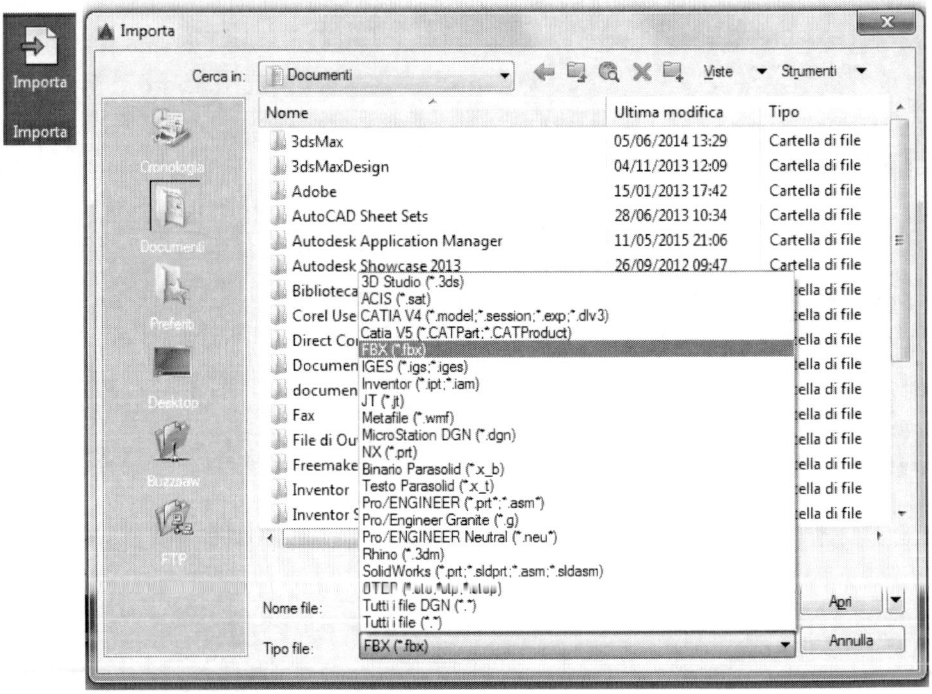


**Figura 3.4**
La finestra di dialogo Importa.

## Creare un nuovo disegno

Per creare un nuovo disegno in AutoCAD si possono utilizzare quattro modalità:

1. Fare clic sul *Menu dell'applicazione*, quindi scegliere *Nuovo / Disegno*.
2. Fare clic sull'icona *Nuovo* della barra degli strumenti *Accesso rapido*.
3. Fare clic sul pulsante *Inizia disegno* della scheda *Inizio*.
4. Fare clic sul segno + posto sulla destra dell'ultima scheda di disegno presente nell'area lavorativa.

Ogni volta che si decide di creare un nuovo disegno si deve determinare quale *Modello* di riferimento adottare (Figura 3.5).

**Figura 3.5**
La creazione di un Nuovo disegno presuppone la scelta di un Modello di riferimento.

Un file modello, in fondo, non è altro che una sorta di base, di sostrato, di piattaforma che, in quell'estensione, *.dwg* per AutoCAD, contiene tutte le impostazioni e i riferimenti utili al suo utilizzo all'interno di uno specifico software.

In genere nel disegno bidimensionale si decide di adoperare quello denominato *acadiso.dwt*, che presenta le minime, ma principali, impostazioni utili al disegno in unità metrico decimali (nel prossimo capitolo verranno analizzate e approfondite le tematiche riguardanti le impostazioni che un disegno deve possedere).

**Nota**
Utilizzando direttamente il comando Inizia disegno o il segno + posto sulla destra dell'ultima scheda di disegno, AutoCAD utilizza automaticamente l'ultimo modello adoperato. Per poter scegliere il modello di riferimento si deve espandere il menu facendo clic (vedi Figura 3.5) sulla voce Modell*i*.

In generale possiamo dire che AutoCAD fornisce un nutrito gruppo di file modello di disegno. Molti di questi file sono disponibili in quelle che il sistema definisce unità imperiali (le unità di misura sono in pollici) o metriche, mentre altri sono ottimizzati per la modellazione tridimensionale. Tutti i file modello di disegno hanno, comunque e sempre, estensione *.dwt.*

## Creare un modello personalizzato

Come abbiamo visto, volenti o nolenti, tutte le volte che si decide di creare un nuovo disegno AutoCAD impone l'utilizzo di un *Modello*.

Il metodo di lavoro migliore, perciò, consiste nel costruire un proprio modello di riferimento, nel quale le caratteristiche generalmente impiegate per definire gli elaborati grafici (che analizzeremo con attenzione nei prossimi capitoli), quali layer, layout, stili, blocchi, ecc. siano già impostate, già pronte, così da agevolare notevolmente le operazioni di disegno.
Per di più utilizzando sempre lo stesso modello contenente un insieme di pre-impostazioni, non solo si riducono i tempi di realizzazione di un progetto, ma si garantisce un'omogeneità, una standardizzazione tra tutti i file che lo compongono.
Sfortunatamente molti, se non troppi, disegnatori tendono ad aprire un file "normale" e a utilizzarlo come base per il proprio elaborato; e, inoltre, solo dopo averlo modificato tendono a salvarne le variazioni, rischiando così errori accidentali al disegno iniziale.
Usando i modelli questo problema si evita in quanto l'uso del comando *Nuovo* presuppone che il file di partenza non venga modificato in quanto protetto dal fatto di non essere un file di disegno *.dwg* ma appunto un file di modello *.dwt*.
Le operazioni che permettono di salvare un disegno come modello sono estremamente semplici, basta infatti utilizzare il comando *Salva con nome* e, dall'elenco *Tipo file* (Figura 3.6) scegliere la voce *Modello di disegno di AutoCAD (*.dwg)*.

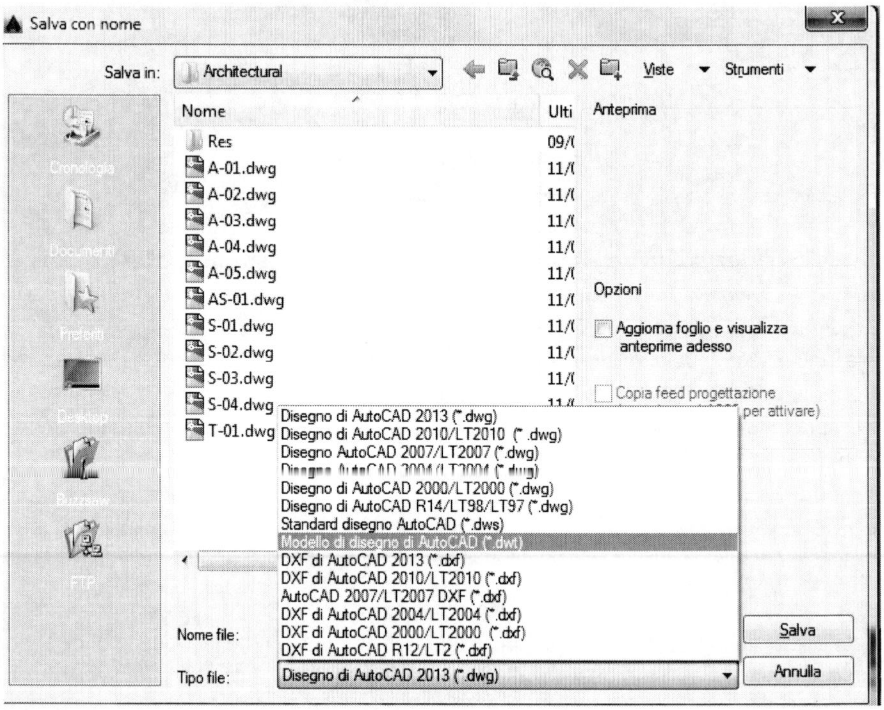


**Figura 3.6**
Salvataggio di un Modello personalizzato.

Automaticamente AutoCAD si posiziona nella cartella contenete tutti i file modello così che possano essere recuperati ogni volta che si richiede di creare un nuovo disegno.
Il percorso destinato all'archiviazione dei file modello è personalizzabile tramite la scheda *File*, alla voce *Impostazioni del modello*, della finestra di dialogo (che abbiamo già più volte incontrato) *Opzioni* (Figura 3.7).

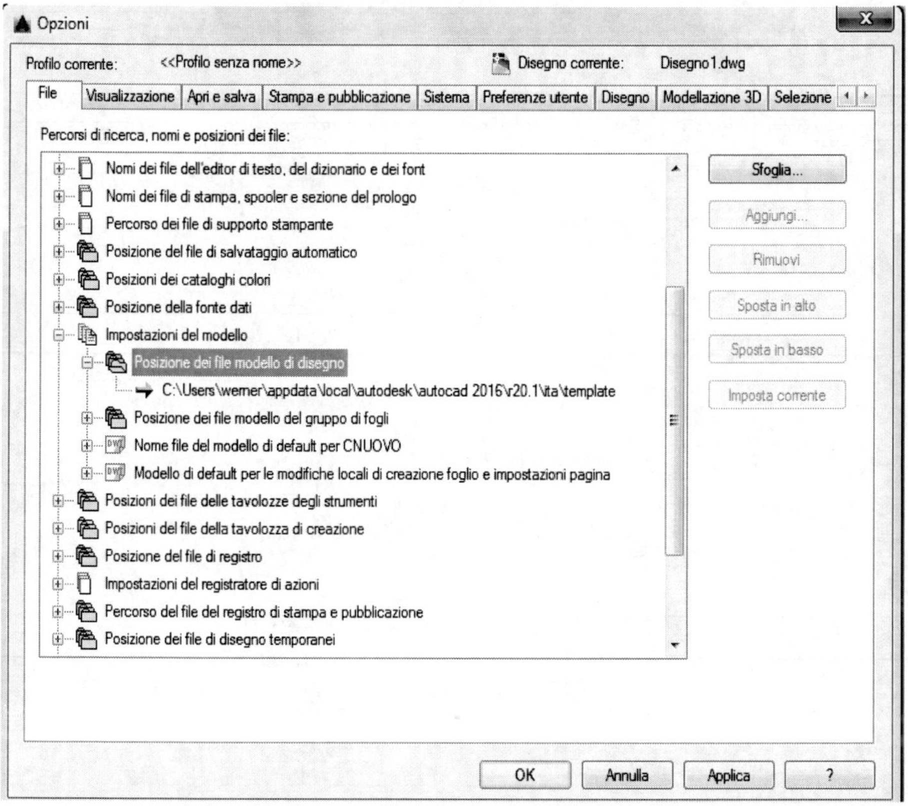


**Figura 3.7**
Personalizzazione del percorso della cartella contenente i Modelli di AutoCAD.

Questa personalizzazione risulta estremamente utile soprattutto quando si ha la necessità di condividere informazioni ed impostazioni all'interno di un gruppo di lavoro, facilitando così le operazioni di aggiornamento e uniformità all'interno di una rete condivisa.
Naturalmente resta comunque possibile selezionare i file da una cartella differente da quella specificata.

## Convertire un file .dwg

Ogni volta che si salva un elaborato grafico, il software definisce automaticamente il disegno in un file con estensione *.dwg* e imposta la versione (o release) al formato 2013, quella definita per AutoCAD 2016.
Utilizzando *Salva con nome* è però possibile decidere di servirsi di un formato differente (Figura 3.8) per far sì che il proprio elaborato sia compatibile anche con altre versioni del programma.

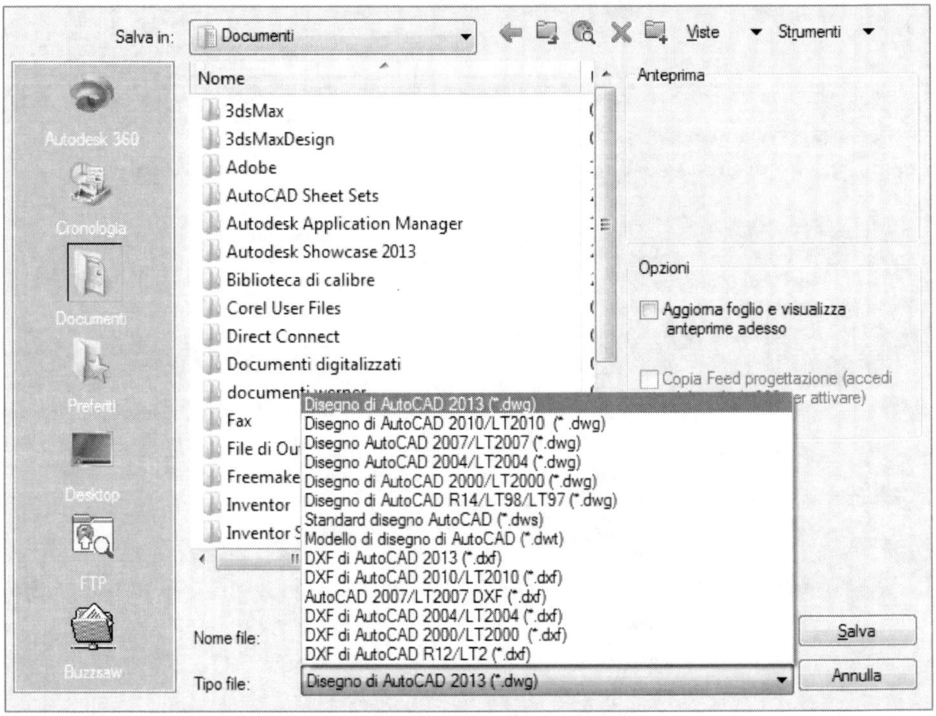


**Figura 3.8**
I differenti formati disponibili con Salva con nome.

---

**Nota**
Salva con nome permette di utilizzare anche il formato .dxf che dà la possibilità di creare un file vettoriale di interscambio, leggibile da tutti i software CAD.

---

In questo caso, quando si deve convertire in una release precedente un numero elevato di disegni, è decisamente utile servirsi della funzione *Converti DWG* (Figura 3.9) , accessibile dal Menu dell'applicazione, espandendo l'elenco del pulsante *Salva con nome*.

Il comando apre una finestra di dialogo che, nella sua parte sinistra consente di definire l'elenco dei file da sottoporre a conversione, mentre nella parte destra permette di definire con quali impostazioni effettuarla.

Il pulsante *Aggiungi* dà la possibilità di gestire l'elenco dei file attraverso la finestra *Seleziona file* e, naturalmente, il pulsante *Converti* permette la trasformazione immediata dei file selezionati.

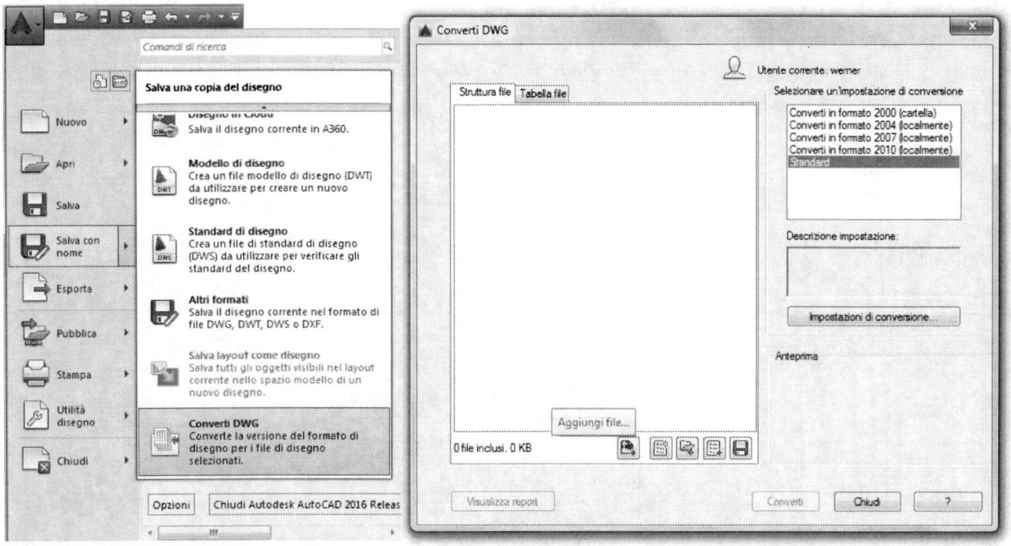


**Figura 3.9**
Il comando Converti DWG.

# Raggruppare i file con la funzione eTrasmit

Un comando estremamente utile è *eTrasmit* disponibile nell'elenco del menu della voce *Pubblica*, anch'esso presente nel *Menu dell'applicazione*.

Lo strumento permette di raggruppare uno o più file di disegno, compresi tutti gli eventuali file collegati, in un pacchetto (cartella, file compresso *.zip*, o file autoeseguibile *.exe*) che così può essere trasmesso agevolmente a terzi.

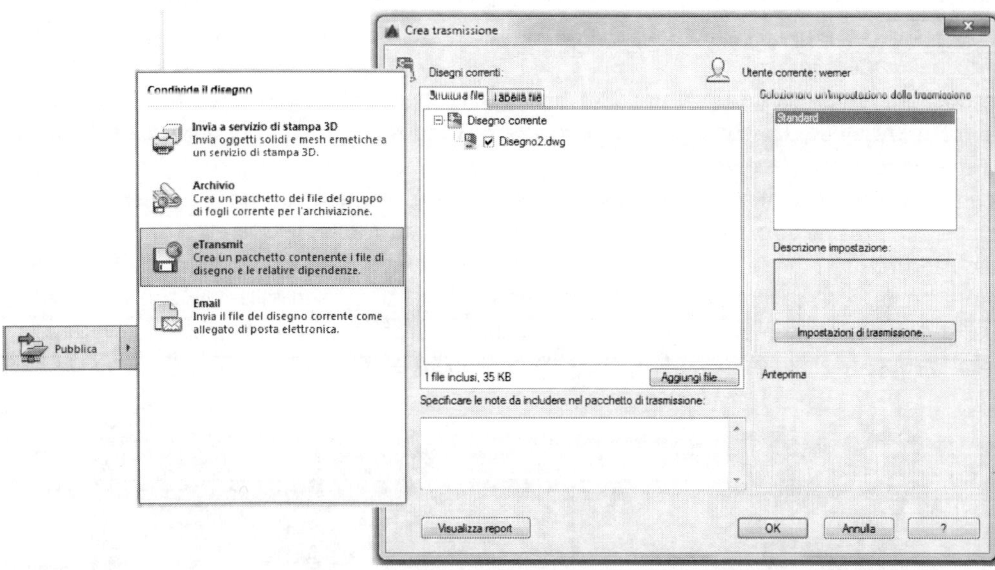


**Figura 3.10**
La finestra di comunicazione dello strumento eTrasmit.

Nella finestra di dialogo *Crea trasmissione* (Figura 3.10) è possibile definire, oltre a quali file raggruppare con in pulsante *Aggiungi file*, anche tutte le opzioni e le modalità di accorpamento, attraverso la pressione del pulsante *Impostazioni di trasmissione* e la compilazione della finestra *Modifica impostazioni di trasmissione* (Figura 3.11).

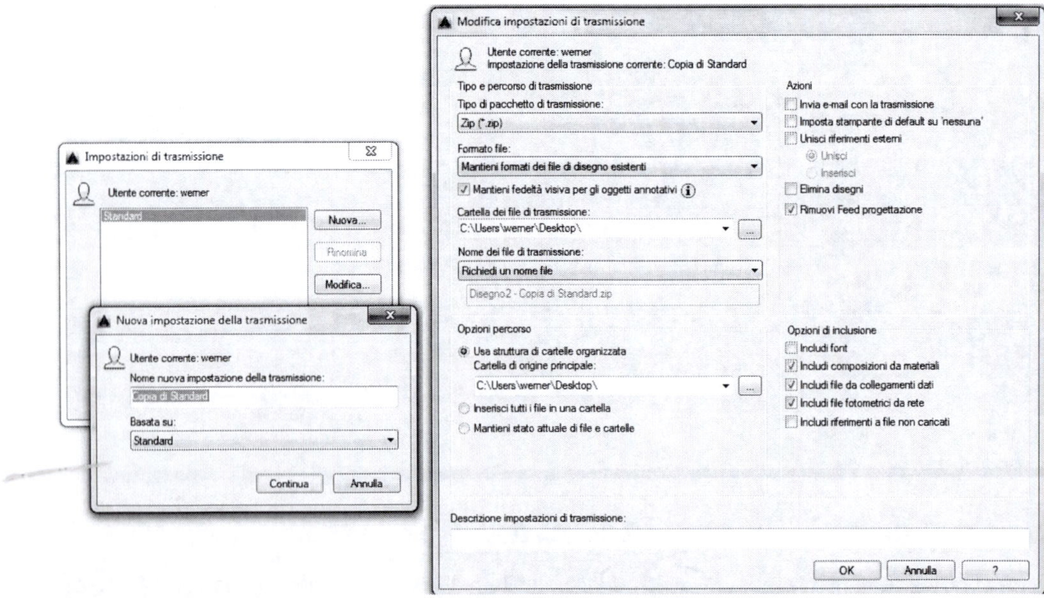


**Figura 3.11**
La finestra di comunicazione Modifica impostazioni di trasmissione dello strumento eTrasmit.

## Il cloud di Autodesk

Autodesk fornisce ai propri utenti uno spazio gratuito dove poter archiviare in Rete i file di disegno, dove possono essere consultati ed elaborati all'interno di un qualsiasi browser web o con l'*app* gratuita *AutoCAD 360*.

Nel riquadro verticale posto a sinistra (Figura 3.8) delle finestre di dialogo di apertura e salvataggio dei file è presente (così come in Esplora risorse di Windows sotto la voce *Computer*) l'icona di collegamento a *Autodesk 360*.

Dopo essersi collegati ai servizi di Autodesk tramite nome utente e password è possibile aprire o salvare i propri elaborati grafici nello spazio personale riservato in Rete. In Internet si sincronizzeranno automaticamente tutte le copie dei file presenti anche su altri dispositivi compatibili e connessi, naturalmente, a *Autodesk 360* tramite il web e su cui si sono installate le app apposite. In questo modo è possibile avere una versione dei propri disegni sempre aggiornata e univocamente visualizzata su qualunque supporto si stia utilizzando per gestirla.

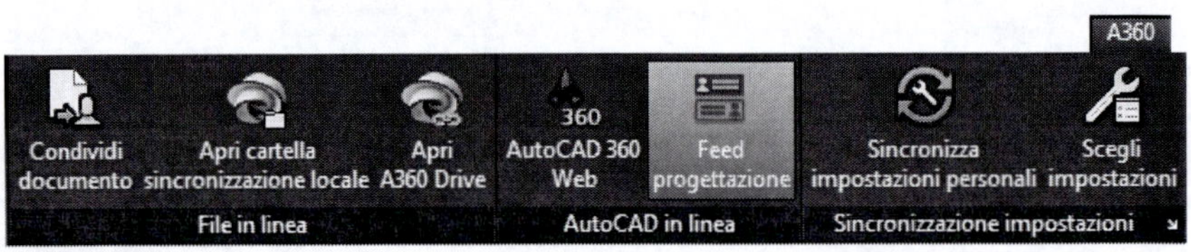


**Figura 3.12**
La scheda Autodesk 360 della barra multifunzione.

L'acceso ai servizi cloud può anche essere effettuato tramite il pulsante *Accedi a Infocenter* della barra del titolo o attivando una delle funzioni presenti nella scheda apposita *Autodesk 360* presente sulla barra multifunzione.
Facendo clic su *Condividi documento* del gruppo *File in linea*, il disegno corrente viene memorizzato in *Autodesk 360* e si apre una finestra che permette di digitare un messaggio e gli indirizzi e-mail degli altri utenti che si vuole invitare ad accedere al file grazie a Internet. Potranno così scaricare il file o consultarlo all'interno di un qualsiasi browser web (è consigliato *Chrome*). Inoltre *Autodesk 360* fornisce anche un editor online che permette la modifica dei disegni caricati.

## Conclusioni

AutoCAD, come abbiamo visto, fornisce un'ampia varietà di strumenti che premettono di operare con coscienza e attenzione nella gestione degli elaborati progettuali.
È quindi venuto il momento di "entrare" nel mondo virtuale di questo potentissimo e validissimo software e cominciare, con i prossimi capitoli, a controllarne le grandi potenzialità espressive.

## Capitolo 4

# AutoCAD e gli strumenti di precisione

Ognuno di noi vivendo nello spazio fisico ha la necessità di orientarsi, di sapere esattamente dove si trova. Chiunque ha quindi la necessità di avere dei punti di riferimento, non solo per poter individuare facilmente la propria posizione e quella degli elementi che lo circondano, ma anche per poterne definire le distanze tra loro relative.
Allo stesso modo, AutoCAD ci mette a disposizione uno spazio di progettazione nel quale dobbiamo necessariamente sapere esattamente dove si trovano le entità in esso generate e quali siano le dimensioni degli oggetti e le distanze che intercorrono tra loro.
Per permetterci di lavorare con coscienza ed attenzione, AutoCAD ci fornisce un'ampia varietà di strumenti di precisione, strumenti che risultano non solo essere fondamentali ma che facilitano enormemente la creazione di disegni esatti ed accurati.
Vi invito caldamente a leggere con attenzione questo capitolo, in quanto, vi permetterà di definire, con coscienza, lo spazio lavorativo messovi a disposizione dal software.

## Il sistema di riferimento

In geometria, al fine di poter soddisfare l'esigenza di identificare necessariamente ed esattamente la posizione di ogni singolo oggetto, viene solitamente utilizzato un sistema di riferimento cartesiano, a due o a tre dimensioni.

**Nota**
René Descartes, latinizzato in Renatus Cartesius e italianizzato in Renato Cartesio, è stato un filosofo e matematico francese. È ritenuto fondatore della matematica e della filosofia moderna. Cartesio per raggiungere un maggior grado di precisione nella risoluzione dei problemi geometrici introdusse il concetto del piano cartesiano, in cui la scienza dei numeri (l'algebra) e quella delle forme (la geometria) si uniscono.

Usando un sistema di riferimento cartesiano, è quindi possibile descrivere, tramite equazioni algebriche, tutte le forme geometriche, lineari, curve o superficiali; l'oggetto geometrico viene quindi definito dai punti notevoli che soddisfano l'equazione associata e ne delineano, così, il disegno.

**Nota**
AutoCAD, che è un software di disegno vettoriale, fa ampio uso di equazioni algebriche e, soprattutto, utilizza i punti notevoli per definire la forma delle sue entità

AutoCAD è strutturato proprio per lavorare con questo particolare sistema di riferimento basato sugli assi ortogonali X,Y,Z e supporta l'inserimento delle coordinate dei punti che definiscono le entità di disegno nei vari sistemi di riferimento cartesiani bi e tridimensionali.

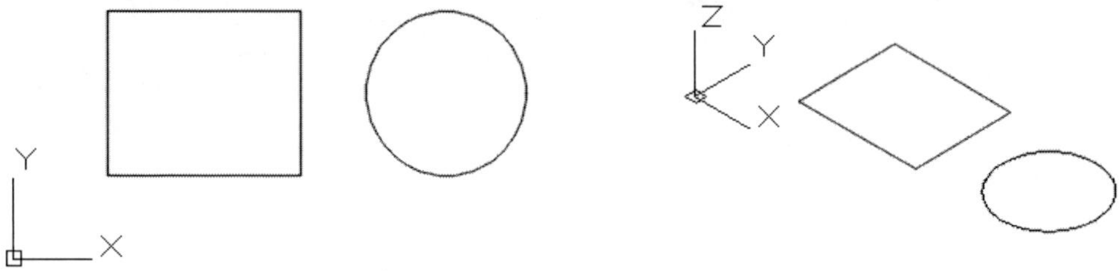


**Figura 4.1**
Il *Sistema di Coordinate Utente* di AutoCAD in un vista bidimensionale, a sinistra, e tridimensionale, a destra.

---

**Nota**
L'icona UCS, la cui visualizzazione è riportata nella Figura 4.2, indica la posizione e l'orientamento dell'UCS corrente.

---

La scelta dell'orientamento dell'UCS risulta essere estremamente importante in quanto definisce, tramite gli assi XY, il piano di lavoro sul quale verranno disegnate le differenti entità geometriche.
La personalizzazione ed il controllo della posizione degli assi può essere facilmente effettuata utilizzando quattro metodologie:

1. Digitando da tastiera il comando UCS.
2. Utilizzando il menu posto sotto il ViewCube (Figura 4.2).
3. Facendo clic col tasto destro del mouse sull'icona UCS.
4. Selezionando col tasto sinistro del mouse l'icona dell'UCS ed utilizzandone i grip.

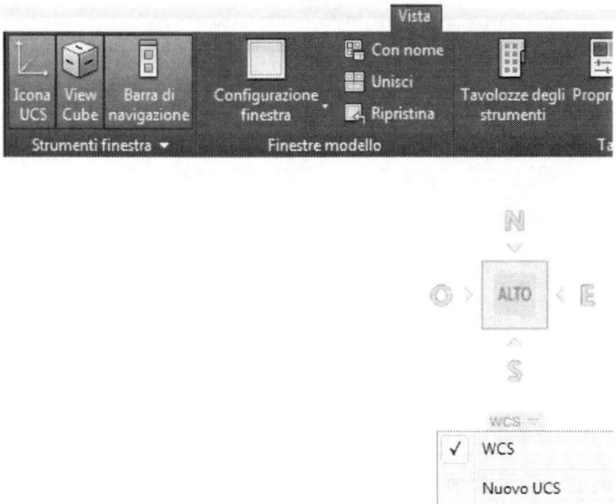


**Figura 4.2**
Il gruppo Strumenti finestra della scheda Vista per il controllo della visualizzazione dell'icona UCS e del ViewCube. Il menu del ViewCube che permette la scelta dell'orientamento dell'UCS.

I primi due metodi ci costringono a dover utilizzare le opzioni presenti nella Riga di comando e possiamo, ormai, considerarli obsoleti in quanto superati dagli ultimi due.
Infatti, cliccando col tasto destro sull'icona dell'UCS è possibile accedere velocemente al menu di Figura 4.3 che illustra la presenza di tutti i comandi che permettono la gestione del sistema di riferimento.
Interessanti risultano essere le opzioni:

- **Globale.** Permette di ritornare velocemente all'orientamento originale, chiamato anche *WCS,* proposto dal modello di riferimento prima della manipolazione.
- **Origine.** Da la possibilità di riposizionare l'origine degli assi.
- **Asse di rotazione / Z.** Soprattutto in ambito 2D, vi permette di ruotare agevolmente il piano di lavoro XY.

- **Impostazioni icona UCS / Mostra icona UCS nell'origine.** È molto utile (soprattutto nel 3D) per visualizzare la posizione dell'icona esattamente sulla coordinata definita dall'origine del piano di lavoro.

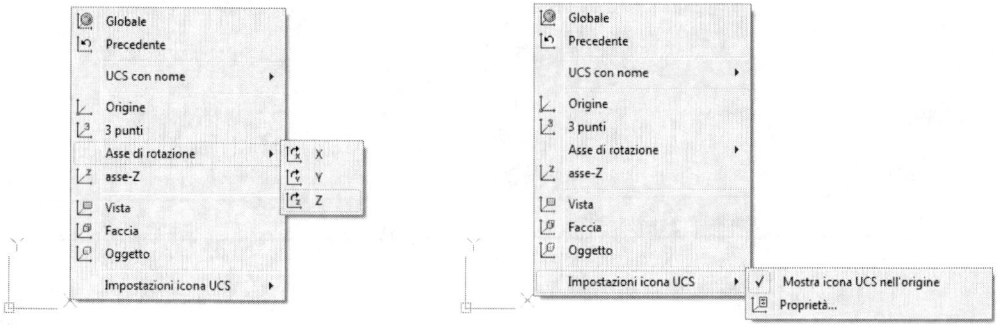


**Figura 4.3**
Cliccando col tasto destro sull'icona dell'UCS è possibile accedere al menu che illustra la presenza di tutti i comandi che permettono la gestione del sistema di riferimento.

L'orientamento del piano di lavoro, inoltre, può essere gestito, in modo estremamente intuitivo, riposizionando in altri punti dello spazio i tre piccoli simboli grafici blu (chiamati grip) che appaiono cliccando sull'icona UCS. Questo metodo sarà ampiamente definito ed illustrato nel Capitolo 10, dedicato, appunto, all'uso dei Grip.

**Nota**
Vi invito a leggere il Capitolo 10 con avidità ed con attenzione in quanto vi permetterà di velocizzare notevolmente la vostra tecnica di disegno.

Come abbiamo sottolineato, il sistema UCS è il sistema di riferimento attivo (detto anche corrente) che definisce il piano di lavoro XY per il disegno e, nel caso si operasse nel 3D, la direzione dell'asse Z per la modellazione.
Inoltre è il sistema di riferimento che ci dà la possibilità di controllare anche altri elementi che risultano essere fondamentali nelle attività di disegno, ovvero:

- L'orientamento orizzontale e verticale utilizzato per un attento utilizzo della modalità *orto*, del puntamento *polare* e del puntamento con *snap a oggetto.*
- L'allineamento e l'angolo della *griglia*, i modelli di *tratteggio,* il *testo* e gli oggetti di *quota*.
- L'origine e l'orientamento per l'immissione di coordinate ed angoli di riferimento assoluti o relativi.

Vi è anche un comando di visualizzazione che risulta essere particolarmente utile per orientare la vista secondo il sistema di riferimento in quel momento corrente; digitando, infatti, *PIANA* e definendo l'opzione *UCS corrente,* l'inquadratura verrà disposta seguendo l'ortogonalità proposta dal sistema (Figura 4.4).

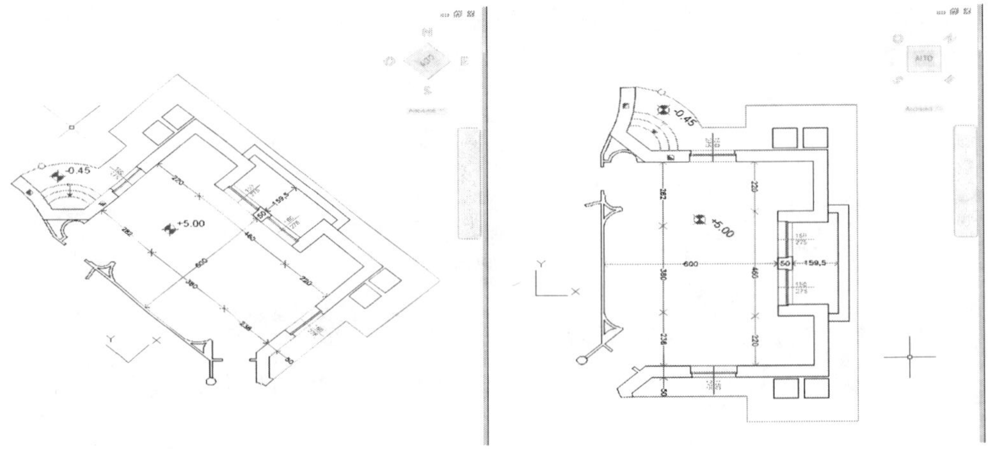

**Figura 4.4**
Applicazione, a destra, del comando di visualizzazione PIANA che orienta la vista secondo l'UCS corrente.

## Le unità di misura

Poiché AutoCAD permette di disegnare qualsiasi tipo di oggetto progettuale che potrebbe appartenere ad una qualsiasi disciplina (architettonica, meccanica, design, o altro) non ha un'unità di misura definita (centimetri, millimetri, pollici, ecc.); il software ha, infatti, la "sua" unità di misura, chiamata semplicemente ed appropriatamente "U", ovvero Unità o, in inglese, Unit.
Ogni oggetto creato viene quindi definito e misurato in unità di disegno, perciò, prima di iniziare a disegnare, è necessario stabilire cosa vogliamo che rappresenti un'unità di AutoCAD in base al tipo di progetto che desideriamo realizzare; dopodiché, possiamo tranquillamente creare il nostro disegno nelle dimensioni reali (in scala 1:1) con la convenzione scelta.

**Nota**
È possibile convertire un disegno da un sistema di misurazione all'altro semplicemente scalandolo con il comando SCALA, del quale parleremo più avanti.

Per creare, quindi una corretta memorizzazione delle informazioni relative all'unità di misura adottata, potete fare clic sul *Menu dell'Applicazione* (la *A* di AutoCAD in alto a sinistra), selezionare la voce *Utilità di sistema* e cliccare, infine, su *Unità*. La finestra di dialogo *Unità disegno* ci permetterà di definire tutte le proprietà della corrispondenza tra unità di AutoCAD e unità di misura. Il passaggio è riportato nella Figura 4.5.

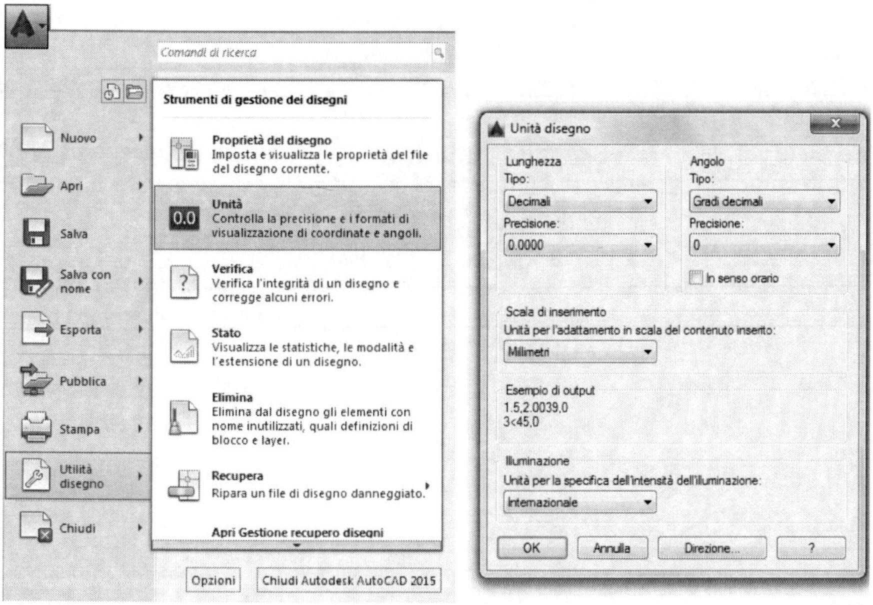


**Figura 4.5**
La finestra di dialogo che permette l'impostazione dell'unità di misura e dell'arrotondamento della sua visualizzazione.

Dobbiamo tenere presente che, quando si specifica la *Precisione* delle unità da visualizzare, i valori relativi alle coordinate e alle distanze vengono arrotondati; tuttavia, la precisione interna di coordinate e distanze viene sempre mantenuta e correttamente calcolata, indipendentemente dalla precisione (arrotondata) della visualizzazione.
Per esempio, se impostiamo la *Precisione* della visualizzazione delle unità in formato decimale 0.0, la visualizzazione delle coordinate viene arrotondata di una posizione dopo il punto decimale. In questo modo, le coordinate 0.000,1.475 vengono visualizzate come 0.0,1.5, ma la precisione interna viene comunque mantenuta.
A questo proposito, dobbiamo fare attenzione a definire una visualizzazione di almeno due decimali per la misurazione delle angolazioni, altrimenti la lettura dei gradi risulterà sempre perfettamente arrotondata all'unità.

**Nota**
In AutoCAD i decimali si indicano con il punto, mentre la virgola definisce la separazione tra gli assi X,Y e Z delle coordinate.

La cosa particolare di AutoCAD è che le informazioni memorizzate nella finestra di Figura 4.5 non vengono tenute presenti per la digitazione di lunghezze, per la misurazione delle quote o per l'impostazione della scala di stampa; infatti modificando in qualsiasi momento tali informazioni, gli oggetti ormai disegnati non varieranno le proprie misure, le proprie dimensioni.
Questo è uno dei motivi per cui molti tendono a dimenticare di intervenire sulla finestra *Unità disegno* lasciando così una corrispondenza non corretta.

È un gravissimo errore che si ripercuoterà fortemente in seguito, quando, ad esempio, AutoCAD procederà a scalare automaticamente l'inserimento di blocchi o di riferimenti esterni, o quando dovrà calcolare luci e materiali nella modellazione tridimensionale.
Perciò se state iniziando un nuovo disegno, impostate subito, prima di iniziare a progettare, le unità di misura che intendete adottare.
Se, invece, state utilizzando un disegno realizzato da altri, misurate con il comando *MISURAGEOM* (che verrà illustrato nel Capitolo 14) un oggetto dalle dimensioni conosciute e, subito dopo, verificatene o aggiornatene le unità di misura.
Come ultimo suggerimento, una volta definite le unità disegnate sempre in scala 1:1 usando lo *Spazio modello,* (che come abbiamo visto nei capitoli precedenti è l'ambiente lavorativo deputato da AutoCAD per progettare) e delegate la scalatura del disegno al processo di stampa o ai *Layout.*

**Nota**
Un oggetto lungo 50 cm sarà espresso in AutoCAD con la misura 500 se disegnato in mm, 50 se in cm, 0.5 se in metri.

# Immettere le coordinate

In AutoCAD ogni comando viene svolto definendo, sul piano di lavoro in quel momento corrente, dei punti che permettono di risolvere con estrema precisone l'operazione che si è scelta di effettuare. Perciò, quando ci viene richiesto dal sistema di specificare un punto, potete selezionarne uno cliccando, direttamente sul piano di lavoro, con il tasto sinistro del dispositivo di puntamento; oppure, potete digitare il valore delle coordinate della sua posizione nella riga di comando.

In entrambi i casi vengono inserite delle coordinate, dei valori numerici memorizzati con una precisione che supera la nona cifra decimale; questo fa sì che il disegno effettuato con AutoCAD sia estremamente preciso, ma ci obbliga ad essere molto attenti nella definizione di ciascun punto: non si può, quindi, disegnare "ad occhio", ma siamo obbligati ad utilizzare correttamente tutti gli strumenti che il sistema ci mette a disposizione e che, in verità, se adoperati *cum grano salis*, con discernimento, ci permettono di essere non solo estremamente precisi, ma anche e soprattutto molto veloci nelle operazioni di disegno.

## Coordinate cartesiane e coordinate polari

Nello spazio bidimensionale di AutoCAD, quello a cui ci limiteremo in questo capitolo, è necessario specificare i punti sul piano XY, noto, come abbiamo visto, anche come piano di lavoro.
È importante sottolineare che la sintassi, quando si digitano le coordinate, prevede che i decimali siano espressi con il *punto*, mentre la *virgola* deve servire solo come separatore per la definizione del valore della distanza dagli assi; inoltre, l'utilizzo del segno + o del segno – indica la direzione espressa da questo valore.
Immaginiamo un foglio di carta millimetrata; in un sistema di coordinate cartesiane l'indicazione di un punto prevede la digitazione dei valori delle distanze (in unità) separati dalla virgola (i decimali vanno espressi col punto!), dove il primo valore indica la distanza orizzontale dall'origine, la X, mentre quella verticale specifica il valore Y. Quindi, la sintassi sarà generalmente espressa da X,Y. Per esempio 0,0 indica l'origine degli assi, mentre 3,3 un punto distante da entrambi gli assi di 3 unità.

Nei sistemi di coordinate polari, invece, i punti vengono individuati in base ad una distanza e ad un **angolo** che esprime l'inclinazione di quella distanza rispetto all'asse X. La sintassi prevede che al messaggio della richiesta del punto si digitino le coordinate utilizzando un valore di distanza e un valore di angolo separati da una parentesi acuta (<). Ad esempio, l'espressione 30<45 indica una distanza dall'origine degli assi di 30 unità con una inclinazione verso l'alto di 45°.

**Nota**
Per default, gli angoli aumentano in senso antiorario e diminuiscono in senso orario. Per specificare la direzione in senso orario, è possibile digitare un valore negativo da assegnare all'angolo.

## Coordinate assolute e coordinate relative

In AutoCAD, le espressioni sintattiche che abbiamo visto nel paragrafo precedente, che esprimono le coordinate di un punto in modo assoluto, ovvero sempre rispetto all'origine degli assi, in verità, sono ormai poco utilizzate. Estremamente interessante, invece, risulta per noi progettisti, essere bravi e capaci nel saper padroneggiare la digitazione di coordinate relative, ovvero espresse non, rispetto alla statica origine degli assi di riferimento, ma definite in base all'ultimo punto specificato. La sintassi, in questo caso, prevede l'utilizzo, davanti alla digitazione di coordinate cartesiane o polari del carattere **@**, il cui significato, infatti, risulta essere la parola anglosassone "*at*", in italiano "*presso, rispetto a*".

Quindi l'espressione da digitare per definire le coordinate relative è:

- Coordinate relative cartesiane: al messaggio di richiesta del punto, immettere le coordinate utilizzando il seguente formato: @x,y.
- Coordinate relative polari: alla richiesta di immissione di un punto, digitate le coordinate utilizzando il formato @distanza<angolo.

La scelta dell'uno o dell'altro formato dipende dalle informazioni in vostro possesso; l'esercizio seguente, infatti, prevede che voi disegnate due piani inclinati (riportati in Figura 4.6), utilizzando in un caso la conoscenza della lunghezza e dell'inclinazione dl piano, nell'altro il suo scostamento rispetto all'asse X e all'asse Y.

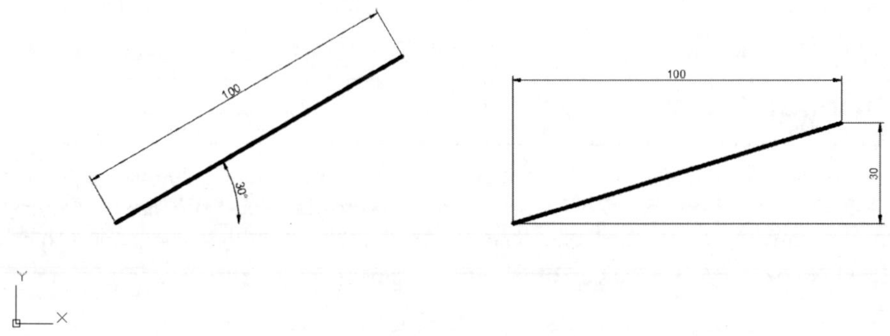


**Figura 4.6**
Due piani inclinati realizzati con elementi conoscitivi differenti.

**Esercizio. Utilizzo delle coordinate assolute e relative.**
In questo esercizio anticiperemo l'utilizzo del comando *LINEA,* al fine di comprendere il significato dell'immissione delle coordinate di un punto sia in modo assoluto che relativo.

1. Aprite il file *coordinate assolute e relative.dwg* dalla cartella Capitolo 4 presente nel Booksite (se avete dubbi su come aprire un file di disegno consultate il Capitolo 3); il disegno è completamente vuoto.
2. Digitate *LINEA* e premete INVIO. Osservate che quanto digitato viene riportato nella riga di comando.
3. Si attiva il comando *Linea* e alla richiesta di inserire il primo punto, poiché vogliamo che questo sia ad una distanza di 30 unità sia dall'asse X che dall'asse Y digitate le coordinate assolute **30,30** e premete INVIO per confermare la digitazione. La *Linea* viene agganciata alla coordinata e il sistema richiede l'immissione di un altro punto.
4. Poiché vogliamo creare una linea inclinata di 30° (rispetto all'asse X) e lunga 100 unità, la via migliore è quella di utilizzare le coordinate relative polari. Digitate dunque **@100<30** e premete INVIO.
5. Premete nuovamente INVIO per concludere il comando. La prima linea inclinata è terminata.
6. Ora dovete creare una nuova linea sapendo, però, che deve avere uno scostamento, rispetto al primo punto di 100 unità rispetto all'asse X e 30 rispetto all'asse Y. Digitate *LINEA* e premete INVIO. Il comando *LINEA* viene attivato.
7. Utilizzate le coordinate assolute **70,30** per definire il primo punto, a destra della linea precedente ma alla stessa altezza, e premete INVIO per confermare l'immissione.
8. Ora digitate, in modalità coordinate relative cartesiane, **@100,30** (fate attenzione al simbolo @) per definire il secondo punto e premete INVIO per confermare la digitazione.
9. Premete INVIO per terminare il comando e l'esercizio.
10. Salvate il file con il nome *coordinate assolute e relative2.dwg.*

Un altro metodo per l'inserimento di una coordinata relativa consiste nello spostare il cursore per specificare una direzione e quindi immettere direttamente una distanza, digitandola; questo metodo è detto *immissione diretta della distanza* e lo utilizzeremo spesso, in contemporanea agli altri sistemi di precisione che vedremo nei prossimi paragrafi, durante i prossimi esercizi proposti all'interno di questo manuale.

## Uso dell'input dinamico

L'*Input dinamico* è uno strumento che fornisce un'interfaccia comandi direttamente accanto al cursore permettendoci, così, di focalizzare l'attenzione sull'area di disegno. Infatti quando l'input dinamico è attivo (la sua icona posta sulla barra di stato assume la colorazione blu, come in Figura 4.7), le descrizioni dei comandi visualizzano informazioni accanto al cursore e vengono aggiornate dinamicamente in base agli spostamenti del sistema di puntamento.

**Nota**
per attivare e disattivare la funzionalità Input dinamico è necessario fare clic sul pulsante nella barra di stato omonima. È possibile, inoltre, fare clic con il pulsante destro del mouse sul pulsante e scegliere Impostazioni input dinamico per stabilire gli elementi che verranno visualizzati da ciascun componente quando l'input dinamico è attivo.

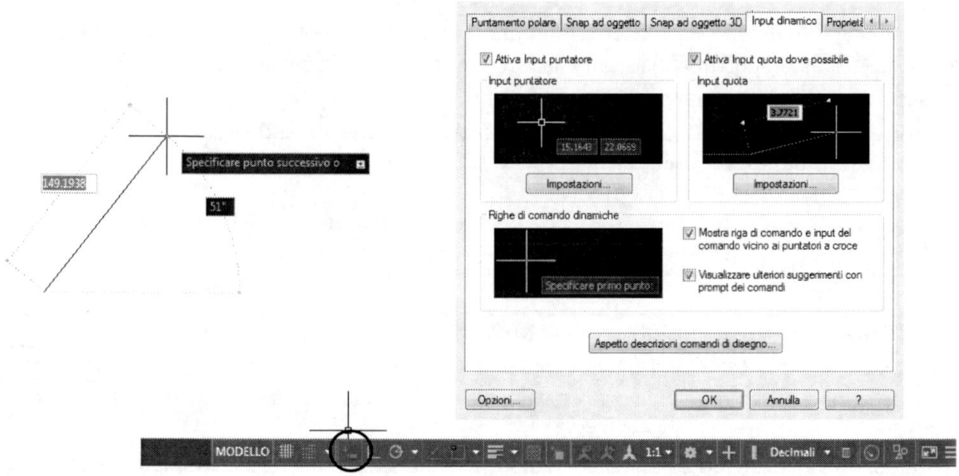


**Figura 4.7**
L'Input dinamico, il pulsante per la sua attivazione sulla barra di stato e le sue opzioni.

Quando un comando è attivo, le descrizioni dei comandi forniscono un'area per l'immissione dei valori (Figura 4.7 a sinistra).
Digitando un valore in un campo di input e premendo *TAB* sulla tastiera, nel campo viene visualizzata un'icona lucchetto e il movimento del cursore viene limitato in base al valore immesso; è quindi possibile immettere un valore per il secondo campo di input.
In alternativa, se si digita un valore e si preme INVIO, il secondo campo di input viene ignorato ed il valore viene interpretato come immissione diretta della distanza.
Quindi, per definire i valori nei campi dell'*Input dinamico* è necessario:

1. Nella barra di stato, verificare che il pulsante di input dinamico sia attivo.
2. Per immettere le coordinate polari, digitare la distanza dal primo punto e premere *TAB*, quindi digitare un valore per l'angolo e premere INVIO.
3. Per immettere le coordinate cartesiane, digitare il valore della coordinata X seguito da una virgola, quindi digitare il valore della coordinata Y e premere INVIO.

Inoltre, se dopo il messaggio di richiesta viene visualizzata una freccia rivolta verso il basso (Figura 4.7), è possibile accedere a opzioni ulteriori; bisogna perciò:

1. Premere il tasto *freccia Giù* (sulla tastiera) fino a inserire un punto accanto all'opzione desiderata, per confermarla; poi premere INVIO.
2. Oppure premere il tasto *freccia Su* (sulla tastiera) per accedere alle ultime coordinate utilizzate o, in alternativa, fare clic con il pulsante destro del mouse e scegliere *Input recente* per accedere alle coordinate da un menu di scelta rapida.

Come avrete notato, le azioni richieste per il completamento di un comando o per l'utilizzo dei grip (vedi Capitolo 10) sono analoghe a quelle richieste per la riga di comando. La differenza sta nel fatto che è possibile concentrare la propria attenzione in prossimità del cursore.
L'input dinamico non è stato progettato per sostituire la riga di comando. Tuttavia è possibile nascondere la riga di comando per aumentare l'area di disegno, ma sarà necessario visualizzarla per consentire la completa esecuzione di alcune operazioni.

# La griglia e lo snap di griglia

Per migliorare la velocità e l'efficienza durante le operazioni di disegno, è possibile visualizzare ed eseguire lo snap ad una griglia rettangolare. Le modalità griglia e snap sono indipendenti, ma sono spesso attivate contemporaneamente.

La **griglia** è un modello di punti o linee rettangolare che si estende sull'area di lavoro come se questa fosse un foglio di carta millimetrata

**Nota**

Anche se visualizzata, la Griglia non viene stampata.

La modalità **snap** (quando attivata) limita i movimenti del puntatore a degli intervalli definiti; infatti, il cursore sembra aderire, muovendosi a scatti, ad una griglia rettangolare invisibile.

Lo snap è particolarmente utile per specificare punti precisi utilizzando i tasti di direzione o il dispositivo di puntamento.

Le modalità griglia e snap sono indipendenti, ma sono spesso attivate contemporaneamente.

Per attivare velocemente la griglia e lo snap è possibile utilizzare i pulsanti *Modalità snap* e *Griglia* posti nella barra di stato (vedi Figura 4.8). Inoltre, grazie al menu del pulsante *Modalità snap* è possibile attivare una finestra che permette la regolazione degli intervalli sia dello snap che della griglia.

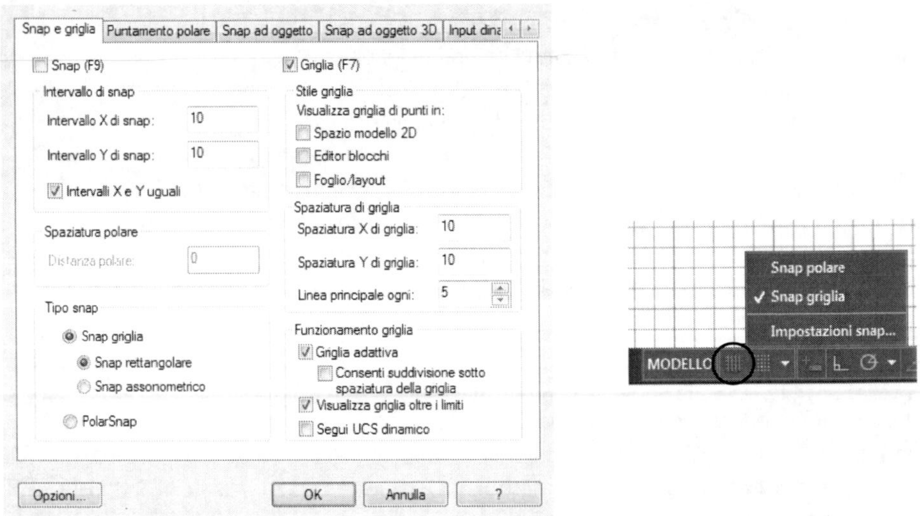


**Figura 4.8**

I comandi per l'attivazione dello Snap e della Griglia, a destra, ed il menu per la regolazione degli intervalli, a sinistra.

**Nota**

Se fate fatica ad identificare i nomi dei comandi presenti sulla barra di stato, può essere utile tornare a leggere il Capitolo 1.

In particolare, se l'opzione *Griglia adattiva* risulta essere disattivata, allontanandosi con il comando *ZOOM* la griglia potrà scomparire poiché la sua visualizzazione risulterebbe troppo fitta in quella visualizzazione. Per di più, se l'opzione *Visualizza griglia oltre i limiti* viene disattivata, la griglia sarà visibile solo all'interno di un'area rettangolare ben definita, chiamata *Limiti del disegno*.

**Nota**
Poiché, quando si disegna, vincolare il mouse ad un movimento a scatti risulta essere molto scomodo, in genere consiglio di tenere questo tipo di snap disattivato.

# Uso del blocco ortogonale (modalità Orto)

Nel corso della creazione o della modifica di oggetti, per maggiore praticità e precisione, è possibile limitare lo spostamento del cursore ai movimenti orizzontali e verticali.
Quindi, spostando il cursore, la *linea elastica* viene vincolata a seguire parallelamente l'asse orizzontale o verticale, a seconda di quale asse si trova più vicino al cursore.

**Nota**
L'orientamento del sistema di coordinate utente (UCS) corrente determina le direzioni orizzontale e verticale della Modalità orto.

È estremamente efficace adoperare l'immissione diretta della distanza (ovvero spostare il cursore per specificare una direzione e quindi immettere direttamente la distanza voluta) con la *modalità orto* attivata per creare linee ortogonali di lunghezze specifiche o per spostare gli oggetti di distanze specifiche.
La *modalità orto* può esser attivata (o disattivata) tramite il tasto *F8* oppure tramite il pulsante posto sulla barra di stato (Figura 4.9 a sinistra).

**Figura 4.9**
Dalla barra di stato è possibile attivare gli strumenti di aiuto al disegno Modalità orto e Puntamento polare, ma è possibile utilizzarli solo l'uno alternativamente all'altro.

# Uso del puntamento polare

L'ausilio al disegno *Puntamento polare* risulta essere estremamente interessante e flessibile; infatti, se attivato, non costringe la *linea elastica* a posizioni prestabilite, ma permette di muovere il cursore in qualsiasi direzione e, quando ci si avvicina alle direzioni indicate dall'angolo impostato come vincolante, compare una linea tratteggiata che aiuta a fissare la direzione del puntatore (Figura 4.10).

**Nota**
Le traiettorie di allineamento e le descrizioni dei comandi vengono visualizzate quando il cursore si avvicina agli angoli polari

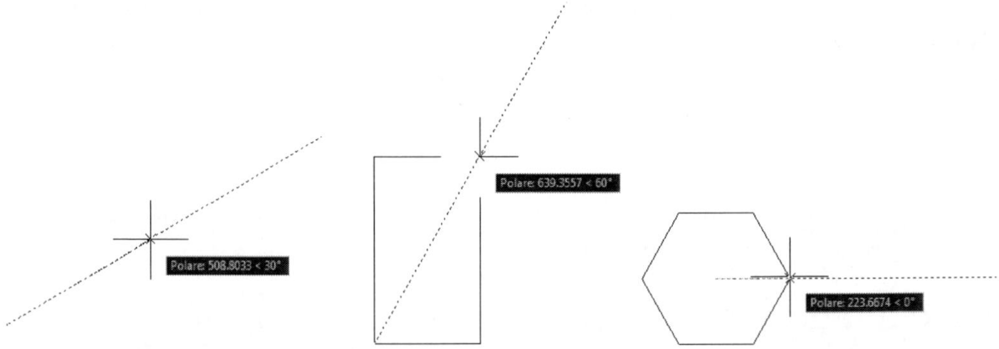


**Figura 4.10**
Utilizzando Puntamento polare la linea elastica viene vincolata solo in prossimità delle direzioni impostate, indicate dalla comparsa di una linea tratteggiata.

Il *Puntamento polare* è attivabile con la pressione del tasto *F10* o utilizzando l'apposita icona posta sulla barra di stato, visibile in Figura 4.9 a destra.
Per definire le direzioni secondo il multiplo di un angolo, è possibile accedere alle impostazioni dello strumento facendo clic sulla piccola freccia accanto al pulsante e, nel caso l'angolo desiderato non comparisse nell'elenco proposto (Figura 4.11), è possibile definirne altri utilizzando la voce *Impostazioni puntamento.*

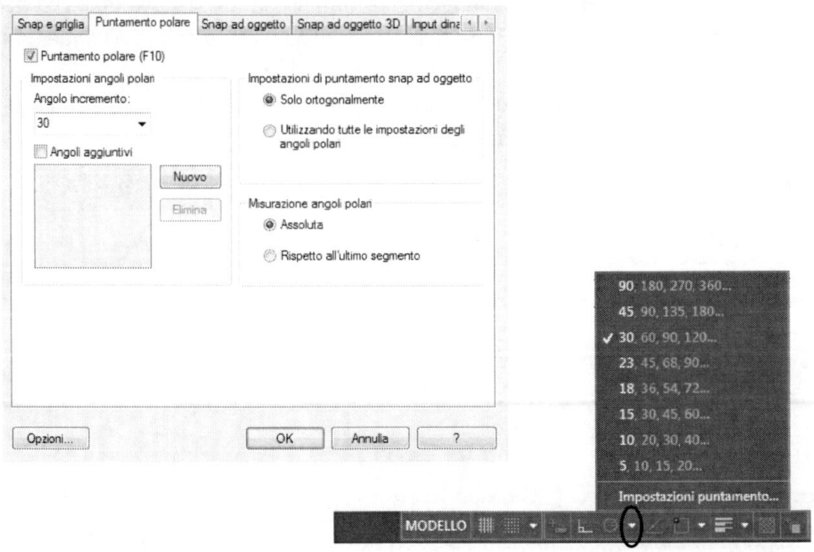


**Figura 4.11**
Facendo clic sulla piccola freccia accanto al pulsante è possibile accedere alle impostazioni di Puntamento polare.

Utilizzando *Puntamento polare* risulta estremamente efficace ed intuitivo disegnare utilizzando l'*immissione diretta della distanza,* infatti basta spostare il cursore per specificare la direzione voluta e poi immettere direttamente la distanza desiderata.

**Nota**
L'orientamento del sistema di riferimento (UCS) determina le direzioni dell'angolazione definita dal Puntamento polare.

Tutti gli strumenti e le tecniche che abbiamo esaminato in queste pagine ci hanno permesso di definire le coordinate dei punti che sono necessari per la determinazione di un comando di creazione o modifica di entità.
Ora, invece, approfondiremo la conoscenza di un altro tipo di aiuto che AutoCAD vi mette a disposizione: gli *Snap a oggetto*. Questi particolari e potentissimi aiuti ci permetteranno di "attaccarci", con un semplice clic, alle coordinate agli oggetti già presenti sul piano di lavoro.

## Gli Snap a oggetto (OSNAP)

In questo paragrafo analizzeremo una tecnica che ci permetterà, di velocizzare in modo esponenziale la nostra capacità di disegnare con AutoCAD; infatti, anziché immettere le coordinate o digitare delle distanze, gli Snap ad oggetto ci permettono di cliccare direttamente sui punti considerati notevoli degli oggetti esistenti, quali, ad esempio i punti finali delle linee o i punti centrali dei cerchi.
Tutte le volte che, all'interno di un comando, ci viene richiesto di specificare un punto, possiamo utilizzare gli *Snap a oggetto* per indicare posizioni precise sulle entità disegnate, senza doverne, perciò, conoscere le coordinate che ne individuano la posizione sul piano di lavoro.
In questo modo disegnare diventa estremamente fluido e lineare, aumentando, così, la nostra concentrazione sul progetto e non sul "come" disegnarlo.
Ad esempio, è possibile attivare gli *Snap ad oggetto* per disegnare rapidamente una linea che passa per il centro di un cerchio o il punto medio di un segmento di polilinea.

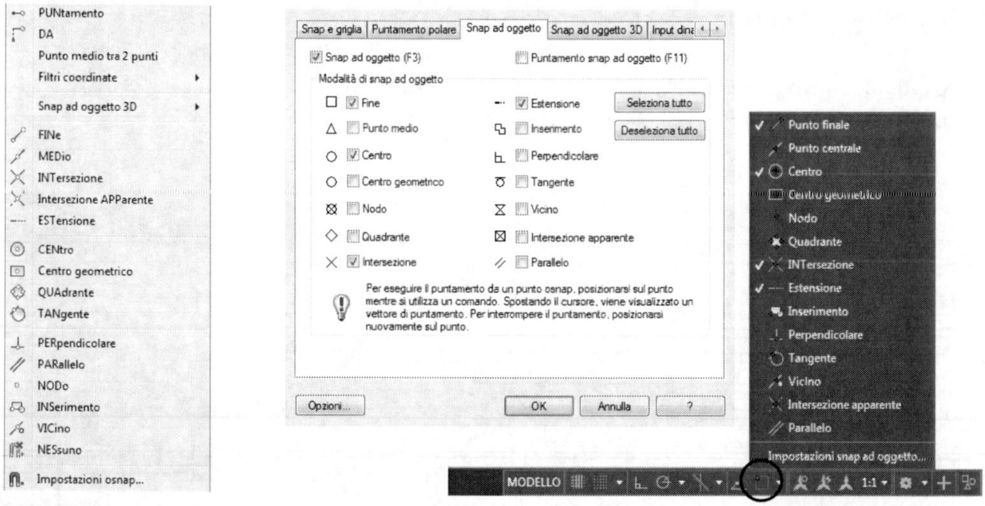


**Figura 4.12**
A sinistra, il menu di scelta rapida degli Snap ad oggetto temporanei, attivabile tenendo premuto MAIUSC (o CTRL) e facendo clic con il pulsante destro del mouse. A destra e al centro i menu che permettono di impostare in modo stabile gli Snap a oggetto utilizzando l'apposito pulsante posto sulla barra di stato.

AutoCAD ci mette a disposizione due tecniche per utilizzare al meglio ed in modo flessibile queste modalità di disegno:

- Una puntuale, dove dovrete, ogni volta che avrete bisogno di specificare un punto notevole, scegliere da un menu lo *Snap a oggetto* che vi necessita (Figura 4.12 a sinistra).
- Una fissa, che vi permette di definire un insieme di *Snap a oggetto* che si attivino automaticamente con il passaggio del mouse nei pressi di un punto notevole.

**Nota**
Gli Snap a oggetto funzionano solo quando viene richiesto di specificare un punto. Perciò, se si tenta di utilizzare uno Snap ad oggetto al di fuori di un comando, verrà visualizzato un messaggio di errore.

Quindi, per specificare uno *Snap a oggetto* temporaneo, puntuale, dovete:

3. Tenere premuto SHIFT (o CTRL) e fare clic con il pulsante destro del mouse per visualizzare il menu di scelta rapida *Snap a oggetto* (Figura 4.12 a sinistra).
4. Scegliere li tipo si snap desiderato.
5. Avvicinarsi col puntatore al punto notevole posto sull'oggetto e, all'apparire del simbolo di snap, cliccare col tasto sinistro del mouse per agganciarvisi.

Perciò, ogni volta che si desidera utilizzare uno *Snap a oggetto* si è costretti a doverlo continuamente scegliere dal menu di scelta rapida. È possibile, però, decidere di impostarne alcuni, così che questi siano sempre attivi e disponibili alla richiesta di definizione di un punto, al fine di non doverli richiamare ogni volta.
Quindi, per definire uno *Snap a oggetto* fisso, è necessario:

1. Cliccare, sulla barra di stato, sulla piccola freccia posta sulla destra del pulsante *Snap a oggetto* per far apparire il menu che permette di specificare quali snap rendere sempre attivi, come mostrato nella Figura 4.12 a destra, .
2. Attivare il pulsante (deve essere di colore blu!).
3. Da qui in avanti alla richiesta di un punto, è possibile immediatamente avvicinarsi col puntatore al punto notevole posto sull'oggetto e, all'apparire del simbolo di snap fae clic col tasto sinistro del mouse per agganciarvisi.

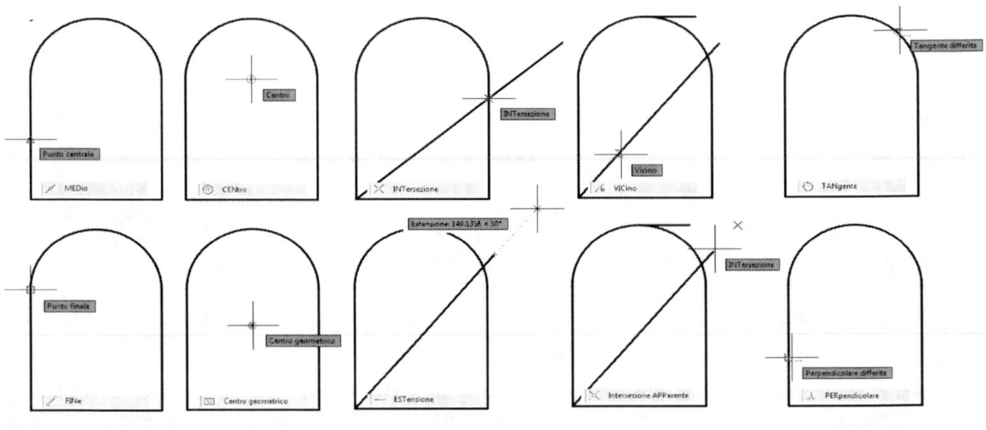


**Figura 4.13**
I principali Snap a oggetto e i relativi pulsanti del menu "temporaneo".

**Esercizio. Utilizzo degli Snap a oggetto.**

In questo esercizio anticiperemo (ancora una volta) l'utilizzo del comando *LINEA*, al fine di comprendere il significato dell'utilizzo delle tecniche degli *Snap a oggetto* puntuali e fissi. Inoltre, per meglio comprendere il vostro operato, vi ritroverete con un'impostazione che vi costringerà a disegnare utilizzando il colore rosso, non preoccupatevi, è tutto sotto controllo, queste impostazioni risulteranno chiare nei prossimi capitoli.

1. Aprite il file *snap a oggetto1.dwg* dalla cartella Capitolo 4 presente nel Booksite (se avete dubbi su come aprire un file di disegno consultate il Capitolo 3). Il disegno presenta la vista zenitale di un divano che necessita di essere completata; per farlo utilizzerete i punti notevoli delle entità già disegnate.
2. Attivate il *Puntamento polare* utilizzando l'apposita icona posta sulla barra di stato, visibile in Figura 4.14 a sinistra, e definite, inoltre, l'angolo di declinazione a **30°**.
3. Attivate ed impostate come da Figura 4.14 a destra le impostazioni dello *Snap a oggetto*.

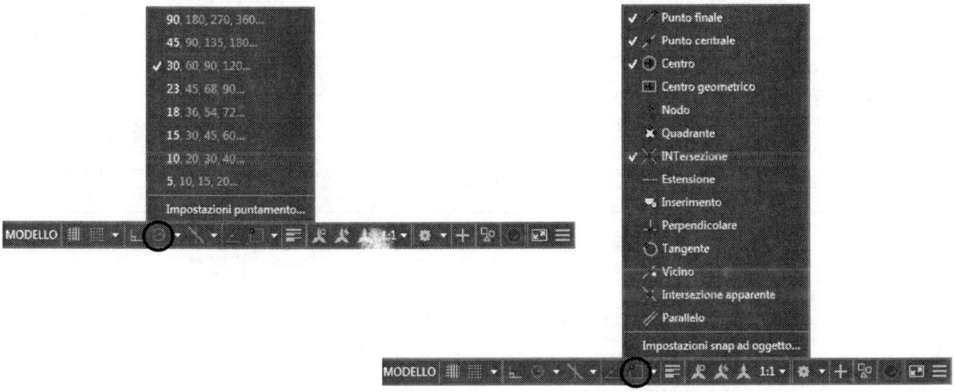


**Figura 4.14**

A sinistra, attivazione ed impostazione del Puntamento polare a 30°. A destra, le impostazioni necessarie dello Snap ad oggetto fisso.

4. Digitate *LINEA* e premete INVIO. Si attiva il comando *Linea* e, poiché dovete completare la seduta del divano, alla richiesta di inserire il primo punto, avvicinatevi alla sinistra del punto iniziale dell'arco, vedrete apparire un simbolo quadrato che indica il punto finale dell'arco stesso, cliccate per agganciarvi (Figura 4.15).

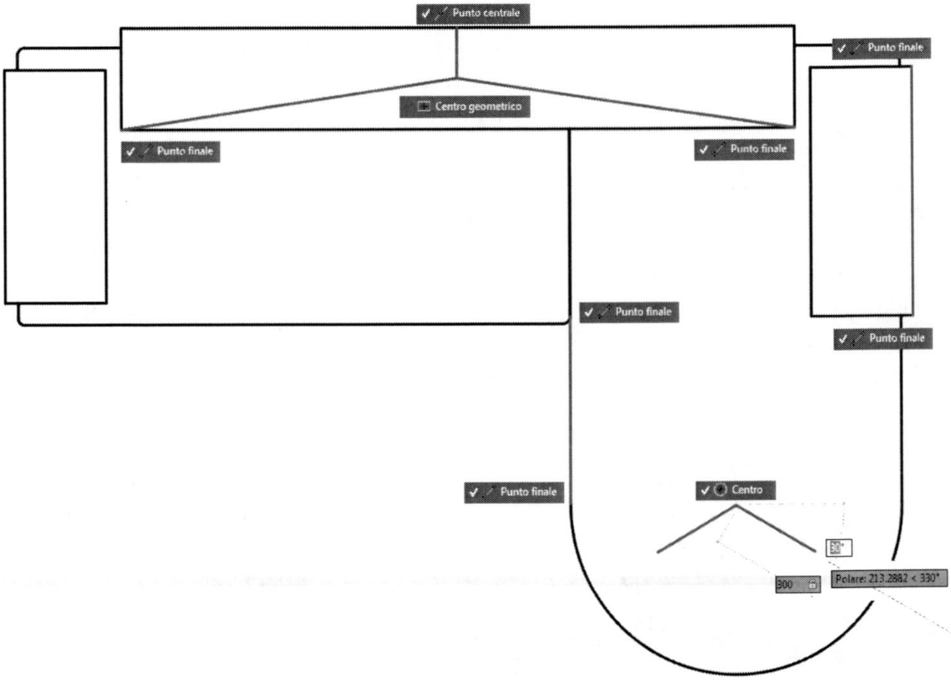


**Figura 4.15**
Il disegno del divano concluso utilizzando sia gli Snap ad oggetto fissi (sono quelli col segno di spunta) che quelli puntuali.

5. Portatevi, ora, verticalmente verso l'alto, all'apparire dello stesso simbolo cliccate per definire il segmento di linea.
6. Premete INVIO per interrompere il comando.
7. Dovete, ora, concludere il disegno del bracciolo posto a destra, perciò, digitate *LINEA* e premete INVIO.
8. Avvicinatevi al punto finale della linea, all'apparire del simbolo di snap, cliccate e ripetete il procedimento per l'altra estremità.
9. Premete INVIO per interrompere il comando.
10. Dovete ora definire il disegno dello schienale come da Figura 4.15. Portatevi col puntatore vicino al punto medio della parte alta dello schienale, all'apparire di un simbolo triangolare cliccate col tasto sinistro del mouse per agganciarvi a quel punto notevole.
11. Ora, dovete agganciarvi al centro del rettangolo, poiché lo snap *Centro* che abbiamo definito come "fisso" è utilizzabile solo con gli oggetti curvilinei, dovete attivare il menu di scelta rapida *Snap a oggetto*, per poter utilizzare il nuovo snap *Centro geometrico*. Premete, perciò il tasto *SHIFT* sulla tastiera e, contemporaneamente, il tasto destro del mouse. Nel menu di scelta rapida apparso, cliccate su *Centro geometrico* e puntate il rettangolo che definisce lo schienale. Cliccate ora sul contrassegno apparso per poter utilizzare la coordinata del baricentro.
12. Questa volta non premete INVIO, infatti il comando *Linea* continua a permettervi di creare altri segmenti senza doverlo rilanciare; portatevi perciò verso l'angolo in basso a sinistra dello schienale e cliccate sul punto notevole apparso automaticamente. Ora premete INVIO per interrompere il comando.

13. Per concludere lo schienale rilanciate il comando *Linea* e aiutandovi con gli snap definite il segmento mancante. Ricordatevi però di premere INVIO per concludere il comando.
14. Ora, dovete creare le due pieghe poste in basso. Digitate *LINEA* e premete INVIO. Portatevi nei presi dell'arco e, all'apparire del contrassegno circolare cliccate col tasto sinistro del mouse per agganciarvi al centro dell'arco.
15. Avendo attivato il *Puntamento polare* a 30°, muovete a destra verso il basso il puntatore e quando appare una riga tratteggiata verde con l'indicazione 330° digitate **300** per ottenere un segmento lungo 300 ed inclinato -30° rispetto all'asse X.
16. Premete INVIO per concludere il comando.
17. Ripetete i punti da 16 a 18 per creare l'altra piega, ma abbiate cura, muovendo a sinistra verso il basso il puntatore, di utilizzare l'angolazione 210°.
18. Salvate il file con il nome *snap a oggetto1 finito.dwg.*

Come avete visto l'utilizzo degli Snap ad oggetto vi ha permesso di disegnare con maggiore velocità e precisione, senza dovervi preoccupare di conoscere le coordinate dei punti notevoli delle entità presenti sul piano di lavoro. Interessante risulta essere il nuovo snap (creato per la Release 2016) *Centro geometrico*, che permette di ottenere la coordinata del baricentro di una qualsiasi entità geometrica chiusa.

## Utilizzo di Puntamento snap ad oggetto (AUTOSNAP)

Vi è un'altra interessante tecnica di aiuto che AutoCAD ci mette a disposizione per velocizzare ancora di più la nostra capacità di disegno; si tratta dello strumento *Puntamento snap a oggetto*, attivabile tramite il relativo pulsante posto sulla barra degli strumenti (Figura 4.16) o premendo il tasto *F11*.
Questo strumento lavora necessariamente insieme agli *Snap a oggetto* fissi, automatici, con una tipologia di lavoro basata sui cosiddetti *vettori spostamento.*
Infatti, quando *Puntamento snap a oggetto* è attivato basta soffermarsi con il puntatore su un contrassegno di snap apparso automaticamente (senza cliccare!) che, muovendo il mouse in prossimità delle direttrici polari uscenti dal punto di acquisizione vengono visualizzati i vettori puntamento (Figura 4.17).

**Figura 4.16**
Il pulsante per l'attivazione di Puntamento snap ad oggetto posto sulla barra di stato.

**Esercizio. Utilizzo di Puntamento snap a oggetto.**
Ancora una volta, al fine di comprendere al meglio il significato dell'utilizzo della tecnica proposta, utilizzeret il comando *LINEA*, e sarete costretti a disegnare col colore rosso, così da distinguere il vostro disegno da quello preesistente.

1. Aprite il file *sedia.dwg* dalla cartella Capitolo 4 presente nel Booksite (se avete dubbi su come aprire un file di disegno consultate il Capitolo 3). Il disegno presenta la vista frontale di una sedia della quale dovrete completare i braccioli.
2. Attivate il *Puntamento polare* utilizzando l'apposita icona posta sulla barra di stato, visibile in Figura 4.14 a sinistra, e definite, inoltre, l'angolo di declinazione a **30°**.

3. Attivate ed impostate come da Figura 4.14 a destra le impostazioni dello *Snap a oggetto*.
4. Attivate, inoltre, come da Figura 4.16 il pulsante, posto sulla barra di stato, *Puntamento snap a oggetto*.
5. Digitate *LINEA* e premete INVIO. Si attiva il comando *Linea*. Avvicinatevi in alto a destra, nei pressi del punto finale dell'arco (Figura 4.17), e, all'apparire del simbolo quadrato, cliccate per agganciarvi a quel punto notevole.
6. Muovete il mouse in basso a sinistra con un'angolazione di **240°** e attendete l'apparizione della linea tratteggiata verde.
7. Ora utilizzando come riferimento la Figura 4.17 a destra, puntate senza cliccare il punto finale della linea orizzontale e all'apparire del simbolo di snap *punto finale* muovete il cursore orizzontalmente verso destra, apparirà così una nuova linea tratteggiata verde.
8. Quando questa incontrerà quella virtualmente tracciata in precedenza, verrà proposto un punto di acquisizione, denominato, *Punto finale*, derivato dai movimenti prima effettuati: è questo il momento di cliccare col tasto sinistro per acquisire tale coordinata.

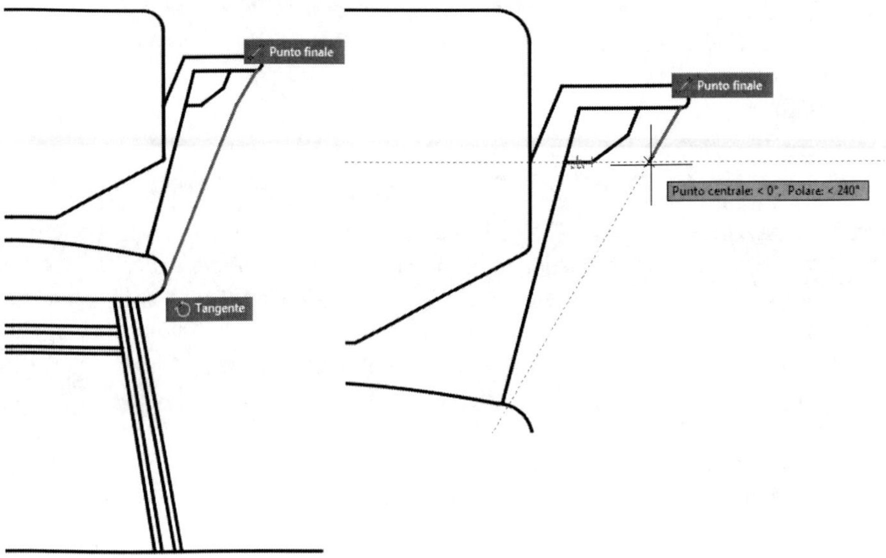


**Figura 4.17**
Le linee per il completamento del disegno del bracciolo.

9. Il primo tratto del bracciolo è stato così realizzato usando *Puntamento snap a oggetto.*
10. Non premete INVIO e, per creare la tangente all'arco posto in basso, poiché non è presente tra gli snap fissi il punto notevole cercato, dovete premere il tasto SHIFT e il tasto destro del mouse per selezionare la voce *TANgente* dalla finestra così apparsa.
11. Avvicinatevi all'arco e all'apparire del simbolo di tangenza cliccate per confermarne la scelta.
12. Per concludere il bracciolo premete INVIO ed uscite, così, dal comando *LINEA*. Per terminare l'esercizio siete liberi di ripetere le operazioni appena descritte per definire il bracciolo sinistro della sedia, così da applicarvi nuovamente nell'utilizzo di questa interessante tecnica di acquisizione di punti derivati.
13. Salvate il file con il nome *Sedia2.dwg*.

# Impostazione di griglia e snap assonometrici

I disegni assonometrici simulano la visualizzazione di un oggetto tridimensionale. In AutoCAD è possibile impostare questo metodo di rappresentazione, che rimane sempre, però, un disegno bidimensionale, utilizzando il pulsante, posto sulla barra di stato, denominato *Disegno assonometrico*.

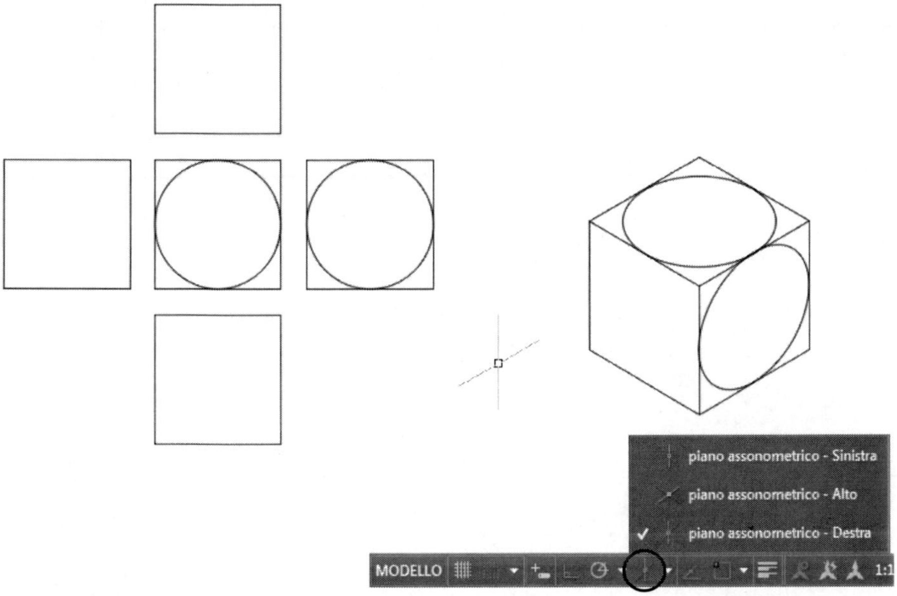


**Figura 4.18**
La modalità Disegno assonometrico che permette si simulare il disegno tridimensionale.

Impostando questa modalità, insieme al blocco ortogonale, è possibile allineare con facilità gli oggetti lungo uno dei tre piani assonometrici automaticamente definiti; utilizzando, inoltre, la piccola freccia posta sulla destra del pulsante *Disegno assonometrico* è possibile scegliere su quale piano assonometrico generare la geometria voluta.
Quindi, scegliendo uno dei tre piani assonometrici, la modalità *Orto* e il puntatore a croce vengono allineati lungo i corrispondenti assi assonometrici.
Ad esempio, quando è attiva la modalità *Orto*, i punti specificati si allineano sul piano simulato su cui si sta eseguendo il disegno, di conseguenza, è possibile disegnare sul piano superiore, passare al piano sinistro per disegnare un altro lato, quindi al piano destro per completare il disegno.
Per passare velocemente a un altro piano assonometrico all'altro è possibile premere anche F5 o CTRL+E.

**Nota**
Disegnando su piani assonometrici, è necessario utilizzare le ellissi per rappresentare i cerchi visualizzati da un'angolazione obliqua. Il metodo più semplice per disegnare un'ellisse con la forma corretta consiste nell'utilizzare l'opzione cerchioASs del comando, da digitare necessariamente da tastiera, ELLISSE.

## Conclusioni

In questo capitolo avete affrontato un'ampia varietà di strumenti di precisione che vi hanno fornito delle tecniche di controllo che, vi accorgerete, risulteranno essere fondamentali per lavorare con coscienza ed attenzione in AutoCAD. Il disegno digitale è oggigiorno uno strumento indispensabile per qualsiasi creativo e questo capitolo risulterà basilare per poter affrontare con consapevolezza le prossime pagine che vi permetteranno di gestire con cura e con tranquillità lo spazio lavorativo di questo peculiare e longevo software di progettazione.

Capitolo 5

# Il controllo della visualizzazione

Quando si disegna è spesso necessario modificare la visualizzazione in quel momento proposta sullo schermo per meglio inquadrare la parte che si sta progettando. In AutoCAD è possibile ingrandire i dettagli nel disegno per ottenere con estrema facilità una vista più ravvicinata oppure spostare l'inquadratura in una diversa posizione del disegno stesso; inoltre, è possibile salvare le viste ritenute più utili dando loro un nome, così da poterle comodamente riutilizzare per un uso successivo.
Saper controllare agevolmente i comandi di visualizzazione permette di disegnare non solo con maggiore precisione ma anche e soprattutto con maggiore velocità e facilità.

## Panoramica e zoom di una vista

In AutoCAD, i comandi di visualizzazione permettono il comodo controllo di ciò che viene inquadrato nell'area di lavoro; in particolare una Vista è la porzione di area di disegno definita da una inquadratura: Perciò quando si esegue una panoramica significa che si sta riposizionando l'inquadratura di quella vista, spostandola nell'area di disegno, mentre quando si vuole modificare il fattore di ingrandimento di una vista si devono utilizzare le varie opzioni offerte dal comando Zoom. Dunque una panoramica sposta l'inquadratura di una vista, mentre lo zoom ingrandisce o rimpicciolisce la visualizzazione in quella vista.

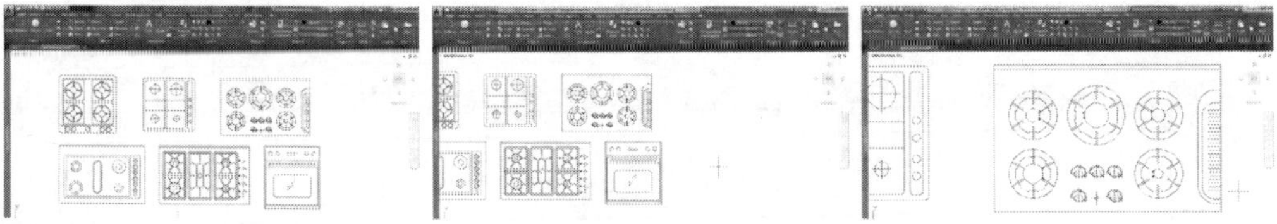

**Figura 5.1**
Inquadratura dello spazio lavorativo di AutoCAD. A sinistra traslata attraverso una panoramica, a destra ingrandita con lo zoom.

**Nota**
I comandi relativi al controllo della visualizzazione vengono in gergo definiti trasparenti in quanto possono essere utilizzati durante l'esecuzione di altri comandi senza che questi vengano interrotti, così da facilitare enormemente le operazioni di creazione o modifica di un disegno.

I principali (e maggiormente utilizzati) comandi che permettono il controllo di una vista possono essere agevolmente raggiunti utilizzando tre semplici e differenti tecniche:

1. Sfruttando la rotellina centrale del mouse (il cosiddetto *intellizoom*);

2. Adoperando la barra di navigazione;
3. Digitando i comandi di visualizzazione da tastiera e utilizzandone le opzioni.

Il modo migliore per familiarizzare con le differenti tecniche di visualizzazione è quello di applicarle, perciò, attraverso l'uso degli esercizi di seguito proposti prenderete confidenza con i comandi che AutoCAD vi mette a disposizione.

## La rotellina centrale del mouse (intellizoom)

L'uso della rotellina del mouse è il metodo più facile da utilizzare per modificare l'ingrandimento di una porzione del disegno. Dato che è più facile a farsi che a dirsi, ne proverete le possibilità con i prossimi esercizi.

**Esercizio. Effettuare una panoramica con la rotellina centrale del mouse.**

1. Aprite il file *panoramica e zoom.dwg* dalla cartella Capitolo 5 presente nel Booksite (se avete dubbi su come aprire un file di disegno consultate il Capitolo 3).
2. Per effettuare velocemente una panoramica, tenete premuta la rotellina centrale del mouse, il puntatore si trasforma in una piccola mano (vedi Figura 4.2) e spostate, trascinandolo, il mouse stesso.
3. L'inquadratura viene così modificata e al rilascio della rotellina il comando viene immediatamente abbandonato (la piccola mano scompare).
4. Non chiudete il file così da poterlo utilizzare per il prossimo esercizio.

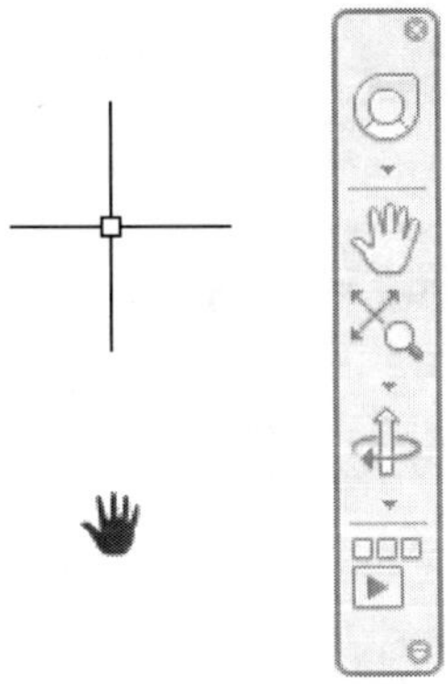

**Figura 5.2**
A sinistra è possibile vedere la forma del cursore quando non è attivato alcun comando, e, sotto, quando assume la forma di una mano con il comando PAN attivo; mentre a destra è visibile la barra di navigazione che contiene i comandi di visualizzazione.

**Esercizio. Eseguire le operazioni di zoom con la rotellina centrale del mouse.**

1. Se non avete tenuto aperto il file *panoramica e zoom.dwg*, recuperatelo dalla cartella Capitolo 5 del Booksite.
2. Ruotate la rotellina centrale in avanti, ovvero verso la punta del mouse, per ingrandire il disegno visualizzato; la nuova vista viene velocemente centrata sulla posizione del puntatore.
3. Ora ruotate nell'altra direzione la rotellina centrale del mouse per ingrandire l'area di disegno e rimpicciolire il progetto stesso. Ancora una volta la visualizzazione viene centrata rispetto alla posizione del puntatore.

4. Fate doppio clic sulla rotellina centrale: la visualizzazione viene adattata sull'intero disegno. In questo caso avete attuato velocemente uno Zoom estensioni, un'opzione molto utile che vi permette di inquadrare tutto ciò che avete disegnato nell'area di lavoro di AutoCAD.
5. Lasciate aperto il disegno per il prossimo esercizio.

**Nota**
Spesso, durante la modifica della visualizzazione effettuata con la rotellina centrale del mouse, non è possibile variare l'inquadratura oltre il limite imposto dall'ultimo ricalcolo dell'immagine a video; per aggirare questo vincolo potete digitare il comando RIGEN (o le sole lettere RG) per aggiornare l'area e aumentare così le possibilità di controllo della vista.

L'utilizzo della rotella del mouse risulta sicuramente il metodo più veloce, intuitivo ed immediato per il controllo dei comandi di visualizzazione, ma sia nel caso della presenza di un mouse senza rotella o del solo touchpad, sia nel caso della necessità di un controllo più particolareggiato delle inquadrature è doverosa la conoscenza di alcune delle altre tecniche che AutoCAD mette a disposizione dell'utente.

## La barra di navigazione

La prima delle tecniche di navigazione prevede l'utilizzo della barra di navigazione. Capirete come utilizzarla con il prossimo esercizio.

**Esercizio. Effettuare una panoramica utilizzando la barra di navigazione.**

1. Se non avete il file *panoramica e zoom.dwg*, aperto, recuperatelo dalla cartella Capitolo 5 del Booksite.
2. Fate clic sull'icona a forma di mano posta sulla barra di navigazione per attivare la panoramica (Figura 5.2 a destra).
3. Il puntatore si trasforma in una piccola mano e, tenendo premuto il tasto sinistro del mouse, trascinatelo per spostare dinamicamente l'inquadratura, rilasciate il pulsante del mouse quando ritenete di aver ottenuto la vista voluta.
4. Per uscire, premete INVIO, *ESC* oppure fate clic con il pulsante destro del mouse e, nel menu che appare, premete *Esci*.
5. Lasciate aperto il file così da poterlo utilizzare nelle prossimo esercizio.

**Nota**
Nel caso non fosse visibile, potete attivare la barra di navigazione, utilizzando l'icona Barra di navigazione posta nel gruppo Strumenti finestra della scheda Vista.

**Esercizio. Attivare i comandi di zoom utilizzando la barra di navigazione.**

1. Se non avete il file *panoramica e zoom.dwg*, attivo, recuperatelo dalla cartella Capitolo 5 del Booksite.
2. Fate clic sulla piccola freccia posta sotto l'icona con la lente di ingrandimento per visualizzare i comandi di zoom (Figura 5.3).
3. Scegliete *Zoom finestra* per ingrandire una zona specifica dello schermo.
4. Fate clic per definire l'inizio del rettangolo della nuova inquadratura e ripetete l'operazione per definirne l'angolo opposto. La vista si aggiorna riproporzionandosi alla nuova visualizzazione e il comando si chiude automaticamente.

Il comando *Zoom finestra* è sicuramente il più utilizzato per definire con precisione l'area di disegno che si vuole ingrandire, ma, come avrete sicuramente notato, AutoCAD mette a disposizione molte altre opportunità di controllo della visualizzazione. Non preoccupatevi, alla fine degli esercizi proposti tutte queste possibilità verranno riprese, puntualizzate ed approfondite per permettervi di adoperarle con attenzione quando vi serviranno durante le operazioni di disegno. Intanto lasciate il file di disegno aperto per proseguire con il prossimo esercizio.

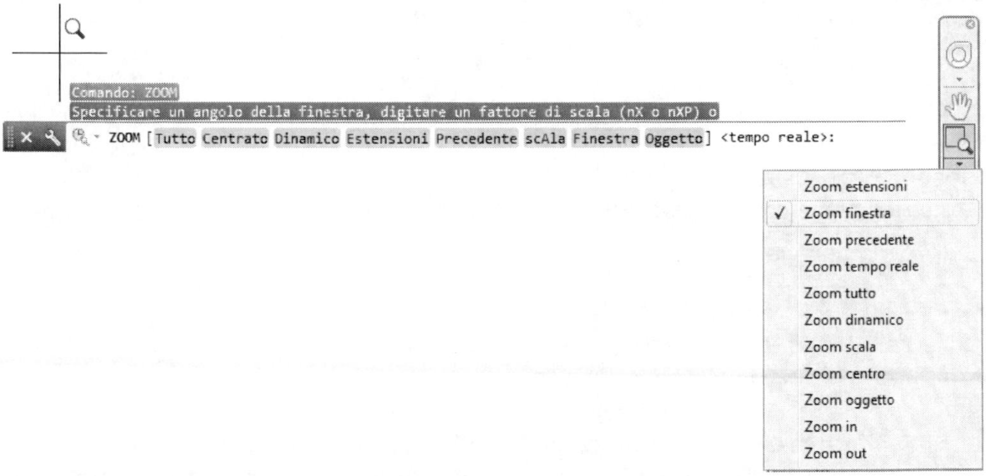


**Figura 5.3**
Il comando ZOOM. In alto sinistra è possibile vedere la riga di comando e le opzioni (ipertestuali) del comando; mentre a destra è visibile la barra di navigazione che contiene l'espansione del menu dei comandi di visualizzazione dello zoom.

# I comandi da tastiera

Anche l'uso della tastiera è un metodo molto comodo per variare la visualizzazione dell'area di disegno. Nei prossimi esercizi comprenderete come effettuare panoramiche e ingrandimenti digitando gli appositi comandi.

**Esercizio. Effettuare una panoramica digitando il comando PAN.**

1. Se non avete tenuto aperto il file *panoramica e zoom.dwg*, recuperatelo dalla cartella Capitolo 5 del Booksite.
2. Digitate sulla tastiera il comando *PAN* (in alternativa è possibile la digitazione della sola lettera P) e premete INVIO per confermare la conclusione della digitazione.
3. Il puntatore si trasforma in una piccola mano.
4. Tenendo premuto il tasto sinistro del mouse, trascinatelo per spostare dinamicamente l'inquadratura, rilasciate il pulsante del mouse quando ritenete di aver ottenuto la vista voluta.
5. Per uscire, premete INVIO, *ESC* oppure fate clic con il pulsante destro del mouse e, nel menu che appare, premete *Esci*.
6. Lasciate aperto il file così da poterlo utilizzare nel prossimo esercizio.

Il comando a tastiera più completo è ZOOM, che permette l'attivazione di alcune opzioni di comodo utilizzo a seconda della situazione.

**Esercizio. Modificare la vista digitando il comando ZOOM.**

1. Se non avete tenuto aperto il file *panoramica e zoom.dwg*, recuperatelo dalla cartella Capitolo 5 del Booksite.
2. Digitate sulla tastiera il comando **ZOOM** (in alternativa è possibile utilizzare la sola lettera Z) e premete INVIO per confermare la digitazione. Nella finestra di testo, visibile in Figura 5.3, sono presenti le opzioni del comando che, come sottolineato nel Capitolo 2, possono essere attivate o digitando la sola lettera maiuscola seguita da INVIO o facendo clic col tasto sinistro del mouse direttamente sull'opzione stessa, in quanto collegamento ipertestuale.
3. Cliccate sull'opzione *Tutto* per rimpicciolire il disegno.
4. In questo caso l'opzione *Tutto* tende ad inquadrare tutto il disegno se questo è al di fuori di una particolare area rettangolare chiamata *Limiti del disegno* (area che verrà puntualizzata nelle prossime pagine), se, invece, come in questo caso, il disegno è contenuto all'interno dei *Limiti del disegno* la visualizzazione si adatterà a questi.
5. Digitate nuovamente **ZOOM** (o la sola lettera Z) e premete INVIO per confermare la digitazione.
6. Cliccate sull'opzione *Precedente*. La vista riproporrà immediatamente l'ultima inquadratura utilizzata.Questa opzione risulta estremamente utile per recuperare una vista precedente senza doverla ridefinire "manualmente".
7. Ora che avete compreso come applicare le principali modalità di controllo dei comandi di visualizzazione, chiudete pure il file senza salvare le eventuali modifiche apportate.

È arrivato dunque il momento di approfondire la conoscenza riguardo le possibilità che il comando ZOOM presenta nelle sue opzioni.

## Il comando ZOOM e le sue opzioni

Le opzioni del comando Zoom vengono approfondite nelle prossime righe seguendo l'ordine proposto dal comando presente nella finestra di testo (vedi Figura 5.3 in alto a sinistra).

- **Tutto**. Come abbiamo visto in uno nell'ultimo degli esercizi proposti, l'opzione esegue uno zoom per visualizzare tutti gli oggetti visibili, regolando il fattore di ingrandimento dell'area di lavoro a seconda dell'elemento più grande tra tutti gli oggetti visibili nel disegno o tra i *Limiti del disegno* impostati.
- **Centrato**. È un'opzione generalmente poco utilizzata che esegue lo zoom della vista specificata in base ad un punto centrale e ad un fattore di ingrandimento o ad un'altezza; ad un valore di altezza minore corrisponde un ingrandimento maggiore, ad uno maggiore corrisponde un ingrandimento minore.
- **Dinamico**. Esegue la panoramica e lo zoom di un'area di visualizzazione. Questa casella (Figura 5.4) rappresenta la vista dell'utente e può essere rimpicciolita o allargata e spostata all'interno del disegno. Se si modificano la posizione e le dimensioni della casella di visualizzazione, la vista all'interno della casella viene ingrandita o ridotta, oppure spostata, in modo da riempire la finestra. Per modificare le dimensioni della casella di visualizzazione, fate clic, impostate le nuove dimensioni e quindi fate di nuovo clic per confermarle; premete INVIO o il tasto destro del mouse per attivare la nuova inquadratura. Per eseguire la panoramica mediante la casella di visualizzazione, invece, trascinatela col mouse nella posizione desiderata e premete INVIO o il tasto destro del mouse.

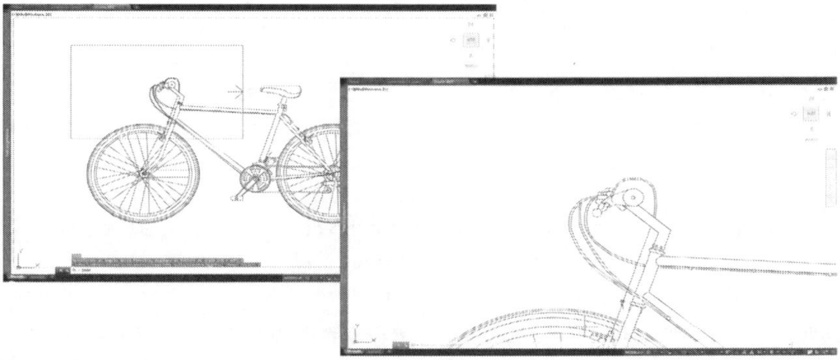

**Figura 5.4**
L'opzione Dinamico del comando Zoom. È visibile la casella di visualizzazione che permetterà la nuova inquadratura del disegno della bicicletta.

- **Estensioni**. Come abbiamo visto in una delle esercitazioni precedentemente proposte, il comando esegue uno zoom per visualizzare una vista che si adatta per inquadrare tutti gli oggetti disegnati. Sono quindi le estensioni di ciascuno oggetto che vengono calcolate e utilizzate per determinare l'adattamento dell'inquadratura alla finestra.
- **Precedente**. Come avete provato nell'ultimo esercizio proposto, esegue uno zoom che consente di visualizzare la vista precedente. L'opzione permette di ripristinare un massimo di 10 viste precedenti
- **scAla**. È un'opzione ormai superata che permette di cambiare l'ingrandimento di una vista eseguendo lo zoom in base ad un fattore di scala. Potete digitare un valore seguito da x per specificare la scala relativa alla vista corrente, oppure digitare un valore seguito da xp per specificare la scala relativa alle unità dello spazio carta. Per esempio, digitando **.5x**, ogni oggetto viene visualizzato con una dimensione pari alla metà di quella attualmente visualizzata. Digitando **.5xp**, lo spazio modello viene visualizzato con una scala pari alla metà delle unità dello spazio carta.

**Nota**
Non preoccupatevi, nel Capitolo 22 vedrete come creare facilmente un layout con finestre di visualizzazione in cui sono raffigurati oggetti con scale differenti di rappresentazione.

- **Finestra**. Questa è sicuramente una delle opzioni più utilizzate e permette di eseguire uno zoom che consente di visualizzare l'area definita attraverso una finestra rettangolare. Come avete visto in uno degli esercizi è possibile utilizzare il cursore per definire un'area da utilizzare per ridefinire l'intera inquadratura della vista.
- **Oggetto**. È un'opzione estremamente utile nella fasi di disegno in quanto esegue lo zoom per visualizzare uno o più oggetti selezionati con le massime dimensioni possibili e al centro della vista. È possibile selezionare gli oggetti prima o dopo l'immissione del comando *ZOOM*.
- **Tempo reale**. L'opzione, che viene attivata con la sola pressione del tasto INVIO (infatti, nella finestra di testo, non esiste alcuna voce da poter digitare o cliccare), permette di eseguire lo zoom in modo interattivo per cambiare l'ingrandimento di una vista. Lanciato il comando il cursore assume la forma di una lente di ingrandimento con i segni più e meno. Il suo funzionamento è simile a quello della rotellina centrale del mouse, infatti basta tenere premuto

il pulsante sinistro del mouse sul punto medio della finestra e trascinare il cursore verso l'alto per ingrandire la vista; al contrario, per rimpicciolirla è necessario tenere premuto il pulsante di selezione e spostare il cursore verso il basso.

**Nota**
Quando si raggiunge il limite massimo di zoom in avvicinamento o in allontanamento, i segni più e meno sul cursore non vengono più visualizzati, per indicare che non è possibile ingrandire o ridurre ulteriormente l'immagine.

Quando si rilascia il pulsante di selezione, lo zoom viene interrotto. È possibile però rilasciare il pulsante di selezione, spostare il cursore in un'altra posizione del disegno e premere nuovamente il pulsante di selezione per continuare ad eseguire lo zoom da questo punto.
Per disattivare lo strumento di zoom, è sufficiente premere INVIO o *ESC*.

**Nota**
Oltre alle tecniche proposte è possibile accedere velocemente ai comandi di visualizzazione e alle opzioni relative attraverso la pressione del tasto destro del mouse (Figura 5.5).

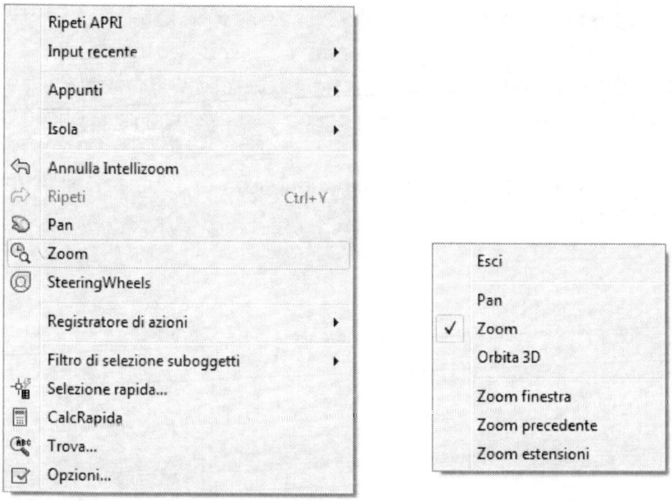


**Figura 5.5**
L'accesso ai comandi di visualizzazione attraverso il menu del tasto destro del mouse (a sinistra). A destra è visualizzato il menu per accedere alle principali opzioni del comando di zoom premendo nuovamente il tasto destro del mouse.

Prima di proseguire con l'approfondimento del controllo delle visualizzazioni nelle viste di AutoCAD, è opportuno soffermarsi su due comandi che abbiamo già incontrato nelle righe precedenti e che, come abbiamo visto, influiscono fortemente sul funzionamento del controllo delle inquadrature dello spazio di lavoro: i *Limiti del disegno* e il comando *RIGEN*.

# I limiti del disegno

Il comando *Limiti*, ormai obsoleto, consente di impostare, nell'area di disegno, un contorno rettangolare invisibile che può permettere:

- La limitazione della visualizzazione della griglia (vedi Capitolo 4).
- L'impossibilità di fare clic o immettere posizioni dei punti al di fuori del rettangolo stesso.

**Nota**

Il comando aveva una sua utilità nelle prime versione di AutoCAD quando la capacità di calcolo delle macchine era molto scarsa e si era costretti a limitare lo spazio lavorativo per favorire il calcolo delle funzioni matematiche che sottendono il disegno delle entità grafiche.

Dopo aver digitato il comando **LIMITI** seguito da INVIO, vengono visualizzati i messaggi che permettono la definizione dell'area rettangolare e le opzioni *ON/OFF* per il controllo del disegno oltre i limiti.

- **Specificare angolo inferiore sinistro**. Specifica l'angolo inferiore sinistro che definisce i limiti del disegno.
- **Specificare angolo superiore destro**. Specifica un punto nell'area di disegno che rappresenta l'angolo opposto del contorno del limite rettangolare.
- **On**. Attiva il controllo dei limiti. Quando il controllo dei limiti è attivato, non è possibile digitare i punti all'esterno dei limiti della griglia. Poiché il controllo dei limiti verifica solo la posizione dei punti specificati, è possibile che parti di oggetti, ad esempio parti di cerchio, risultino al di fuori dei limiti della griglia.
- **Off**. Disattiva il controllo dei limiti, ma mantiene i valori correnti per un'eventuale successiva attivazione del controllo.

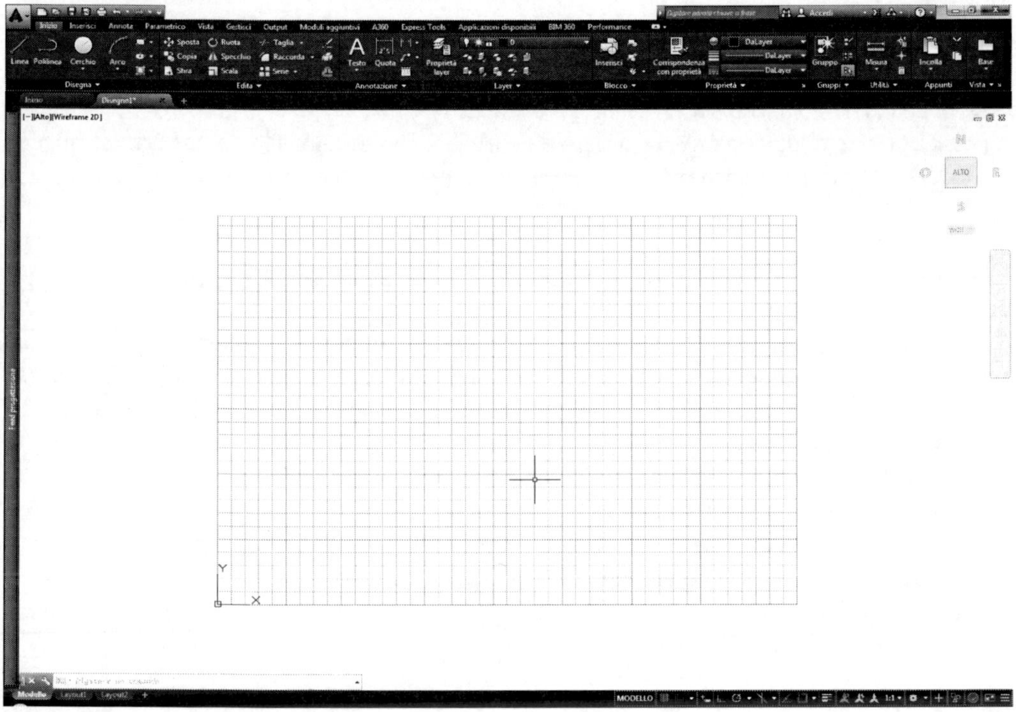

**Figura 5.6**
I Limiti del disegno possono, come nella visualizzazione proposta, limitare il disegno della griglia e, anche, il disegno al di fuori della stessa.

# Il comando RIGEN

Il comando permette di ricalcolare l'intero disegno dall'interno della finestra di visualizzazione in quel momento corrente. In pratica RIGEN rigenera l'intero disegno con i seguenti tre effetti:

1. Ricalcola le posizioni e la visibilità di tutti gli oggetti contenuti nella vista.
2. Aggiorna l'indice del database del disegno per ottimizzare le prestazioni relative alla visualizzazione e alla selezione degli oggetti.
3. Ripristina l'area complessiva disponibile per la panoramica e lo zoom in tempo reale nella finestra corrente.

Per attivare il comando è necessario digitare **RIGEN** o **RG** sulla tastiera e premere successivamente il tasto INVIO.

**Nota**
Il comando RIGENT permette di ottenere gli stessi risultati di RIGEN applicandoli, però, su tutte le finestre attive nello spazio lavorativo.

## Salvataggio e ripristino di una vista

Molto spesso, durante le operazioni di disegno, è necessario ritornare su inquadrature dello spazio lavorativo già utilizzate in precedenza o visualizzazioni particolari che si pensa di dover utilizzare in un secondo momento anche per un'eventuale stampa.
La possibilità, offerta da AutoCAD, di salvare e ripristinare con estrema facilità una vista permette di velocizzare in maniera esponenziale le operazioni di gestione del disegno.

**Nota**
Le Viste vengono salvate insieme al disegno e possono essere riutilizzate in qualsiasi momento.

In particolare, quando si denomina e salva una vista, vengono salvate un insieme di impostazioni; non preoccupatevi, proseguendo nelle lettura del libro tutti questi termini diventeranno chiari e saprete gestirli con estrema facilità. Per ora limitatevi a leggerli, anche se il loro significato in alcuni casi potrebbe risultare un poco oscuro:

- L'ingrandimento, il centro e la direzione della vista.
- Una categoria vista assegnata alla vista (opzionale).
- La posizione della vista (layout Modello o un layout con nome specifico).
- La visibilità dei layer nel disegno al salvataggio della vista.
- Sistema di coordinate utente.
- Proiezione prospettica 3D.
- Sezione 3D.
- Stile visualizzazione.
- Sfondo.

**Nota**
Le Viste sono sempre un'inquadratura piatta di uno spazio tridimensionale, in questo capitolo vi siete soffermati solo su quelle parallele al piano XY (se avete dei dubbi sui sistemi di riferimento tornate a consultare il Capitolo 4).

Come avete fatto all'inizio del capitolo, per familiarizzare con le operazioni di salvataggio ed utilizzo di una particolare visualizzazione, vi applicherete seguendo delle semplici esercitazioni guidate.

**Esercizio. Salvataggio di una vista.**
In questa esercitazione salverete velocemente due visualizzazioni, una che inquadrerà tutto il vostro disegno, un'altra che inquadrerà una parte dello stesso (Figura 5.7).

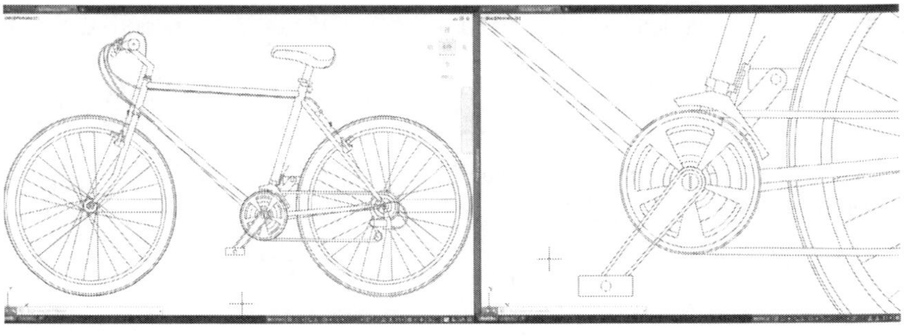

**Figura 5.7**
Due viste che inquadrano punti differenti dello stesso progetto.

1. Aprite il file *bicicletta.dwg* dalla cartella Capitolo 5 presente nel Booksite (se avete ancora dubbi su come aprire un file di disegno consultate il Capitolo 3).
2. Digitate **Z** seguito da INVIO e poi cliccate sull'opzione *Estensioni* per inquadrare tutto il disegno della bicicletta.
3. Come riportato nella Figura 5.8, cliccate in alto a sinistra sulla voce [*Alto*] dei *Controlli della vista*, per far apparire il menu che permette la gestione delle visualizzazioni.

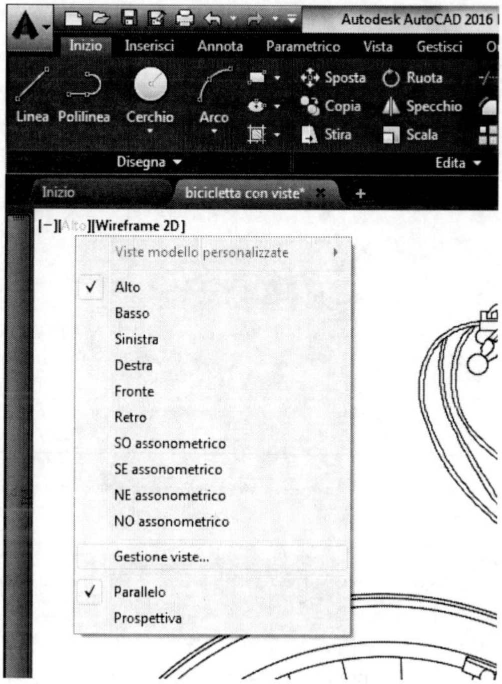


**Figura 5.8**
Il menu Controlli della vista.

4. Selezionate la voce *Gestione viste* per accedere alla finestra *Gestione viste* posta sulla sinistra della Figura 5.9.
5. Per definire la nuova inquadratura, cliccate sul pulsante *Nuova*.
6. Nella casella di testo *Nome vista* digitate **Prospetto** e premete il pulsante *OK* per salvare la vista con quel nome.

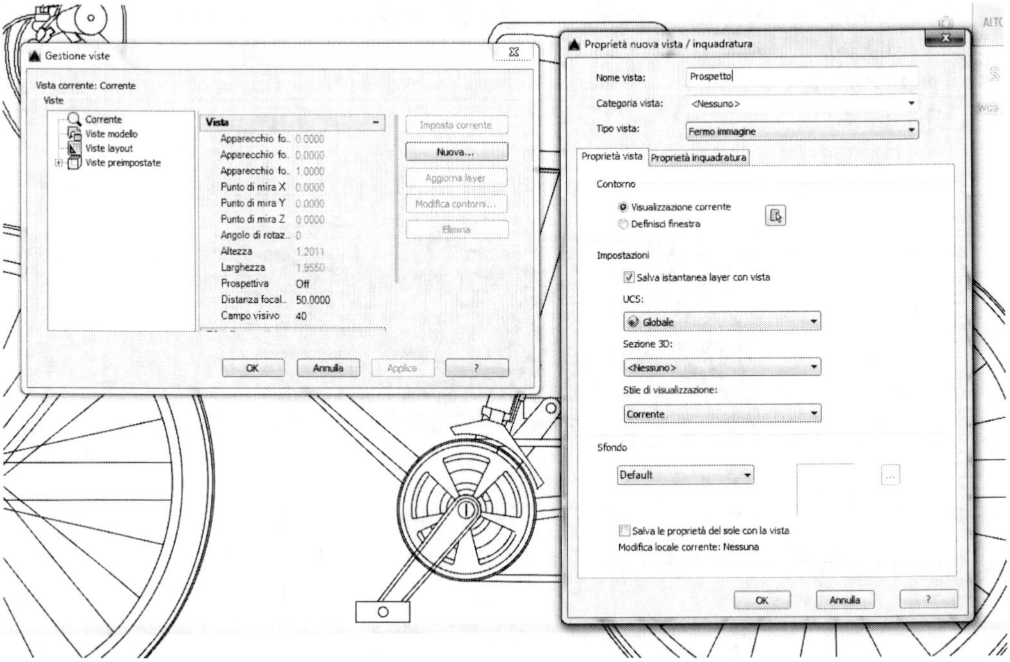


**Figura 5.9**
La finestra Gestione viste e la finestra Proprietà nuova vista / inquadratura che permette la memorizzazione di un'inquadratura.

7. Ora, inquadrate la zona dei pedali come da Figura 5.7 a destra, e salvate la vista con il nome **Pedali.**
8. Cliccate sul menu dell'applicazione (la A in alto a sinistra), premete col tasto sinistro del mouse sulla voce *Salva con nome* e rinominate il file in *bicicletta con viste.dwg*.
9. Tenete aperto il file perché vi servirà per il prossimo esercizio.

Dopo aver memorizzato le viste desiderate è necessario comprendere come richiamarle quando necessario; nel prossimo esercizio comprenderete con quali comandi è possibile ripristinarle.

**Esercizio. Ripristino di una vista.**

1. Se non avete tenuto aperto il file *bicicletta con viste.dwg* dell'esercizio precedente recuperatelo, altrimenti apritelo dalla cartella del Capitolo 5 del Booksite.
2. Come da Figura 5.10, cliccate in alto a sinistra sulla voce [*Alto*] dei *Controlli della vista*, per far apparire il menu che permette la gestione delle visualizzazioni.
3. Passate col mouse sulla voce *Viste modello personalizzate* per far apparire le inquadrature precedentemente salvate (sempre Figura 5.10).
4. Cliccate su uno dei nomi delle viste personalizzate per ripristinarne la visualizzazione. Il suo nome ora sostituisce la voce [*Alto*] precedentemente mostrata nei *Controlli della vista*, presentando così il nome delle impostazioni della vista corrente.
5. Se volete, potete tenere aperto il file per poterlo utilizzare per la prossima esercitazione.

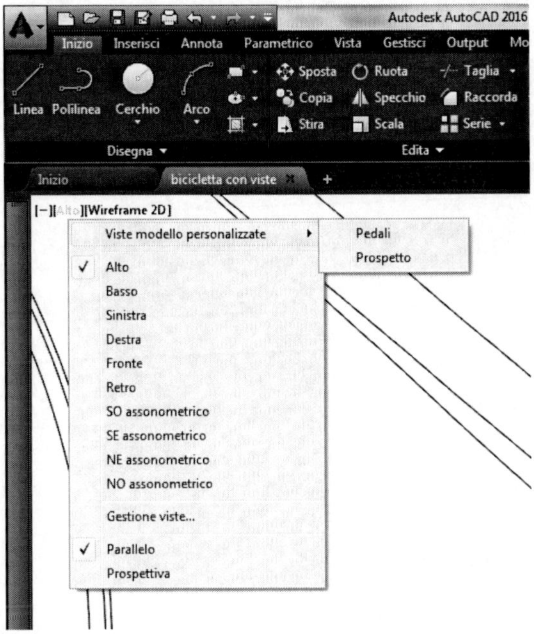


**Figura 5.10**
Il menu dei Controlli della vista che permette, attraverso la voce Viste modello personalizzate di ripristinare velocemente un'inquadratura.

---

**Nota**
Il controllo e la gestione delle Viste e delle Finestre utilizzati negli esercizi possono essere effettuati anche dai comandi Con nome e Configurazione finestra posti e nel gruppo Finestre modello della scheda Vista posta sulla barra multifunzione.

---

## Viste e finestre nello spazio modello

Come abbiamo visto nelle pagine precedenti una Vista è un insieme di impostazioni che contraddistinguono una visualizzazione, un'inquadratura. In AutoCAD, però, esiste anche un altro elemento che permette di controllare lo spazio di lavoro: la Finestra.

La Finestra, in fondo, non è altro che l'inquadratura, la fotografia che incornicia e presenta dentro di sé una vista, una particolare visualizzazione.

In AutoCAD possiamo avere più viste, più inquadrature dello spazio di lavoro e possiamo anche decidere di vederle insieme, contemporaneamente; possiamo quindi decidere di dividere lo schermo in più finestre (Figura 5.11).

Per visualizzare contemporaneamente più inquadrature, è quindi possibile suddividere l'area di disegno dello Spazio Modello in più aree di visualizzazione, rettangolari ed adiacenti, denominate *finestre dello spazio modello*.

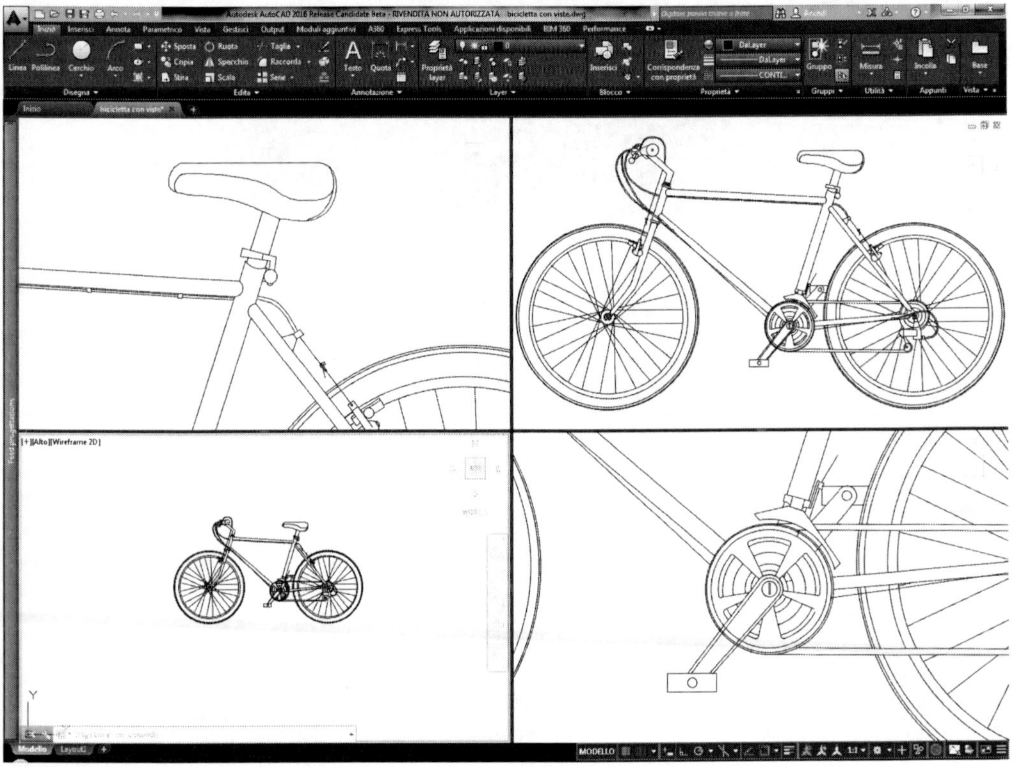

**Figura 5.11**
Lo Spazio modello suddiviso in più Finestre, ognuna contenente una Vista diversa. La finestra corrente è evidenziata da un contorno blu.

---

**Nota**
Nello Spazio Modello la visualizzazione di più finestre non definisce un'impaginazione di stampa, ma permette di lavorare visualizzando parti differenti dell'area lavorativa, che possono essere utilizzate una alla volta, alternativamente. Nel Capitolo 22 verrà affrontato lo Spazio Carta ed approfondito il tema dei Layout; in questo caso le Finestre sono dei veri e propri oggetti mobili che permettono l'impaginazione del contenuto dello Spazio Modello.

---

## Esercizio. Impostazione e gestione delle finestre nello Spazio Modello.

1. Se non avete tenuto aperto il file *bicicletta con viste.dwg* dell'esercizio precedente recuperatelo, altrimenti apritelo dalla cartella del Capitolo 5 del Booksite.
2. Come da Figura 5.12, cliccate in alto a sinistra sul simbolo [-] dei *Controlli finestra*, per far apparire il menu che permette la gestione degli elementi presenti in una inquadratura.
3. Passate col mouse sulla voce *Elenco configurazioni finestra* per far apparire il menu che presenta la divisione dello schermo in più finestre di visualizzazione (Figura 5.12, a destra).

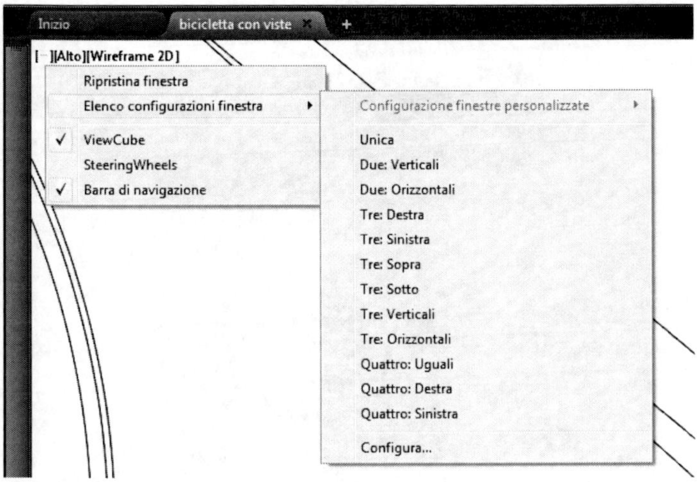


**Figura 5.12**
L'attivazione della gestione delle Finestre attraverso il menu dei Controlli della vista.

4. Fate clic sulla voce *Quattro: Uguali* per suddividere lo schermo in quattro finestre aventi tutte la stessa dimensione.
5. Ora, fate clic nella finestra in alto a destra per renderla corrente. La sua cornice diventa blu.
6. Ruotate la rotellina centrale in avanti, ovvero verso la punta del mouse, per ingrandire il disegno visualizzato; in quella finestra, la nuova vista viene velocemente centrata sulla posizione del puntatore.
7. Fate clic nella finestra in basso a destra per renderla corrente. (controllate che la sua cornice diventi blu) e cliccate in alto a sinistra sulla voce [*Alto*] dei *Controlli della vista*, per far apparire il menu che permette la gestione delle visualizzazioni. Passate col mouse sulla voce *Viste modello personalizzate* per far apparire le inquadrature salvate nell'esercitazione precedente e scegliete *Prospetto* per impostare tale Vista come inquadratura.
8. Ripetete le operazioni appena descritte per impostare la Vista Pedali nella finestra in alto a sinistra, mentre in quella in basso a sinistra fate uno ZOOM/Tutto.
9. Salvate il file con il nome *bicicletta con finestre.dwg* (se avete dei dubbi sulla procedura da utilizzare rivedete l'esercizio precedente) per concludere l'esercitazione.

## L'ordine di visualizzazione delle entità disegnate

In AutoCAD vige la temporalità come elemento ordinatore della sovrapposizione degli oggetti. In poche parole quelli creati dopo coprono quelli creati prima. Per ovviare a questa impostazione è possibile utilizzare i comandi presenti nell'espansione del menu del gruppo *Edita* della scheda *Inizio* (Figura 5.13).

I comandi permettono di gestire le entità disegnate, consentendo così di deciderne la posizione rispetto agli altri oggetti.

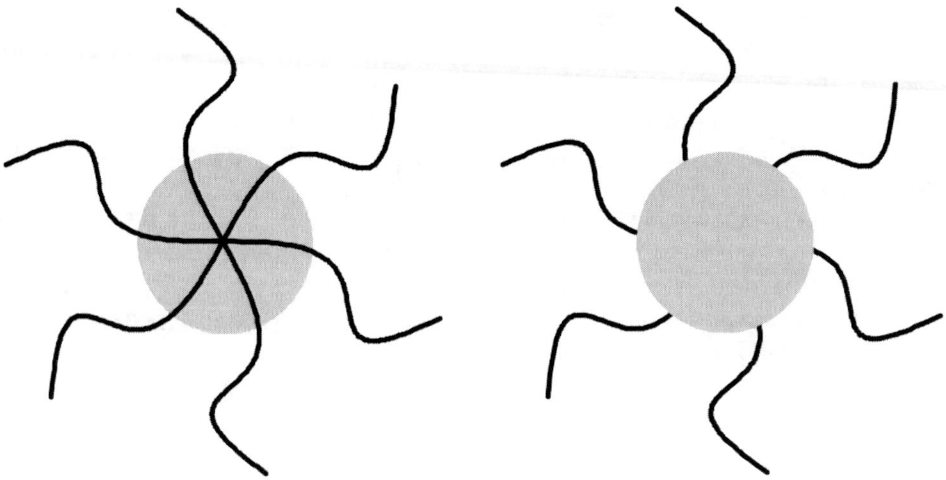

**Figura 5.13**
L'effetto della modifica dell'ordine di visualizzazione degli oggetti.

## Conclusioni

Come avete potuto comprendere Impostare le Finestre in AutoCAD e gestire le Viste in esse inquadrate non è nulla di difficile, ma è un'operazione fondamentale nelle fasi della gestione del disegno. Sapere infatti controllare le visualizzazioni permette di velocizzare enormemente sia le operazioni di disegno che quelle di stampa.

## Capitolo 6

# Il disegno di oggetti bidimensionali

In AutoCAD è possibile creare con estrema facilità numerosi oggetti bidimensionali, da semplici linee, cerchi o archi, a elementi più complessi come curve continue (le spline), poligoni regolari od ellissi. In genere, per disegnare un oggetto è sufficiente specificarne i punti notevoli, ovvero quelli che ne permettono la costruzione geometrica, utilizzando il dispositivo di puntamento o digitandone i valori delle coordinate alla riga di comando.
In genere, come già approfondito nel Capitolo 4, per specificare con precisione le posizioni che definiscono i punti notevoli di ogni entità geometrica, è possibile:

- Digitare i valori delle coordinate per un punto notevole utilizzando le coordinate assolute o relative.
- Attivare uno snap griglia ed eseguire lo snap ad una posizione definita.
- Specificare uno snap ad oggetto rispetto ad un oggetto esistente; è possibile, per esempio, specificare il centro di un cerchio come punto finale di un'entità da disegnare.
- Utilizzare l'input dinamico.
- Adoperare la linea elastica in associazione con le modalità *Orto* o *Puntamento polare*.

## I comandi di disegno

Come sottolineato nel Capitolo 2, i comandi possono essere digitati direttamente nella riga di comando, oppure, in modo più intuitivo ed agevole, essere attivati dalla barra multifunzione.
In particolare, i comandi che permettono la creazione delle entità di disegno di AutoCAD, sono accessibili nel pannello espandibile del gruppo *Disegna* della scheda *Inizio* Figura 6.1).
L'utilizzo del pannello, inoltre, permette di impostare a priori alcune opzioni senza doverle scegliere dopo il lancio del comando, come avviene, ad esempio, con i comandi *Arco* e *Cerchio*.

**Nota**
Una volta terminato un comando è sempre possibile ripeterlo velocemente premendo il tasto INVIO, ma le eventuali opzioni utilizzate non vengono mantenute attive.

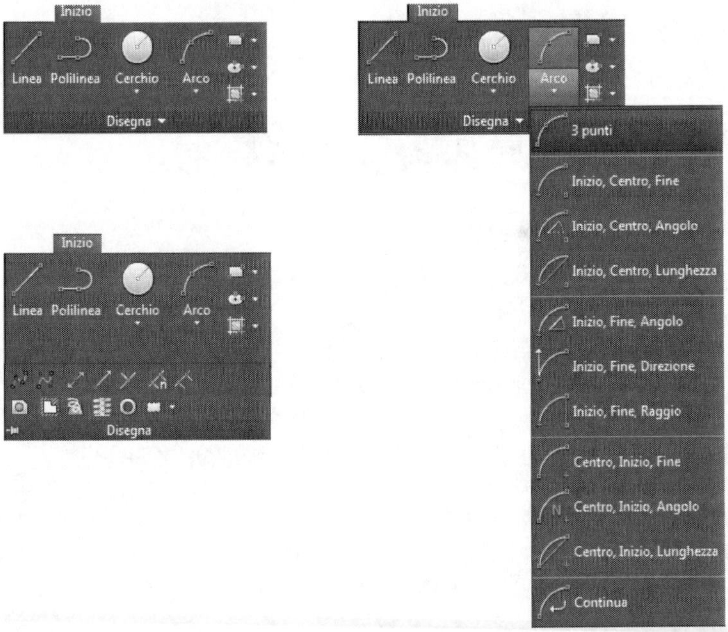


**Figura 6. 1**
I comandi di disegno accessibili nel gruppo Disegna della scheda Inizio.

# Le primitive grafiche

In AutoCAD tutti i comandi di disegno permettono la creazione di entità che vengono governate da funzioni matematiche, funzioni che ne delineano proprietà e forma geometrica. Vi sono, però, degli oggetti geometrici "base" che vengono dal sistema utilizzati per la creazione di tutti gli altri; queste entità vengono definite "Primitive grafiche".
Al gruppo delle Primitive grafiche appartengono la Linea, il Cerchio, l'Arco, l'Ellisse e una particolare entità chiamata Punto.

Di queste interessanti entità grafiche, cominceremo col conoscere gli oggetti *Linea e Arco* per poi passare subito a un'entità da essi derivata, la *polilinea*, che risulta essere, nel disegno di AutoCAD, un oggetto estremamente utile e versatile.

## Disegnare segmenti di linea

Il comando *LINEA* permette di creare un segmento o, nella stessa sessione, una serie di segmenti consecutivi che, però, alla chiusura del comando risultano tra loro indipendenti e possono, perciò, essere gestiti autonomamente.
Per tracciare una linea, che in AutoCAD risulta essere l'oggetto più semplice, è necessario:

1. Fare clic sulla scheda *Inizio* / gruppo *Disegna* / *Linea*.
2. Specificare il punto iniziale, utilizzando, per esempio, il dispositivo di puntamento o digitando i valori delle coordinate alla riga di comando.
3. Completare il primo segmento di linea specificandone il punto finale.

**Nota**
Per annullare il segmento di linea precedentemente creato, durante l'esecuzione del comando LINEA bisogna digitare l'opzione Annulla o fare clic sull'icona Annulla nella barra degli strumenti Accesso rapido. Le opzioni, oltre che sulla barra di comando, possono essere applicate anche utilizzando il menu che si ottiene premendo il tasto destro del mouse.

4. Specificare i punti finali degli eventuali altri segmenti di linea.
5. Premere INVIO per terminare il comando oppure utilizzare l'opzione *Chiudi* per chiudere una serie di segmenti di linea.

**Nota**
Per iniziare una nuova Linea a partire dal punto finale dell'ultima linea disegnata, è possibile eseguire nuovamente il comando LINEA e premere INVIO al messaggio di richiesta Specificare punto iniziale.

Nel prossimo esercizio comprenderete come usare in concreto il comando LINEA per creare una spezzata.

**Esercizio. Utilizzare il comando *LINEA*.**

1. Aprite il file *Prospetto abitazione unifamiliare.dwg* dalla cartella Capitolo 6 presente nel Booksite. Il disegno, impostato in centimetri, presenta due linee perpendicolari rappresentanti la linea di terra e il profilo destro dell'abitazione (Figura 6.2 a sinistra).
2. Impostate gli aiuti per il disegno come da Figura 6.2 a destra (se avete dei dubbi consultate nuovamente il Capitolo 4).

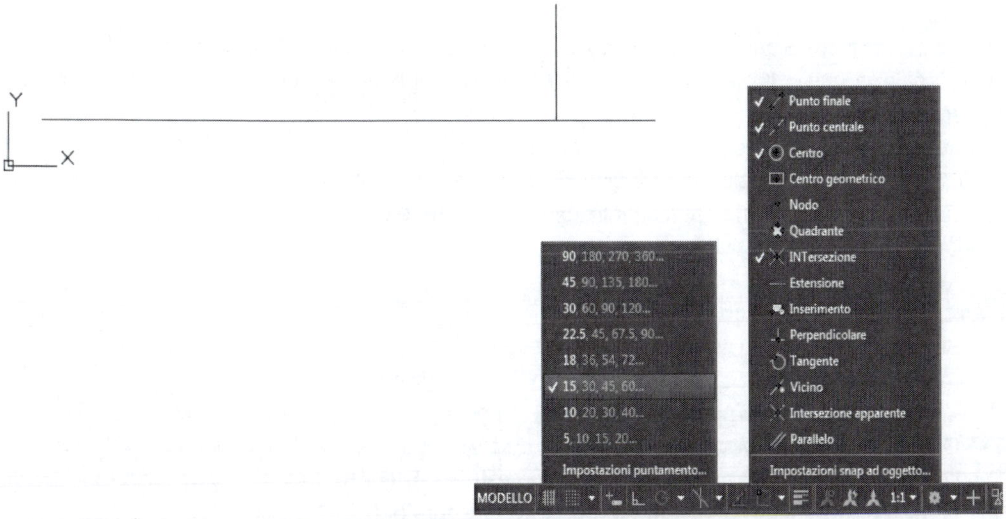


**Figura 6.2**
Il contenuto del file Prospetto abitazione unifamiliare.dwg e le impostazioni utili per proseguirne il disegno.

3. Fate clic sull'icona *Linea* posta nel gruppo *Disegna* della scheda *Inizio.*
4. Come primo punto della linea selezionate l'estremità in alto a destra della linea verticale e muovendo il mouse orizzontalmente verso sinistra immette digitate il valore **1000** per definire il primo segmento di linea.

5. Premete INVIO per terminare il comando.
6. Avviate nuovamente il comando *LINEA* e, per riprendere velocemente l'ultima coordinata specificata, premete INVIO. Il primo punto del segmento di linea si collocherà esattamente all'estremità sinistra della linea appena tracciata.
7. Muovete il mouse verticalmente verso il basso e quando incontrate la linea di terra fate clic con il mouse per definire il secondo punto.
8. Premete INVIO per terminare il comando.
9. Premete nuovamente INVIO per rilanciare velocemente il comando *LINEA* e fate clic sull'angolo in alto a sinistra per definire il primo vertice del segmento, poi, muovendo il mouse verso destra secondo l'angolo impostato negli aiuti a 15° digitate la distanza **900** per definire la lunghezza del segmento.
10. Ora senza premere INVIO muovete il mouse verticalmente verso il basso e quando incontrate la linea orizzontale fate clic tasto sinistro per definire il secondo segmento consecutivo.
11. Premete INVIO per terminare il comando e salvate il file con il nome *Prospetto iniziale.dwg*. Il disegno dovrebbe presentarsi come in Figura 6.3 in alto a destra.
12. Non chiudete il file appena salvato, vi servirà per la prossima esercitazione.

## Creare archi di cerchio

In AutoCAD quando si ha la necessità di disegnare degli archi è decisamente opportuno utilizzare l'elenco a comparsa del pulsante *Arco,* presente, nella barra multifunzione, nel gruppo *Disegna* della scheda *Inizio* (tornate a guardare la Figura 6.1 a destra); infatti le opzioni del comando risultano immediatamente disponibili e disposte in un elenco estremamente chiaro e dal funzionamento intuitivo.

Per creare un arco, è quindi possibile specificare varie combinazioni di valori relativi al centro, al punto finale, a quello iniziale, al raggio, all'angolo, alla lunghezza della corda e alla direzione di curvatura.

I punti necessari alla creazione della forma ad arco vanno immessi, naturalmente, nell'identica sequenza proposta dall'opzione scelta tenendo presente, inoltre, che gli angoli vengono generalmente misurati in senso antiorario (per definire direzioni di angolo in senso orario è necessario perciò esprimerli con valori negativi).

**Esercizio. Creare un arco di cerchio.**

1. Se non avete tenuto aperto il file precedente, recuperate *Prospetto iniziale.dwg* (il file è reperibile anche dalla cartella del Capitolo 6 del Booksite).
2. Verificate che gli aiuti per il disegno siano impostati come da Figura 6.2 a destra.
3. Ora, fate clic sulla piccola freccia posta sotto l'icona *Arco* posta nel gruppo *Disegna* della scheda *Inizio,* per far apparire il menu contestuale. Scegliete la voce *Centro, Inizio, Fine* per poter realizzare il disegno dell'arco riportato in Figura 6.3.

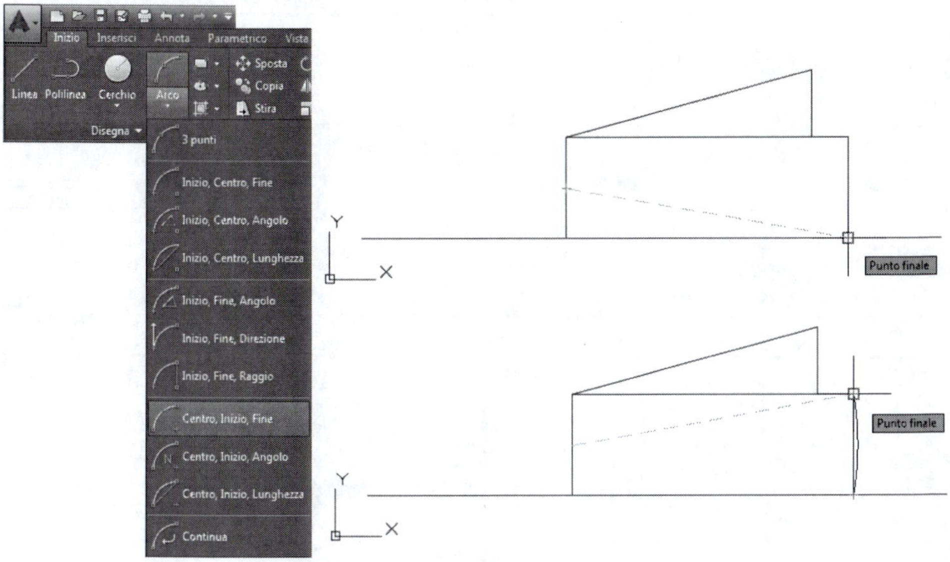


**Figura 6.3**
Le sequenze per disegnare un Arco con l'opzione Centro, Inizio, Fine.

4. Per definire il centro dell'arco fate clic sul punto medio della linea verticale posta a sinistra (Figura 6.3 in alto), mentre per disegnare l'arco cliccate sulle estremità dell'ultima linea a destra come riportato nella Figura 6.3 in basso.
5. Definito l'arco, il comando termina automaticamente.
6. Salvate il disegno con il nome *Prospetto con arco.dwg* e, se volete, lasciate aperto il file per il prossimo esercizio.

**Nota**
L'opzione Continua permette di creare un arco con direzione iniziale perfettamente tangente all'ultimo arco (o linea) disegnato.

## Disegnare polilinee

Una polilinea è un oggetto particolare, in quanto geometricamente costituito da una sequenza di segmenti di linea o di archi, tra loro collegati in modo tale da formare un unico oggetto.

**Nota**
Come verrà approfondito nel Capitolo 9, è possibile utilizzare il comando ESPLODI per convertire le polilinee nelle Primitive grafiche che le hanno generate, ridefinendole perciò in singoli segmenti di Arco e Linea.

Le polilinee sono entità dall'utilizzo estremamente versatile, infatti vengono in genere utilizzate per definire la geometria di oggetti che devono avere un profilo continuo come:

- Linee di contorno per applicazioni topografiche o definizioni di isobariche.
- Diagrammi di cablaggio e configurazione di circuiti stampati.
- Diagrammi di processi e tubazioni.
- Profili e traiettorie di estrusione, utili e necessarie per la modellazione di solidi tridimensionali.

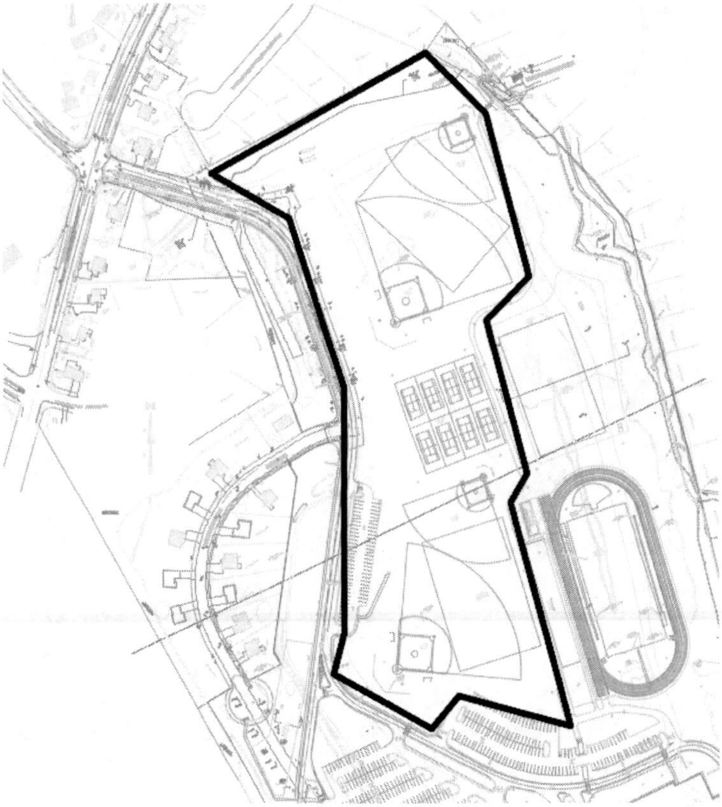

**Figura 6.4**
Il comando POLILINEA (o PLINEA) utilizzato per definire una zona urbana.

Per tracciare una polilinea è necessario seguire questi passaggi:

1. Fare clic sulla scheda *Inizio* / gruppo *Disegna* / *polilinea* (in alternativa, è possibile digitare l'abbreviazione **PL** nella riga di comando).
2. Specificare il punto iniziale, utilizzando, per esempio, il dispositivo di puntamento o digitando i valori delle coordinate alla riga di comando.
3. Specificare i punti finali degli eventuali altri segmenti di linea o utilizzare le opzioni per definire il comportamento grafico della polilinea (ad esempio l'opzione *Arco* permette di creare un arco invece di definire un segmento di linea), riportate nella Figura 6.5.
4. Premere INVIO per terminare il comando oppure utilizzare l'opzione *CHiudi* per chiudere una serie di segmenti o archi di linea.

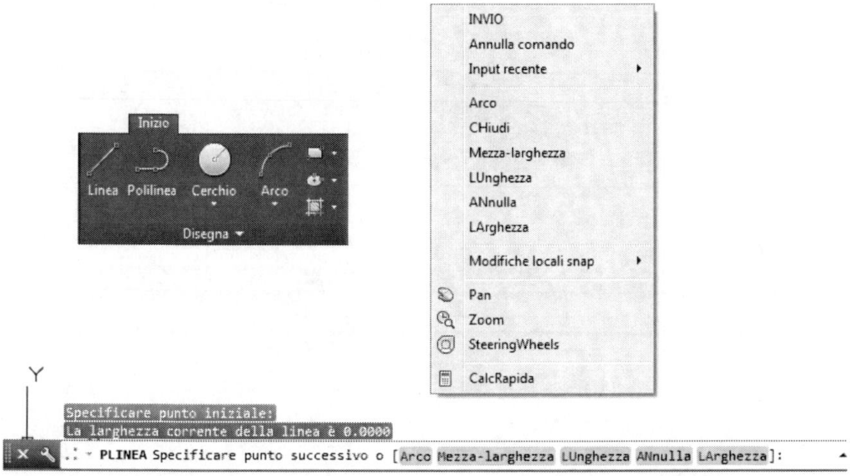


**Figura 6.5**
Le opzioni, oltre che sulla barra di comando, possono essere applicate anche utilizzando il menu che si ottiene premendo il tasto destro del mouse.

**Esercizio. Disegnare polilinee.**

1. Se non avete tenuto aperto il file precedente, recuperate *Prospetto con arco.dwg* dal Capitolo 6 del Booksite.
2. Verificate che gli aiuti per il disegno siano impostati come da Figura 6.2 a destra.
3. Fate clic sulla scheda *Inizio* / gruppo *Disegna* / *Poliinea*.
4. Fate clic sull'angolo in alto a destra per definire il primo punto e poi spostate il cursore in basso a sinistra di un angolazione pari a 195°; all'apparire della guida tratteggiata verde digitate **200** per definire il primo segmento di linea (Figura 6.6).

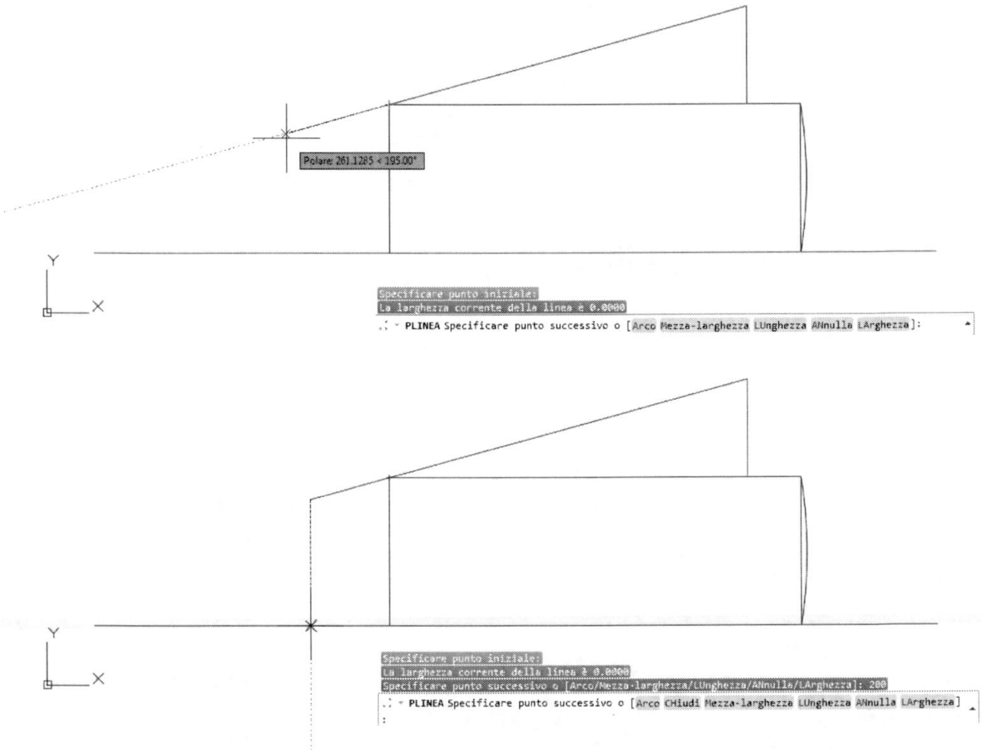


**Figura 6.6**
Il comando POLILINEA utilizzato per creare un unico oggetto costituito da due segmenti di linea.

5. Ora muovete il mouse verticalmente verso il basso e quando incontrate la linea orizzontale fate clic col tasto sinistro per definire il secondo segmento consecutivo (Figura 6.7).
6. Premete INVIO per terminare il comando.
7. Premete nuovamente INVIO per rilanciare il comando *POLILINEA*.
8. Fate clic sull'angolo in alto a sinistra come da Figura 6.7 e premete il tasto destro del mouse per ottenere il menu delle opzioni del comando.
9. Scegliete la voce *Arco* e poi fate clic sul punto indicato nella Figura 6.7 in alto. Se il disegno dell'anteprima della creazione dell'arco risulta essere opposta potete tenere premuto il tasto CTRL per invertirne la direzione di creazione.
10. Premete ancora il tasto destro del mouse per ottenere il menu delle opzioni e scegliete la voce *LInea* per tornare a disegnare segmenti e non archi.
11. Fate clic sul punto medio dell'arco prima creato e dopo aver premuto il tasto destro del mouse fate clic sull'opzione *CHiudi* per creare l'ultimo segmento e chiudere contestualmente il comando.
12. Salvate il disegno con il nome *polilinee.dwg* e, se volete, potete chiudere il file.

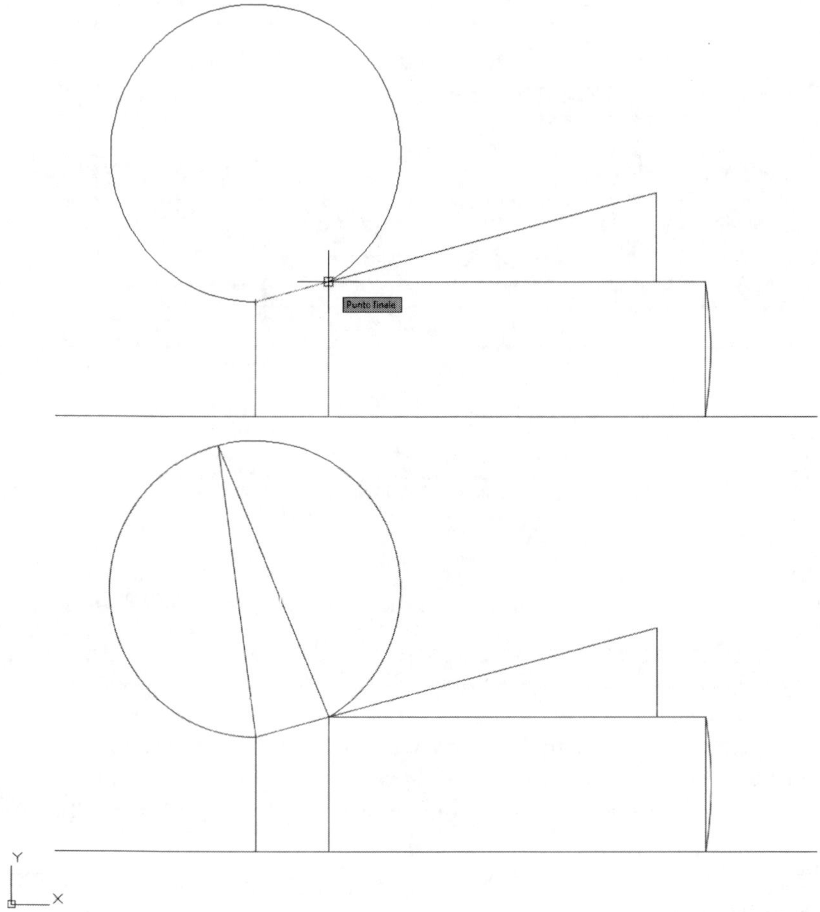


**Figura 6.7**
Il comando POLILINEA utilizzato per creare un unico oggetto costituito da un arco e due segmenti di linea.

È interessante sottolineare come le polilinee possano essere disegnate anche con spessori diversi e variabili grazie alle opzioni *LArghezza* e *Mezza-larghezza*. È possibile perciò impostare lo spessore dei segmenti e smussarli gradualmente (Figura 6.8).
Le opzioni *LArghezza* e *Mezza-larghezza* diventano disponibili solamente dopo avere specificato un punto iniziale per la polilinea e, se la modalità di riempimento è attiva (sempre Figura 6.8), le linee vengono riempite, in caso contrario vengono solo tracciati i contorni che definiscono lo spessore impostato.

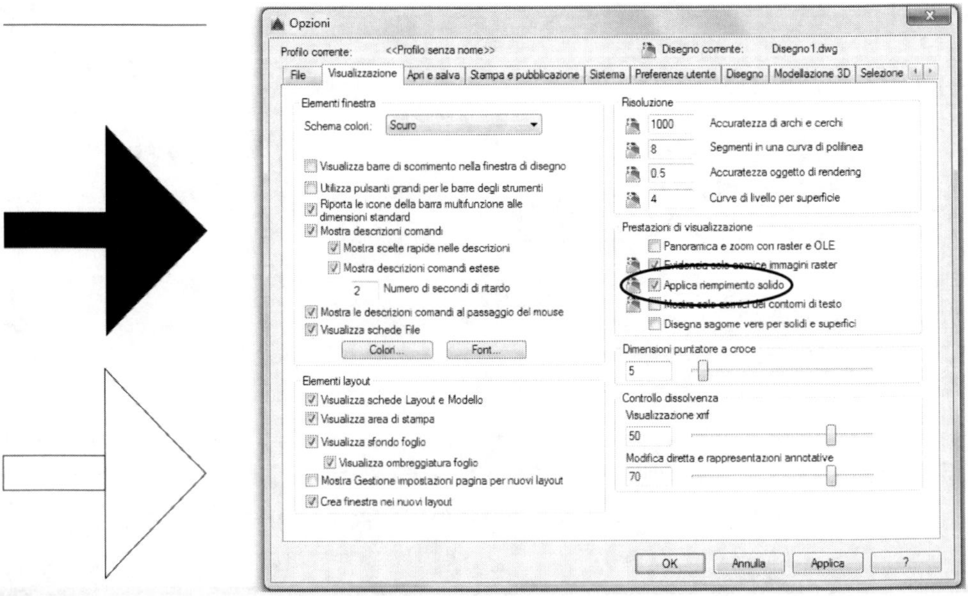


**Figura 6.8**
Una polilinea con applicati spessori differenti, la cui visibilità può essere riempita o meno con Applica riempimento solido del menu Visualizza della finestra Opzioni raggiungibile dal Menu dell'Applicazione.

**Esercizio. Disegnare elementi simbolici utilizzando la polilinea.**

In questo esercizio ricreerete la forma a freccia presentata in Figura 6.8

1. Create un nuovo disegno (se avete dei dubbi tornate a consultare il Capitolo 3).
2. Attivate la modalità *Orto*.
3. Fate clic sulla scheda *Inizio* / gruppo *Disegna* / *polilinea* (in alternativa potete digitare l'abbreviazione *PL* nella riga di comando).
4. Alla richiesta *Specificare punto iniziale* cliccate in un punto qualsiasi dell'area di lavoro.
5. Nella riga di comando, AutoCAD vi segnala che la larghezza corrente è pari a 0.00, per modificarla fate clic sul collegamento ipertestuale *LArghezza* delle opzioni della riga di comando.
6. Alla richiesta *Specificare larghezza iniziale* digitate **10** e premete INVIO per confermare.
7. Alla richiesta *Specificare larghezza finale* digitate nuovamente **10**, per mantenere costante lo spessore del segmento di polilinea e premete INVIO.
8. Spostatevi verso destra in direzione orizzontale e digitate **30** per definire la lunghezza del segmento.
9. Adesso, per creare la punta della freccia, fate nuovamente clic sul collegamento ipertestuale *LArghezza* nelle opzioni della riga di comando ed inserite come primo valore **30** e come secondo valore **0**, entrambi, naturalmente, seguiti da INVIO.
10. Spostatevi verso destra in direzione orizzontale e digitate **30** per definire la lunghezza del segmento che apparirà, così, triangolare.
11. Premete INVIO per concludere il comando e, se, volete, salvate il file con il nome *Freccia.dwg*.

È d'obbligo inoltre sottolineare che, come vedremo nelle pagine di questo capitolo, le polilinee vengono create da AutoCAD anche in modo automatico, questo viene attuato tutte le volte che si utilizzano comandi che richiedono la realizzazione di forme continue, ad esempio con i comandi *RETTANGOLO, POLIGONO, ANELLO, CONTORNI* o *FUMETTOREV*.

## Disegnare polilinee estratte dai contorni degli oggetti

In AutoCAD una tecnica di disegno estremamente utile risulta essere l'utilizzo del comando *CONTORNI*; questo infatti permette di definire il disegno di una polilinea estrapolandola dai contorni di oggetti che formano un'area chiusa. La polilinea che viene automaticamente creata con questo metodo costituisce un'entità separata, distinta dagli oggetti utilizzati per ottenerne la forma; in questo modo, oltre ad avere ottenuto un'entità continua senza disegnare, è possibile velocizzare le operazioni di creazione e modifica del disegno e delle sue componenti.

Il comando si esprime attraverso un finestra, visibile in Figura 6.9; per attivarla bisogna:

1. Digitare *CONTORNI* seguito da INVIO sulla riga di comando o fare clic sulla voce *Contorno* presente nel gruppo *Disegna* del menu Inizio (vedi Figura 6.9).
2. Nella finestra premere il pulsante *Scegli punti* e, successivamente, fare clic all'interno dell'area chiusa individuata nel disegno.
3. Alla pressione del tasto INVIO il comando si conclude automaticamente creando la polilinea.

---

**Nota**

Il comando CONTORNI permette anche di creare una regione, entità che verrà approfondita in uno dei prossimi paragrafi.

---

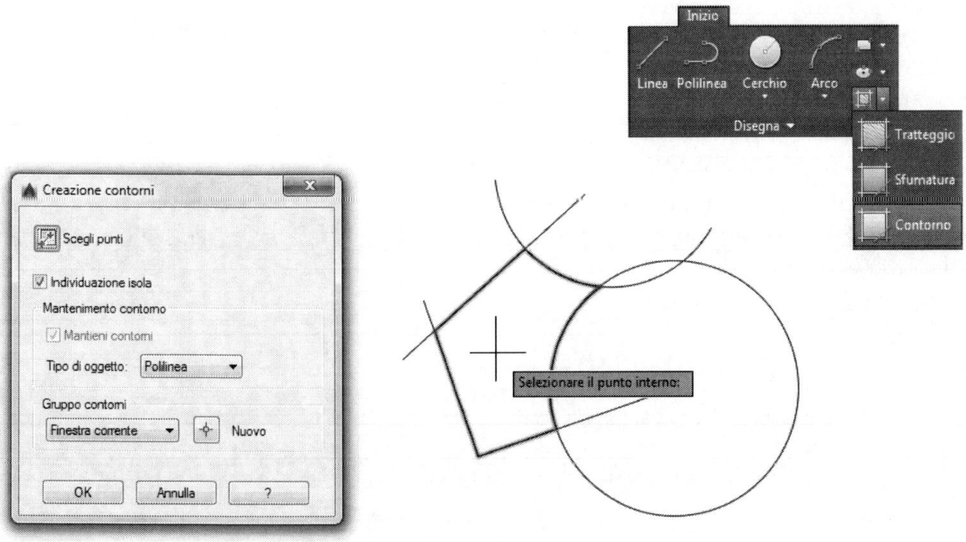


**Figura 6.9**
Una polilinea ottenuta attraverso il comando CONTORNI.

## Creare cerchi ed ellissi

I comandi *CERCHIO* ed *ELLISSE* permettono la creazione di oggetti chiusi e curvilinei, le cui forme sono estremamente utilizzate in qualsiasi tipologia di disegno o di progettazione. Poiché le possibilità di creazione di queste forme è molto varia, è opportuno utilizzare l'elenco a discesa accessibile attraverso il gruppo *Disegna* della scheda *Inizio* per poter utilizzare immediatamente ed in modo estremamente chiaro e intuitivo le varie opzioni disponibili.

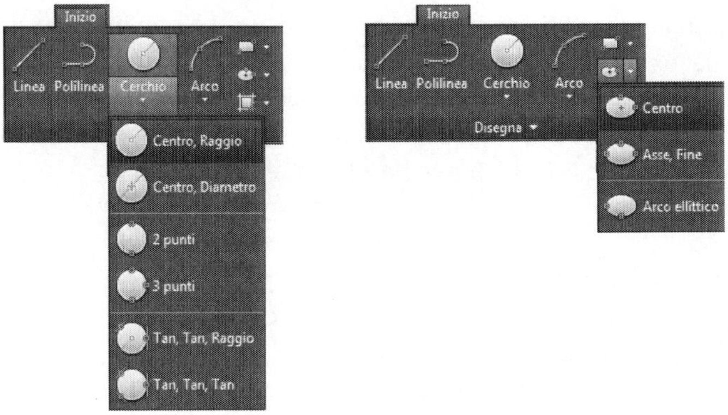


**Figura 6.10**
I menu a discesa del gruppo Disegna per la creazione di cerchi ed ellissi.

Così come sottolineato per il comando *ARCO*, i punti necessari alla creazione di queste entità vanno immessi, naturalmente, nell'identica sequenza proposta dall'opzione scelta nel menu a discesa.

---

**Nota**
La modalità Arco ellittico del comando ELLISSE permette di creare un'entità visivamente aperta.

---

## Disegnare rettangoli

È possibile utilizzare il comando *RETTANGOLO* per creare polilinee chiuse in una forma rettangolare. Il comando richiede la definizione dei punti che individuano la diagonale del rettangolo, oppure, dopo averne definito il primo vertice, è possibile specificarne la forma, utilizzando le opzioni, attivabili dalla riga di comando o il tasto destro del mouse, attraverso l'area (opzione *Area*) o le sue dimensioni (opzione *Quote*).

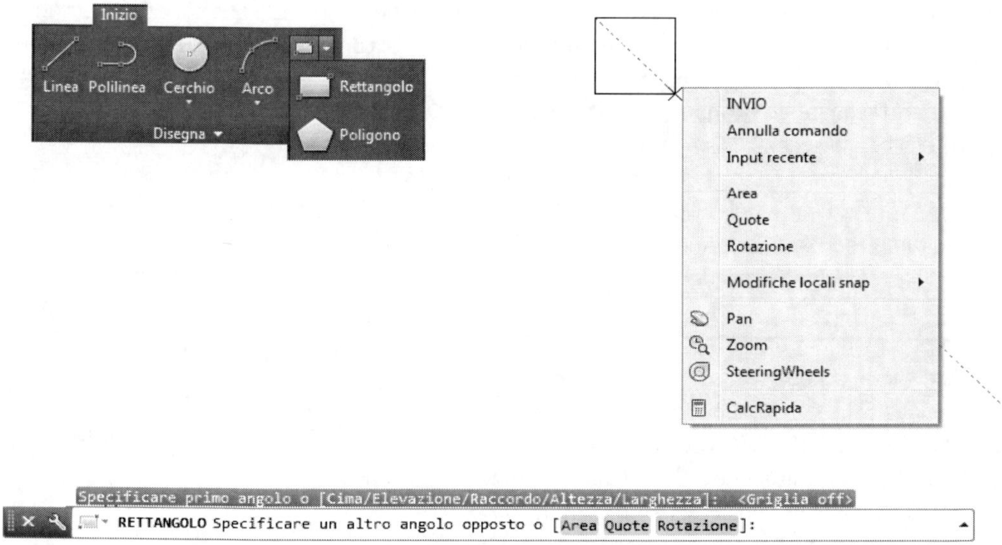


**Figura 6.11**
Il disegno di un rettangolo e le opzioni di creazione attivabili dopo la definizione del primo vertice.

Le opzioni, invece, subito presenti al lancio del comando, permettono di definirne caratteristiche bi e tridimensionali che sono, però, più velocemente applicabili in fase di modifica (come vedrete già nel Capitolo 9) piuttosto che in quella di disegno.
Spesso, infatti, è molto più agevole e utile intervenire modificando il disegno piuttosto che perdere tempo ed energie mentali nel costringersi ad essere precisi subito nella definizione del suo aspetto formale.

**Esercizio. Disegnare un rettangolo conoscendone base e altezza.**
In questo caso (che risulta essere il più frequente), poiché difficilmente si conoscono la lunghezza o l'inclinazione della diagonale di un rettangolo, risultano utili le conoscenze sui riferimenti, assoluti o relativi, che avete affrontato nel Capitolo 4.
Basta infatti digitare, nella riga di comando seguito da INVIO, ***@base,altezza***, dove base e altezza sono le misure del rettangolo, per ottenerne velocemente il disegno.
Per disegnare velocemente un Rettangolo che misura 50x100, perciò, dovete:
1. Fare clic sulla scheda *Inizio* / gruppo *Disegna* / *Rettangolo.*
2. Specificare il primo angolo del Rettangolo facendo clic in un punto nell'area di lavoro.
3. Alla richiesta *Specificare un altro angolo opposto*, digitate **@50,100** e premete INVIO.

Il rettangolo viene creato ed il comando si chiude automaticamente.

## Creare poligoni regolari
La creazione di poligoni è un modo semplice e veloce per disegnare forme regolari ed equilatere, quali triangoli, quadrati, pentagoni, esagoni, etc. Come per il comando *RETTANGOLO*, anche il comando *POLIGONO* crea una polilinea che avrà, però, angoli e lati tutti identici.

Dopo avere specificato il numero di lati che determina, naturalmente, la forma geometrica, dovrete scegliere un punto che identificherà il centro del cerchio che ne permetterà la creazione (il poligono viene costruito inscritto o circoscritto a un cerchio, del quale si conosce il raggio). L'opzione *Spigolo* permette invece di disegnare il poligono conoscendone il lato.

Perciò, per disegnare un poligono circoscritto a un cerchio, è necessario:

1. Fare clic sulla scheda *Inizio* / gruppo *Disegna* / *Poligono*.
2. Alla riga di comando, digitare il numero di lati.
3. Specificare il centro del poligono.
4. Digitare **C** per specificare un poligono circoscritto ad un cerchio.
5. Specificare la lunghezza del raggio.

Mentre per disegnare un **poligono conoscendone la lunghezza del lato**, dovete:

1. Fare clic su scheda *Inizio* / gruppo *Disegna / Poligono*.
2. Alla riga di comando, digitare il numero di lati.
3. Digitare **S** (per attivare l'opzione *Spigolo*).
4. Specificare il punto iniziale di uno dei segmenti del poligono.
5. Specificare il punto finale del segmento del poligono.

## Le curve spline

Il comando *SPLINE* permette di creare curve dalla forma libera e perfettamente arrotondata. Il nome corretto per questo tipo di entità è *NURBS*, ovvero *B-spline razionale non uniforme*.

---

**Nota**

In AutoCAD una spline è una serie di segmenti di curva a cui è stato applicato un raccordo diffuso di polinomiali generalmente cubiche. Le spline cubiche sono le più comuni e riproducono le spline create manualmente mediante strisce flessibili modellate da spessori, i classici curvilinee.

---

È possibile creare le spline utilizzando i vertici di controllo del comando *VC spline* o i punti di adattamento del comando *Adattamento spline*. In Figura 6.12 la spline a sinistra visualizza i vertici di controllo lungo un poligono di controllo e la spline a destra mostra i punti di adattamento che hanno permesso la creazione della curva.

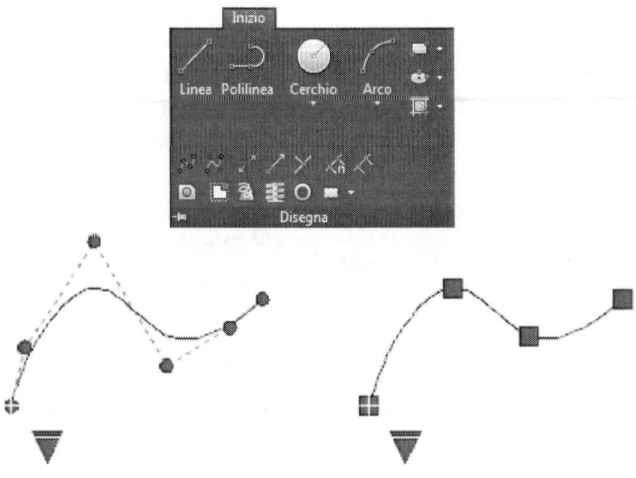


**Figura 6.12**

Le spline. La curva di sinistra visualizza i vertici di controllo mentre quella di destra visualizza i punti di adattamento.

**Nota**
Le opzioni disponibili in SPLINE variano a seconda del metodo utilizzato per creare la curva.

Dopo avere creato una curva, è possibile alternare tra la visualizzazione dei vertici di controllo e la visualizzazione dei punti di adattamento selezionando la spline e utilizzando il grip triangolare che le appare di fianco; mentre è possibile utilizzare i grip rotondi e quelli quadrati per modificarne la forma. per comprendere meglio la potenzialità dei grip, potete anticipare la lettura del Capitolo 10 ad essi dedicato.

**Nota**
Passando dalla visualizzazione dei vertici di controllo a quella dei punti di adattamento, la spline selezionata viene impostata automaticamente sul grado 3. Di conseguenza, è probabile che le spline create in origine mediante equazioni di grado più elevato cambino forma.

Per disegnare una spline è necessario:

1. Fare clic su scheda *Inizio* e nel gruppo *Disegna* scegliere il comando *Adattamento spline o VC spline.*
2. Specificare il primo punto della spline.
3. Specificare il punto successivo della curva e continuare a specificare i punti necessari.
4. Premere INVIO per terminare l'operazione oppure immettere **C** (opzione *Chiudi*) per chiudere la spline.

Il comando *POLILINEA* dal canto suo permette di disegnare i suoi segmenti secondo la logica dell'adattamento curvilineo delle spline (opzione *spline*), ma matematicamente e fisicamente la curva rimane una polilinea; perciò, in alcuni casi può essere utile trasformarla in una spline vera e propria.

Perciò, per convertire in spline una polilinea adattata a spline dovete:

1. Fare clic su scheda *Inizio* e nel gruppo *Disegna* scegliere il comando *Adattamento spline* o *VC spline.*
2. Digitare **O** (opzione *Oggetto*).
3. Selezionare una polilinea di adattamento spline e premere INVIO; l'oggetto selezionato viene trasformato dall'una all'altra.

Talvolta sorge la necessità di disegnare una curva morbida spline che sia tangente e che colleghi due linee (ma anche archi o altri tipi di curva); per farlo dovete:

1. Fare clic sul gruppo *Edita | Raccordo diffuso curve* della scheda *Inizio* (Figura 6.13).
2. Selezionare una linea o una curva in prossimità di un punto finale.
3. Selezionare un'altra linea o curva in prossimità di un punto finale.

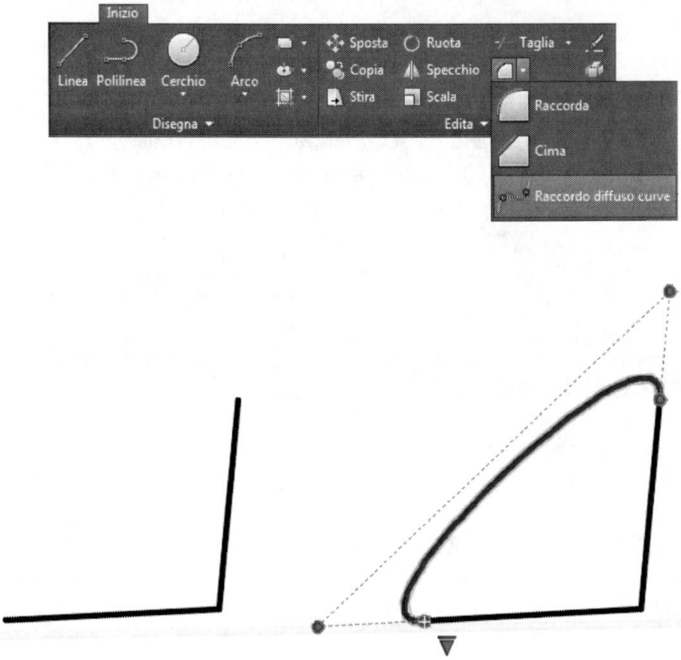


**Figura 6.13**
Disegnare una spline con il comando di modifica Raccordo diffuso curve.

## Disegnare anelli

L'*ANELLO* è un cerchio con riempimento solido, pieno, costituito da una polilinea chiusa spessa. Per creare un anello, si deve specificarne il diametro interno, il diametro esterno e il centro.
È possibile inoltre ripetere velocemente la creazione di più copie di anelli aventi lo stesso diametro specificando centri differenti.

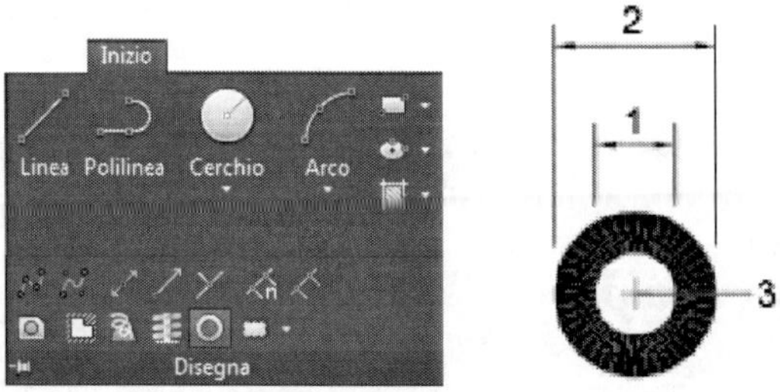


**Figura 6.14**
Il comando ANELLO.

---

**Nota**
Per creare cerchi con riempimento pieno, basta specificare un diametro interno pari a 0.

---

Per creare l'entità anello (Figura 6.14) potete:

1. Fare clic sulla scheda *Inizio* / gruppo *Disegna* / *anello*.
2. Specificare il diametro interno (1).
3. Specificare il diametro esterno (2).
4. Specificare il centro dell'anello (3).
5. Specificare il punto centrale di un altro anello o premere INVIO per completare il comando.

**Nota**
La visibilità del riempimento dell'entità è gestito dal comando PIENO, che, come abbiamo visto nel paragrafo sulle polilinee, è facilmente governabile dalla voce Applica riempimento solido del menu Visualizza della finestra Opzioni raggiungibile dal Menu dell'Applicazione (Figura 6.8).

## Il comando REGIONE per la creazione e la combinazione di aree

Le regioni sono aree bidimensionali chiuse dal disegno simile a quello delle polilinee, ma che hanno proprietà fisiche quali il baricentro o il centro di massa. Generalmente si utilizzano le regioni per:

- Estrarre dati sul disegno, ad esempio le aree e il baricentro, utilizzando il comando *PROPMASS*.
- Applicare tratteggi e ombreggiature.
- Combinare oggetti semplici in oggetti più complessi utilizzando le operazioni booleane.

È possibile creare regioni utilizzando il comando *REGIONE* per convertire un oggetto chiuso in una regione e il comando *CONTORNI* per creare una regione da un'area delimitata da oggetti.

### Definire le regioni

1. Fare clic su scheda *Inizio* / gruppo *Disegna* / *regione*.
2. Selezionare gli oggetti per creare la regione. Gli oggetti devono necessariamente formare un'area chiusa, per esempio un cerchio o una polilinea chiusa.
3. Premere INVIO.

Un messaggio alla riga di comando indica il numero di sequenze chiuse rilevate e il numero di regioni correttamente create.

### Definire le regioni utilizzando i contorni

1. Fare clic su scheda *Inizio / gruppo Disegna / Contorno*.
2. Nell'elenco *Tipo di oggetto* della finestra di dialogo *Creazione contorni*, selezionare *regione* (Figura 6.9).
3. Fare clic sul pulsante *Seleziona punti*.
4. Nel disegno, specificare un punto in ogni area chiusa che si desidera definire come regione e premere INVIO per concludere il comando.

È possibile inoltre combinare le regioni unificandole, sottraendole o intersecandole utilizzando i comandi posti nella scheda *Strumenti 3D* (Figura 6.15). Nel caso non ricordaste come farla apparire consultate il Capitolo 1.

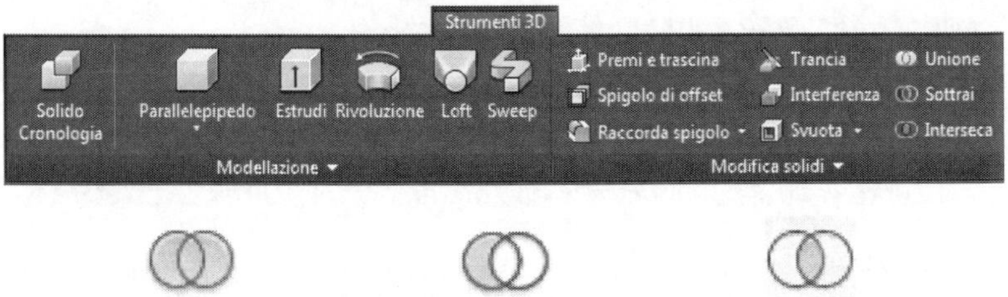


**Figura 6.15**
I comandi di interpolazione tra le regioni raggiungibili dalla scheda *Strumenti 3D*.

### Combinare le regioni tramite unione

1. Fare clic su scheda *Strumenti 3D / gruppo Modifica solidi / Unisci.*
2. Selezionare una regione per l'unione.
3. Selezionare un'altra regione.
4. Continuare a selezionare le regioni oppure premere INVIO per terminare il comando.

Il comando converte le regioni selezionate in una nuova unica regione.

### Combinare le regioni tramite sottrazione

1. Fare clic su scheda *Strumenti 3D* / gruppo *Modifica solidi* / *Sottrai.*
2. Selezionare una o più regioni dalle quali eseguire la sottrazione e premere INVIO.
3. Selezionare la regione da sottrarre e premere INVIO.

Le aree della seconda regione selezionata verranno sottratte da quelle della prima regione.

### Combinare le regioni individuandone le intersezioni

1. Fare clic su scheda *Strumenti 3D* / gruppo *Modifica solidi* / *Interseca.*
2. Selezionare una regione dell'intersezione.
3. Selezionare un'altra regione dell'intersezione.
4. Continuare a selezionare le regioni oppure premere INVIO per terminare il comando.

Il comando converte le regioni selezionate in una nuova regione definita dalla loro intersezione.

## Disegnare forme elicoidali

Un'*ELICA* è una spirale 2D o 3D aperta. Viene comunemente usata come traiettoria per il comando *SWEEP*, per esempio, è possibile eseguire lo sweep di un cerchio lungo una traiettoria a elica per creare un modello solido di una molla.
Quando si crea un'elica, è possibile e spesso doveroso specificare:

- Il raggio della base e quello superiore.
- L'altezza dell'intera elica.
- Il numero di svolte e l'altezza delle spire.
- La direzione della torsione.

Se si specifica lo stesso valore sia per il raggio base che per il raggio superiore, viene creata un'elica cilindrica. Per default, il raggio superiore è impostato sullo stesso valore del raggio base. Non è possibile specificare 0 per entrambi i raggi, base e superiore. Se si specificano valori diversi per il raggio superiore e il raggio base, viene creata un'elica tridimensionale conica.
Se si specifica 0 per l'altezza, viene creata una spirale 2D, piatta, bidimensionale.

**Nota**
Un'elica è un'approssimazione spline di un'elica vera e propria. I valori di lunghezza potrebbero non essere del tutto accurati. Tuttavia, quando si utilizza un'elica come percorso di sweep, i valori risultanti saranno accurati, indipendentemente dall'approssimazione.

Per disegnare un elica bidimensionale è quindi necessario:

1. Fare clic su scheda *Inizio* / gruppo *Disegna* / *Elica*.
2. Specificare il centro dell'elica.
3. Definire il valore del raggio interno della base
4. Definire il valore del raggio esterno, quello superiore.
5. Cliccare sull'opzione ipertestuale della riga di comando *Spire* per definirne il numero delle volute.
6. Digitare **0** per renderla bidimensionale, piatta.

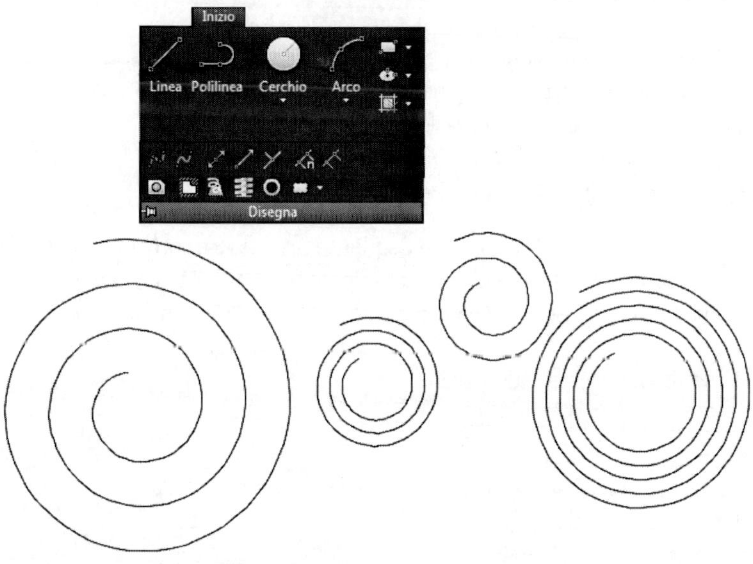


**Figura 6.16**
Disegno di eliche bidimensionali.

# Il disegno a mano libera

Il disegno a mano libera è utile per creare contorni irregolari o per eseguire operazioni di tracciatura quando si ha a disposizione una tavoletta digitalizzatrice.
Il comando *SCHIZZO* consente di creare disegni a mano libera. Questo tipo di disegni è costituito da numerosi segmenti di linea che vengono convertiti in linee, polilinee o spline.

Nel caso di spline, è possibile determinare la precisione con cui la curva viene adattata allo schizzo a mano libera.
Indipendentemente dal tipo di schizzo, è necessario impostare la lunghezza minima (incremento) dei segmenti di linea.

**Nota**
I segmenti di linea corti consentono di ottenere una maggiore precisione, ma possono aumentare notevolmente la dimensione del file di disegno.

Per creare un disegno a mano libera dovete:

1. Nella riga di comando, digitare **SCHIZZO** e premere INVIO.
2. Premere di nuovo INVIO se si vuole accettare gli ultimi valori impostati per tipo, incremento e tolleranza.
3. Fare clic nell'area di disegno per iniziare a disegnare. Quando si sposta il dispositivo di puntamento, vengono disegnati dei segmenti di linea a mano libera della lunghezza specificata; mentre si esegue questo comando, le linee a mano libera vengono visualizzate con un colore diverso.

**Nota**
Il comando SCHIZZO non accetta l'input di coordinate.

4. Fare clic sul punto finale per interrompere il disegno e spostarsi sullo schermo senza disegnare. Fare clic su un nuovo punto per riprendere a disegnare dalla nuova posizione del puntatore.
5. Premere infine INVIO per completare lo schizzo.

## Creazione di fumetti di revisione

I fumetti di revisione sono costituiti da una sequenza continua di archi e vengono generalmente utilizzati per richiamare l'attenzione sulle parti di un disegno durante un'eventuale revisione.
È possibile creare un fumetto di revisione da zero, utilizzando il comando *FUMETTOREV*, oppure è possibile, utilizzando l'opzione *Oggetto*, convertire in un fumetto di revisione entità quali un cerchio, un'ellisse, una polilinea o una spline.

**Nota**
Quando si converte un oggetto in un fumetto di revisione, l'oggetto originale verrà eliminato se la variabile DELOBJ è impostata su 1, ovvero il valore di default.

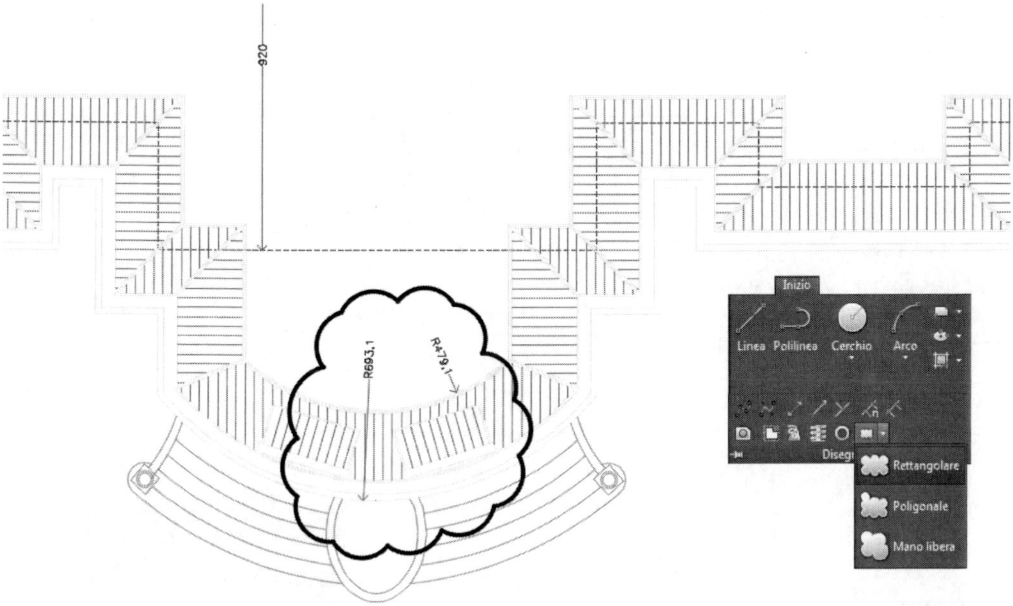


**Figura 6.17**
Disegno con fumetto di revisione.

Quando si disegna un fumetto di revisione, è spesso necessario impostare la dimensione degli archi e delle corde che determineranno il disegno dell'entità.
Per creare un fumetto di revisione dovete:

1. Fare clic su scheda *Inizio* / gruppo *Disegna* / *Fumetto revisione* decidendo tra le voci *Rettangolare, Poligonale* o *Mano libera*.
2. Nella riga di comando, specificare una nuova lunghezza di arco minima e una massima oppure il punto iniziale del fumetto di revisione. Le lunghezze di arco minima e massima di default sono impostate su 0.5 unità. La lunghezza di arco massima non può superare il valore triplo di quella minima.
3. Muovere il mouse per disegnare il fumetto, non è necessario cliccare.
4. Per chiudere il fumetto di revisione, basta ritornare sul punto iniziale.

# Creare elementi di riferimento per il disegno

Quando si disegna, spesso si ha bisogno di elementi di riferimento temporanei come linee e punti che consentano di disegnare in modo accurato.
AutoCAD mette a disposizione tre oggetti che sono pensati proprio per soddisfare questa esigenza:

- L'entità PUNTO.
- Le Linee di costruzione.
- I Raggi di costruzione.

## Creare punti

Gli oggetti *PUNTO* sono generalmente utili come nodi di riferimento per snap ad oggetti e sfalsamenti relativi.

Per ogni entità punto, è possibile impostare lo stile e la dimensione rispetto allo schermo o in unità assolute.

Per impostare lo stile e la dimensione di un punto è necessario:

1. Fare clic sull'elenco a discesa del menu *Utilità* / *Stile punto*.
2. Nella finestra di dialogo *Stile punto*, selezionare uno stile di punto.
3. Nella casella *Dimensione punto,* specificare una dimensione rispetto allo schermo o in unità assolute.
4. Fare clic su *OK*.

Lo stile modifica la visualizzazione di tutti i punti presenti nel disegno e richiede l'utilizzo di *RIGEN* per rendere visibili le modifiche attuate.

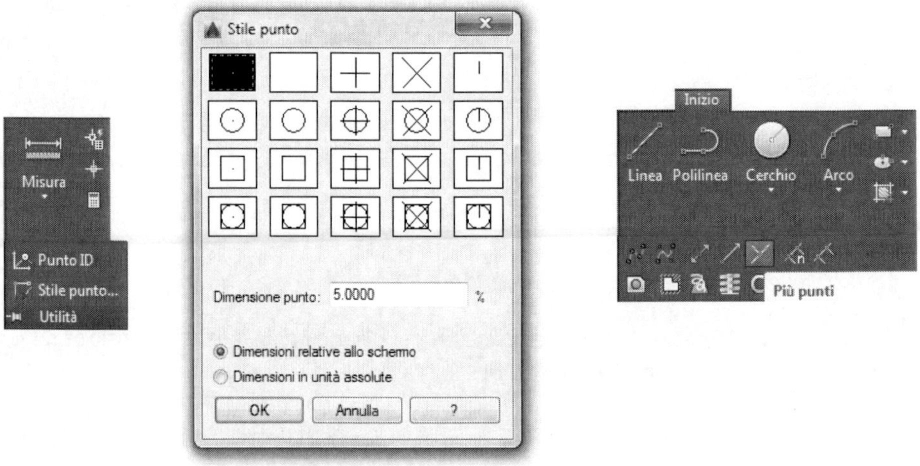


**Figura 6.18**
La finestra Stile Punto e il menu Disegna che contiene il comando Più punti per la creazione dell'entità PUNTO.

Per creare un oggetto punto è necessario:

1. Fare clic sulla scheda *Inizio* / gruppo *Disegna* / comando *Più punti*.
2. Specificare la posizione del punto.
3. Premere ESC per terminare il comando

**Nota**
È possibile "attaccarsi" ad un punto notevole utilizzando il metodo di snap ad oggetto Nodo.

## Creare linee e raggi di costruzione

Sono linee che si estendono all'infinito in una (i raggi di costruzione sono delle semirette) o entrambe le direzioni (le linee di costruzione sono delle rette) e vengono generalmente utilizzate come riferimento per la creazione di altri oggetti. Per esempio, è possibile utilizzarle per individuare il centro di un triangolo, preparare più viste dello stesso elemento o creare intersezioni provvisorie utilizzabili per gli snap ad oggetto.

**Nota**
Le linee e i raggi di costruzione, pur essendo infiniti non modificano l'area totale del disegno, per cui non hanno alcun effetto sullo zoom o sui punti di vista; inoltre possono essere gestiti esattamente come gli altri oggetti di AutoCAD , quindi, spostati, ruotati o copiati.

Per creare una Linea di costruzione (comando *XLINEA*) specificando due punti è necessario eseguire i seguenti passaggi:

1. Fare clic su scheda *Inizio* / gruppo *Disegna* / *Linea di costruzione*.
2. Specificare un punto per definire il punto principale della linea di costruzione.
3. Specificare un secondo punto attraverso il quale dovrà passare la retta.
4. Continuare a specificare le linee di costruzione desiderate. Tutti i raggi successivi passeranno attraverso il primo punto specificato.
5. Premere INVIO per terminare il comando.

**Nota**
La Linea di costruzione presenta una serie di opzioni attivabili dai collegamenti ipertestuali presenti sulla riga di comando. Tra questi risulta essere estremamente utile l'opzione Bisett, che permette la creazione di una retta individuante la bisettrice di un angolo.

Per creare un Raggio di costruzione (comando *RAGGIO*) invece dovete:

1. Fare clic su scheda *Inizio* / gruppo *Disegna* / *Raggio*.
2. Specificare un punto iniziale della semiretta.
3. Specificare un punto attraverso il quale dovrà passare la semiretta.
4. Continuare a specificare punti per creare altre semirette che passeranno attraverso il primo punto specificato.
5. Premere INVIO per terminare il comando.

## Il comando DIVIDI

È possibile utilizzare il comando *DIVIDI* per creare punti (o inserire blocchi) in un oggetto in corrispondenza di un determinato numero di intervalli uguali. Questa operazione, in realtà, non determina la scomposizione dell'oggetto in singole entità, ma solo l'identificazione della posizione delle divisioni in modo che sia possibile utilizzarle come punti di riferimento geometrici.

**Nota**
Quando lo stile dei punti è quello normale, i punti, seppur creati, non risultano visibili, si deve quindi intervenire, come specificato in uno dei paragrafi precedenti, sullo Stile del punto.

Per creare punti di contrassegno per i segmenti uguali è necessario:

1. Fare clic sulla scheda *Inizio* / gruppo *Disegna* / *Dividi*.
2. Selezionare un'entità.
3. Digitare il numero di segmenti desiderati.

Viene così inserita l'entità PUNTO tra ogni segmento.

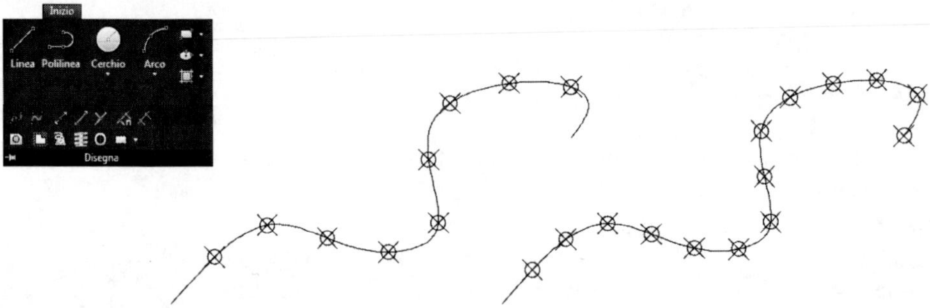


**Figura 6.19**
L'applicazione del comando DIVIDI a sinistra e MISURA a destra.

# Il comando MISURA

È possibile utilizzare *MISURA* per contrassegnare un oggetto ad intervalli uguali dall'estremità di un oggetto selezionato. È possibile contrassegnare gli intervalli con punti (o blocchi).

**Nota**
È possibile che l'ultimo segmento di un oggetto misurato sia più corto dell'intervallo specificato.

Per inserire punti su un oggetto in corrispondenza di intervalli misurati dovete eseguire i seguenti passaggi:

1. Fare clic sulla scheda *Inizio* / gruppo *Disegna* / *Misura*.
2. Selezionare un'entità.
3. Digitare una lunghezza di intervallo o specificare dei punti sullo schermo per indicarne una lunghezza.

Le entità PUNTO vengono collocate sull'oggetto in base agli intervalli specificati.

# Conclusioni

In questo capitolo avete affrontato i comandi che AutoCAD mette a disposizione per disegnare le forme geometriche che definiscono il disegno di un qualsiasi progetto. Le entità che il software offre ai disegnatori, però, non sono finite e, nei prossimi capitoli comincerete ad approfondire ed accrescere le vostre conoscenze così da sfruttare appieno tutte le potenzialità del programma.

## Capitolo 7

# I layer e le proprietà degli oggetti

AutoCAD mette a disposizione un insieme di strumenti che permettono la realizzazione delle forme geometriche che consentono il disegno di un'idea, di un progetto; in questo si comporta, in fondo, come un "normale" tavolo da disegno, dove il foglio di carta viene sostituito dall'area di lavoro del monitor.
In effetti, l'utilizzo di un sistema informatico esprime tutte le sue potenzialità non solo ridefinendo, attraverso la precisione delle funzioni matematiche, il controllo delle forme del disegno, ma permette soprattutto un loro veloce e facile controllo, attraverso strumenti di manipolazione che permettono una gestione estremamente dinamica del progetto.
Non solo, differentemente da prima dove ogni elaborato grafico risultava un elemento a sé stante, ora, gestendo con attenzione le proprietà dei comandi di disegno di AutoCAD, si possono creare tavole differenti e differenziate utilizzando un unico file di disegno.
Perciò la grande potenzialità della digitalizzazione sta non solo nella precisione degli oggetti disegnati, ma soprattutto nella loro gestione, nell'attento controllo, da parte del disegnatore, delle loro proprietà.
È possibile infatti organizzare le entità contenute nel disegno e controllarne la visualizzazione e la stampa gestendo, appunto, le loro proprietà fondamentali quali layer, colore, tipo e spessore di linea, trasparenza, stile di stampa, etc.

In questo capitolo inizierete ad "entrare" nella mente di AutoCAD, imparerete a controllarne la logica compositiva così da poter gestire il disegno al meglio, utilizzando tutte le possibilità che il software mette a disposizione.
AutoCAD, come avete visto, utilizza gli algoritmi delle funzioni matematiche per definire le entità di disegno vettoriale.
Gestire le proprietà di questi oggetti significa innanzi tutto saper controllare la logica che sottende il software, ovvero la distinzione, o meglio il rapporto simbiotico, esistente tra:

- Le proprietà dei layer.
- Le proprietà degli oggetti rispetto ai layer.

Infatti, un'entità deve necessariamente appartenere a un layer per poter esistere, ma non è detto che ne segua necessariamente tutte le proprietà; in questo caso si dice che, per quella particolare proprietà, non è *DaLayer*.

**Nota**
Vi sono anche, naturalmente, le proprietà geometriche di ogni singolo oggetto, che sono dettate dalla funzione matematica del comando utilizzato per generarne la forma.

# I layer

I layer costituiscono il principale strumento di organizzazione utilizzato nel disegno di AutoCAD. Vengono utilizzati per raggruppare gli oggetti che, nel disegno, assumono la stessa funzione progettuale; per esempio, linee di costruzione, testi, quote e cartigli possono essere inseriti su layer a loro dedicati, così da creare:

- Un'uniformità grafica, in quanto i layer vengono utilizzati per applicare contemporaneamente un unico tipo di linea, un unico colore ecc.
- Un'univocità gestionale, poiché i layer permettono di controllare velocemente la complessità visiva degli elementi che costituiscono un disegno.

*Layer* in inglese significa *strato* o *livello* e, in quanto tale, permette di stratificare, su livelli organizzativi, gli elementi del disegno che si ritiene abbiano delle affinità grafico-funzionali, raggruppandole, ad esempio, per testo, quote, retini di riempimento, linee di costruzione, etc.
In genere per rendere "visivamente" la funzionalità dei livelli/layer si tende ad interpretarli come se fossero dei fogli da lucido trasparenti sui quali vengono disegnate le varie entità grafiche. Il disegno viene quindi rappresentato dalla sovrapposizione dei fogli (Figura 7.1), che possono quindi essere gestiti insieme o individualmente, mutando così la rappresentazione grafica del progetto.

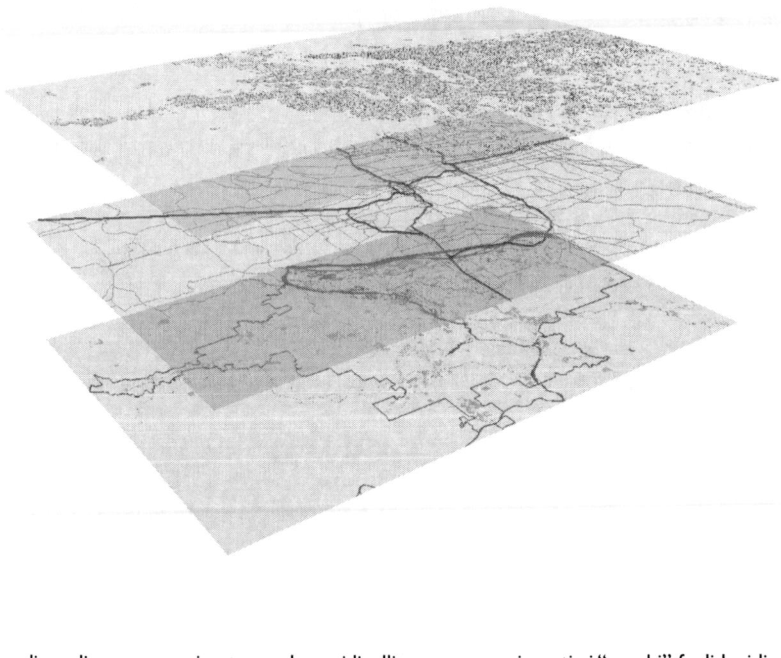

**Figura 7.1**
Visualizzazione di un disegno organizzato per layer; i livelli vengono equiparati ai "vecchi" fogli lucidi.

Capita spesso che durante lo sviluppo di un progetto possa sorgere la necessità di modificare le caratteristiche di visibilità di un gruppo di oggetti; i layer permettono di gestire velocemente molte, se non tutte, queste esigenze grafico-comunicative.

Infatti i layer permettono di:

- Raggruppare in un unico layer le entità che hanno, nel disegno, funzioni tra loro simili.
- Visualizzare o meno, sia a video sia in fase di stampa, gli oggetti che si trovano sullo stesso layer.
- Standardizzare la rappresentazione grafica, colore, tipo di linea, spessore, ecc. degli elementi giacenti sullo stesso layer.

In effetti, AutoCAD utilizza il layer per risolvere le operazioni matematiche algoritmico-vettoriali che permettono la visualizzazione grafica della forma geometrica e del posizionamento dell'oggetto nello spazio lavorativo.
Infatti il software necessita di avere almeno un livello sul quale disegnare ed è per questo che mette sempre a disposizione un layer denominato *0* (zero).

**Nota**
Il layer 0 è un layer particolare, differente dagli altri, è infatti un layer di sistema; per questo non è possibile né eliminarlo né rinominarlo. Si consiglia, perciò, di creare diversi layer nuovi con cui organizzare il disegno anziché creare l'intero disegno sul layer 0.

Inoltre il *Layer 0* deve essere considerato un layer speciale sul quale è buona norma non disegnare; è infatti deputato per la gestione della creazione e visualizzazione di entità particolari come i blocchi o i riferimenti esterni (oggetti che approfondiremo in seguito nei prossimi capitoli).

**Nota**
Spesso AutoCAD crea automaticamente dei layer per la definizione del calcolo dei punti di riferimento; il tipico caso è quello del layer Defpoints, sul quale vengono posizionati in automatico i punti di riferimento per la quotatura del progetto.

È quindi venuto il momento di comprendere come creare e quindi gestire le proprietà (importantissime) dei singoli layer.

## Creazione e denominazione dei layer

Organizzando gli oggetti in layer, è possibile controllare, separatamente per ciascuno di essi le proprietà e la visibilità di un insieme di elementi e, perciò, apportare rapidamente modifiche a tutto il disegno.
È per questo che la scelta del nome da assegnare al layer non deve essere casuale, ma dettata dalla motivazione funzionale e organizzativa degli oggetti che vi saranno calcolati.
In molti casi, i nomi scelti per i layer sono imposti da standard aziendali o industriali. Poiché lo strumento *Gestore proprietà layer* (Figura 7.2), che ne permette l'organizzazione e la definizione delle proprietà, ordina i layer alfabeticamente in base al nome, spesso è conveniente utilizzare prefissi comuni per assegnare i nomi ai layer con componenti di disegno tra loro correlati, per semplificare l'individuazione e la manipolazione di più gruppi alla volta.

**Nota**
Se si utilizza frequentemente una particolare combinazione di layer, può essere utile impostare un modello di disegno a cui siano già assegnati layer, tipi di linea, colori.

Per creare un nuovo layer è necessario:

1. Fare clic sul pulsante *Proprietà layer* posto nel gruppo *Layer* della scheda *Inizio*.
2. In *Gestore proprietà layer*, selezionare il pulsante *Nuovo layer* (Figura 7.2). All'elenco dei layer viene aggiunto automaticamente un nome di layer, per esempio *LAYER1*.
3. Immettere il nome che si desidera assegnare digitandolo sopra il nome evidenziato
4. Premere INVIO per memorizzarne la denominazione.

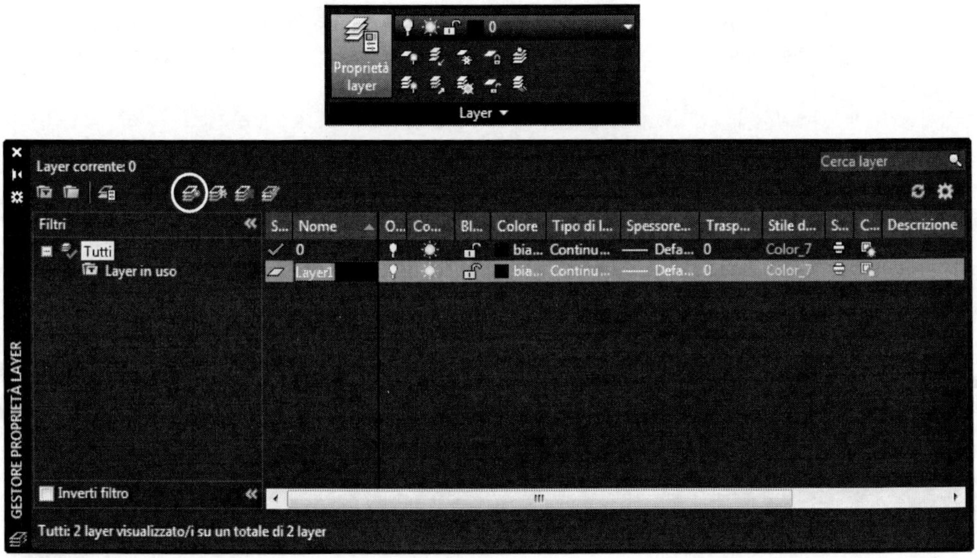


**Figura 7.2**
La tavolozza Gestore proprietà layer, accessibile grazie al pulsante Proprietà layer posto sulla barra multifunzione.

Attraverso il *Gestore proprietà layer* è inoltre possibile rinominare ed eliminare i layer dal disegno. È possibile, però, eliminare soltanto i layer non referenziati ovvero quelli senza riferimenti, a cui, perciò, non sono assegnati degli oggetti.

---

**Nota**
I layer con riferimenti sono i layer 0 e Defpoints, quelli contenenti oggetti (compresi gli oggetti presenti nelle definizioni di blocco), il layer corrente e quelli dipendenti da xrif.

---

Per rinominare un layer i passaggi da effettuare sono i seguenti:

1. Fare clic sulla scheda *Inizio* / gruppo *Layer* / *Proprietà layer*.
2. In *Gestore proprietà layer*, puntare il layer e fare clic col tasto destro del mouse.
3. Selezionare la voce *Rinomina layer*.
4. Immettere il nome che si desidera assegnare digitandolo sopra il nome evidenziato
5. Premere INVIO per memorizzarne la modifica.

Infine, per eliminare un layer inutilizzato è possibile:

1. Fare clic sulla scheda *Inizio* / gruppo *Layer* / *Proprietà layer*.
2. In *Gestore proprietà layer*, selezionare il layer.
3. Fare clic sul pulsante *Elimina layer*.

Per chiudere la tavolozza è sufficiente fare clic sul pulsante *X* posto sulla barra del titolo della tavolozza stessa.

## Gestione e modifica delle proprietà dei layer

Le proprietà di un layer permettono di controllare diversi aspetti:

- Se gli oggetti presenti su quel layer sono visibili o attenuati.
- Se e come vengono stampati le entità grafiche.
- Quale colore viene assegnato a tutti gli elementi di quel layer.
- Quali tipo e spessore di linea vengono assegnati a tutte le entità presenti su quel layer.
- Se gli oggetti su quel layer possono essere modificati.
- Nel caso dello spazio carta, se nelle singole finestre di layout gli elementi grafici vengono visualizzati con proprietà layer diversificate.

Per modificare le proprietà di un layer dovete:

1. Fare clic sul pulsante *Proprietà layer* posto nel gruppo *Layer* della scheda *Inizio*.
2. Fare clic sull'icona corrispondente della colonna della proprietà da modificare. Quando si fa clic su *Colore, Tipo di linea, Spessore linea, Stile di stampa* o *Trasparenza*, viene visualizzata una finestra di dialogo contestualizzata.
3. È possibile inoltre, facendo clic nella colonna *Descrizione* e digitare un testo descrittivo che faciliti la comprensione dell'uso di quel layer.

## Controllo della visibilità degli oggetti di un layer

È possibile rendere invisibili dei layer di disegno disattivandoli o congelandoli.
La disattivazione o il congelamento dei layer risulta estremamente utile quando si desidera avere un'inquadratura libera da un insieme di oggetti in quel momento considerati non indispensabili oppure quando non si desidera stampare certi dettagli, ad esempio le linee di riferimento.

### On/Off, ovvero Attivato/Disattivato.

Gli oggetti presenti su layer disattivati sono invisibili, ma continuano ad essere calcolati; infatti, quando si attivano e disattivano i layer, il disegno non viene rigenerato, perciò le entità continuano, ad esempio, a nascondere gli altri oggetti quando si utilizza il comando *NASCONDI*. Naturalmente le entità essendo invisibili non verranno stampate.

### Congela/Scongela

Gli oggetti presenti su layer congelati, invece, sono resi invisibili e non più calcolati; quindi, rimanendo momentaneamente sospesi dalle operazioni di disegno, non possono nascondere altri oggetti. Infatti nei disegni di grandi dimensioni il congelamento di un layer non necessario velocizza le operazioni che riguardano la visualizzazione e la rigenerazione di un'inquadratura. Anche e soprattutto in questo caso, le entità presenti su un layer congelato non saranno stampate.

**Nota**
È possibile congelare i layer nelle singole finestre presenti in un layout dello spazio carta così da diversificarne il contenuto. Il controllo dei layer nello spazio carta viene approfondito nel Capitolo22.

## Blocco degli oggetti di un layer

AutoCAD, dà la possibilità, attraverso la gestione dei layer, di proteggere dalle modifiche gli oggetti disegnati con la proprietà Bloccato/Sbloccato.

Quando un layer viene bloccato, gli oggetti in esso raggruppati non possono essere modificati fino al successivo sblocco; il blocco così protegge le entità e riduce la possibilità di modificare accidentalmente gli oggetti presenti su quel layer.

È inoltre possibile, per individuare facilmente quali oggetti si trovano sui layer bloccati, sfumare la loro rappresentazione nell'area di lavoro (Figura 7.3).

**Nota**

Per gli oggetti che si trovano sui layer bloccati non vengono visualizzati i grip. Mentre è sempre possibile utilizzare gli snap ad oggetto dei punti notevoli.

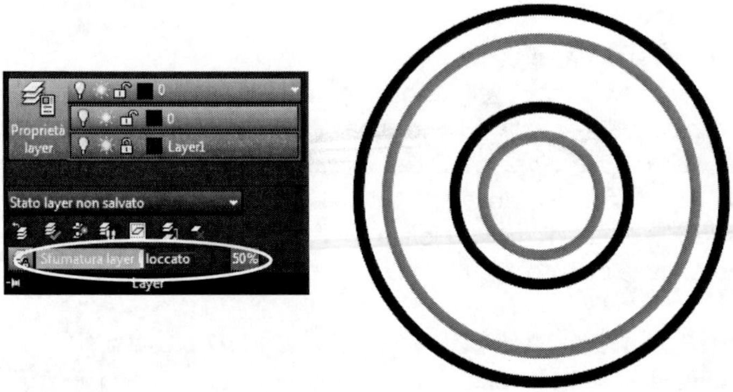


**Figura 7.3**

Espandendo il gruppo Layer della scheda Inizio e possibile gestire la sfumatura dei layer bloccati.

## Inibizione alla stampa degli oggetti di un layer

È possibile impostare che tutte le entità presenti su un layer non vengano stampate malgrado risultino visibili nello spazio lavorativo. Per fare questo basta impostare su "non stampabile" la colonna *Stampa/Nonstampa*.

Questa opzione di controllo permette di stabilire che, ad esempio, gli oggetti di costruzione non vengano mai stampati anche se visibili a schermo, permettendo così di non doversi ogni volta ricordare di congelare o disattivare quel particolare layer prima di stampare il disegno.

Le prime quattro proprietà (*On/Off*, *Congela/Scongela*, *Bloccato/Sbloccato* e *Stampa/Nonstampa*) che abbiamo analizzato costringono gli oggetti che sono su quel layer, a seguirne necessariamente le impostazioni. Le prossime impostazioni, invece, permettono che gli oggetti siano liberi, se le necessità progettuali lo necessitano, di scostarsi da esse; in questo caso, gli oggetti che seguono il layer vengono detti *DaLayer*.

**Nota**

L'applicazione della gestione delle proprietà degli oggetti rispetto al layer verranno analizzate nei prossimi paragrafi di questo capitolo.

## Assegnazione del colore a un layer

Facendo clic sull'icona *Colore* presente nel *Gestore proprietà layer*, è possibile associare a tutti gli oggetti che sono calcolati su quel layer (e che hanno la proprietà *DaLayer*) di assumerne il colore. Se, per esempio, una linea, che ha la proprietà di essere *DaLayer* per il colore, viene disegnata sul layer 0 e al layer 0 viene assegnato il colore rosso, la linea sarà rossa.

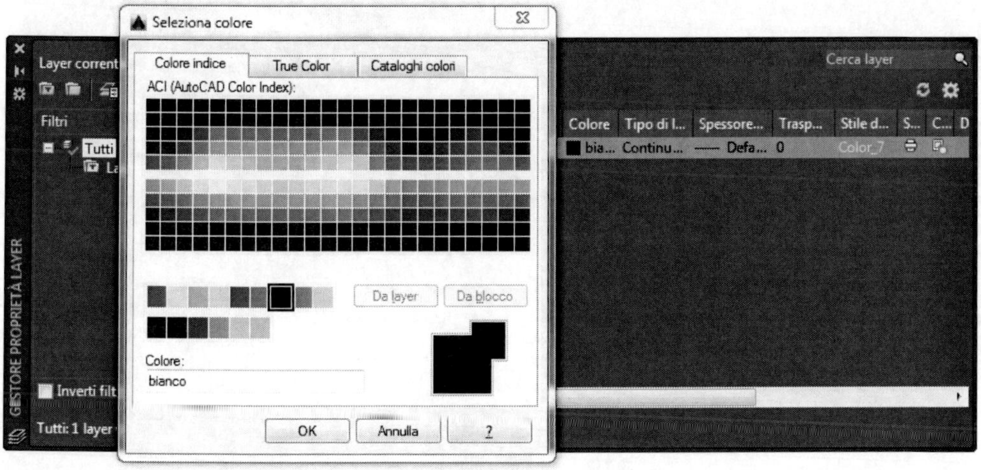


**Figura 7.4**
La finestra di dialogo Colore che permette l'assegnazione del colore a un Layer.

Il colore ha una duplice funzione: evidenziare un oggetto facendolo facilmente identificare come appartenente ad un gruppo all'interno di un disegno, e permettere anche il controllo del sue caratteristiche grafiche nelle fasi di stampa (per esempio lo spessore o il tipo di linea come vedremo nel Capitolo 22).

**Nota**
Solo i "Colori indice", in inglese detti Index Color, permettono di associare al colore spessori o forme diverse durante la fase di stampa; gli altri tipi, i True color o il Catalogo colori, vengono stampati come appaiono a video.

## Assegnazione del tipo di linea a un layer

Così come per il colore, facendo clic sul pulsante in corrispondenza della colonna del *Tipo di linea* presente nel *Gestore proprietà layer*, è possibile associare a tutti gli oggetti di quel layer (e che hanno la proprietà *DaLayer*) l'aspetto grafico del tipo di linea caricato.

Facendo clic sul pulsante del *Tipo di linea* viene aperta la finestra di dialogo *Seleziona tipo di linea* che permette di associare il tipolinea al layer; dopo avere scelto il tipo desiderato si deve premere il pulsante *OK* per associarlo al layer (Figura 7.5).
Nel caso il tipolinea non fosse presente nel file di disegno è possibile fare clic sul pulsante *Carica* per utilizzare la finestra *Carica o ricarica tipi di linea* per disporne nel progetto (sempre Figura 7.5).

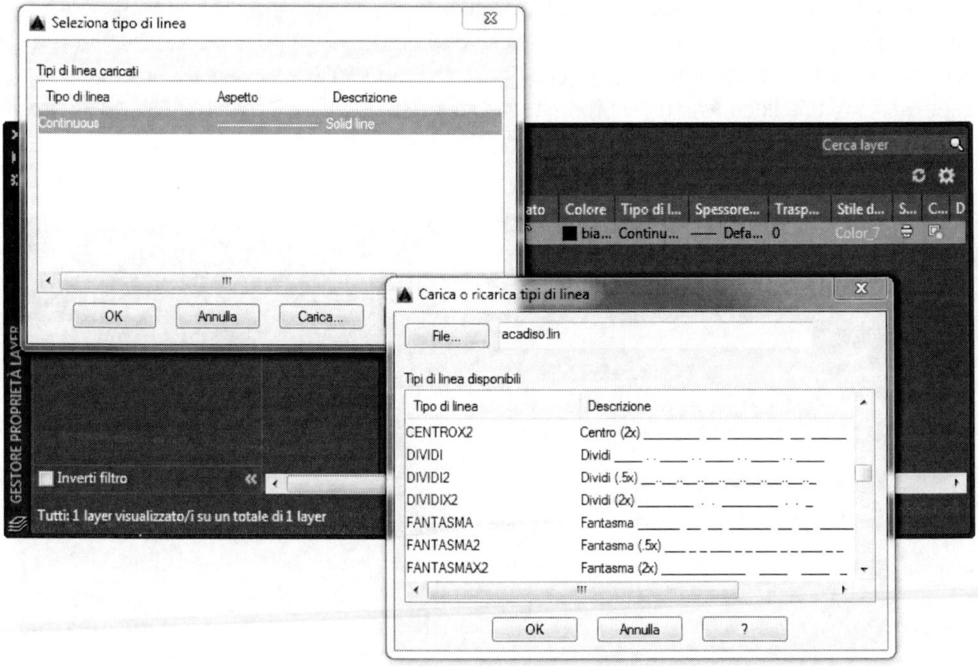


**Figura 7.5**
Nella finestra di dialogo Tipo di linea che permette il caricamento nel file e l'assegnazione del tipolinea agli oggetti di un Layer.

## Assegnazione dello spessore agli oggetti di un layer

Premendo il pulsante in corrispondenza della colonna *Spessore linea* presente nel *Gestore proprietà layer*, è possibile definire che tutti gli oggetti di quel layer (e che hanno naturalmente la proprietà impostata come *DaLayer*) assumano lo spessore specificato nella finestra di dialogo, che si apre contestualmente, denominata *Spessori linea* (Figura 7.6).

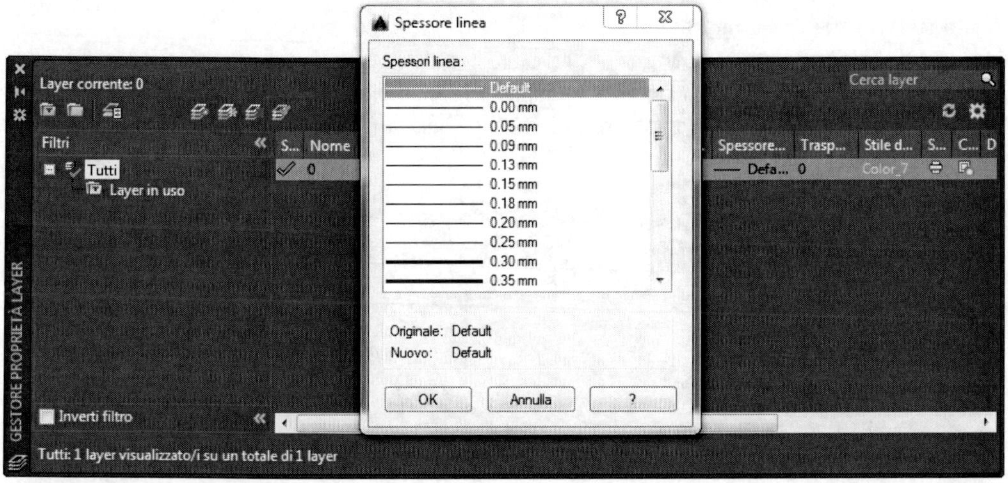


**Figura 7.6**
La finestra di dialogo Spessori linea.

Gli spessori saranno visibili a video solo se viene attivato il pulsante *Spessore linea* (assumerà il colore blu), che si trova sulla barra di stato; il valore *Default* è gestibile facendo clic con il pulsante destro del mouse sul pulsante appena citato e scegliendo la voce omonima (Figura 7.7)

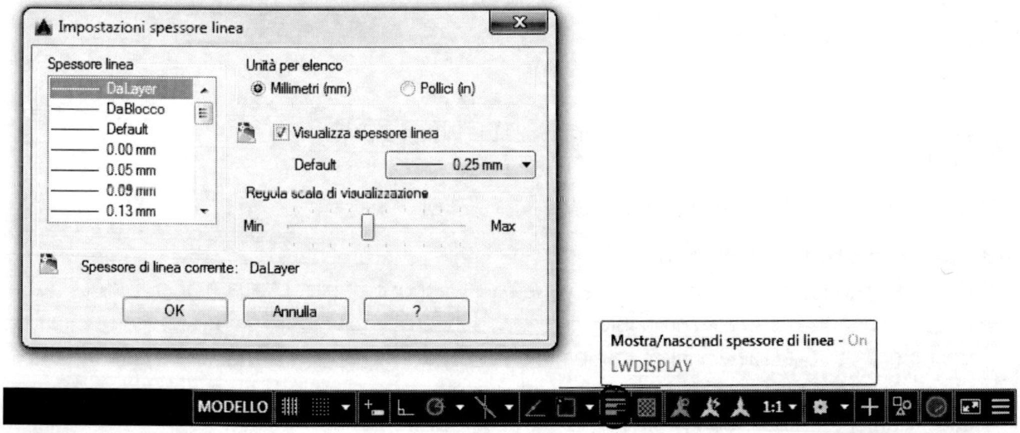


**Figura 7.7**
La finestra di dialogo Impostazioni spessore di linea e il pulsante Spessore linea che permette la visualizzazione degli spessori a video.

---

**Nota**
Come sarà illustrato nel Capitolo 22, gli spessori verranno mantenuti in fase di stampa se le proprietà della stampa stessa non definiranno altre impostazioni.

---

## Impostazione della trasparenza dei layer

Impostare la trasparenza dei layer e delle finestre di layout permette di ridurre la visibilità degli oggetti su layer specifici e migliorare così la visualizzazione dei disegni.

Dopo avere applicato la trasparenza attraverso il pulsante in corrispondenza della colonna *Trasparenza* a un layer, tutti gli oggetti aggiunti al layer vengono creati con lo stesso livello di trasparenza. La proprietà della trasparenza per tutti gli oggetti del layer deve, come abbiamo visto, essere impostata su *DaLayer*.

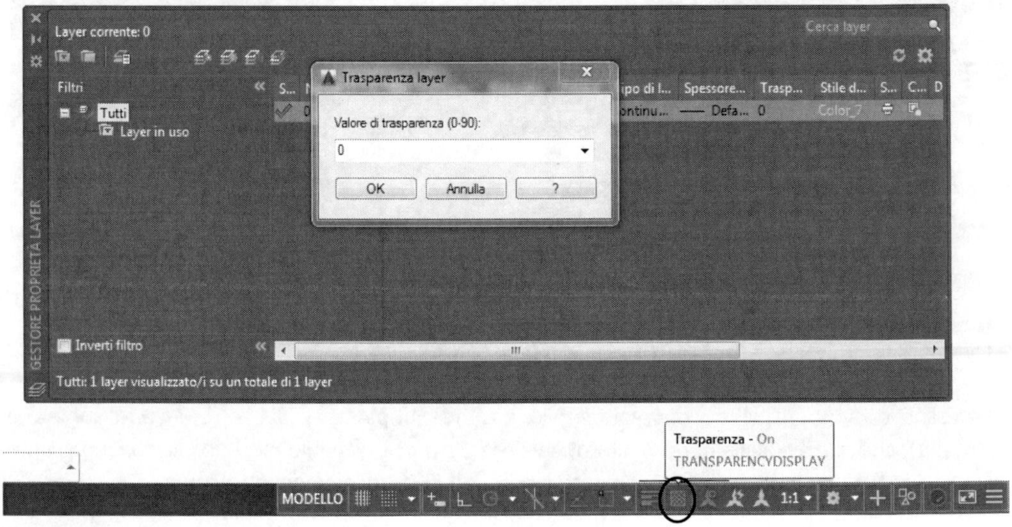


**Figura 7.8**
La finestra di dialogo Trasparenza layer.

La trasparenza è applicata a video solo quando viene attivato (il colore è, come sempre, blu) il pulsante *Trasparenza* che si trova sulla barra di stato (Figura 7.8 in basso).

# Le proprietà degli oggetti

In AutoCAD ogni oggetto disegnato dispone di due tipologie di proprietà:

- Proprietà che possono essere definite generali e vengono applicate alla maggior parte degli oggetti, sono le proprietà che abbiamo visto definite per i layer, il colore, il tipo di linea, la trasparenza e l'eventuale stile di stampa.
- Proprietà che, invece, sono specifiche degli oggetti; ad esempio l'entità Cerchio è definita specificamente dalle proprie caratteristiche geometriche, da un raggio e da un'area, definite dalla funzione matematica che ne ha permesso il disegno.

Come abbiamo visto nelle pagine precedenti è possibile assegnare la maggior parte delle proprietà generali ad un oggetto direttamente dal layer impostandone la proprietà sul valore *DaLayer*. Mentre se una proprietà è impostata su un valore specifico (impostabile con i controlli disponibili nel gruppo *Proprietà* della barra multifunzione della scheda *Inizio*), tale valore sovrascriverà quello impostato per il layer. Infatti se a una entità disegnata sul layer 0 viene assegnato il colore blu e al layer 0 viene assegnato il colore rosso, l'entità rimarrà sempre blu.

È possibile invece gestire le proprietà specifiche degli oggetti con le tavolozze *Proprietà*, *Proprietà rapide*, e *Gruppo proprietà* (Figura 7.9).

**Figura 7.9**
Le possibilità di gestione degli oggetti disegnati. La tavolozza Proprietà a sinistra, la tavolozza Proprietà rapide al centro e il gruppo Proprietà a destra.

## Definire le proprietà degli oggetti rispetto al layer

Il gruppo *Proprietà* della scheda *Inizio* fornisce un metodo veloce ed efficace per controllare o modificare le impostazioni delle proprietà di un'entità rispetto al layer su cui giace. Impostando valori specifici, differenti perciò dalla voce *DaLayer*, per il *Colore*, il *Tipo di linea*, lo *Spessore*, la *Trasparenza* o lo *Stile di stampa* se disponibile, la proprietà rimarrà discostata, differenziandosi, da quella del layer su cui tale entità si trova.
Il controllo risulta essere molto intuitivo, è infatti sufficiente:

1. Selezionare le entità che si vogliono gestire.
2. Espandere il menu a discesa della proprietà che si vuole controllare.
3. Fare clic scegliendo la voce interessata.

---

**Nota**
Le varie tecniche di selezione degli oggetti verranno approfondite nel prossimo capitolo.

---

Le voci presenti nel gruppo *Proprietà* permettono il controllo in base a ciò che si è selezionato nello spazio lavorativo:

- Se nessun oggetto è stato selezionato, il gruppo visualizza le proprietà che verranno attribuite ai nuovi oggetti che verranno creati.
- Se sono stati selezionati uno o più oggetti e se ne modifica una proprietà nella barra multifunzione, tutti gli oggetti selezionati verranno modificati in base al valore specificato.

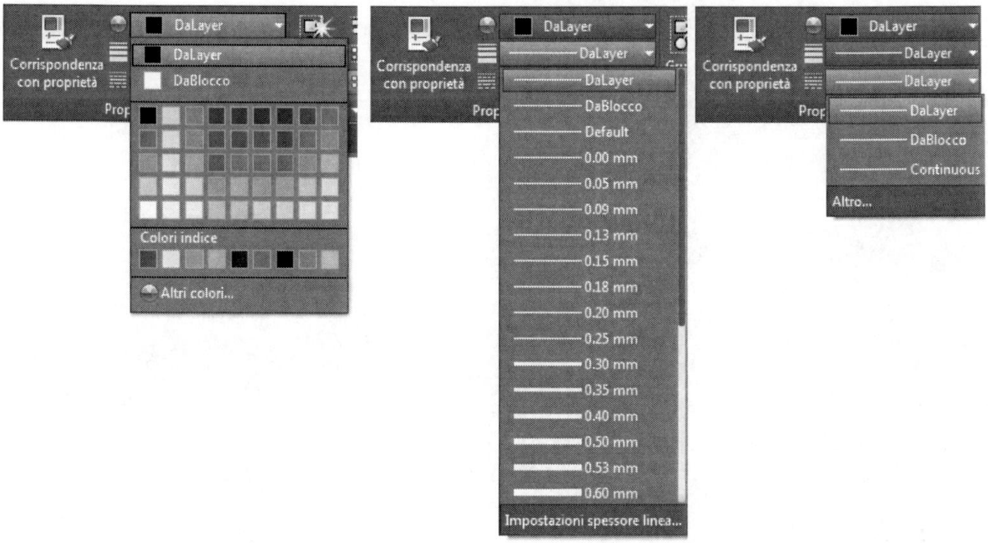


**Figura 7.10**
I menu a discesa del gruppo Proprietà della barra multifunzione.

Come sottolineato in precedenza i valori:

- **DaLayer**. Fanno sì che l'entità segua perfettamente le impostazioni del layer per quella proprietà.
- **Dablocco**. È una particolare proprietà da applicare solo quando si vuole creare un blocco con comportamenti "particolari". Per un approfondimento di questo argomento vi rimandiamo ad una attenta lettura del Capitolo 17).
- **Altre scelte**. In questo caso la proprietà si svincolerà dal layer e rimarrà indipendente, libera e non seguirà le modifiche eventualmente apportate.

Per quanto riguarda la gestione delle proprietà *Colore, Spessore di linea* e *Trasparenza*, valgono le stesse informazioni riportate nei paragrafi precedenti, quelli riguardanti la gestione dei layer, mentre, merita un ulteriore approfondimento quello relativo ai *Tipi di linea.*

## I tipi di linea

Come abbiamo già sottolineato nei paragrafi riguardanti la gestione delle proprietà dei layer, AutoCAD dispone di un insieme decisamente elevato di stili di tipi di linea, i quali possono essere caricati nel disegno per poter essere utilizzati.
Nel caso si volessero caricare altri tipi di linea dal menu a discesa corrispondente del gruppo *Proprietà* presente nella scheda *Inizio*, si deve premere il pulsante posto in fondo che riporta la dicitura *Altro* (vedi Figura 7.10). Questa operazione fa sì che si apra la finestra *Gestione tipo di linea* che con il pulsante *Carica*, permette l'inserimento di altri stili nel file di disegno.
Questa finestra, però, risulta importantissima per un'altra possibilità di gestione che offre, ovvero quella di poter intervenire sulla scalatura dello stile con cui vengono proposte le grafie dei tipilinea. Premendo, infatti il pulsante in alto a destra *Mostra dettagli* è possibile arricchire l'interfaccia di ulteriori e fondamentali controlli, visibili chiaramente in Figura 7.11.

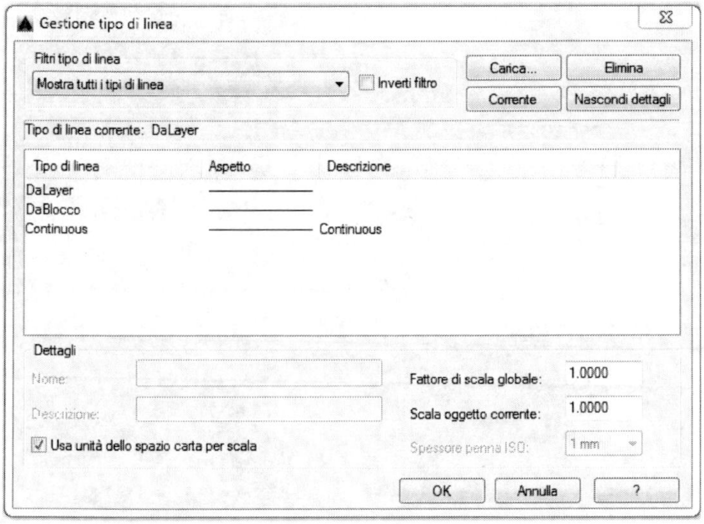


**Figura 7.11**
La finestra Gestione tipo di linea che permette anche la gestione della scalatura dello stile grafico del tipolinea nel disegno.

Per poter controllare la spaziatura e la lunghezza dei tratti proposti da tutti gli stili tipolinea caricati, è possibile intervenire modificando il *Fattore di scala globale*, attivabile anche da tastiera digitando **SCALATL**.

Per poter modificare la scala di un particolare tipolinea è necessario selezionarlo nell'interfaccia e poi agire sulla voce *Scala oggetto corrente*, attenzione però, l'effetto di questo intervento verrà applicato *solo* sui nuovi oggetti che da adesso in poi si disegneranno.

Chi stampa usando i layout dello spazio carta, può anche attivare *Usa unità dello spazio carta per scala* per ottenere, in tutte le finestre mobili, una scalatura automatica degli stili, a prescindere dalla scala di stampa e dalle annotazioni.

**Nota**
Le finestre e la stampa da layout sono ampiamente descritte nel Capitolo 22.

È interessante evidenziare che, per poter gestire in modo puntuale la scala del tipolinea, di un oggetto o di una selezione di oggetti, è possibile modificare il valore della voce *Scala tipo di linea* presente nella tavolozza *Proprietà* (Figura 7.12)

## Le tavolozze Proprietà e Proprietà rapide

Come abbiamo visto tutte le entità di AutoCAD sono definite sia dalle loro proprietà geometriche (Cerchio, Linea, ecc.) sia da quelle grafico-rappresentative (colore, tipo di linea, spessore, ecc.).

Per poter accedere alla gestione di tutte le proprietà è possibile utilizzare la tavolozza *Proprietà*, mentre la tavolozza *Proprietà rapide* permette di gestirne una parte ridotta.

Entrambe sono attivabili velocemente attraverso la pressione del tasto destro del mouse (Figura 7.12), con una sola differenza: le *Proprietà rapide* sono temporanee e possono essere richiamate solo dopo avere selezionato gli oggetti da editare.

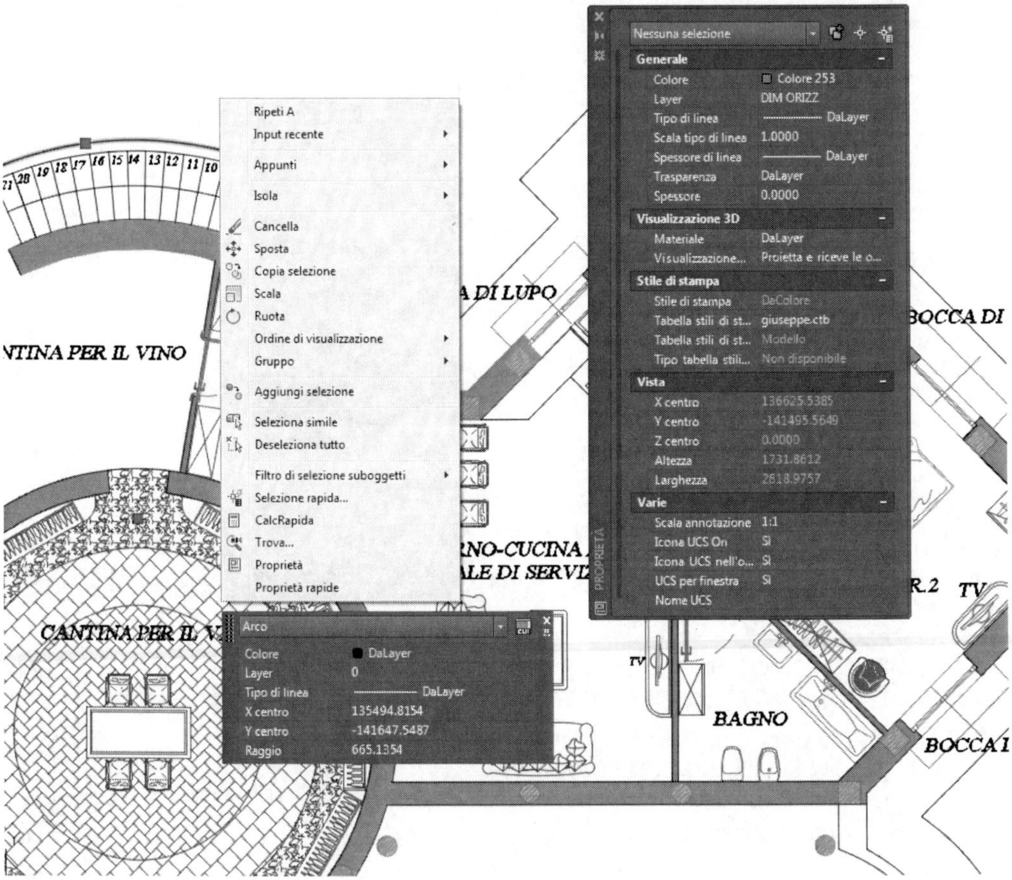


**Figura 7.12**
Le tavolozze Proprietà e Proprietà rapide.

---

**Nota**
Quando le variabili di sistema DBLCLKEDIT e PICKFIRST sono attivate (in genere son già attive), è possibile aprire la tavolozza Proprietà rapide facendo doppio clic sulla maggior parte degli oggetti. Alcuni oggetti, però, aprono un editor o avviano un comando specifico dell'oggetto quando si fa doppio clic su di essi anziché sulla tavolozza Proprietà rapide. Tra questi tipi di oggetti sono inclusi blocchi, polilinee, spline, testo e, sfortunatamente, altro ancora.

---

La tavolozza *Proprietà* presenta differenti schede che, suddivise in categorie, raggruppano le proprietà visualizzate.

Il contenuto delle proprietà visualizzate varia:

- Se nessun oggetto è stato selezionato, la tavolozza riporta i valori delle dimensioni dell'inquadratura a video e le proprietà che verranno assegnate agli oggetti che verranno disegnati.
- Se è stato selezionato un oggetto, la tavolozza ne mostra tutte le proprietà (Figura 7.12).
- Se sono stati selezionati più oggetti, vengono riportate le proprietà ad essi comuni.

## Disegnare con i layer e le proprietà degli oggetti

Avendo compreso che qualsiasi entità deve necessariamente essere su un layer per poter "esistere" e che le sue proprietà se impostate su *DaLayer* seguiranno perfettamente il layer quando questo viene modificato, è giunto il momento di definire un semplice flusso di lavoro che permette di utilizzare AutoCAD agevolmente.
In generale, i consigli iniziali sono:

1. Non disegnare sul layer *0*.
2. Creare nuovi layer e dare loro nomi significativi in base la tipo di disegno che si intende creare.
3. Mantenere il più possibile le proprietà degli oggetti *DaLayer*.
4. Prima di creare un oggetto rendere corrente, attivo, il layer sul quale questo dev'essere disegnato.

Per definire il layer corrente è possibile utilizzare il menu a discesa del gruppo *Layer* della scheda *Inizio*, cliccando sul nome del layer da rendere attivo (Figura 7.13).
Quando si passa ad un layer, questo diviene il layer corrente e tutti gli oggetti creati da quel momento in avanti vengono associati ad esso.

**Nota**
Non è mai possibile rendere corrente un layer congelato (o che dipende da riferimenti esterni).

Il menu permette di modificare immediatamente le proprietà layer più utilizzate nelle operazioni di disegno, e cioè Layer corrente, On/Off, Congelato/Scongelato, Bloccato/Sbloccato, Colore.

Inoltre l'elenco permette come abbiamo visto, non solo di definire il layer corrente, ma anche di spostare le entità da un layer all'altro. Quindi per modificare il layer di uno o più oggetti dovete:

1. Selezionare gli oggetti di cui si desidera modificare il layer.
2. Espandere il menu a discesa *Layer*, posto nella scheda *Inizio* / gruppo *Layer*.
3. Selezionare il layer da assegnare agli oggetti.
4. Premere ESC per rimuovere la selezione.

Spesso risulta anche utile ridefinire le proprietà di un oggetto "rubandole" ad un altro senza così dover accedere agli elenchi delle proprietà. Per copiare le proprietà da un oggetto ad altri è necessario:

1. Fare clic sulla scheda *Inizio* / gruppo *Proprietà / Corrispondenza con proprietà*.
2. Selezionare l'oggetto di cui si desidera copiare le proprietà.
3. Selezionare gli oggetti ai quali si desidera applicare le proprietà "rubate".
4. Premere INVIO.

**Nota**
Se prima di eseguire il punto 3 si accede all'opzione ImpostaZioni (basta digitare la sola lettera Z) è possibile definire quali siano le proprietà da trasferire da un oggetto agli altri.

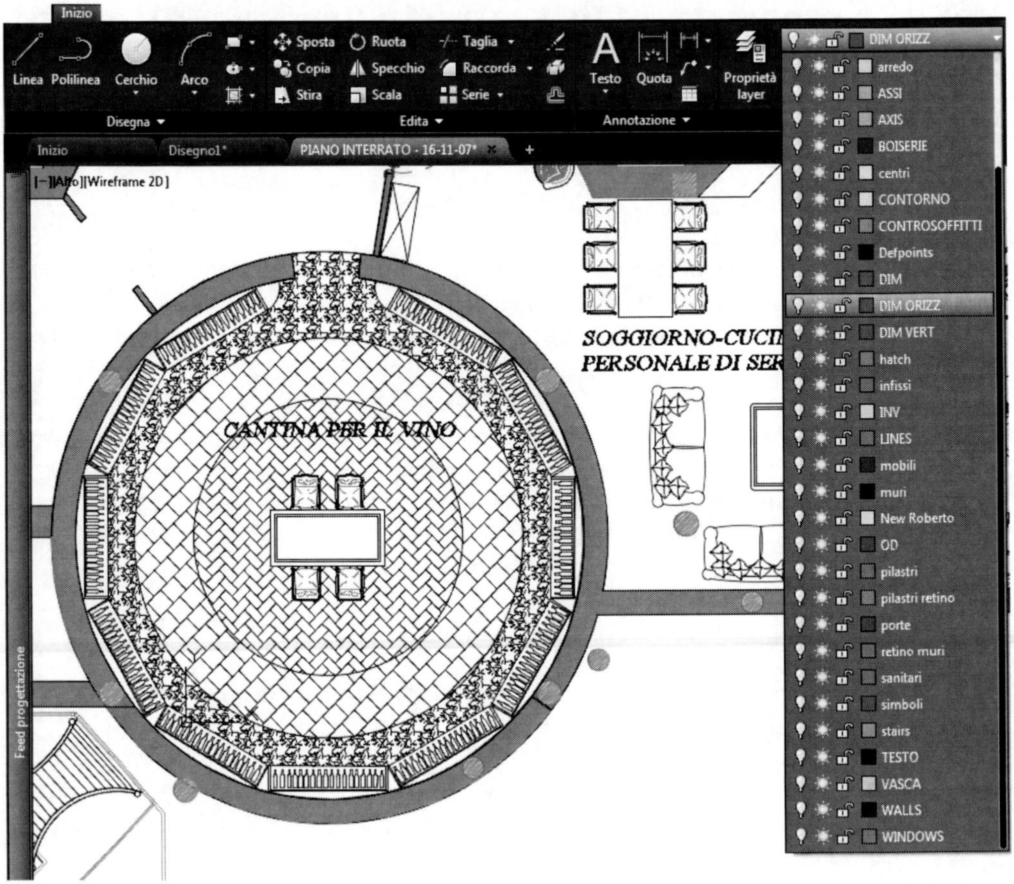


**Figura 7.13**
Il menu a discesa del gruppo Layer della scheda Inizio, che permette di gestire le principali proprietà di un layer.

## Gli strumenti del gruppo Layer

Le operazioni di gestione delle entità disegnate possono essere estremamente velocizzate utilizzando gli altri strumenti che il gruppo *Layer* della scheda *Inizio* mette a disposizione.

È infatti possibile gestire i layer in modo enormemente più intuitivo agendo direttamente sugli oggetti presenti nell'area lavorativa; per esempio, si può bloccare, congelare o isolare un insieme di layer selezionando direttamente le entità senza doversi ricordare a quale layer appartengono. Oppure è possibile riattivare o scongelare tutti i layer del disegno senza doverli individuare e selezionare nel *Gestore proprietà layer*.

**Figura 7.14**
I numerosi e utilissimi strumenti che permettono la gestione dei layer e degli oggetti su di essi calcolati.

Tra i molti strumenti a disposizione mi permetto di segnalarvene alcuni:

- **Off e/o Congela**. Consentono di selezionare uno o più oggetti di cui si desidera disattivare i layer.
- **Isola**. Dopo aver selezionato uno o più oggetti, tutti i layer ad eccezione di quelli relativi agli oggetti selezionati vengono disattivati.
- **Rendi corrente**. Come indica il nome stesso, è possibile definire il layer corrente selezionando un'entità disegnata.
- **Sposta su layer corrente**. è possibile impostare rapidamente gli oggeti selezionati sul layer corrente.
- **Cancella**. Permette di eliminare i layer e gli oggetti su di esso contenuti, non è richiesto, quindi che il layer da cancellare dal disegno sia vuoto, ovvero non referenziato.

## Il controllo dello stato di visibilità degli oggetti

AutoCAD offre, sulla barra di stato, la possibilità di gestire la visibilità degli oggetti indipendentemente dalla loro appartenenza ad un layer specifico.

Infatti, selezionando una o più entità, anche di layer differenti, è possibile, velocemente con estrema facilità, isolarli o nasconderli nell'area di disegno, agevolando, così, le operazioni di modifica o creazione di un progetto poiché si agisce direttamente, e in modo intuitivo, sugli elementi selezionati.

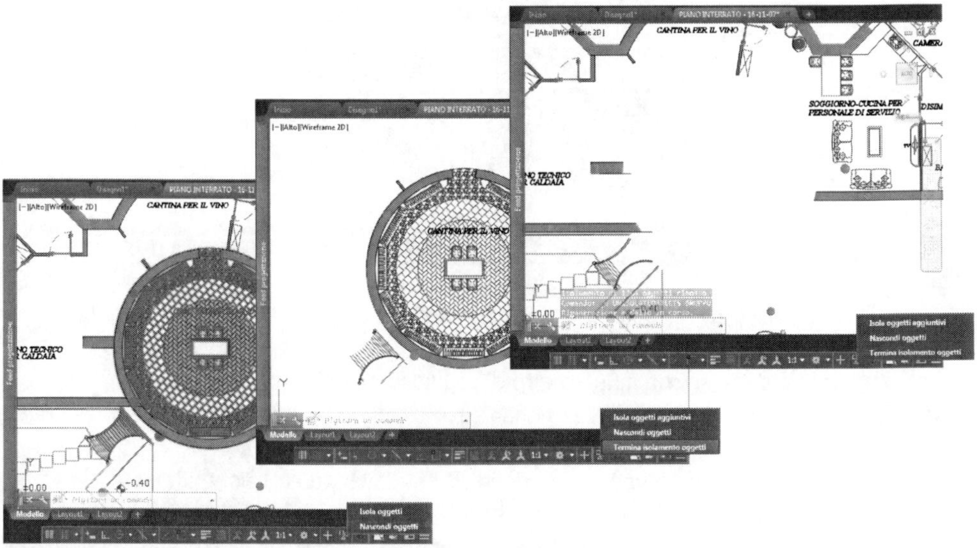


**Figura 7.15**
L'applicazione di comandi Isola oggetti e Nascondi oggetti applicati alle sole entità selezionate.

La voce *Isola oggetti* permette di mantenere visualizzati i soli oggetti selezionati, mentre la voce *Nascondi oggetti*, mantiene visibili quelli non selezionati.

Per attivare il comando è necessario:
1. Selezionare gli oggetti che si vuole gestire.
2. Fare clic col tasto sinistro sull'icona apposita *Isola oggetti*.
3. Scegliere la voce del comando desiderato.

Per ritornare allo stato di visibilità precedente basta cliccare col tasto sinistro sulla stessa icona e scegliere la voce *Termina isolamento oggetti*.

# I filtri layer

Per facilitare ulteriormente le operazioni di selezione e modifica dei layer il *Gestore proprietà layer* permette, nella sua pare sinistra, denominata *Struttura*, di raggruppare i layer in categorie (Figura 7.16).
La categoria *Tutti* è sempre presente e contiene l'elenco di tutti i layer definiti nel disegno.
Il filtro preimpostato *Layer in uso* contiene l'elenco dei layer che sono, in quel momento, effettivamente utilizzati nel disegno.
È possibile impostare dei filtri personalizzati per creare dei nuovi raggruppamenti così da velocizzare enormemente le operazioni di gestione, soprattutto in presenza di disegni che presentano molti layer.

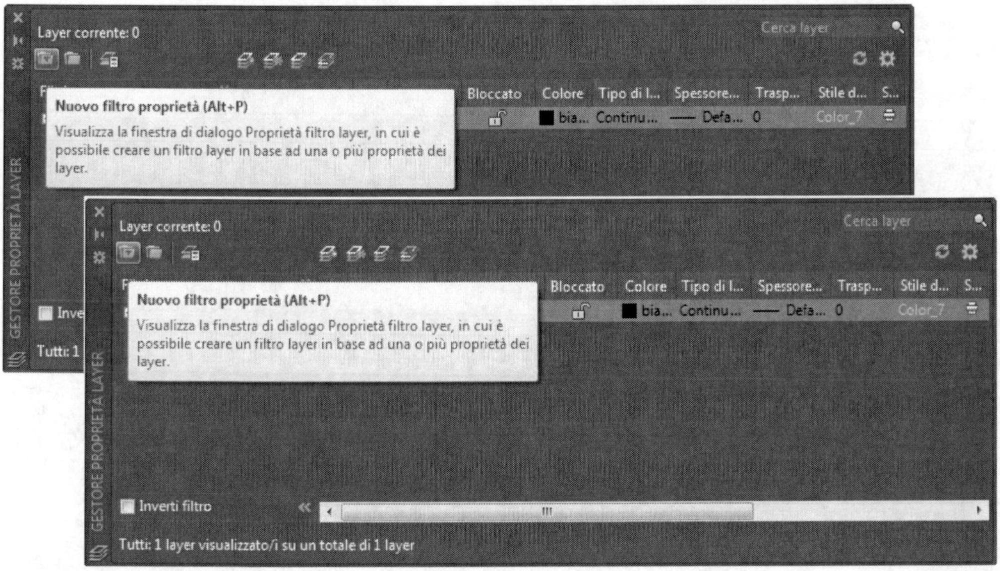


**Figura 7.16**
La colonna Struttura del Gestore proprietà layer permette la possibilità di definire dei filtri per gestire i layer in categorie.

La tavolozza *Gestore proprietà layer* presenta due diversi tipi di filtro:

- **Nuovo filtro proprietà**. Permette di creare un filtro basato sulle proprietà dei layer. L'applicazione del filtro consente di ridurre l'elenco dei layer visualizzando solo quelli che corrispondono alle proprietà specificate nel filtro stesso (Figura 7.17).
- **Nuovo filtro gruppo**. Permette di creare un filtro mediante la selezione diretta dei layer. Dopo aver dato un nome al nuovo gruppo è possibile trascinarvi i layer che si vuole facciano parte del filtro.

**Nota**
Il Filtro proprietà visualizza le proprietà dei layer in base alle quali vengono determinati i layer da includere nell'elenco. Per definire il filtro è possibile fare clic per specificare una o più proprietà. Tutte le proprietà specificate in una singola riga nella definizione del filtro devono essere contemporaneamente verificate per consentire la visualizzazione di un nome di layer (AND logico). Le righe successive nella definizione del filtro specificano criteri alternativi (OR logico).

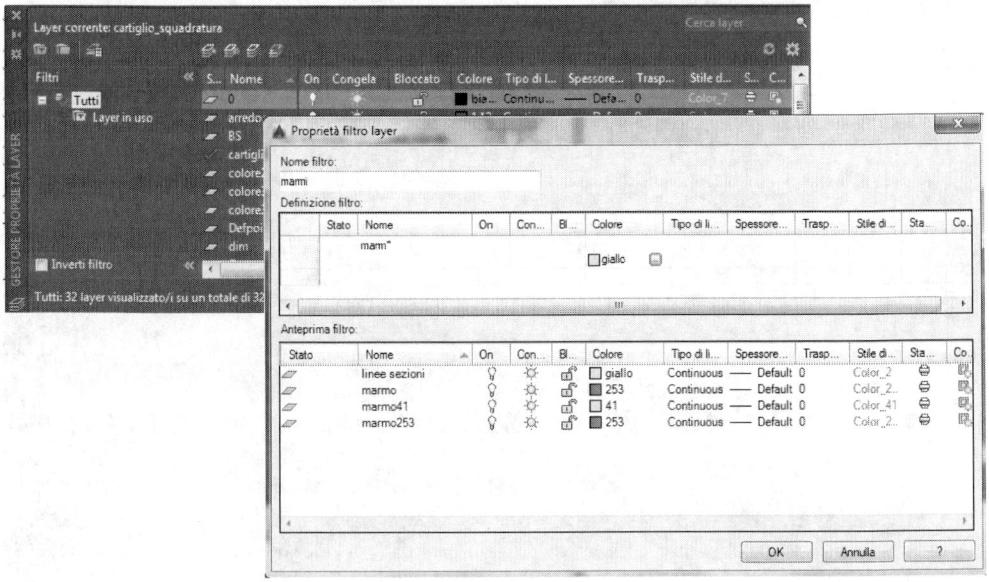

**Figura 7.17**
La definizione del filtro basato sulle proprietà. Il caso mostra un filtro basato sulle lettere iniziali marm* del nome dei layer e anche sui layer il cui colore è giallo.

# Conclusioni

Questo è, e dev'essere considerato, uno dei capitoli più importanti perché permette di avere nelle proprie mani una corretta e oculata gestione del disegno in AutoCAD; è infatti nel controllo, più che nel disegno, che la digitalizzazione esprime tutte le sue potenzialità. Controllo che, come avete notato viene ad essere espresso attraverso un'attenta selezione degli oggetti disegnati. La selezione quindi risulta essere  un processo fondamentale che permette definire e ridefinire il progetto, ottenendo così con velocità e sicurezza migliorie non solo grafiche. È, quindi, importante leggere con attenzione il prossimo capitolo, perché vi permetterà di conoscere approfonditamente le tecniche di selezione delle entità che AutoCAD mette a disposizione.

## Capitolo 8

# Gli strumenti di selezione

L'operazione più frequente che si attua utilizzando AutoCAD è sicuramente quella della **selezione**; infatti è nell'intervenire sul disegno e nella rielaborazione dei suoi oggetti disegnati che l'utilizzo di un sistema di digitalizzazione si esprime ai massimi livelli.
AutoCAD premette, per le azioni di selezione degli oggetti, un'ampia gamma di opzioni operative che possono essere sintetizzate in due atteggiamenti comportamentali:

1. Lanciare un comando e, quindi, selezionare gli oggetti.
2. Selezionare prima gli oggetti e, dopo, lanciare un comando.

L'impostazione nativa di AutoCAD prevede la prima opzione come tecnica privilegiata, infatti alcuni comandi pretendono che si segua necessariamente questa procedura (ad esempio il comando *Offset* e il comando *Stira*), ma generalmente non vi è una preferenza tra le due.
Bisogna sottolineare, però, che la selezione preventiva (la seconda e più recente tecnica) permette, come illustrato ampiamente nel Capitolo 10, di far apparire dei piccoli simboli, chiamati *Grip,* che permettono la manipolazione diretta degli elementi selezionati, aggiungendo perciò nuove ed intuitive possibilità di manipolazione e perfezionamento del disegno.

La possibilità di selezionare gli oggetti prima di immettere un comando è chiamata "nome/verbo" ed è governata dalla variabile di sistema *PICKFIRST*; quando questa è impostata sul valore 1 o ne viene spuntata la casella di controllo della scheda *Selezione* della finestra *Opzioni* la selezione preventiva diventa operativa (Figura 8.1).

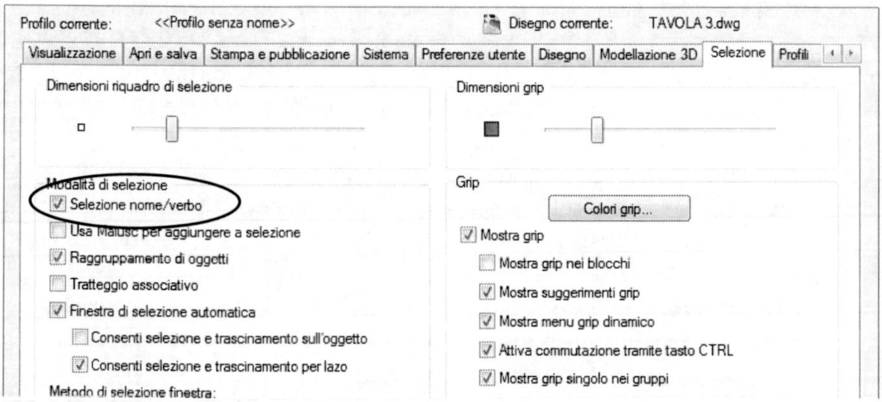


**Figura 8.1**
La scheda Selezione della finestra di dialogo Opzioni attivabile dal Menu dell'applicazione premendo il pulsante Opzioni.

## Selezionare oggetti con il mouse

L'utilizzo del mouse per la selezione degli oggetti disegnati è sicuramente quello più utilizzato, in quanto risulta essere necessariamente il più immediato ed intuitivo.

AutoCAD mette a disposizione tre modalità di selezione:

- **Singola**. Per selezionare gli oggetti, basta fare semplicemente clic su di essi.
- **Area rettangolare**. Per specificare un'area di selezione rettangolare, è necessario fare clic e rilasciare il pulsante del mouse, spostare il cursore e fare di nuovo clic. In questo caso la direzione di costruzione determina due differenti modalità di scelta:
  - **Modalità Finestra**. Se la direzione di creazione è da sinistra verso destra vengono comprese nella selezione solo quelle entità perfettamente all'interno dell'area rettangolare (Figura 8.2 a sinistra). Inoltre durante la creazione della *Finestra* questa assume la colorazione azzurro.
  - **Modalità Interseca**. quando la direzione di creazione è da destra verso sinistra, vengono selezionate non solo le entità incluse dall'area rettangolare ma anche quelle solo toccate dal suo bordo (Figura 8.2 a destra). In questo caso durante la creazione dell'area la colorazione viene espressa in verde.

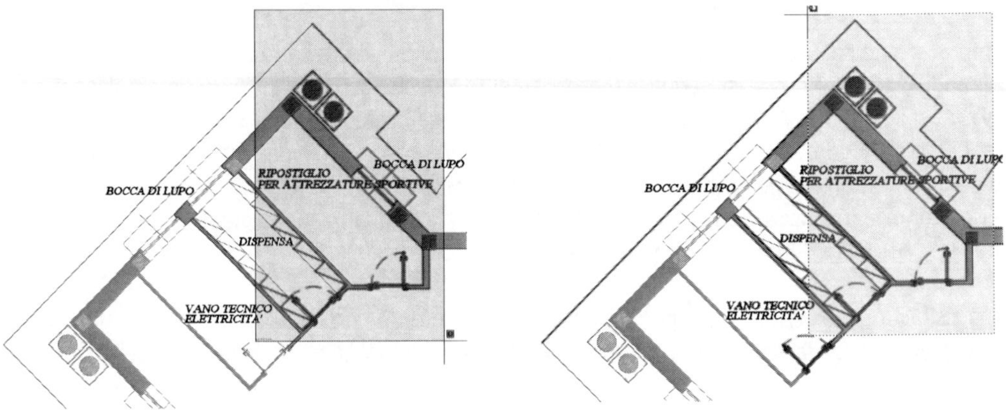


**Figura 8.2**
La tecnica di selezione Area rettangolare. A sinistra in modalità Finestra, a destra in modalità Interseca.

- **Lazo**. Per eseguire una selezione di tipo *Lazo*, dovete fare clic, trascinare e rilasciare il pulsante del mouse. Risulta una selezione estremamente libera che crea un'area poligonale la cui direzione di creazione definisce due differenti modalità di scelta.
  - **Modalità Finestra**. Se la direzione di creazione è da sinistra verso destra vengono comprese nella selezione solo quelle entità perfettamente all'interno della poligonale (Figura 8.3 a sinistra). Durante la creazione della *Finestra* questa assume la colorazione azzurro.
  - **Modalità Interseca**. quando la direzione di creazione è da destra verso sinistra, vengono selezionate non solo le entità incluse dall'area rettangolare ma anche quelle anche in parte toccate dal bordo (Figura 8.3 a destra). In questo caso l'area viene espressa in verde.

> **Nota**
> La tecnica di selezione Lazo può essere attivata o disattivata dalla scheda Selezione della finestra di dialogo Opzioni di Figura 8.1.

Queste tre tecniche non sono da ritenersi una alternativa all'altra, ma possono e devono essere tranquillamente adoperate in sequenza, rendendo estremamente agevoli le operazioni di selezione in presenza di un alto numero entità. Infatti AutoCAD è impostato alla **selezione multipla** senza dover premere alcun tasto per aggiungere elementi alla selezione stessa; nel caso voleste modificare questa impostazione potete agire sulla voce *Usa maiusc per aggiungere alla selezione* presente nella scheda *Selezione* della finestra di dialogo *Opzioni* di Figura 8.1.
AutoCAD inoltre permette un'agevole identificazione degli oggetti che si stanno per selezionare grazie ad una sorta di anteprima che ne permette l'evidenziazione al passaggio del mouse. Tuttavia, se si lavora con disegni molto complessi l'anteprima può rallentare le prestazioni del sistema; è perciò possibile modificarne le impostazioni attraverso la scheda *Selezione* della finestra di dialogo *Opzioni* di Figura 8.1.

**Figura 8.3**
La tecnica di selezione Lazo. A sinistra in modalità Finestra, a destra in modalità Interseca.

## Il comando Seleziona tutto

Questo comando permette di selezionare velocemente tutti gli oggetti presenti nello spazio lavorativo di AutoCAD ad eccezione di quelli posti su layer bloccati o congelati.
È attivabile utilizzando l'apposita icona *Seleziona Tutto* posta nel gruppo *Utilità* nella scheda *Inizio* (Figura 8.4).

**Figura 8.4**
Nel gruppo Utilità della scheda Inizio è presente l'utilissimo comando Seleziona tutto.

> **Nota**
> Il comando Seleziona tutto è velocemente attivabile premendo la combinazione di tasti CTRL+A.

## Deselezionare gli oggetti

Per deselezionare uno o più oggetti è possibile utilizzare una delle tecniche sopra esposte (Singola, Area rettangolare o Lazo) e, contemporaneamente tenere premuto il taso SHIFT (o MAIUSC) presente sulla tastiera. In questo modo si possono scegliere in modo più grossolano una serie di oggetti e poi rifinirne, con l'esclusione, la selezione stessa. Naturalmente, questa impostazione rimane attiva solo se non è spuntata la casella della voce *Usa maiusc per aggiungere alla selezione* presente nella scheda *Selezione* della finestra di dialogo *Opzioni* di Figura 8.1.

## Selezionare oggetti sovrapposti

Capita molto spesso durante le operazioni di disegno di trovarsi in difficoltà nel selezionare oggetti molto vicini gli uni agli altri o addirittura sovrapposti.
Nell'esempio di Figura 8.5 vengono raffigurate una linea ed un retino di riempimento all'interno del riquadro di selezione.
Per poter selezionare l'entità voluta è possibile utilizzare la *Selezione ciclica*, che in AutoCAD può essere attuata in tre modalità:

1. Attivando il pulsante *Selezione ciclica* posto sulla barra di stato (vedi Figura 8.5 in basso). In questo modo, quando si posiziona il cursore sugli oggetti, viene visualizzata un'icona indicante la disponibilità di più oggetti per la selezione (Figura 8.5 a sinistra); facendo clic per visualizzare l'elenco degli oggetti disponibili, è possibile selezionare l'oggetto desiderato (Figura 8.5 a destra).
2. Se l'anteprima della selezione è attivata (tornate a guardare la Figura 8.1 in basso a destra), è possibile spostarsi da un oggetto all'altro posizionando il mouse sull'oggetto per evidenziarlo, a questo punto, tenendo premuto SHIFT (o MAIUSC) e premendo ripetutamente la barra spaziatrice, quando l'oggetto desiderato è evidenziato, bisogna fare clic per selezionarlo.
3. Se l'anteprima della selezione è disattivata, è necessario tenere premuti il tasto SHIFT (o MAIUSC) e la barra spaziatrice e contemporaneamente fare clic per spostarsi da un oggetto all'altro fino a selezionare quello desiderato; per disattivare la modalità di selezione ciclica bisogna premere ESC.

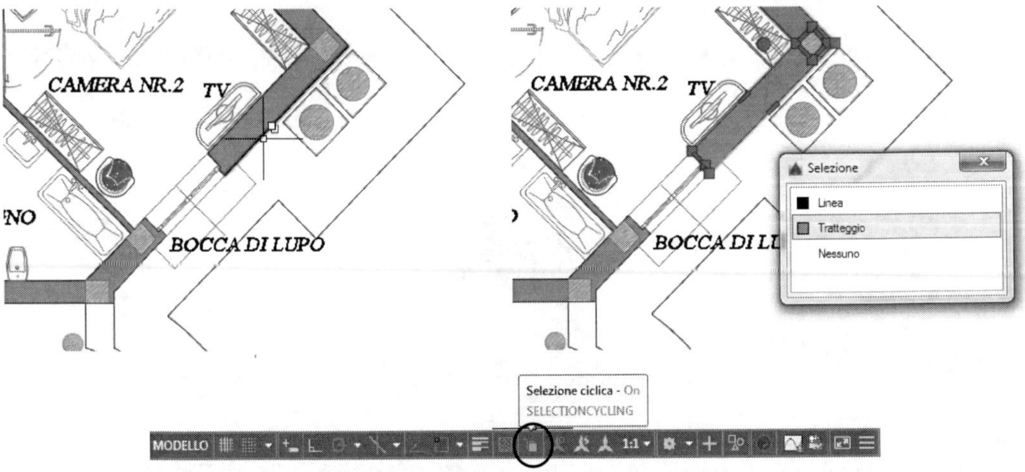


**Figura 8.5**
Attivando la Selezione ciclica è sufficiente fare clic su uno degli oggetti sovrapposti per poter scegliere da un elenco quello effettivamente da selezionare.

---

**Nota**
È evidente che il primo metodo risulta essere quello più intuitivo ed agevole.

# La selezione di oggetti in base alle proprietà

Come abbiamo visto nel capitolo precedente tutte le entità di disegno sono definite grazie ad un insieme di proprietà. In AutoCAD è possibile creare un gruppo di selezione, includendo o escludendo oggetti in base alle rispettive proprietà.

Per definire rapidamente un gruppo di selezione in base a criteri di filtraggio, è possibile utilizzare le due semplici impostazioni:

- Utilizzare la *Selezione rapida* (*SELERAPID*) disponibile nella tavolozza *Proprietà* e nel gruppo *Utilità*, per filtrare i gruppi di selezione in base alle loro proprietà (ad esempio il colore o il tipolinea) e al tipo di oggetto (ad esempio *Cerchio* o *Linea*).
- Impiegare il comando *Seleziona simile* (*SELECTSIMILAR*) per selezionare gli oggetti dello stesso tipo in base alla corrispondenza con le proprietà specificate.

**Nota**
Se si desidera filtrare il gruppo di selezione in base al colore, al tipo o allo spessore di linea utilizzando i filtri di selezione degli oggetti, è importante controllare prima se queste proprietà sono impostate, o meno, su DaLayer.

**Esercizio. Utilizzare la Selezione rapida.**

In questa esercitazione dovete selezionare tutti i *Testi* presenti nel disegno che hanno la *Proprietà Colore* posta su nero.

1. Per l'esecuzione di questo esercizio aprite il file *selezione oggetti.dwg* dalla cartella Capitolo 8 che trovate all'interno del Booksite.
2. Fate clic sull'icona *Selezione rapida* posta nel gruppo *Utilità* della scheda *Inizio*. Viene aperta la finestra di dialogo di Figura 8.6 *Selezione rapida*.

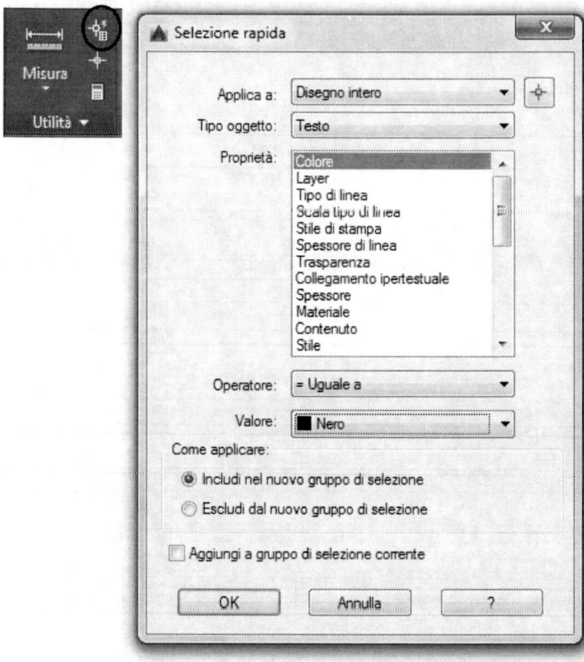


**Figura 8.6**
L'icona Selezione rapida posta nel gruppo Utilità della scheda Inizio che attiva la finestra di dialogo Selezione rapida.

3. Verificate che vi sia *Disegno intero* alla voce *Applica a:* per applicare il filtro a tutto il progetto.
4. Come *Tipo di oggetto*, dal menu a discesa selezionate *Testo*.
5. Alla voce *Proprietà* selezionate *Colore,* come *Operatore* definite = *Uguale* a e come *criterio Nero*.
6. Verificate che sia attivata la casella *Includi nel nuovo gruppo di selezione*.
7. Premete il pulsante *OK* per attivare la selezione. Verranno selezionati i soli testi di colore nero.
8. Premete *ESC* per deselezionare e lasciate aperto il disegno per il prossimo esercizio.

**Esercizio. Utilizzare il metodo Seleziona simile.**

In questo esercizio dovete selezionare tutte le quotature identicamente definite come quella presa come riferimento.

1. Se non avete tenuto aperto il file *selezione oggetti.dwg*, recuperatelo dalla cartella degli esercizi del Capitolo 8 che trovate all'interno del Booksite.
2. Selezionate una delle quote presenti nel disegno (Figura 8.7) per utilizzarla come elemento di riferimento.
3. Cliccate con il tasto destro del mouse e, dal menu, scegliete la voce *Seleziona simile*. Tutte le quote aventi i criteri di quella campione verranno selezionate.

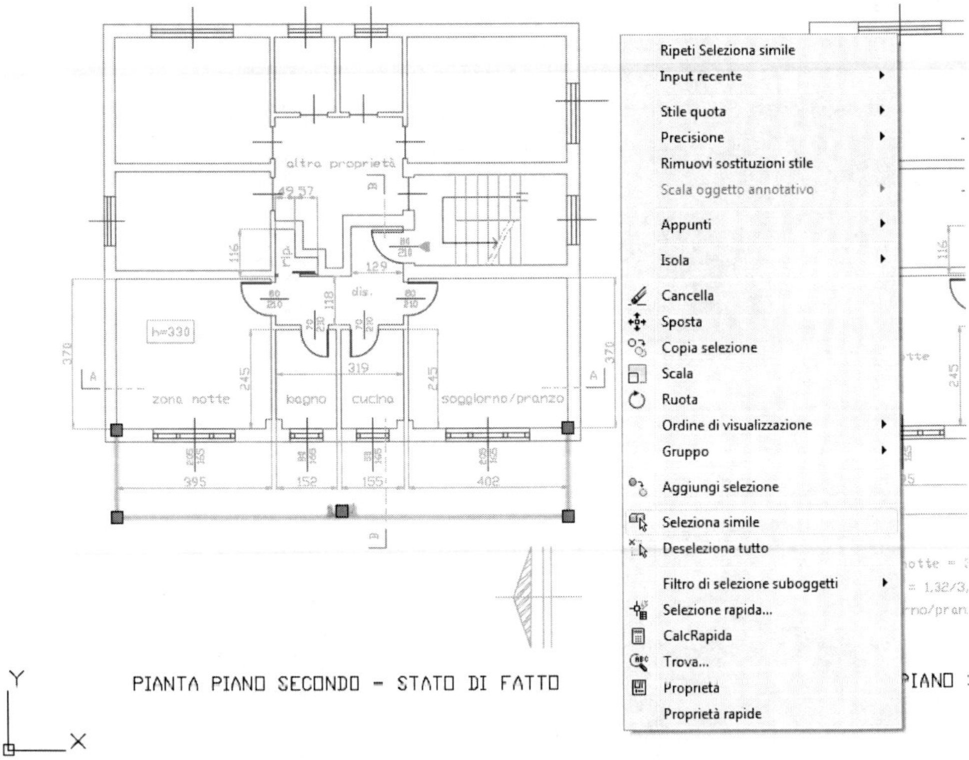


**Figura 8.7**

L'attivazione di Seleziona simile tramite il tasto destro del mouse.

# Creare un gruppo di selezione

In AutoCAD è possibile raggruppare un insieme di oggetti così da poterli manipolare velocemente come se fossero un'unità. Un "gruppo" quindi è una serie di oggetti che è possibile selezionare e modificare insieme o separatamente.

**Nota**
I gruppi sono un insieme di entità e non vanno confusi con la formazione di un blocco, che è una vera e propria nuova entità di cui vi occuperete nel Capitolo 17.

Per creare un gruppo con nome dovete:

1. Fare clic sulla scheda *Inizio* / gruppo *Gruppi* / *Gruppo* (Figura 8.8).
2. Alla riga di comando, digitare **N** (per attivare l'opzione, presente sulla riga di comando *Nome*) e digitare un nome significativo per il gruppo.
3. Selezionare gli oggetti da raggruppare e premere INVIO. Il gruppo con nome viene creato per gli oggetti selezionati.

**Nota**
Si consiglia di creare sempre gruppi con nome. AutoCAD infatti permette la creazione di gruppi anonimi, ma che poi risultano difficili da gestire se ne si vuole cambiare la composizione grafica o eliminarne la memorizzazione.

**Figura 8.8**
Il gruppo Gruppi della barra multifunzione che permette la creazione e la gestione dei gruppi di selezione.

Il metodo più semplice per selezionare un gruppo, quando la selezione è attivata (pulsante *Selezione gruppo on/off* presente in *Gruppo* è acceso), consiste nel fare clic su un oggetto raggruppato.
È inoltre possibile selezionare i gruppi in base al nome digitando **gruppo** e specificando il nome del gruppo alla richiesta di selezione degli oggetti all'interno di un comando di modifica.
Quando la selezione di gruppo è attivata, è possibile spostare, copiare, ruotare e modificare i gruppi come si agisce su oggetti singoli. Se si vuole modificare gli oggetti inclusi in un gruppo, è necessario disattivare la selezione oppure utilizzare i grip (per un approfondimento sull'uso dei grip è possibile leggere il Capitolo 10 a loro dedicato) per modificare le singole entità.

**Nota**
Quando la selezione di gruppo è attivata la variabile di sistema PICKSTYLE è impostata su 1 o 3.

Spesso risulta utile gestire i gruppi nella loro composizione, capita, infatti, di doverne ridefinire gli oggetti che li compongono.
Perciò, per eliminare la memorizzazione di gruppo, è necessario:

1. Nell'area di disegno, selezionare il gruppo con nome.
2. Fare clic sulla scheda *Inizio* / gruppo *Gruppi* / *Separa*. Gli oggetti vengono separati.

Per aggiungere o rimuovere oggetti da un gruppo, invece, la procedura è la seguente:

1. Fare clic sulla scheda *Inizio* / gruppo *Gruppi* / *Modifica gruppo*.
2. Nell'area di disegno, selezionare un gruppo.
3. Al messaggio di richiesta scegliere una delle procedure seguenti:
    - Immettere **A** (opzione *Aggiungi oggetti*) per aggiungere oggetti.
    - Immettere **R** (opzione *Rimuovi oggetti*) per rimuovere oggetti.
4. Selezionare gli oggetti da aggiungere al gruppo o da rimuovere.
5. Premere INVIO. Gli oggetti vengono aggiunti al gruppo selezionato o, naturalmente, rimossi dallo stesso.

Infine, per cambiare nome a un gruppo, è possibile:

1. Fare clic sulla scheda *Inizio* / gruppo *Gruppi* / *Modifica gruppo*.
2. Selezionare un gruppo.
3. Al messaggio di richiesta immettere *RIN* (opzione *RINomina*) .
4. Digitare il nuovo nome e premere INVIO.

Utilizzare i gruppi permette, in caso di presenza di numerose entità sull'area di lavoro e di continui e ripetuti interventi su alcuni e specifici oggetti, di velocizzare esponenzialmente le operazioni di gestione del disegno.

## Conclusioni

Il capitolo che avete appena finito di leggere è sicuramente il fulcro di tutte le operazioni che si possono svolgere in AutoCAD per quanto riguarda la gestione di tutte sue entità grafiche. In questo modo è possibile esprimere appieno tutta la forza del disegno digitale, che consiste nella continua e dinamica possibilità che l'operatore ha di poterlo facilmente modificare, adattandolo, così, senza sforzo alcuno, alle esigenze evolutive che il progetto ineluttabilmente necessita.

## Capitolo 9

# I comandi di modifica

Le grandi, se non immense, potenzialità del disegno digitalizzato si esprimono non tanto nella creazione degli oggetti (operazione che, sicuramente, migliora e ne velocizza la stesura), ma soprattutto nelle possibilità che AutoCAD offre nella loro gestione, nella loro manipolazione.
Oggi non si è più costretti ad essere perfetti nella stesura del disegno, ma, grazie ai comandi di modifica, si può intervenire successivamente sugli elementi disegnati per finire e rifinire in ogni minimo dettaglio un progetto.
Questo approccio, ha trasformato quello che prima era un mero strumento in un grande mezzo espressivo, creando una dinamicità nell'utilizzo del disegno che ha cambiato il modo stesso di concepire il flusso progettuale.
Questo, quindi, risulta essere uno dei capitoli più importanti di tutto il manuale, perché permette di intervenire sul disegno non solo per correggerne gli eventuali errori, ma soprattutto perché consente di integrarsi con il metodo stesso di stesura del progetto.

## Come modificare gli oggetti disegnati

Per accedere alle opzioni che permettono la modifica delle entità disegnate nell'area di lavoro di AutoCAD è possibile utilizzare differenti metodologie:

- **Adoperare le opzioni della riga di comando**. Lanciando prima un comando, e poi selezionandone gli oggetti da modificare (oppure selezionando gli oggetti e dopo utilizzando un comando di modifica) è possibile definirne le opzioni di controllo attraverso le voci presenti sulla riga di comando.
- **Usare i menu di scelta rapida**. Selezionando un oggetto e facendovi clic sopra con il pulsante destro del mouse è possibile visualizzare un menu di scelta rapida contenente i comandi o le relative opzioni di modifica.
- **Fare doppio clic su un'entità**. Facendo doppio clic su un oggetto si può visualizzarne la tavolozza *Proprietà* oppure, in alcuni casi, una finestra di dialogo o un editor specifico per il tipo di oggetto selezionato.
- **Selezionare preventivamente una particolare entità**. Quando si seleziona un particolare tipo di oggetto (ad esempio i retini di riempimento), viene visualizzata una scheda contestuale (che si chiuderà al termine della modifica) nella barra multifunzione anziché una barra degli strumenti o una finestra di dialogo.
- **Utilizzare i grip**. Come vedremo nel prossimo capitolo, selezionando preventivamente un oggetto, è possibile, usare i grip per manipolarne velocemente la forma e la posizione.

**Nota**
Si ricorda che è doveroso utilizzare tutti gli strumenti analizzati nei capitoli precedenti come le Coordinate relative, gli Snap ad oggetto, la modalità Orto o Polare per modificare gli oggetti con precisione e velocità.

# La correzione degli errori

Spesso ci si accorge di avere commesso una disattenzione durante o subito dopo l'esecuzione di un comando. AutoCAD mette a disposizione una serie di modalità che, velocemente, permettono di ovviare all'errore appena compiuto.

1. Per uscire da un comando mentre lo si sta ancora eseguendo bisogna premere ESC, così da annullarlo immediatamente, senza completarlo.
2. Il metodo più semplice per annullare l'ultima azione eseguita consiste nell'utilizzare il comando *ANNULLA* per annullare una singola operazione, comando velocemente accessibile dalla sua icona posta sulla barra *Accesso rapido*.

**Nota**
Come abbiamo visto nei capitoli precedenti, all'interno di molti comandi è disponibile l'opzione di annullamento, in modo che sia possibile correggere l'eventuale errore senza uscire dal comando.

È possibile inoltre annullare l'effetto del comando *ANNULLA* utilizzando il comando *RIPETI* immediatamente dopo il suo utilizzo (anche il comando *RIPETI* risulta essere agevolmente attivabile dalla barra degli strumenti *Accesso rapido*).

**Nota.**
Quando si annullano o si ripetono le azioni eseguite, il comando ANNULLA è impostato in modo da combinare i comandi consecutivi di pan e zoom in un'unica operazione.

**Figura 9.1**
I comandi ANNULLA e RIPETI presenti sulla barra degli strumenti Accesso rapido e i comandi di modifica presenti nel gruppo Edita della scheda Inizio.

# La rimozione degli oggetti dal disegno

In AutoCAD sono disponibili differenti metodi per eliminare gli oggetti dal disegno e liberare, quindi, l'area di lavoro e la memoria del sistema dagli elementi considerati ormai inutili. È quindi possibile:

1. Cancellare una o più entità disegnate.
2. Eliminare oggetti sovrapposti.
3. Rimuovere definizioni, stili e oggetti non utilizzati.

## Cancellare un oggetto

Per eliminare velocemente un oggetto dal disegno è possibile selezionarlo e poi premere il tasto CANC sulla tastiera o fare clic sull'icona, intuitivamente a forma di gomma da cancellare, posta nel gruppo *Edita* della scheda *Inizio.*

È utile sapere che il comando *CANCELLA* presenta un proprio comando di ripristino che, attivato in qualsiasi momento, recupera, ridisegnandole, le ultime entità cancellate. Il comando è attivabile digitando *OOPS+*INVIO.

**Nota**

Come sottolineato nel capitolo precedente la selezione preventiva degli oggetti (che permette l'apparizione dei grip) pur essendo la più intuitiva non è quella preferita dal sistema. AutoCAD, infatti, nasce con l'impostazione predefinita che prevede prima il lancio di un comando e poi la selezione degli oggetti (e la pressione del tasto INVIO per la conferma della selezione stessa).

**Esercizio. Eliminare una polilinea.**

1. Aprite il file *Polilinee.dwg* del Capitolo 9 del Booksite.
2. Passate con il mouse sul grande arco posto a destra, l'anteprima mostra l'insieme composto dalla polilinea. Fate clic per selezionarla.
3. Premete CANC sulla tastiera per eliminarla.
4. Salvate il file con il nome *Prospetto laterale.dwg* e se volete tenetelo aperto per il prossimo esercizio.

**Nota**

Le possibilità di intervento e, quindi, la scelta dei comandi di modifica più opportuni dipendono fortemente dalla tipologia di oggetti disegnati.

## Eliminare gli oggetti sovrapposti

È possibile rimuovere le linee, gli archi, le polilinee e i segmenti sovrapposti di questi tipi di oggetto, così da razionalizzare gli elementi presenti nel disegno, utilizzando il comando *ELIMINADUPLICATI.* Il comando è attivabile facendo clic sull'icona a forma di scopa presente espandendo il pannello del gruppo *Edita* (Figura 9.2). Dopo avere selezionato un insieme di oggetti che si pensa presentino delle sovrapposizioni, è necessario impostare, nella finestra di dialogo di Figura 9.2, un valore di tolleranza ed eventualmente specificare se le proprietà degli oggetti vengono rispettate o ignorate durante il confronto di oggetti duplicati sospetti. Premendo *OK* il comando elimina tutte le eventuali entità sovrapposte dal gruppo di selezione.

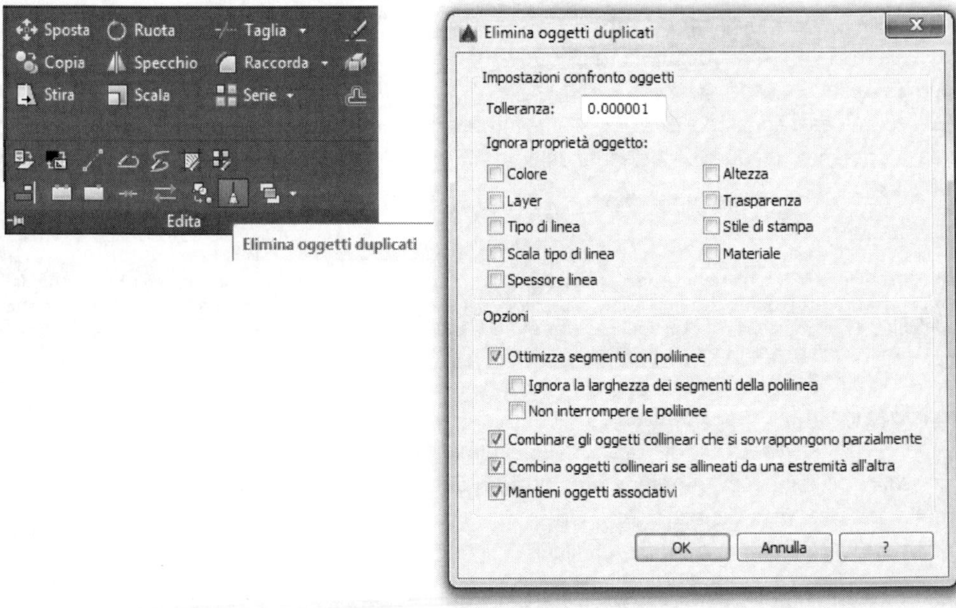


**Figura 9.2**
Il comando ELIMINADUPLICATI.

## Rimozione di definizioni, stili e oggetti inutilizzati

È possibile rimuovere un insieme di oggetti inutilizzati con il comando *ELIMINA*. Gli oggetti eliminabili includono, ad esempio, definizioni di blocchi, stili di quota, layer, tipi di linea e stili di testo. È inoltre possibile rimuovere oggetti di geometria di lunghezza zero e oggetti di testo vuoti.

**Nota**
Molti di questi oggetti imparerete a conoscerli e a gestirli nei prossimi capitoli.

*ELIMINA* è un comando importantissimo nella corretta gestione del disegno realizzato con AutoCAD in quanto permette di diminuire notevolmente le dimensioni del file e, naturalmente, di razionalizzarne il contenuto.

**Figura 9.3**
Il comando ELIMINA.

La finestra di dialogo di Figura 9.3 è facilmente accessibile dal *Menu dell'applicazione*, facendo clic su *Utilità di disegno* e infine sul comando *Elimina*. Utilizzando la voce della struttura ad albero *Tutti gli elementi*, AutoCAD prenderà in considerazione tutti gli oggetti presenti nel disegno e, nel caso la casella di controllo *Conferma ogni oggetto da eliminare* sia attivata, chiederà di confermare l'eliminazione di ogni singolo oggetto considerato alla pressione del tasto *Elimina tutto*.

## Il comando SPOSTA (S)

È possibile spostare, agevolmente e con estrema precisione, uno o più oggetti utilizzando la distanza e la direzione dello spostamento che possono essere specificate grazie alla definizione di un punto di partenza seguito da:

- Un secondo punto che ne determina la destinazione.
- Oppure dalla digitazione di una distanza seguita dalla direzione espressa dal movimento del mouse.

Per spostare un oggetto utilizzando due punti è necessario:

1. Fare clic su scheda *Inizio* / gruppo Modifica / *Sposta* (è l'icona composta da quattro frecce ortogonali).
2. Selezionare l'oggetto da spostare e premere INVIO per confermare la selezione.
3. Specificare un punto base per lo spostamento.
4. Specificare un secondo punto per la destinazione.

Gli oggetti selezionati vengono spostati nella nuova posizione determinata dalla distanza e dalla direzione tra il primo e il secondo punto specificati. Il comando si conclude automaticamente.

**Esercizio. Spostare una linea definendone un vettore spostamento.**

1. Se lo avete chiuso, aprite il file *Prospetto laterale.dwg* del Capitolo 9 del Booksite.
2. Selezionate la linea inclinata posta in alto nel disegno.
3. Premete il tasto destro del mouse e scegliete la voce *Sposta*.

**Nota**
Come sottolineato all'inizio del capitolo, i comandi di modifica più utilizzati sono presenti nel menu del tasto destro del mouse dopo la selezione di un insieme di oggetti.

4. Cliccate su un punto notevole dell'oggetto per definire il punto di "partenza" per lo spostamento.
5. Con la modalità *Orto* attivata, muovete il mouse verso l'alto e digitate **10**. La *Linea* si è spostata di 10 unità verticalmente verso l'alto.
6. Salvate il file con il nome *Prospetto laterale2.dwg* e se volete tenetelo aperto per il prossimo esercizio.

## Il comando COPIA (CP)

Le modalità utilizzabili per copiare una o più entità selezionate sono pressoché identiche a quelle utilizzate per il comando di spostamento; infatti anche in questo caso vengono adoperate la distanza e la direzione specificate da un punto che funge da base per determinare la posizione di una o più copie.

**Nota**
Il comando COPIA è impostato per consentire di creare più copie dall'insieme di selezione e dal punto base specificati.

**Per copiare velocemente uno o più oggetti è possibile:**

1. Selezionare gli oggetti da copiare
2. Fare clic sulla scheda *Inizio* / gruppo *Edita* / *Copia*.

**Nota**
La selezione preventiva di un'entità evita che si debba confermarne la selezione dopo il lancio del comando, velocizzando così le operazioni di modifica.

3. Specificare il punto base.

4. Specificare il secondo punto. Se si vogliono effettuare altre copie che hanno lo stesso punto base, continuare a fare clic, definendo così i nuovi punti di posizionamento delle copie.
5. Per concludere il comando premere INVIO.

**Esercizio. Copiare una linea.**
1. Se lo avete chiuso, aprite il file *Prospetto laterale2.dwg* del Capitolo 9 del Booksite.
2. Selezionate la linea inclinata posta in alto nel disegno.
3. Premete il tasto destro del mouse e scegliete la voce *Copia selezione*.
4. Cliccate sul punto iniziale in basso a sinistra dell'oggetto selezionato per definire il punto base per la copia.
5. Cliccate ora sull'angolo in alto a sinistra del disegno per definire il punto di aggancio dell'oggetto selezionato.
6. Premete INVIO per concludere il comando
7. Salvate il file con il nome *Prospetto laterale3.dwg.* Questa volta non serve tenerlo aperto per il prossimo esercizio.

## Il comando SPECCHIO (SP)

Il comando *SPECCHIO* permette di creare un'immagine perfettamente speculare e simmetrica. Gli oggetti selezionati, infatti, vengono capovolti e quindi specchiati rispetto ad un asse chiamato linea speculare.
La riflessione risulta molto utile per la creazione di oggetti simmetrici, poiché è possibile disegnare rapidamente una metà dell'oggetto e quindi crearne un'immagine ribaltata anziché perdere inutilmente del tempo disegnando l'oggetto intero.
Nel momento della definizione del ribaltamento è possibile scegliere se cancellare, spostando, o mantenere, copiando, gli oggetti originali.
Per eseguire una copia speculare bisogna quindi:
1. Selezionare gli oggetti da riflettere.
2. Fare clic sull'icona, a forma di triangolo, *Specchio* della scheda *Inizio* / gruppo *Edita*.
3. Specificare il primo punto della linea speculare.
4. Specificare il secondo punto della linea speculare.
5. Premere INVIO per conservare gli oggetti originari oppure immettere **S** (l'opzione *Sì* alla richiesta *Cancellare gli oggetti sorgente?*) per cancellarli.

**Nota**
Quando si crea una copia speculare, tutti gli elementi testuali (testi, quote, attributi) vengono riposizionati ma non invertiti per mantenerne la leggibilità; infatti, la varabile MIRRTEXT è impostata su 0. Anche la variabile di sistema MIRRHATCH è impostata a 0 per stabilire che la direzione del retino di riempimento non venga ribaltata.

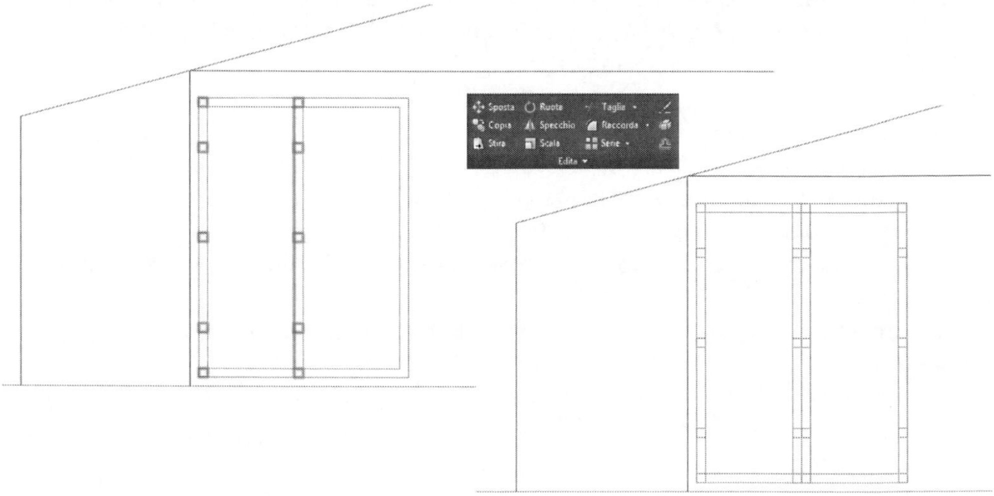


**Figura 9.4**
Copia speculare degli oggetti selezionati.

**Esercizio. Creare copie speculari di oggetti.**

1. Aprite il file *Prospetto laterale con apertura.dwg* del Capitolo 9 del Booksite.
2. Selezionate gli oggetti come da Figura 9.4.
3. Fare clic sull'icona, a forma di triangolo, del comando *Specchio* della scheda *Inizio* / gruppo *Edita*.
4. Fate clic sul punto iniziale, in basso a sinistra dell'oggetto selezionato, per definire il primo punto della linea speculare.
5. Ora, per specificare il secondo punto della linea speculare, fate clic sul punto iniziale opposto della stessa linea.
6. Premete INVIO per creare la copia ribaltata.

**Nota**
A prescindere dal layer corrente gli oggetti modificati ereditano tutte le proprietà degli oggetti sorgente.

7. Adesso selezionate la finestratura appena completata e createne una copia simmetrica rispetto alla porzione di abitazione rettangolare come da Figura 9.5.
8. Salvate il file con il nome *Prospetto laterale con aperture.dwg* e chiudetelo.

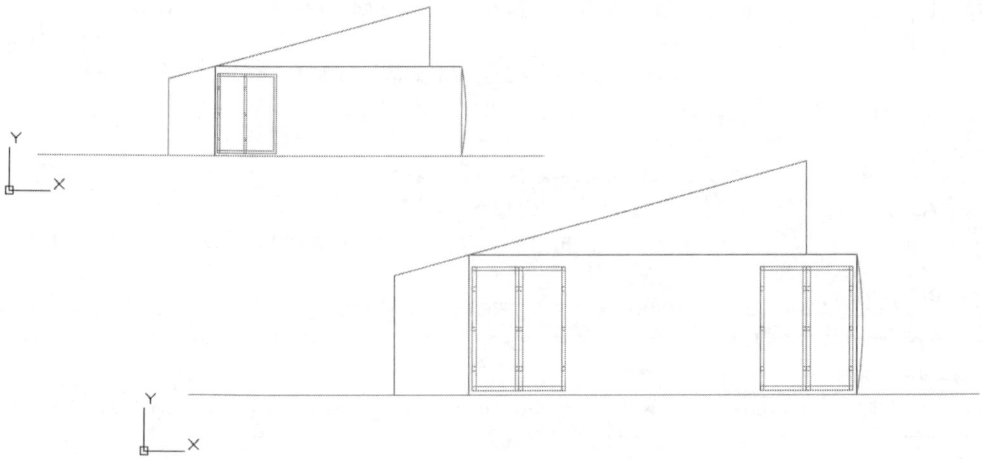


**Figura 9.5**
L'esercizio completato.

## Il comando RUOTA (RU)

Il comando *RUOTA* permette di ruotare gli oggetti disegnati attorno ad un punto base, fulcro della rotazione, specificandone poi l'angolo attraverso o la digitazione di una misura angolare o con un clic del mouse.
Per ottenere la rotazione di un oggetto è necessario:

1. Selezionare l'oggetto da ruotare.
2. Fare clic sulla scheda *Inizio* / *gruppo Edita* / *Ruota*.
3. Specificare il *punto base* per la rotazione.
4. Effettuare una delle seguenti operazioni:
   - Digitare l'angolo di rotazione e premere successivamente INVIO.
   - Muovere il mouse, ruotando così la selezione attorno al suo centro, e fare clic in un punto dello schermo per specificare la nuova posizione ruotata.

Dopo la definizione del *punto base* è anche possibile utilizzare l'opzione *Copia* che permette di creare una copia ruotata degli oggetti selezionati.

Inoltre adoperando l'opzione *Riferimento* (sempre disponibile dopo la definizione del *punto base*) è possibile ruotare la selezione da un angolo di riferimento (definito da due punti) ad un nuovo angolo assoluto. Per ruotare un oggetto in base ad un angolo assoluto dovete:

1. Selezionare gli oggetti da ruotare.
2. Fare clic sulla scheda *Inizio* / gruppo *Edita* / *Ruota*.
3. Specificare il punto base per la rotazione.
4. Digitare **R** (*Riferimento*).
5. Specificare le posizioni di due punti (che definiranno il valore di un angolo di riferimento). Viene così creata una linea immaginaria che sarà ruotata in base al un nuovo angolo.

6. Digitare il nuovo angolo o specificare un punto facendo clic con il mouse. Il valore digitato per il nuovo angolo è un angolazione assoluta definita dal sistema UCS corrente, non un valore relativo alla linea immaginaria. Invece, se si specifica la rotazione con il clic del mouse, l'angolo di riferimento verrà ruotato in base a quel punto.

**Esercizio. Rotazione di oggetti digitandone l'angolo.**

1. Aprite il file *ruotare oggetti1.dwg* del Capitolo 9 del Booksite.
2. Selezionate tutti gli elementi disegnati che definiscono il gancio superiore posto sul layer rosso chiamato *da ruotare*.
3. Premete il tasto destro del mouse e scegliete la voce Ruota.
4. Selezionate il centro dell'arco posto a sinistra (è anche individuato da due linee che formano una croce).
5. Digitate **35** e premete INVIO per concludere il comando. Se volete potete chiudere il file e salvarlo con il nome *ruotare oggetti1a.dwg.*

**Nota**
La rotazione avviene in senso antiorario e sempre calcolata rispetto all'asse X del sistema di riferimento vigente. Se avete dei dubbi su questo argomento tornate a leggere il Capitolo 4.

**Esercizio. Rotazione di oggetti digitandone l'angolo.**

1. Aprite il file *ruotare oggetti2.dwg* del Capitolo 9 del Booksite. Il file presenta due elementi. Dovete ruotare quello superiore (rosso) facendo si che la sua mezzeria coincida con la linea tratteggiata posta a un'angolazione non conosciuta (Figura 9.6 a sinistra).
2. Selezionate tutti gli elementi disegnati che definiscono il gancio superiore posto sul layer rosso denominato *da ruotare*.
3. Premete il tasto destro del mouse e scegliete la voce *Ruota*.
4. Selezionate il centro dell'arco posto a sinistra (è anche individuato da due linee che formano una croce).
5. Fate clic sull'estremità della linea tratteggiata inclinata per ruotare l'oggetto. Se volete potete chiudere il file e salvarlo con il nome *ruotare oggetti2a.dwg.*

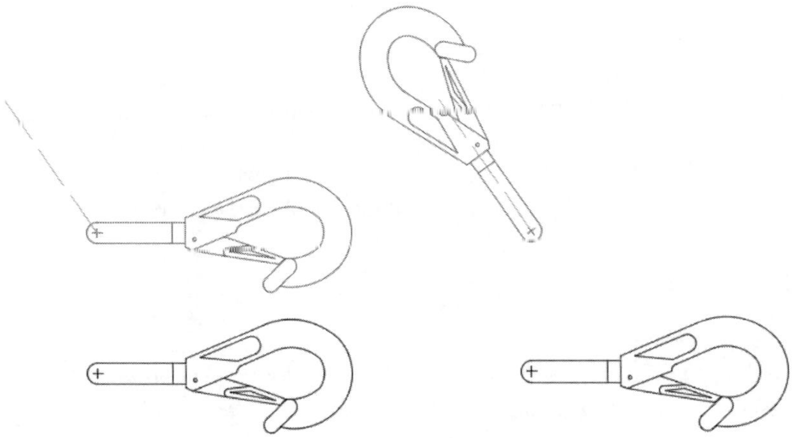

**Figura 9.6**
A sinistra il gancio prima della rotazione, a destra dopo avere utilizzato il comando RUOTA.

**Esercizio. Rotazione di oggetti in base ad un angolo assoluto.**

1. Aprite il file *ruotare oggetti3.dwg* del Capitolo 9 del Booksite. Il file presenta due elementi. Dovete ruotare quello superiore (rosso) facendo sì che la sua mezzeria ne permetta la rotazione ad un'angolazione di 35 gradi rispetto all'asse *X* dell'UCS corrente.
2. Selezionate tutti gli elementi disegnati che definiscono il gancio superiore posto sul layer rosso denominato *da ruotare*.
3. Premete il tasto destro del mouse e scegliete la voce *Ruota*.
4. Selezionate come punto base per la rotazione il centro dell'arco posto a sinistra (è anche individuato da due linee che formano una croce).
5. Ora fate clic col tasto destro del mouse e dal menu pop-up selezionate *Riferimento*.
6. Ora con la definizione di due punti, dovete creare una linea immaginaria che comporrà l'angolo di partenza per la nuova rotazione. Per fare questo potete fare clic nuovamente sul centro dell'arco posto a sinistra e subito dopo cliccare sul punto medio dell'estremo arco a destra (Figura 9.7 a sinistra).
7. Ora digitate il valore **35** per ruotare l'oggetto e premete INVIO.
8. Se volete potete chiudere il file e salvarlo con il nome *ruotare oggetti3a.dwg.*

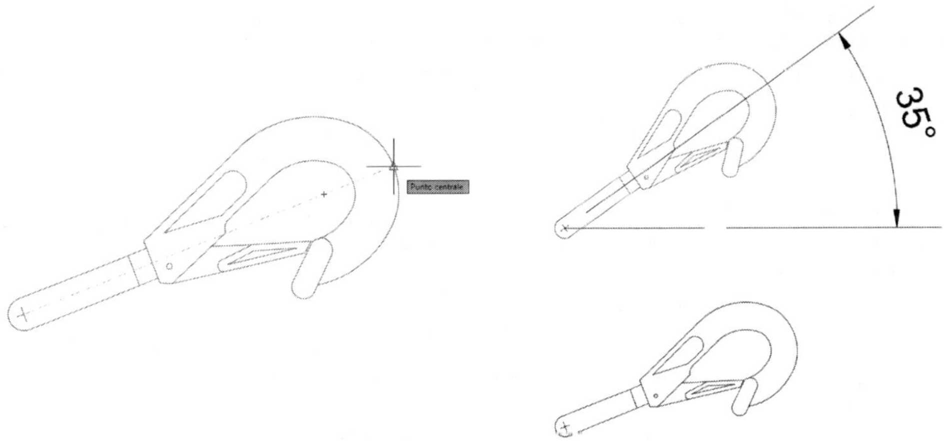


**Figura 9.7**
La rotazione di un insieme di oggetti utilizzando l'opzione Riferimento.

**Nota**
L'opzione Riferimento del comando RUOTA può essere utilizzata per allineare un oggetto ad un altro. Vedremo, però, nei prossimi paragrafi il comando ALLINEA, appositamente creato per risolvere questa eventualità.

# Il comando SCALA (SS)

Il comando *SCALA* permette di ingrandire o ridurre le dimensioni degli oggetti selezionati, mantenendone correttamente le proporzioni.

Per scalare un oggetto, è necessario specificare un *punto base* e, naturalmente, un *fattore di scala*. Il punto base agisce come centro dell'operazione di messa in scala e rimane fisso, stazionario, risulta, quindi, essere il fulcro del ridimensionamento e riposizionamento degli oggetti selezionati. Se il fattore di scala è maggiore di 1, l'oggetto viene ingrandito, se il fattore di scala è compreso tra 0 e 1, l'oggetto viene rimpicciolito.

Per scalare un oggetto dovete:

1. Selezionare l'oggetto da scalare.
2. Fare clic sulla scheda *Inizio* / gruppo *Edita* / *Scala*.
3. Specificare il punto base.
4. Digitare il fattore di scala, oppure si può spostare il puntatore e fare clic per specificare una nuova scala.

Anche il comando scala presenta l'opzione *Riferimento* che permette di scalare le entità selezionate in base a una lunghezza di riferimento e ad una nuova lunghezza specificata.
Questa opzione risulta essere estremamente utile quando si deve scalare un disegno, o una sua parte, conoscendone una distanza parziale come riferimento. Per esempio quando si deve scalare un intero disegno architettonico sapendo che una delle sue colonne deve avere un diametro di 40 cm.

Per scalare un oggetto mediante un riferimento conosciuto dovete:

1. Selezionare l'oggetto da scalare.
2. Fare clic sulla scheda *Inizio* / gruppo *Edita* / *Scala*.
3. Selezionare il punto base.
4. Digitare *R* (per utilizzare l'opzione *Riferimento*).
5. Selezionare il primo ed il secondo punto per definire la lunghezza di riferimento che si vuole cambiare.
6. Digitare il nuovo valore della lunghezza di riferimento e premere INVIO.

**Esercizio. Scalare oggetti in base ad un riferimento conosciuto.**
Nell'esercitazione seguente ridimensionerete l'intero disegno sapendo che la larghezza del muro esterno deve essere di 30 cm.

1. Aprite il file *scalare disegno.dwg* del Capitolo 9 del Booksite.
2. Per verificare che tutti gli oggetti siano visibili fate clic sui comandi *Attiva tutti i layer* e *Scongela tutti i layer*, e verificate che sulla barra di stato il pulsante *Isola oggetti* non presenti elementi nascosti.
3. Selezionate tutti gli oggetti usando il comando *Seleziona tutto*.
4. Fate clic sulla scheda *Inizio* / gruppo *Edita* / *Scala*.
5. Digitate **0,0** per definire il punto base. È sempre meglio definire l'origine degli assi quando si scala un intero disegno.
6. Premete il tasto destro del mouse e scegliete l'opzione Riferimento.
7. Cliccate, come primo e secondo punto quelli indicati in Figura 9.8.
8. Digitate **30** per ridefinire lo spessore del muro prima indicato e premete INVIO per terminare il comando.
9. Chiudete il file e salvatelo con il nome *disegno scalato.dwg*.

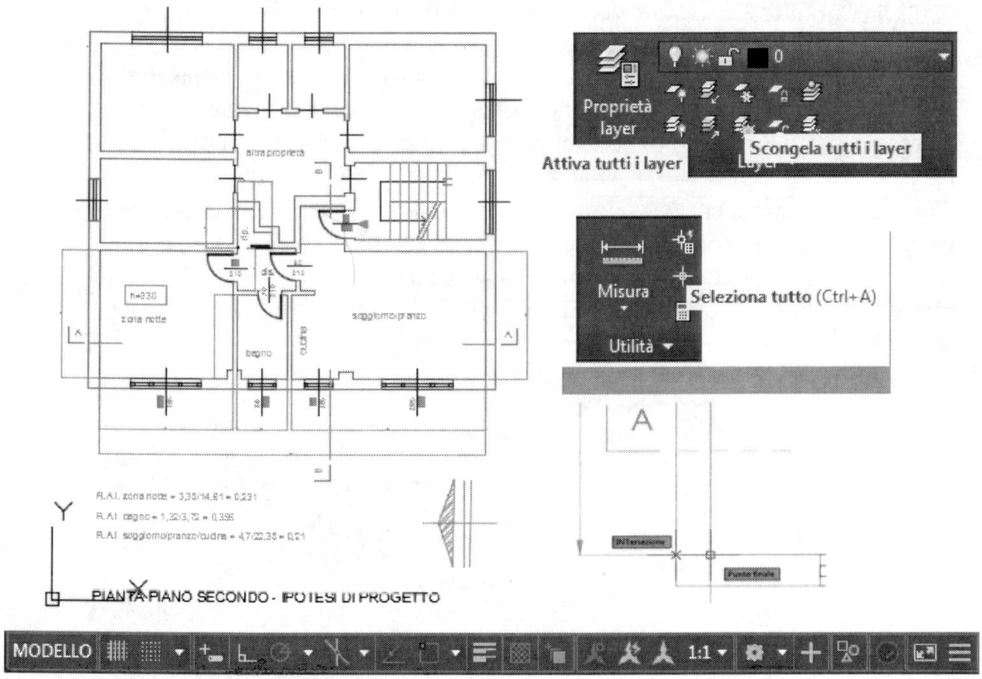


**Figura 9.8**
Il disegno da scalare.

# Il comando ALLINEA

AutoCAD permette, usando il comando *ALLINEA*, di effettuare la rototraslazione, consentendo quindi di spostare e contemporaneamente ruotare (ma anche scalare rispondendo *Sì* alla richiesta *Scalare oggetti in base ai punti di allineamento?*) un oggetto allineandolo con un altro che fungerà da riferimento.

**Nota**
In realtà si tratta di un comando tridimensionale, che, però, può essere facilmente applicato nello spazio bidimensionale.

Per allineare due oggetti nello spazio bidimensionale è necessario:

1. Selezionare gli oggetti che si desidera allineare.
2. Fare clic sul comando *Allinea* presente espandendo il gruppo *Edita* del menu *Inizio*.
3. Specificare un punto di origine e, successivamente, il punto di destinazione corrispondente.
4. Per ruotare l'oggetto, specificare un secondo punto di origine seguito da un secondo punto di destinazione e premere INVIO per evitare di specificare un altro punto, che nello spazio bidimensionale è inutile.
5. Premere INVIO per terminare il comando (e non scalare).

**Esercizio. Rototraslazione e scalatura di oggetti (nello spazio bidimensionale)**

1. Aprite il file *rototraslazione.dwg* del Capitolo 9 del Booksite.
2. Selezionate gli oggetti come da Figura 9.9.
3. Fate clic sul comando *Allinea* presente espandendo il gruppo *Edita* del menu *Inizio*.
4. Specificate il primo punto di origine facendo clic sulla linea di diametro in alto a sinistra e, successivamente, sul punto di destinazione, ovvero lo spigolo in alto a destra del rettangolo più piccolo.
5. Ripetete l'operazione per il secondo punto facendo clic sulla linea di diametro in basso a destra e poi lo spigolo in basso a destra sempre dello stesso rettangolo.
6. Premete INVIO per evitare di specificare l'inutile terzo punto.
7. Fate clic sulla voce *Sì* sull'opzione ipertestuale della riga di comando per scalare l'oggetto secondo i due punti di riferimento e chiudere il comando.
8. Chiudete il file e salvatelo con il nome *rototraslazione effettuata.dwg.*

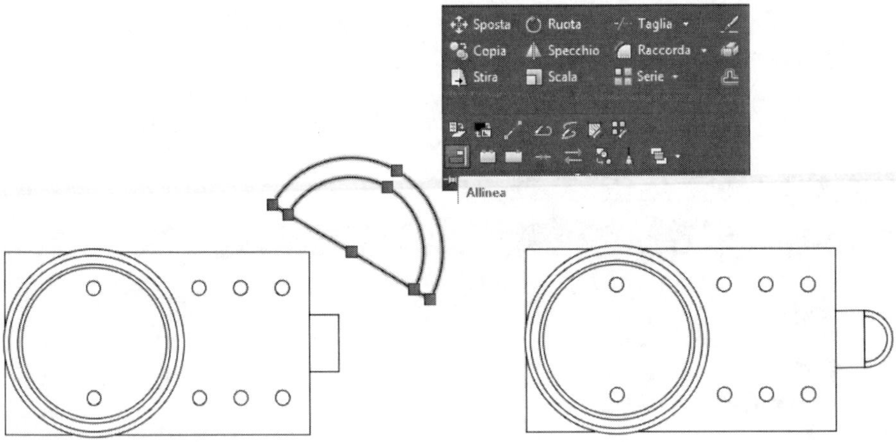


**Figura 9.9**
Rototraslazione e scaltura di elementi utilizzando il comando ALLINEA.

# Il comando OFFSET (OF)

AutoCAD permette di creare un nuovo oggetto identico ma sfalsato di una certa distanza, rispetto a quello selezionato come riferimento.
Ad esempio, eseguendo l'*OFFSET* di una polilinea, di un cerchio o di un arco, vengono creati una polilinea, un cerchio o un arco più grandi o più piccoli, a seconda del lato specificato per lo sfalsamento.

**Nota**
Con OFFSET siete obbligati a lanciare prima il comando e, dopo avere definito la distanza di sfalsamento, selezionare l'entità a cui applicare il comando.

Per sfalsare un oggetto dovete quindi:

1. Fare clic su scheda *Inizio* / gruppo *Edita* / *Offset* (è l'icona a forma di "fagiolo").
2. Specificare la distanza di sfalsamento.
3. Premere INVIO per confermare la digitazione della distanza.

4. Selezionare l'oggetto da sfalsare.
5. Specificare un punto con il mouse per indicare da che parte la nuova entità deve essere creata.
6. Premere INVIO per terminare il comando.

Prima della pressione dell INVIO del punto cinque, è possibile continuare a ripetere i punti tre e quattro per ripetere la creazione di altri oggetti, sfalsati della stessa distanza.

L'OFFSET di entità create col comando LINEA sono singoli segmenti che danno spesso origine a intersezioni o spaziature; per completare il disegno si deve perciò intervenire tagliando successivamente i segmenti che si intersecano e chiudendo gli eventuali spazi che si sono tra loro formati.

**Nota**
Quando si esegue l'OFFSET di una POLILINEA o di una SPLINE è possibile che il numero di segmenti che compongono l'entità creta venga ridotto per permetterne la creazione.

Con il comando *OFFSET*, usando l'opzione *Punto*, è anche possibile creare un'entità sfalsata passante per un punto preciso, definito sul piano di lavoro.
Per sfalsare un oggetto attraverso un punto è necessario:

1. Fare clic su scheda *Inizio* / gruppo *Edita* / *Offset*.
2. Digitare **P** (per utilizzare l'opzione *Punto*).
3. Selezionare l'oggetto da sfalsare.
4. Specificare un punto attraverso il quale far passare l'oggetto che si vuole sfalsare.
5. Selezionare un altro oggetto su cui eseguire l'*OFFSET* (e ripetere perciò il punto 4) o premere INVIO per terminare il comando.

**Esercizio. Sfalsare oggetti conoscendone la distanza.**

1. Aprite il file *Prospetto laterale con aperture.dwg* del Capitolo 9, presente nel Booksite (Figura 9.10).
2. Fate clic sulla scheda *Inizio* / gruppo *Edita* / *Offset*.
3. Digitate **10** e premete INVIO.
4. Selezionate il segmento inclinato posto in alto a destra e cliccate al di sopra dello stesso per copiarlo sfalsato di 10 unità.
5. Ora fate clic sulla linea orizzontale in alto a destra e fate clic alla sua destra per attivarne l'offset di 10 unità. I due segmenti di linea vengono sfalsati e rimangono tra loro scollegati.
6. Proseguite selezionando la polilinea all'estrema sinistra e cliccate, poi, alla sua destra per copiarla sfalsata. I segmenti componenti la polilinea vengono sfalsati ma rimangono perfettamente collegati; per sfalsare altri oggetti, ma con distanza differente è necessario concludere il comando e rilanciarlo impostando un'altra distanza.
7. Premete INVIO per concludere il comando.
8. Fate clic con il tasto destro del mouse e dal menu contestuale scegliete *Ripeti OFFSET*.
9. Digitate **20** e premete INVIO.
10. Selezionate il segmento orizzontale del tetto dell'abitazione e cliccate sotto di esso per copiarlo sfalsato di 20 unità.
11. Premete INVIO per concludere il comando.
12. Salvate il file con il nome *Prospetto laterale con offset.dwg* e chiudetelo.

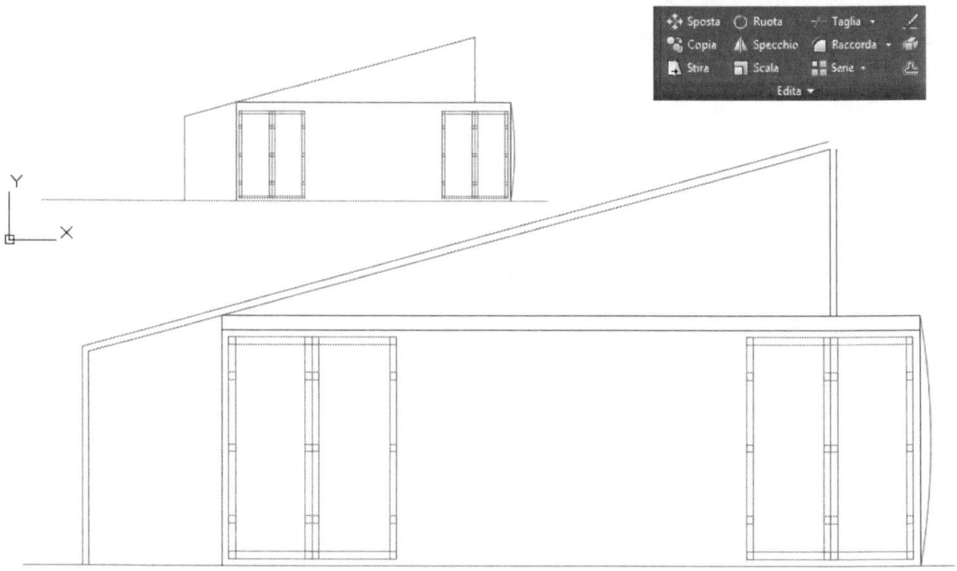


**Figura 9.10**

Uso del comando OFFSET.

# Il comando TAGLIA (TA)

Il comando *TAGLIA* permette di accorciare le entità adattandole ai bordi degli altri oggetti. Questo significa che è possibile creare prima un oggetto, ad esempio una linea, e poi modificarlo in modo che si conformi esattamente agli altri, facendo sì che finisca, o inizi, esattamente in corrispondenza dei limiti di estensione definiti dalle altre entità disegnate.

Per tagliare velocemente le entità disegnate è possibile:

1. Fare clic sulla scheda *Inizio* / gruppo *Edita* / *Taglia*.
2. Premere INVIO per selezionare tutti gli oggetti visualizzati.
3. Selezionare la parte degli oggetti da tagliare.
4. Premete INVIO per concludere il comando.

**Nota**

È possibile estendere gli oggetti selezionati invece di tagliarli. Infatti tenendo premuto il tasto SHIFT (o MAIUSC) mentre si seleziona un oggetto da tagliare, lo stesso verrà esteso. Questo metodo fornisce un metodo facile per alternare le operazioni di taglio con quelle di estensione senza uscire dal comando lanciato.

Un'opzione molto utile del comando *TAGLIA* è la voce *Cancella*, che dà la possibilità di eliminare oggetti senza uscire dal comando. Utilizzando questa opzione, dopo aver selezionato l'entità da eliminare bisogna premere INVIO per confermarne la cancellazione; il comando *TAGLIA*, poi, proseguirà normalmente.

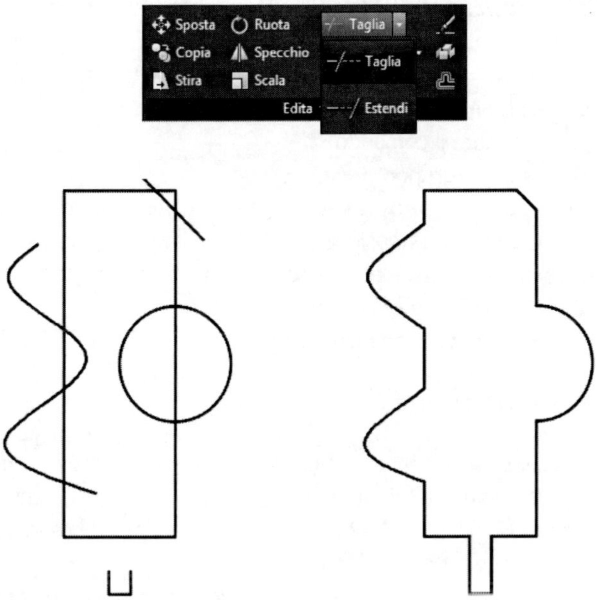


**Figura 9.11**

La modifica di oggetti utilizzando i comandi TAGLIA ed ESTENDI.

## Il comando ESTENDI (ES)

Il funzionamento dell'operazione di estensione è del tutto simile a quello utilizzato nell'operazione di taglio. In questo caso, però, è possibile estendere gli oggetti in modo che si allunghino esattamente in corrispondenza dei limiti definiti dagli altri oggetti. Affinché il comando funzioni, gli oggetti che forniscono il limite di estensione devono fisicamente essere una barriera contro la quale l'oggetto esteso si deve "scontrare".

**Nota**
L'estensione di una spline mantiene la forma della parte originale, ma la porzione estesa è lineare e tangente alle estremità della spline originale.

Per estendere velocemente le entità disegnate è possibile:

1. Fare clic sulla scheda *Inizio* / gruppo *Edita* / *Estendi*.
2. Premere INVIO per selezionare tutti gli oggetti visualizzati.
3. Selezionare le estremità degli oggetti da estendere.
4. Premete INVIO per concludere il comando.

**Nota**
È possibile tagliare gli oggetti senza uscire dal comando ESTENDI, basta tenere Premuto SHIFT (o MAIUSC) mentre si selezionano gli oggetti come indicato al punto 3.

**Esercizio. Utilizzare i comandi TAGLIA ed ESTENDI.**

1. Aprite il file *taglia ed estendi.dwg* del Capitolo 9, presente nel Booksite.
2. Fate clic sulla scheda *Inizio* / gruppo *Edita* / *Taglia*.
3. Premete INVIO così che tutti gli oggetti inquadrati vengano automaticamente selezionati.
4. Seguendo la Figura 9.11 eliminate gli elementi in eccesso.
5. Premete INVIO per terminare il comando
6. Fate clic sulla scheda *Inizio* / gruppo *Edita* / *Estendi*.
7. Premete il tasto destro del mouse per selezionare tutti gli oggetti della vista.
8. Ora, alternando le operazioni di estensione con quelle di taglio (utilizzate la pressione del tasto SHIFT, o MAIUSC se preferite), rendete il disegno come quello di Figura 9.11 a destra.
9. Premete il tasto destro del mouse e fate clic su INVIO per terminare il comando.
10. Salvate il file con il nome *tagliato ed esteso.dwg* e chiudetelo.

## Il comando ALLUNGA

Questo comando consente di modificare la lunghezza (aumentandola ma anche diminuendola) delle entità "aperte", senza che ne venga alterata la posizione o l'orientamento.
Le modalità di controllo visibili in Figura 9.12 sono fondamentali per la scelta del metodo operativo che permette la modifica dell'oggetto selezionato.
La procedura che permette l'utilizzo del comando *ALLUNGA* necessita dei seguenti passaggi:

1. Il lancio del comando.
2. La scelta della modalità operativa.
3. La selezione dell'oggetto.
4. La pressione del tasto INVIO per concludere il comando.

Se dopo aver lanciato il comando, facendo clic sulla scheda *Inizio* / gruppo *Edita* / *Allunga,* si seleziona subito un oggetto, di questo ne verrà visualizzata la lunghezza e, nel caso della selezione di un arco, l'angolo incluso.
Le modalità a disposizione sono:

- **DElta**. Permette di modificare la lunghezza di un oggetto in base ad una distanza di incremento specificata, allungando o accorciando l'oggetto dall'estremità più vicina al suo punto di selezione. Un valore positivo della distanza digitata estende l'oggetto, un valore negativo lo taglia.
- **Percento**. Permette di impostare la lunghezza di un'entità in base ad una percentuale specificata sull'attuale lunghezza totale. Valori inferiori al 100 riducono l'oggetto dalla parte del punto di selezione.
- **Totale**. Consente di specificare la lunghezza totale che deve essere assunto dall'oggetto rispetto al punto finale della parte selezionata.
- **Dinamico**. Consente di modificare la lunghezza di un oggetto selezionato mediante il trascinamento del punto finale più vicino al punto di selezione dell'entità. L'altra estremità rimane fissa.

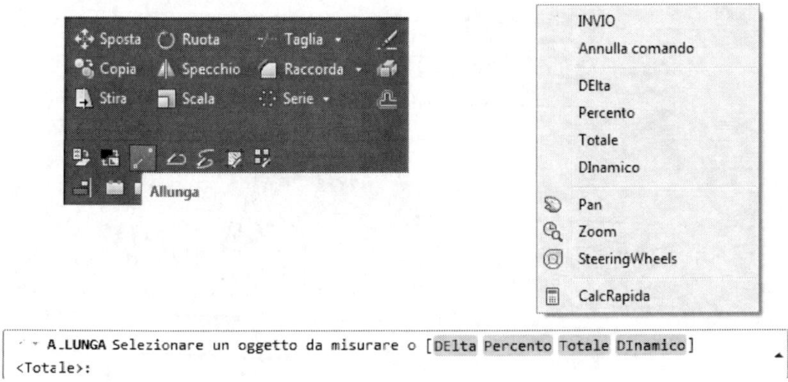


**Figura 9.12**
Le modalità di controllo del funzionamento del comando ALLUNGA.

# Il comando STIRA

*STIRA* consente di manipolare le entità disegnate attraverso la definizione di una *Finestra di selezione* (o da un *Lazo*) in modalità *Interseca* che permetterà il riposizionamento dei punti notevoli delle entità selezionate.

Questo nuovo posizionamento fa sì che:

- Gli oggetti che sono parzialmente racchiusi in una finestra *Interseca* vengono stirati, deformati.
- Gli oggetti che sono completamente racchiusi nella finestra *Interseca* o che sono selezionati singolarmente, vengono spostati anziché stirati.

Per stirare un oggetto è necessario effettuare i seguenti passaggi:

1. Prima fare clic sulla scheda *Inizio* / gruppo *Edita* / *Stira*.
2. Poi selezionare l'oggetto utilizzando la modalità *Interseca* della *Finestra di selezione*.
3. Specificare il punto base per lo stiramento.
4. Specificare un secondo punto per determinare la distanza e la direzione dello stiramento. Il comando si conclude automaticamente.

---

**Nota**
L'entità CERCHIO non può essere stirata, viene spostata se nella finestra di selezione Interseca viene compreso il suo centro.

---

**Esercizio. Utilizzo del comando STIRA.**

In questa esercitazione modificherete la forma della piastra disegnata, come in Figura 9.13; perciò:

1. Aprite il file *rototraslazione ultimata.dwg* del Capitolo 9, presente nel Booksite.
2. Fate clic sulla scheda *Inizio* / gruppo *Edita* / *Stira*.
3. Selezionate la zona di intervento con una finestra si selezione *Interseca* come in Figura 9.13.
4. Fate clic in un punto qualsiasi dell'area lavorativa per specificare il punto di partenza.
5. Con la modalità *Polare* attivata, muovete il mouse verso destra e digitate **50** seguito da INVIO.Gli oggetti "toccati" dalla finestra vengono deformati, mentre quelli perfettamente al suo interno vengono riposizionati.
6. Salvate il file con il nome *piastra.dwg* e tenetelo aperto per la prossima esercitazione.

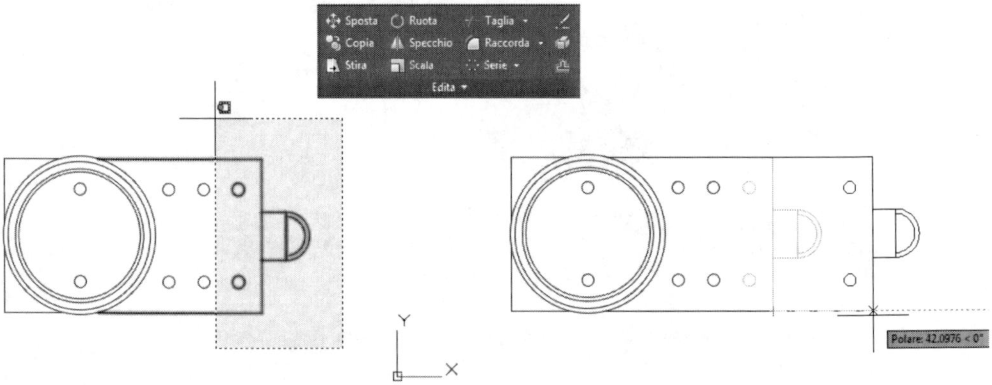


**Figura 9.13**
Il comando STIRA.

# Il comando RACCORDO

Il comando *RACCORDO* crea un collegamento tra due oggetti disegnando un arco (del quale viene richiesto di specificare il raggio) che risulta essere perfettamente tangente con i due oggetti selezionati.
Se entrambi gli oggetti da raccordare si trovano sullo stesso layer, l'arco di raccordo si posiziona su quel layer; altrimenti, l'arco viene posizionato sul layer corrente; naturalmente il layer influisce sulle proprietà degli oggetti, per esempio colore o il tipo di linea.

Per raccordare due elementi è possibile:

1. Fare clic sulla scheda *Inizio* / gruppo *Edita* / *Raccorda*.
2. Digitare **RA** (per utilizzare l'opzione *RAggio*).
3. Digitare il raggio di raccordo e premere INVIO.
4. Selezionare i due oggetti da raccordare. Il comando si chiude automaticamente.

Il raggio di raccordo corrisponde al raggio dell'arco che collega gli oggetti raccordati; se si imposta il raggio di raccordo a 0, gli oggetti vengono uniti e quindi tagliati o estesi fino a quando non si incontrano. È possibile tenere premuto il tasto SHIFT (o MAIUSC) durante la selezione degli oggetti per modificare il raggio di raccordo corrente con un valore 0.

**Nota**
Invece di un arco, è possibile utilizzare il comando RACCORDODIFF (analizzato nel paragrafo Le curve spline del Capitolo 6) per creare una spline che connette due linee o due curve e che sia tangente a queste entità.

Durante le operazioni di raccordo, quando queste vengono effettuate su entità diverse, è possibile decidere se utilizzare

- L'opzione *Taglia* per specificare se gli oggetti selezionati vengono tagliati e/o estesi in corrispondenza dei punti terminali dell'arco risultante.
- Oppure, impostando l'opzione *Nontaglia*, se si vuole che gli oggetti selezionati rimangano invariati.

Per esempio per raccordare senza tagliare è necessario:

1. Fare clic sulla scheda *Inizio* / gruppo *Edita* / *Raccorda*.
2. Digitare **T** (per entrare nell'opzione *Taglia*).
3. Digitare **N** (per definire l'opzione *Nontaglia*).
4. Selezionare infine gli oggetti da raccordare che rimarranno invariati dopo il raccordo.

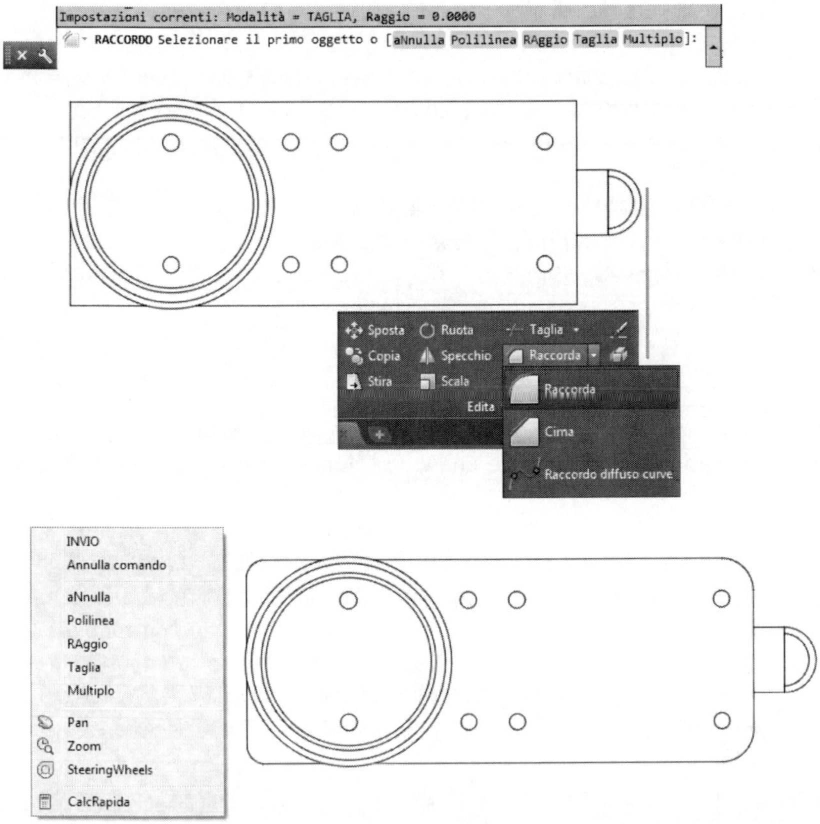


**Figura 9.14**
Utilizzo del comando RACCORDO.

**Esercizio. Utilizzo del comando RACCORDO.**

In questa esercitazione modificherete la forma della piastra disegnata, come da Figura 9.14; perciò:

1. Se lo avete chiuso, aprite il file *piastra.dwg* dal Capitolo 9 presente del Booksite.
2. Fate clic sulla scheda *Inizio* / gruppo *Edita* / *Raccorda*. Le modalità vigenti vengono visualizzate sulla riga di comando.
3. Digitate **RA** (per utilizzare l'opzione *RAggio*).
4. Digitate **5** e premete INVIO.
5. Selezionate i due segmenti in alto a sinistra. Vengono raccordati come in Figura 9.14.
6. Premete INVIO per rilanciare il comando.
7. Controllate che l'opzione *Raggio* sia impostato ancora su 5 e selezionate i due segmenti posti in basso a sinistra per raccordarli.

8. Fate clic sulla scheda *Inizio* / gruppo *Edita* / *Raccorda*.
9. Fate clic col tasto destro del mouse e scegliete la voce *RAggio*.
10. Digitate **10** e premete INVIO.
11. È possibile utilizzare l'opzione *Multiplo* per raccordare più gruppi di oggetti senza uscire ogni volta dal comando. Fate clic col tasto destro del mouse e scegliete la voce *Multiplo*. Ora potete modificare la parte destra della piastra come da Figura 9.14.
12. Premete INVIO o ESC per terminare il comando e salvate il file con il nome *piastra con raccordi.dwg*. chiudete pure il file.

Il comando, utilizzando l'opzione *Polilinea*, può essere utilizzato, facendo un unico clic, per arrotondare tutti gli angoli di una polilinea con lo stesso raggio di raccordo; se due segmenti di polilinea lineari sono separati da un segmento di arco, il comando rimuove l'arco esistente per inserire quello nuovo.
Per raccordare un'intera polilinea con un solo clic dovete:
1. Fare clic sulla scheda *Inizio* / gruppo *Edita* / *Raccorda*.
2. Digitare *P* (per l'opzione *Polilinea*).
3. Selezionare la polilinea da raccordare nella sua interezza.

## Il comando CIMA

Una cimatura fa sì che vengano collegati due oggetti con una linea angolata. In genere il comando *CIMA* viene utilizzato per rappresentare una smussatura in corrispondenza di un angolo (Figura 9.15).

Il comando *CIMA* funziona analogamente al comando *RACCORDO*, anzi condivide con questo molte, se non le stesse opzioni, infatti agendo sull'opzione *Taglia/Nontaglia* di un comando si modifica la modalità di funzionamento anche dell'altro. Naturalmente il comando di cimatura invece del controllo del raggio propone l'opzione *Distanze* che permette di impostare le distanze che definiranno i punti di creazione del segmento di smussatura a partire dal vertice del loro incontro. La prima distanza verrà calcolata rispetto alla prima entità selezionata, la seconda rispetto al vertice dell'altra.
Per impostare le distanze di cimatura è necessario:
1. Fare clic sulla scheda *Inizio* / gruppo *Edita* / *Cima*.
2. Digitare **D** (per l'opzione *Distanze*).
3. Digitare la prima distanza di cimatura.
4. Digitare la seconda distanza di cimatura.
5. Selezionare i segmenti che dovranno essere smussati.

**Nota**
Se entrambe le distanze di cimatura sono pari a 0, la cimatura taglia o estende i due oggetti finché non si incontrano, ma non disegna una linea di cimatura. È possibile tenere premuto (SHIFT o MAIUSC) durante la selezione degli oggetti, per sostituire le distanze di cimatura correnti con un valore pari a 0.

Utilizzando l'opzione *Angolo* è possibile determinare la smussatura definendo una distanza, calcolata sul vertice della prima entità selezionata, e l'angolo che dovrà seguire il segmento di cimatura partire da quella distanza.

Per specificare lunghezza e angolo di cimatura dovete:

1. Fare clic sulla scheda *Inizio* / gruppo *Edita* / *Cima*.
2. Digitare *A* (per attivare l'opzione *Angolo*).
3. Digitare la distanza rispetto all'angolo da cimare lungo la prima linea.
4. Digitare l'angolo di cimatura.
5. Selezionare la prima linea, quindi, selezionare la seconda.

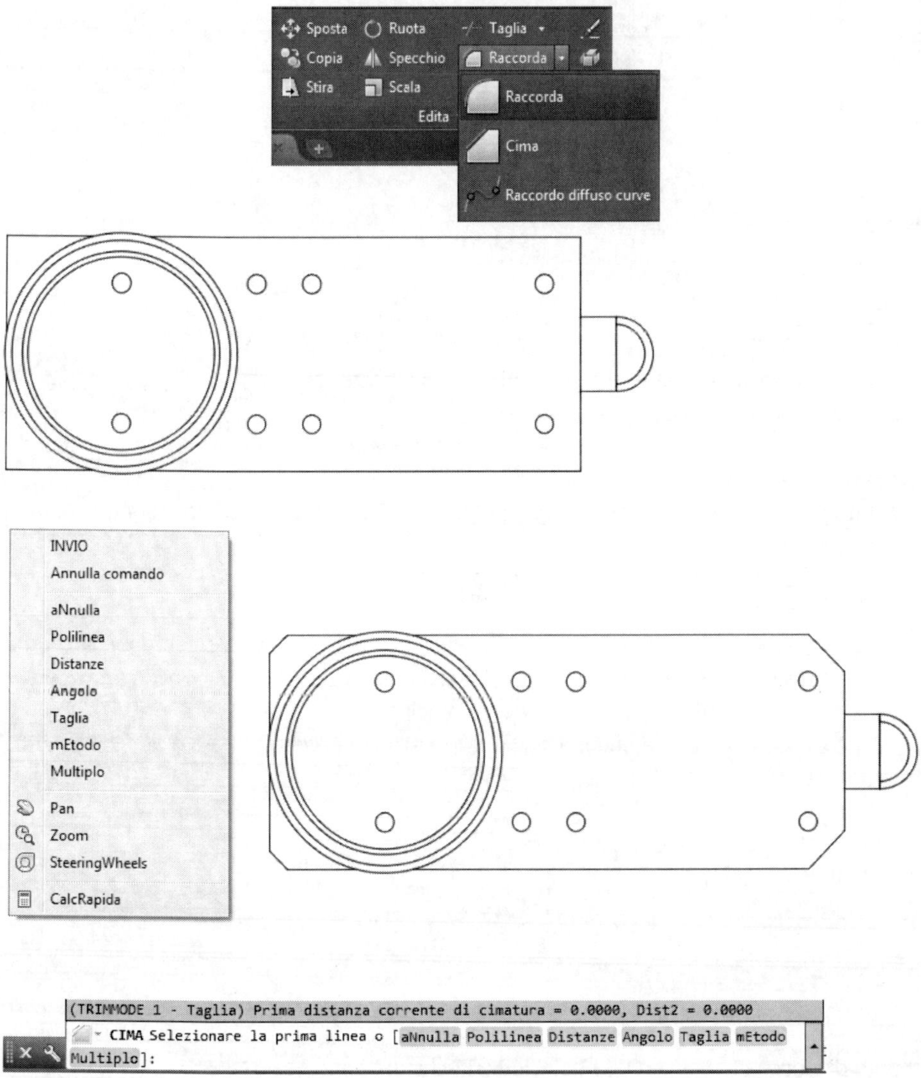


**Figura 9.15**

Il disegno di una piastra prima e dopo la creazione di smussature.

## Il comando SPEZZA

In AutoCAD è possibile utilizzare il comando *SPEZZA* per ridurre un oggetto a due entità indipendenti, separati o meno da uno spazio; il secondo caso risulta essere quello generalmente più utilizzato nelle fasi di disegno.

Per spezzare un oggetto in un punto e, quindi, senza spaziatura, è necessario:

1. Fare clic sulla scheda *Inizio* / gruppo *Modifica* / *Spezza in un punto*.
2. Selezionare l'oggetto da spezzare.

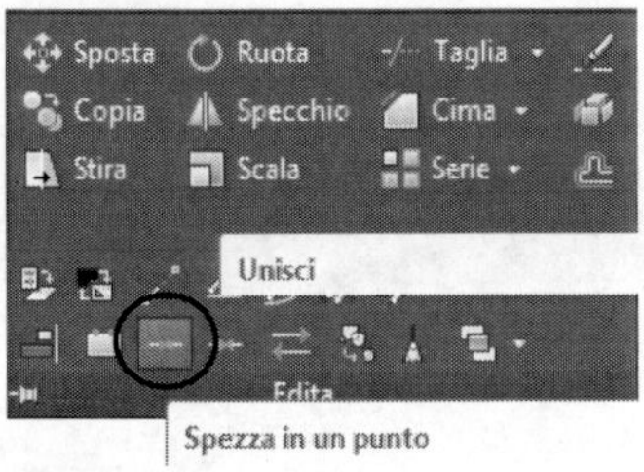


**Figura 9.16**

Il comando Spezza in un punto e il comando Unisci.

## Unire le entità in un unico oggetto

Un comando estremamente utile che permette di velocizzare le operazioni di disegno e gestione dello stesso è il comando *UNISCI*.

Il comando abbina, così da creare un unico oggetto, oggetti lineari o curvilinei in corrispondenza dei punti finali che risultano essere tra loro coincidenti.

Il tipo di oggetto risultante dipende dai tipi di oggetti selezionati e dal tipo di oggetto selezionato per primo.

- Si ottiene una linea dall'unione di linee collineari. I punti finali delle linee possono anche essere intervallati da spazi o sovrapposti.
- Si crea un arco o un cerchio dall'unione di archi complanari con lo stesso punto centrale e raggio; i punti finali degli archi possono essere intervallati da spazi. Un oggetto cerchio si ottiene se gli archi uniti formano un cerchio completo.
- Un oggetto spline si ottiene unendo spline, archi ellittici o eliche tra loro o ad altri oggetti.
- Una polilinea si ottiene dall'unione di linee, archi o polilinee.

Per unire in un unico oggetto più entità potete:

1. Selezionare gli oggetti
2. Fare clic sulla scheda *Inizio* / gruppo *Modifica* / *Unisci*.

## Il comando ESPLODI

È possibile esplodere un oggetto composto quale una polilinea, una quota, un tratteggio o un riferimento di blocco per convertirlo negli elementi che lo hanno generato.

Per esplodere un oggetto è sufficiente:

1. Selezionare gli oggetti da esplodere.
2. Fare clic su scheda *Inizio* / gruppo *Modifica* / *Esplodi*.

Per la maggioranza degli oggetti, l'esplosione non sortisce effetti visibili, ma le modifiche sono sostanziali:

- **Esplosione di polilinee**. Quando si esplode una polilinea, vengono eliminate tutte le informazioni sulla larghezza associate e le linee e gli archi risultanti seguono l'asse della polilinea.
- **Esplosione di quote e retino di riempimento**. Quando si esplode una quota o un tratteggio, l'associatività viene perduta e gli oggetti quota o tratteggio vengono sostituiti da oggetti singoli quali linee, testo, punti e solidi 2D.
- **Esplosione dei riferimenti di blocco**. Se si esplode un blocco con attributi, i valori degli attributi vengono eliminati e vengono mantenute solo le definizioni. I colori e i tipi di linea degli oggetti presenti nei riferimenti di blocco esplosi potrebbero cambiare in base alle proprietà che avevano nel momento della creazione del blocco esploso.

**Figura 9.17**
Il comando ESPLODI e il comando EDITPL con le sue opzioni di controllo.

# Modificare una polilinea

È possibile modificare le polilinee utilizzando le opzioni del comando *EDITPL*, ma l'utilizzo della tavolozza *Proprietà* o l'utilizzo delle opzioni dei *Grip* ne hanno fatto un comando ormai poco utilizzato.

**Nota**
Il Capitolo 7 e il Capitolo 10 permettono di approfondire rispettivamente la tavolozza Proprietà e i Grip.

Inoltre abbiamo visto come sia possibile adoperare i comandi *ESPLODI* e *UNISCI* che permettono velocemente di creare polilinee separate o unire elementi per definire la nuova forma della polilinea. Comunque tra le opzioni sotto elencate due rimangono estremamente utili ed generalmente molto utilizzati, l'opzione *CHiudi* e l'opzione *Larghezza*.

Dopo aver selezionato la polilinea da modificare e lanciato il comando facendo clic sulla scheda *Inizio* / gruppo *Edita* / *Edita polilinea*, è possibile modificarla utilizzando una o più opzioni tra le seguenti:

- *CH* (*CHiudi*) per creare una polilinea chiusa.
- *U* (*Unisci*) per unire linee, spline, archi o polilinee contigue.
- *L* (*Larghezza*) per specificare la nuova larghezza uniforme da assegnare a tutta la polilinea.
- *E* (*Edita vertici*) per modificare un vertice.
- *AD* (*ADatta*) per creare una polilinea di adattamento arco, ovvero una curva regolare formata da archi che uniscono le coppie di vertici.
- *S* (*Spline*) per creare l'approssimazione di una spline.
- *R* (*Rettifica*) per eliminare i vertici in eccesso inseriti da una curva adattata a spline e per raddrizzare tutti i segmenti della polilinea.
- *T* (*Tipolinea gen.*) per generare il tipo di linea utilizzando un modello continuo attraverso i vertici della polilinea.
- *I* (*Inverti*) per invertire la direzione della spline.
- *AN* (*ANnulla*) per ripristinare la situazione precedente all'uso del comando *EDITPL*.

**Nota**
Il comando EDITSPLINE che permette di modificare una spline disegnata è molto simile al comando EDITPL e, anch'esso grazie alla tavolozza Proprietà o l'utilizzo delle opzioni dei Grip ne hanno fatto un comando ormai poco utilizzato.

## Creare copie in una serie circolare

Durante le operazioni di stesura di un progetto, capita frequentemente di dover riprodurre degli oggetti in modo ripetuto e costante.
Il comando *Serie polare* (Figura 9.18) è un comando che permette distribuire in modo uniforme e attorno a un punto centrale gli elementi che si vuole ripetere.

**Nota**
In verità il comando Serie Polare è una delle tre opzioni, Rettangolare, TRaiettoria e Polare, messe a disposizione dal comando SERIE.

Il comando è estremamente intuitivo, in quanto al suo lancio viene visualizzata una scheda contestuale che permette il diretto controllo, attraverso le sue icone, delle opzioni di disegno; inoltre un'immediata anteprima della creazione della serie ne permette una visualizzazione prima della sua definitiva memorizzazione.
Per creare una *Serie polare*, perciò, si può:

1. Selezionare gli oggetti.
2. Fare clic sulla scheda *Inizio* / gruppo *Edita* / *Serie polare*.
3. Fare clic per definire il fulcro di rotazione di tutta la serie
4. Compilare i campi testuali della barra contestuale, in particolare:
   - **Elementi**. Permette di definire il numero totale degli elementi della serie.
   - **Angolo di riempimento**. Consente inserire il valore dell'angolo in cui verrà compresa tutta la serie, tra il primo e l'ultimo elemento ripetuto.
   - **Numero di righe**. Se maggiore di uno permette di ripetere la serie su più righe
   - **Distanza tra le righe**. Consente di specifica la distanza tra ogni riga, misurata dal baricentro di ciascun oggetto.

5. Inoltre, attivando le icone:
   - **Associativo**. Si trasforma la serie in un unico gruppo; la serie, dopo la creazione, diventa così facilmente manipolabile tramite l'apparizione di una propria barra contestuale.
   - **Ruota elementi**. Fa sì che gli elementi della serie risultino ruotati sul loro baricentro mentre vengono creati.
   - **Direzione**. Permette di controllare la direzione di rotazione della creazione.
6. Fare clic sull'icona *Chiudi serie* per memorizzare le copie ruotate e uscire dalla barra contestuale.

---

**Nota**
L'aumento del numero dei Livelli permette la ripetizione della serie anche in direzione dell'asse Z.

---

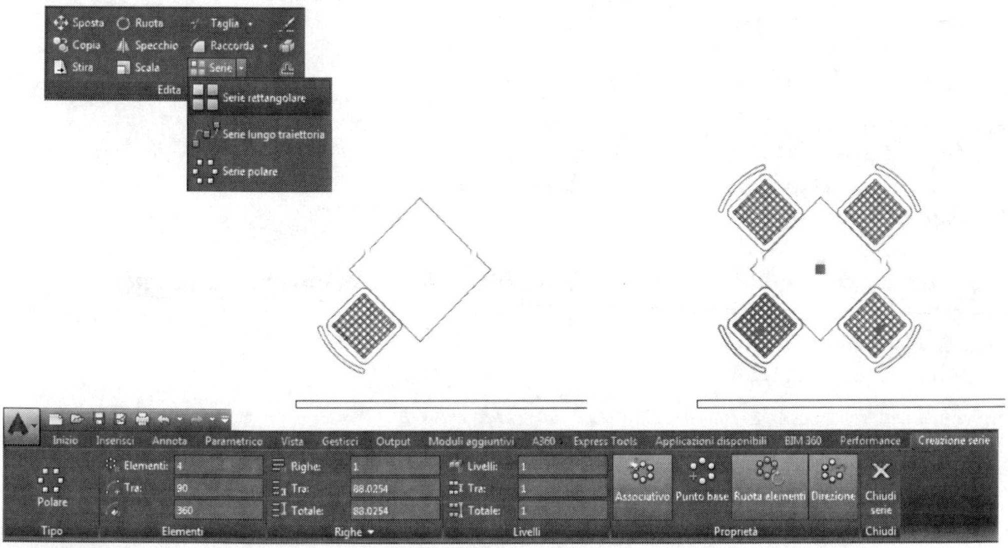


**Figura 9.18**
La copia in Serie polare della sedia attorno al tavolino.

**Esercizio. Copiare più volte una sedia attorno ad un tavolo.**

1. Aprite il file *bar.dwg* dal Capitolo 9 presente del Booksite.
2. Selezionate gli elementi che compongono la sedia.
3. Fate clic sulla scheda *Inizio* / gruppo *Edita* / *Serie polare*.
4. Definite come centro della rotazione il punto centrale del tavolino utilizzando lo snap a oggetto *Centro geometrico*.
5. Nella barra che si è appositamente aperta definitene le opzioni come in Figura 9.18.
6. Fate clic su *Chiudi serie* per terminare il comando.
7. Salvate il file con il nome *bar con tavolino.dwg* e tenetelo aperto per il prossimo esercizio.

---

**Nota**
L'associatività consente di propagare rapidamente le modifiche in tutta la serie mantenendo le relazioni tra gli elementi che la compongono.

---

## Creare copie in una serie rettangolare

Analogamente a *Serie polare* il comando *Serie rettangolare* permette di creare più copie di oggetti e di distribuirle in modo uniforme in una sorta di griglia rettangolare

Nella *Serie rettangolare*, gli oggetti sono distribuiti in una combinazione di righe e colonne (e livelli). L'anteprima dinamica consente di comprendere rapidamente il numero e la spaziatura di righe e colonne che permettono la definizione della serie; anche in questo caso, al lancio del comando viene visualizzata una scheda contestuale che permette il diretto controllo delle opzioni di disegno (Figura 9.19).

**Nota**

Così come per il comando Serie polare, con il comando Serie rettangolare è possibile aggiungere livelli per creare una serie tridimensionale.

Per creare velocemente una serie rettangolare bisogna:

1. Selezionare gli oggetti.
2. Fare clic sulla scheda *Inizio* / gruppo *Edita* / *Serie rettangolare*.
3. Compilare i campi testuali della barra contestuale
4. Fare clic su *Chiudi serie* per terminare il comando.

**Esercizio. Definire un locale ripetendo in serie lo stesso elemento d'arredo.**

1. Se lo avete chiuso, aprite il file *bar con tavolino.dwg* che trovate nella cartella del Capitolo 9 del Booksite.
2. Selezionate gli oggetti che definiscono il tavolo e le sedie attorno ad esso.
3. Fate clic sulla scheda *Inizio* / gruppo *Edita* / *Serie rettangolare*.
4. Nella barra che si è appositamente aperta definitene le opzioni come in Figura 9.19.
5. Fate clic su *Chiudi serie* per terminare il comando.
6. Salvate il file con il nome *bar arredato.dwg* e chiudetelo.

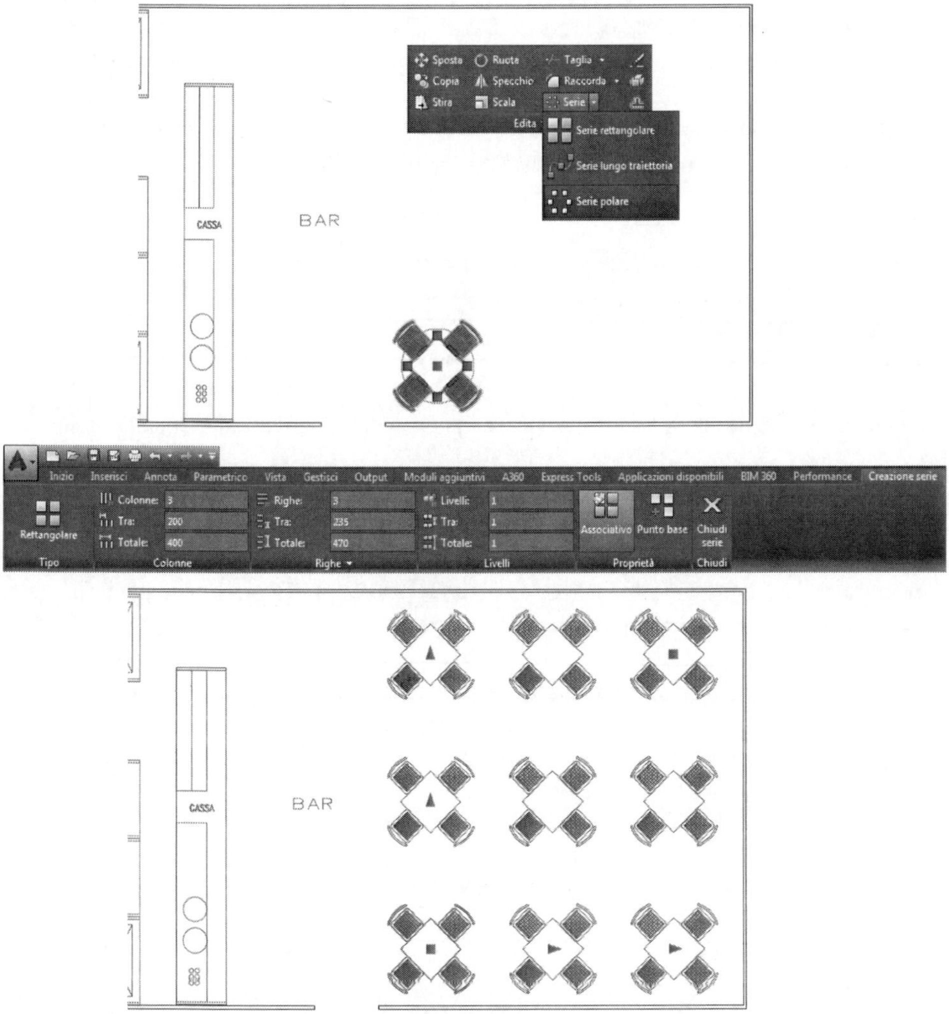


**Figura 9.19**

La copia di oggetti utilizzando il comando Serie rettangolare.

## Creare una serie seguendo una traiettoria

Essendo il comando *Serie lungo traiettoria* un'opzione del comando *SERIE*, risulta essere molto simile ai comandi che avete trattato nei due paragrafi precedenti.

Nelle serie di traiettorie, però, gli elementi da copiare vengono distribuiti in modo uniforme lungo una traiettoria, che può essere una linea, una polilinea, una spline, un'elica, un arco, una polilinea 3D, un cerchio o un'ellisse.

**Nota**

Se la serie è associativa, la spaziatura tra gli oggetti viene regolata automaticamente anche quando la lunghezza della traiettoria cambia dopo la creazione.

L'anteprima dinamica e la barra contestuale che si attivano dopo il lancio del comando, permettono un facile e intuitivo controllo delle operazioni di copia (Figura 9.20) degli elementi selezionati che, devono essere posizionati, prima dell'attivazione del comando, nel punto iniziale della traiettoria.

Per creare una serie lungo una traiettoria è necessario:

1. Aver posizionato gli oggetti che volete copiare nel punto della traiettoria che si considera iniziale.
2. Selezionare gli oggetti.
3. Fare clic sulla scheda *Inizio* / gruppo *Edita* / *Serie lungo traiettoria*.
4. Selezionare la traiettoria.
5. Compilare i campi della barra contestuale.
6. Fare clic su *Chiudi serie* per terminare il comando.

In particolare, per controllare la distribuzione degli elementi lungo la traiettoria si possono usare le voci:

- **Dividi.** Per ridistribuire gli elementi da dividere in modo uniforme lungo la traiettoria.
- **Misura.** Per mantenere la spaziatura corrente quando la traiettoria viene modificata o quando il numero di elementi viene modificato mediante i grip o la tavolozza *Proprietà*. Quando il numero di elementi viene modificato utilizzando *MODIFSERIE* (vedi paragrafo successivo), viene richiesto di ridefinire il metodo di distribuzione.

**Esercizio. Distribuire una serie di piante su più righe lungo una traiettoria.**

1. Aprite il file *villaggio.dwg* che trovate nella cartella del Capitolo 9 del Booksite.
2. Selezionate il disegno della pianta in basso a sinistra, che è già stata posizionata nel punto iniziale della traiettoria da seguire.
3. Fate clic sulla scheda *Inizio* / gruppo *Edita* / *Serie lungo traiettoria*.
4. Selezionate la traiettoria definita dalla spline tratteggiata blu
5. Nella barra che si è appositamente aperta definitene le opzioni come in Figura 9.20.
6. Fate clic su *Chiudi serie* per terminare il comando.
7. Salvate il file con il nome *villaggio con piante.dwg* e chiudetelo.

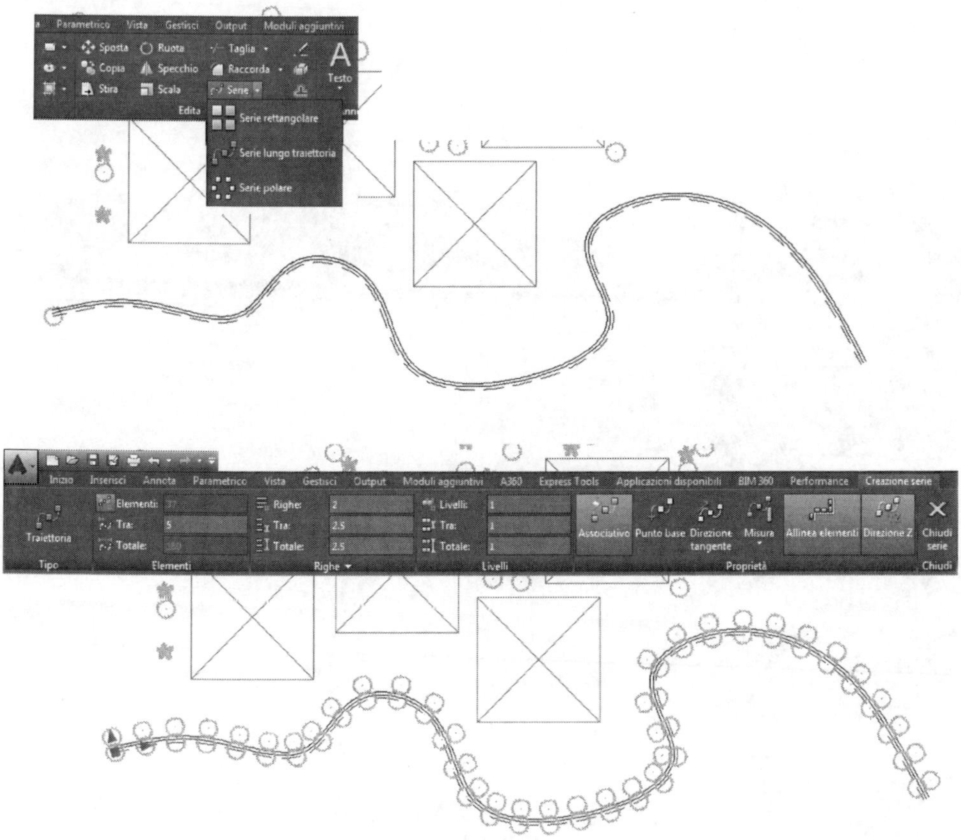


**Figura 9.20**
Copia in serie di oggetti lungo una traiettoria.

## Modificare le serie associative

Quando si seleziona anche un singolo oggetto della serie, se questa è associativa, viene selezionata l'intera serie e viene immediatamente ed automaticamente attivato il comando *MODIFSERIE* e visualizzata la scheda contestuale *Editor serie* della barra multifunzione. Naturalmente le proprietà della serie, disponibili per la modifica, dipendono dal tipo di serie selezionato (vedi Figura 9.21), in particolare:

- **Punto base**. Ridefinisce il punto base della serie rispetto al quale viene disegnata la serie stessa.
- **Modifica origine**. Attiva uno stato di modifica che consente di aggiornare la serie associativa modificando la forma di uno degli elementi. Tutte le modifiche (inclusa la creazione di nuovi oggetti) vengono immediatamente applicate a tutti gli oggetti della serie.
- **Sostituisci elemento**. Attiva uno stato di modifica che consente di variare la composizione della serie associativa sostituendone uno o più elementi.

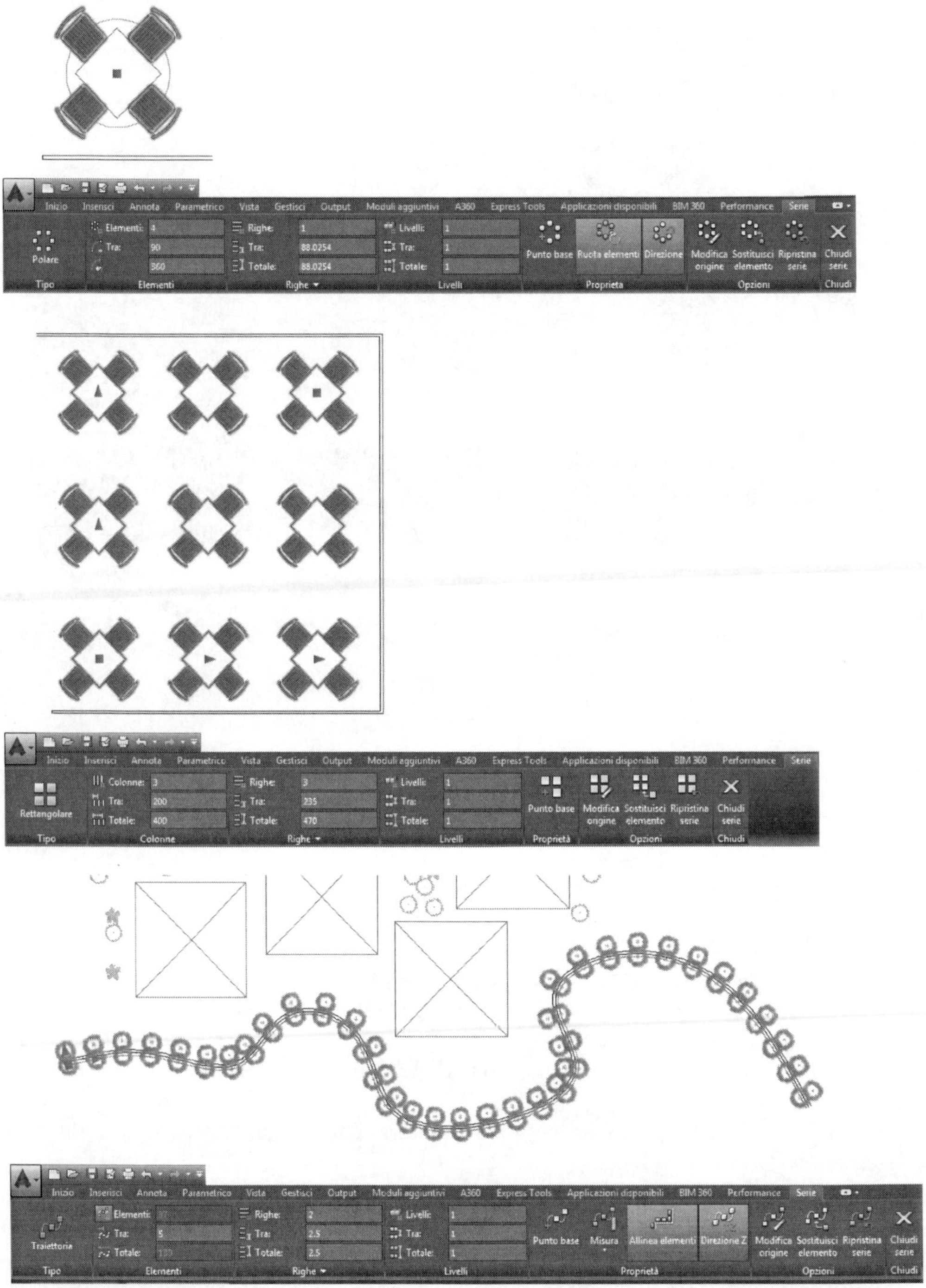


**Figura 9.21**
Le schede contestuali Editor serie della barra multifunzione automaticamente attivate dal comando MODIFSERIE alla selezione di una particolare tipologia di serie associativa.

# Gli appunti di Windows

Come tutti i programmi che utilizzano Windows come sistema operativo, anche AutoCAD permette di usufruire dei comandi *copia/incolla* e *taglia/incolla*.
È necessario, però, definire due differenti possibili situazioni che riguardano l'utilizzo di queste procedure:

- Operazioni con dati provenienti da altri software.
- Operazioni fra disegni di AutoCAD.

## Operazioni con dati provenienti da altri sofware

È possibile utilizzare gli *Appunti* di Windows per copiare in AutoCAD un disegno, tutto o in parte, creato con un'altra applicazione. Se questo è un disegno vettoriale, gli oggetti vengono copiati in formato vettoriale.
È possibile utilizzare *INCOLLASPEC* (Figura 9.22) per inserire in un disegno un oggetto collegato o incorporato contenuto negli appunti. Se si convertono in formato AutoCAD le informazioni incollate, l'oggetto se è un disegno, verrà inserito come un riferimento di blocco.

**Nota**
Se si vogliono modificare le informazioni del disegno incollato, è possibile utilizzare il comando ESPLODI per esplodere il riferimento di blocco negli oggetti che lo compongono.

Il comando *Incolla speciale*, inoltre, permette spesso di convertire gli oggetti incollati in vere e proprie entità di AutoCAD. Per esempio, se si incolla un testo di Word come testo AutoCAD o un tabella di Excel come tabella di AutoCAD, questi diverranno degli oggetti editabili con tutti gli strumenti e le modalità di modifica che AutoCAD mette a disposizione.

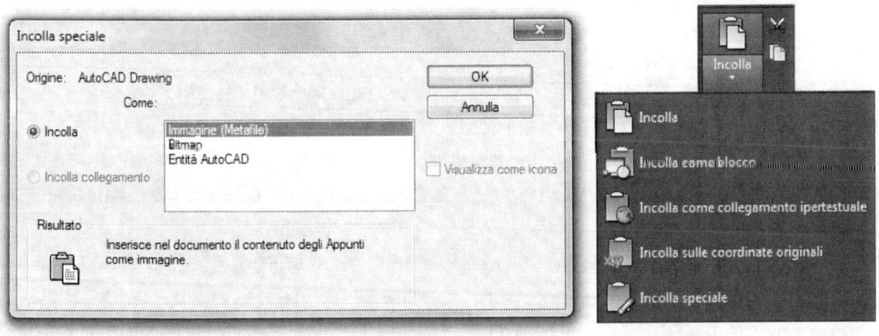


**Figura 9.22**
Il comando INCOLLASPEC che permette di decidere il formato degli oggetti inseriti in AutoCAD e provenienti da latri software.

## Operazioni fra disegni di AutoCAD

Gli appunti di Windows possono essere utili per copiare o spostare entità da un disegno ad un altro (Figura 9.23). Poiché gli appunti utilizzano come punto base per gli oggetti da incollare il margine inferiore sinistro della selezione, AutoCAD fa sì che, dopo avere selezionato le entità, sia possibile usare il menu, che si attiva premendo il tasto destro del mouse, per definire, con la voce *Appunti / Copia con punto base*, il punto di aggancio per il futuro incollaggio degli elementi.

**Figura 9.23**
I comandi Windows messi a disposizione da AutoCAD per il passaggio delle entità da un disegno all'altro.

Inoltre è spesso utile inserire gli elementi prelevati da un disegno sulle stesse coordinate in esso utilizzate, per poter mantenere gli stessi riferimenti progettuali. In questo caso è possibile utilizzare il comando *Incolla sulle coordinate originali* presente nel gruppo *Appunti* della scheda *Inizio*.

## Conclusioni

Le opportunità che AutoCAD offre nella possibilità di gestione del disegno digitale sono molte e l'abilità sta proprio nel saperle gestire nel momento giusto, sfruttandone così i vantaggi.
L'esperienza, in questo frangente, risulta essere fondamentale, ma la conoscenza è sicuramente il primo e fondamentale passo per affrontare con sicurezza i grandi e numerosi benefici aiuti dati dalla digitalizzazione.
Questo che avete finito di leggere è sicuramente il capitolo più importante, il capitolo che trasforma il mero esecutore in un gestore responsabile, perché permette di velocizzare e concretizzare in modo esponenziale tutto l'iter progettuale che presuppone nei disegni la sua concretizzazione.

## Capitolo 10

# I grip multifunzione

Quando selezioniamo un oggetto nell'area lavorativa di AutoCAD in assenza di un comando attivo, nei suoi punti notevoli vengono visualizzati dei piccoli simboli grafici, generalmente di colore blu, chiamati grip.
Questi elementi grafici preimpostati possono essere facilmente utilizzati per manipolare la forma e le dimensioni degli oggetti, permettendoci, così, di lavorare con le entità di AutoCAD con modalità nuove ed estremamente intuitive; infatti non dovremo più richiamare il comando di modifica dalla barra multifunzione (dalle tavolozze o dalla riga di comando) e successivamente indicare a quale entità applicarla, ma basterà selezionare l'oggetto da modificare e riposizionare sul piano di lavoro il grip scelto per ottenere la sua ridefinizione geometrica.
In poche parole, facendo un primo clic sul grip, il punto notevole si aggancerà al cursore e un secondo clic ci permetterà di rilasciarlo in una nuova posizione, ricostruendo, così, la geometria dell'entità scelta. Per deselezionare l'entità è poi sufficiente premere il tasto ESC della tastiera.

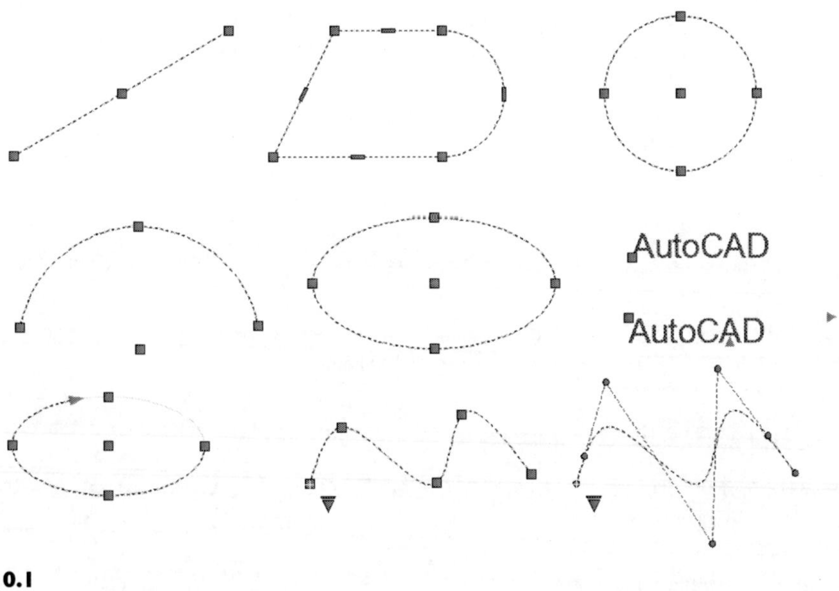


**Figura 10.1**
I grip di alcune entità di AutoCAD

È utile sottolineare che le azioni di modifica associate a ciascun tipo di grip sono definite dal comando che ha permesso il disegno dell'entità da noi selezionata e che, quindi, la forma di un

grip varia a seconda della funzione del punto notevole a cui è associato; inoltre, più un oggetto è complesso più alto sarà il numero dei grip che vi permetteranno il controllo della modifica delle sue caratteristiche geometriche.
Le primitive grafiche, ovvero le entità "base" (linee, cerchi ed archi) che, come abbiamo visto nei capitoli precedenti, permettono la definizione geometrica di tutti gli altri oggetti, presentano grip che possiamo distinguere in due tipologie:

- Il grip che individua il baricentro della Primitiva Grafica.
- I grip che indicano tutti gli altri punti notevoli di quella Primitiva grafica.

Cliccando sul grip "baricentro" si potrà velocemente spostare in un'altra posizione la primitiva grafica, mentre cliccando sugli altri punti evidenziati dai grip se ne stirerà la forma (vedi Figura 10.3).

**Nota**
I grip non compaiono quando, in quella vista, il loro numero compromette la visualizzazione e la comprensione dell'entità disegnata. Mentre per gli oggetti che si trovano sui layer bloccati non vengono mai visualizzati i grip.

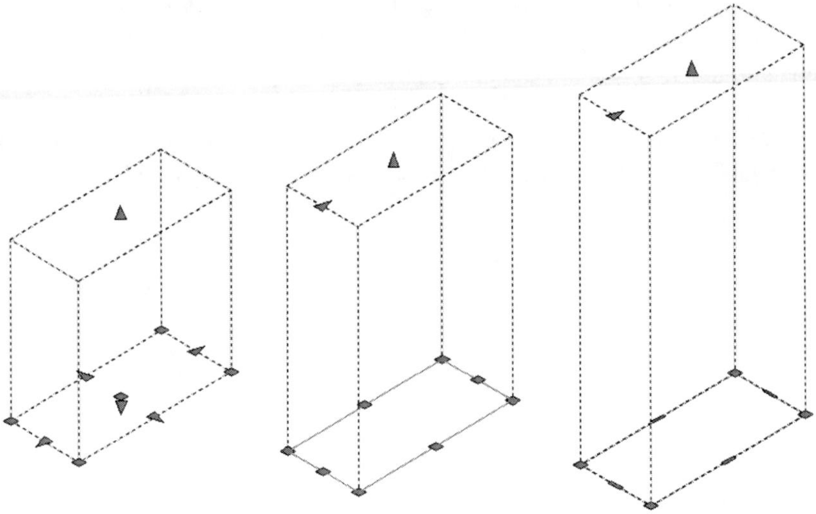

**Figura 10.2**
I grip sono presenti anche nelle entità tridimensionali e, in base alla funzione che ha generato la volumetria selezionata, permetteranno differenti, ma intuitive, possibilità di manipolazione.

## Stirare un'entità utilizzando i grip

Dopo la selezione di un grip, viene attivato per default il comando, o modalità, *Stira*, attraverso il quale è possibile riposizionare un vertice (o un segmento) di un'entità.
Per stirare velocemente un oggetto, perciò, dovete:

1. Selezionare l'oggetto da modificare.
2. Cliccare su uno dei grip visibili per impostarlo come grip di base (il grip selezionato cambierà la propria colorazione, indicando, così, l'attivazione della sua funzione di manipolazione).
3. Spostare il dispositivo di puntamento e fare clic in una nuova posizione.
4. Cliccare sul tasto ESC della tastiera per deselezionare l'entità.

**Nota**
Nel caso di alcuni grip (per esempio quelli di riferimento dei blocchi, dei centri di cerchi, archi od ellissi) la modalità non permetterà lo stiramento del blocco, ma solo il suo spostamento.

**Esercizio. Modifica della forma di un'entità attraverso l'utilizzo dei grip.**

1. Utilizzando il comando *Polilinea*, create un nuovo oggetto come da Figura 10.3 a sinistra.
2. Verificando di essere al di fuori di qualsiasi comando, selezionate l'entità appena creata: i grip risulteranno così visibili ed utilizzabili.
3. Fate clic sul grip posto sull'angolo inferiore sinistro: il punto notevole cambierà colorazione e si aggancerà al cursore.
4. Muovete orizzontalmente il cursore di 15 unità verso destra e fate di nuovo clic: il vertice verrà rilasciato e la forma si modificherà come da Figura 10.3 al centro.
5. Cliccate ora sul grip "baricentrico" del segmento di linea rappresentante la base della nuova forma geometrica: il punto notevole cambierà colorazione e si aggancerà al cursore.
6. Ora muovete verticalmente il cursore di 15 unità verso l'alto: l'intero segmento, in quanto Primitiva Grafica, si sposterà verso l'alto, modificando così anche la posizione dei punti notevoli che individuano i vertici della base della forma geometrica.
7. Fate clic o digitate **15** seguito da INVIO per definire la nuova posizione e "sganciare" il grip dal cursore.
8. Cliccate ora il tasto ESC della tastiera per deselezionare l'intera polilinea.

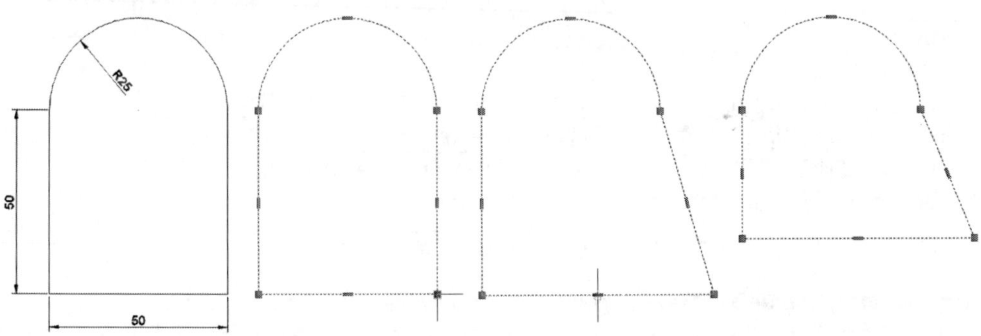


**Figura 10.3**
La modifica di una Polilinea attraverso i grip; dapprima manipolando il vertice in basso a destra e poi spostando il "baricentro" della Primitiva Grafica che individua il segmento di linea della sua base geometrica.

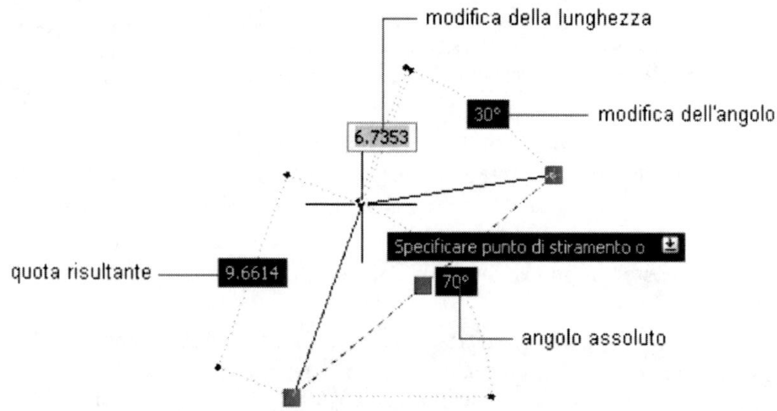


**Figura 10.4**
La manipolazione delle forme geometriche attraverso l'uso dei grip risulta molto più immediata ed intuitiva se viene attivato l'Input Dinamico, che permette la gestione direttamente sullo schermo degli spostamenti del cursore.

## Stirare una o più entità utilizzando più grip contemporaneamente

È possibile anche attivare contemporaneamente più grip tenendo premuto il tasto SHIFT mentre si selezionano i punti notevoli: i grip selezionati manterranno così la posizione assunta gli uni rispetto agli altri.

È necessario quindi:

1. Selezionare uno o più oggetti da stirare.
2. Tenere premuto SHIFT e fare clic su più grip per evidenziarli.
3. Rilasciare SHIFT e fare clic su un grip per impostarlo come grip di base.
4. Spostare il dispositivo di puntamento e fare clic.
5. Cliccare sul tasto ESC della tastiera per deselezionare il tutto.

**Esercizio. Modifica della forma di più entità attraverso l'utilizzo dei grip.**

Con il prossimo esercizio sposterete simultaneamente la posizione di più grip, così da manipolare la forma (o la posizione) di uno o più oggetti contemporaneamente.

1. Utilizzando la Figura 10.5 in alto a sinistra come riferimento, disegnate un *Rettangolo* una *Linea* e un *Cerchio*.
2. Verificando di essere al di fuori di qualsiasi comando, selezionate le tre entità appena create; i grip risulteranno così visibili ed utilizzabili.
3. Tenendo permuto il tasto SHIFT, cliccate sui punti notevoli evidenziati in rosso nella Figura 10.5 in alto a destra; i grip selezionati cambieranno colore.
4. Rilasciate SHIFT e cliccate indifferentemente su uno dei grip scelti precedentemente, ad esempio potete prendere il primo in alto a sinistra, così da agganciarlo al cursore.
5. Muovete ora il cursore di 10 unità orizzontalmente verso destra; tutti i grip si sposteranno insieme, mantenendo, così, la loro posizione relativa.
6. Fate clic o digitate **10** seguito da INVIO così da "sganciare" il grip dal cursore e modificare la posizione, contemporaneamente ed identicamente, dei punti notevoli scelti.
7. Per concludere l'operazione premete il tasto ESC della tastiera per rilasciare l'intera selezione.

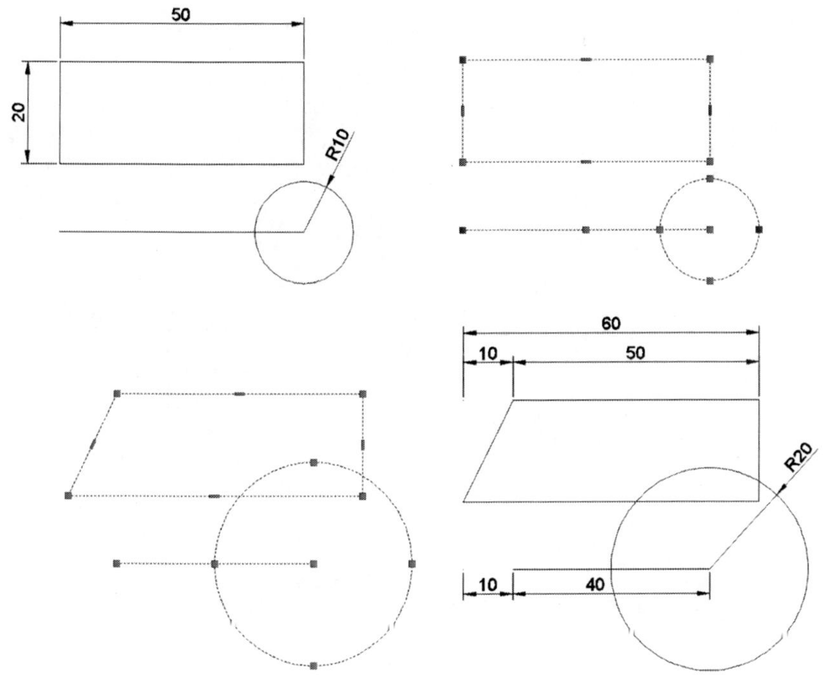


**Figura 10.5**
Manipolazione delle forme geometriche attraverso l'uso di più grip simultaneamente.

## Attivare altri comandi di modifica associati ai grip

Come abbiamo visto, dopo la selezione di un grip, viene immediatamente attivata la modalità *Stira*, attraverso la quale è possibile riposizionare un vertice o un segmento di un entità. Per attivare gli altri comandi disponibili (*Sposta, Ruota, Scala, Specchio*) si può scegliere o di premere la barra spaziatrice per passare successivamente da un comando all'altro, oppure di cliccare su quello desiderato direttamente dal menu contestuale attivabile con la pressione del tasto destro del mouse.

**Nota**
L'apparizione di un'icona vicino al cursore permette l'immediata comprensione del comando di editazione attivato (vedi Figura 10.6 a sinistra) .

Nello specifico è quindi necessario:

1. Selezionare gli oggetti da modificare.
2. Cliccare sul grip di base.
3. Premere INVIO o la BARRA SPAZIATRICE per passare ciclicamente alle modalità grip *sposta, ruota, scala* o *specchio*, oppure fare clic con il pulsante destro del mouse sul grip selezionato per visualizzare un menu di scelta rapida con tutte le modalità grip disponibili.
4. Spostare il dispositivo di puntamento e fare clic per effettuare l'editazione.
5. Premere ESC per deselezionare.

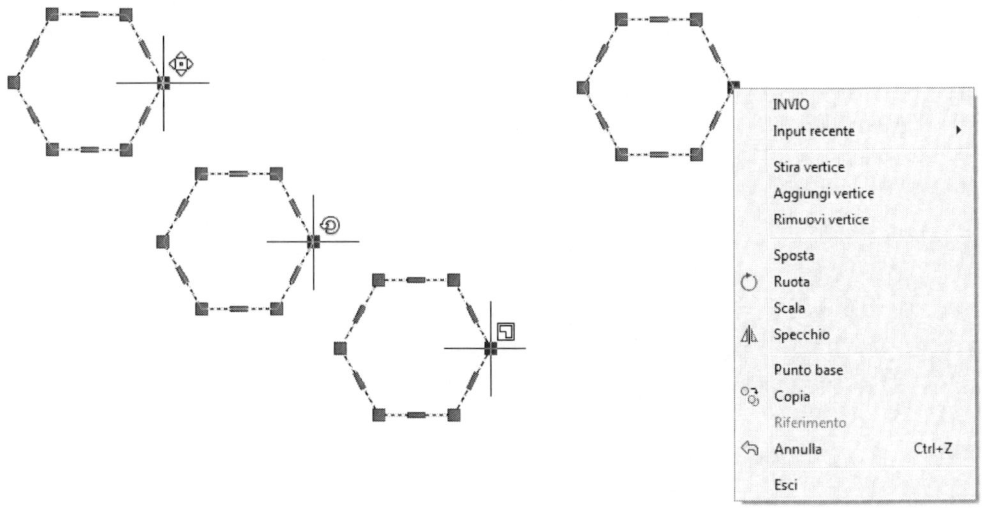


**Figura 10.6**
Attivazione degli altri comandi di editazione legati ai grip: i primi tre a sinistra utilizzando ciclicamente INVIO o la Barra Spaziatrice per attivare i comandi Sposta, Ruota e Scala, mentre l'ultimo esempio a destra permette di accedere al menu di editing premendo il tasto destro del mouse.

Per molti oggetti (vedi Figura 10.7), è inoltre possibile passare con il mouse su un grip senza fare clic, per accedere a un menu con le opzioni di modifica specifiche dell'oggetto e, in alcuni casi, definite solo per quel tipo di grip.

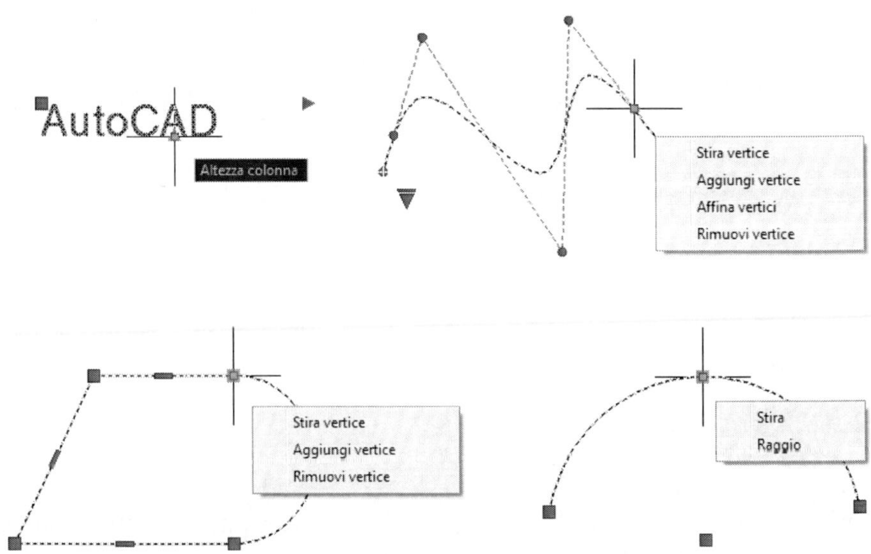


**Figura 10.7**
Passando con il mouse su un grip è possibile accedere a un menu con le opzioni di modifica specifiche dell'oggetto selezionato.

Le entità in AutoCAD che dispongono di grip multifunzione che offrono, come sottolineato, opzioni specifiche dell'oggetto e del grip sono:

- Oggetti 2D: linee, polilinee, archi, archi ellittici e spline.
- Oggetti annotazione: oggetti quota e multidirettrici.
- Solidi 3D: facce, spigoli e vertici 3D.

Con queste entità è possibile perciò:

1. Selezionare gli oggetti da modificare.
2. Passare (senza cliccare!) con il mouse su un grip per visualizzare e accedere al menu grip multifunzione.
3. Scegliere dal menu il comando di editing.
4. Spostare il dispositivo di puntamento e fare clic per effettuare la modifica.
5. Cliccare sul tasto ESC della tastiera per effettuare la deselezione.

**Nota**
Le opzioni del menu dei grip multifunzione possono essere ciclicamente attivate con la pressione del tasto CTRL.

In AutoCAD è possibile utilizzare anche un'altra tecnica di manipolazione diretta. Dopo avere selezionato con un clic un grip, premendo ciclicamente il tasto CTRL si scorrono le opzioni di editing disponibili sulla barra di testo per quel particolare punto notevole. Nell'esempio di Figura 10.8 sono visibili le opzioni di editing *Aggiungi Vertice* o *Rimuovi Vertice* associate a quel particolare grip del comando *Polilinea*.

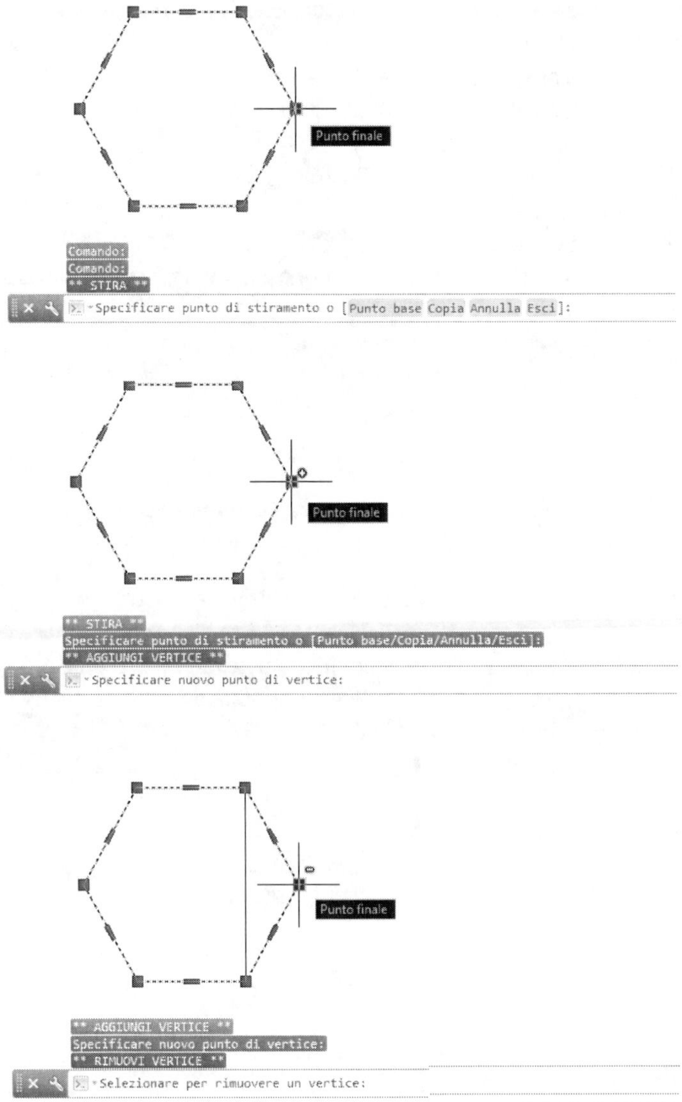


**Figura 10.8**
Premendo ciclicamente il tasto CTRL possiamo scorrere le opzioni di editing Aggiungi Vertice o Rimuovi Vertice associate a quel particolare grip del comando Polilinea.

## Creare con i grip copie modificate rispetto all'originale

In AutoCAD potete utilizzare un metodo molto efficace che permette, nel corso delle modifiche apportate tramite i grip, di eseguire più copie degli oggetti selezionati.
Per eseguire più copie, infatti, basterà tenere premuto CTRL durante la selezione del primo punto notevole scelto e la creazione di copie proseguirà fino a quando non verranno disattivati i grip; inoltre le modifiche, verranno applicate alle copie e non agli oggetti originali da noi selezionati.

**Esercizio. Creare con i grip copie modificate rispetto all'originale.**

1. Create un rettangolo con base 500 e altezza 200 (vedi Figura 10.9).
2. Selezionate l'oggetto.
3. Selezionate con un clic il grip in basso a destra. Il grip selezionato viene evidenziato e la modalità di default *Stira* viene attivata.
4. Tenete premuto CTRL mentre eseguite l'operazione di stiramento.
5. Spostate verso destra il cursore di circa **200** unità (la misura non ha importanza).
6. La creazione di copie continua fino a quando non vengono disattivati i grip, perciò premete ESC per uscire dall'editing. Lo stiramento è stato effettuato, non sull'entità originale selezionata, ma sulla sua copia (Figura 10.9).
7. Selezionate la nuova entità, quella generata dallo stiramento del grip, per verificare visivamente che le modifiche sono state effettuate sulla copia dell'originale.

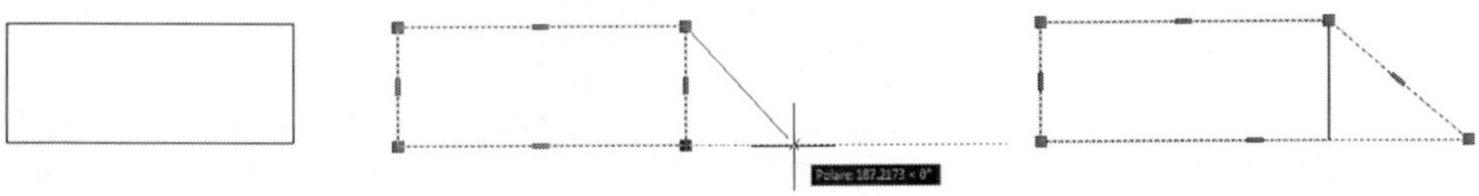

**Figura 10.9**
Copia e modifica tramite stiramento di un grip effettuate simultaneamente premendo il tasto CTRL.

Tramite la manipolazione diretta dei grip in associazione al tasto CTRL è possibile effettuare la copia e la modifica simultanea degli oggetti in una qualsiasi delle modalità grip (*Stira*, *Copia*, *Scala*, *Specchio*). Infatti è possibile premere INVIO per passare da una modalità grip all'altra, finché non viene visualizzata la modalità grip desiderata, o, come abbiamo visto, fare clic con il pulsante destro del mouse per visualizzare le modalità e le opzioni del menu di scelta rapida, prima della pressione del tasto CTRL che permetterà di applicare le modifiche scelte sulla copia.

**Esercizio. Riflettere gli oggetti e conservare gli originali utilizzando i grip.**

1. Create un pentagono di lato **300** (Figura 10.10).
2. Selezionate il pentagono da riflettere.
3. Selezionate con un clic il grip più a destra (questo sarà il primo punto della linea speculare). Il grip selezionato viene evidenziato e la modalità grip di default *Stira* viene attivata.
4. Passate da una modalità grip all'altra premendo INVIO o la Barra Spaziatrice finché non viene visualizzata la modalità grip *Specchio*.
5. Tenete premuto CTRL per conservare l'originale dell'immagine e specificare il secondo punto della linea speculare.
6. Ricordatevi che la creazione di copie continua fino a quando non vengono disinseriti i grip; perciò disattivate i grip premendo ESC.

**Nota**
Quando si specchiano degli oggetti, può risultare utile tenere attivate la modalità Orto o la modalità Polare.

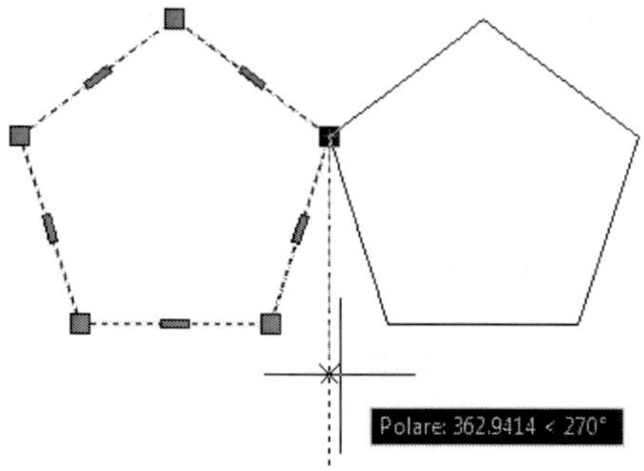


**Figura 10.10**

Riflettere gli oggetti e conservare gli originali utilizzando i grip.

## Gestione della visualizzazione dei grip

L'aspetto e il comportamento dei grip può essere gestito e personalizzato attraverso la finestra di dialogo *Selezione* disponibile nel menu *Opzioni* di AutoCAD. È possibile attivare il comando *Opzioni* dal *Menu dell'applicazione* oppure dal menu contestuale del tasto destro del mouse e, successivamente, scegliere la scheda relativa alle impostazioni di *Selezione*.

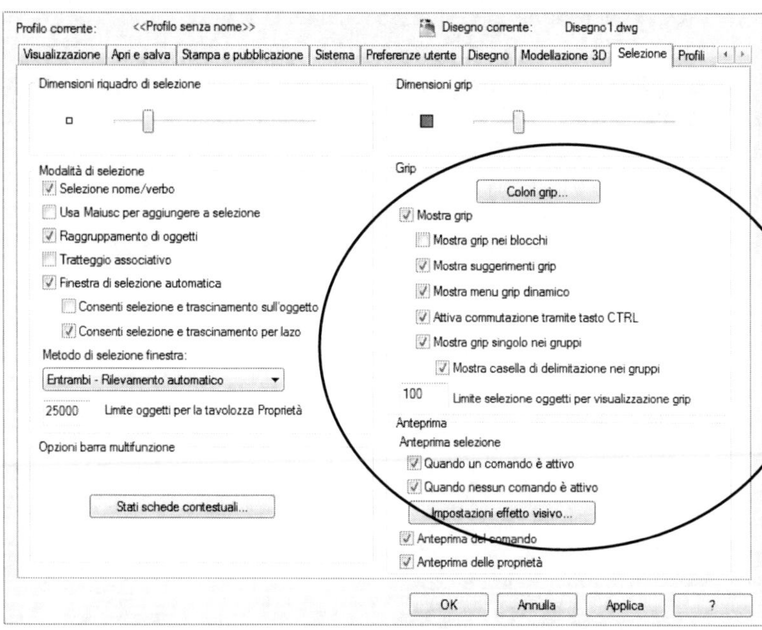


**Figura 10.11**
La scheda Selezione della finestra di dialogo Opzioni che permette il controllo delle impostazioni dei grip multifunzione.

Nella parte destra della finestra (Figura 10.11) è possibile gestire l'attivazione o meno della visualizzazione dei grip, scegliere la dimensione dei grip sullo schermo, il limite di oggetti selezionati oltre il quale i grip non verranno più evidenziati (utile per dare maggior visibilità al disegno);

inoltre, facendo clic sul pulsante *Colori grip...* si può accedere ad un'ulteriore finestra che permette la gestione dei colori dei vari stati assunti dai grip durante la manipolazione della forma dell'entità selezionata (Figura 10.12).

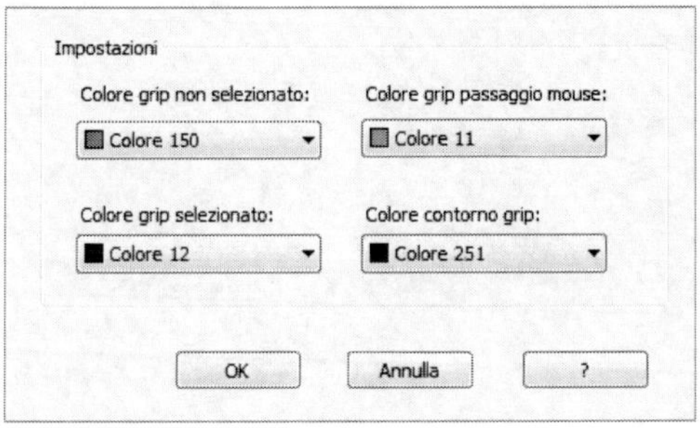


**Figura 10.12**
La finestra di dialogo Colori grip.

## Modifica dell'UCS tramite i grip

Come abbiamo già visto nel Capitolo 4, il sistema coordinate utente (UCS) ci permette di definire l'orientamento del piano di lavoro sul quale stiamo disegnando; questo orientamento può essere facilmente e velocemente gestito attraverso i tre grip che appaiono selezionando l'icona UCS (generalmente posta in basso a sinistra del video) e cliccando su di essi per riposizionarli nello spazio di lavoro definito da AutoCAD.

**Esercizio. Modica dell'UCS utilizzando i grip.**
Nel prossimo esercizio, sposterete e ruoterete rapidamente il sistema di riferimento, allineandolo ad una delle pareti inclinate dell'edificio rappresentato.

1. Aprite il file *gripUCS.dwg* dalla cartella Capitolo 10 presente nel Booksite; il disegno rappresenta uno stralcio della pianta di un edificio.
2. Selezionate l'icona UCS per far apparire i grip (nel caso l'icona non fosse visibile cliccate sul pulsante *Icona UCS* del gruppo *Strumenti finestra* della scheda *Vista*.
3. Per spostare l'UCS, selezionate il grip rappresentante l'origine degli assi e (Figura 10.13 al centro) cliccate sull'angolo inferiore destro dell'edificio.
4. Con l'icona UCS ancora selezionata, cliccate sul grip dell'asse X e, selezionando un punto sul muro inclinato ruotate il sistema di riferimento (Figura 10.13 a destra).

L'UCS risulta così agevolmente riposizionato ed allineato alle murature inclinate, facilitando così le operazioni di disegno all'interno di quella parte dell'abitazione.

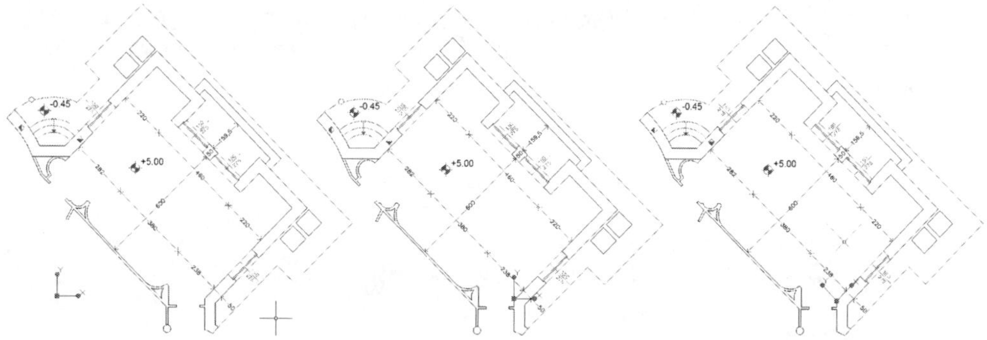

**Figura 10.13**
Modica dell'UCS utilizzando i grip.

## Conclusioni

La conoscenza delle varie tecniche che i grip mettono a disposizione dell'utente, vi permettono una manipolazione diretta ed estremamente intuitiva di tutte le entità di AutoCAD; dobbiamo perciò ritenere fondamentale il loro utilizzo per facilitare e velocizzare in maniera esponenziale il nostro lavoro di progettazione.
Nei prossimi capitoli utilizzeremo con costanza queste "scorciatoie" e le analizzeremo con attenzione, applicandole anche e soprattutto a tutti quei comandi che ancora non abbiamo affrontato.

## Capitolo 11

# I testi

Gli elementi testuali sono in genere annotazioni che vengono inserite per aggiungere informazioni al disegno. In AutoCAD i tipi di oggetti utilizzati per la creazione di annotazioni sono molti:

- Testi (multilinea e a riga singola).
- Tabelle.
- Quote e Tolleranze.
- Direttrici e Multidirettrici.
- Blocchi e Attributi di blocco.

In questo capitolo approfondiremo la prima tipologia, ovvero l'entità *Testo*, demandando ai capitoli specifici il controllo delle altre.
Questo tipo di entità risulta essere un oggetto interessante non tanto nelle sue possibilità di creazione, ma soprattutto in quelle di utilizzo in relazione al disegno a cui risulta necessariamente essere associata.
Questo ci permette di approfondire le conoscenze sulle modalità di gestione del progetto che AutoCAD mette a disposizione; in questo caso particolare dobbiamo quindi, prima di definire i comandi che permettono la creazione degli elementi testuali, introdurre necessariamente un elemento fondamentale ed indispensabile: lo *Stile*.

## Gli stili di testo

Come abbiamo accennato nel Capitolo 6 a proposito dell'entità *Punto*, uno stile è un insieme di impostazioni che permettono di definire e controllare la visualizzazione di tutti gli oggetti che a quello stile si riferiscono.
Gestendo lo stile, modificandolo, manipolandolo, tutte le entità che seguono quello stile si aggiorneranno di conseguenza.
Infatti, quando si immette il testo nel disegno, lo *Stile di testo* corrente ne definisce il font, le dimensioni, l'angolo, l'orientamento e tutte le altre caratteristiche formali (Figura 11.1).

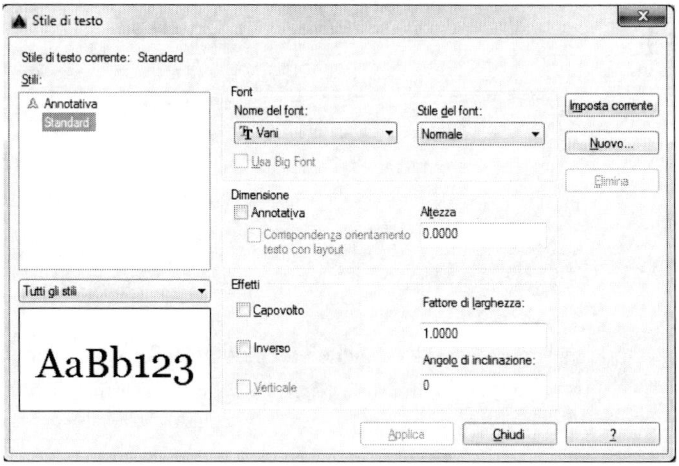


**Figura 11.1**
Attraverso la finestra di dialogo Stile di testo è possibile creare, modificare o impostare gli stili di testo con nome nel disegno.

Poiché qualsiasi elemento testuale segue, sempre e necessariamente, uno *Stile di testo* è doveroso saperne controllare la creazione e le impostazioni, così da velocizzare enormemente la gestione dell'intero disegno. Infatti la grande perdita di tempo non sta nella gestione delle entità di disegno ma in quelle testuali, che spesso sono gestite erroneamente in modo indipendente, come proprietà oggetto, rispetto allo stile a cui invece appartengono.
Per creare un nuovo *Stile di testo* è necessario:

1. Fare clic sulla scheda *Inizio* / gruppo *Annotazione* / *Stile di testo*. Nella Figura 11.2 sono riportate alcune delle altre possibilità.
2. Nella finestra di dialogo *Stile di testo*, fare clic sul pulsante *Nuovo*.
3. Nella finestra di dialogo *Nuovo stile di testo* digitare il nome del nuovo stile e premere *OK*.
4. Nella finestra di dialogo *Stile di testo*, riselezionare lo stile appena creato dall'elenco *Nome dello stile*.
5. Definirne le impostazioni grafiche.
6. Fare clic su *Applica* per associarle allo stile selezionato.
7. Fare clic su *Chiudi* per memorizzare il nuovo stile.

---

**Nota**
Per modificare uno stile e sufficiente ripetere le stesse operazioni saltando i punti 2 e 3.

---

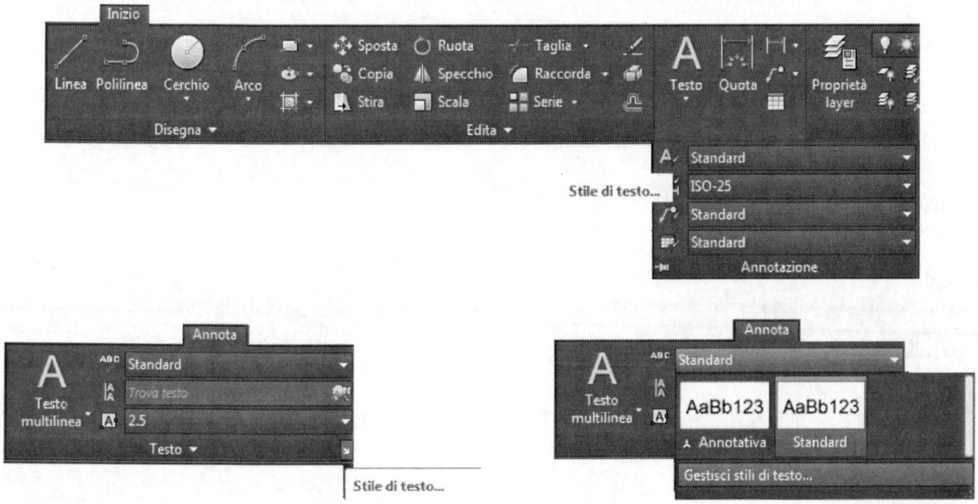


**Figura 11.2**
In Figura sono mostrate molte delle procedure che permettono l'accesso alla finestra di dialogo Stile di testo. La scheda Annota presenta i gruppi dedicati ai principali tipi di annotazione.

---

**Nota.**
È anche possibile digitare STILE sulla riga di comando per accedere velocemente alla finestra di dialogo Stile di testo.

---

Le impostazioni presenti nella finestra di dialogo sono estremamente intuitive e non differiscono da quelle di un qualsiasi word processor.

Tra le varie impostazioni presenti nella finestra *Stile di testo* quella che merita un approfondimento è quella che riporta la voce *Dimensione*, che non va assolutamente trascurata in quanto è decisamente la più importante e va quindi gestita con molta attenzione.

Infatti la problematica legata agli elementi testuali è quella della loro leggibilità soprattutto in fase di stampa, quando il disegno viene scalato per essere riprodotto su carta.

AutoCAD consente due modalità che permettono il controllo della visualizzazione degli elementi testuali:

- L'impostazione manuale, *fissa*, delle annotazioni, dove l'altezza degli elementi testuali è espressa in unità di disegno.
- L'utilizzo dell'*Annotatività*, che permette alle annotazioni di scalare la propria altezza in modo automatico in base alla loro associazione con le scale di stampa.

In questo capitolo affronteremo solo il primo metodo di controllo, demandando, vista la sua importanza, al prossimo capitolo la trattazione dell'*Annotatività.*

Perciò il primo metodo presuppone che si definiscano le altezze dei testi impostandole in unità disegno, questo fa sì che i testi risultino fissi, e mantengano quella dimensione a prescindere dalla scala di stampa.

Se si vuole che i testi risultino leggibili, è possibile operare decidendo quale sia la loro grandezza al momento della stampa e calcolando quanto l'entità debba essere alta in unità disegno quando stampata ad una certa scala.

**Nota**
Si ricorda che elementi testuali stampati con un'altezza inferiore ai 2mm risultano difficilmente leggibili.

Per esempio, volendo che il testo abbia un'altezza di **5** mm stampando in scala **1:100** e avendo creato il disegno in mm, è necessario moltiplicare l'altezza voluta per il valore della scala e dividerlo per le unità di disegno in mm.
**5x100/1= 500** unità.

**Nota**
Poiché AutoCAD utilizza i mm come unità base per la stampa, bisogna trasformare in mm la corrispondenza tra unità di disegno e unità di misura utilizzata per la rappresentazione; ad esempio un disegno in metri: 1m=1000mm, un disegno in centimetri: 1cm=10mm.

Volendo un testo di **5** mm in una stampa **1:100** con un disegno in cm, dovete fare il seguente calcolo, sapendo che 1cm è uguale a 10mm:
**5x100/10=50** unità.

Questo impone che ogni volta che si deve stampare il disegno in scale differenti si è costretti ridefinire le altezze di tutti gli elementi testuali presenti nel disegno; il concetto vale, naturalmente per quei testi che si vuole rimangano leggibili.
Impostando l'altezza del testo nello stile, è possibile, o manipolando l'altezza di quello stile, o passando i testi fra i vari stili già impostati, modificarne la grandezza con razionalità e un discreto risparmio di tempo.

**Figura 11.3**
Le impostazioni per creare un nuovo Stile di testo.

Le altre impostazioni presenti nella finestra *Stile di testo* e poste sotto le voci *Font* ed *Effetti* permettono il controllo dell'aspetto grafico-comunicativo dello stile. In particolare gli *Effetti* consentono la deformazione del testo rispetto all'altezza impostata stirandolo (*Fattore di larghezza*) inclinandolo (*Angolo di inclinazione*), ribaltandolo (*Capovolto*) o specchiandolo (*Inverti*).

**Nota**
In genere i font TrueType vengono sempre visualizzati completi di riempimento; tuttavia, in fase di stampa, il riempimento dei font viene controllato dalla variabile di sistema TEXTFILL che deve essere impostata sul valore 1 per stampare il font "pieno".

**Esercizio. Creare Stili di testo.**

1. Aprite il file *stili di testo.dwg* che trovate nella cartella del Capitolo 9 del Booksite. Il disegno è stato creato in centimetri; dovete creare due stili di testo, rispettivamente per i segni di sezione (che in stampa devono risultare alti 3 mm) e per le indicazioni d'uso dei locali (che devono risultare alti 2 mm).
2. Digitate *STILE* seguito da INVIO per aprire la finestra *Stile di testo.*
3. Nella finestra di dialogo *Stile di testo,* fate clic sul pulsante *Nuovo.*
4. Nella finestra di dialogo *Nuovo stile di testo* digitate il nome **Sezione 1a100** e premete *OK.*
5. Selezionate lo stile appena creato sulla sinistra e impostatene come da Figura 11.3 tutte le voci. Fate clic su *Applica* per applicarle al nuovo stile. Il testo impostato ha un'altezza di 30 unità poiché: 3mmx100/10mm=30.
6. Fate clic sul pulsante *Nuovo.*
7. Nella finestra di dialogo *Nuovo stile di testo* digitate il nome **Locali 1a100** e premete *OK.*
8. Selezionate lo stile appena creato sulla sinistra e le voci come il precedente, ma con l'altezza del testo impostata a **20**. Fate clic su *Applica* per applicarle al nuovo stile. Il testo impostato ha un'altezza di 20 unità poiché: 2mmx100/10mm=20.
9. Provate a creare altri due stili di testo per la stampa in scala 1:200.
10. Chiudete la finestra di dialogo. Salvate il file con il nome *Scrivere testi.dwg* e tenetelo aperto per la prossima esercitazione.

**Nota**
Nel Capitolo 17 viene approfondito l'uso della tavolozza Design center che permette di trasferire tra disegni diversi le impostazioni, tra le quali anche gli stili di testo, senza doverle ricostruire ogni volta.

Per modificare uno *Stile di testo*, la procedura è simile a quella utilizzata per la sua creazione; infatti è necessario:

1. Fare clic sulla scheda *Inizio* / gruppo *Annotazione* / *Stile di testo.*
2. Nella finestra di dialogo *Stile di testo,* selezionare lo stile che si vuole modificare dall'elenco *Nome dello stile.*
3. Definirne le impostazioni grafiche.
4. Fare clic su *Applica* per riassociarle allo stile selezionato.
5. Fare clic su *Chiudi* per memorizzare le modifiche.

Se le modifiche allo stile non vengono immediatamente applicate agli oggetti che lo utilizzano la soluzione è semplice:

1. Selezionare gli oggetti che utilizzano lo stile ormai modificato.
2. Riassegnare loro nuovamente lo stesso stile, facendo clic sulla scheda *Annota* / gruppo *Testo.* Nell'elenco a discesa *Stile testo,* selezionare di nuovo lo stesso stile di testo. A questo punto gli aggiornamenti grafici verranno applicati sicuramente.

# Creare testi in AutoCAD

In AutoCAD è possibile creare del testo con due comandi differenti:

- *TESTO*, che permette di creare testi a riga singola.
- *TESTOM*, che dà la possibilità di definire testi multilinea.

I testi a riga singola sono generalmente utilizzati per immissioni brevi e semplici, per disegnare quindi semplici annotazioni, etichette o numerazioni.

Con i testi multilinea, invece, è possibile creare immissioni molto più lunghe con una formattazione interna anche articolata, come se si utilizzasse una pagina di un word processor.

Sebbene tutto il testo digitato si conformi allo stile corrente, che, come abbiamo visto, ne determina le impostazioni di visualizzazione, è possibile personalizzarne l'aspetto anche successivamente alla sua digitazione.

Sono perciò disponibili numerosi strumenti per la modifica, ad esempio, della giustificazione o della scala del testo, per la ricerca e la sostituzione di testo e per il controllo ortografico. In taluni casi, però, questi comandi fanno sì che il testo si discosti dalle proprietà dello stile a cui si appoggia, creando così delle difficoltà nella gestione in momenti successivi del disegno.

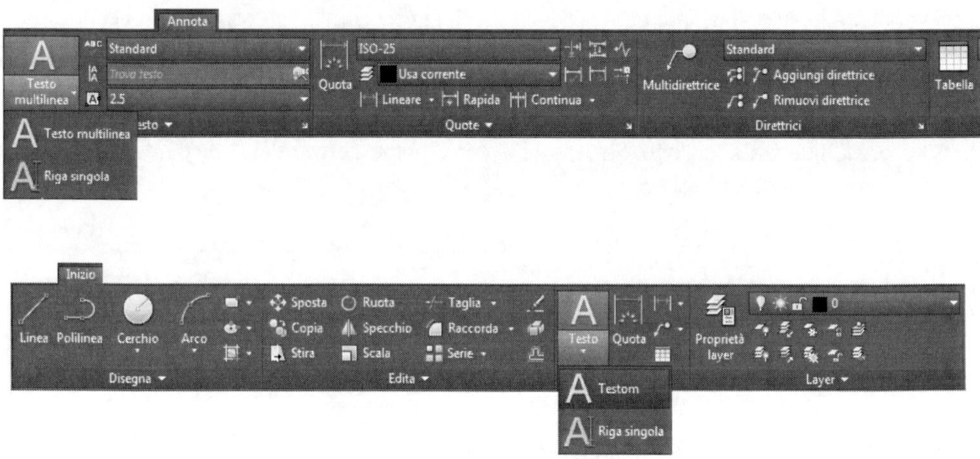


**Figura 11.4**
I comandi per la creazione di testi in AutoCAD.

Prima di analizzare i due comandi che permettono la realizzazione dei testi è opportuno definire il corretto flusso lavorativo da seguire per la creazione degli elementi testuali, che consiste in:

1. Creare gli Stili di testo necessari per la gestione degli oggetti testuali.
2. Creare i layer imprescindibili per un controllo razionale delle annotazioni nel disegno.
3. Creare infine gli elementi testuali con i comandi appositi seguendo la logica utilizzata nella definizione delle due impostazioni precedenti.

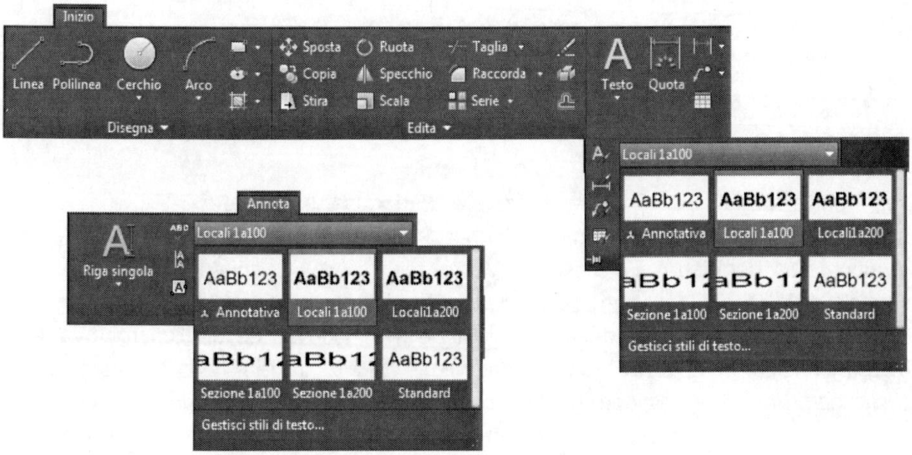


**Figura 11.5**
L'impostazione dello stile di testo corrente, attraverso il menu a discesa del gruppo Testo della scheda Annotazione o del gruppo Annotazione della scheda Inizio.

## Il testo a riga singola

Per creare una riga singola di testo dovete:

1. Impostare lo stile di testo corrente. Nella barra multifunzione, fare clic sulla scheda *Annota* / gruppo *Testo*. Nell'elenco a discesa *Stile testo*, selezionare uno stile di testo.
2. Fare clic sulla scheda *Annota* / gruppo *Testo* / *Riga singola*.
3. Specificare il punto di inserimento. Dal punto di inserimento del testo al cursore del mouse viene inserita una linea elastica.

**Nota**
Premendo INVIO, il programma posiziona il nuovo testo immediatamente sotto l'eventuale ultimo oggetto di testo creato.

**Nota**
Se l'altezza del testo è impostata su 0 nello stile di testo corrente, viene richiesto, , di specificarne l'altezza prima del punto 3.

4. Fare clic per impostare un angolo di rotazione per la direzione di scrittura del testo oppure digitarne il valore sulla tastiera e premere INVIO.
5. Digitare il testo e al termine della riga di scrittura, premere INVIO. È possibile continuare a immettere altre righe di testo subito sotto a quella precedente. Se invece si specifica un altro punto prima di continuare l'immissione di altro testo, il riquadro del cursore si sposta ed è possibile continuare a digitare dal nuovo punto di inizio.
6. Per terminare il comando, premere INVIO in una riga vuota. Ogni volta che si preme INVIO o che si specifica un punto, viene creato un nuovo oggetto di testo, una nuova riga, indipendente da quella precedente.

**Nota**
Durante la digitazione, se il testo risulta difficile da leggere, viene visualizzato in un formato leggibile e orientato orizzontalmente, in modo che sia possibile consultarlo e modificarlo agevolmente. Questo può creare lo svantaggio di non riuscire a percepire immediatamente l'ingombro finale del testo nel disegno. Per disattivare questa opzione è possibile impostare a 0 la variabile MTEXTFIXED.

# Il testo multilinea

Per creare un testo multilinea dovete seguire la procedura sotto riportata:

1. Impostare lo stile di testo corrente. Nella barra multifunzione, fare clic sulla scheda *Annota* / gruppo *Testo*. Nell'elenco a discesa *Stile testo*, selezionare uno stile di testo.
2. Fare clic sulla scheda *Inizio* gruppo / *Annotazione* / *Testo multilinea*.
3. Specificare gli angoli opposti di una casella di delimitazione per definire la larghezza dell'entità testo multilinea. Sulla barra multifunzione viene visualizzata la scheda contestuale *Editor di testo* che permette la gestione del testo come se fosse un "normale" word processor.
4. Digitare il testo. Per andare a capo, rimanendo all'interno dell'oggetto multilinea premere INVIO.
5. Per salvare le modifiche e uscire dall'editor:
   - Nella scheda contestuale della barra multifunzione *Editor di testo*, nel gruppo *Chiudi*, fare clic su *Chiudi editor di testo*.
   - Fare clic nel disegno in un punto esterno all'editor.
   - Premere CTRL+INVIO.

**Nota**
Essendo un vero e proprio editor di testo il comando multilinea permette un insieme di controlli che permettono di definire la formattazione e quindi la grafica del testo come se si fosse in un programma di impaginazione, con tabulazioni, elenchi puntati e numerati, etc.

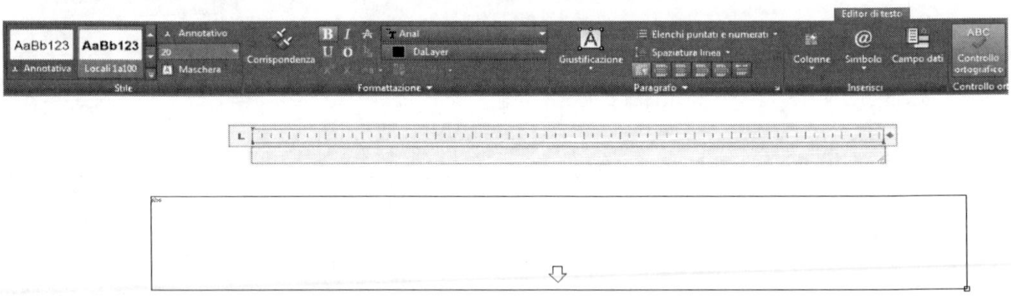


**Figura 11.6**
Con il comando Testom sulla barra multifunzione viene visualizzata la scheda contestuale Editor di testo. Nella parte bassa della figura viene visualizzata la definizione della finestra che permette di specificare la larghezza della pagina dell'entità testo multilinea.

Nel editor di testo del comando multilinea è possibile inserire direttamente parti di testo prelevati da qualsiasi word processor utilizzando la procedura *copia/incolla* tipica dei sistemi operativi Windows. Questo velocizza enormemente le operazioni di inserimento di elenchi che così non devono essere trascritti, inoltre con questa procedura mantengono la perfetta integrazione con AutoCAD diventando parte integrante dell'entità testo.

Naturalmente è possibile operare anche in senso opposto, prelevando i testi creati in AutoCAD e inserendoli in un programma di impaginazione.

**Esercizio. Creare entità testo.**

1. Se avete chiuso il file dell'esercitazione precedente, aprite il disegno *Scrivere testi.dwg* che trovate nella cartella del Capitolo 9 del Booksite. Il disegno contiene , come riportato nella Figura 11.7, gli *Stili di testo* che userete per definire sia il comando *TESTO* che il comando *TESTOM*.
2. Verificate che il layer corrente sia *quote e testi* e che le proprietà oggetto siano tutte *DaLayer*.
3. Nella barra multifunzione, fate clic sulla scheda *Annota* / gruppo *Testo*. Nell'elenco a discesa *Stile testo*, selezionate *Sezione 1a100* per renderlo corrente.
4. Fate clic sul comando *Annota* / gruppo *Testo* / *Riga singola* e, successivamente, fate clic nei pressi dell'angolo sinistro dell'edificio per iniziare la scrittura. Non importa posizionare il testo perfettamente, lo gestirete più velocemente in un secondo momento.
5. All'apparizione della linea elastica premete INVIO per scrivere il testo orizzontalmente.
6. Digitate **A** e premete INVIO.
7. Digitate **B** e premete INVIO. Il nuovo testo è posizionato subito sotto al precedente.
8. Premete INVIO quando vi trovate in una riga vuota per terminare il comando.
9. Rendete ora corrente lo stile di testo *Locali 1a100*.
10. Lanciate nuovamente il comando *Riga singola* e fate clic nel primo locale in basso a destra.
11. Premete INVIO per scrivere in orizzontale.
12. Digitate **Soggiorno** e premete INVIO.
13. Ora fate clic nel primo locale in basso a sinistra, il punto di base vene riposizionato per il nuovo testo.
14. Digitate **Camera** e premete INVIO
15. Fate di nuovo INVIO per terminare il comando.
16. Definite come corrente lo stile di testo *Sezione 1a100*.
17. Lanciate il comando *Testom* per creare un testo multilinea.
18. Fate clic nei pressi dell'angolo inferiore sinistro dell'edificio disegnato e fate un altro clic muovendovi verso destra e verso il basso in corrispondenza dell'atro angolo dell'edificio. Avete definito la larghezza della pagina del testo multilinea.
19. Digitate **Pianta piano Primo** e fate INVIO per andare a capo.
20. Digitate **Ristrutturazione appartamento Sig. A.M.**, premete INVIO e continuate a digitare **via Promessi sposi, 0**.
21. Fate clic al di fuori della finestra dell'editor per terminare il comando.
22. Salvate il file con il nome *Ristrutturazione.dwg* e tenetelo aperto per il prossimo esercizio.

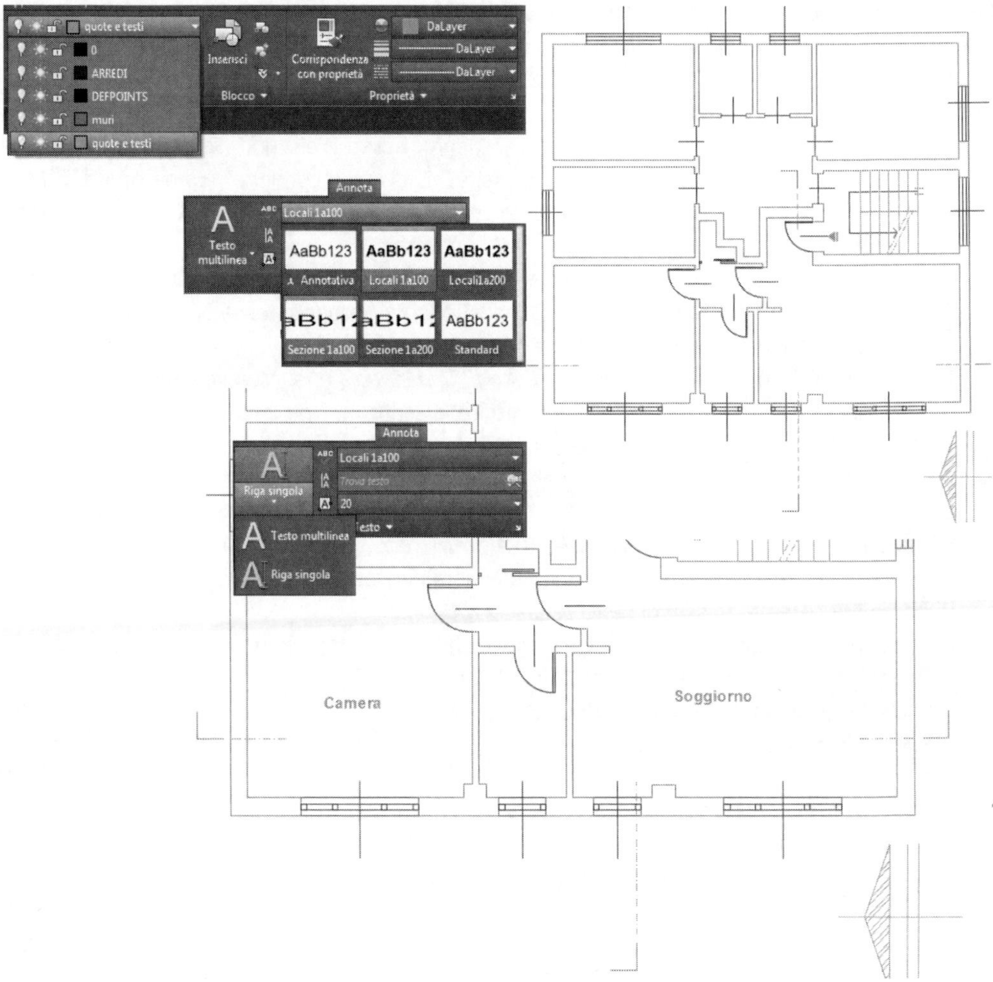


**Figura 11.7**
Uso dei comandi TESTO e TESTOM.

# Modifica dei testi

Gli elementi testuali generalmente necessitano di tre tipologie di modifica:

1. La posizione e l'orientamento assunti nel disegno.
2. L'aspetto grafico che influisce sulla leggibilità e la comunicabilità delle informazioni contenute.
3. Il contenuto scritto.

Le modifiche possono essere attuate velocemente utilizzando in modo opportuno quattro modalità differenti di intervento:

1. L'uso dei grip dopo avere selezionato l'entità.
2. Il doppio clic direttamente sull'entità.
3. L'utilizzo della tavolozza *Proprietà*.
4. L'uso di comandi appositi.

I grip permettono di modificare velocemente la posizione e l'orientamento (rispetto al sistema di riferimento corrente) di un'entità testo selezionandone il punto notevole che appare dopo la sua selezione.

---

**Nota**
Se non ricordate le tecniche utilizzabili con i grip, rileggete il Capitolo 10 ad essi dedicato.

---

Facendo doppio clic su una riga singola di testo si può modificarne immediatamente il contenuto, mentre la stessa operazione attuata sul testo multilinea attiva l'editor che permette di intervenire sul contenuto come se si fosse in un "normale" word processor.
Quando viene attivata la tavolozza *Proprietà*, invece, è possibile effettuare numerose operazioni che consentono di intervenire su tutti i parametri che caratterizzano l'entità selezionata, che sia una singola riga di testo o un testo multilinea (Figura 11.8).

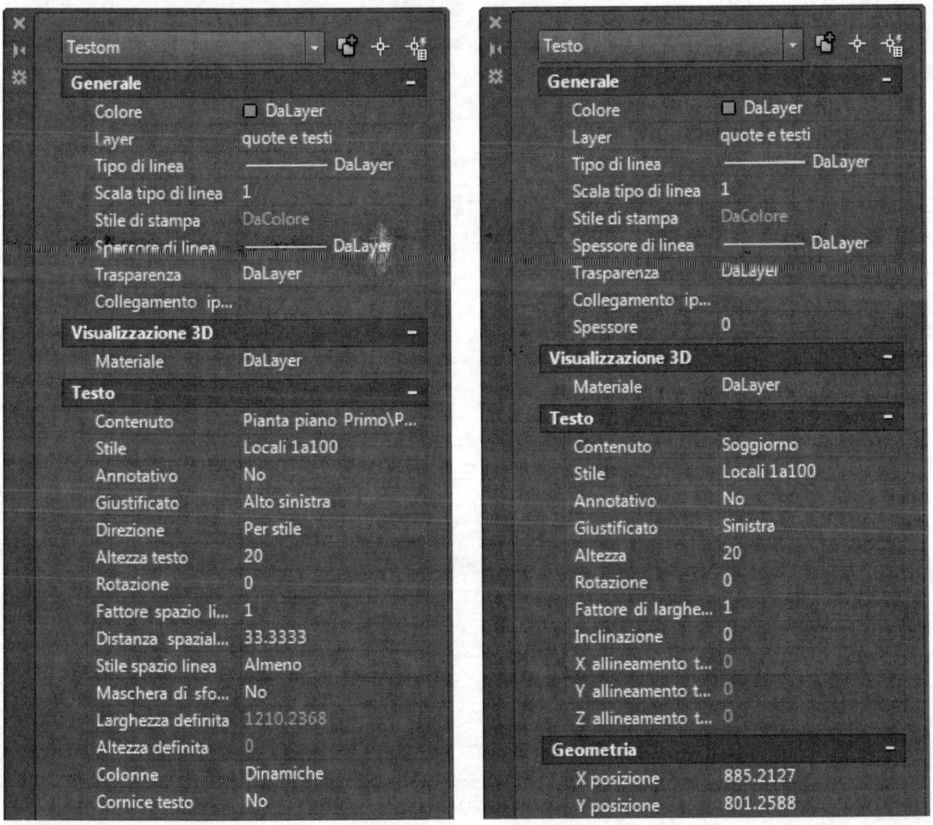


**Figura 11.8**
La tavolozza Proprietà che permette l'intervento sui parametri di un testo multilinea, a sinistra, e su quelli di un testo a riga singola, a destra.

Il comando *DDEDIT* che permette di modificare il contenuto di tutti gli elementi testuali (anche di quote, direttrici, multidirettrici ecc.), risulta molto utile soprattutto con quelle entità che, con il doppio clic, attivano altre modalità di controllo.

Naturalmente i comandi *SPOSTA*, *RUOTA* e *COPIA* risultano molto utili nelle operazioni di riposizionamento degli oggetti testuali.
Il comando *ESPLODI*, invece, può essere applicato al testo multilinea per trasformarlo in una divisione di tanti testi a riga singola.

**Nota**
Poiché per default, la varabile MIRRTEXT è impostata su 0, quando si utilizza il comando SPECCHIO, tutti i testi per rimanere leggibili vengono riposizionati ma non invertiti.

Inoltre nella scheda *Annota* sono presenti due interessanti e utili comandi (Figura 11.9) che permettono di attivare una ricerca ed eventuale sostituzione dei contenuti testuali di tutte le entità testo presenti nel disegno e un correttore ortografico che permette di effettuare un controllo su tutto il disegno.

**Figura 11.9**
La scheda Annota. Sono visibili i comandi che permettono la correzione e il raggiungimento dei contenuti testuali presenti nel disegno.

**Esercizio. Modificare entità testo.**

1. Se avete chiuso il file dell'esercitazione precedente, aprite il disegno *Ristrutturazione.dwg* che trovate nella cartella del Capitolo 9 del Booksite.
2. Selezionate la lettera *A* e, utilizzando i grip posizionatela come in Figura 11.10 all'estrema sinistra, in vicinanza del segno di sezione. Premete ESC per deselezionare.
3. Ora copiatela sulla destra sempre come da Figura 11.10.
4. Selezionate la lettera *B* ed utilizzando i grip portatela vicino al segno di sezione in basso e poi ruotatela di 90° come da Figura 11.10. Premete ESC per deselezionare.
5. Ora copiatela verso l'alto, sempre come da Figura 11.10.
6. Selezionate il testo multilinea in basso e cliccando sul grip spostatela verso il basso per evitare che si sovrapponga con la lettera che indica la sezione.
7. Deselezionate il testo multilinea se non lo avete già fatto e selezionate il testo Camera.
8. Dopo averlo copiato nel locale centrale, fate doppio clic per modificarne il contenuto; quindi digitate **Bagno**. Premete INVIO per uscire dal comando.
9. Ora fate doppio clic sul testo multilinea e modificate lo zero dell'ultima riga con **4**. Per chiudere il comando fate clic fuori dalla finestra dell'editor. Il disegno è ora pronto per essere stampato in scala 1:100.
10. Salvate il file con il nome *Ristrutturazione al 100.dwg* e lasciate aperto il disegno per il prossimo esercizio.

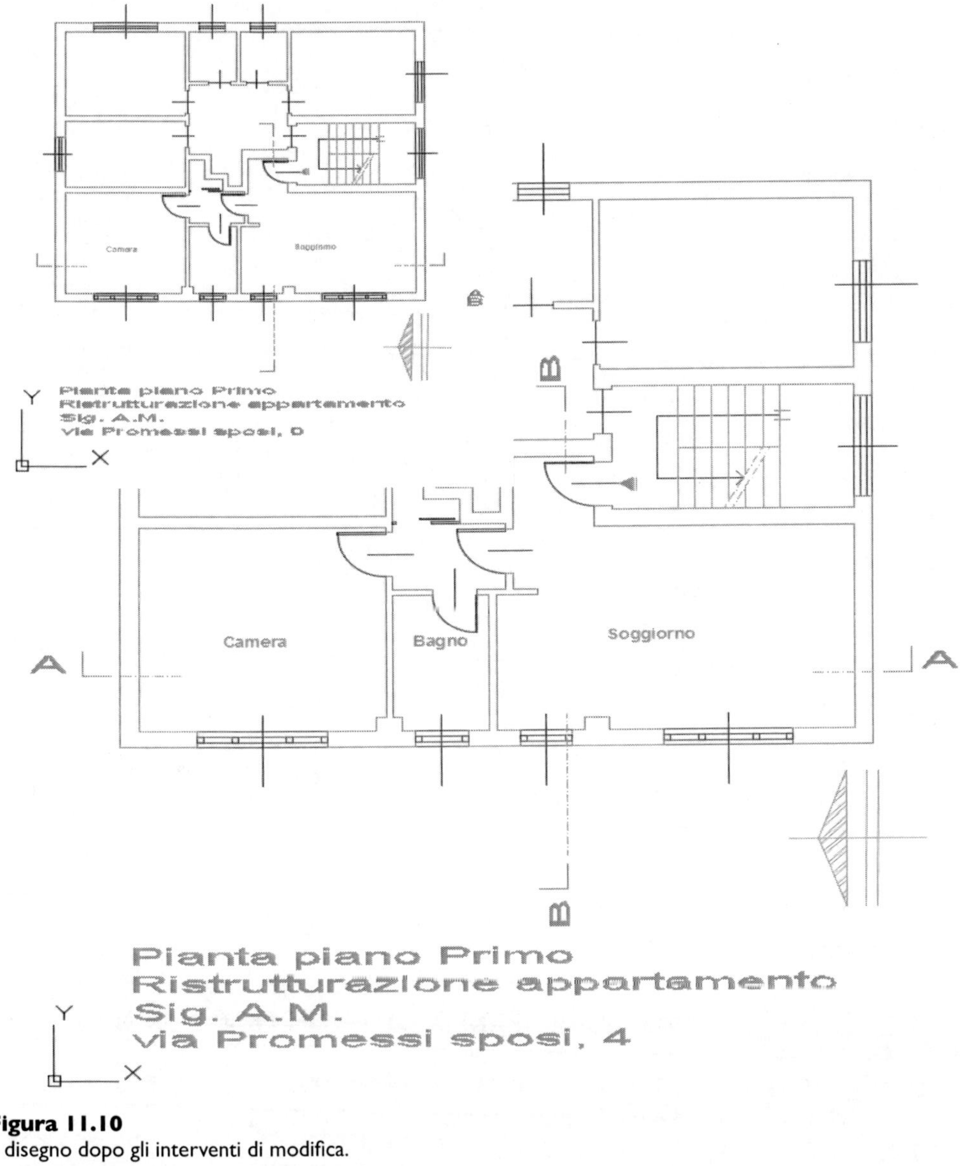


**Figura 11.10**
Il disegno dopo gli interventi di modifica.

**Esercizio. Riassegnare gli Stili di testo.**

1. Se avete chiuso il file dell'esercitazione precedente, aprite il disegno *Ristruturazione al 100.dwg* che trovate nella cartella del Capitolo 9 del Booksite. Il disegno è pronto per essere stampato in Scala 1:100. Ora modificherete l'attribuzione degli stili ai testi per scalarli opportunamente per una stampa 1:200.
2. Selezionate i testi che definiscono il nome dei locali.
3. Nella finestra di dialogo *Stile di testo*, selezionate lo stile *Locali 1a200* dall'elenco *Nome dello stile*. I testi vengono adattati alla grafica del nuovo stile applicato.
4. Ripetete le operazioni appena viste per attribuire ai rimanenti testi lo stile Sezione 1a200.
5. Salvate il file con il nome *da lavorare ancora.dwg* e chiudetelo.

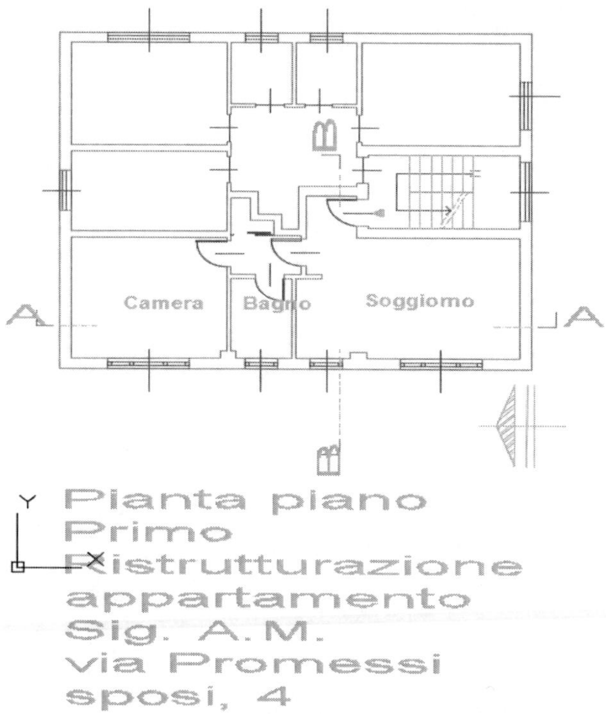


**Figura 11.11**
Il disegno dopo le nuove attribuzioni di stile. È evidente che il disegno necessita di ulteriori interventi prima di andare nuovamente in stampa.

## Conclusioni

Come è intuibile dalla Figura 11.11 per ridimensionare i testi in modo che sia congruo con la scala di stampa, bisogna non solo selezionare i testi e attribuire loro un nuovo stile, ma anche agire sulla loro posizione nel disegno e talvolta pure sul loro orientamento o composizione.
In poche parole la gestione del disegno risulta essere difficoltosa e tutt'altro che fluida con un evidente spreco di tempo e risorse.
Per ovviare a tutto questo vi è però lo strumento *Annotatività* che, come vedrete nel prossimo capitolo, permette di automatizzare tutti questi scomodi e ormai inutili passaggi.

## Capitolo 12

# L'annotatività in AutoCAD

La leggibilità degli oggetti testuali in AutoCAD, che siano essi testi, quote, elementi simbolici o altro, è sempre stata il collo di bottiglia che impediva la piena espressività data dalla digitalizzazione di un progetto; la gestione dal disegno alla carta rimaneva sempre un momento gestionale delicato ed estremamente oneroso.
Tutto questo è stato superato grazie all'annotatività; il sistema ha messo a disposizione del proprio utente uno strumento che permette di creare un'automatizzazione delle procedure di controllo di visibilità degli oggetti testuali in base alla scala di stampa, permettendo così di ovviare, finalmente, a tutte quelle infinite manipolazioni di un disegno che, in fondo, ogni disegnatore considerava ormai concluso.
Le entità alle quali è possibile applicare l'annotatività non sono solo quelle testuali, perciò è doveroso fare una distinzione sulle modalità che permettono la motivazione della sua applicabilità al disegno.
Vi sono quindi oggetti che, come abbiamo visto, devono mantenere la leggibilità nella tavola tecnica finale, e cioè:

- Testi (multilinea e a riga singola).
- Quote, Direttrici e simboli di Tolleranza.
- Multidirettrici (create con il comando MULTIDIR).
- Attributi.

Questi oggetti possono essere, velocemente e agevolmente, controllati attraverso la definizione di uno *Stile annotativo*.
Vi sono entità che, invece, devono essere controllate attraverso la scalabilità. Sono:

- Blocchi.
- Tratteggi (o retini di riempimento).

Questi oggetti (tipici delle legende) possono facilmente essere gestiti attraverso la *Proprietà annotativa*.
Attivando l'annotatività, quindi, questi oggetti, vengono riscalati in base all'impostazione della scala di stampa corrente, definita *Scala di annotazione*, e visualizzati automaticamente alle dimensioni corrette.
Perciò, questi oggetti, divenuti annotativi, vengono scalati, in base alla scala di stampa impostata, in modo inversamente proporzionale rispetto agli altri oggetti disegnati, ingrandendosi o rimpicciolendosi. La grandezza delle entità annotative, poiché legata intimamente alla stampa, va pensata ed impostata in millimetri (unità di misura che AutoCAD usa per stampare) e non in unità disegno.

# Il flusso di lavoro per l'utilizzo dell'annotatività

Alla luce di quanto scritto, quando vengono utilizzate entità annotative la gestione del disegno può essere facilmente sintetizzata in tre semplici passaggi (Figura 12.1):

1. Definire gli oggetti annotativi in mm.
2. Creare le scale annotative.
3. Creare l'associazione tra oggetti annotativi disegnati e scale annotative.

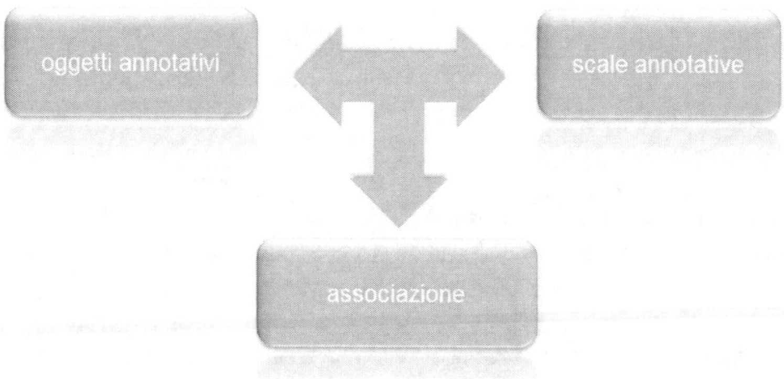


**Figura 12.1**
Il workflow per una veloce e corretta gestione dell'annotatività.

**Nota**
Le scale annotative vengono anche chiamate anche scale di stampa, scale disegno o scale di annotazione.

Impostando come corrente la scala di annotazione opportuna, è possibile, durante la fase di disegno, visualizzare gli oggetti annotativi già correttamente ingranditi per quella scala.

## Gli stili annotativi

Come abbiamo sottolineato nel capitolo precedente uno stile è una collezione, un insieme di proprietà, di impostazioni. Grazie allo stile si possono velocemente controllare tutte le entità che seguono (necessariamente) quello stile.
In particolare, uno *Stile annotativo* ha la caratteristica di applicare automaticamente l'auto-scalatura a tutte le entità che ad esso si rifanno. È necessario quindi obbligatoriamente definire le dimensioni delle entità controllate dallo stile ragionando in scala 1:1, utilizzando i mm, l'unità di misura in AutoCAD della stampa.
Tutto questo comporta due immediate facilitazioni:

- Non è più necessario fare le tediose operazioni matematiche che abbiamo dovuto utilizzare nel capitolo precedente per determinare l'altezza di un elemento testuale.
- È sufficiente creare un stile unico per tipologia grafica, il quale permetterà il controllo automatizzato del dimensionamento delle entità testuali ad esso legate.

Per quanto riguarda gli elementi testuali *TESTO* e *TESTOM*, affrontati nel capitolo precedente, poichè sono legati alla definizione di uno *Stile di testo*, è probabile che durante la gestione di un disegno si verifichino queste tre eventualità:

1. Creare un nuovo *Stile di testo* annotativo.
2. Modificare uno stile esistente in annotativo.
3. Aggiornare i testi in base alle nuove proprietà annotative dello stile modificato a cui sono associati.

---

**Nota**
Gli stili annotativi degli altri oggetti grafici (quote, multidirettrici, ecc.) verranno illustrati nei capitoli ad essi dedicati.

---

Per creare un nuovo *Stile di testo* annotativo sono necessari i seguenti passaggi

1. Fare clic sulla scheda *Annota* / gruppo *Testo* / *Stile di testo*.
2. Nella finestra di dialogo *Stile di testo*, scegliere *Nuovo*.
3. Nella finestra di dialogo *Nuovo stile di testo*, immettere un nuovo nome per lo stile.
4. Fare clic su *OK*.
5. Nella finestra di dialogo *Stile di testo*, in *Dimensione*, attivate la casella *Annotativa*.
6. Nella casella *Altezza testo foglio*, immettere l'altezza in mm con cui il testo verrà visualizzato quando il disegno verrà stampato.
7. Fare clic su *Applica*.
8. Fare clic su *Chiudi* per memorizzare il nuovo stile.

Questi passaggi sono riassunti nella Figura 12.2, in basso.

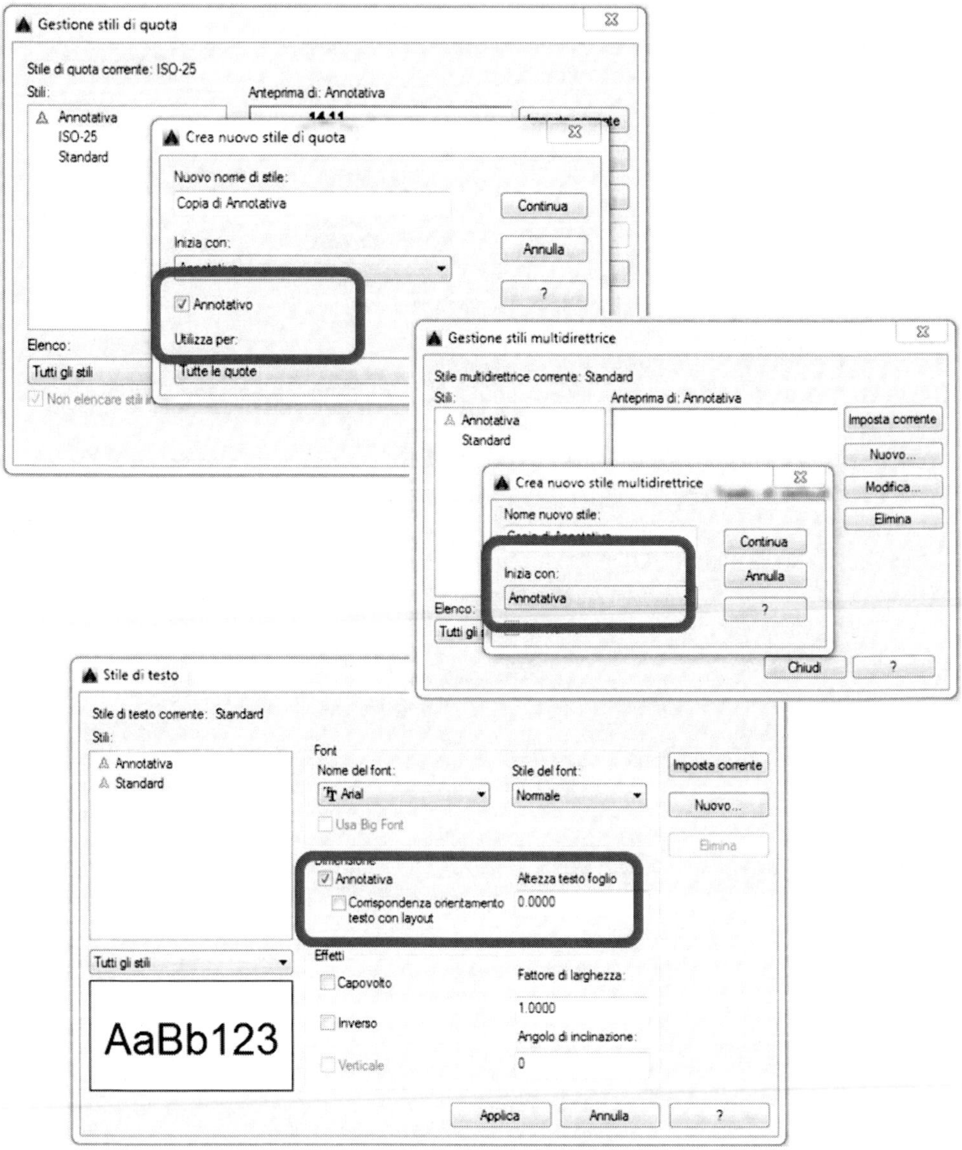


**Figura 12.2**
Definizione di stili annotativi per le entità testuali.

---

**Nota**
Un'icona trilobata accanto al nome dello stile ne evidenzia l'applicazione della proprietà annotativa.

---

Per modificare uno *Stile di testo* esistente in annotativo dovete:

1. Fare clic sulla scheda *Annota* / gruppo *Testo* / *Stile di testo*.
2. Nell'elenco *Stili* della finestra di dialogo *Stile di testo*, selezionare lo stile che si desidera aggiornare.

3. In *Dimensione*, selezionare *Annotativa*.
4. Nella casella *Altezza testo foglio*, immettere l'altezza in <u>mm</u> con cui il testo verrà visualizzato sul foglio stampato.
5. Fare clic su *Applica* per applicare le nuove disposizioni annotative.
6. Fare clic su *Chiudi*.

---

**Nota**
La presenza dell'icona trilobata accanto al nome dello stile modificato indica che lo stile è diventato annotativo.

---

Per aggiornare i testi già disegnati in base alle nuove proprietà annotative dello stile di testo modificato i passaggi consistono in:

1. Nel disegno, selezionare tutti gli oggetti di testo (TESTO e TESTOM) che si desidera aggiornare.
2. Nella riga di comando, digitare **AGGIORNANNOT**.

## Le scale di annotazione

Gli oggetti con proprietà annotativa aggiunti al disegno vengono scalati in base alla scala di annotazione corrente e visualizzati automaticamente con le dimensioni corrette in quella vista dello spazio modello.
È possibile modificare velocemente la scala di annotazione corrente utilizzando l'apposito menu a discesa chiamato *Scala di annotazione della vista corrente* posta in basso a destra sulla barra di stato (Figura 12.3).

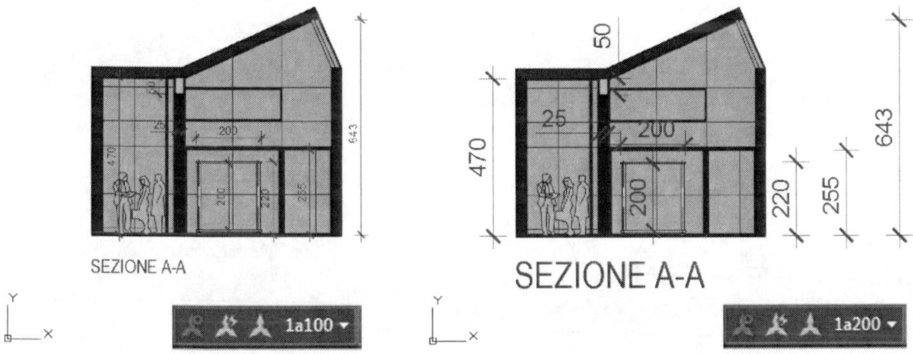


**Figura 12.3**
Gli oggetti annotativi vengono visualizzati in base alla scala di annotazione corrente.

Poiché le scale di annotazione di default, presenti nel modello iniziale di AutoCAD sono tutte impostate come se si disegnasse in mm (ovvero l'unità di disegno viene fatta coincidere con l'unità di stampa) è possibile reimpostarne l'elenco, creando nuove scale che si conformino all'unità di misura decisa dal disegnatore (centimetri, metri, ecc.).
Per creare una o più scale annotative (Figura 12.4) è possibile:

1. Fare clic sulla scheda *Annota* / gruppo *Messa in scala annotazioni* / *Elenco scale*.
2. Nella finestra di dialogo *Modifica scale disegno*, scegliere *Aggiungi*.
3. Nella finestra di dialogo *Aggiungi scala*, immettere nome significativo per la nuova scala nel campo di testo posto sotto la voce *Nome scala*.

**Nota**
Si consiglia di immettere nomi tipo 1a100 o 1a200 per distinguerli facilmente da quelli di default. Inoltre si darà indicazione agli altri utilizzatori del disegno su quali scale di stampa si è operato un intervento mirato.

4. Alla voce *Proprietà*, nel campo *Unità carta* inserire la corrispondenza in mm dell'unità di misura usata per disegnare (per esempio inserire 10 se si è disegnato in centimetri, 1000 se si è disegnato in metri).
5. Sempre alla voce *Proprietà*, nel campo *Unità disegno* digitare il valore della scala di stampa voluta (per esempio, digitare 100 se si vuole stampare 1:100, altrimenti 200 se si vuole stampare 1:200).

**Nota**
Nel caso di un progetto realizzato in cm che va stampato in scala 1:200 è necessario digitare 20 nel campo Unità carta e 1 nel campo Unità disegno.

6. Fare clic su *OK* per chiudere la finestra *Aggiungi scala*.
7. Fare clic su *OK* per chiudere la finestra *Modifica scale disegno*.

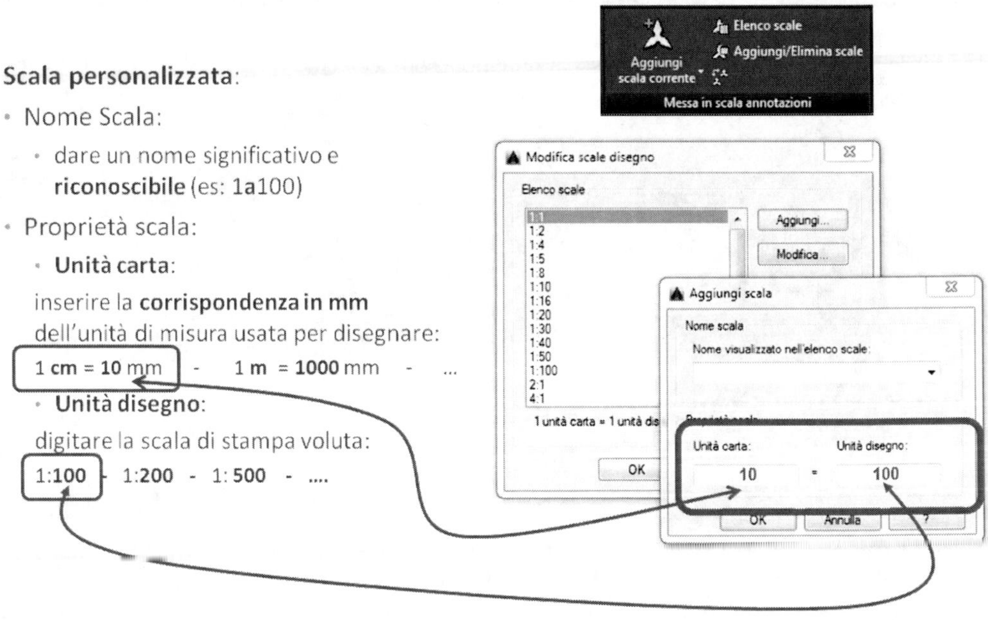


**Figura 12.4**
La creazione di una scala di stampa personalizzata.

**Nota**
Create le scale annotative personalizzate è opportuno eliminare quelle che sono inutili e soprattutto quelle le cui impostazioni non corrispondono all'unità di misura utilizzata per disegnare.

In effetti le scale annotative possono essere usate per velocizzare le operazioni di stampa del disegno anche se non vengono usati oggetti annotativi (Figura 12.5); infatti le scale impostate risultano accessibili nella finestra di dialogo *Stampa*. Per questo motivo vengono chiamate anche scale di stampa o scale disegno.

① UNITÀ DI MISURA

- per linea OBLIQUA @ n1 < n2

- simbolo ⊕ cambia gli angoli a cui puntare

- simbolo ☐ varie SNAP ad OGGETTO

PAG 64 come SALVARE e + VISTE IN CONTEMPORANEA

- x misure ~~rettangolo~~ RETTANGOLO mettere @ n1, n2

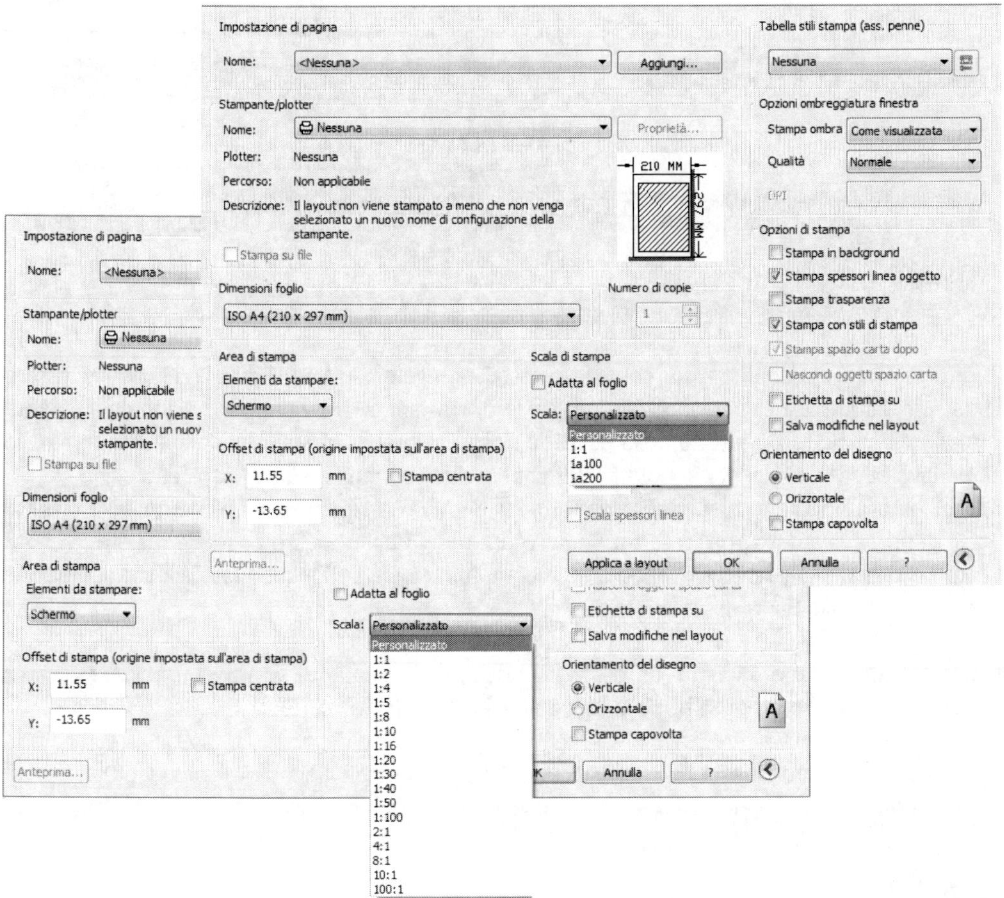


**Figura 12.5**
Le scale personalizzate sono utilissime in fase di stampa per la corretta definizione della scala di stampa del disegno, a prescindere che si siano usati oggetti annotativi.

---

**Nota**
Le procedure di stampa sia dallo spazio modello, sia dallo spazio carta verranno illustrate approfonditamente nel Capitolo 22.

---

## L'associazione tra gli oggetti annotativi e le scale di annotazione

Affinché la scalatura degli oggetti annotativi venga automatizzata al variare della scala di stampa, che come abbiamo visto, coincide con quella annotativa, è necessario creare un collegamento tra gli oggetti annotativi e le scale di annotazione. Non vi è un'unica ed univoca procedura, ma, sicuramente, l'associazione tra oggetti annotativi e scale annotative può essere velocemente e facilmente effettuata:

1. Rendendo attivo il pulsante *Aggiungi automaticamente scala corrente* posto sulla barra di stato (Figura 12.6).
2. Rendendo corrente la scala di annotazione opportuna (come rappresentato nella Figura 12.3).

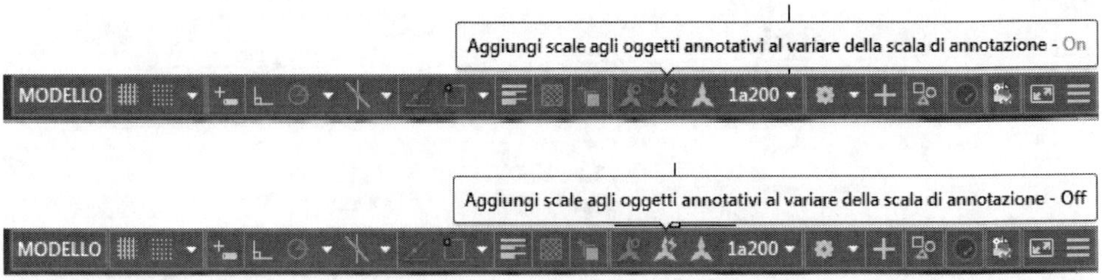


**Figura 12.6**
L'associazione tra gli oggetti annotativi e le scale di annotazione può essere facilmente attuata attraverso l'attivazione del pulsante Aggiungi automaticamente scala corrente posto sulla barra di stato.

La grande forza dell'annotatività, come espresso con evidenza dalla Figura 12.3, risulta essere non solo nella facilitazione e velocizzazione delle operazioni di creazione e gestione degli oggetti testuali, ma anche e soprattutto nella possibilità della memorizzazione in posizioni differenti nello spazio lavorativo degli oggetti annotativi per ogni scala di stampa a cui vengono associati.
Inoltre l'associazione effettuata nello spazio modello può essere sfruttata all'interno delle finestre mobili di un *Layout* dello spazio carta. Come vedrete nel Capitolo 22 è possibile scalare le entità create nello spazio modello, attivando una finestra mobile e selezionando la scala di annotazione corrente posta sulla Barra di stato.

**Esercizio. Creazione di stili di testo annotativi e scale di stampa personalizzate; associazione tra scale di stampa e oggetti annotativi.**

1. Aprite il file *Annotatività1.dwg* presente nel Capitolo 12 del Booksite. Il disegno, realizzato in cm, al suo interno presenta già due stili annotativi e due scale annotative con oggetti associati. Voi dovrete creare un nuovo stile, una nuova scala di stampa, creare l'associazione e ridefinire le posizioni degli oggetti in base a questa nuova scala di stampa. Vedrete impiegerete meno tempo di quello necessario a leggere questo passo.
2. Cominciate col creare un nuovo stile di testo annotativo. Fate clic sulla scheda *Annota* / gruppo *Testo* / *Stile di testo.*
3. Nella finestra di dialogo *Stile di testo*, scegliete *Nuovo* e nella finestra di dialogo *Nuovo stile di testo*, digitate **Indicazioni**.
4. Fare clic su *OK*.
5. Lo stile deve avere un'altezza in fase di stampa di **2mm** e deve, naturalmente essere annotativo.
6. Nella finestra di dialogo *Stile di testo*, in *Dimensione*, selezionate la casella *Annotativa*. Nella casella *Altezza testo foglio*, immettete **2**, ovvero esattamente l'altezza in mm con cui il testo verrà visualizzato quando il disegno verrà stampato.
7. Compilate gli altri campi come da Figura 12.7 e fare clic su *Applica*.
8. Fate clic su *Chiudi* per memorizzare il nuovo stile annotativo.

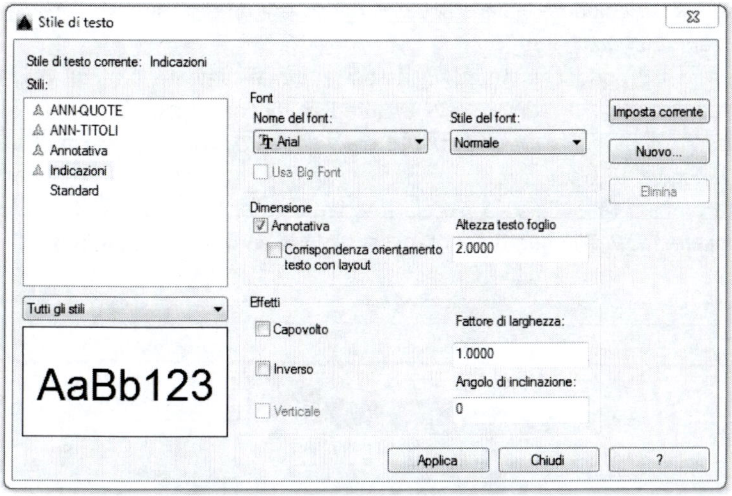


**Figura 12.7**
Le impostazioni per la definizione del nuovo stile annotativo Indicazioni.

9. Ora, creerete la scala di annotazione necessaria per definire una stampa corretta in scala 1:50 (ricordatevi che il disegno è stato realizzato in cm). Fate clic sulla scheda *Annota* / gruppo *Messa in scala annotazioni* / *Elenco scale*. Nella finestra di dialogo *Modifica scale disegno*, scegliete *Aggiungi*. Nella finestra di dialogo *Aggiungi scala*, digitate **1a50** sotto la voce *Nome scala*.

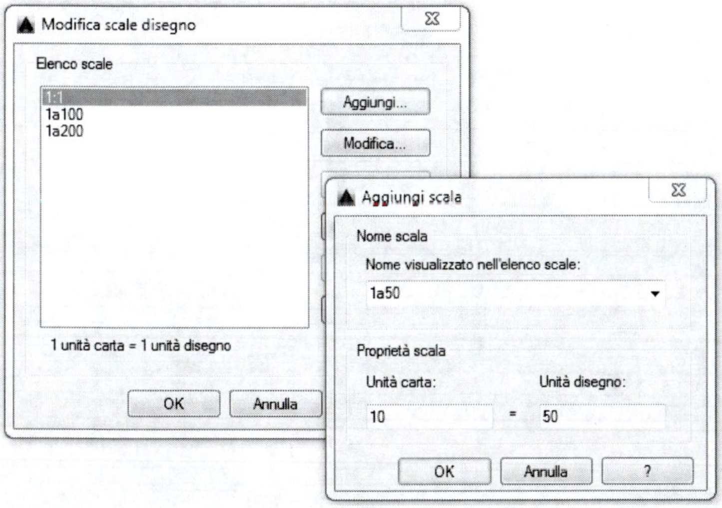


**Figura 12.8**
Le impostazioni per la definizione della nuova scala di stampa.

10. Alla voce *Proprietà*, nel campo *Unità carta* digitate **10**, ovvero la corrispondenza in mm dell'unità di misura, il cm, usato per disegnare.
11. Sempre alla voce *Proprietà*, nel campo *Unità disegno* digitate **50**, il valore della scala di stampa voluta.

12. Fate clic su *OK* per chiudere la finestra *Aggiungi scala* e fate clic su *OK* per chiudere la finestra *Modifica scale disegno*.
13. Adesso farete in modo che AutoCAD associ automaticamente <u>tutti</u> gli oggetti annotativi presenti nel disegno alla nuova scala annotativa appena creata. Rendente attivo (diventa blu) il pulsante *Aggiungi automaticamente scala corrente* posto sulla barra di stato (tornate a guardare la Figura 12.6).
14. Sulla barra di stato fate clic sulla piccola freccia posta di fianco alla scala ora corrente e dal menu scegliete *1a50*. Gli oggetti annotativi si scalano automaticamente a quella scala.

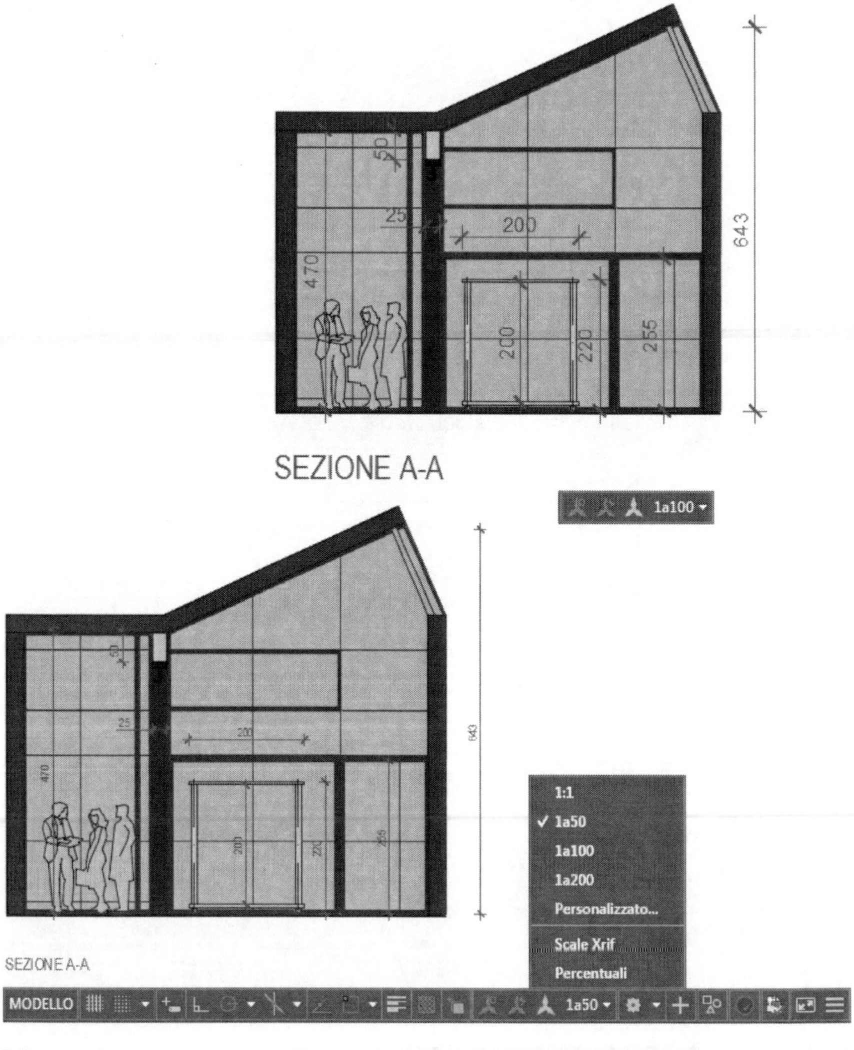


**Figura 12.9**
Gli oggetti annotativi adattati alla scala di stampa 1a50.

15. Ora dovete creare un nuovo testo a riga singola utilizzando lo stile *Indicazioni* e, naturalmente, associarlo a tutte le scale di annotazione; prima di creare un nuovo oggetto annotativo è però sempre conveniente rendere corrente la scala di annotazione (e anche il layer) che si ritiene

più opportuna per il controllo grafico del posizionamento di quella entità. Rendete corrente, se non lo è già, la scala *1a50*.

16. Rendete corrente il layer **TESTO**.
17. Rendete corrente lo Stile di testo *Indicazioni* e lanciate il comando, per creare testi, *Riga singola* (il tutto è gestibile dalla scheda *Annota* / gruppo *Testo*).
18. Fate clic, come riportato nella Figura 12.10, sotto il disegno e premete INVIO per scrivere orizzontalmente **ELEMENTO MOBILE**.
19. Premete due volte INVIO per uscire dal comando.

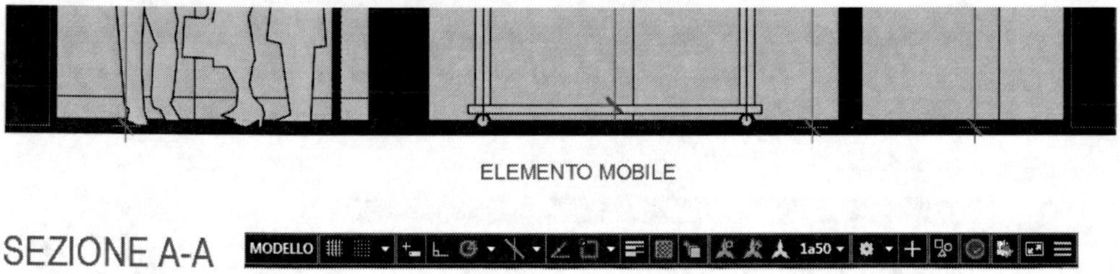


**Figura 12.10**
Il nuovo testo aggiunto al disegno in scala 1a50.

20. Rendete corrente la scala di stampa *1a100* per associare il nuovo testo a questa scala.
21. Rendete corrente la scala 1a200.

**Figura 12.11**
Il nuovo testo riscalato secondo le scale di stampa del disegno.

22. La grandezza del testo si adatta automaticamente alle nuove scale, ma risulta essere in una posizione non corretta. È possibile spostare il testo solo per la scala in quel momento corrente e, quindi, mantenerne la posizione per le altre scale annotative che non necessitano dello stesso spostamento. Verificate di avere come scala corrente *1a200* e selezionate il testo *ELEMENTO MOBILE*.

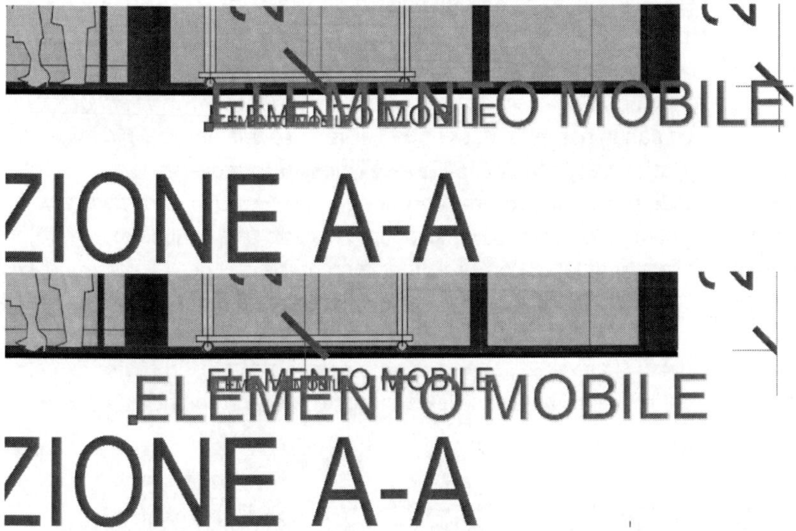


**Figura 12.12**
Il testo selezionato nella scala di annotazione corrente mostra il suo posizionamento relativamente a tutte le scale a cui è associato; spostandolo, però, verrà riposizionato solo per la scala annotativa corrente.

23. Vengono visualizzate tutte le posizioni assunte dal testo per tutte le scale a cui è associato. Utilizzando i grip è possibile spostarlo solo per la scala corrente. Fate clic sul grip in basso a sinistra e riposizionate il testo come da Figura 12.12.
24. Premete ESC per deselzionare l'oggetto.
25. Impostate ora come corrente la scala 1a100 e, dopo avere selezionato il testo ELEMENTO MOBILE, modificatene la posizione utilizzando i grip.
26. Premete ESC per deselezionate il testo, salvate il file con il nome ***Annotatività2.dwg*** e chiudetelo.

Nel caso in cui si volessero ripristinare le posizioni di un oggetto annotativo, che eventualmente si sono differenziare in scale di annotazione diverse, è possibile utilizzare il comando *RIPRISTANN* presente nel gruppo *Messa in scala annotazioni* della scheda *Annota* con l'icona *Sincronizza posizioni scala* (Figura 12.13).

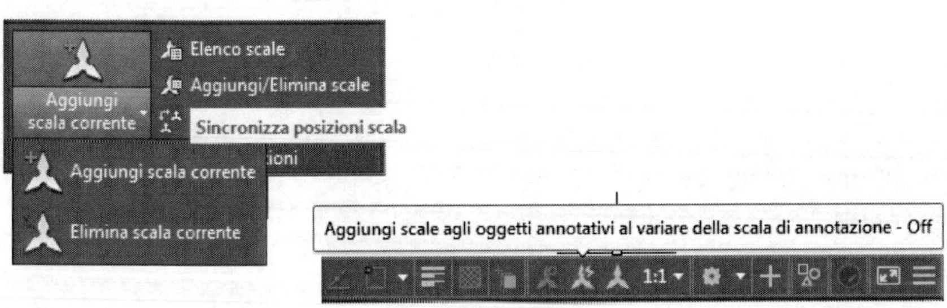


**Figura 12.13**
Il gruppo Messa in scala annotazioni permette il controllo puntuale, di ogni singola entità annotativa, rispetto alle scale di stampa.

Nel caso in cui non si volesse scalare tutti gli oggetti annotativi alla visualizzazione della scala di annotazione corrente, è necessario disattivare l'icona della barra di stato *Aggiungi automaticamente scala*. Per definire quali oggetti annotativi si vuole associare ad una scala si può:

- Utilizzare il comando posto sulla scheda *Annota* / gruppo *Messa in scala annotazioni* / *Aggiungi elimina scale*. Il comando permette di decidere, attraverso una finestra di dialogo, a quali scale l'oggetto o gli oggetti selezionati devono essere collegati (o scollegati).
- Utilizzare il comando posto sulla scheda *Annota* / gruppo *Messa in scala annotazioni* / *Aggiungi scala corrente*. Il comando permette di collegare l'oggetto (o il gruppo di oggetti) selezionato solo alla scala in quel momento corrente. Il gruppo presenta anche il comando *Elimina scala corrente* che dà la possibilità di distaccare gli elementi selezionati dalla scala corrente.

Questi ultimi due comandi (Figura 12.13) permettono quindi una gestione estremamente puntuale degli oggetti annotativi in quanto basata sulla definizione "comportamentale" del singolo oggetto.

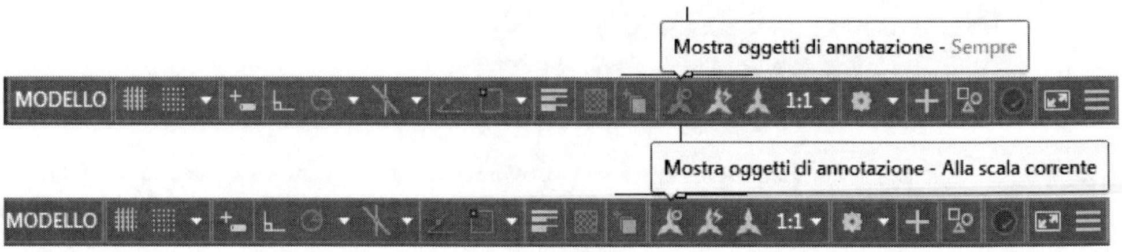


**Figura 12.14**
Il pulsante della barra di stato che permette di gestire la visibilità degli oggetti annotativi legati alla scala di annotazione corrente.

Quando si impostano visibilità legate alla scala di stampa differenti per ogni singolo oggetto annotativo è inoltre possibile definire che siano visibili, in stampa e a video, solo quelli che sono legati alla scala di annotazione corrente. Per farlo è possibile disattivare la modalità *Mostra oggetti di annotazione* di Figura 12.14 presente sulla barra di stato. In questo modo verranno visualizzati e stampati solo le entità presenti nello spazio lavorativo di AutoCAD

## Conclusioni

Questo capitolo è sicuramente uno dei più interessanti di tutto il libro perché permette di gestire con attenzione e facilità il "comportamento" grafico di tutte le tipologie di elementi testuali. Tipologie di oggetti che risultano essere importantissimi nella definizione di un disegno progettuale e che, spesso, se trascurati nelle loro impostazioni, comportano un inutile e gravoso dispendio di tempo ed energie.

Il controllo oculato ed attento dell'annotatività, invece, permette una notevole semplificazione nella gestione non solo degli oggetti propriamente annotativi ma anche di tutto il sistema disegno, velocizzando così tutte le procedure di stesura, impaginazione stampa di un elaborato grafico digitale.

## Capitolo 13

# Retini e riempimenti

Una delle priorità principali di un disegno è quella di comunicare in modo chiaro ed immediato ciò che in esso è contenuto. L'inserimento di pattern, di superfici colorate di sfumature, permette di rendere il disegno non solo fortemente comunicativo ma anche estremamente accattivante.
AutoCAD permette l'utilizzo di due comandi specifici, *TRATTEGGIO* e *SFUMAT* (Sfumatura), che danno la possibilità di realizzare, all'interno di aree chiuse, quelli che nel gergo del disegno cartaceo vengono chiamati retini di riempimento.
In genere questi particolari elementi grafici vengono utilizzati per due motivazioni:

- Per comunicare esattamente il disegno della superficie o della composizione materica di un particolare;
- Per esprimere simbolicamente la riconoscibilità di uno o più elementi presenti nel disegno.

Nel primo caso le entità di riempimento dovranno rimanere graficamente identiche a qualsiasi scala di stampa, mentre nel secondo caso dovranno modificare la loro rappresentazione grafica al variare della scala di stampa.
Come abbiamo visto nel capitolo precedente la proprietà annotativa permette di automatizzare il processo di scalatura di particolari elementi grafici legandoli alla scala di stampa; in questa circostanza i retini di riempimento del primo caso non necessitano di essere annotativi, mentre nel secondo caso è opportuno attivarvi la proprietà annotativa.
La gestione quindi di questi elementi grafici deve essere attenta e non ridotta ad un mero abbellimento grafico.
Oltre a questi due comandi AutoCAD fornisce un altro strumento interessante, chiamata *Entità coprente*, che permette di disegnare un contorno poligonale chiuso, la cui superficie consente di nascondere gli oggetti ad essa sottostanti.
Tutti e tre i comandi sono attivabili del gruppo *Disegna* della scheda *Inizio*.

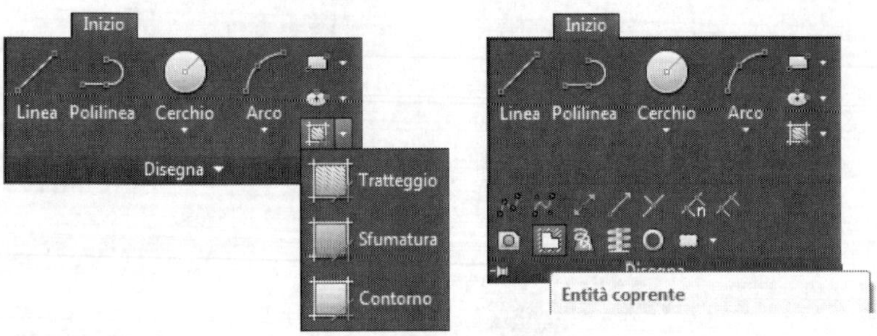


**Figura 13.1**
I comandi Tratteggio, Sfumatura ed Entità coprente del gruppo Disegna.

Naturalmente, come sottolineato nel Capitolo 7, è importante ed opportuno definire un layer dedicato esclusivamente ai riempimenti o all'*Entità coprente*, così da poterli gestire con facilità all'interno dell'insieme di oggetti presenti nel disegno.

# Il comando TRATTEGGIO

Il comando *Tratteggio*, attivabile velocemente come mostrato in Figura 13.1, avvia immediatamente la scheda apposita *Creazione tratteggio* (Figura 13.2) che permette il pieno ed intuitivo controllo del disegno del retino di riempimento.

**Nota**
Quando si seleziona un retino presente nel disegno sia attiva nuovamente la scheda Creazione tratteggio per permetterne la facile ed intuitiva modifica.

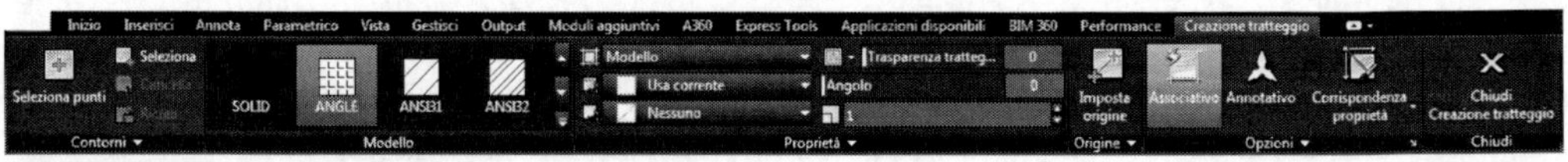


**Figura 13.2**
Mentre si crea o si modifica un tratteggio sulla barra multifunzione viene, attivata la scheda Creazione tratteggio.

Condizione assolutamente necessaria affinché il retino possa essere creato da AutoCAD è che l'area da riempire sia perfettamente chiusa, altrimenti il sistema mostra una finestra con un messaggio di errore (Figura 13.3) che, una volta espansa, fornisce una serie di suggerimenti, fra i quali quello di utilizzare, ingrandendo il gruppo *Opzioni*, la funzione *Tolleranza spazio* (Figura 13.3), che permette di ovviare, aumentandone il valore, a eventuali piccole imprecisioni che impediscono la reale chiusura del contorno.

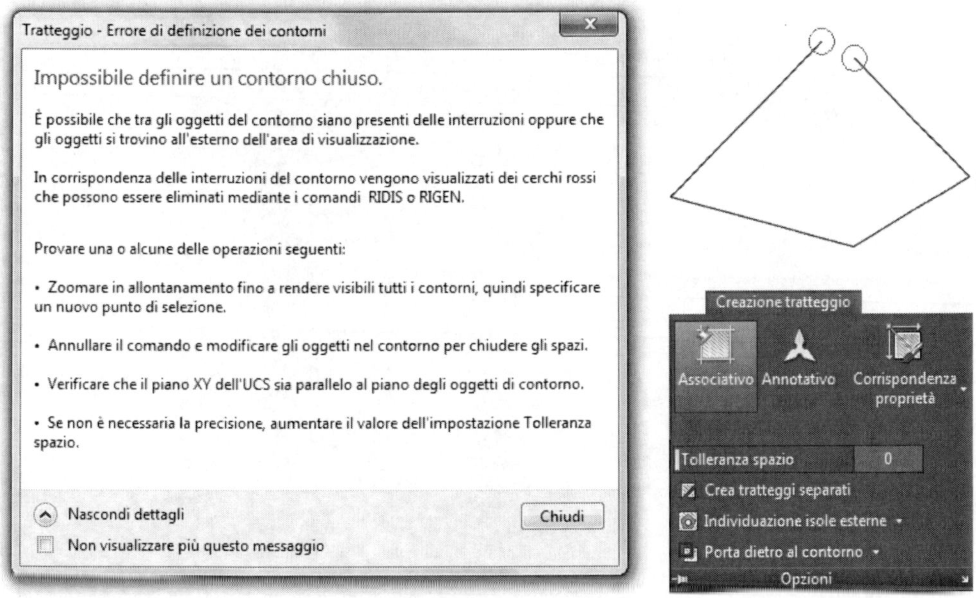


**Figura 13.3**
Il messaggio di errore dovuto all'apertura dell'area da riempire e l'opzione Tolleranza spazio.

---

**Nota**
Contestualmente al messaggio di errore AutoCAD mostra i punti che identificano l'apertura nel perimetro che definisce l'area da riempire.

---

La scheda *Creazione tratteggio* contiene tutte le opzioni che permettono un'attenta gestione per la definizione grafica del retino di riempimento. Le operazioni necessarie per la creazione del riempimento sono estremamente semplici e implicano, come prima sottolineato, un insieme di scelte assolutamente intuitive:

1. Scegliere il modello del retino di riferimento, che comporta:
   - Espandere il gruppo *Modello*, per visualizzare tutti gli elementi in essa disponibili (Figura 13.4).
   - Fare clic sul tipo di tratteggio grafico desiderato.

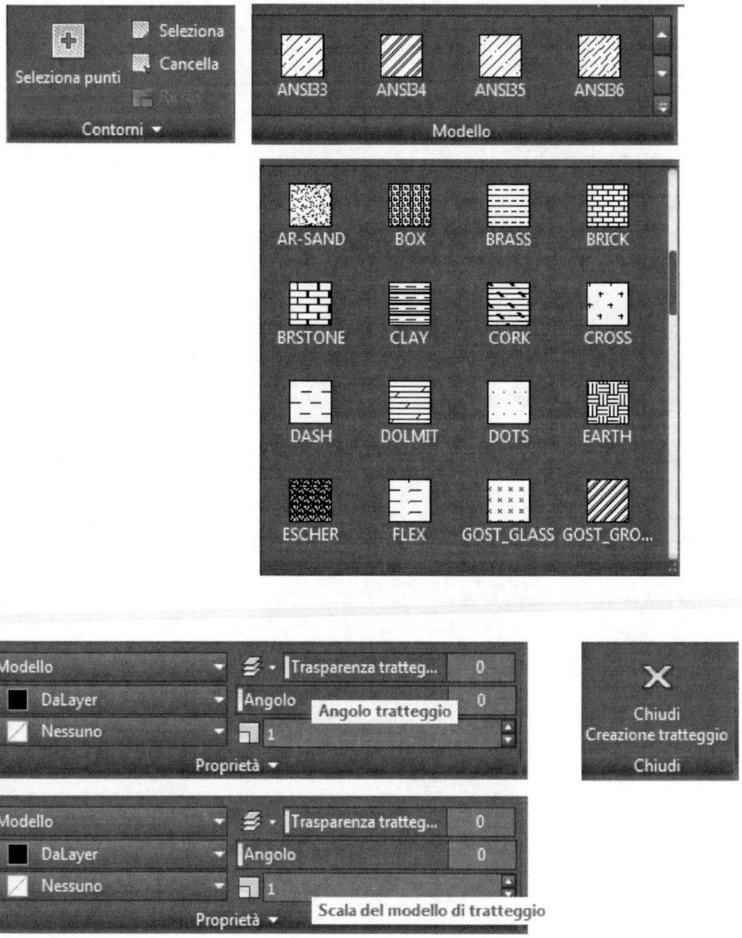


**Figura 13.4**
Le principali opzioni utili alla creazione di un Tratteggio.

**Nota**
I modelli che definiscono l'aspetto grafico di un retino di riempimento sono dei file aventi estensione .pat.

2. Definire l'area da riempire, utilizzando:
   - La voce *Seleziona punti* se si vuole realizzare il retino facendo un semplice clic in un punto interno alle aree che si desidera riempire. Questa è sicuramente l'opzione più utilizzata per la facilità del suo utilizzo.
   - La voce *Seleziona oggetti contorno* se si desidera selezionare le entità che definiscono il perimetro dell'area da riempire. Le entità però devono essere necessariamente consecutive.

**Nota**
Con l'opzione Seleziona punti, il solo puntare un'area chiusa provoca la creazione di un'utile anteprima della creazione del modello di tratteggio scelto.

3. Impostare la scala del retino per conformarne la grafica con il disegno progettuale:
   - Digitare il valore desiderato nel campo *Scala del modello di tratteggio* presente nel gruppo *Proprietà*. Il valore da inserire dipende fortemente dal modello scelto e la scala, a volte, deve essere ingrandita o rimpicciolita notevolmente.
4. Definire l'angolazione del disegno del retino:
   - Definire il valore dell'angolo nel campo *Angolo tratteggio* posto nel gruppo *Proprietà*. In genere queste impostazioni sono sufficienti per la costruzione di un retino di riempimento che soddisfi le principali necessità di rappresentazione, in questo caso è quindi possibile premere subito il pulsante *Chiudi Creazione tratteggio* per disegnarne la forma.

Vi sono, però, delle altre proprietà che permettono un maggiore controllo sul comportamento, non solo grafico, del comando *Tratteggio*. Infatti vi sono due opzioni che risultano fondamentali nella gestione del retino: l'*Associatività* e l'*Annotatività* (Figura 13.5).

5. Definire l'*Associatività* del *Tratteggio* per "legarlo" al contorno degli oggetti che ne hanno permesso la creazione:
   - Attivare il pulsante dell'icona *Associativo* posta nel gruppo *Opzioni*. In questo caso il retino si adatterà alla nuova forma delle entità quando queste vengono modificate dopo la sua creazione.
6. Stabilire se il *riempimento* è annotativo.
   - Attivare il pulsante trilobato *Annotativo* se si vuole che la grafica del retino si adatti al variare della scala di stampa. Questa scelta deve essere effettuata quando il retino viene utilizzato per rappresentare un elemento esplicativo, simbolico, dove, quindi, il suo aspetto grafico non deve essere legato a delle dimensioni precise, finite. È il tipico caso delle legende, che devono solo informare della natura di un elemento non della sua definizione dimensionale.

Per quanto riguarda l'aspetto grafico è possibile inoltre intervenire sull'origine compositiva del retino e sulla sua colorazione a prescindere dal layer sul quale viene disegnato.

7. Definire l'origine del disegno del retino se vuole modificarne l'orientamento compositivo:
   - Premere il pulsante *Imposta origine* e poi fare clic in un punto sull'area lavorativa per ridefinire il punto di inizio della composizione grafica che definisce il retino.
8. Stabilire la colorazione del retino e del suo sfondo differenziandoli dal layer su cui giace il riempimento:
   - Espandere il menu *Colore tratteggio* del gruppo *Proprietà*, per modificare, rispetto al layer, il colore del disegno del retino.
   - Espandere il menu *Colore sfondo* del gruppo *Proprietà* per dare una colorazione allo sfondo dell'area definita dal retino (è opportuno che questa sia, naturalmente, di un colore diverso dal *Colore tratteggio*).

Espandendo il pannello del gruppo *Opzioni* è possibile gestire ulteriormente il disegno del retino rispetto alle aree individuate e alle altre entità presenti nel disegno. È infatti possibile:

9. Stabilire che il retino sia disegnato dietro agli oggetti che ne definiscono l'area visualizzando la voce *Porta dietro al contorno*.
10. Definire il metodo di riempimento delle aree disegnate l'une nelle altre, che AutoCAD chiama *Isole*, come facilmente intuibile da Figura 13.5.

11. Deselezionare la voce *Crea tratteggi separati* se si vuole che le aree individuate dallo stesso comando di riempimento siano, considerate un'unica entità.

Infine, per terminare il comando e applicare tutte le impostazioni:

12. Fare clic sul pulsante *Chiudi Creazione tratteggio*.

**Figura 13.5**
Il comando Tratteggio e le opzioni di controllo che ne permettono la completa gestione.

Selezionando il *Tratteggio* dopo la sua memorizzazione, viene immediatamente aperta la scheda contestuale *Editor tratteggio* che, come si vede in Figura 13.6, permette di intervenire sulla modifica del retino, utilizzando gli stessi comandi e lo stesso interfaccia che ne ha permesso il disegno.

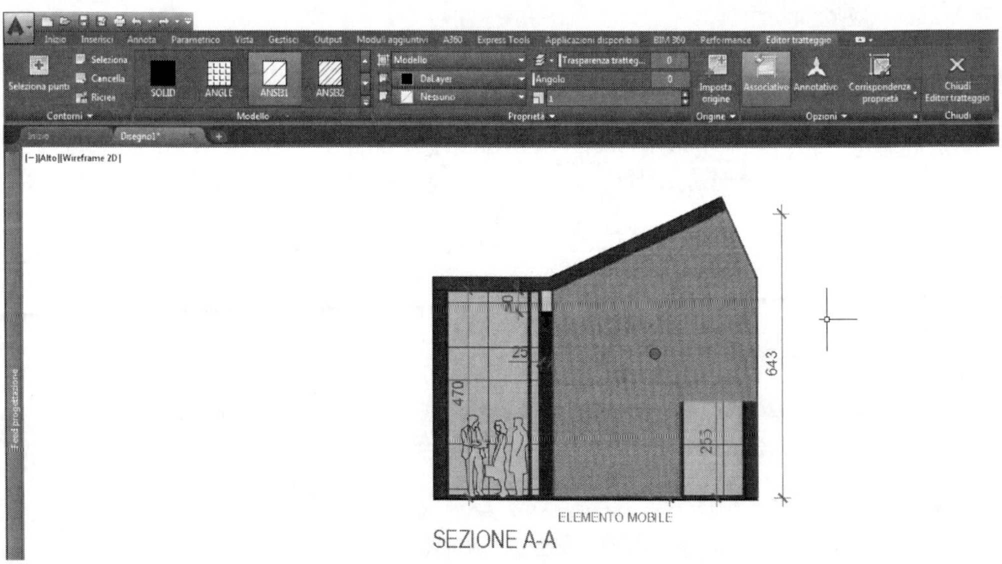


**Figura 13.6**
L'interfaccia dell'Editor tratteggio che permette la modifica di un retino già disegnato.

**Nota**
Per evitare che il disegno del riempimento interferisca con gli snap ad oggetto è possibile attivare la casella di controllo Ignora oggetti tratteggio posta nella scheda Disegno della finestra di dialogo Opzioni raggiungibile dal Menu dell'applicazione di AutoCAD.

Proverete ora a effettuare tutti questi passaggi in un esercizio guidato.

**Esercizio. Creazione di un retino di riempimento.**

1. Aprite il file *Retino di riempimento.dwg* del Capitolo 13 del Booksite (Figura 13.7).

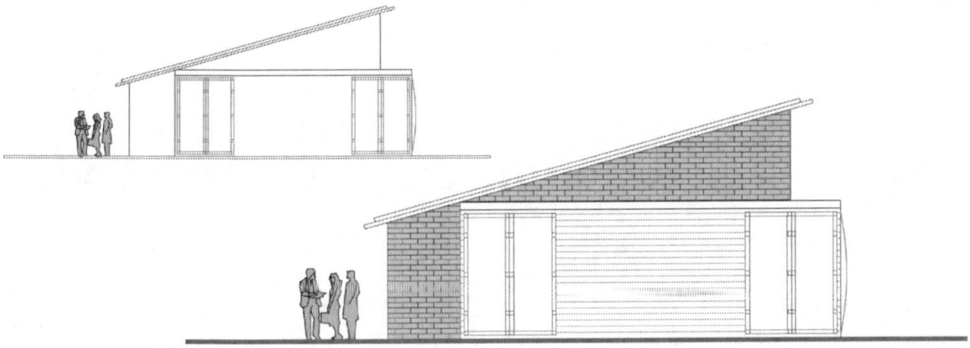

**Figura 13.7**
Il disegno Retino di riempimento.dwg prima e dopo l'intervento di inserimento di entità Tratteggio.

2. Rendete corrente il layer *Retini*, appositamente creato per la loro facile gestione.
3. Fate clic sul comando *Tratteggio* presente nel gruppo *Disegna* della scheda *Inizio*.
4. Scegliete il modello *ANSI31* (il modello è composto da righe tra loro parallele e con eguale spaziatura) e compilate i campi come riportato nella Figura 13.8. Il retino viene così scalato e ruotato per rappresentare le assi che compongono la facciata di una parte del prospetto dell'abitazione.
5. Attivate l'opzione *Seleziona punti* e fate clic sulla parte centrale dell'abitazione.
6. Fate clic su *Chiudi creazione tratteggio* per memorizzare il retino.
7. Selezionate ora il retino appena concluso per editarlo, la scheda contestualmente aperta riporta tutte le voci per la modifica dell'entità. Fate clic sul pulsante *Imposta origine* per riposizionare il disegno del *Tratteggio*. Fate quindi clic sull'angolo in basso a sinistra dell'edificio, come visualizzato nell'inquadratura di Figura 13.8, per ottenere un corretto posizionamento.

**Nota**
Fate attenzione che, rilanciando il comando Tratteggio, questo riporta, ricordandole, le opzioni definite precedentemente e non quelle di default iniziali.

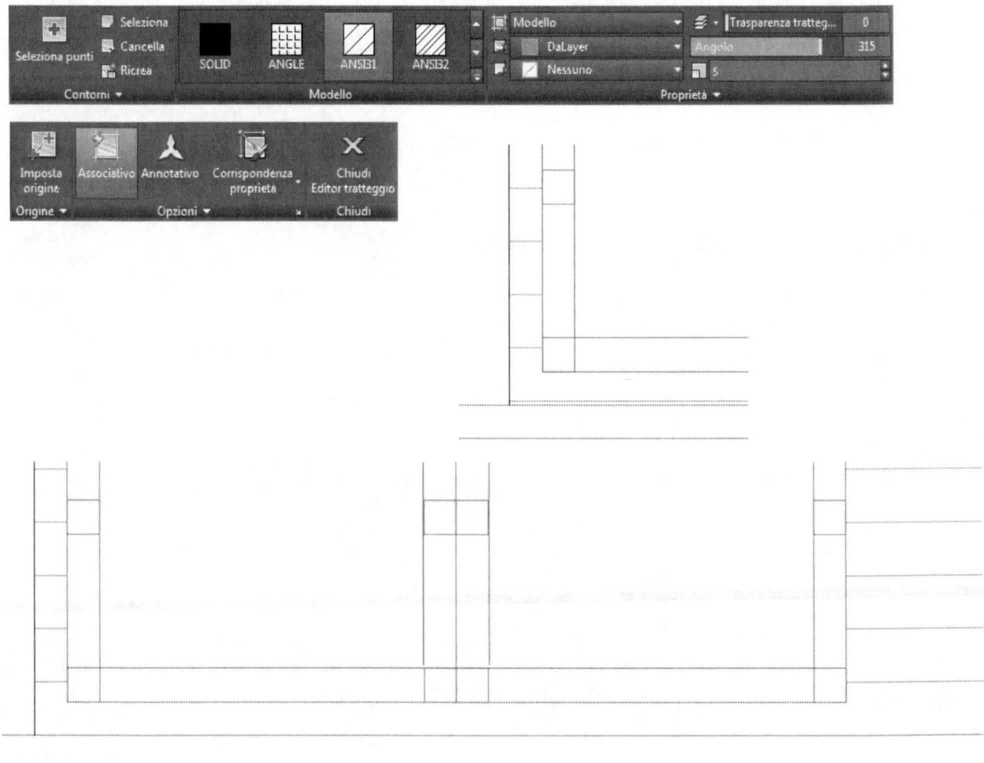


**Figura 13.8**
L'utilizzo, in fase di modifica, del comando Imposta origine che permette di spostare il disegno del retino all'interno del suo contorno di creazione.

8. Fate di nuovo clic sul comando *Tratteggio* e scegliete questa volta il modello *AR-B88* (riporta il disegno dei mattoni) e compilate i campi come da Figura 13.9 in alto. Con queste opzioni la colorazione del retino e del suo sfondo vengono personalizzati.
9. Fate clic su *Seleziona punti* e selezionate la parte sinistra e la parte in alto a destra dell'abitazione, come riportato nella Figura 13.7 per definire le aree da riempire.
10. Fate inoltre clic sul pulsante *Imposta origine* per riposizionare il disegno del *Tratteggio*. Ancora, cliccate sull'angolo in basso a sinistra dell'edificio, per ottenerne il giusto posizionamento. Premete il pulsante *Chiudi Creazione tratteggio*.
11. Rendete corrente il layer *linea di terra* e rilanciate il comando *Tratteggio*. Questa volta disegnerete un riempimento utilizzando un modello che permette la definizione di una campitura piena, uniforme, scegliete, perciò, dal menu a discesa il tipo chiamato *Solid*.
12. Definite le altre opzioni come riportato nella Figura 13.9 in basso.
13. Cliccate sulla voce *Seleziona contorni* del gruppo *Contorni* e selezionate le quattro linee che definiscono il rettangolo alla base del prospetto dell'edificio per riempirlo del colore del layer.
14. Cliccate su *Chiudi Creazione tratteggio* per terminare il comando.
15. Salvate il disegno con il nome *Retino di riempimento.dwg* e, se volete, lasciatelo aperto per il prossimo esercizio.

**Nota**

Un riempimento, essendo un vero e proprio oggetto disegnato, può essere spostato, copiato o invertito. Quando si sposta o copia un retino la sua eventuale associatività viene perduta; inoltre quando si crea una copia speculare, il retino viene riposizionato ma non invertito (questo succede perché in genere la variabile di sistema MIRRHATCH è impostata a 0, impostandola invece a 1 il retino verrà riposizionato ed invertito).

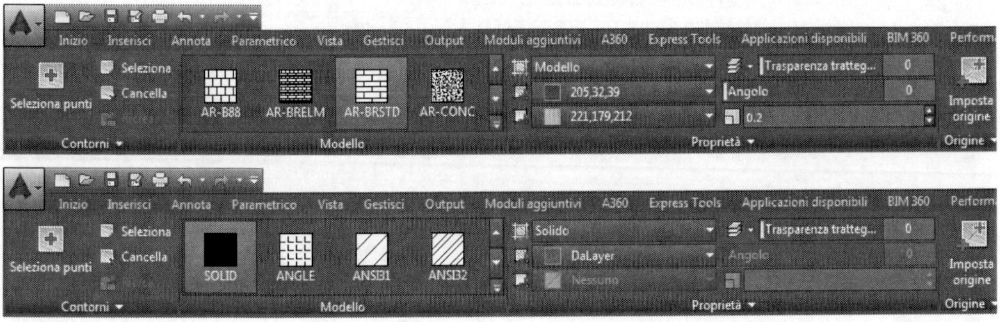


**Figura 13.9**

Le opzioni da seguire per realizzare il retino AR-B88, in alto e quelle per il modello Solid in basso.

## Rendere disponibili in AutoCAD i retini personalizzati

I modelli dei retini di riempimento sono dei veri e propri file esterni aventi estensione *.pat*. Questi file sono facilmente reperibili in Internet, ma per poterli utilizzare in AutoCAD, affinché appaiano nella barra *Creazione tratteggio*, devono:

1. Essere memorizzati in una cartella specifica.
2. Essere inseriti nel *Percorso di ricerca dei file di supporto*.

Per definire correttamente il percorso di ricerca dovete:

1. Fare clic sul *Menu dell'applicazione* e premere il pulsante *Opzioni*.
2. Visualizzare la scheda *File* (Figura 13.10).
3. Selezionare *Percorso di ricerca dei file di supporto*.
4. Fare clic sul pulsante *Aggiungi* per aggiungere la cartella contenente i nuovi file di riempimento *.pat*.
5. Fare clic sul pulsante *Sfoglia* per raggiungere la posizione della cartella memorizzata.
6. Premere *OK* per definire la posizione del percorso di ricerca.

Al successivo avvio di AutoCAD i modelli personalizzati saranno presenti e pronti per essere utilizzati.

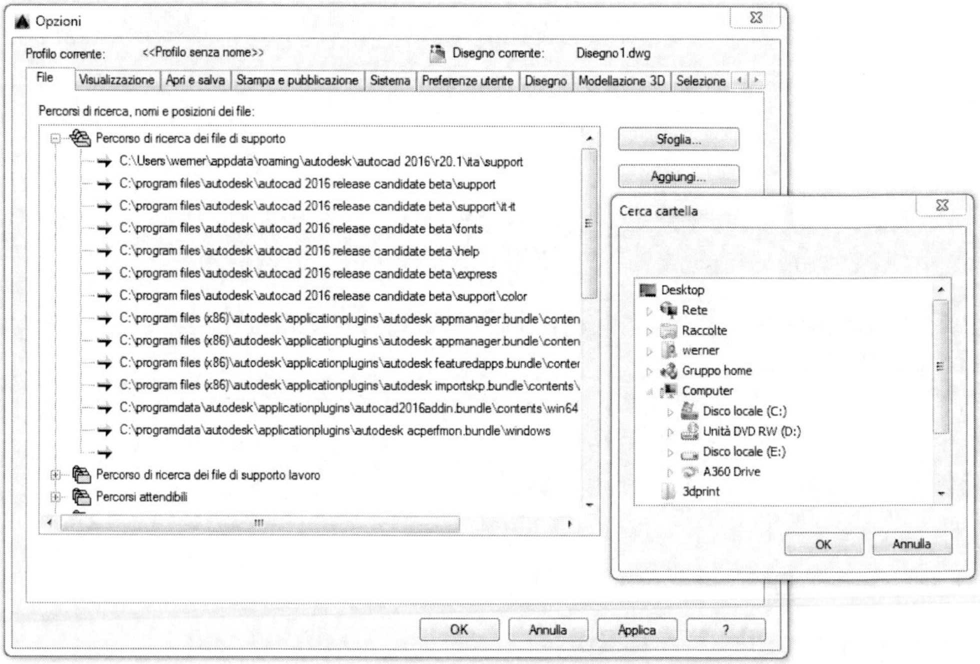


**Figura 13.10**
Definizione del *Percorso di ricerca dei file di supporto* che permette l'utilizzo dei retini personalizzati in AutoCAD.

---

**Nota**
Nella cartella Retini personalizzati del Booksite è possibile trovare 3 file con estensione .pat da caricare in AutoCAD per aggiungerli ai modelli di tratteggio disponibili di default.

---

# Il comando SFUMAT

Il comando *Sfumatura,* attivabile velocemente come mostrato in Figura 13.1, avvia immediatamente la scheda *Creazione tratteggio*. Il comando che, in fondo è lo stesso di *Tratteggio*, permette la creazione di un riempimento che presenta una campitura caratterizzata dall'utilizzo di uno o più colori sfumati.

La gestione e le opzioni che ne permettono la definizione sono praticamente identiche a quelle disponibili per il comando *Tratteggio*, differendo naturalmente per il modello di riempimento e nella voce del gruppo *Origine*, dove è possibile decidere se la sfumatura creata sia, o meno, simmetrica rispetto al centro dell'area da riempire.

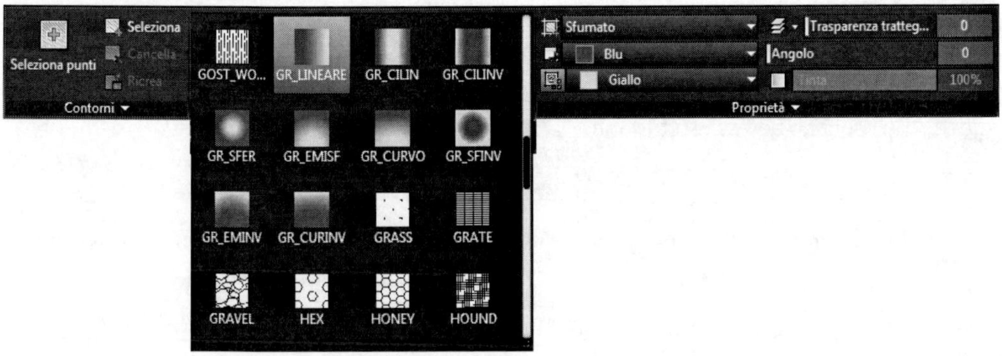


**Figura 13.11**
Il comando Sfumatura e le sue opzioni di controllo.

## Esercizio. Creazione di una campitura sfumata.

1. Se avete chiuso il file *Retino di riempimento2.dwg*, recuperatelo dal Capitolo 13 del Booksite.
2. Rendete corrente il layer *Retini*, appositamente creato per la loro facile gestione.
3. Attivate il comando *Sfumatura* presente nella scheda *Inizio* / gruppo *Disegna*.
4. Scegliete il modello *GR_CILIN* ed applicatene le opzioni di Figura 13.12.
5. Fate clic su *Seleziona punti* e selezionate le vetrate presenti nel disegno facendo sì che sia attivata l'opzione *Crea tratteggi separati* per potere in seguito editare le finestre separatamente.
6. Cliccate su *Chiudi Creazione tratteggio* per terminare il comando.
7. Salvate il disegno con il nome *Retino di riempimento3.dwg* e chiudete tranquillamente il file.

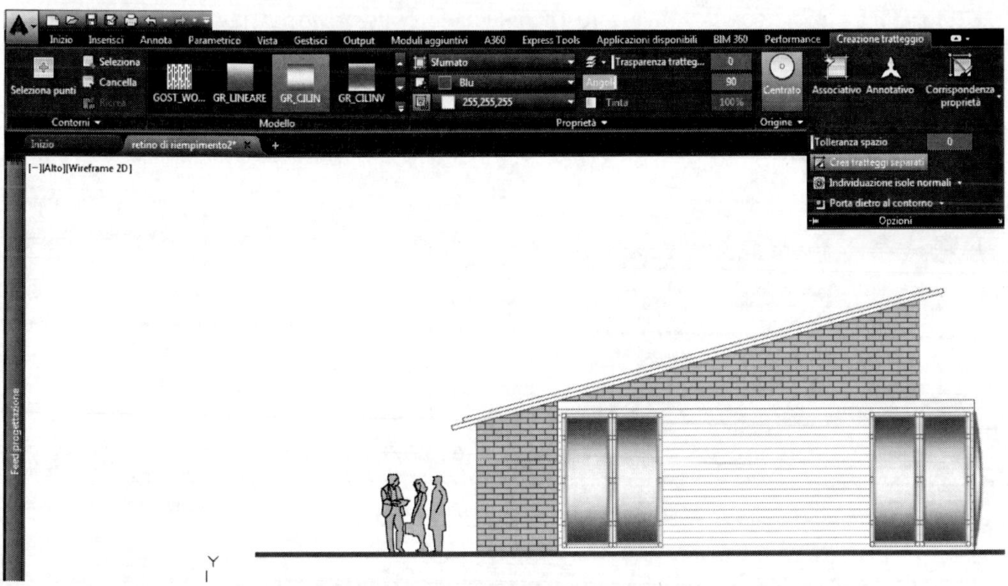


**Figura 13.12**
Le opzioni da utilizzare per definire i riempimenti sfumati del disegno.

# Le entità coprenti

Il comando *Entità coprente*, disponibile nel gruppo *Disegna* della scheda *Inizio*, permette di disegnare un contorno poligonale chiuso la cui estensione superficiale riesce a nascondere gli oggetti che risultano ad essa sottostanti.

**Nota**
Sfortunatamente l'Entità coprente non permette di creare perimetri curvilinei per nascondere gli oggetti da celare.

Il vantaggio di questo oggetto risiede nel fatto che, pur coprendo le altre entità, risulta essere "vuoto" e, quindi, nelle operazioni di stampa viene considerato come se fosse inesistente, dello stesso colore dello sfondo del foglio (di carta).

Poiché il contorno della poligonale che ne definisce l'area viene normalmente stampato è possibile agire sulla variabile *WIPEOUTFRAME* per gestire la visibilità di tutte le cornici poligonali presenti nel disegno. Questa variabile, digitata da tastiera, permette impostandola sul valore:

- Impostandola sul valore **0** di nascondere tutti i contorni a video e in stampa.
- Impostandola sul valore **1** di vedere tutti i contorni a video e in stampa.
- Impostandola sul valore **2** di vedere i contorni a video ma non in stampa.

**Esercizio. Creazione di un'Entità coprente.**

1. Aprite il file *entità coprente.dwg* del Capitolo 13 del Booksite. Il disegno presenta una scrivania e tre sedie, due delle quali sono parzialmente posizionate sotto la scrivania stessa. Poiché le sedie sono dei blocchi (affronterete i blocchi nel Capitolo 17) la loro geometria non può essere tagliata; è quindi necessario utilizzare il comando *Entità coprente* per nasconderne le parti che non si vuole vedere e stampare
2. Espandete il gruppo *Disegna* della scheda *Inizio* per attivare il comando *Entità coprente* (Figura 13.13 in alto a destra).

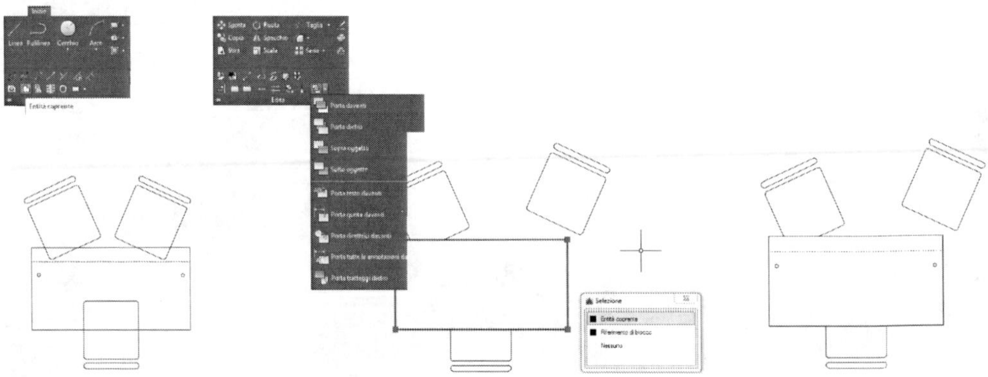

**Figura 13.13**
L'utilizzo dell'oggetto Entità coprente per nascondere le sedie poste sotto alla scrivania.

3. Fate clic sui vertici della scrivania per creare la poligonale e premete INVIO per terminare il comando.
4. Ora selezionate il rettangolo della scrivania e utilizzando il comando *Porta avanti* del gruppo

*Edita* (Figura 13.3 al centro) per portare in primo piano la scrivania e tutti i suoi particolari che altrimenti risulterebbero nascosti. In questo modo la cornice poligonale (e solo questa) risulterà nascosta dalla forma della scrivania (e quindi non stampata), ma l'*Entità coprente* continuerà a celare gli elementi a lei sottostanti.

---

**Nota**
Utilizzando l'Ordine di visualizzazione di AutoCAD visto nel Capitolo 5 è possibile decidere in modo puntuale quali poligonali mostrare senza intervenire sulla variabile WIPEOUTFRAME che, invece viene applicata contemporaneamente su tutte le cornici delle Entità coprenti presenti nel disegno.

---

5. Salvate il file con il nome *entità coprente creata.dwg* e chiudete il disegno.

## Capitolo 14

# Gli strumenti di misurazione

Spesso, durante le operazioni di disegno nasce la necessità di reperire velocemente delle informazioni dimensionali riguardanti le forme create dall'insieme di entità presenti nell'area di lavoro. Questo accade quando si devono effettuare quelle operazioni di controllo che permettono così di verificare che il disegno corrisponda alle specifiche che il progetto deve necessariamente avere. Infatti, una delle prime operazioni che generalmente si effettuano prima di intervenire su un elaborato è quella di verificare che il dimensionamento delle entità disegnate corrisponda alle unità di misura dichiarate nella finestra di dialogo *Unità disegno* che, come abbiamo visto nel Capitolo 4, è raggiungibile dal *Menu dell'applicazione* facendo clic sulla voce *Utilità di sistema*.
I comandi di interrogazione di AutoCAD permettono di visualizzare la misurazione di distanze, raggi, angoli, aree e volumi, che viene mostrata:

- Sulla riga di comando o, se è attivo l'*input dinamico*, nei pressi degli elementi misurati (Figura 14.1, in alto);
- Con l'approssimazione della "precisione" definita nella finestra di dialogo *Unità disegno* (Figura 14.1, in centro).

Tutti questi comandi sono attivabili dal gruppo *Misura* della scheda *Inizio* (Figura 14.1, in basso).

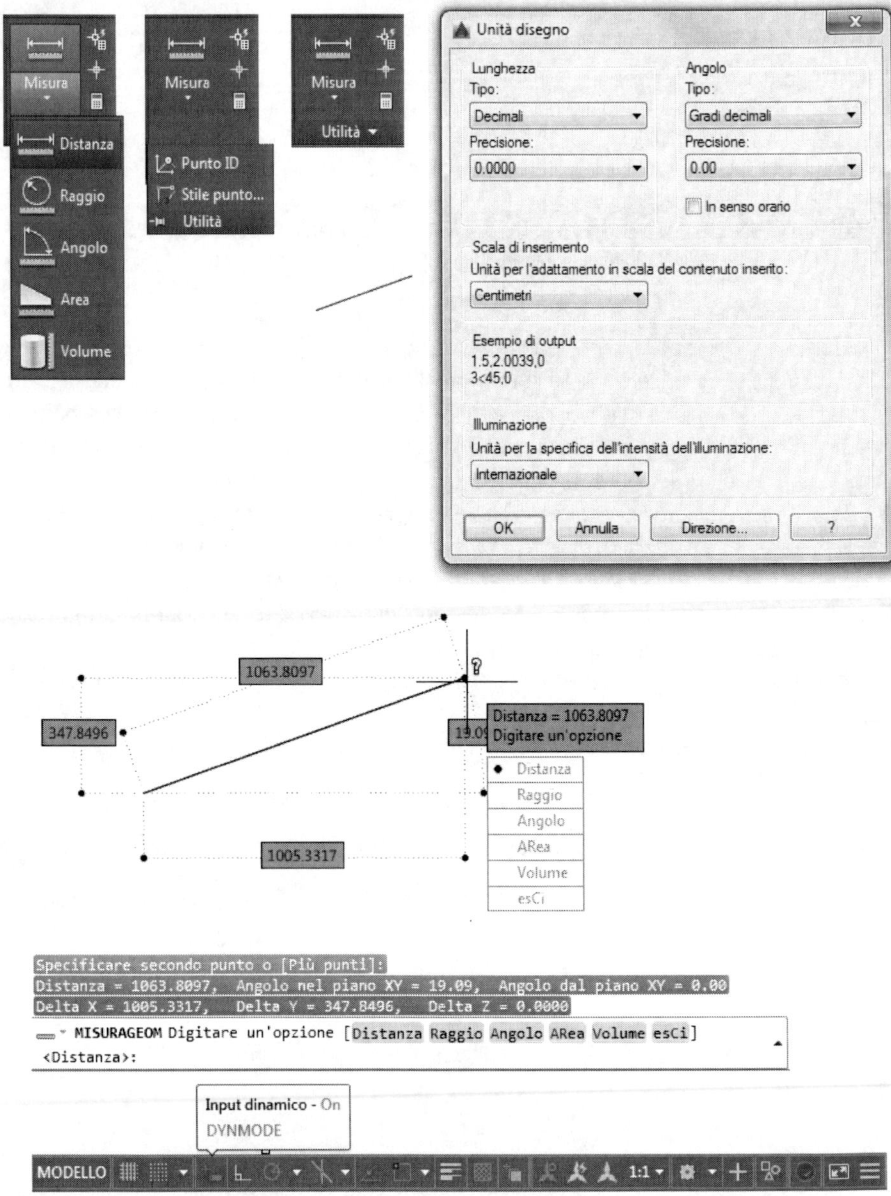


**Figura 14.1**
I comandi di interrogazione che permettono di visualizzare le informazioni dimensionali con l'approssimazione definita nei campi della finestra di dialogo Unità disegno.

# Lo strumento Punto ID

Il comando *Punto ID* presente espandendo il gruppo *Misura* permette di conoscere le coordinate di un punto rispetto al sistema di riferimento (*UCS*) in quel momento corrente.
Per ottenere le coordinate di un punto è necessario:

1. Decidere la "precisione" della misurazione con l'utilizzo della finestra *Unità disegno.*
2. Espandere il menu del gruppo *Utilità* e fare clic sul comando *Punto ID.*
3. Fare clic sul punto aiutandosi con gli snap ad oggetto.

Le informazioni vengono visualizzate vicino alla riga di comando e, se è attivato l'*input dinamico*, anche nei pressi del punto selezionato (Figura 14.2).

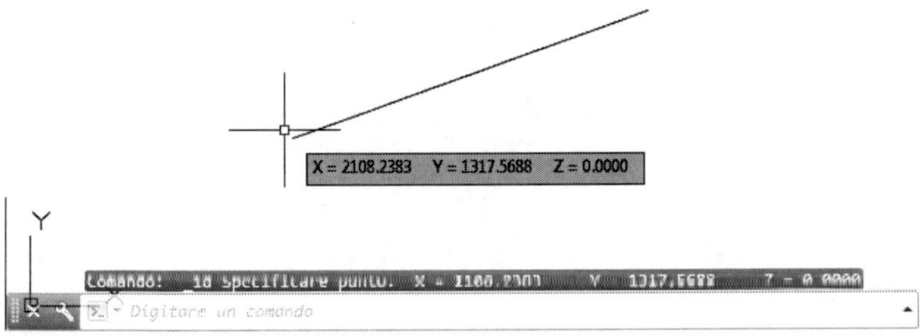


**Figura 14.2**
Il comando Punto ID che permette di conoscere le coordinate di un punto.

# Lo strumento MISURAGEOM

Premendo il pulsante *Misura* si ottengono un insieme di icone che corrispondono alle opzioni del comando *MISURAGEOM.*
Come visualizzato in Figura 14.1 questo comando permette la definizione della misurazione di distanze, raggi, angoli, aree e volumi, informazioni che, praticamente, permettono di ottenere tutti i dati dimensionali che generalmente necessitano per verificare ciò che è rappresentato nell'area di lavoro di AutoCAD.

**Nota**
Come sottolineato nelle prime righe di questo capitolo, dovete sempre ricordarvi che la precisione delle informazioni fornite da AutoCAD dipendono dalle impostazioni definite nella finestra di dialogo Unità disegno.

# Lo strumento Distanza

L'icona *Distanza* del gruppo *Misura* permette di ottenere la misurazione tra due punti specificati nell'area di lavoro, inoltre fornisce le distanze dei componenti X, Y e Z insieme all'informazione dell'angolo rispetto all'asse X dell'*UCS* corrente.
Per ottenere la distanza tra due punti bisogna (Figura 14.1):

1. Espandere il menu dell'icona *Misura* presente nel gruppo *Utilità* e fare clic sull'opzione *Distanza.*
2. Fare clic sul primo punto aiutandosi con gli snap ad oggetto.
3. Fare clic sul secondo punto aiutandosi sempre con gli snap ad oggetto.
4. Premere ESC per uscire dal comando.

## Lo strumento Raggio

L'icona *Raggio* del gruppo *Misura* permette di ottenere la misura del raggio e del diametro di un arco, di un cerchio o di un arco di polilinea specificato.

Per ottenere il raggio e il diametro di un cerchio o di un arco (anche di una polilinea) è necessario:

1. Espandere il menu dell'icona *Misura* presente nel gruppo *Utilità* e fare clic sull'opzione *Raggio*.
2. Fare clic sulla *Primitiva grafica* arco o cerchio, per ottenere le informazioni sia della misura del raggio sia quella del diametro (Figura 14.3).
3. Premere ESC per uscire dal comando.

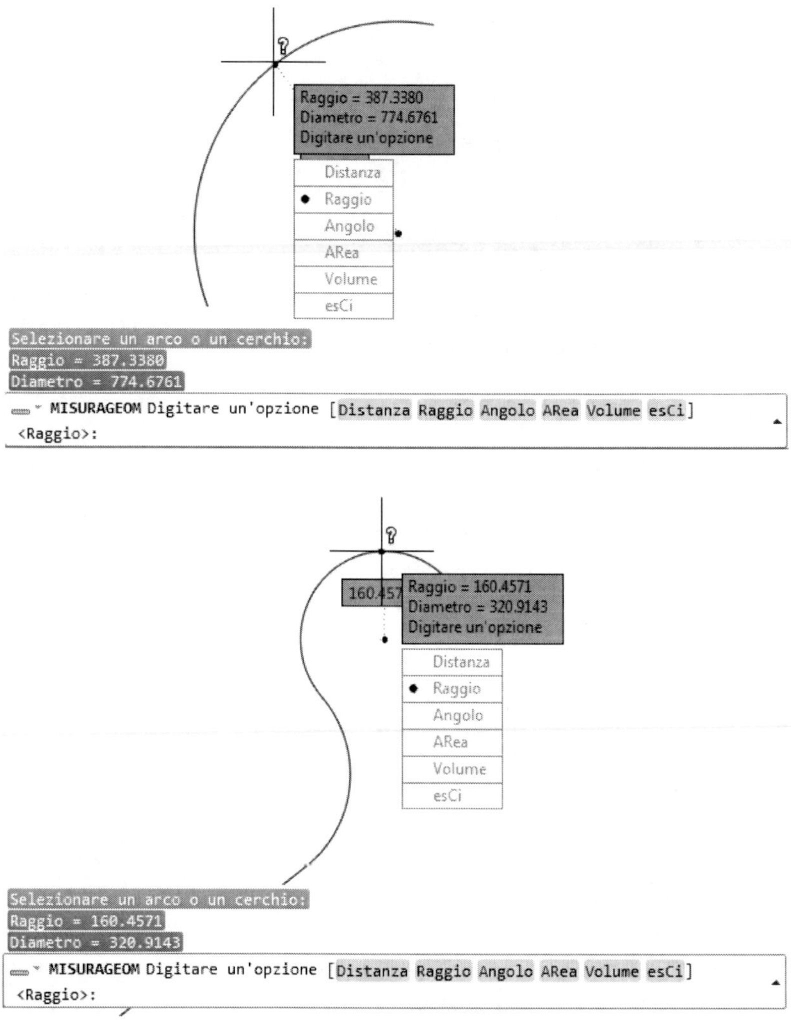


**Figura 14.3**
Il comando Raggio che permette di conoscere raggio e diametro di una Primitiva grafica curva.

## Lo strumento Angolo

L'opzione *Angolo* del comando *MISURAGEOM* permette di calcolare, in quattro modi differenti, gli angoli definiti nell'area da disegno. I metodi consistono in:

1. Selezionare tre punti (opzione *Specifica vertice*).
2. Selezionare un arco.
3. Selezionare un cerchio.
4. Selezionare due linee.

**Nota**
Nel calcolo di misure angolari, se non volete incorrere in informazioni non corrette, è importantissimo impostare, nella finestra di dialogo Unità disegno, almeno due decimali.

Per conoscere la misura di un angolo definendo tre punti (Figura 14.4) è necessario:

1. Espandere il menu dell'icona *Misura* presente nel gruppo *Utilità* e fare clic sull'opzione *Angolo*.
2. Alla richiesta *Selezionare un arco, un cerchio o una linea o <Specifica vertice>* digitare **S+**INVIO per attivare l'opzione *Specifica vertice* (nel caso specifico, è possibile premere il solo INVIO in quanto l'opzione è già impostata come elemento di default).
3. Fare clic, utilizzando gli snap a oggetto, sul punto che identifica il vertice dell'angolo cercato.
4. Fare clic in un secondo punto che permette di definire la linea di partenza del calcolo dell'angolo.
5. Fare clic in un punto che permette di identificare l'ampiezza dell'angolo da calcolare.
6. Premere ESC per uscire dal comando.

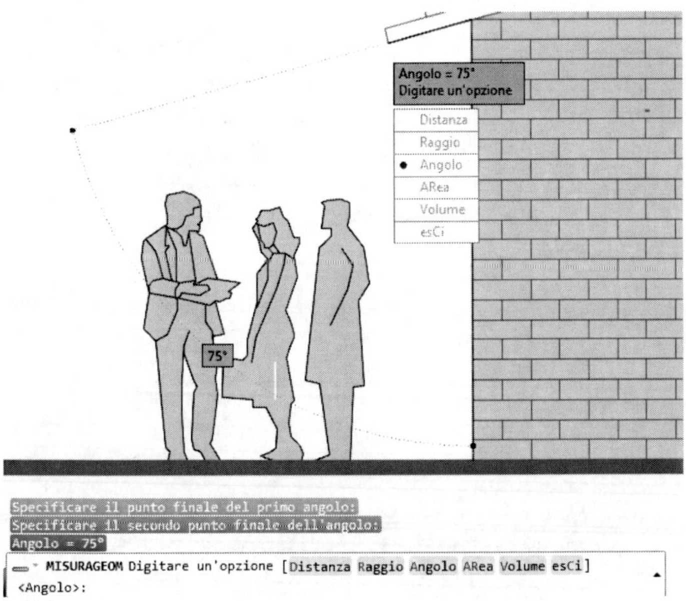


**Figura 14.4**
La misurazione di un angolo attraverso l'opzione Specifica vertice del comando Angolo.

Per misurare l'angolo formato dai due punti finali di un arco e utilizzando il centro dell'arco come vertice (Figura 14.5) dovete:

1. Espandere il menu dell'icona *Misura* presente nel gruppo *Utilità* e fare clic sull'opzione *Angolo*.
2. Alla richiesta *Selezionare un arco, un cerchio o una linea o <Specifica vertice>* fare direttamente clic su un oggetto Arco.
3. Premere ESC per uscire dal comando.

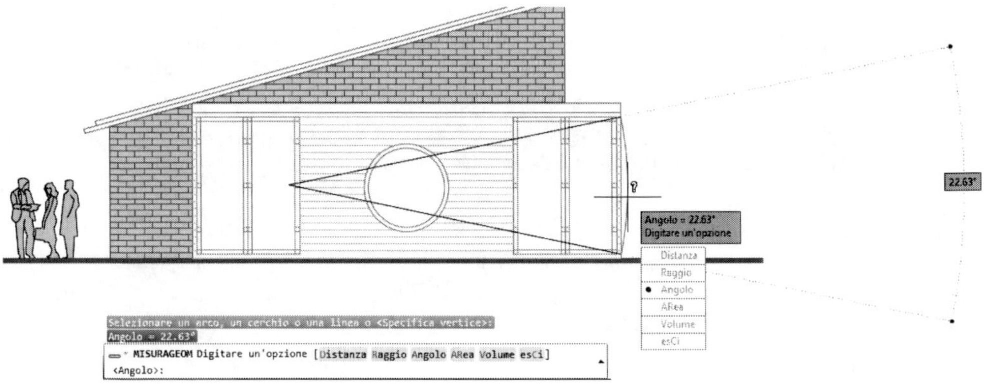


**Figura 14.5**
La misurazione di un angolo attraverso la selezione diretta di un'entità Arco.

Per ottenere la misura angolare di Figura 14.6, formata tra il punto in cui il cerchio viene selezionato e un secondo punto utilizzando il centro del cerchio come vertice, la procedura è la seguente:

1. Espandere il menu dell'icona *Misura* presente nel gruppo *Utilità* e fare clic sull'opzione *Angolo*.
2. Alla richiesta *Selezionare un arco, un cerchio o una linea o <Specifica vertice>* fare subito clic, utilizzando gli snap a oggetto, su un punto preciso di un *Cerchio*, punto che identifica con il centro del cerchio la linea di partenza del calcolo dell'angolo cercato.
3. Fare clic in un altro punto (sempre aiutandosi con gli snap a oggetto) che permette di identificare l'ampiezza dell'angolo da calcolare.
4. Premere ESC per uscire dal comando.

**Figura 14.6**
La misurazione di un angolo attraverso la selezione diretta di un cerchio.

Per conoscere la misura di un angolo formato da due linee che, naturalmente, non devono intersecarsi (Figura 14.7) è invece necessario:

1. Espandere il menu dell'icona *Misura* presente nel gruppo *Utilità* e fare clic sull'opzione *Angolo*.
2. Alla richiesta del sistema *Selezionare un arco, un cerchio o una linea o <Specifica vertice>* fare subito clic, su un segmento di linea.
3. Fare clic su un altro segmento di linea.
4. Premere ESC per uscire dal comando.

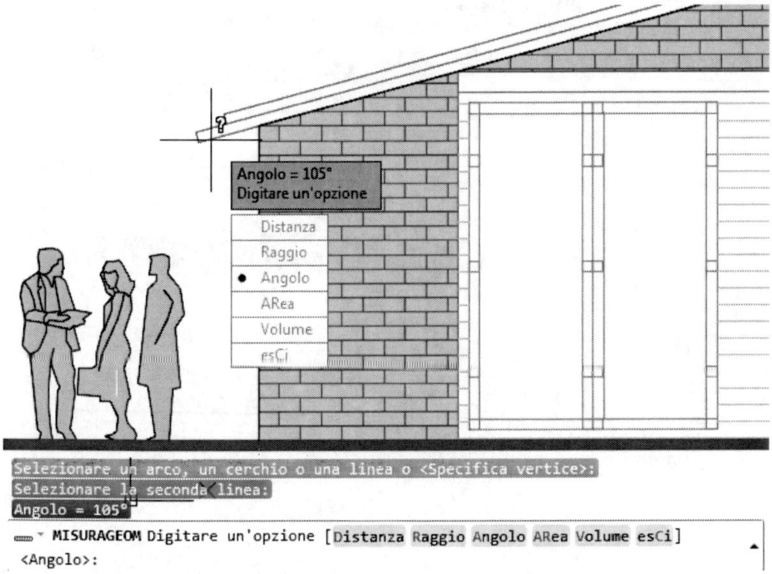


**Figura 14.7**
La misurazione di un angolo attraverso la selezione di due linee.

**Nota**
I segmenti di linea possono anche appartenere alla stessa polilinea o a polilinee differenti.

# Lo strumento Area

L'icona *Area* (opzione del comando *MISURAGEOM*) del gruppo *Utilità* permette di calcolare aree e perimetri attraverso l'utilizzo di due metodologie:

- Specificando una sequenza di punti che definiscono la superficie ed il contorno da calcolare.
- Selezionando direttamente le entità dalle quali si vogliono estrapolare le informazioni desiderate.

Per conoscere area e perimetro di una superficie poligonale attraverso la definizione diretta dei punti individuanti i suoi vertici bisogna:

1. Espandere il menu dell'icona *Misura* presente nel gruppo *Utilità* e fare clic sull'opzione *Area*.
2. Fare immediatamente clic per definire il primo punto della poligonale.
3. Continuare a fare clic per definirne i successivi vertici. AutoCAD definisce una superficie di colore verde che permette di individuare con facilità la poligonale che si sta dinamicamente creando (Figura 14.8).
4. Premere INVIO per ottenere il risultato.
5. Premere ESC per uscire velocemente dal comando

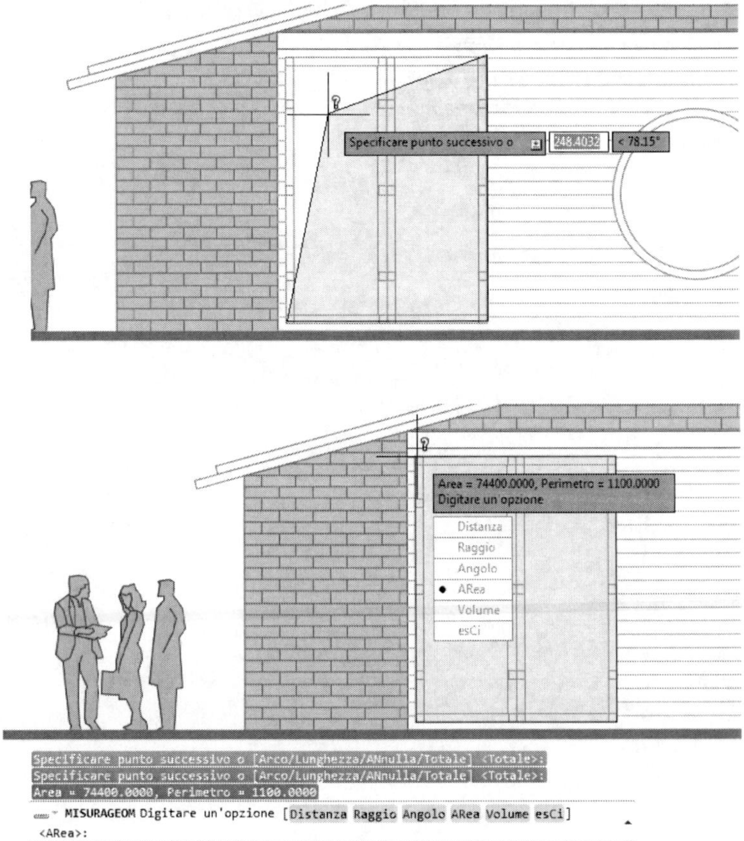


**Figura 14.8**
Il calcolo di area e perimetro attraverso la definizione diretta dei vertici di una superficie poligonale. AutoCAD mostra una colorazione verde che permette di visualizzare con facilità l'area che si sta delimitando.

---

**Nota**
Se l'area da calcolare presenta elementi curvi è possibile utilizzare l'opzione Arco.

---

Per conoscere area e perimetro selezionando direttamente un'entità dovete effettuare i seguenti passaggi:

1. Espandere il menu dell'icona *Misura* presente nel gruppo *Utilità* e fare clic sull'opzione *Area*.
2. Digitare **O** seguito da INVIO per attivare l'opzione *Oggetto*.
3. Fare clic sull'entità a cui si vogliono estrapolare le informazioni.
4. Premere ESC per uscire velocemente dal comando.

In questo caso è possibile ottenere gli stessi dati anche utilizzando la tavolozza *Proprietà* (argomento approfondito nel Capitolo 7), che permette di analizzare le numerose proprietà geometriche di un oggetto disegnato.

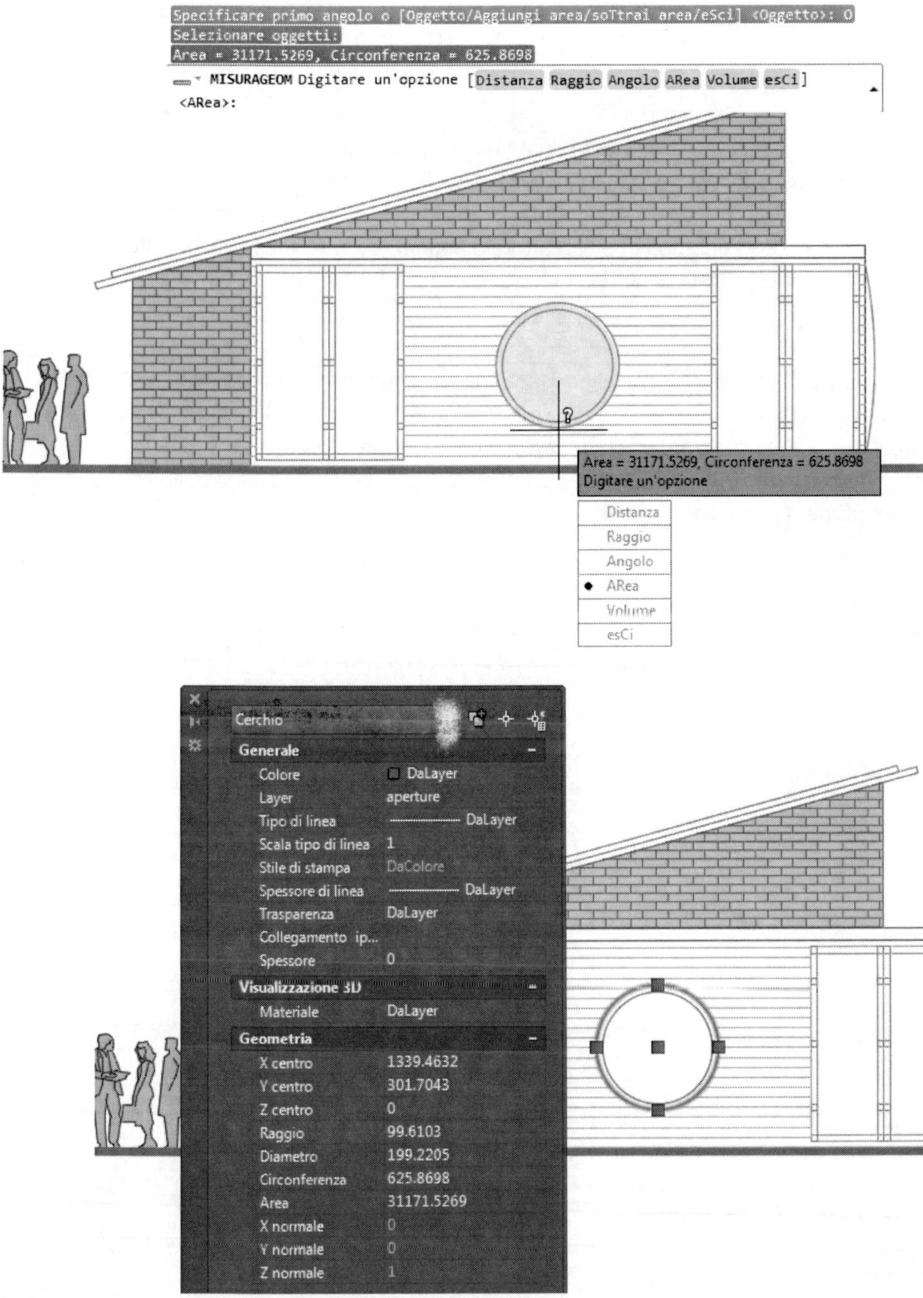


**Figura 14.9**
Il calcolo di area e perimetro attraverso il comando Area e l'opzione Oggetto. Le stesse informazioni sono reperibili anche nella tavolozza Proprietà (a destra).

In verità le grandi potenzialità dell'icona *Area* risiedono nelle sue opzioni *Aggiungi area* e *soTtrai area* che permettono di effettuare calcoli più complessi, aggiungendo o sottraendo, appunto, ad un calcolo iniziale altri elementi superficiali, così da poterne ottenere, in modo dinamico e intuitivo, il totale.

**Nota**
Nel caso di sottrazioni di aree la colorazione delle superfici definita da AutoCAD è rossa.

Per aggiungere aree è necessario:

1. Espandere il menu dell'icona *Misura* presente nel gruppo *Utilità* e fare clic sull'opzione *Area*.
2. Digitare subito **A**+INVIO per attivare l'opzione *Aggiungi area*.
3. Definire le varie superfici con la metodologia desiderata. Vengono indicati il valore della singola area (e del suo perimetro) e l'area totale definita dalla somma sequenziale.
4. Premere ESC per uscire dal comando.

Per sottrarre aree invece dovete:

1. Ripetere dall'1 al 3 i punti de "*Per aggiungere aree è necessario:*", così da avere un'area da cui sottrarre superficie.
2. Digitare **T** per attivare l'opzione *soTtrai area* e delimitare le superfici da sottrarre. Viene così indicato, in sequenza, il valore delle singole aree con la superficie definita dalla sottrazione.
3. Premere ESC per terminare comando.

**Nota**
Come abbiamo visto nel Capitolo 6 è possibile utilizzare anche le operazioni booleane applicate agli oggetti Regione per calcolare le interazioni tra le superfici (somme e sottrazioni) e visualizzarne successivamente il risultato nella tavolozza Proprietà (Figura 14.11).

**Nota**
È possibile ottenere velocemente il calcolo di un'area selezionando un retino di riempimento e visualizzandone i dati nella tavolozza Proprietà (Figura 14.12).

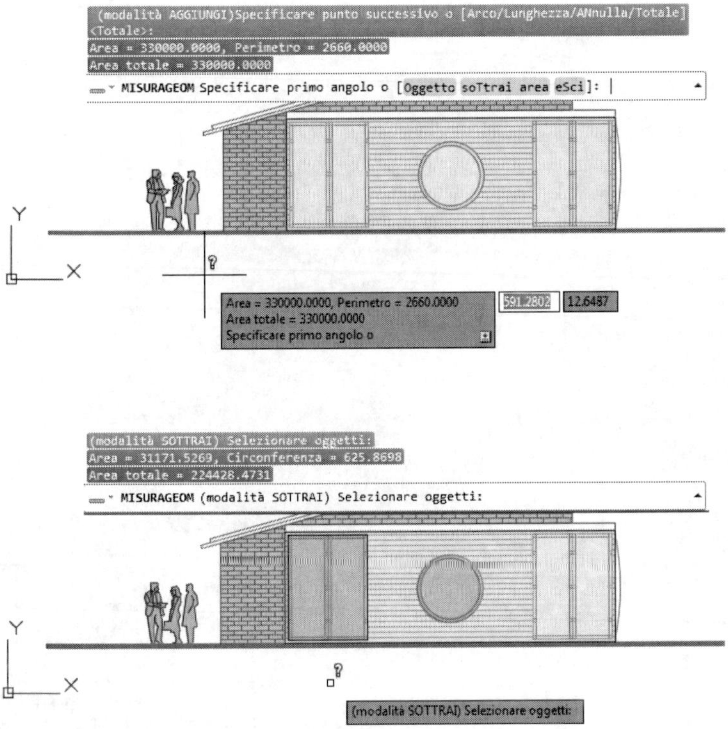


**Figura 14.10**
Calcolare la superficie muraria sottraendone le aree dei serramenti.

Nel prossimo esercizio calcolerete l'area di una superficie muraria sottraendone le parti "occupate" dai serramenti.

**Esercizio. Calcolo di una superficie con il comando MISURAGEOM.**

1. Aprite il file *misurageom.dwg* presente nel Capitolo 14 del Booksite.
2. Decidete la "precisione" della misurazione con l'utilizzo della finestra *Unità disegno*.
3. Espandete il menu dell'icona *Misura* presente nel gruppo *Utilità* e fate clic sull'opzione *Area*.
4. Digitate subito ***A***+INVIO per attivare l'opzione *Aggiungi area*.
5. Fate clic sui quattro angoli che individuano la parete come da Figura 14.10 in alto a sinistra. Premete INVIO per confermare la chiusura della poligonale.

**Figura 14.11**
Calcolare la superficie muraria utilizzando le *Regioni*.

6. Digitate **T** per attivare l'opzione *soTtrai area.*
7. Fate clic con il mouse sui vertici del serramento rettangolare sinistro (la poligonale viene riempita di un colore rosso ad indicare la sottrazione) e premete INVIO per confermare la chiusura della poligonale.
8. Fate clic sul collegamento ipertestuale *Oggetto*, posto sulla *Riga di comando* e selezionate il cerchio più esterno.
9. Premete INVIO per proseguire con la sottrazione di altre aree.
10. Fate ripetutamente clic con il mouse per definire i quattro vertici del serramento rettangolare posto sulla destra e premete INVIO per confermare.
11. L'ultimo valore mostrato alla voce *Totale* rappresenta l'area cercata; premete ESC per uscire dal comando *Area*. Chiudete il file senza salvarlo.

Nella prossima esercitazione calcolerete invece un'area utilizzando le operzioni booleane applicate alle regioni.

**Esercizio. Calcolo di un'area utilizzando gli oggetti Regione.**

1. Aprite il file *regione.dwg* presente nel Capitolo 14 del Booksite. Il file presenta il disegno del prospetto di un'abitazione (è la stessa dell'esercizio precedente con il layer retini congelato) del quale calcolare la superficie muraria.
2. Verificate che il layer *regione* sia quello corrente.
3. Fate clic su scheda *Inizio* / gruppo *Disegna* / *Contorno* per creare le regioni che serviranno per calcolare la superficie muraria.
4. Nell'elenco *Tipo di oggetto* della finestra di dialogo *Creazione contorni*, selezionare *Regione*.
5. Fare clic sul pulsante *Seleziona punti*.
6. Nel disegno, specificate un punto interno all'area chiusa della superficie muraria come da Figura 14.11 e premete INVIO per concludere il comando. Verranno create 27 regioni.
7. Digitate **SOTTRAI** per attivare velocemente l'operatore booleano per le sottrazioni.
8. Selezionate la regione più grande che identifica il muro e premete INVIO.
9. Ora fate clic sulle tre regioni che individuano i serramenti e, per sottrarli, premete INVIO.
10. Selezionate di nuovo la regione più grande; questa risulta essere ora "bucata" dalle superfici dei serramenti.
11. Premete il tasto destro del mouse e scegliete la voce *Proprietà* per visualizzare il valore dell'area.
12. Salvate il file con il nome *regione2.dwg* e chiudete il disegno.

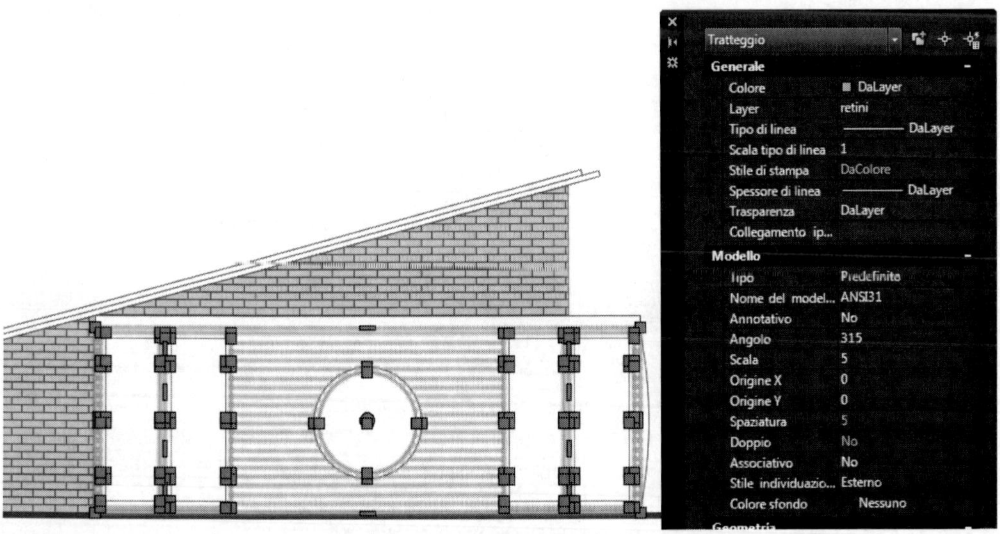


**Figura 14.12**
Calcolare la superficie muraria utilizzando il retino di riempimento.

Il valore di un'area campita può essere velocemente visualizzato sfruttando un oggetto *Contorno*. Nel prossimo esercizio, infatti, visualizzerete il valore di un'area utilizzando le proprietà del disegno di un retino di riempimento.

**Esercizio. Calcolo di un'area utilizzando un retino di riempimento.**

1. Aprite il file *misurageom.dwg* presente nel Capitolo 14 del Booksite e verificatene la "precisione" attraverso la finestra *Unità disegno*.
2. Come da Figura 14.12 fate clic sulla campitura disegnata.
3. Premete il tasto destro del mouse fate clic sulla voce *Proprietà*. Tra i dati proposti viene visualizzata anche l'area occupata del retino di riempimento.
4. Premete ESC per deselezionare la campitura. Chiudete pure il file senza salvarlo.

## Lo strumento Volume

L'opzione *Volume* del comando *MISURAGEOM* richiede la selezione di un oggetto tridimensionale, solido o mesh, oppure la definizione di un'area che corrisponde alla base dell'oggetto tridimensionale di cui indicare l'altezza ipotetica. Il calcolo si ottiene con modalità molto simili a quelle analizzate nel paragrafo precedente per il computo delle superfici utilizzando l'opzione *Area*.

Per conoscere il volume selezionando direttamente un'entità tridimensionale è necessario:

1. Espandere il menu dell'icona *Misura* presente nel gruppo *Utilità* e fare clic sull'opzione *Volume*.
2. Digitare **O** seguito da INVIO per attivare l'opzione *Oggetto*.
3. Fare clic sull'entità.
4. Premere ESC per uscire velocemente dal comando.

Per conoscere il volume definendo una superficie poligonale e la sua altezza, si deve:

1. Espandere il menu dell'icona *Misura* presente nel gruppo *Utilità* e fare clic sull'opzione *Volume*.
2. Fare immediatamente clic per definire il primo punto della poligonale che permette di individuare la superficie di base.
3. Continuare a fare clic per definirne i successivi vertici. AutoCAD, come visto nel paragrafo precedente riguardo l'opzione *Area*, delimita una superficie di colore verde che permette di individuare con facilità la poligonale che si sta creando.
4. Premere INVIO per concludere la superficie di base.
5. Digitare l'altezza per individuare il volume e premere INVIO per visualizzare il risultato.
6. Premere ESC per uscire velocemente dal comando

## Lo strumento PROPMASS

Il comando *PROPMASS* digitabile da tastiera permette di ottenere un insieme di informazioni molto più particolareggiate rispetto a quelle fornite dall'opzione *Volume* del comando *MISURAGEOM*; infatti permette di visualizzare in una finestra di testo (Figura 14.13) informazioni su massa, volume, casella di delimitazione, baricentro, momenti e prodotti di inerzia, raggi di girazione, momenti principali e direzione X-Y-Z rispetto al baricentro degli oggetti selezionati, oggetti che possono essere sia Solidi tridimensionali sia Regioni bidimensionali.

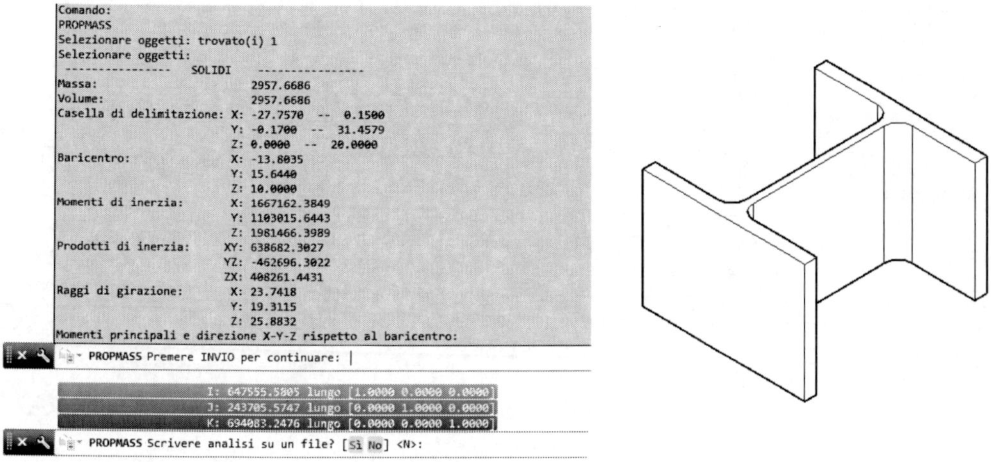


**Figura 14.13**
Il comando PROPMASS oltre a mostrare le proprietà di massa in una finestra di testo permette anche la possibilità di salvare le informazioni estrapolate in un file di testo con estensione .mpr.

## Lo strumento LISTA

Il comando *LISTA* digitabile da tastiera permette la visualizzazione nella finestra di testo della Riga di comando di tutte le caratteristiche legate alle entità selezionate (Figura 14.14).

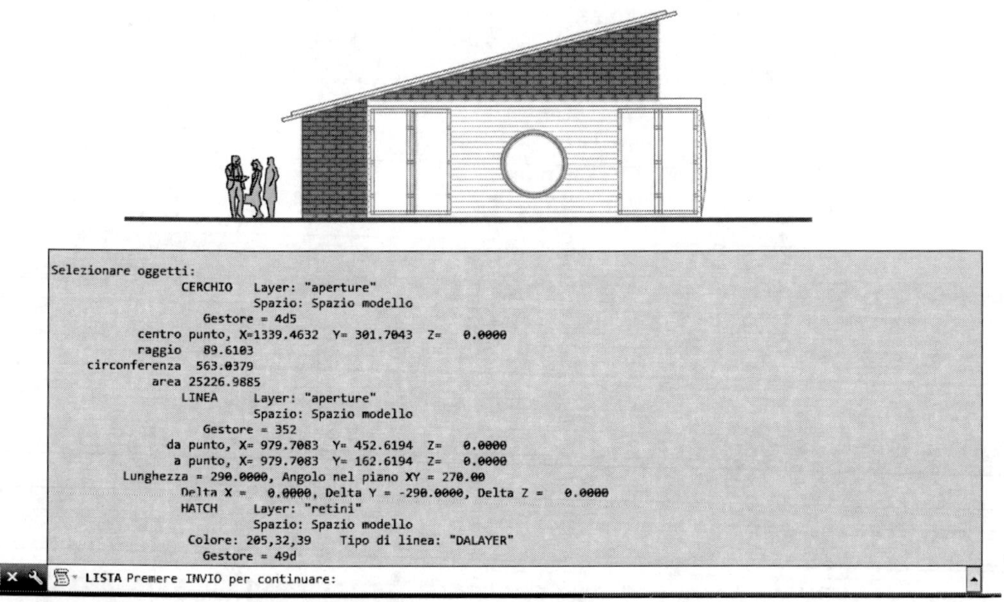


**Figura 14.14**
Il comando LISTA e la relativa finestra di dialogo.

## Capitolo 15

# La quotatura del disegno

Qualsiasi progetto necessita di essere comunicato in modo completo ed esplicito, soprattutto per quanto riguarda la comprensione delle dimensioni dell'insieme di oggetti che ne definiscono il disegno, comprensione che deve essere immediata, chiara ed esauriente.
AutoCAD permette di definire velocemente la caratteristiche di un elaborato grafico attraverso un gruppo di comandi che, come abbiamo anticipato nel Capitolo 11, sono dei veri e propri elementi testuali.
Nel caso specifico i tipi di oggetti che si possono utilizzare sono:

- Quote.
- Tolleranze.
- Direttrici.
- Multidirettrici.

**Nota**
Le Direttrici pur continuando ad apparire negli interfaccia di AutoCAD (anche per mantenere la totale compatibilità con le precedenti versioni del software) sono ormai state sostituite dal comando Multidirettrice, decisamente più intuitivo e versatile.

Tutti questi particolari oggetti testuali possono essere gestiti (Figura 15.1) sia nel gruppo *Annotazione* della scheda *Inizio* sia nei gruppi *Quote* e *Direttrici* della scheda *Annota*.

**Nota**
L'utilizzo della scheda Annota, fornendo un interfaccia più estesa e completa, permette un controllo degli elementi testuali più agevole ed immediato.

Queste entità, essendo oggetti annotativi devono essere gestiti con tutte le considerazioni che abbiamo sottolineato nei Capitoli 11 e 12; infatti le attenzioni devono concentrarsi sulla necessità che questi oggetti impongono, ovvero sulla leggibilità di ogni loro componente, soprattutto in fase di stampa.
Il controllo di questi oggetti può essere agevolmente effettuato attraverso l'opportuno utilizzo degli *Stili* che, infatti, permettono il totale controllo delle loro componenti grafico-testuali.
A questo proposito l'uso dell'annotatività, legata naturalmente alle scale di annotazione, risulta essere l'arma vincente per velocizzare enormemente l'impiego di queste particolari entità.

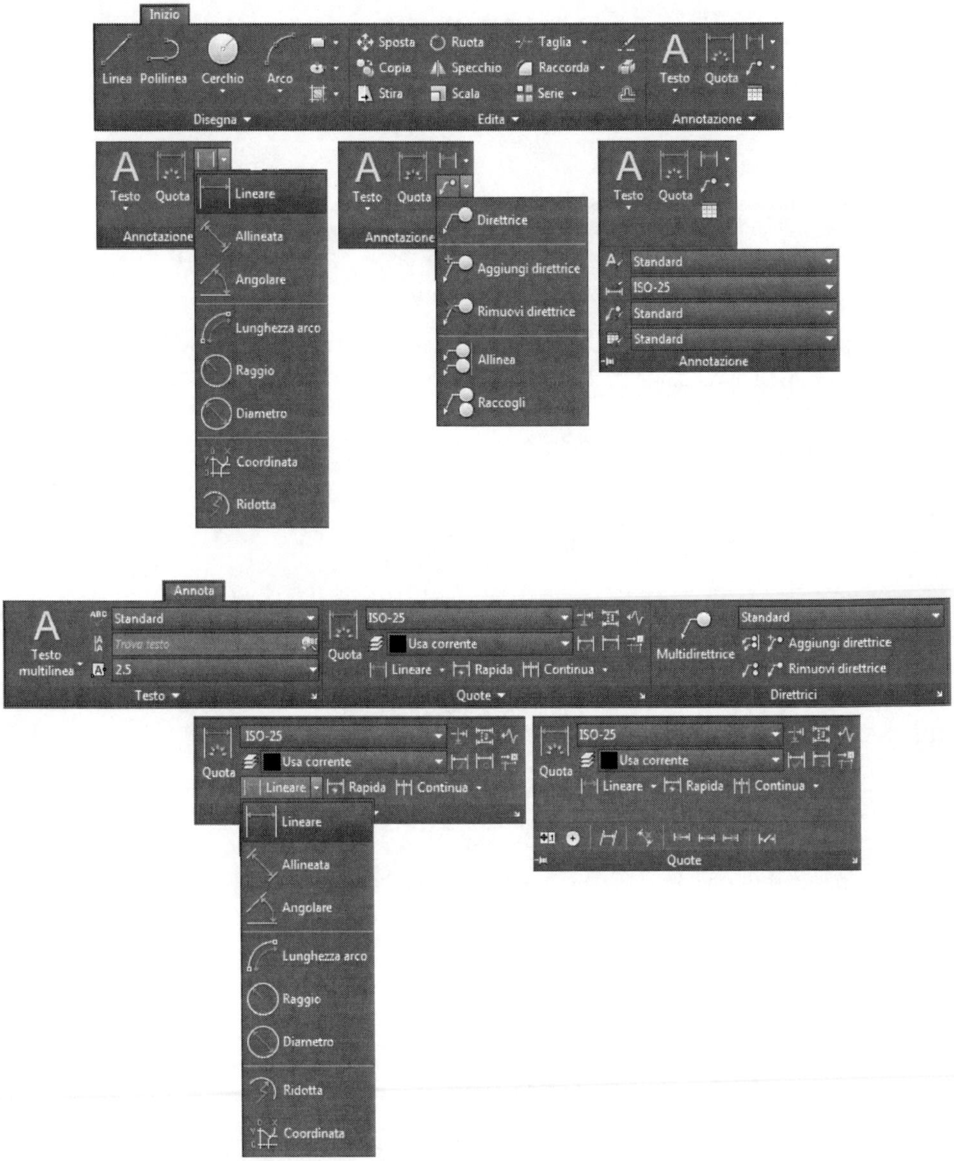


**Figura 15.1**
Il gruppo Annotazione della scheda Inizio e i gruppi Quote e Direttrici della scheda Annota. Si nota come la scheda Annota presenti i comandi già estesi e immediatamente disponibili.

## Il flusso di lavoro per la quotatura

Alla luce di quanto riportato, la gestione del disegno, quando si utilizzano entità che permettono la quotatura, può essere facilmente sintetizzata in quattro semplici passaggi:

1. Creare layer appositi per gli oggetti di quotatura.
2. Creare uno *Stile di testo* per gli oggetti di quotatura, in quanto AutoCAD ne richiederà comunque uno per inserirlo, nidificandolo, sia nello *Stile di quota* sia nello *Stile multidirettrice*.

3. Creare uno *Stile di quota* e/o uno *Stile multidirettrice*.
4. Creare gli oggetti con i comandi opportuni, utilizzando gli stili e i layer appositamente realizzati per la loro gestione.

**Nota**
Il concetto di nidificazione sarà approfondito nel Capitolo 17 riguardante i Blocchi.

Naturalmente, come sottolineato nel Capitolo 12, utilizzando l'annotatività si avrà il vantaggio di poter definire tutti gli elementi grafici in mm e si dovrà creare l'associazione tra gli oggetti annotativi disegnati e le scale annotative opportunamente realizzate per la loro gestione.

## Gli stili di quota

La creazione delle entità di quotatura in AutoCAD è un'operazione estremamente intuitiva, che necessita di operazioni abbastanza semplici. Il governo di queste entità, invece, deve necessariamente ricevere, per le ragioni sopra citate, una maggiore attenzione, in quanto l'opportuno utilizzo degli *Stili di quota* permette la gestione automatica di tutte le quote a quello stile associate, garantendo un'uniformità ed un'omogeneità grafica a tutto il disegno, nonché una velocizzazione di tutte le operazioni gestionali che un qualsiasi elaborato progettuale inevitabilmente necessita.
La procedura necessaria a creare un nuovo *Stile di quota*, come riportato nella Figura 15.2, prevede questi passaggi:

1. Fare clic sul pulsante a forma di freccia posto sulla destra del gruppo *Annota* della scheda *Inizio*.
2. Selezionare sulla sinistra uno stile da utilizzare come riferimento per la creazione del nuovo stile.

**Nota**
Nel caso di creazione di Stili annotativi è opportuno utilizzare lo stile di default Annotativa come riferimento di base; in questo modo tutti gli elementi grafici saranno già strutturati correttamente in mm, velocizzando così gli interventi di definizione degli stessi.

3. Nella finestra di dialogo *Gestione stile di quota*, fare clic sul pulsante *Nuovo*.
4. Nella finestra di dialogo *Crea nuovo stile di quota* digitare il nome del nuovo stile nel campo *Nuovo nome di stile* e premere il pulsante *Continua*.
5. Viene così aperta la finestra di dialogo *Nuovo stile di quota* che contiene al suo interno sette schede che permettono il controllo dei parametri che definiscono tutti gli elementi grafici che compongono una quota.
6. Dopo avere compilato le schede premere *OK* per memorizzare il nuovo stile e chiudere la finestra di dialogo *Nuovo stile di quota*.
7. Fare infine clic su *Chiudi* per uscire dalla finestra *Gestione stile di quota.*

**Nota**
Per modificare uno stile è sufficiente ripetere le stesse operazioni facendo clic, al punto 3, sul pulsante Modifica.

Le sette schede presenti in Figura 15.2 permettono di controllare, sia in fase di creazione sia in fase di modifica, ogni singolo elemento che definisce non solo l'aspetto grafico dell'entità *Quota*, ma anche la misurazione che questa effettua degli oggetti presenti sul piano di disegno. Infatti la quotatura non segue le impostazioni della finestra *Unità disegno*, ma le parametrizzazioni definite dallo stile a cui è associata.

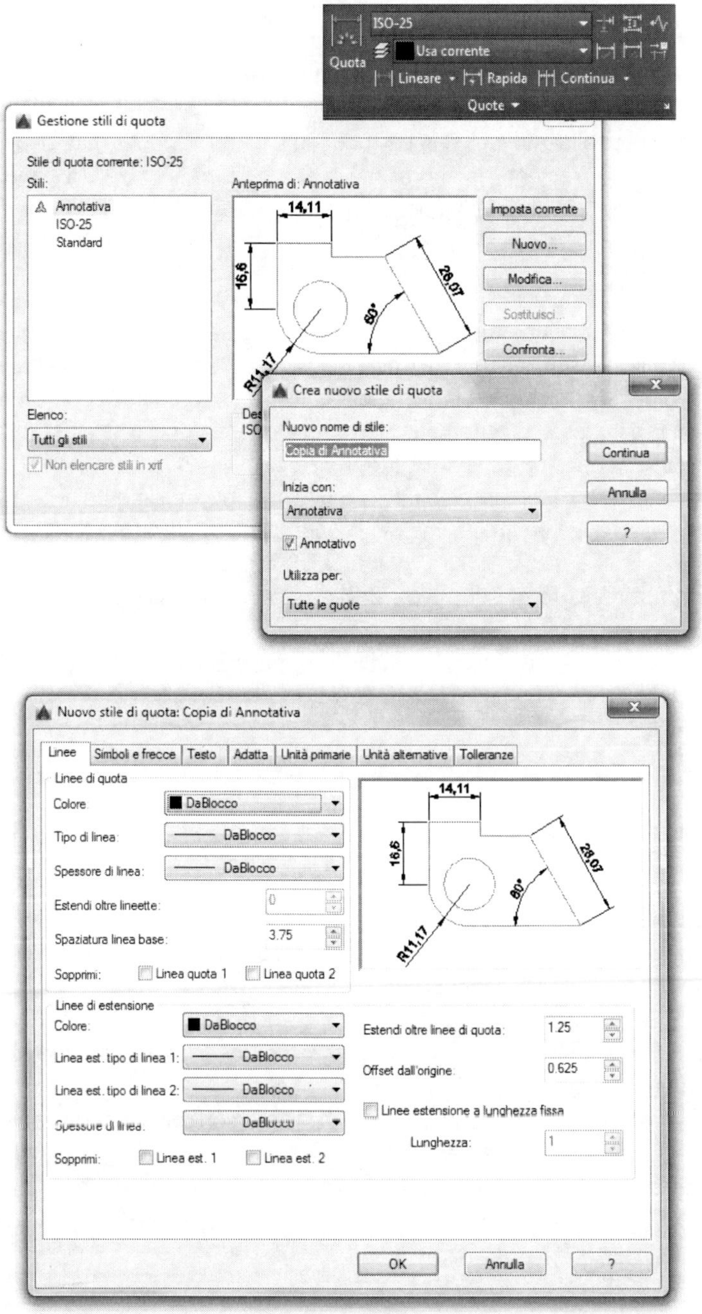


**Figura 15.2**
L'interfaccia che permette la creazione di un nuovo Stile di quota.

## La scheda Unità primarie

La scheda *Unità primarie*, riportata in Figura 15.3, è quella che permette di impostare la precisione e l'unità di misura delle distanze riportate dalla quotatura sul disegno e che, quindi, comunica il corretto dimensionamento dell'oggetto descritto nell'elaborato.

**Figura 15.3**
La scheda Unità primarie.

Tutte le schede sono divise per settori che permettono un controllo estremamente intuitivo dei campi in esso visualizzati. Nel caso della scheda *Unità primarie* è opportuno sottolineare alcuni punti che vanno controllati con particolare attenzione e sono:

- Settore *Quote lineari* e *Quote angolari*: i campi *Formato unità* e *Precisione* permettono di definire l'unità di misura (generalmente si utilizza la voce *Decimale*) e l'arrotondamento della misurazione; quest'ultimo va sempre impostato in modo tale che mostri almeno due cifre decimali, le quali poi possono eventualmente essere contratte nel settore *Soppressione dello zero*.
- Settore *Scala di misurazione*: il campo *Fattore di scala* permette di modificare il valore reale misurato nel disegno; se, ad esempio si avesse disegnato in mm e si volessero riportare i valori della quotatura in metri bisognerebbe inserire il valore 1/1000.
- Settore *Quote lineari*: il parametro *Prefisso* può essere utilizzato per inserire il simbolo di diametro anche quando si stanno quotando elementi lineari che, ad esempio, rappresentano sezioni di oggetti cilindrici; in questo caso bisogna digitare nel campo di testo il valore %%C.

**Nota**
Poiché l'inserimento di suffissi o prefissi nello stile di quota comporta che tutte le quote che seguono quello stile vengono disegnate con quella impostazione grafica, spesso, quando l'intervento risulta essere puntuale, è più opportuno operare in un secondo momento, ovvero durante la fase di modifica della parte testuale della quota creata.

## La scheda Unità alternative

La scheda *Unità alternative* invece, se attivata, permette di visualizzare accanto alla misurazione effettuata un secondo testo di quota, ottenuto moltiplicando le *Unità primarie* con il *Moltiplicatore unità altern.* presente nel settore *Unità alternative*. In questo caso risulta utile indicare alla voce *Suffisso* o *Prefisso* l'unità di misura adottata.

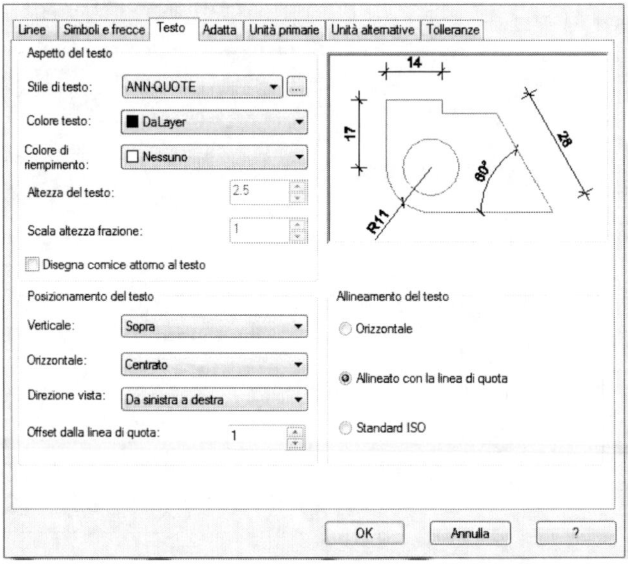


**Figura 15.4**
La scheda Testo.

## La scheda Testo

La scheda *Testo* permette di impostare aspetto e allineamento della parte testuale definita nelle *Unità primarie* rispetto agli elementi grafici che compongono la quotatura. In particolare:

- Settore *Aspetto del testo*: il campo *Stile di testo* richiede necessariamente che venga associato allo *Stile di quota* uno stile di testo che ne gestisce l'aspetto e la composizione grafica; in questo caso se si intende utilizzare uno stile di quota annotativo è opportuno che anche lo stile di testo sia annotativo così da facilitare la gestione della nidificazione creata.

**Nota**
In alcuni casi, come ad esempio per le tolleranze geometriche, affinché sia applicata correttamente l'annotatività è necessario che lo stile di testo nidificato presenti l'altezza del testo pari a 0.

- Settore *Posizionamento del testo*: il campo *Offset dalla linea di quota* permette di definire la distanza del testo dalla linea di quota (generalmente 1mm di gap in fase di stampa è il valore ottimale).

## La scheda Adatta

La scheda *Adatta* permette di controllare il posizionamento degli elementi grafici che compongono la quotatura quando questi non hanno lo spazio sufficiente per essere disegnati; inoltre permette di impostare un eventuale parametro che fornisce un valido strumento di controllo nella gestione del dimensionamento della forma delle quote nel disegno.

In particolare:

- Settore *Scala per le lavorazioni di quota*: la casella di spunta *Annotativa* permette di definire che lo stile di quota segua le regole dell'annotatività, facilitando così le operazioni di gestione delle entità *Quota*. In caso non si desiderasse attivare l'annotatività è possibile agire sugli elementi che si considera graficamente ben proporzionati tra loro utilizzando la voce *Utilizza scala generale di* che permette definire un moltiplicatore dimensionale senza dover così variare i parametri uno ad uno tra le varie schede.

## La scheda Simboli e frecce

La scheda *Simboli e frecce* permette in modo estremamente intuitivo e chiaro di definire gli elementi simbolici che individuano i termini di misurazione di una qualsiasi tipologia di quota e per le quelle ottenute con i comandi *Lunghezza arco* e *Contrassegna centro.* In particolare:

- Settore *Punte della freccia*: la voce *Direttrice* permette di definire il segno di riferimento dell'ormai obsoleta quotatura creata con il comando omonimo; infatti il comando *MULTIDIR* permette la creazione di un'entità molto più flessibile, governata da un proprio stile indipendente.
- Settore *Interruzione quota*: permette di impostare la dimensione dello spazio di interruzione che è possibile creare con il comando *Interrompi* tra due quote che si intersecano.
- Settore *Quota riduzione raggio*: il parametro fa sì che si possa gestire l'angolazione del simbolo di riduzione creato con i comandi *Quota linea ridotta* e *Ridotta*.
- Settore *Quota riduzione lineare*: permette di controllare l'altezza della riduzione creata dal comando *Quota linea ridotta*.

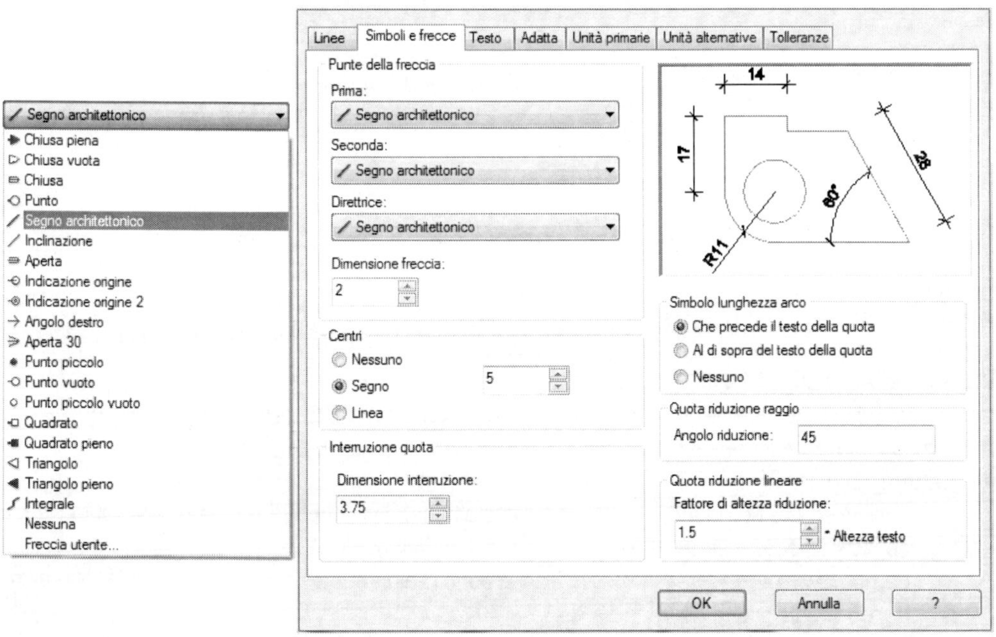


**Figura 15.5**
La scheda Simboli e frecce.

## La scheda Linee

La scheda *Linee* consente di impostare l'aspetto delle linee che compongono la quota. In particolare è importante sottolineare:

- Settore *Linee di quota*: il parametro *Spaziatura linea base* permette di definire la distanza tra le linee di quota quando si utilizzano i comandi *Linea base* e *Quotatura rapida*; il valore impostato influenza, però, solo le nuove quote non quelle già definite dopo l'eventuale modifica del parametro nello stile.
- Settore *Linee di estensione*: il parametro *Offset dall'origine* definisce la distanza tra l'elemento quotato e l'inizio delle linee di estensione, mentre la voce *Linee di estensione a lunghezza fissa* permette di impostare la lunghezza delle linee di estensione a prescindere dalla distanza del posizionamento della quota dall'elemento quotato.

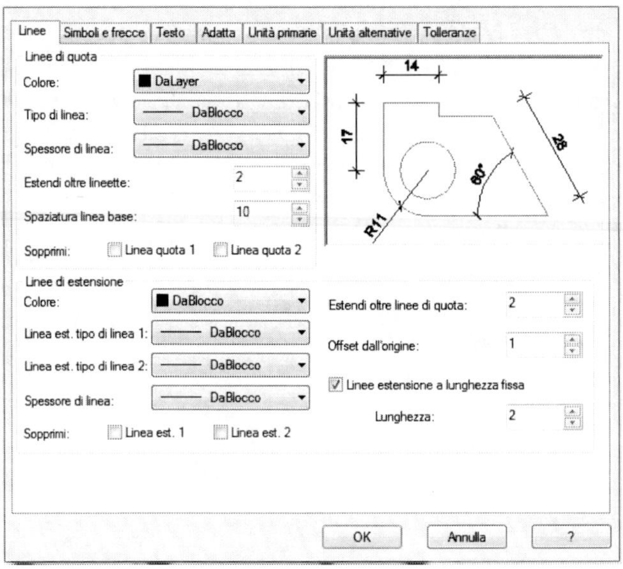


**Figura 15.6**
La scheda Linee.

## La scheda Tolleranze

La scheda Tolleranze permette di inserire i valori di tolleranza accanto al testo della quota. Le impostazioni più significative sono:

- Settore *Formato tolleranza*:
  - Voce *Metodo*: nell'elenco a discesa è possibile definire il tipo di tolleranza che si desidera applicare per lo stile di quota.
  - Campi *Valore superiore* e *Valore inferiore*: sono i valori numerici che esprimono la tolleranza dimensionale scelta nel menu a discesa *Metodo*.
  - Voce *Scala per altezza*: è un fattore di scala che permette di differenziare la dimensione del testo che comunica la tolleranza rispetto a quello della quota.
  - Campo *Posizione verticale*: imposta l'allineamento verticale della tolleranza rispetto a quello della quota.

**Nota**
Riassegnando uno stile a una quota esistente gli eventuali valori di tolleranza inseriti localmente vengono sostituiti dai valori preimpostati nella scheda Tolleranze.

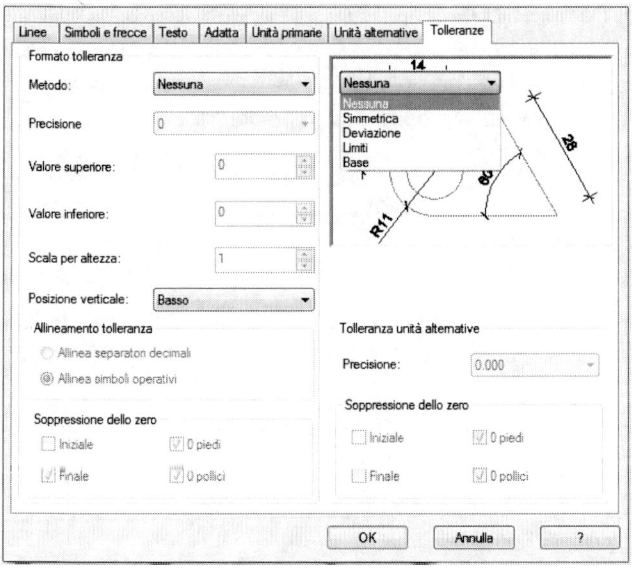


**Figura 15.7**
La scheda Tolleranze.

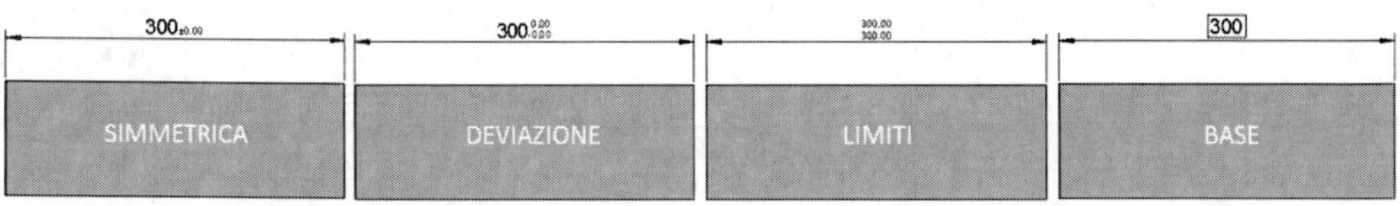


**Figura 15.8**
Tipi di tolleranza definibili con il menu a discesa *Metodo*.

## La creazione di sottostili

È possibile creare sottostili di quota che, per determinati tipi di quote, creino delle variazioni grafiche rispetto allo stile al quale fanno riferimento; in questo modo è possibile, ad esempio, fare in modo che, pur utilizzando lo stesso identico stile, le quote lineari abbiano gli elementi terminali disegnati con il trattino obliquo , mentre i raggi e i diametri raffigurati con le frecce.

Per creare un sottostile di quota bisogna:

1. Fare clic su scheda *Annota* / gruppo *Quote* / *Stile di quota* (la piccola freccia in basso a destra).
2. In *Gestione stili di quota*, selezionare lo stile in base al quale si desidera creare un sottostile e fare clic sul pulsante *Nuovo*.
3. Nella finestra di dialogo *Crea nuovo stile di quota*, selezionare il tipo di quota che verrà applicato al sottostile dall'elenco *Utilizza per*.
4. Fare clic su *Continua*.

5. Nella finestra di dialogo *Nuovo stile di quota*, selezionare la scheda appropriata e apportare le modifiche necessarie per definire il sottostile.
6. Fare clic su *OK* per memorizzare il sottostile.
7. Fare clic su *Chiudi* per uscire dalla finestra di dialogo *Gestione stili di quota*.

Disegnando le quote, nel caso si utilizzi uno stile che presenta delle variazioni di sottostile, AutoCAD sceglie automaticamente il sottostile appropriato in base al comando di quotatura scelto. Inoltre, applicando anche successivamente uno stile alle entità *Quota*, gli oggetti appartenenti alle tipologie del sottostile creato, adatteranno la propria immagine grafica.

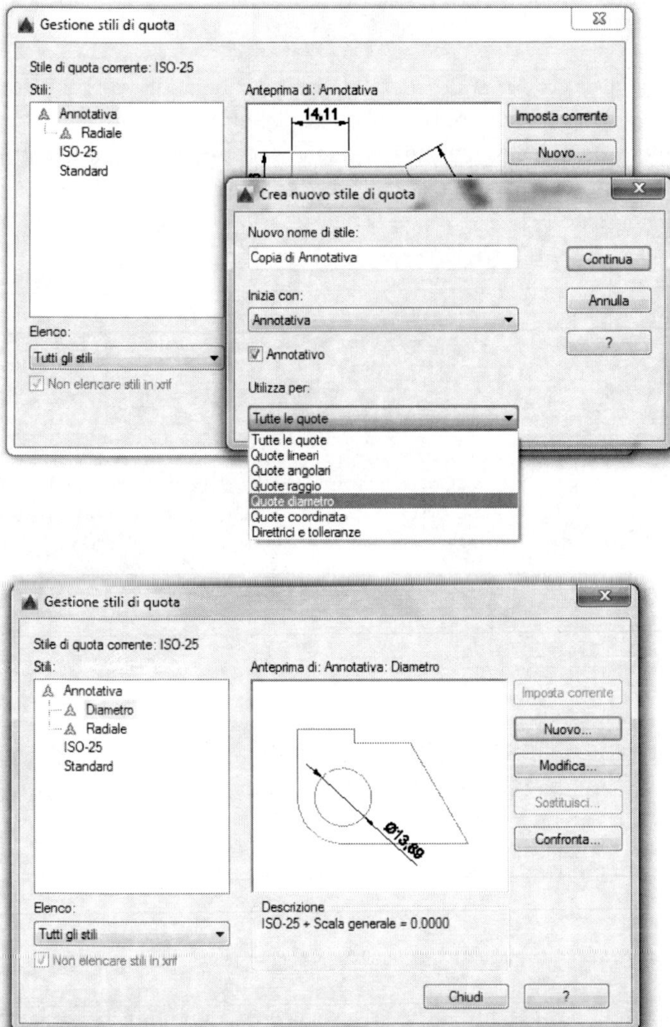


**Figura 15.9**
Creazione di un sottostile di quota. In figura è possibile visualizzare come AutoCAD mostri i sottostili come variazioni di tipo di uno specifico stile.

# I comandi di quotatura

Come sottolineato all'inizio del capitolo i comandi che permettono la creazione degli oggetti *Quota* si trovano sia nella scheda *Inizio* che nella scheda *Annota*.

Quest'ultima, però, permette una gestione dell'applicazione dei comandi molto più comoda in quanto presenta le possibilità di controllo in modo più esteso e, quindi, più immediato (Figura 15.10).

---

**Nota**

Quando vengono disegnate le quote, AutoCAD crea un Layer chiamato Defpoints, utilizzato dal sistema per calcolare le misurazioni espresse dalle operazioni di quotatura.

---

Il gruppo *Quote* permette, perciò, di accedere a tutti i comandi che consentono la creazione e la modifica degli oggetti che servono per la quotatura del disegno, dove, come abbiamo visto, le caratteristiche geometriche e di misurazione dipendono dallo stile di quota assegnato.
Inoltre, attraverso l'utilizzo del menu a discesa *Sostituzione layer corrente* unitamente all'utilizzo del nuovo e versatile comando *DIM*, permette di definire il layer sul quale le quote debbono essere calcolate a prescindere dal layer corrente.

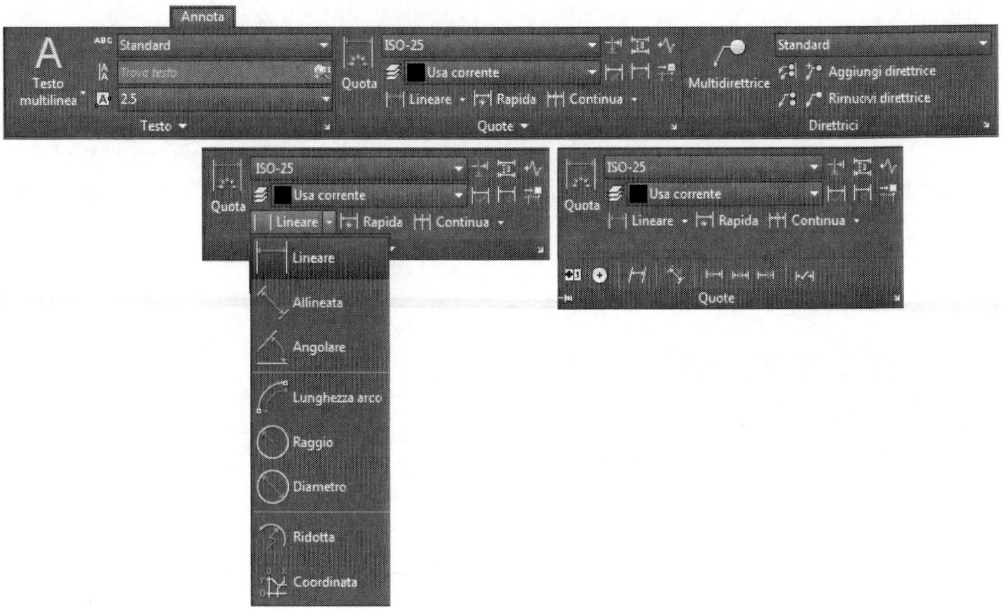


**Figura 15.10**
Il gruppo Quote della scheda Annota permette un'immediata gestione degli oggetti Quota.

Le tipologie di comando che permettono la creazione della quotatura sono molte, ma il nuovo comando *DIM* attivabile utilizzando l'icona *Quota* permette di velocizzare e facilitare enormemente le operazioni di disegno, in quanto raggruppa in sé praticamente tutti i comandi presenti nel gruppo *Quote* e visibili nella Figura 15.10.
Infatti i tipi supportati includono:

- le quote verticali, orizzontali e allineate,
- le quote lineari ruotate e angolari,
- le quote raggio e diametro,
- le quote raggio ridotto e lunghezza arco,
- le quote continue e la linea di base.

L'utilizzo del comando *DIM* è decisamente intuitivo in quanto basta:

1. Posizionare il cursore su un oggetto. Il comando *DIM* visualizza in anteprima il tipo di quota adatto da utilizzare, inoltre premendo il tasto destro del mouse o le opzioni ipertestuali presenti nella riga di comando è possibile attivare le opzioni contestuali all'oggetto puntato (Figura 15.11).
2. Selezionare gli oggetti, le linee o i punti da quotare e fare clic in un punto qualsiasi nell'area di disegno per disegnare la quota.
3. Premere INVIO per concludere il comando.

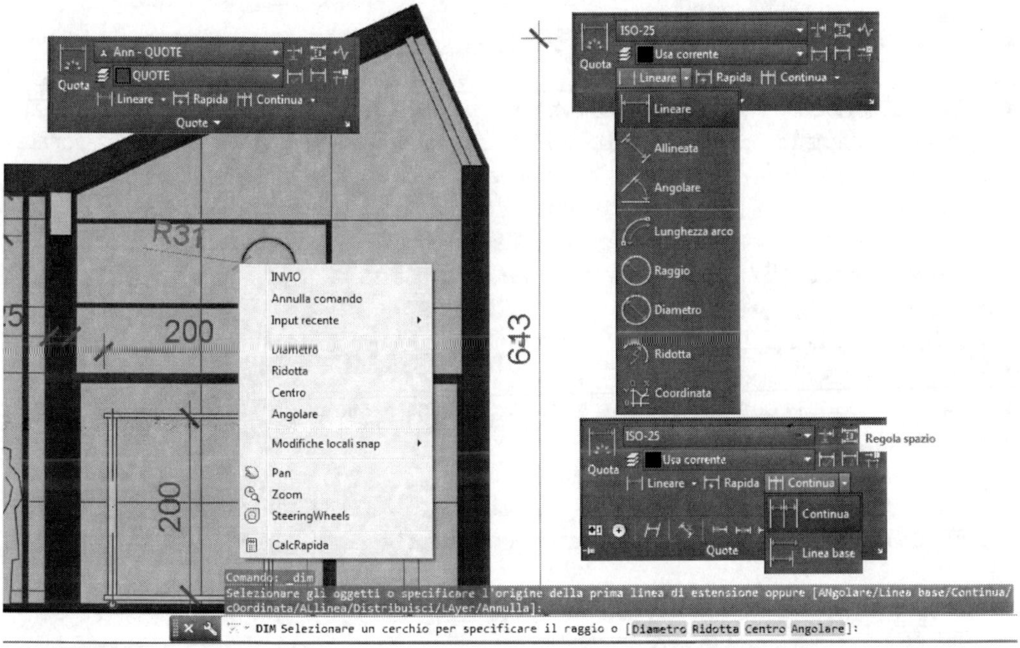


**Figura 15.11**
Il comando DIM permette attraverso l'anteprima di comprendere quale tipologia di quotatura verrà creata, in alternativa è possibile premere il tasto destro del mouse per gestire le opzioni contestuali all'oggetto puntato.

Quando si lancia il comando viene visualizzato il messaggio *Selezionare gli oggetti o specificare la prima linea di estensione oppure [ANgolare/Linea base/Continua/coOrdinata/ALlinea/Distribuisci/Layer/Annulla]* che permettono un approfondito controllo degli elementi di quotatura.

In particolare:

- *Selezionare gli oggetti*: AutoCAD seleziona automaticamente un tipo di quota applicabile per gli oggetti puntati e visualizza i messaggi di richiesta corrispondenti al tipo di quota sulla riga di comando; in alternativa è possibile utilizzare il tasto destro del mouse.
- *specificare l'origine della prima linea di estensione*: crea una quota lineare quando vengono selezionati due punti nell'area lavorativa.

Queste due voci sono quelle più utilizzate e descritte nella procedura precedente.

Le altre corrispondono anche alle icone dei comandi presenti sempre nel gruppo *Quote* della scheda *Annota* (Figura 15.11 a destra).

- *ANgolare:* permette di creare una quota angolare che mostra l'angolo tra tre punti o l'angolo tra due linee.
- *Linea base:* permette di definire una quota lineare, angolare o coordinata a partire dalla prima linea di estensione della quota precedente.
- *Continua:* crea una quota lineare, angolare o coordinata, proseguendo dalla seconda linea di estensione di una quota selezionata.
- *coOrdinata:* crea una quota coordinata, ovvero una quota che riporta il valore X, Y o Z del sistema di riferimento corrente.
- *ALlinea:* allinea più quote parallele, concentriche o dello stesso sistema di riferimento a una quota base selezionata.
- *Distribuisci:* specifica il metodo per la distribuzione di un gruppo di quote coordinate o lineari isolate selezionate; l'opzione *Uguale* distribuisce uniformemente tutte le quote selezionate (questo metodo richiede un minimo di tre linee di quota); *Offset* consente di distribuire tutte le quote selezionate alla distanza di offset specificata.
- *Layer:* permette di ignorare il layer corrente per assegna le nuove quote al layer specificato.
- *Annulla:* permette di annullare l'ultima operazione di quotatura.

Inoltre, nel caso si facesse clic per posizionare una nuova quota sopra ad una già esistente vengono visualizzate le seguenti opzioni:

- *Sposta:* dispone la quota esistente e quella appena inserita in un tipo di quota della *Linea di base.*
- *Suddividi:* divide la quota esistente in due quote e le dispone in un tipo di quota *Continuo.*
- *Sostituisci:* elimina la quota esistente e la sostituisce con quella inserita.
- *Nessuno:* inserisce la nuova quota superiormente a quella esistente.

Non sempre l'utilizzo delle opzioni del comando *DIM* risulta essere immediato, in questo caso è possibile ricorrere al menu a discesa di Figura 15.11 che, spesso risulta essere più esplicito nelle procedure di creazione di una particolare tipologia di quotatura.
Per creare facilmente una quota *Angolare* è quindi possibile:

1. Fare clic su scheda *Inizio* / gruppo *Annotazione* / *Angolare.*
2. Selezionare la prima linea, quindi la seconda.
3. Specificare la posizione dell'arco della linea di quota.

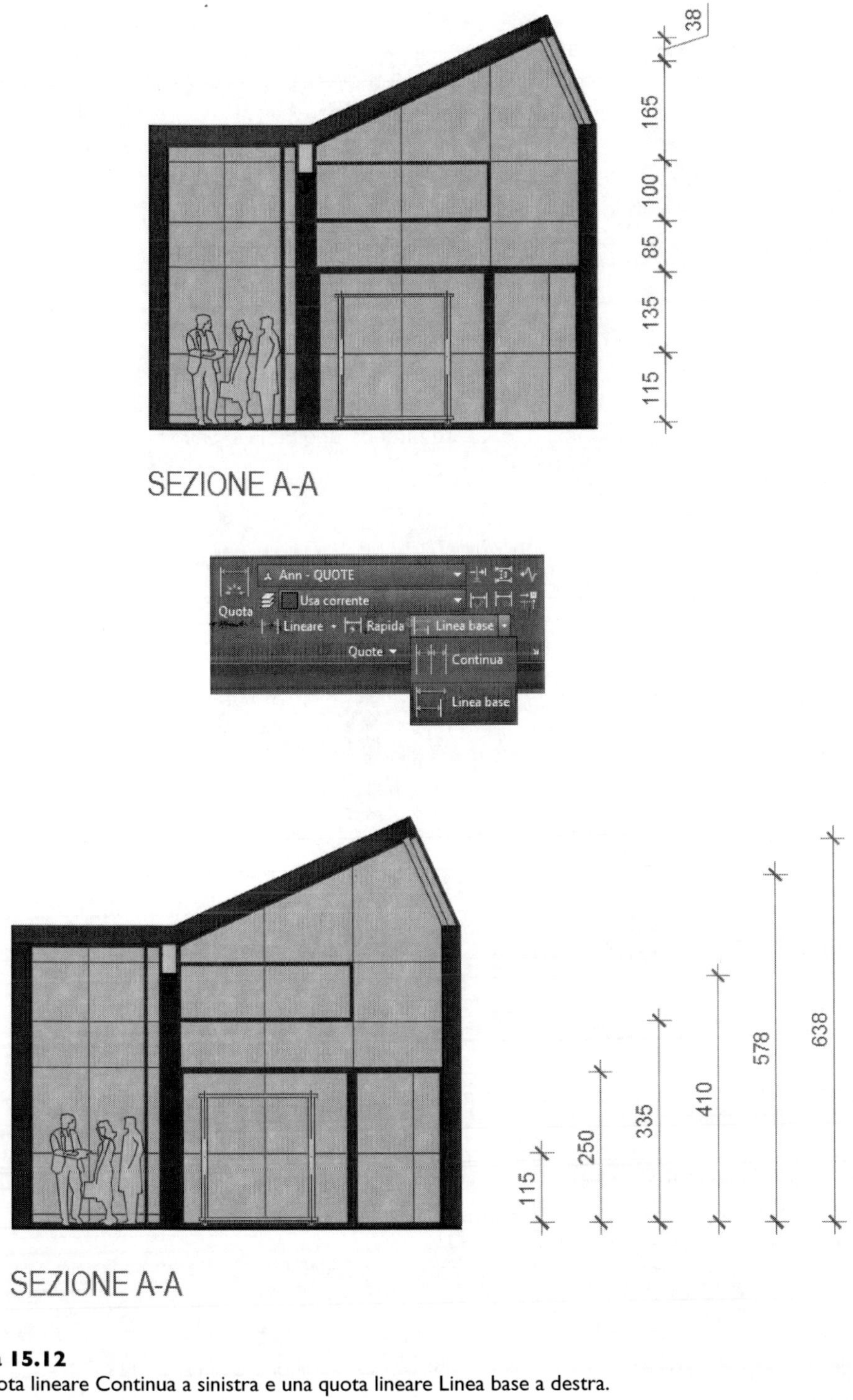


**Figura 15.12**
Una quota lineare Continua a sinistra e una quota lineare Linea base a destra.

Per creare velocemente una quota lineare della *Linea base* (Figura 15.12 a destra) è necessario:

1. Creare una quota lineare che serve per definire l'inizio della quotatura.
2. Fare clic su scheda *Annota* / gruppo *Quote* / *Linea base*. L'origine dell'ultima quota lineare creata viene utilizzata per default come prima linea di estensione per la nuova quota.
3. Utilizzare uno snap ad oggetto per selezionare l'origine della seconda linea di estensione. La seconda linea di quota viene posizionata automaticamente alla distanza specificata dall'opzione *Spaziatura linea base* nella scheda *Linee* della finestra di dialogo *Gestione stili di quota*.
4. Utilizzare uno snap ad oggetto per specificare le origini della linea di estensione successiva.
5. Continuare a selezionare le origini delle linee di estensione richieste.
6. Premere due volte INVIO per terminare il comando.

Per creare invece velocemente una quota lineare *Continua* (Figura 15.12 a sinistra) dovete:

1. Creare una quota lineare che serve per definire l'inizio della quotatura.
2. Fare clic su scheda *Annota* / gruppo *Quote* / *Continua*. L'origine della seconda linea di estensione della quota esistente viene utilizzata come origine della prima linea di estensione.
3. Utilizzare gli snap ad oggetto per specificare ulteriori origini della linea di estensione.
4. Premere due volte INVIO per terminare il comando.

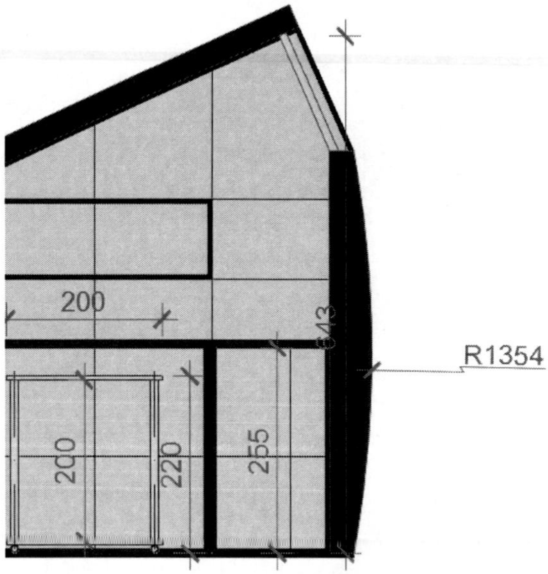


**Figura 15.13**
L'uso del comando Ridotta per definire il raggio di un arco estremamente ampio.

L'icona del comando *Ridotta* consente di creare quote di raggio che devono essere disegnate interrotte quando, ad esempio, il centro di un arco o di un cerchio si trova all'esterno del disegno e non può essere visualizzato nella sua posizione reale.

Per definire velocemente una quota ridotta di raggio è possibile:

1. Fare clic su *Annota* / gruppo *Quote* / *Ridotta*.
2. Selezionare un arco, un cerchio o un segmento di arco della polilinea.
3. Specificare un punto per l'origine della quota e della posizione centro da modificare.

4. Specificare un punto per l'angolo della linea di quota e la posizione del testo della quota.
5. Specificare un altro punto per la posizione della riduzione della quota.

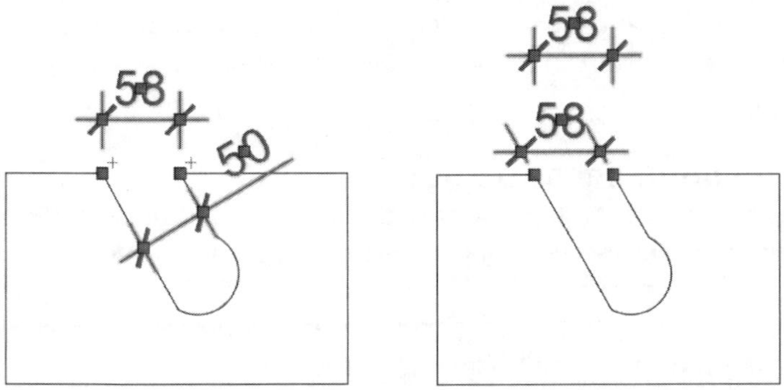


**Figura 15.14**
Uso di quote oblique (a destra) o ruotate (a sinistra) per facilitare la lettura del disegno.

In alcuni casi può essere utile modificare la rappresentazione grafica di una quota per favorirne la leggibilità; il caso delle quote oblique o di quote ruotate (Figura 15.14) è un esempio di questa necessità comunicativa.
Per rendere oblique le linee di estensione la procedura prevede:
1. Fare clic su scheda *Annota* / gruppo *Quote* / *Obliquo*.
2. Selezionare la quota.
3. Digitare un valore per l'angolo di inclinazione.

Per creare una quota ruotata, invece, si deve:
1. Fare clic sulla scheda *Inizio* / gruppo *Annotazione* / *Lineare*.
2. Fare clic per specificare le origini della prima e della seconda linea di estensione.
3. Per ruotare le linee di estensione e la misurazione, digitare *R* (opzione *Ruotato*).
4. Digitare l'angolo di inclinazione.
5. Specificare la posizione della linea di quota con un clic.

**Nota**
Una quotatura obliqua continua a misurare linearmente, mentre una quotatura ruotata modifica la misurazione in base all'angolo di rotazione della quota.

# Modificare una quota localmente

Nelle righe precedenti abbiamo accennato al fatto che, in alcuni casi, è necessario intervenire su una quota disegnata per migliorarne l'aspetto comunicativo. A questo proposito AutoCAD fornisce un insieme di comandi, di strumenti e di tecniche di manipolazione diretta che permettono un agevole intervento sulle entità di quotatura create.
Queste modifiche "locali", però, non devono indurre a trascurare l'omogeneità di gestione che gli stili consentono, ma devono essere effettuate in modo puntuale ed attento, solo se è effettivamente necessario; è quindi fortemente sconsigliato utilizzare le modifiche locali per intervenire "globalmente" sulle proprietà delle quote.
A questo proposito vi sono due tecniche che si possono utilizzare per ripristinare le modifiche locali

in favore dello stile a cui le quote, ricordiamo, necessariamente appartengono:

1. Selezionare la quota e scegliere la voce *Rimuovi sostituzioni stile* dal menu che appare premendo il tasto destro del mouse.
2. Rendere corrente lo stile desiderato e utilizzare il comando *Aggiorna*, presente nel gruppo *Quote* della scheda *Annota*, che permette di applicare alle quote selezionate tutte le proprietà dello stile corrente.

## Sistemazione delle linee di quota

Le modifiche locali però sono estremamente utili in fase di quotatura perché permettono di migliorare l'impostazione del disegno e, anche, di velocizzare la stesura dell'elaborato.
Infatti, un comando estremamente utile in fase di quotatura risulta essere quello rappresentato dell'icona *Interrompi* in quanto permette di interrompere (o ripristinare) le linee di quota e di estensione nel punto in cui intersecano altre linee di quota (Figura 15.15).
Per interrompere una linea di quota è necessario:

1. Fare clic su scheda *Annota* / gruppo *Quote* / *Interrompi*.
2. Selezionare la quota che si vuole interrompere.
3. Premere INVIO.

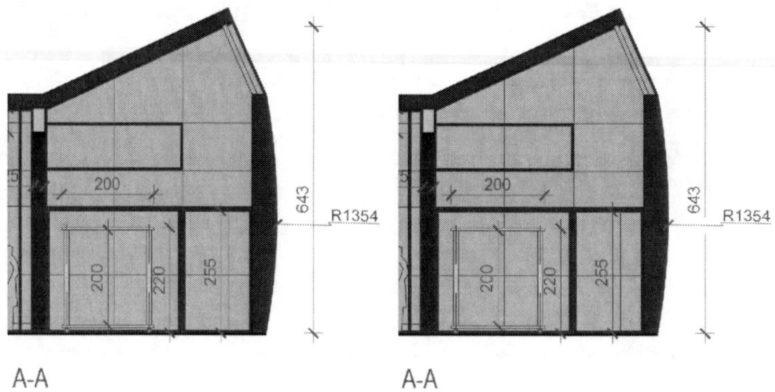


**Figura 15.15**
Il comando Interrompi consente di creare un'interruzione grafica nei punti di intersezione tra due o più quote.

---

**Nota**
L'opzione R (Ripristina) del comando di quotatura Interrompi permette di ripristinare la forma originaria della quota, togliendo così l'interruzione creata.

---

Estremamente interessante e pratico è sicuramente lo strumento *Regola spazio* che permette di ridisporre velocemente le quote disegnate uniformandone la distanza reciproca (Figura 15.16).
Per uniformare la distanza tra le linee di quota dovete:

1. Fare clic su scheda *Annota* / gruppo *Quote* / *Regola spazio*.
2. Selezionare la quota che deve rimanere ferma.
3. Selezionare le quote da uniformare e premere INVIO per confermare.
4. Digitare la distanza tra le quote.
5. Premere INVIO.

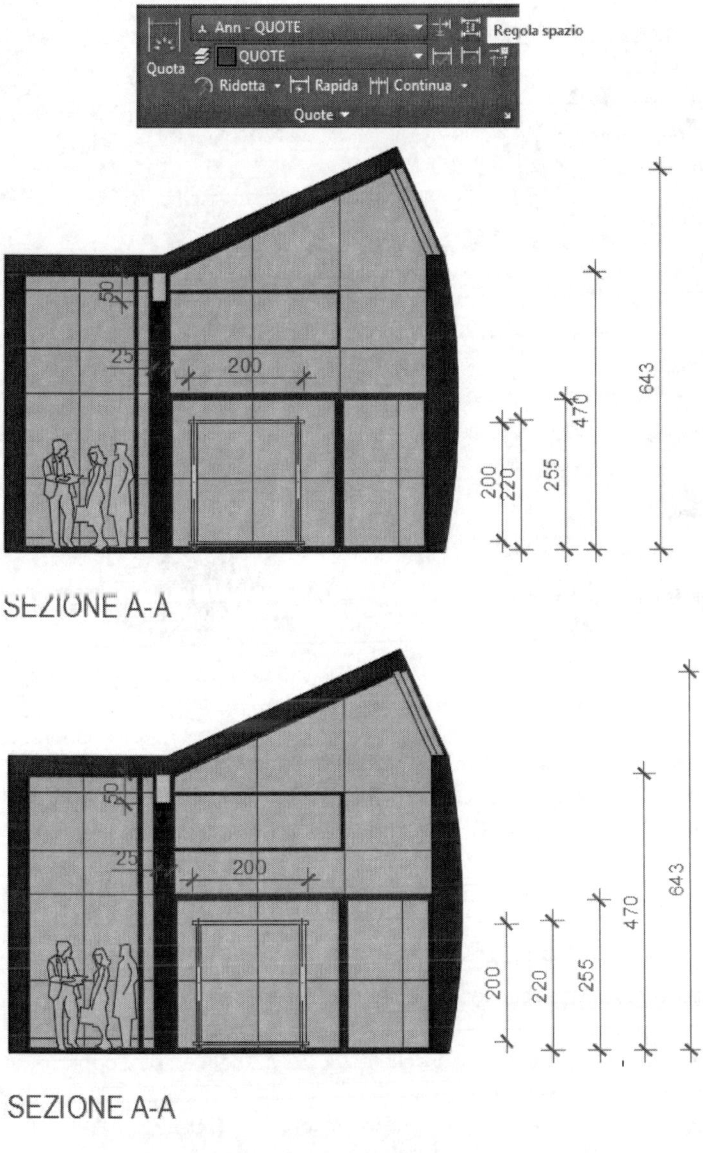


**Figura 15.16**
Il comando Regola spazio permette di uniformare velocemente la distanza tra le quote selezionate.

## Modifica con la tavolozza Proprietà

Uno dei metodi più utilizzati per il controllo della modifica puntuale degli elementi grafici che compongono una quota è l'utilizzo della tavolozza *Proprietà*, che, come abbiamo visto nel Capitolo 7, permette di accedere a tutti i parametri che compongono un'entità geometrica creata in AutoCAD.

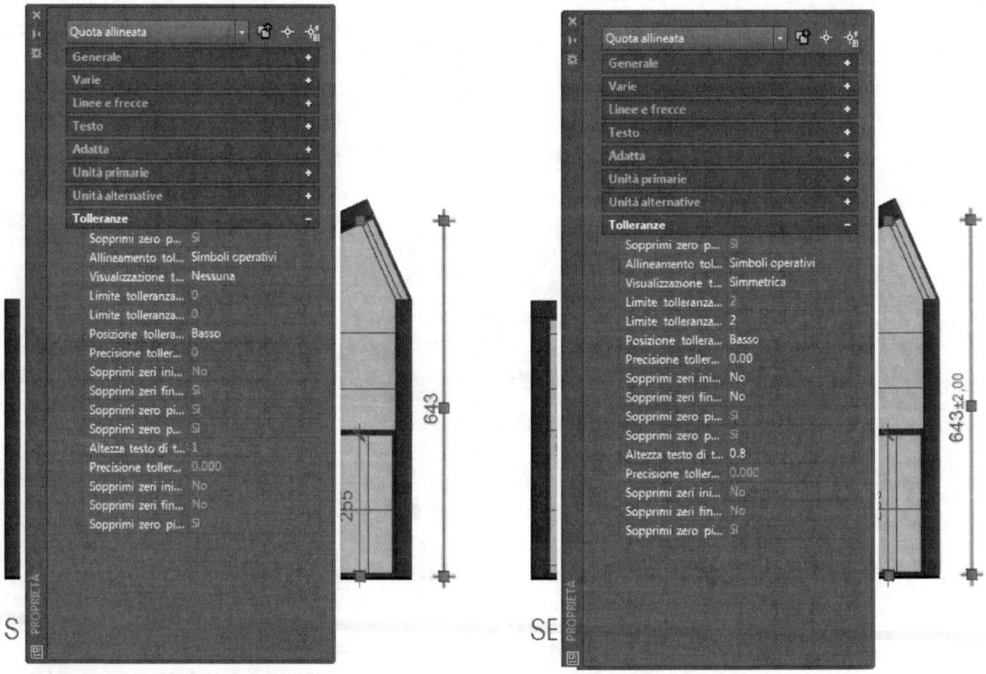


**Figura 15.17**
La tavolozza Proprietà permette di intervenire puntualmente su tutte le proprietà di una quota.

**Esercizio. Modifica locale di una quota attraverso la tavolozza Proprietà.**

1. Aprite il file *tolleranze.dwg* del Capitolo 15 del Booksite. Il file presenta il disegno quotato del prospetto di un'abitazione. Dovete inserire una tolleranza sulla quota più a destra (Figura 15.17).
2. Selezionate la quota più a destra, premete il tasto destro del mouse e fate clic sulla voce *Proprietà*.
3. Scorrete le proprietà della quota fino a raggiungere la sezione *Tolleranze*. Alla voce *Visualizzazione tolleranza* scegliete dal menu *Simmetrica*.
4. Come *Limite tolleranza superiore* digitate **2** e alla voce *Altezza testo tolleranza* digitate **0.8**.
5. Ora alla voce *Precisione tolleranza* scegliete *0.00* e *No* nel campo Sopprimi zeri finali.
6. Premete ESC per deselezionare la quota.
7. Salvate il file con il nome *tolleranze2.dwg* e chiudetelo.

La tavolozza *Proprietà* quindi risulta, per le modifiche locali, un validissimo aiuto perché permette di intervenire praticamente su <u>tutte</u> le sfaccettature (grafiche e testuali) che compongono la quota, permettendo così un pieno controllo della sua comunicazione grafica (vedi Figura 15.17). Le modifiche eventualmente apportate vengono applicate però <u>solo</u> agli elementi selezionati e, come prima sottolineato, non coinvolgono in alcun modo lo stile a cui questi appartengono.

## Modifica con i grip

Una delle modifiche più frequenti che riguardano le quote è sicuramente quella del riposizionamento della quota o degli elementi grafici che la definiscono. La tecnica più semplice e più intuitiva risulta essere quella della manipolazione diretta dei grip che appaiono dopo avere selezionato l'entità sulla quale si vuole intervenire. Ogni grip permette un diverso e attento tipo di intervento e, inoltre, attendendo qualche secondo sui grip della linea di quota o del testo, viene attivato un menu che permette di intervenire con estrema precisione sulle modifiche di quell'elemento.

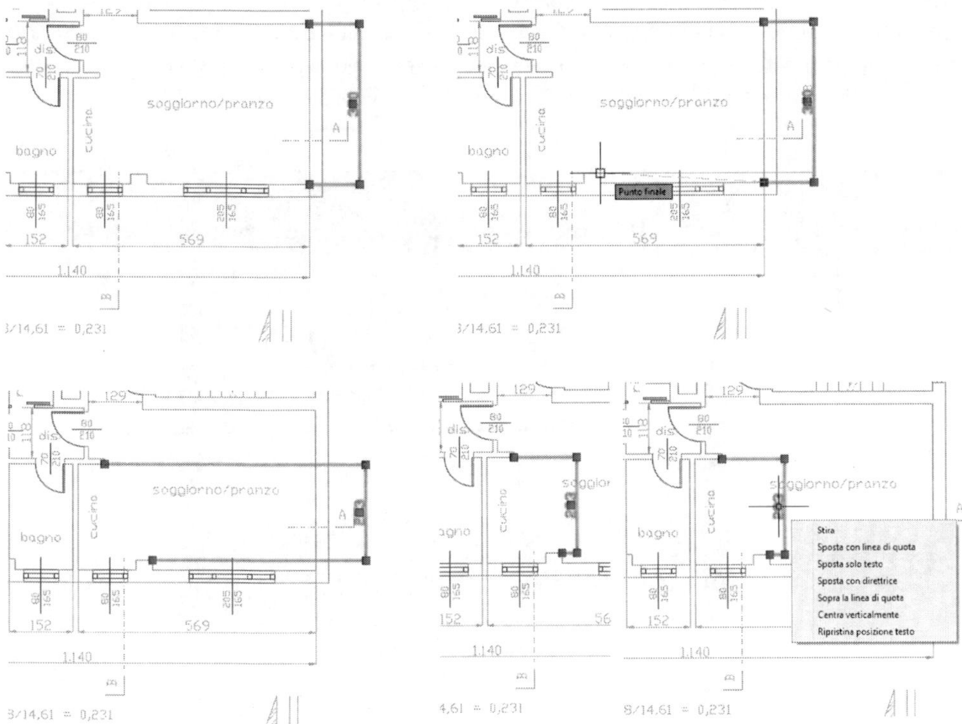


**Figura 15.18**
Modifica locale di una quota tramite i grip.

Nel prossimo esercizio sperimenterete alcune delle tecniche che i grip mettono a disposizione.

**Esercizio. Modifica locale di una quota attraverso i grip.**

1. Aprite il file *grip quote.dwg* del Capitolo 15 del Booksite.
2. Selezionate la quota più a destra, per far apparire i grip.
3. Fate clic sul grip più a sinistra della linea di estensione in basso e successivamente fate clic come da Figura 15.18 in alto a destra sulla sporgenza del pilastro in basso per ridefinire i punti di quotatura.
4. Ripetete l'operazione per l'altro grip che definisce la quota come da Figura 15.18 in basso a sinistra.
5. Fate clic su una delle estremità della linea di quota per poterla riposizionare nello spazio.
6. Ora puntate il grip che individua la posizione del testo e attendete che appaia un menu che permette di accedere alle opzioni di controllo di riposizionamento dell'elemento testuale (Figura 15.18 in basso a destra).

7. Scegliete *Sposta con direttrice* e fate clic per riposizionare il testo.
8. Salvate il file con il nome *grip quote2.dwg* e chiudetelo.

## Modifica del contenuto testuale di una quota

L'operazione spesso necessaria nelle operazioni di disegno è quella di intervenire per modificare il contenuto del testo di una quota. Facendo doppio clic sul testo della quota o lanciando i comandi di modifica testo *DDEDIT* o *MODTESTO* si attiva la barra contestuale riportata nella Figura 15.19 che permette la gestione di tutte le componenti del testo multilinea che compone la quota. È così possibile integrare l'annotazione numerica presente con altri elementi testuali e simbolici o sostituirla integralmente. Nel caso venisse eliminato il testo numerico espresso da AutoCAD è possibile ripristinarlo digitando la sequenza di caratteri <> (minore e maggiore).

**Figura 15.19**

Modifica del testo di una quota.

## L'associatività delle quote

L'operazione di quotatura degli oggetti presenti nel piano di lavoro di AutoCAD, generalmente crea un collegamento, una vera e propria associazione tra le entità quotate e le quote stesse. Questo fa sì che modificando le entità, le quote "seguano" queste modifiche adattandosi alle nuove forme create. L'associatività viene applicata se nella scheda *Preferenze utente* della finestra di dialogo *Opzioni* è attivata la casella di controllo *Rendi nuove quote associative*.

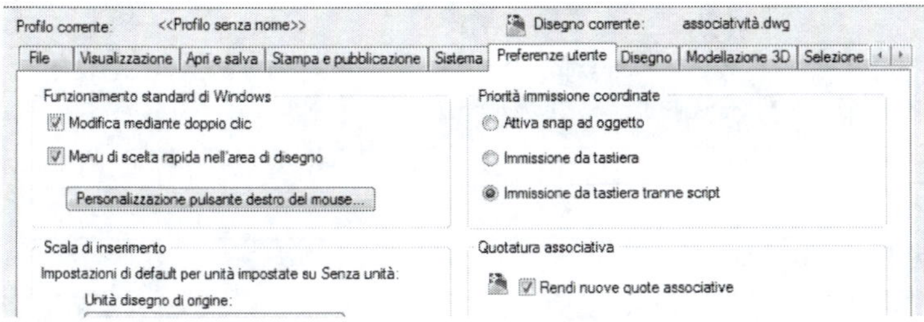


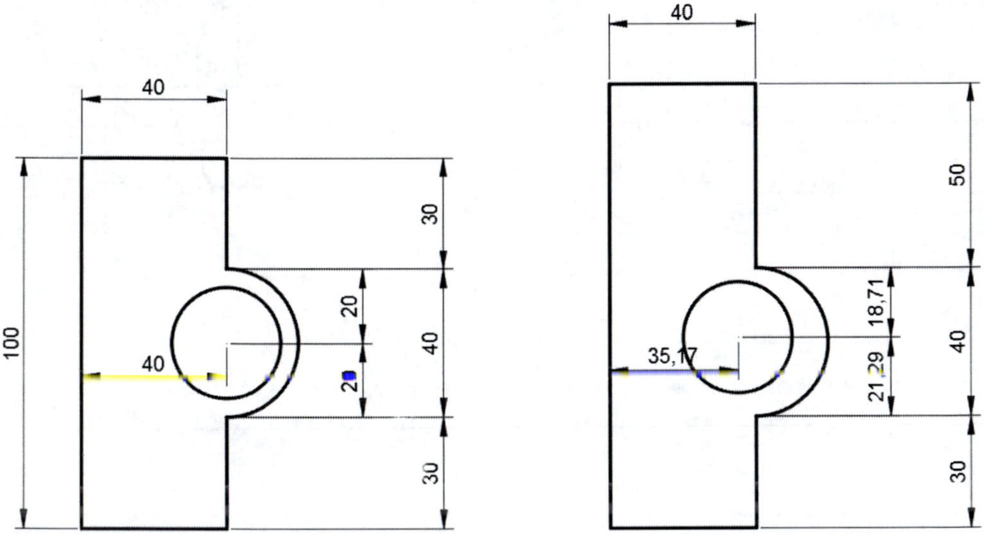


**Figura 15.20**
Le quote se associative seguono la modifica degli oggetti.

Può accadere però che alcune quote perdano, a causa di modifiche invasive del disegno, l'associazione con i propri oggetti, in questo caso è possibile ripristinarla utilizzando il comando *DIMASSOC* o la sua icona *Riassocia* presente nel pannello *Quote* della scheda *Annota*.

AutoCAD permette di visualizzare le quote eventualmente non associate utilizzando il pulsante *Controllo annotazioni* presente sulla barra di stato (Figura 15.21).

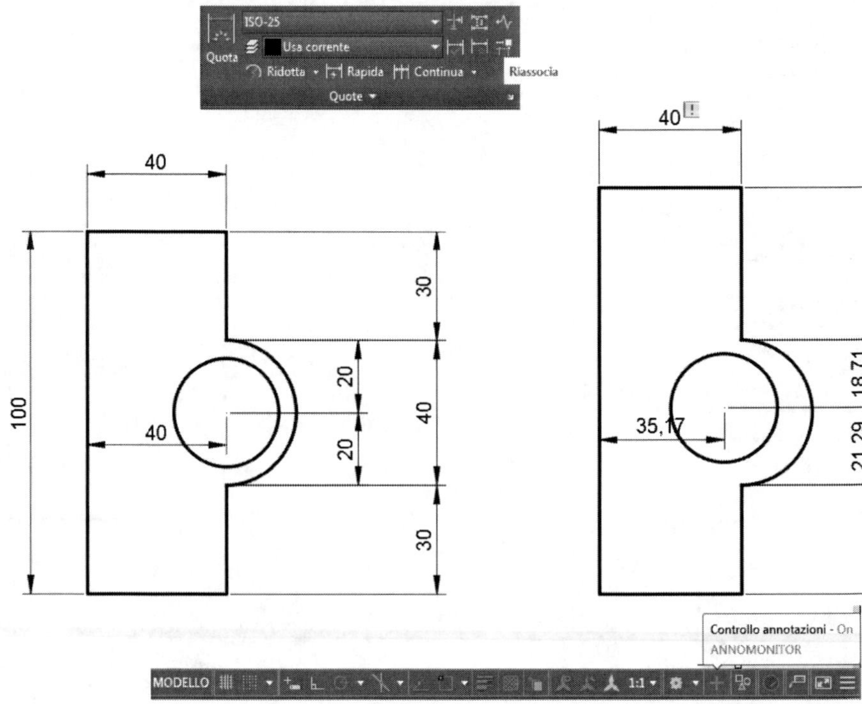


**Figura 15.21**
Le quote non associative possono essere visualizzate velocemente utilizzando il pulsante di aiuto Controllo annotazioni presente sulla barra di stato.

In alcuni casi, soprattutto quando il comportamento delle quote risulta essere fastidioso durante le operazioni di modifica degli oggetti, è possibile, utilizzando il comando DIMDISSOC, slegare in modo puntuale e volontario il collegamento esistente tra le quote e le entità a cui sono legate.

# Le tolleranze geometriche e le direttrici

Le tolleranze geometriche permettono di indicare nel disegno le deviazioni accettabili di forma, profilo, orientamento, posizione e scostamento. Possono essere inserite grazie al comando *TOLLERANZA* o alla sua icona *Tolleranza* presente espandendo il gruppo *Quote* della scheda *Annota*. Il comando attiva una finestra di dialogo nella quale vanno inseriti i valori ed i simboli che rappresentano le deviazioni del prodotto disegnato (Figura 15.22).

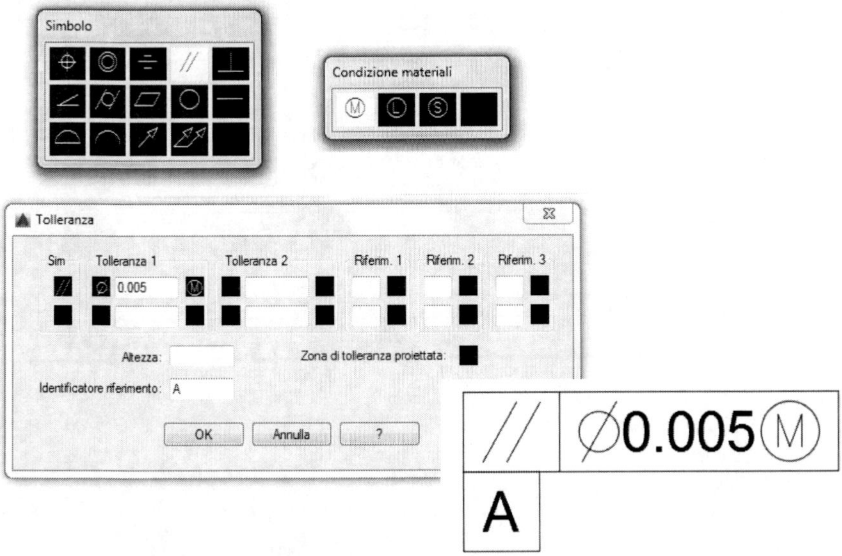


**Figura 15.22**
La finestra di dialogo che permette la definizione della tolleranza geometrica.

Una particolare attenzione va riservata alla possibilità di applicare l'annotatività alle tolleranze. Affinché la scalatura automatizzata sia attuata correttamente si deve creare uno stile di quota annotativo che, però, incorpori uno stile di testo con altezza 0 al proprio interno; l'altezza del testo viene così controllata direttamente dallo stile si quota.

Le direttrici, entità ormai considerate superate, dispongono, a differenza delle nuove multidirettrici, di un'opzione che permette di inserire le tolleranze geometriche nel loro contenuto.

Per creare una direttrice con tolleranze geometriche è necessario:

1. Digitare il comando *DIRRAPID* e premere INVIO.
2. Fare clic sul collegamento ipertestuale *Impostazioni* posto sulla *Riga di comando*.
3. Selezionare *Tolleranze* nella finestra di dialogo e premere *OK*.
4. Fare clic per definire il primo punto della direttrice.
5. Fare clic per definire il secondo punto della direttrice.
6. Fare clic per definire il punto di posizionamento delle tolleranze.
7. Definire la tolleranza geometrica e premere *OK* per concludere il comando.

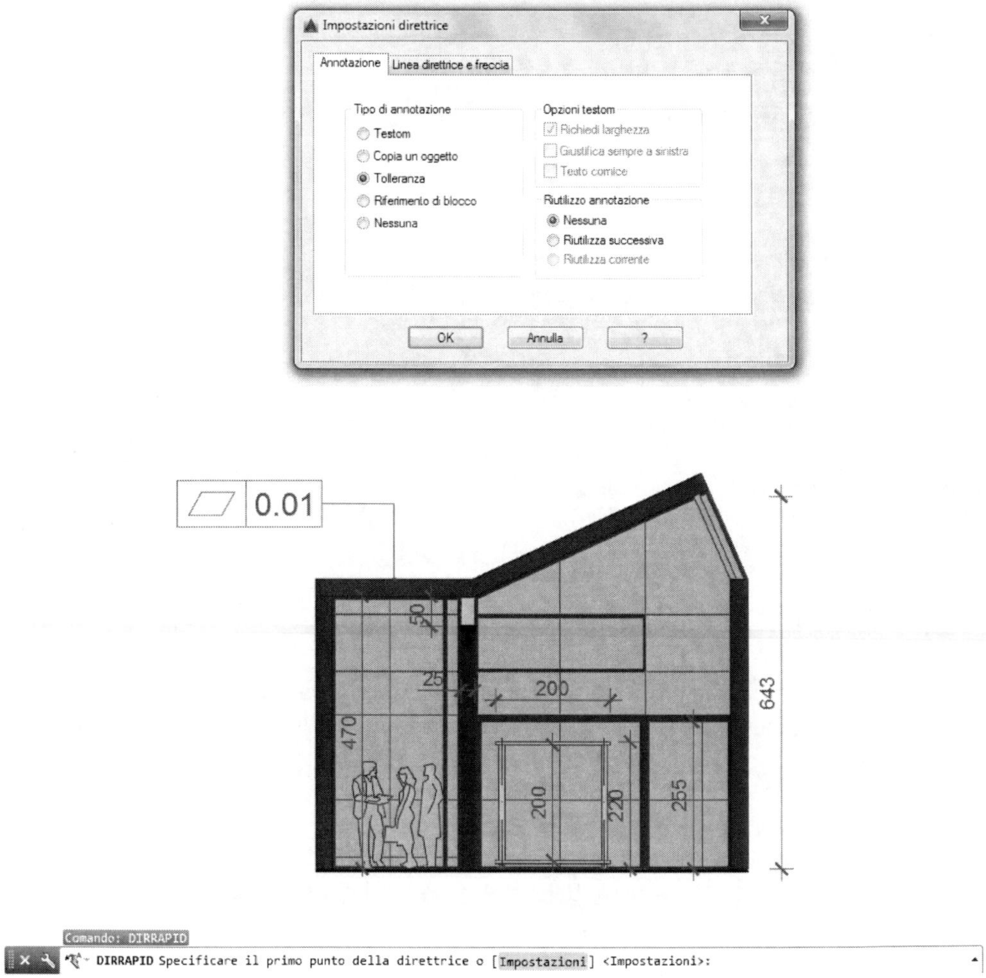


**Figura 15.23**
Il comando DIRRAPID per la creazione di direttrici. In particolare i passaggi per l'associazione di tolleranze geometriche ad una direttrice.

**Nota**
La modifica della posizione o della forma delle direttrici può essere agevolmente gestita attraverso i grip presenti dopo la selezione delle entità, mentre i contenuti testuali possono essere velocemente editati attraverso il semplice doppio clic sull'oggetto da modificare.

## La multidirettrice

Come abbiamo visto, gli elementi di quotatura sono oggetti "accessori" al mero disegno, servono infatti per integrare le informazioni grafiche con elementi testuali che ne esplicitino dimensionamenti e finiture.

Le entità *Multidirettrice*, sono oggetti molto interessanti che consentono di creare facilmente elementi testuali legati a linee direttrici (Figura 15.24), ad esempio per definire etichette generali,

di riferimento, pallinature o richiami, che consentono così di descrivere in modo puntuale parti e particolari del disegno creato.
Per questa sua versatilità il comando *Multidirettrice* ha praticamente sostituito il comando *Direttrice*, ampliandone così le possibilità di applicazione e agevolando, attraverso la creazione di stili appositi, la gestione della grafica informativa relativa alla multidirettrice disegnata.

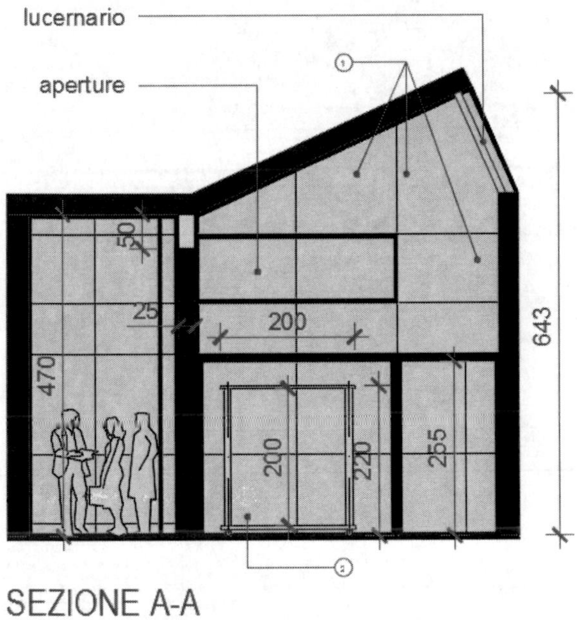


**Figura 15.24**
Oggetti Quota e oggetti Multidirettrice.

## Creare uno stile di multidirettrice

Un oggetto multidirettrice è generalmente costituito da un elemento terminale (una punta di freccia o un pallino), una linea (o una curva) direttrice, una linea orizzontale che collega un oggetto *testo multilinea* o un *blocco*.

**Nota**
Anche se affronterete le entità blocco nel Capitolo 17, in questo paragrafo dovrete solo saperne sfruttarne le caratteristiche create automaticamente da AutoCAD.

L'insieme di questi elementi, che permette di definire l'aspetto grafico di una multidirettrice, è governato dallo *Stile multidirettrice* a cui questa particolare entità appartiene.
Per creare uno *Stile multidirettrice* bisogna:

1. Fare clic sulla piccola icona a forma di freccia posta in basso a destra del gruppo *Direttrici* della scheda *Annota*.
2. Selezionare sulla sinistra uno stile da utilizzare come riferimento per la creazione del nuovo stile.

**Nota**
Nel caso di creazione stili annotativi è opportuno utilizzare lo stile di default Annotativa come riferimento di base; in questo modo tutti gli elementi grafici saranno già strutturati correttamente in mm.

3. Nella finestra di dialogo *Modifica stile multidirettrice*, fare clic sul pulsante *Nuovo*.
4. Nella finestra di dialogo *Crea nuovo stile di quota* digitare il nome del nuovo stile nel campo *Nuovo nome di stile* e premere il pulsante *Continua*.

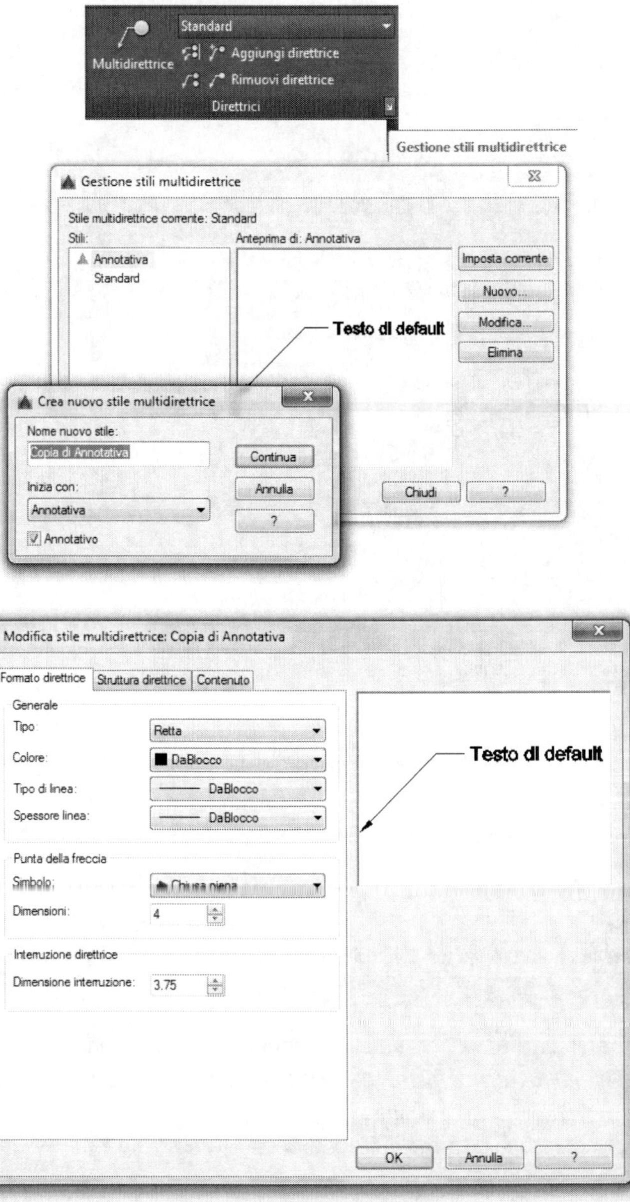


**Figura 15.25**
L'interfaccia che permette la creazione di un nuovo Stile multidirettrice.

5. Viene così aperta la finestra di dialogo *Nuovo stile multidirettrice* che contiene al suo interno tre schede che permettono il controllo dei parametri che definiscono tutti gli elementi grafici.
6. Dopo avere compilato le schede premere *OK* per memorizzare il nuovo stile e chiudere la finestra di dialogo.
7. Fare infine clic su *Chiudi* per uscire dalla finestra *Modifica stili multidirettrice.*

**Nota**
Per modificare uno stile è sufficiente ripetere le stesse operazioni facendo clic, al punto 3, sul pulsante Modifica.

Le tre schede presenti in Figura 15.25 sono divise per settori che permettono un controllo estremamente intuitivo dei campi in esso visualizzati.
Il settore *Tipo di multidirettrice* della scheda *Contenuto* (Figura 15.26) permette di definire il tipo di contenuto testuale da utilizzare e, quindi, la finalità per cui si è deciso di creare la multidirettrice. Contenuto che può essere:

- **Blocco**. Specifica un blocco nel disegno da associare alla nuova multidirettrice. Selezionando questa voce i testi digitati verranno inclusi in una forma grafica. In questo caso, poiché il blocco è in mm, la voce *Scala* va compilata in base alle unità di misura utilizzate per disegnare; in poche parole, se avete disegnato in mm digitate **1**, se il disegno è in cm inserite **10**, se in metri mettete **1000**.

**Nota**
Gli elementi testuali inseriti nel riferimento di blocco sono delle particolari entità chiamate Attributi, entità approfondite nel Capitolo 18.

- **Testom**. Specifica che con la multidirettrice viene incluso un testo multilinea. In questo caso è opportuno scegliere uno Stile di testo appositamente creato.
- **Nessuna**. Specifica che non viene visualizzato alcun contenuto alla fine della linea direttrice.

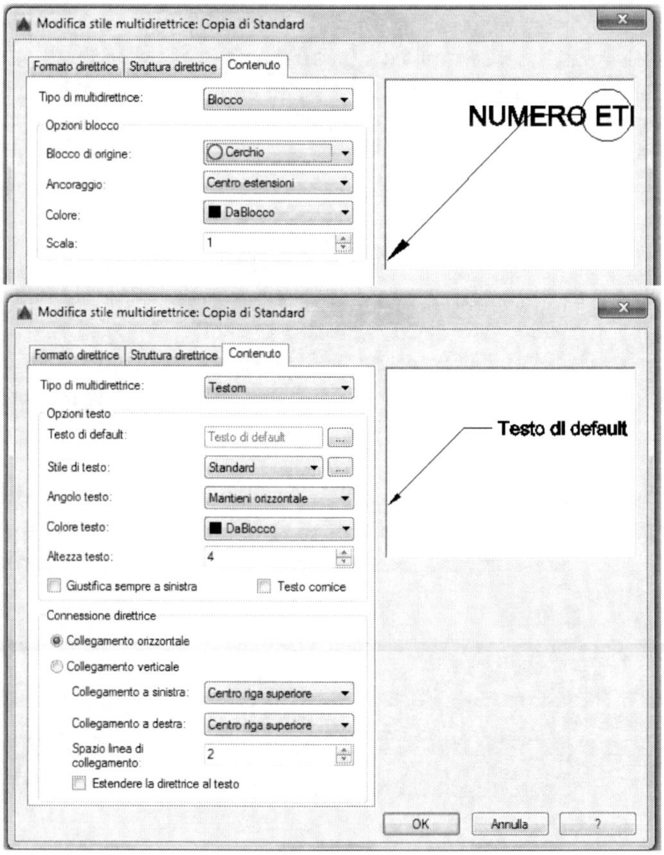


**Figura 15.26**
La scheda Contenuto.

L'area *Generale* della scheda *Formato* direttrice permette di specificare le modalità di gestione della linea direttrice. In particolare il campo *Tipo* contiene:

- **Retta**. Crea una linea multidirettrice dritta.
- **Spline**. Crea una linea multidirettrice a forma di spline.
- **Nessuna**. Crea una multidirettrice senza linea direttrice. Utile quando si vuole creare velocemente la classica pallinatura.

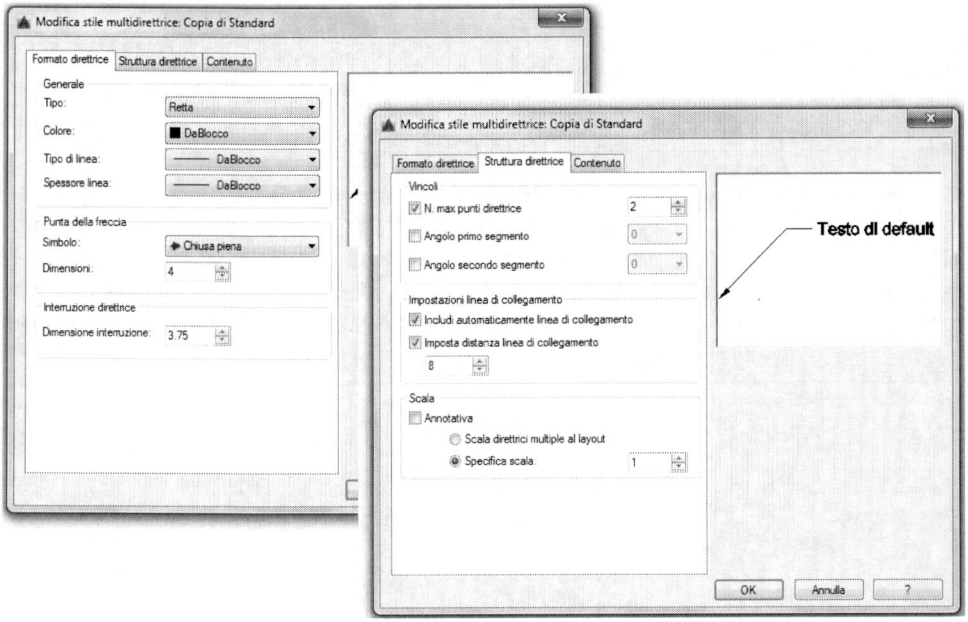


**Figura 15.27**
La scheda Formato direttrice e la scheda Struttura direttrice.

Il settore *Impostazioni linea di collegamento* della scheda *Struttura direttrice*, permette di specificare se aggiungere una linea di collegamento orizzontale che colleghi l'elemento testuale alla direttrice. Inoltre il settore *Scala* permette di specificare, o verificare, l'applicazione della proprietà annotativa allo stile della multidirettrice.

## Creazione di una multidirettrice

Per creare una multidirettrice è necessario:

1. Fare clic sull'icona *Multidirettrice* posta nel gruppo *Direttrici* della scheda *Annota*.
2. Verificare che compaia, sulla riga di comando, il messaggio *Specificare la posizione della punta della freccia della direttrice*, altrimenti selezionarlo facendo clic sul collegamento ipertestuale. Fare clic per definire il punto di mira della direttrice.
3. Fare clic per definire la direttrice.
4. Digitare il contenuto testuale e fare clic al di fuori della finestra di testo per concludere il comando.

Una volta creata una multidirettrice, per modificarla è possibile selezionarla e fare clic sui relativi grip per spostarli. Per editarne il testo è possibile, come sempre, fare doppio clic sullo stesso
Inoltre il gruppo *Direttrici* propone degli utili comandi che permettono facilmente di:

- Aggiungere, raggruppandole sotto un'unica voce, più direttrici.
- Rimuovere direttrici da un raggruppamento.
- Allineare velocemente più multidirettrici.
- Raccogliere le multidirettrici che presentano lo stesso blocco organizzandole velocemente in righe o colonne.

**Nota**
Nel prossimo capitolo creerete ed utilizzerete l'entità Multidirettrice (con il suo stile personalizzato) per il calcolo dell'area del disegno di una piastra meccanica.

## Conclusioni

Le operazioni di quotatura e la loro gestione sono una delle attività gestionali di AutoCAD che necessitano di una profonda e attenta pianificazione. Disporre le quote sul disegno è facile, ma controllarle può risultare un processo estremamente impegnativo.
L'utilizzo della proprietà annotativa però, se applicata alle differenti tipologie di elementi testuali, semplifica enormemente il numero di azioni mentali e fisiche che un progettista deve compiere, permettendo così di aumentare le proprie energie in favore della creatività.

# Capitolo 16

# Le tabelle e i campi dati

Spesso è necessario corredare il disegno con un insieme di dati espressi in forma tabellare, per esempio per fornire un quadro riassuntivo delle componenti materiche di un progetto o per la definizione di una distinta base o per fornire informazioni per un computo metrico estimativo.
AutoCAD fornisce uno strumento versatile e flessibile, l'entità Tabella, che permette l'inserimento non solo di annotazioni testuali o numeriche, ma anche di elementi grafici come i blocchi, che verranno trattati nel prossimo capitolo.
Le funzionalità di questo particolare oggetto sono molto simili a quelle rese disponibili da software specifici come, per esempio, Microsoft Excel; infatti le informazioni possono essere direttamente digitate nelle celle che compongono la Tabella o ospitare formule e dati che, volendo, possono essere estratti direttamente dal disegno o da un collegamento diretto da un database esterno.

## Lo Stile tabella

Le tabelle, essendo delle entità annotative, sono controllate e quindi influenzate dallo Stile a cui, come abbiamo visto per gli elementi testuali (quote, direttrici, testi, ecc.), necessariamente appartengono.
Tutte le proprietà e le caratteristiche grafico-comunicative dipendono perciò dalla corretta definizione di uno *Stile tabella* appropriato.

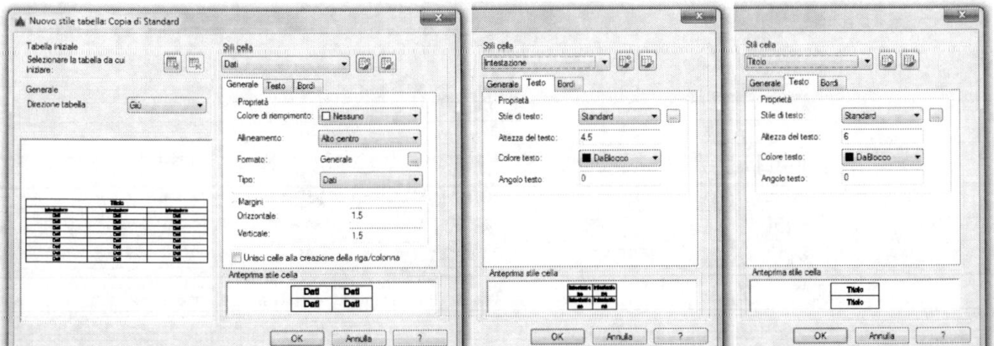


**Figura 16.1**
La finestra di dialogo Nuovo stile tabella.

Per creare uno Stile per l'entità Tabella è necessario:

1. Fare clic sulla piccola freccia posta in basso a destra del gruppo *Tabelle* della scheda *Annota* (Figura 16.2).

2. Nella finestra di dialogo *Stile tabella*, selezionare sulla sinistra uno stile da utilizzare come riferimento per la creazione del nuovo stile.

**Nota**
Nel caso delle tabelle non è supportata l'annotatività, per questo generalmente si consiglia di utilizzale direttamente nel Layout dello spazio carta, così da non doverle riscalare manualmente al variare della scala di stampa.

3. Fare clic sul pulsante *Nuovo*.
4. Nella finestra di dialogo *Crea nuovo stile tabella* digitare il nome del nuovo stile nel campo *Nuovo nome di stile* e premere il pulsante *Continua*.

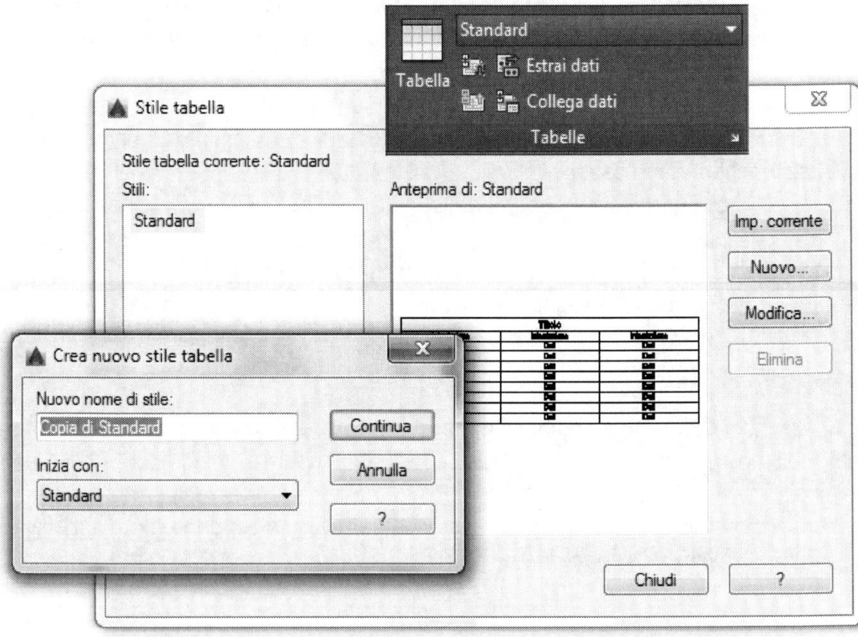


**Figura 16.2**
L'interfaccia che permette la creazione di un nuovo Stile tabella.

5. Viene così aperta la finestra di dialogo *Nuovo stile tabella* di Figura 16.1 che contiene al suo interno il controllo dei parametri che definiscono tutti gli elementi che la compongono.
6. Dopo avere compilato le sezioni premere *OK* per memorizzare il nuovo stile e chiudere la finestra di dialogo *Nuovo stile tabella*.
7. Fare infine clic su *Chiudi* per terminare il comando.

**Nota**
Per modificare uno stile è sufficiente ripetere le stesse operazioni premendo, al punto 3, il pulsante Modifica.

L'interfaccia proposta è intuitiva. La sezione *Generale* posta a sinistra permette di impostare la direzione di compilazione della tabella. Le opzioni *Giù* e *Su* consentono di creare un insieme di celle in cui il andamento costruttivo scorre rispettivamente dall'alto verso il basso o dal basso verso l'alto.

In poche parole, scegliendo:

- **Giù**. La riga del titolo e la riga delle intestazioni di colonna si trovano nella parte superiore della tabella. Facendo clic su Inserisci righe e su Sotto, la nuova riga viene inserita sotto la riga corrente.
- **Su**. La riga del titolo e la riga delle intestazioni di colonna si trovano nella parte inferiore della tabella. Facendo clic su *Inserisci righe* e su *Sotto*, la nuova riga viene inserita sopra la riga corrente.

Il menu a discesa posto subito sotto la sezione *Stili cella* permette definire lo stile di cella da modificare rispetto allo stile di riferimento scelto, mentre le schede *Generale*, *Testo* e *Bordi* permettono di gestire facilmente l'aspetto grafico della tabella. In particolare la scheda *Testo* permette di definire lo *Stile di testo* che verrà applicato nelle celle.

**Nota**
Lo stile di una cella può essere salvato per essere riutilizzato in seguito, senza doverlo così ricostruire.

## Creare una tabella

Una tabella, come sottolineato all'inizio del capitolo, è un'entità di AutoCAD che contiene in una griglia compositiva, dati annotativi disposti in righe e colonne.
Per creare una tabella è sufficiente fare clic sull'icona *Tabella* presente nel gruppo *Tabelle* della scheda *Annota*.

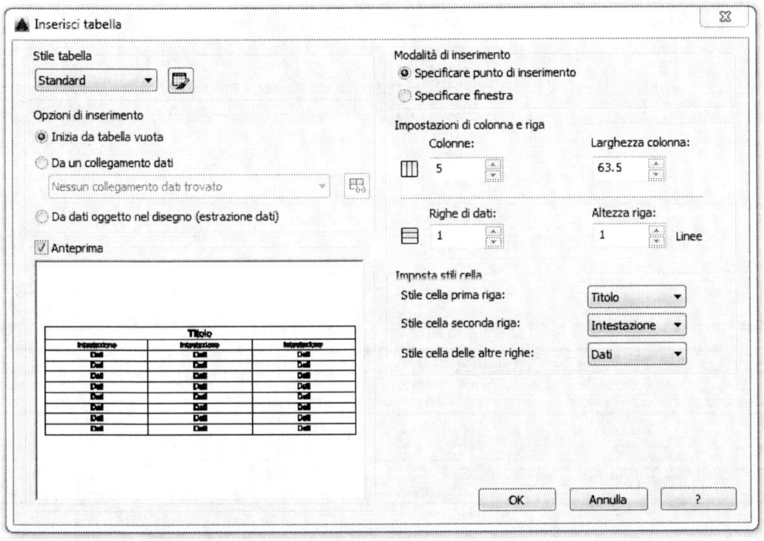


**Figura 16.3**
L'interfaccia che permette la creazione di una tabella.

In effetti la creazione di una tabella può essere effettuata in tre modi differenti, attivabili tramite le caselle di scelta poste nella sezione *Opzioni di inserimento* (Figura 16.3):

1. Definendo una tabella vuota i cui dati verranno compilati manualmente.
2. Generando la tabella grazie a un collegamento con un database esterno.
3. Attivando lo strumento di estrazione dei dati presenti nel disegno.

In questo capitolo prenderemo in considerazione le prime due metodologie mentre utilizzeremo la terza, che permette di estrarre tabelle riepilogative relative ai blocchi, agli attributi o alle superfici racchiuse da polilinee, nel Capitolo 18.

Volendo, perciò, creare una tabella vuota, dopo il lancio del comando, dovete:

1. Selezionare la casella *Inizia da tabella vuota.*
2. Selezionare lo *Stile tabella* desiderato.
3. Impostare il numero di righe e colonne che costituiranno la griglia compositiva della tabella.
4. Premere *OK* e fare clic per posizionare la tabella nell'area lavorativa.

Generalmente AutoCAD, all'inserimento della tabella nel disegno, attiva subito l'*Editor di testo* (figura 16.4) che consente la compilazione e la gestione puntuale delle celle; per "saltare" velocemente da una cella ad un'altra è possibile avvalersi delle tecniche tipiche dei *Fogli elettronici*, ovvero utilizzare la pressione dei tasti INVIO, TAB o impiegare i tasti Freccia.

In qualsiasi momento, facendo doppio clic in una cella è possibile inserirvi o modificarvi i dati e, contestualmente, grazie all'editor dei testi multilinea (Figura 16.4), operare sulla loro formattazione.

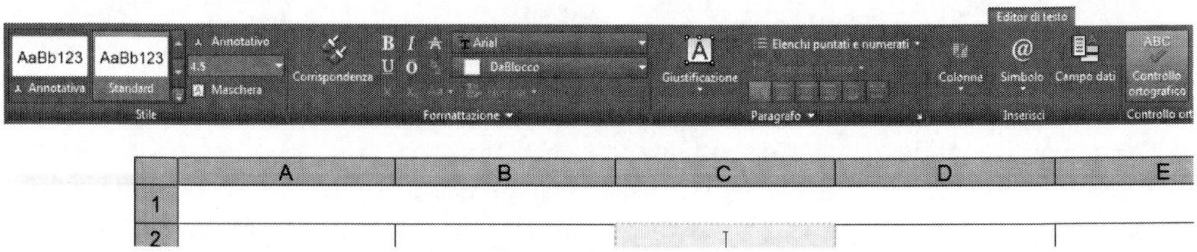


**Figura 16.4**
L'editor dei testi multilinea si attiva quando si vuole inserire dati in una cella.

Una volta creata la tabella, è possibile **fare clic sulla griglia** per selezionarla e, utilizzando la tavolozza *Proprietà* o i grip, modificare il dimensionamento di righe e colonne (Figura 16.5).

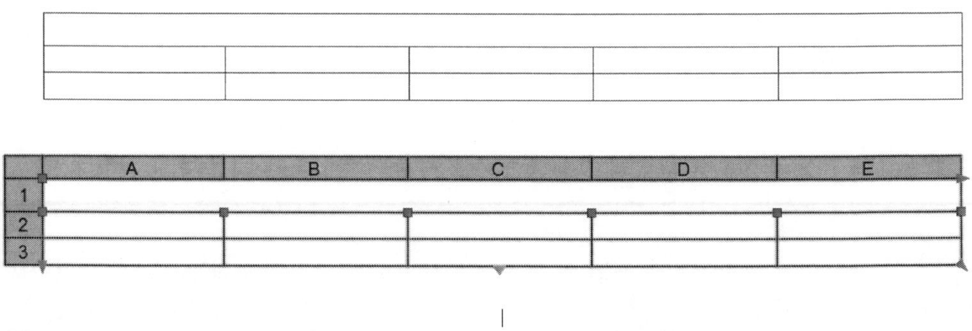


**Figura 16.5**
Facendo clic sulla griglia della tabella è possibile modificarla velocemente utilizzando i grip.

Selezionando una o più celle, invece, AutoCAD attiva la scheda *Celle tabella* che permette attraverso i suoi gruppi, un controllo completo delle celle della griglia compositiva tipica di un tradizionale *Foglio elettronico* (Figura 16.6). In particolare, sono molto utili le funzioni che permettono di gestire gli allineamenti, l'inserimento di nuove righe o colonne, l'accorpamento di più celle in una, nonché la possibilità di inserire uno o più blocchi all'interno di una cella, particolarmente comodo in caso di creazione di legende.

Inoltre, l'inserimento di formule (che vedremo in un paragrafo apposito più avanti nel capitolo) permette di operare sui dati inseriti estrapolando così in modo dinamico ulteriori informazioni. Come visualizzato in Figura 16.6, le stesse funzioni presenti nella barra multifunzione possono essere attivate anche con la pressione del tasto destro del mouse, velocizzando così ancor di più le operazioni di ottimizzazione della tabella.

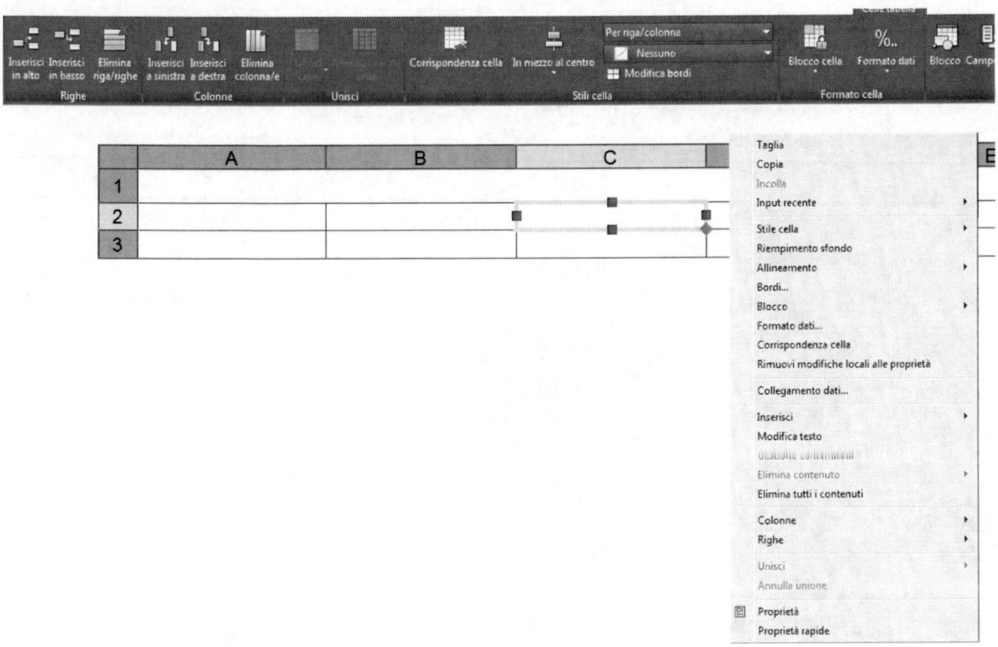


**Figura 16.6**
Selezionando una o più celle si attiva la scheda Celle tabella. Le stesse funzioni sono disponibili anche premendo il tasto destro del mouse.

**Nota**
È possibile generare velocemente una tabella completa di formattazioni e formule copiando una selezione di celle da Microsoft Excel ed inserendola in AutoCAD con il comando Incolla speciale, presente nel gruppo Appunti della scheda Inizio,

Se invece volete generare una tabella che abbia un collegamento dinamico con un file di Microsoft Excel, dovete:

1. Realizzare un collegamento con i dati esterni.
   - Fare clic sul pulsante *Collegamento dati* del gruppo *Collegamento* da estrazione della scheda *Inserisci.*
   - Nella finestra *Gestione collegamento dati* (Figura 16.7) fare clic su *Crea nuovo collegamento dati Excel* e digitare un nome significativo nella finestra *Immettere il nome del collegamento dati.*
   - Nella finestra di dialogo apparsa definire, facendo clic sul pulsante a destra con i tre puntini, il percorso ed il file da collegare.
   - Effettuata la definizione del percorso, attivare, nelle opzioni di controllo, la voce *Consenti scrittura nel file di origine* per poter memorizzare nel file esterno le eventuali modifiche apportate in AutoCAD.
   - Verificare che la voce *Utilizza formattazione Excel* sia attivata.

- Verificare che *Inizia con formattazione Excel, non aggiornare* sia attiva, così da evitare che ogni aggiornamento del contenuto proveniente da Excel comporti la perdita di eventuali impostazioni create in AutoCAD.
- Fare clic su *OK* per memorizzare il collegamento.
- Fare clic su *OK* per chiudere la finestra *Gestione collegamento dati.*

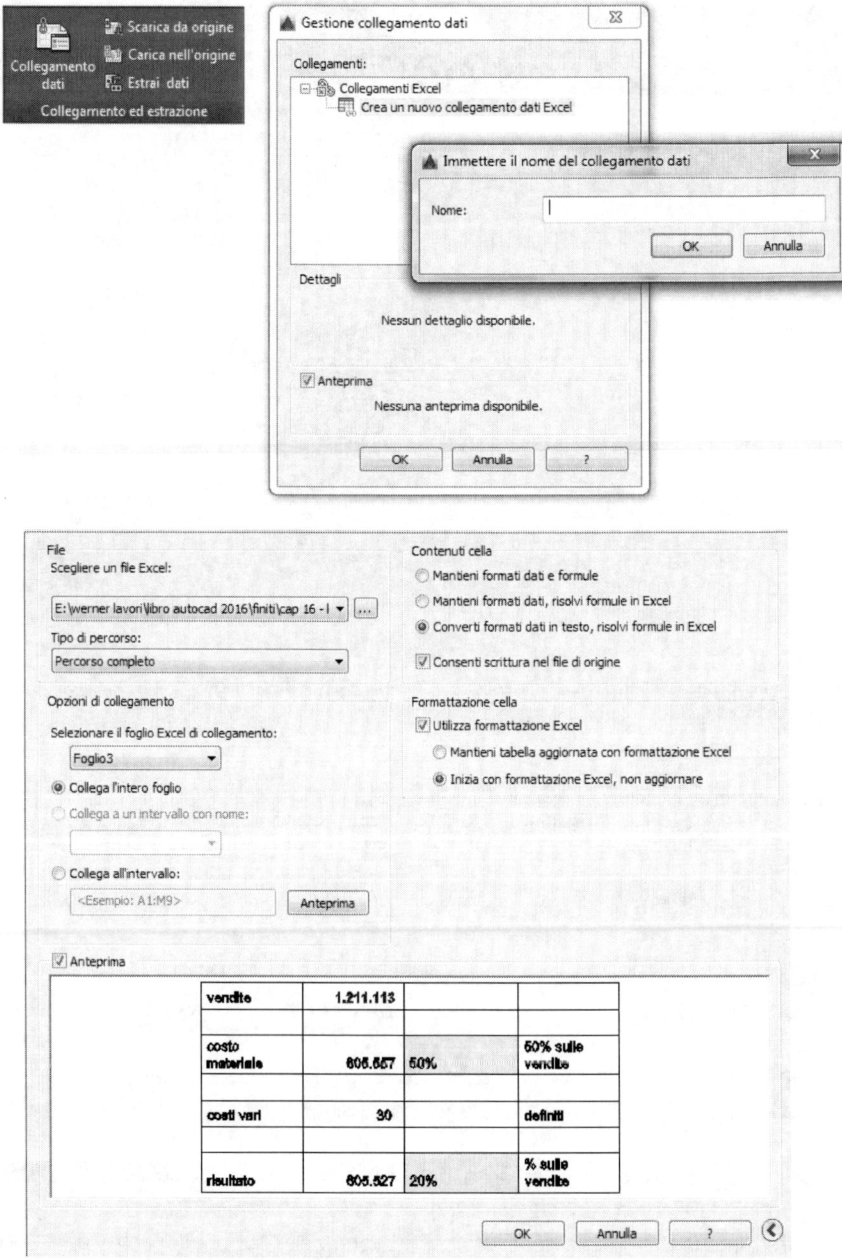


**Figura 16.7**

L'interfaccia per il collegamento di dati esterni.

2. Creare una nuova tabella.
   - Fare clic sul pulsante *Tabella* presente nel gruppo *Tabelle* della scheda *Annota*.
   - Fare cilc sulla voce *Da un collegamento dati* e dall'elenco a discesa selezionare il nome dato al collegamento.
   - Fare clic su *OK* per inserire la tabella nel disegno.
3. Inserire la tabella nel disegno.
   - Fare clic in un punto dell'area di lavoro, la tabella viene inserita. AutoCAD imposta automaticamente un blocco di protezione su tutte le celle importate, per poterle editare, selezionare le celle e scegliere la voce *Sbloccato* dal menu del tasto destro del mouse (Figura 16.8).

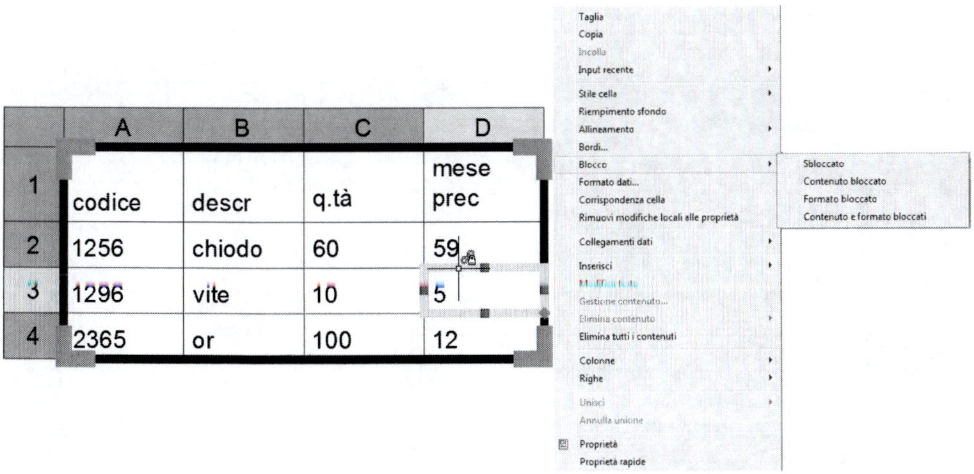


**Figura 16.8**
Lo sblocco delle celle importate da un foglio elettronico esterno.

## Utilizzare le formule nelle tabelle

Come sottolineato in precedenza, all'interno di ogni singola cella che compone la griglia di una tabella è possibile inserire formule matematiche che permettono di estrapolare ulteriori informazioni dai dati inseriti al suo interno.

Le celle di una tabella quindi possono contenere operazioni che consentono di effettuare calcoli utilizzando i valori presenti nelle altre celle.

AutoCAD permette di utilizzare, nella cella in cui si vuole far apparire il risultato, le funzioni algebriche presenti nel menu a discesa dell'icona *Formule* della scheda *Celle tabella*.

È anche possibile aprire l'editor di modifica del testo e digitare manualmente una formula direttamente nella cella.

Per inserire in una cella una formula è necessario:

1. Selezionare la cella in cui inserire la formula facendo un solo clic al suo interno. Viene visualizzata sula barra multimediale la scheda contestuale *Celle tabella*.
2. Fare clic sull'icona *Formule* e selezionare la funzione matematica desiderata dall'elenco a discesa.
3. Selezionare le celle, facendo clic direttamente su quelle volute o utilizzando una finestra di selezione.
4. Per salvare le modifiche, premere INVIO.

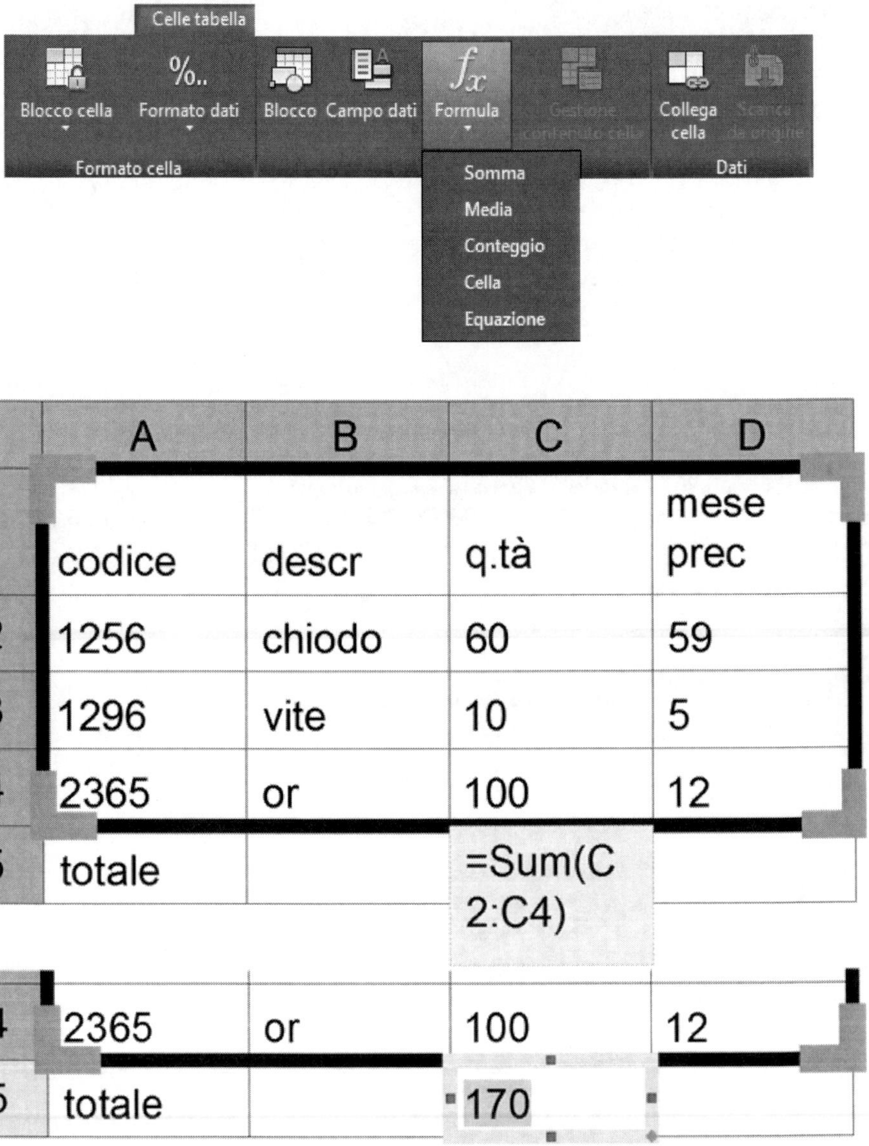


**Figura 16.9**
Utilizzo delle funzioni matematiche all'interno di un tabella.

---

**Nota**
Il contenuto delle funzioni può anche essere digitato direttamente nella cella.

---

Come riportato in Figura 16.9 nelle formule viene fatto riferimento alle celle mediante le lettere di colonna e i numeri di riga corrispondenti, come se si giocasse a battaglia navale; per esempio, la prima cella in alto a sinistra nella tabella è la A1, quella subito sotto è la A2.
Un insieme di celle viene chiamato *intervallo* ed è composto dalla prima e dall'ultima cella separate da due punti; ad esempio, l'intervallo A1:C11 include le celle nelle righe da 1 a 11 nelle colonne A, B e C.

Inoltre una formula deve sempre iniziare con un segno di uguale (=).
Le formule seguono le regole algebriche delle operazioni matematiche e rispettano le precedenze date dalle parentesi; per esempio =A1+C2*(B2-B3) esegue prima la sottrazione tra le parentesi, poi la moltiplicazione, infine la somma.
Riepilogando:

- Utilizzare i due punti per definire un intervallo di celle e una virgola per le singole celle.
- Una formula deve sempre iniziare con un segno di uguale (=) e può contenere uno dei seguenti segni: più (+), meno (-), per (*), diviso (/), esponente (^) e parentesi ().

Per digitare manualmente una formula in una cella dovete quindi:

1. Fare doppio clic all'interno di una cella. Viene aperto l'editor di modifica diretta del testo.
2. Digitare una formula (una funzione o un'espressione aritmetica). Per esempio:
   - =sum(A1:A10,B1). Somma i valori delle prime 10 righe della colonna A e della cella B1.
   - =(a6+d6)/e1. Somma i valori di A6 e D6 e divide il totale per il valore di E1.
3. Per salvare le modifiche e uscire dall'editor, fare clic nel disegno in un punto esterno alla tabella.

**Nota**
Utilizzare lettere maiuscole o minuscole per indicare il riferimento di cella è indifferente.

## Utilizzare i Campi dati

I *Campi dati* visualizzano informazioni numeriche e testuali in modo dinamico, infatti hanno la possibilità di aggiornarsi automaticamente al variare dei dati a cui fanno riferimento. In fondo l'inserimento di un formula, come abbiamo visto nel paragrafo precedente, comporta l'utilizzo di un *campo dati* nella cella di quella tabella.
Generalmente un campo dati viene visualizzato con uno sfondo grigio, che non viene stampato, per distinguerlo dagli altri elementi testuali. La scheda *Preferenze utente* della finestra di dialogo *Opzioni* permette decidere se visualizzare o meno questo sfondo, ma soprattutto dà la possibilità di definire in quali circostanze i campi debbano essere automaticamente aggiornati.
L'aggiornamento può essere sempre attivato manualmente utilizzando il comando *Aggiorna campi dati* presente nel gruppo *Dati* della scheda *Inserisci*.

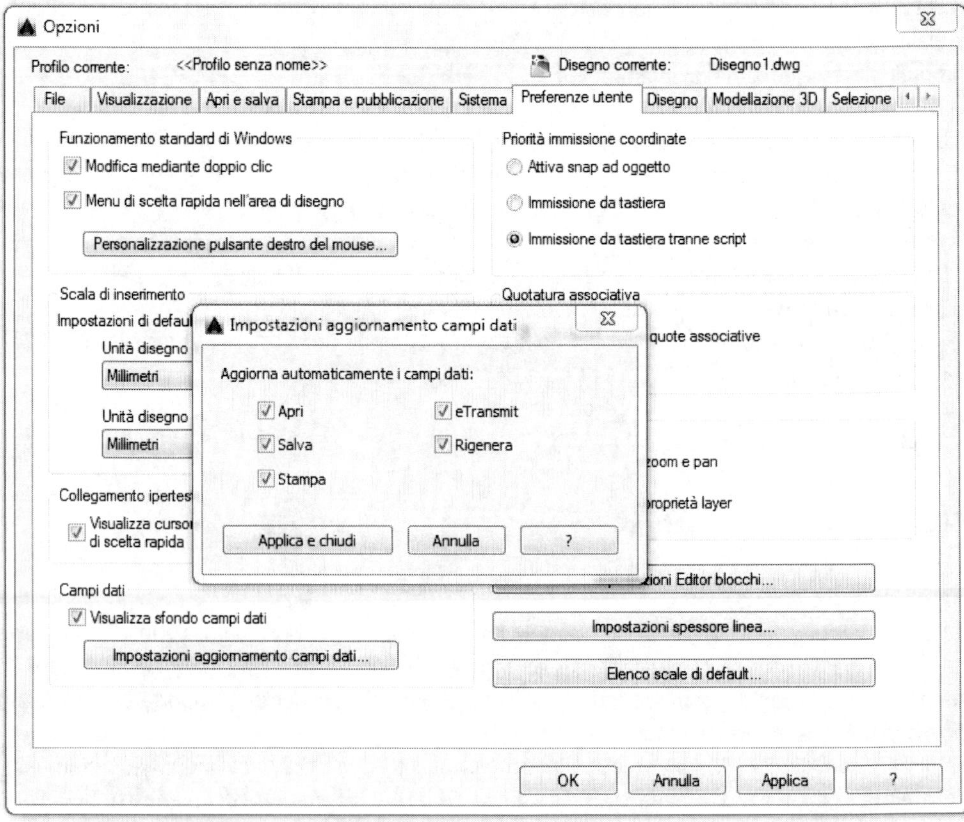


**Figura 16.10**
La scheda Preferenze utente della finestra di dialogo Opzioni.

AutoCAD permette di utilizzare i campi dati impiegando quattro differenti metodologie:

1. Selezionando la voce *Campi dati* dal gruppo *Dati* del menu *Inserisci*. Viene inserito un testo multilinea contenente il solo campo dati.
2. Facendo clic col tasto destro del mouse all'interno del riquadro di digitazione di un testo qualsiasi (multilinea, riga singola, o cella di una tabella) e selezionando la voce *Inserisci campo dati*.
3. Utilizzando l'icona *Campo dati* presente nella scheda contestualmente aperta nella barra multifunzione selezionando un oggetto testuale o una cella di tabella.
4. Utilizzando il pulsante *Inserisci campo dati* presente nella casella di testo *Default*, durante la definizione di un attributo di blocco (oggetto descritto nel Capitolo 18).

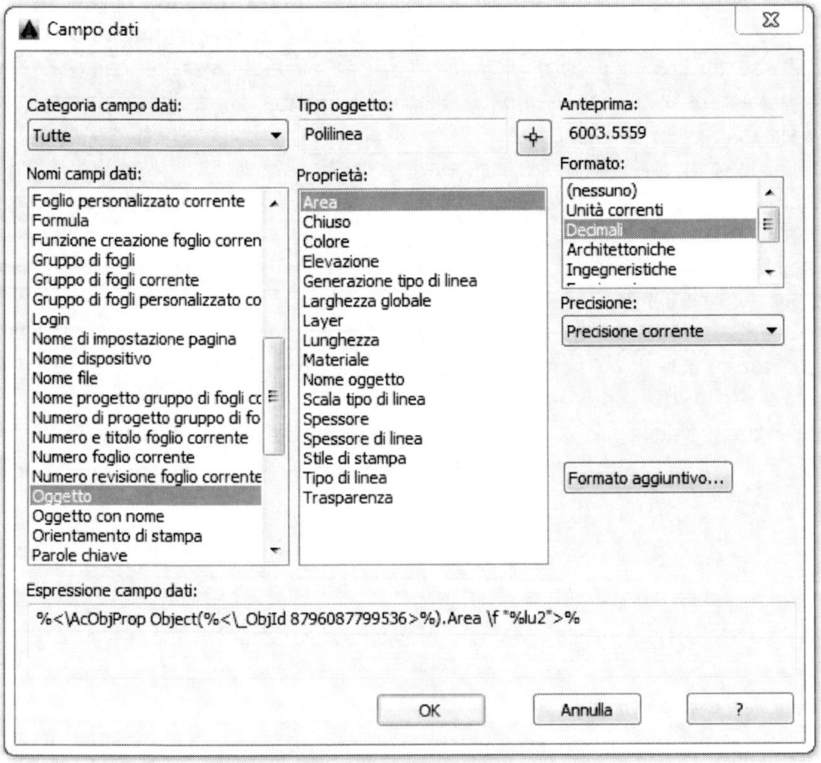


**Figura 16.11**
La finestra di dialogo per la definizione di un campo dati.

Nel prossimo esercizio definirete un campo dati che permetterà, in modo dinamico, di visualizzare nel disegno il calcolo di un'area.

**Esercizio. Visualizzare il valore di un'area utilizzando un campo dati.**

Il file presenta il disegno in mm di una piastra forata. Utilizzando le regioni e collegandole al campo dati potrete esprimerne l'area nell'area di lavoro (tornate a guardare la Figura 16.14).

1. Aprite il file *area.dwg* del Capitolo 16 del Booksite.
2. Rendete corrente il layer superfici per creare le regioni. Il layer, poiché serve per creare entità di appoggio al calcolo, è non stampabile così da non intervenire nelle operazioni di stampa ma solo di calcolo.
3. Fate clic su *Contorno* presente nel gruppo *Disegna* della scheda *Inizio*.
4. Nella finestra di comunicazione scegliete, dal menu a discesa della voce *Tipo di oggetto*, la voce *Regione*.
5. Premete il pulsante *Scegli punti* e fate clic all'interno della piastra disegnata. Vengono così individuate due regioni, premete INVIO per disegnarle.
6. Digitate *SOTTRAI*. Fate clic sulla regione più esterna e premete INVIO. Fate clic sulla regione interna e premete INVIO per definire un'unica regione "bucata".
7. Rendete corrente il Layer quote.

8. Ora creerete un nuovo stile multidirettrice (vedi Capitolo 15) che conterrà il calcolo dell'area. Fate clic nella piccola freccia dell'angolo in basso del gruppo *Direttrici* della scheda *Annota*. Nella finestra di dialogo *Modifica stile multidirettrice*, fate clic sul pulsante *Nuovo*.
9. Nella finestra di dialogo *Crea nuovo stile di quota*, digitate **Area** nel campo *Nuovo nome di stile* e premere il pulsante *Continua*. Viene così aperta la finestra di dialogo *Nuovo stile multidirettrice*.
10. Fate clic sulla scheda *Formato* direttrice e alla voce *Tipo* scegliete *Nessuna*.
11. Fate clic sulla scheda *Contenuto* e alla voce *Tipo di multidirettrice* scegliete *Blocco*. Ora alla voce *Blocco di origine* scegliete *Slot*.
12. Premete *OK* per memorizzare il nuovo stile e chiudere la finestra di dialogo. Fate infine clic su *Chiudi* per uscire dalla finestra *Modifica stili multidirettrice*.
13. Adesso utilizzerete la multidirettrice per inserirvi il campo dati che calcolerà l'area della piastra. Fate clic sul comando *Multidirettrice* presente nel gruppo *Direttrici* della scheda *Annota*, verificando che lo stile corrente sia *Area*.
14. Fate clic all'interno della piastra per posizionarvi il simbolo che conterrà il calcolo. Nella finestra di dialogo *Campo dati* fate clic con il tasto destro alla voce *Immettere il numero etichetta* e scegliete *Inserisci campo dati* (Figura 16.12).

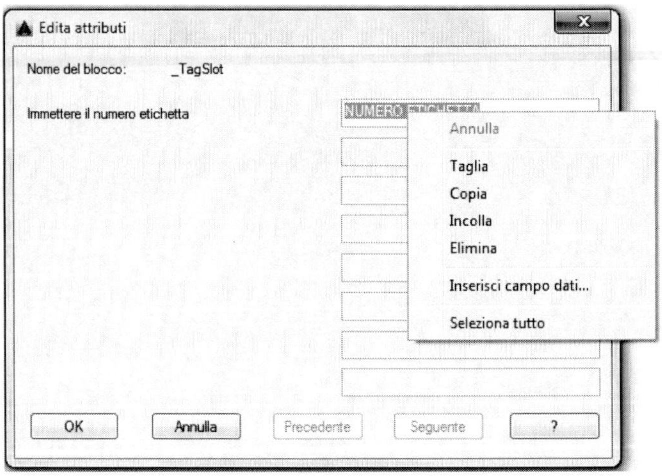


**Figura 16.12**
L'utilizzo del tasto destro per la creazione di un campo dati.

15. Nella finestra *Campo dati*, nel settore *Nomi campo dati* scegliete *Oggetto*.
16. Fate clic sul pulsante *Seleziona oggetto* e selezionate la *Regione* nell'area di disegno (Figura 16.13). Ora nel settore *Proprietà* selezionate *Area*.

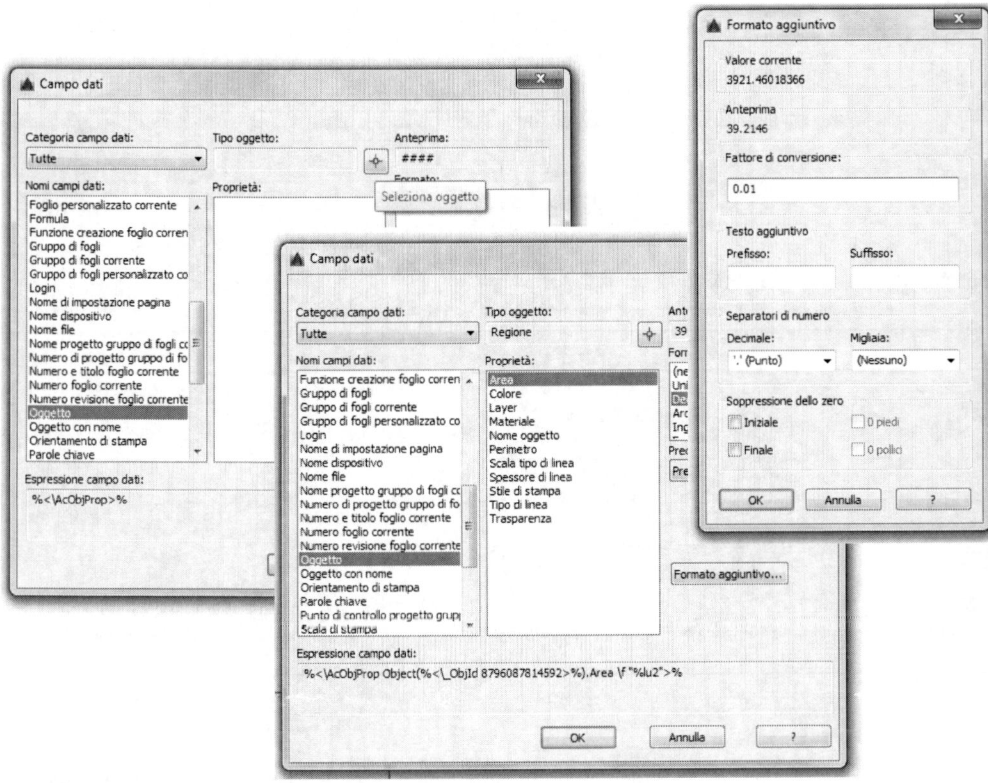


**Figura 16.13**
La finestra di dialogo per la definizione di un campo dati.

17. Alla voce *Precisione* selezionate 0.0 e per definire il formato dell'area in cm e non in mm premete il pulsante *Formato aggiuntivo*. Nella finestra omonima alla voce *Fattore di conversione* digitate **0.01** e premete *OK*.
18. Premete *OK* per chiudere la finestra *Campo dati*.
19. Premete *OK* per visualizzare il calcolo dell'area della piastra nel disegno.
20. Provate a scalare la regione per modificarne l'area (ricordatevi che le regioni possono subire solo modifiche "rigide") e lanciate successivamente il comando *RIGENERA* il valore proposto dal campo dati verrà così aggiornato.
21. Salvate il file con il nome *Area con campo dati.dwg.*

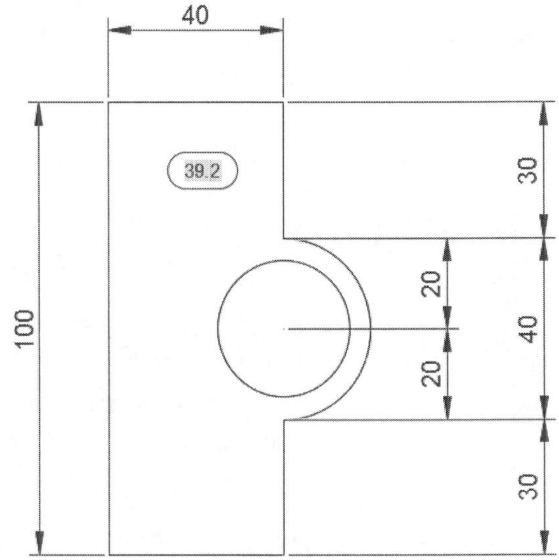


**Figura 16.14**
La piastra disegnata in mm con il calcolo dell'area espresso in $cm^2$.

## Conclusioni

Le tabelle sono uno strumento estremamente utile per aggregare velocemente un insieme di informazioni testuali e numeriche, ma l'utilizzo attento dei campi dati permette di rendere il disegno estremamente dinamico e versatile.

# Capitolo 17

# Blocchi, simboli e librerie

Quando realizziamo un disegno, ognuno di noi utilizza dei segni elementari, per creare delle forme che, nel loro insieme, abbiano ed esprimano un senso compiuto; infatti per comunicare, per esempio, il prospetto laterale di un'auto utilizziamo linee, cerchi o archi (vedi Figura 17.1) la cui disposizione ci permette di comunicare la nostra idea creativa. Ed è questo insieme di segni, di figure, di simboli che ci permette di esprimere la nostra volontà progettuale, un insieme che, spesso risulta essere ripetuto più volte all'interno dello stesso progetto.

**Figura 17.1**
Disegno del prospetto laterale di un'auto: risulta essere costituito da un insieme di linee e archi.

Ebbene, in AutoCAD possiamo raggruppare in un unico oggetto tutti i segni che abbiamo utilizzato per quella particolare forma simbolica; possiamo quindi creare e utilizzare una nuova entità: il Blocco.

## Terminologia dei blocchi

Un Blocco, come abbiamo sottolineato, può essere composto da una serie di entità grafiche (linee, archi, spline, ecc.) che insieme danno forma a un simbolo; tutti questi oggetti vengono tra loro aggregati durante il processo di creazione e salvati con un nome, al fine di ottenere un oggetto nuovo, unico e univoco che possa essere facilmente riutilizzato all'interno del file di disegno.
Le entità che vengono utilizzate per la descrizione grafica del blocco vengono definite "oggetti sorgente", mentre il blocco, o, meglio, la definizione di blocco, risulta essere la memorizzazione in un'unica e nuova entità di tutti gli oggetti sorgente. Questo fa sì che il blocco si comporti come un singolo oggetto indipendente dal numero e dal tipo di elementi che lo costituiscono (vedi Figura 17.2).

La forma del blocco viene, così, memorizzata una sola volta, e tutte le volte che decideremo di riutilizzarla, verrà visualizzata sul piano di lavoro sotto forma di clone, chiamato *Istanza*, che è un vero e proprio riferimento alla descrizione geometrica del blocco. Questo comporta un vantaggio non trascurabile nella riduzione delle dimensioni del disegno, in quanto ogni istanza risulta essere una mera visualizzazione di un insieme di entità che vengono, all'interno della definizione di blocco, calcolate una volta sola.

I primi tre termini, perciò, da tenere presente quando si adopera questa entità particolare e particolarmente interessante sono:

- Blocco o definizione di blocco.
- Oggetti sorgente.
- Istanza o riferimento di blocco.

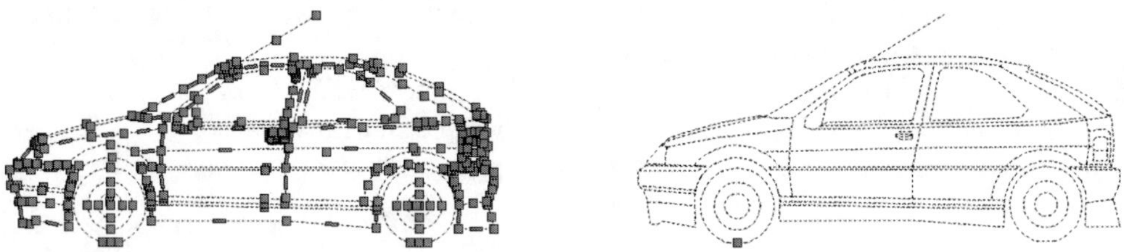

**Figura 17.2**
Oggetti sorgente a sinistra e riferimento di blocco o istanza, a destra.

Vi sono altri tre termini che dobbiamo tenere in considerazione, poiché intimamente legati alle possibilità di gestione di un blocco. E sono:

- Nidificazione.
- Esplosione.
- Esternalizzazione.

Immaginiamo di avere due blocchi, uno rappresentante un tavolo e un altro rappresentante una sedia; decidiamo di disporre i blocchi sedia intorno al blocco tavolo e poi di creare un nuovo blocco costituito appunto dalle istanze del tavolo e dalle sedie distribuite attorno a esso. Poiché abbiamo creato un nuovo blocco in cui vi sono (dentro) altri blocchi abbiamo generato una "nidificazione".

**Nota**
La sola limitazione imposta dai blocchi nidificati consiste nel fatto che non è possibile inserirvi blocchi che fanno riferimento a se stessi.

Un blocco è quindi generato da oggetti sorgente, entità grafiche o altri blocchi, ma se decidessimo di dover "tornare indietro", di dover "aprire" un particolare blocco posto sul nostro disegno? AutoCAD ci mette a disposizione un comando che opera una vera e propria "esplosione" dell'istanza di blocco, facendo sì che ciò che abbiamo sul piano di lavoro "ritorni" a essere l'elemento che lo ha generato, entità grafica o blocco che sia.

**Nota**
In verità anche i Blocchi sono, in AutoCAD, delle entità grafiche, ma per poter meglio comprendere quella nuova entità personalizzata che sono i blocchi, si è deciso, in questo inizio di capitolo, di distinguerli dalle funzioni algoritmico-vettoriali che generano le forme geometriche elementari.

Quando definiamo un blocco, questo sarà disponibile solo nel disegno che abbiamo utilizzato per la sua memorizzazione. È possibile, però, trasformare il blocco creato in un normale file di disegno (un vero e proprio file esterno *.dwg*) che potrà essere richiamato e inserito in qualsiasi altro nostro elaborato; questa particolare operazione viene comunemente definita "esternalizzazione".

Non preoccupatevi, tutti questi termini e i comandi a essi relativi verranno ampiamente descritti e approfonditi in questo capitolo; vedrete che alla fine di questa lettura tutti vocaboli diverranno espressioni ordinarie e abituali.
Comincerete, perciò, con la creazione di un nuovo blocco, così che la conoscenza e l'uso dei simboli personalizzati possa subito permettervi di velocizzare in modo esponenziale la vostra operatività.

## Creazione di un blocco

Il flusso di lavoro che dobbiamo seguire per la creazione di un blocco può essere sintetizzato i tre semplici passaggi:

1. Disegnare gli elementi che compongono la geometria.
2. Attivare il comando *Crea blocco*, facendo clic sull'icona posta nel gruppo *Definizione di un blocco* della scheda *Inserisci*; oppure cliccare sull'icona dell'omonimo comando presente nel gruppo *Blocco* della scheda *Inizio* (Figura 17.3).

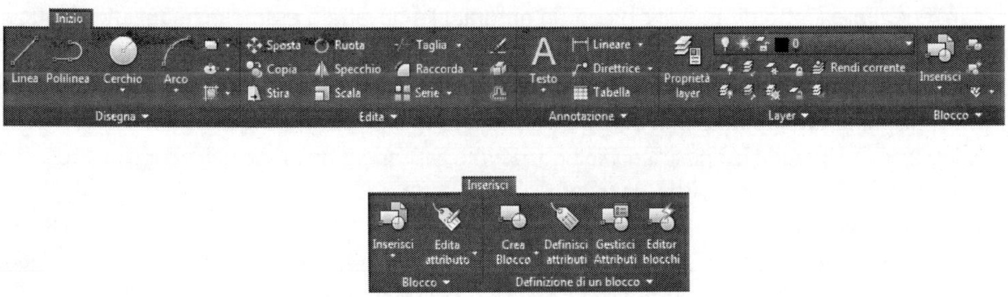


**Figura 17.3**
Attivazione del comando Crea blocco.

3. Compilare la finestra *Definizione di un blocco* per determinarne le proprietà (Figura 17.4).

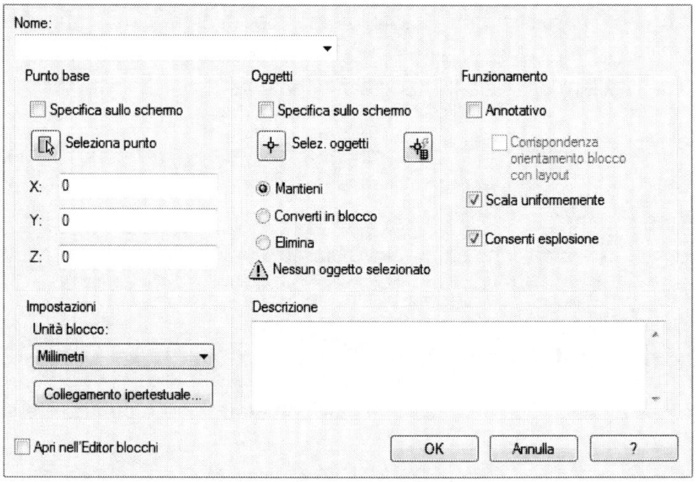


**Figura 17.4**
La finestra di dialogo che permette la definizione di un blocco.

**Esercizio. Creazione di un nuovo blocco.**

1. Aprite il file *Automobile.dwg* dalla cartella del Capitolo 17, presente nel Booksite. Il disegno contiene il prospetto di un edificio con un automobile davanti a esso parcheggiata; gli oggetti costituenti il disegno dell'auto vi serviranno per la definizione del blocco.
2. Cliccate sul comando *Crea blocco* posto nel gruppo *Definizione di un blocco* della scheda *Inserisci*. Si aprirà la finestra di dialogo *Definizione di un blocco* di Figura 17.4.
3. Nella casella *Nome* della finestra di dialogo, dovete assegnare un nome univoco (e riconoscibile) al blocco; digitate perciò, **auto-laterale**.
4. In *Punto base*, si deve specificare il punto che verrà utilizzato per l'inserimento dell'istanza del blocco. Ciccate sul pulsante *Seleziona punto* per utilizzare il dispositivo di puntamento (altrimenti è possibile digitarne direttamente le coordinate, nelle caselle di testo presenti in basso); selezionate, quindi, il punto più in basso a sinistra della ruota dell'automobile, come riportato nella Figura 17.5.

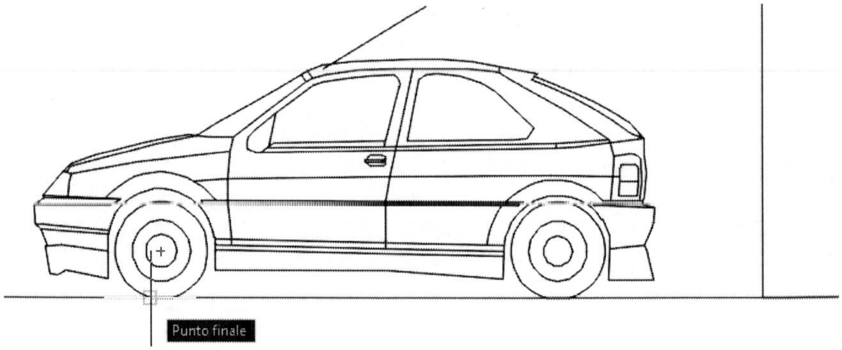


**Figura 17.5**

La scelta del Punto base che permetterà l'inserimento del blocco come istanza una volta richiamato.

5. Nella colonna *Oggetti*, fate clic su *Seleziona oggetti*. Utilizzate il dispositivo di puntamento per selezionare gli oggetti (l'intera automobile) da includere nella definizione del blocco. Premete INVIO per completare la selezione.
6. In *Oggetti*, selezionare l'opzione *Elimina*; in questo modo potete verificare visivamente, poiché verranno cancellate al salvataggio del blocco, che tutte le entità necessarie siano state incluse.

---

**Nota**
Se, invece, desiderate che gli oggetti originali, utilizzati per creare il blocco, rimangano nel disegno, utilizzate l'opzione Mantieni, oppure utilizzate il comando da tastiera OOPS per ripristinarli. È possibile inoltre far sì che gli oggetti originali sul disegno vengano automaticamente sostituiti dal blocco stesso utilizzando l'opzione Converti in blocco.

---

7. Verificate che non sia spuntata la voce *Annotativo* della colonna *Funzionamento* e fate clic su OK. Il blocco viene definito nel disegno corrente e potrà, così, essere riutilizzarlo in qualsiasi momento.
8. Salvate il file con il nome *Automobile con blocco.dwg*.

---

**Nota**
Se, nella creazione di un nuovo blocco, utilizzate, come oggetto geometrico di riferimento, anche un solo blocco già memorizzato, state defindendo un blocco nidificato.

---

Come avrete notato, non è necessario dover compilare tutte le voci presenti nella finestra di dialogo *Definizione di un blocco* per poter creare un blocco perfettamente funzionante; le prossime righe, però, vi permetteranno di approfondire la conoscenza delle altre opzioni così da poter maggiormente controllare il comportamento di un blocco personalizzato.

- La colonna *Funzionamento* permette di controllare il comportamento del blocco una volta inserito nel disegno.
- La voce *Annotativo*, se selezionata, permette l'autoscalatura dell'istanza al variare della scala di stampa (se non vi ricordate il comportamento dell'Annotatività, tornate a rileggere il Capitolo 12).
- L'opzione *Scala uniformemente*, se attivata, fa sì che il blocco non possa essere deformato geometricamente al momento del suo inserimento nel disegno.
- *Consenti esplosione* permette l'applicazione del comando *Esplodi*, che trasforma l'istanza posta sul disegno nei suoi oggetti sorgente.

La voce *Impostazioni* permette l'importante definizione dell'unità di misura del blocco (di default viene proposta quella del disegno), mentre il pulsante *Collegamento ipertestuale* consente l'apertura della finestra *Inserisci collegamento ipertestuale*, atta alla definizione di un'eventuale link.

---

**Nota**
Impostando correttamente le unità di misura, sia nel disegno sia la momento della creazione del blocco, si evita il problema di errate scalature del blocco stesso al momento del suo inserimento, come istanza, nel progetto.

---

Nella casella di testo *Descrizione*, invece, è possibile digitare una descrizione per la definizione del blocco. Questa descrizione verrà visualizzata all'interno di un particolare strumento chiamato *DesignCenter*, che approfondiremo nelle prossime pagine e che in AutoCAD permette una gestione dinamica delle librerie dei blocchi.

## Trasformazione di un blocco interno in un file di disegno esterno

Per mantenere una fluidità nell'apprendimento dei principi necessari a un uso corretto dei riferimenti di blocco, è necessario approfondire un argomento che abbiamo anticipato all'inizio di questo capitolo: l'esternalizzazione.

Abbiamo infatti sottolineato che la creazione di un blocco in un disegno permette il suo utilizzo solo in quel disegno, mentre è molto probabile che l'elemento simbolico da noi creato sia utile anche in altri nostri elaborati.

Possiamo così slegare il blocco dal disegno che lo ospita trasformandolo in un file *.dwg* esterno, indipendente.

Per fare ciò dovete utilizzare il comando da tastiera MBLOCCO oppure utilizzare l'icona di comando *Scrivi blocco*, presente nel gruppo *Blocco* scheda *Inserisci*.

Entrambe le opzioni vi permettono di accedere alla finestra di dialogo *Scrivi blocco* riportata nella Figura 17.6.

**Figura 17.6**
La finestra di dialogo che permette l'esternalizzazione di un blocco, attivabile utilizzando il comando MBLOCCO o cliccando sull'icona Scrivi blocco presente nella barra multifunzione.

---

**Nota**
Dalla possibilità di esternalizzazione di un blocco in un file di disegno deriva un importante corollario: se io posso inserire un blocco divenuto disegno in un progetto, allora posso inserire come blocco un qualsiasi file di disegno .dwg (il cui punto base sarà l'origine degli assi) in un altro .dwg.

---

**Esercizio. Trasformare un blocco interno in un file .dwg esterno.**

1. Aprite il file *Automobile con blocco.dwg* dalla cartella del Capitolo 17, presente nel Booksite. Il disegno contiene il prospetto di un edificio e la memorizzazione di una definizione di blocco chiamato *auto-laterale*.
2. Premete il pulsante *Scrivi blocco*, presente nel gruppo *Blocco* scheda *Inserisci*. Si aprirà la finestra *Scrivi blocco* di Figura 17.6.
3. Sotto la voce *Origine* cliccate *Blocco* e dal selettore del tipo selezionate il nome del blocco che volete esternalizzare.

4. In basso, alla voce *Nome e percorso del file*, selezionate la cartella di destinazione e, modificate il nome del file/blocco in **Blocco auto-laterale.dwg**.
5. Verificate la correttezza dell'unità di misura e premete *OK*. Il blocco è ora diventato un file, denominato *Blocco auto-laterale.dwg* utilizzabile da tutti gli altri disegni.

La finestra di dialogo *Scrivi blocco* riportata in Figura 17.6 presenta altre due interessanti opzioni: *Disegno intero* e *Oggetti*. La prima voce permette di trasformare l'intero disegno in un blocco avente il punto di inserimento coincidente con l'origine degli assi; la seconda, invece, permette di creare una nuova definizione di blocco direttamente come file di disegno indipendente.

## Inserire un blocco nel disegno corrente

I blocchi ci consentono non solo di ottenere una maggiore velocità nella gestione dei progetti, ma anche e soprattutto una migliore uniformità nella loro composizione grafica.
L'inserimento di un blocco in un file di disegno può essere effettuato utilizzando quattro procedure differenti:

1. Utilizzando il comando *Inserisci blocco* presente nella barra multifunzione (Figura 17.7).
2. Adoperando *DesignCenter*.
3. Sfruttando le *Tavolozze degli strumenti*.
4. Impiegando il *Content Explorer*.

### Il comando Inserisci blocco

In questo paragrafo ci concentreremo sull'utilizzo della prima procedura, poiché le altre tre, permettendo di gestire non solo i blocchi ma anche altri tipi di oggetti, meritano un maggiore approfondimento e, quindi, un paragrafo a ognuno di essi dedicato.

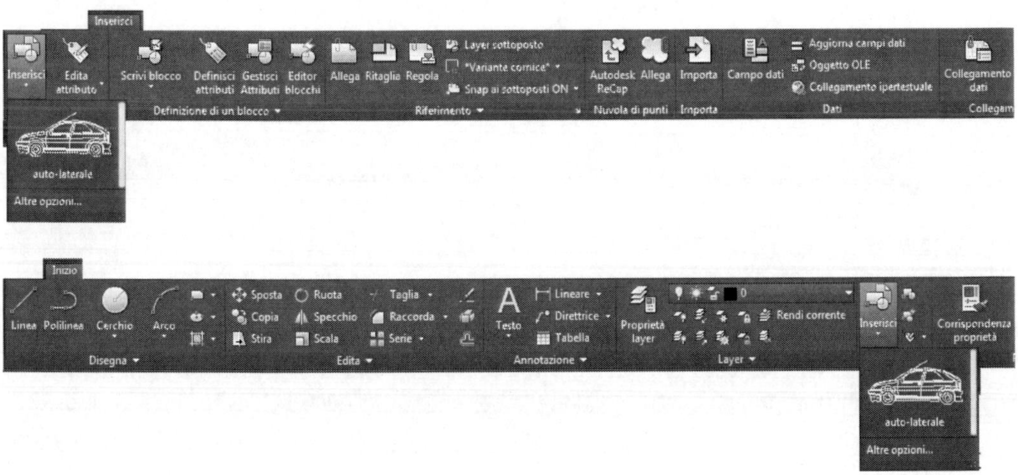


**Figura 17.7**
Inserimento di un blocco con il comando Inserisci blocco.

**Esercizio. Inserimento di un blocco interno tramite l'icona Inserisci blocco.**

1. Aprite il file *Automobile con blocco.dwg* dalla cartella del Capitolo 17, presente nel Booksite. Il disegno contiene il prospetto di un edificio e la memorizzazione di una definizione di blocco chiamato *auto-laterale*.
2. Cliccate sull'icona *Inserisci blocco* posta nel gruppo *Blocco* della scheda *Inizio* o, in alternativa, presente anche nella scheda *Inserisci* (Figura 17.7). Si aprirà un menu che mostra l'anteprima dei blocchi disponibili nel disegno corrente.
3. Scegliete la definizione di blocco *auto-laterale* (è l'unica disponibile!) e, aiutandovi con lo snap ad oggetto *Vicino*, inserite l'istanza sulla sinistra dell'edificio in corrispondenza della linea di terra.
4. Salvate il file con il nome *Automobile con blocco inserito.dwg*.

Con questa modalità qualsiasi riferimento di blocco memorizzato nel disegno corrente è facilmente raggiungibile e riutilizzabile.
Se, invece, si vuole accedere alla finestra *Inserisci* (Figura 17.8) basta cliccare la voce *Altre opzioni*. Questa finestra di dialogo permette, tramite l'elenco a discesa *Nome*, non solo di scegliere la definizione di blocco presente nel disegno corrente (e di impostarne i parametri prima del suo inserimento nel disegno), ma anche, tramite il pulsante *Sfoglia*, di inserire, come blocco, un file *.dwg* esterno.

**Figura 17.8**
La finestra di dialogo per l'inserimento di un blocco.

**Esercizio. Inserimento di un blocco esterno tramite l'icona Inserisci blocco.**

1. Aprite il file *sezione casa.dwg* dalla cartella del Capitolo 17, presente nel Booksite. Il disegno, realizzato in centimetri, contiene la sezione di un edificio; dovete inserire il blocco dell'automobile, anch'esso realizzato in centimetri, che avete esternalizzato nell'esercizio del paragrafo precedente.
2. Cliccate sull'icona *Inserisci blocco* posta nel gruppo *Blocco* della scheda *Inizio* o, in alternativa, presente anche nella scheda *Inserisci*.
3. Cliccate la voce *Altre opzioni* per accedere alla finestra *Inserisci* e selezionate il pulsante *Sfoglia*.

4. Per accedere al file *Blocco auto-laterale.dwg* dovete, nella finestra di dialogo che si è aperta, raggiungere la cartella del Capitolo 17, presente nel Booksite e, dopo aver selezionato il blocco esternalizzato, cliccare su *Apri*.
5. La definizione di blocco è stata memorizzata nel disegno corrente e quindi è possibile utilizzarne una sua istanza. Premete *OK* per inserire l'istanza del blocco sul disegno corrente; aiutatevi con lo snap a oggetto *Vicino* così da "depositare" il simbolo sulla linea di terra alla destra della sezione.
6. Salvate il disegno con il nome sezione *casa con blocco auto.dwg*.

# Il DesignCenter

Uno strumento molto interessante per gestire l'inserimento dei blocchi in un disegno è il *DesignCenter*. Questa tavolozza, permette, in modo estremamente intuitivo, non solo di utilizzare le librerie di simboli presenti nel disegno corrente o quelli esternalizzati in altre cartelle, ma addirittura di prelevarli da altri file di disegno.
Inoltre risulta essere particolarmente utile per copiare molti degli altri elementi che concorrono nella gestione dell'intero disegno, quali layer, layout, stili (di quota, di testo, ecc.) e tipi di linea.
Questo intelligente strumento di gestione è attivabile dall'icona *DesignCenter* (Figura 17.9) presente nel gruppo *Tavolozze* della scheda *Vista* o utilizzando la combinazione di tasti CTRL+2.

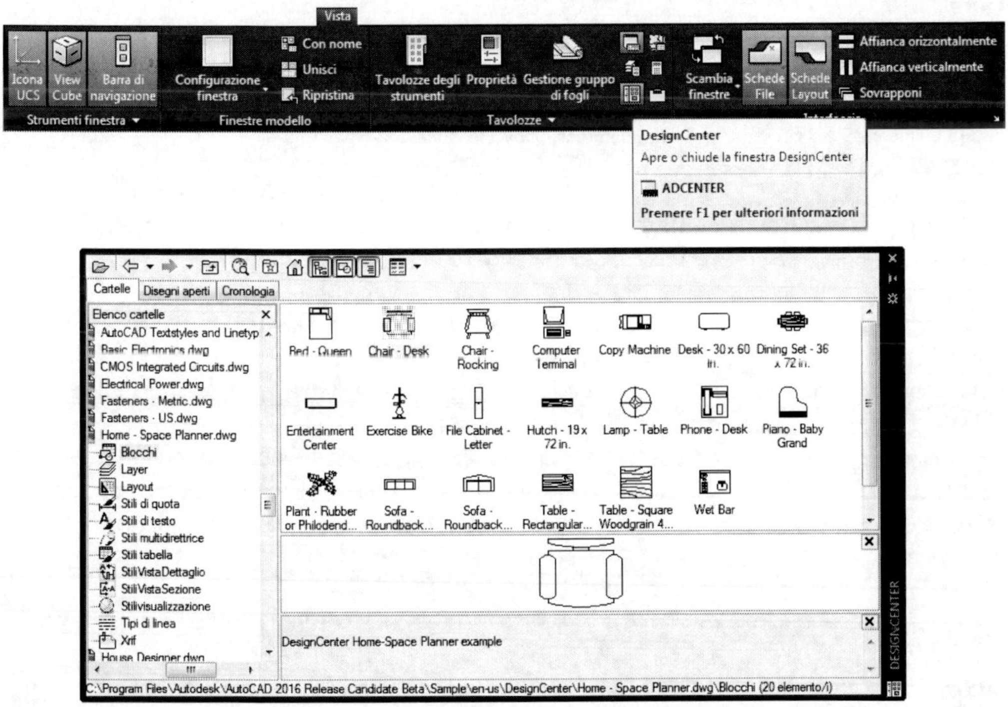


**Figura 17.9**
L'AutoCAD DesignCenter.

La finestra di *DesignCenter* è divisa in due parti principali:

- La vista struttura, a sinistra.
- L'area contenuto, a destra.

L'utilizzo è molto semplice: possiamo utilizzare la vista struttura per sfogliare le origini dell'elemento che vogliamo utilizzare e, selezionatolo, esso verrà visualizzato nell'area contenuto. Una volta visualizzato sulla destra basterà trascinarlo nel disegno corrente per inserirlo nel nostro progetto. Per un maggiore controllo dell'elemento scelto nell'area contenuto, oltre all'intuitivo *Drag'n'Drop* è possibile fare doppio clic o, per far apparire un menu di opzioni, utilizzare il tasto destro del mouse.

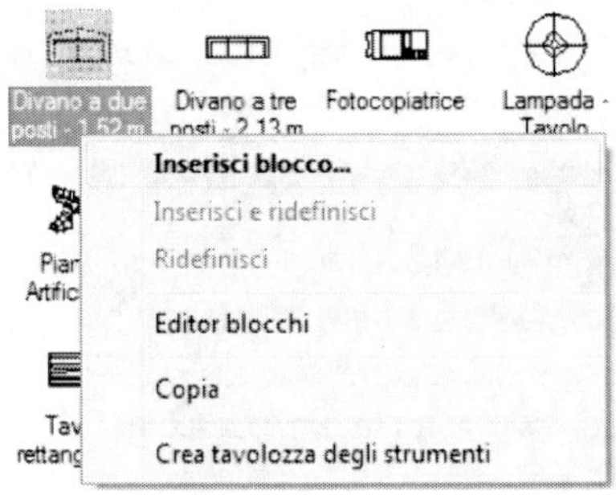


**Figura 17.10**
Menu, attivabile da DesignCenter col tasto destro, per l'inserimento di un blocco.

---

**Nota**
Come il comando Inserisci, anche DesignCenter applica alle istanze di blocco inserite la scalatura automatica in base alle unità di misura del blocco e del disegno corrente.

---

Nella tavolozza (vedi Figura 17.9), sotto l'area contenuto è possibile visualizzare un'anteprima o una descrizione del disegno, del blocco, del tratteggio o dell'xrif selezionato.
Inoltre, nella parte superiore della finestra, una barra degli strumenti consente di scegliere fra varie opzioni e funzioni che permettono il controllo della visualizzazione delle parti e dei contenuti del *DesignCenter*.
Come abbiamo sottolineato, nell'*area contenuto* vengono visualizzati gli elementi inclusi nella tipologia di oggetti della scheda scelta nell'*area struttura*.
Selezionando la scheda *Cartelle* vengono, per esempio, visualizzati i file di disegno, le cartelle presenti sul disco o sulla rete o le immagini raster; se, invece utilizziamo le schede *Disegni aperti* o *Cronologia*, vengono subito visualizzati gli elementi importabili, quali blocchi, xrif, stili, layer o tipi di linea.

---

**Nota**
Nell'area struttura vi è la possibilità di avere anche una scheda, denominata, DC Online, che permette di ottenere un elenco, accessibile su Internet, di cartelle contenenti contenuti aggiuntivi, cataloghi o librerie di simboli. DC Online è installabile con l'utilità CAD Manager Control, ovvero con l'installazione guidata di AutoCAD alla voce Installazione degli strumenti e delle utilità.

---

Risulta chiaro che il grande vantaggio offerto dall'uso di *DesignCenter* è sicuramente quello di poter inserire i riferimenti di blocco importandoli direttamente da un altro disegno. Ma non dobbiamo trascurare che con il trascinamento di stili, di tipi di linea, di riferimenti esterni, di layer e di layout risulta più agevole il riutilizzo di impostazioni già definite in altri progetti così da risparmiare tempo, errori e garantire una forte omogeneità a tutta la progettazione grafica, anche tra elaborati differenti.

## Gestione dei blocchi con le tavolozze degli strumenti

Le Tavolozze degli strumenti permettono di svincolare dalla posizione assunta nei disegni e sul disco, non solo i blocchi in esse contenuti, ma anche, come abbiamo evidenziato nel Capitolo 1, i tratteggi o i comandi personalizzati.

Questi strumenti sono attivabili cliccando sull'icona *Tavolozze degli strumenti* presente nel gruppo *Tavolozze* della scheda *Vista* (Figura 17.11).

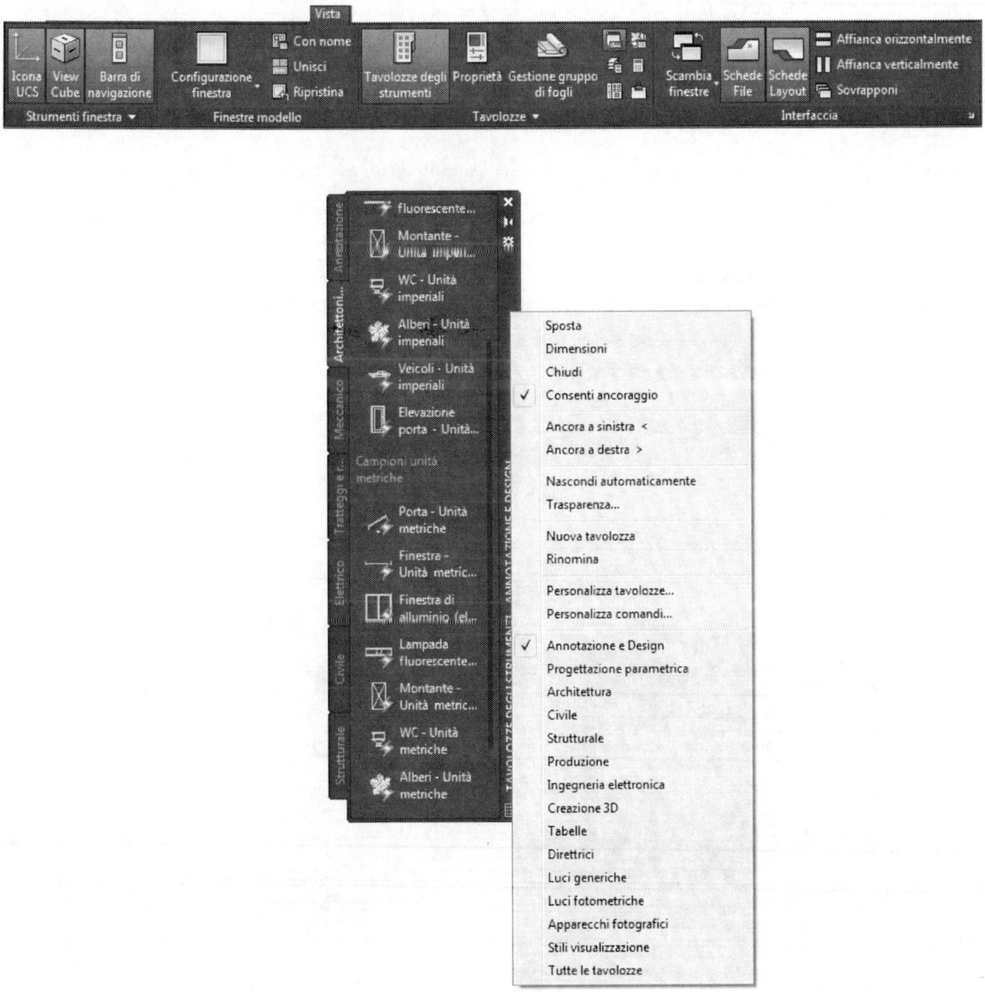


**Figura 17.11**
Le Tavolozze degli strumenti

La tavolozza degli strumenti presente di default in AutoCAD è suddivisa in molte schede, alcune delle quali contengono blocchi dinamici (ne parleremo approfonditamente nel Capitolo 21), eseguiti con unità imperiali o unità metriche. Le schede contenenti i blocchi contengono annotazioni, elementi architettonici, componenti meccanici, parti elettriche, blocchi per utilizzi civili o strutturali.

**Nota**
Se state utilizzando il sistema metrico decimale non usate i blocchi con le unità imperiali.

L'utilizzo dei blocchi in esse contenuto è estremante intuitivo: è sufficiente trascinare il simbolo sul disegno corrente per creare contemporaneamente una sua definizione e una sua istanza.
Per accedere agevolmente e velocemente ai blocchi maggiormente utilizzati è quindi possibile sfruttare le *Tavolozze degli strumenti,* creandone una personalizzata che li contenga.

**Esercizio. Creazione di una tavolozza di blocchi personalizzata.**

1. Aprite il file *blocchi e tavolozze personalizzate.dwg* dalla cartella del Capitolo 17, presente nel Booksite.
2. Se le Tavolozze degli strumenti non fossero visibili, attivatele cliccando sull'icona *Tavolozze degli strumenti* presente nel gruppo *Tavolozze* della scheda *Vista.*
3. Sulla barra del titolo della tavolozza, cliccate con il tasto destro del mouse, come in Figura 17.12, e scegliete la voce *Architettura* per definire la nuova tavolozza in quella disciplina.
4. Per creare la nuova tavolozza, selezionate, sempre cliccando sulla barra del titolo il tasto destro, la voce *Crea nuova tavolozza.*
5. Digitate ***Blocchi personalizzati*** come nome.

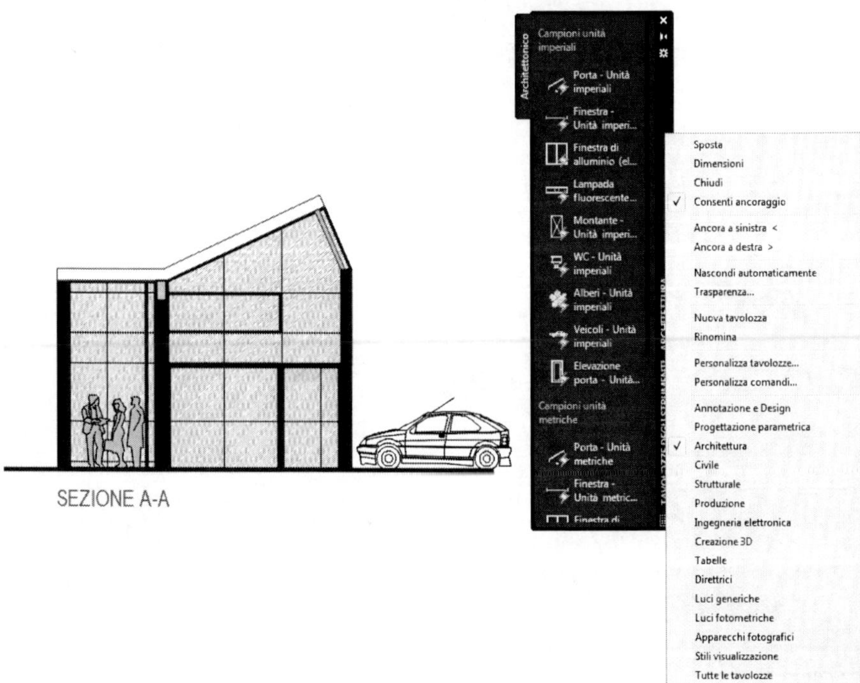


**Figura 17.12**
Creazione di una tavolozza di blocchi personalizzata.

6. La tavolozza personalizzata è stata creata, ora dovete aggiungervi quei simboli, che volete siano sempre disponibili per ogni vostro progetto. Il metodo più flessibile e intuitivo risulta essere quello di utilizzare un'altra tavolozza: il *DesignCenter*. Attivatelo selezionando, nella barra multifunzione, il pulsante *DesignCenter* posto nel gruppo *Tavolozze* della scheda *Vista* (tornate a guardare Figura 17.9), oppure utilizzate la combinazione di tasti CTRL+2.
7. Cliccate sulla parte destra della finestra sul selettore *Disegni aperti* e successivamente sulla voce *Blocchi*; a sinistra; sono così apparsi i blocchi presenti nel disegno corrente. Ora, trascinate uno dei blocchi nella vostra nuova tavolozza così da permetterne la memorizzazione (Figura 17.13).

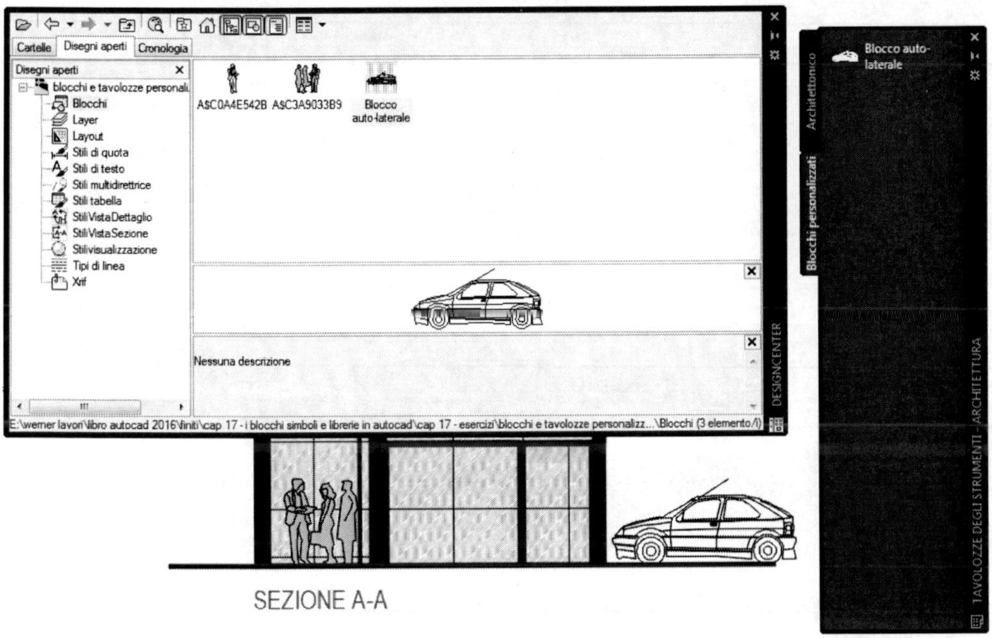


**Figura 17.13**
Inserimento di una definizione di blocco in una tavolozza personalizzata.

Utilizzando *DesignCenter* potete prelevare i blocchi da qualsiasi file e inserirli nelle vostre tavolozze personalizzate, utilizzando semplicemente il *Drag and Drop*. Inoltre è possibile impostare per ogni icona presente nella tavolozza i parametri di inserimento dell'istanza, come il layer o la scala; selezionando infatti *Proprietà* dal menu che appare cliccando il tasto destro del mouse sull'icona di un blocco (Figura 17.14) comparirà la finestra di gestione dei parametri a essa associati.

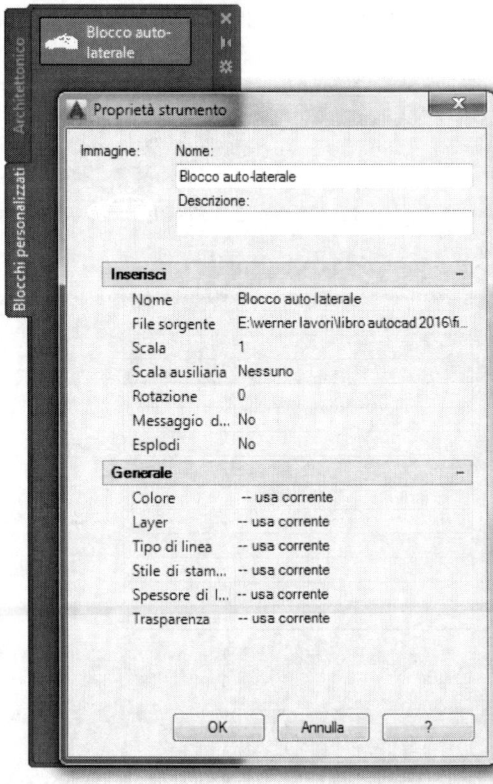


**Figura 17.14**
Per ogni icona di blocco, presente nelle tavolozze degli strumenti, è possibile definirne le proprietà di Istanza.

## Gestione dei blocchi con il Content Explorer

*Content Explorer* è una tavolozza che permette di esplorare gli elementi che compongono un file di disegno di AutoCAD (blocchi, layer, stili, tipi di linea, ecc). La ricerca viene effettuata attraverso una finestra che permette sia l'analisi della memoria del proprio computer, sia delle risorse di rete, sia di quelle in linea presenti sul sito di *Autodesk Seek* (dove è possibile trovare i file messi a disposizione dai produttori). Utilizzando *Content Explorer* è possibile inserire elementi e file direttamente nel proprio disegno, senza bisogno di uscire dal disegno corrente, aprire altri file o accedere al sito attraverso un browser di navigazione.
La tavolozza è attivabile cliccando sul comando *Esplora* presente nel gruppo *Contenuto* della *scheda Componenti Aggiuntivi* della barra multifunzione (Figura 17.15).

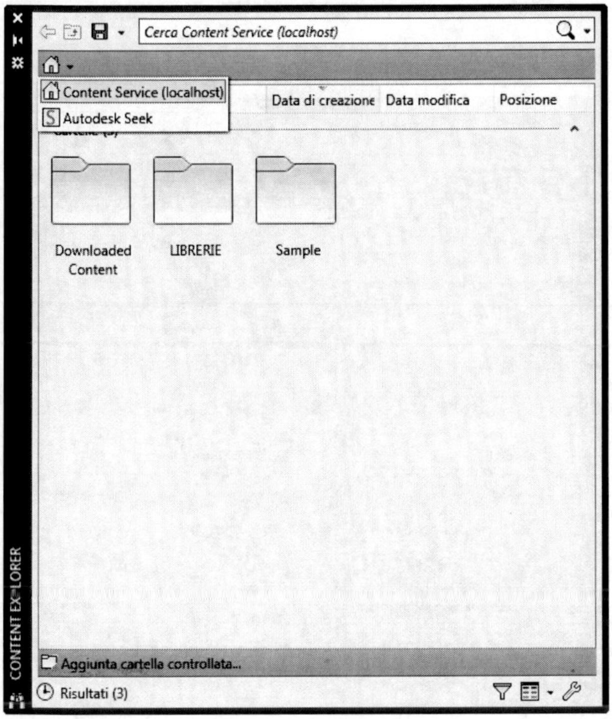


**Figura 17.15**
La finestra del Content Explorer.

Prima di effettuare una qualsiasi ricerca è necessario specificare, attraverso il menu a tendina, visibile in Figura 17.15 e attivabile in alto a sinistra , il percorso da effettuare per la ricerca stessa; è possibile perciò scegliere tra la rete locale e *Autodesk Seek*. Definito il percorso è possibile poi digitare le stringhe di testo da ricercare nel campo situato nella parte alta della tavolozza.
È inoltre possibile (e opportuno!) specificare le cartelle da aggiungere ai percorsi di ricerca, facendo clic sul pulsante *Aggiunta cartella controllata*, posto in basso (Figura 17.16). Attraverso la finestra di dialogo *Selezionare cartella controllata* è quindi possibile indicizzare il nuovo percorso e tutti suoi contenuti.

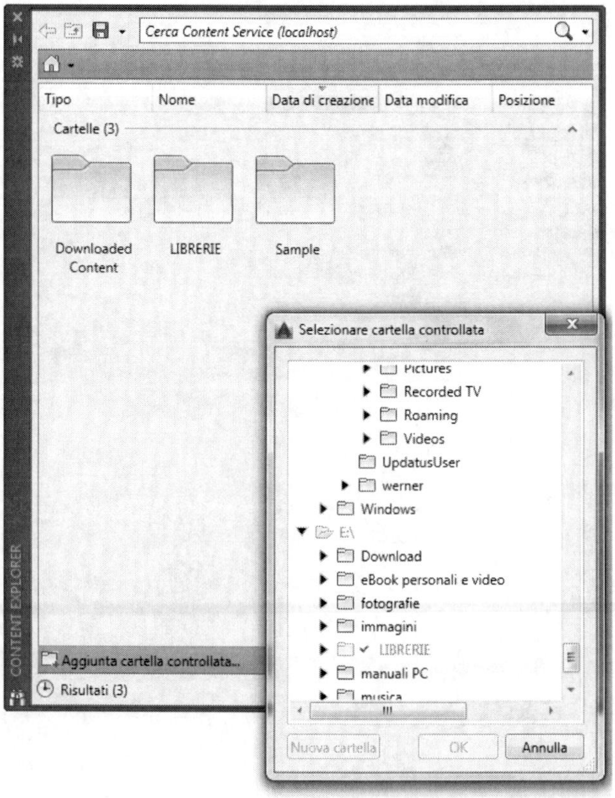


**Figura 17.16**
Aggiunta di un percorso di ricerca in Content Explorer.

---

**Nota**
Le cartelle già indicizzate presentano un simbolo di spunta rosso.

---

Definito un criterio di ricerca, è possibile sostare sull'icona di ogni file per visualizzarne un'anteprima (Figura 17.17), oppure navigare all'interno dei file e delle cartelle alla ricerca dei contenuti.

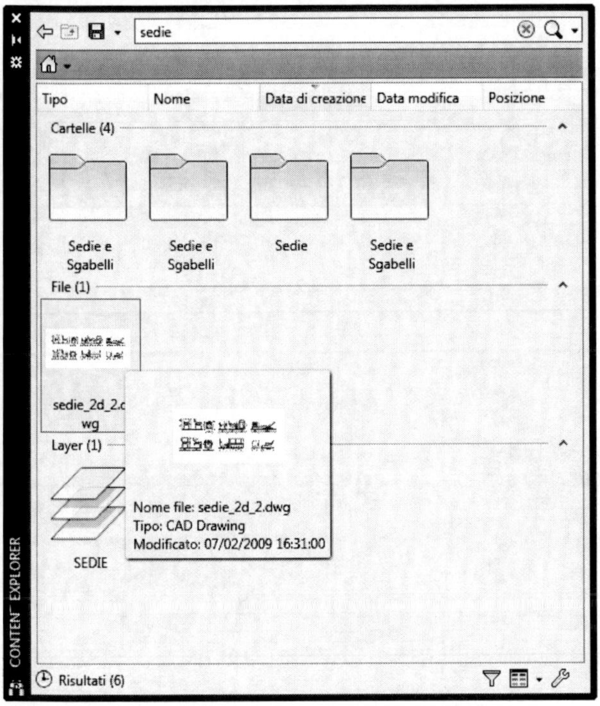


**Figura 17.17**
Una ricerca effettuata con Content Explorer.

Nella parte bassa della finestra, è presente l'icona *Filtro*; facendo clic su di essa, come riportato in Figura 17.18, è possibile inserire dei criteri di preferenza nella ricerca effettuata, così da poter ulteriormente filtrare i file, per esempio, per tipo o per data.

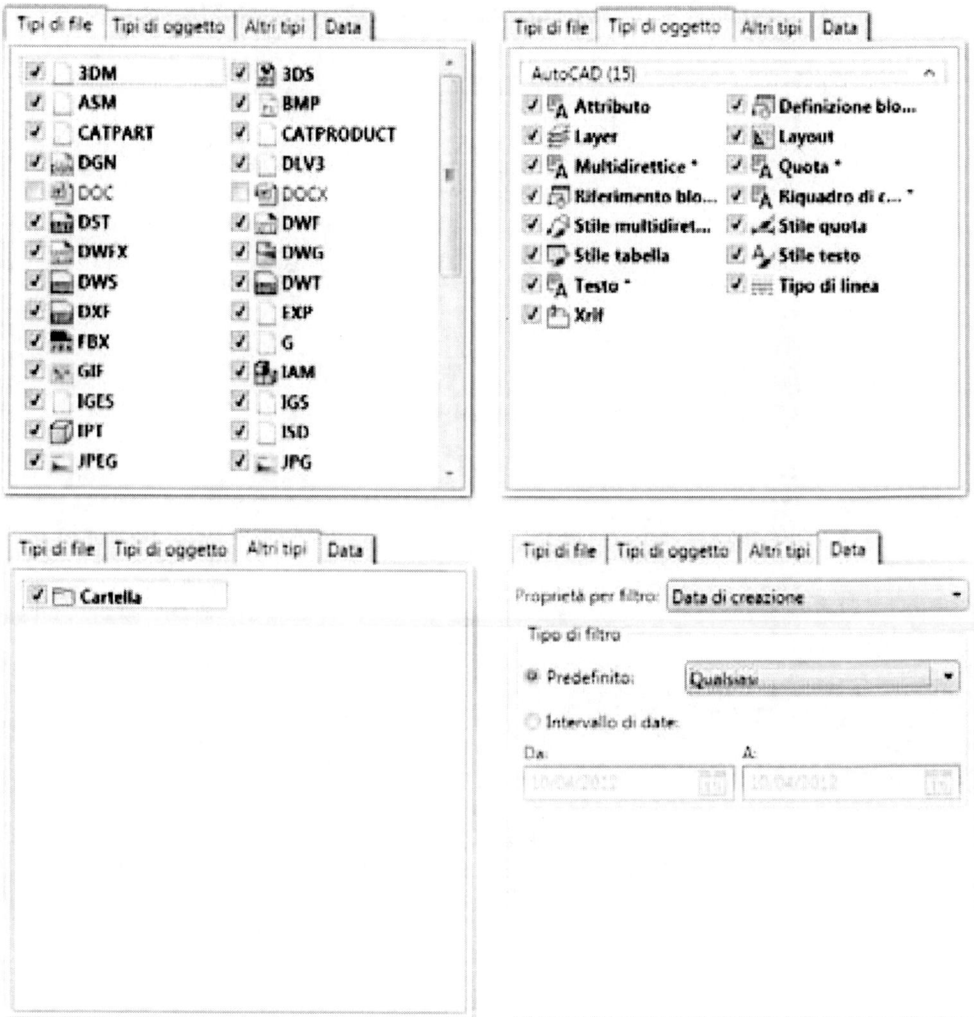


**Figura 17.18**
Content Explorer: possibilità di filtraggio della ricerca effettuata.

## Modificare l'istanza di un blocco

Poiché i riferimenti di blocco devono restituire le proprietà geometriche della definizione memorizzata nel disegno, è possibile applicare loro solo quelle trasformazioni che vengono definite "rigide"; infatti è possibile applicare tranquillamente il comando *Sposta, Ruota, Specchio, Scala* o *Serie*, ma risulta impraticabile l'utilizzo, per esempio, del comando *Stira* o del comando *Taglia*, che comprometterebbero la deformazione degli oggetti che compongono il blocco memorizzato.

**Nota**
I blocchi dinamici, che analizzeremo nel Capitolo 21, permettono di rendere l'uso e la geometria di un blocco molto più flessibile; infatti essi permettono l'introduzione di modifiche tramite la Tavolozza delle proprietà o l'uso di grip particolari.

Nel caso sia necessario agire sulla geometria dei soli oggetti che compongono l'istanza, è possibile utilizzare il comando *Esplodi*, presente nel gruppo *Edita* della scheda *Inizio*; questo comando slega l'istanza dalla definizione di blocco riportandola nello stato di generazione iniziale, in questo modo, le entità esplose, se non sono anch'esse dei blocchi possono subire tutte le deformazioni geometriche messe a disposizione dal gruppo *Edita*.

**Nota**
L'esplosione di un'istanza nidificata comporta la visualizzazione delle istanze degli oggetti-blocco che la compongono, perciò, se si vuole ulteriormente modificarne la geometria, bisogna nuovamente esplodere le nuove istanze.

Quando si esplode un riferimento di blocco, esso viene disassemblato negli oggetti componenti; la definizione del blocco continua tuttavia a esistere nel disegno e può essere inserita in seguito.

# Modificare una definizione di blocco

AutoCAD vi mette a disposizione tre differenti metodologie per la modifica della definizione di un blocco:

1. Sostituire una definizione di blocco con una nuova avente lo stesso nome.
2. Utilizzare la funzione Modifica diretta blocco.
3. Avvalersi dell'Editor blocchi.

Queste tre tecniche fanno che sì che si intervenga direttamente sulle entità che hanno generato il blocco e, dunque, su tutte le istanze che vi fanno riferimento (vedi Figura 17.19).

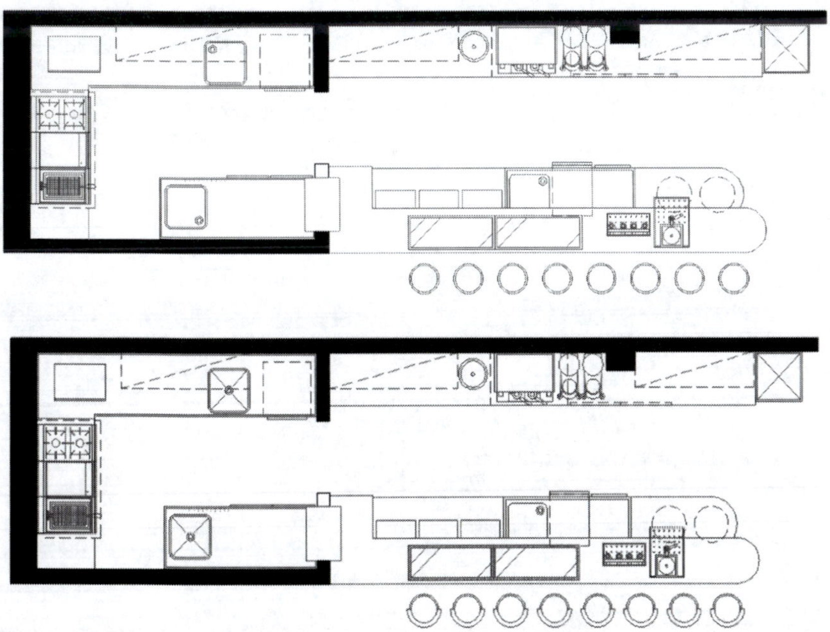

**Figura 17.19**
Modificando la definizione dei blocchi (gli sgabelli, sopra) le entità che vi fanno riferimento (sotto) si modificano di conseguenza.

**Esercizio. Sostituzione di una definizione di blocco con una nuova.**

1. Aprite il file *bar.dwg* presente nella cartella del Capitolo 17, del Booksite. Il disegno contiene tre blocchi, *sgabello tondo, vetrina* e *lavandino*.
2. Selezionate i primi due cerchi in basso a sinistra rappresentanti l'istanza del blocco *sgabello tondo.* Esplodete il blocco (comando *Esplodi*)e modificatene la forma come in Figura 17.20.

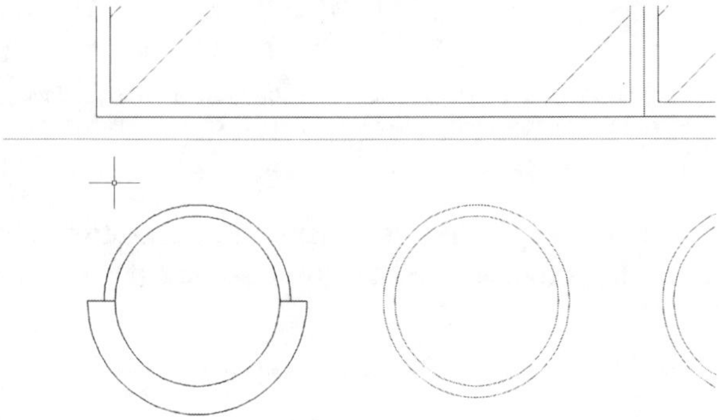

**Figura 17.20**
La nuova forma per il nuovo blocco.

3. Create un nuovo blocco utilizzando il comando *Crea blocco* posto nel gruppo *Definizione di un blocco* della scheda *Inserisci*. Si aprirà la finestra di dialogo *Definizione di un blocco*, dopo averne compilato i parametri scegliete dal selettore *Nome* la voce *sgabello tondo* così da sostituire con la nuova forma quello precedente.
4. Premete *OK* per chiudere la finestra. Apparirà un messaggio che vi chiederà se ridefinire il blocco, cliccate sul pulsante *Ridefinisci blocco* per effettuare la sostituzione (Figura 17.20).

Tutte le istanze dei blocchi *sgabello tondo* vengono aggiornate con la nuova forma; salvate il disegno ma non chiudete il file, poiché servirà per il prossimo esercizio.

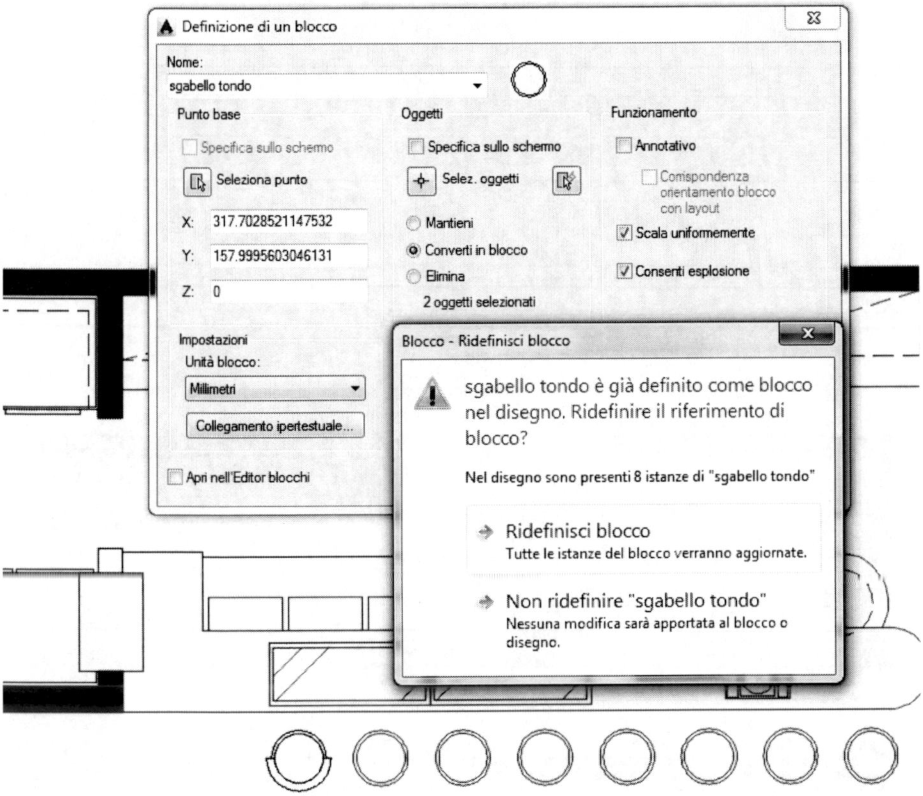


**Figura 17.21**
La modifica di una definizione di blocco utilizzando il comando Crea blocco.

### Esercizio. Sostituzione di una definizione di blocco utilizzando la funzione Modifica diretta blocco.

1. Se lo avete chiuso. aprite il file *bar.dwg* presente nella cartella del Capitolo 17, del Booksite. Il disegno contiene tre blocchi, *sgabello tondo, vetrina* e *lavandino.*
2. Selezionate il blocco rappresentante il lavandino posto in basso a sinistra, come riportato nella Figura 17.22, e cliccate col tasto destro per scegliere dal menu delle opzioni la voce *Modifica diretta blocco.*

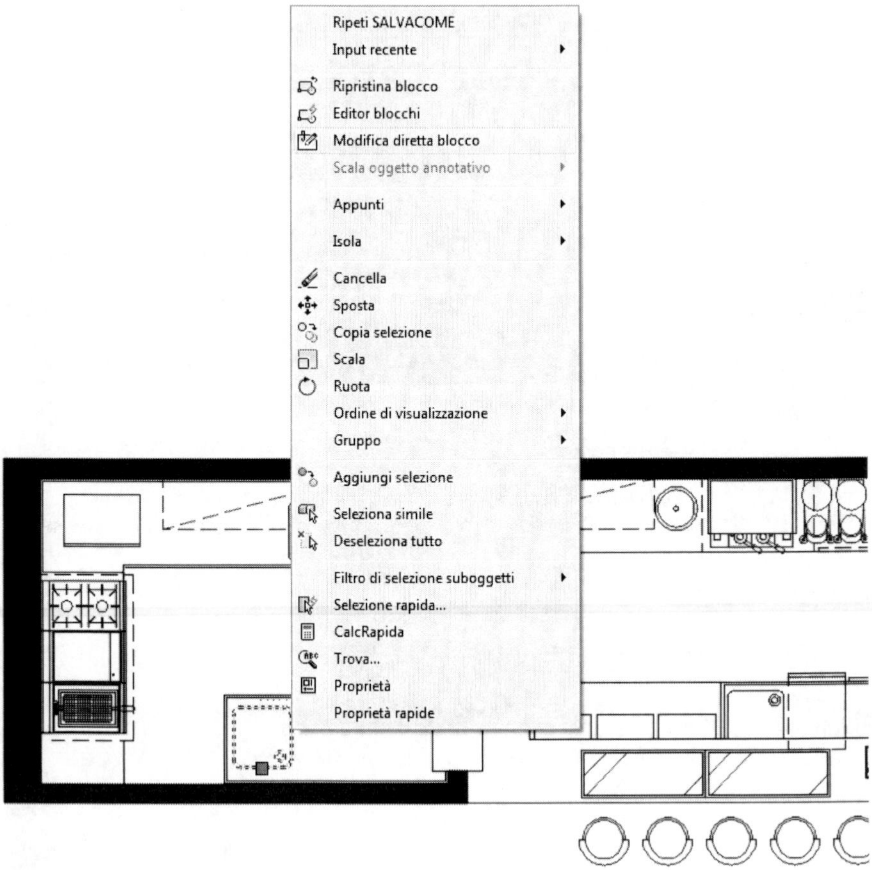


**Figura 17.22**
Attivazione della modifica di una definizione di blocco utilizzando il comando Modifica diretta blocco.

3. Cliccate su OK per confermare la richiesta della finestra, di Figura 17.23, *Modifica del riferimento*.

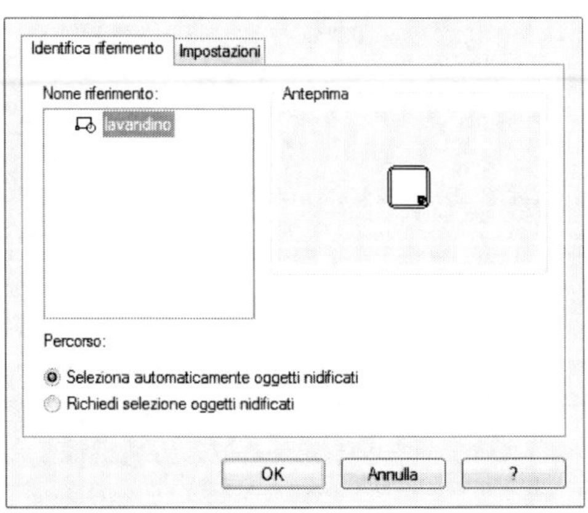


**Figura 17.23**
La finestra Modifica del riferimento che permette l'accesso alla Modifica diretta blocco.

4. Ora potete cambiare la forma del blocco come da Figura 17.24 e, cliccando sul comando *Salva modifiche* del gruppo *Modifica riferimento*, rispondete *OK* alla finestra di dialogo che richiede la conferma alla modifica della definizione di blocco.

Tutte le istanze dei blocchi *lavello* vengono aggiornate con la nuova geometria; salvate il disegno non chiudete il file, vi servirà per l'ultimo esercizio.

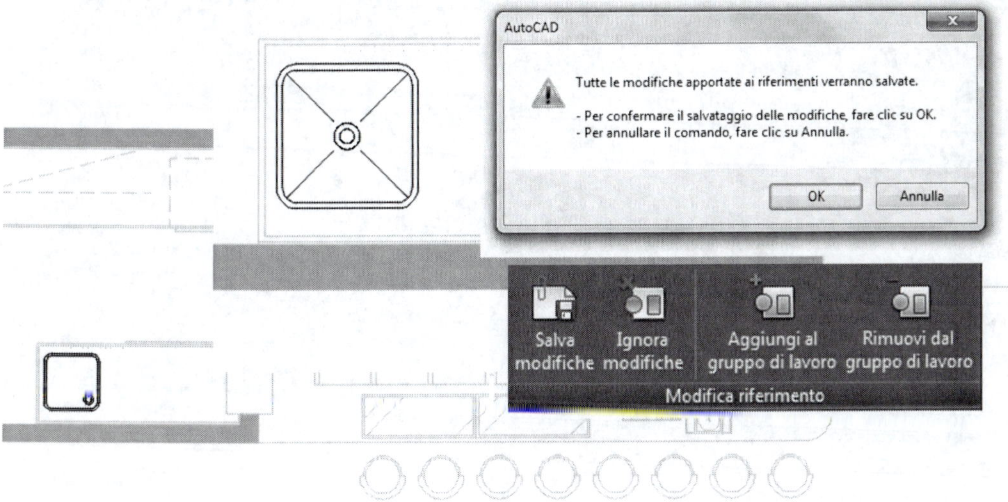


**Figura 17.24**
La Modifica diretta blocco e i comandi per la memorizzazione dei cambiamenti.

**Esercizio. Sostituzione di una definizione di blocco utilizzando l'Editor blocchi.**

In questo esercizio la modifica alla definizione di blocco verrà effettuata in un ambiente di lavoro di AutoCAD parallelo, creato appositamente per la gestione avanzata dei blocchi, chiamato *Editor blocchi*. Sarà l'ambiente che utilizzeremo in modo più approfondito quando, nel Capitolo 21, affronteremo i Blocchi dinamici.

1. Se lo avete chiuso. aprite il file *bar.dwg* presente nella cartella del Capitolo 17, del Booksite. Il disegno contiene tre blocchi, *sgabello tondo, vetrina* e *lavandino*.
2. Selezionate, in basso, l'istanza del blocco della vetrina disegnata sul bancone. Cliccate col tasto destro del mouse e selezionate la voce *Editor blocchi*.

**Nota**
È possibile entrare direttamente nell'Editor blocchi facendo doppio clic sull'istanza che si desidera modificare e selezionando il tasto OK della finestra Modifica definizione blocco che si apre contestualmente.

3. Nell'*Editor blocchi*, dalla scheda *Inizio*, selezionate il comando Tratteggio e, applicando un riempimento **ANSI31** e una scala di **0.005** riempite la cornice come riportato nella Figura 17.25.

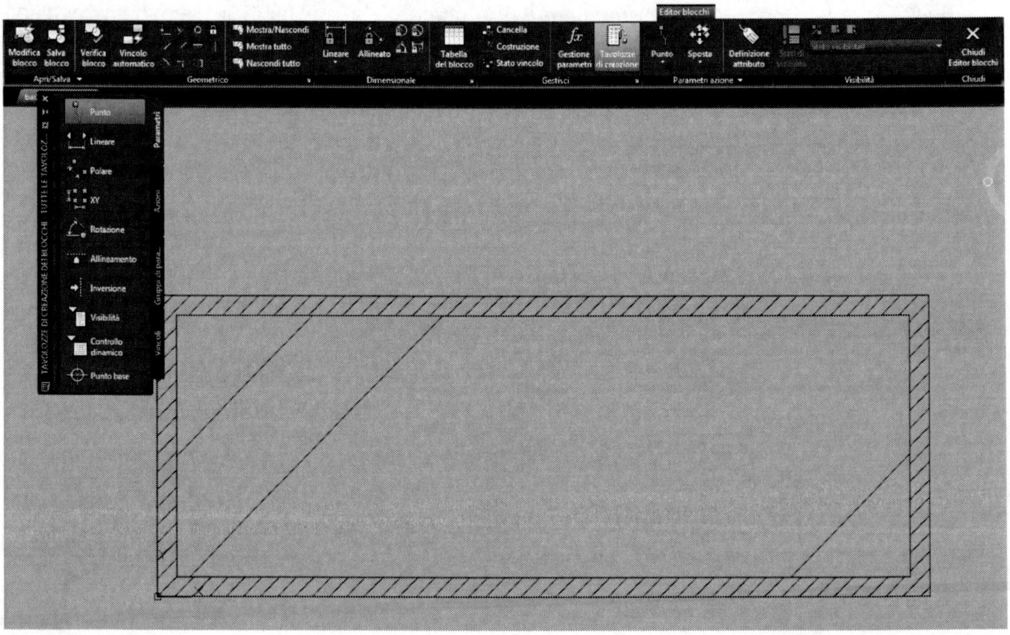

**Figura 17.25**
L'area di lavoro Editor blocchi.

Cliccate, sulla scheda *Editor blocchi* l'icona, posta all'estrema sinistra, *Salva blocco* per aggiornare le modifiche e, successivamente, il comando, posto all'estrema destra, *Chiudi editor blocchi* per tornare al disegno.
Tutte le istanze dei blocchi *vetrina* vengono aggiornate con la nuova geometria; salvate il disegno che, ora, dopo i tre esercizi, si dovrebbe presentare come in Figura 17.19 in basso.

## Le proprietà di un blocco

Questo è un paragrafo estremamente importante per una corretta gestione dei blocchi all'interno di un disegno realizzato con AutoCAD; infatti un elaborato digitale non è solo un insieme di forme, ma, innanzitutto, un sistema che permette la continua e dinamica modifica dei suoi contenuti progettuali.
Come abbiamo visto nel Capitolo 5, tutte le entità hanno delle proprietà che possono essere "fisse" e altre "legate" al layer sul quale sono calcolate; ebbene, anche i blocchi non fanno eccezione a questa regola, ma essendo oggetti creati a partire da altri oggetti, la cosa si complica.
È importante perciò comprenderne bene le dinamiche al fine di non ritrovarsi con una gestione del disegno che potrebbe diventare fortemente distonica rispetto alle volontà del progettista: spegnendo il layer sul quale si è inserito il blocco, questo o alcune sue parti rimangano visibili, mentre con il congelamento, sparisca tutto; o ancora, che il blocco e le sue parti rimangano insensibili ai cambiamenti, di colore, spessore, tipo di linea o trasparenza, dei layer a cui fa riferimento.
Perciò, affinché si possa comprendere come controllare pienamente il comportamento delle istanze di un blocco, è necessario definire che il *Layer 0* è un layer particolare, differente dagli altri, in quanto layer di sistema, infatti, non è possibile né eliminarlo né rinominarlo.

Quindi le definizioni di blocco che utilizzano oggetti definiti sul layer 0 avranno comportamenti particolari che, se sfruttati, ci permetteranno di ottenere dei riferimenti di blocco estremamente flessibili e facilmente gestibili.
Dobbiamo, a questo punto, tenere presente solo due concetti che ci consentiranno di gestire con maggiore tranquillità il riferimento di blocco (evitando così che sparisca la sua geometria, o le sue parti, quando meno ce lo aspettiamo!):

1. Se le entità che compongono il blocco sono tutte poste sul layer 0, potete inserire l'istanza su qualsiasi layer desideriate.
2. Se le entità che compongono l'istanza sono tutte originariamente poste su layer differenti (il blocco è, perciò, un blocco multilayer), dovete inserirlo sul layer 0 al fine di evitare strani comportamenti.

In particolare, in base a come volete che i blocchi, o meglio, le proprietà delle entità che li compongono, si comportino, dovete seguire tre semplici regole:

1. Se volete un blocco del quale controllare le proprietà di colore, tipo, trasparenza e spessore di linea delle istanze, usando le proprietà del layer su cui viene richiamato, è necessario creare il blocco con entità poste sul layer 0 (questo, naturalmente vale anche per i blocchi che vengono nidificati), con le proprietà *DaLayer*.
2. Se desiderate che le proprietà degli oggetti nel blocco non cambino, indipendentemente dalle impostazioni correnti, dobbiamo impostare tutte le proprietà singolarmente per ciascun oggetto della definizione di blocco; perciò non dovete assolutamente utilizzare le impostazioni *DaBlocco* o *DaLayer*.
3. Se volete un blocco del quale controllare le proprietà di colore, tipo, trasparenza e spessore di linea delle istanze, indipendentemente dalle proprietà del layer su cui viene richiamato, dovete impostare tutte le proprietà su *DaBlocco* e disegnare gli oggetti origine sul layer 0, anche se non è strettamente necessario.

Aprite ora il file *blocchi.dwg* presente nella cartella del Capitolo 17, del Booksite. Il disegno contiene tre blocchi, tutti inseriti sul layer chiamato *giallo*, tutti aventi la stessa geometria, ma proprietà differenti. Tutte le entità sono state create sul layer 0, ma il blocco *uno* ha gli oggetti origine *DaLayer*, il blocco *due* con il colore da oggetto *viola*, mentre il blocco *tre* presenta tutte le proprietà *DaBlocco*. Provate a modificare, per ciascuno di essi, le proprietà, così da verificare quanto sopra esposto.

## Eliminazione delle definizioni dei blocchi

Per ridurre la dimensione di un disegno, potete eliminare le definizioni dei blocchi inutilizzati. Attenzione: potete eliminare un'istanza dal disegno cancellandola, tuttavia, la definizione rimane nella tabella dei blocchi del file di disegno. Perciò, per "ripulire" il disegno dalle definizioni dei blocchi inutilizzate e ridurne così le dimensioni, potete avvalervi del comando ***Elimina*** (riportato nella Figura 17.26) in qualunque momento durante la sessione di disegno.

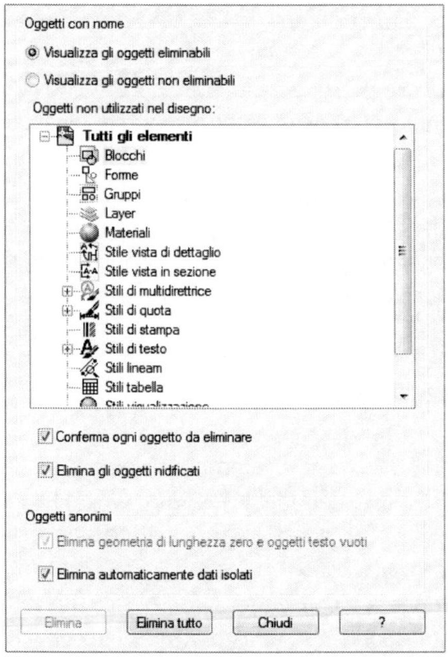


**Figura 17.26**
La finestra Elimina che permette di "ripulire" il disegno dagli oggetti non utilizzati.

Per attivare l'utilità potete fare clic sul *Menu dell'Applicazione* (la *A* di AutoCAD in alto a sinistra), selezionare la voce *Utilità di sistema* e cliccare, infine, su *Elimina*.

La finestra di dialogo *Elimina* visualizza una vista struttura tutti gli oggetti con nome che possono essere eliminati.
Per eliminare tutti i blocchi senza riferimento, dovete selezionare la cartella *Blocchi* presente nel browser. Se volete, inoltre, che vengano inclusi anche i blocchi nidificati, è importante selezionare la casella di opzione *Elimina gli oggetti nidificati*, posta in fondo alla finestra di dialogo.
Per eliminare gli oggetti dovete infine fare clic su *Elimina* e premere *Chiudi*, per chiudere la finestra.

Questo strumento risulta estremamente utile in quanto alcuni comandi creano automaticamente e senza alcun avvertimento delle definizioni di blocco nel nostro disegno. Un esempio può essere quello dell'uso, fra disegni diversi, del *Copia e Incolla* di Windows o dell'inserimento, come blocco, di un altro disegno che al proprio interno contiene ulteriori definizioni di blocco.

## Le librerie di simboli

Abbiamo visto che utilizzando tutti gli strumenti che AutoCAD ci mette a disposizione (il *DesignCenter* o le *Tavolozze degli strumenti* per fare un esempio), potete utilizzare i blocchi in qualsiasi disegno e possiamo "prelevarli" da qualsiasi elaborato.

È importante, però, cercare di essere ordinati nella gestione dei propri elementi simbolici e possiamo farlo adottando due tecniche, che non sono una alternativa all'altra:

- Creare dei disegni che contengano un insieme di definizione di blocco, suddivisi per categorie.
- Creare delle cartelle che abbiano, al loro interno, i blocchi *.dwg* esternalizzati.

In entrambi i casi velocizzeremo le nostre operazioni di disegno senza dover impazzire nella ricerca dei simboli che ci possono servire in quel momento in quel singolo progetto.

## Conclusioni

I blocchi sono estremamente importanti in qualsiasi ambito di progettazione bi o tridimensionale. Infatti, utilizzando le librerie di blocchi (statici e, ancor più, utilizzando quelli dinamici, come vedrete in seguito) non solo velocizzerete il vostro lavoro ma potrete generare una standardizzazione di simbologie che saranno comuni e omogenei per tutti i vostri elaborati grafici.

# Capitolo 18

# Gli attributi dei blocchi

Un blocco, come abbiamo sottolineato nel capitolo precedente, può essere composto da una serie di entità grafiche (linee, archi, spline, ecc.) che insieme danno forma a un simbolo; quando si associano elementi testuali a un blocco questi rimangono statici, non modificabili e possono essere editati solamente dopo l'esplosione dell'istanza del blocco.
L'Attributo invece è un particolare elemento testuale che deve essere visto come un'etichetta o un segnaposto che consente di associare dati alfanumerici a un blocco, dati che possono essere eventualmente modificati e personalizzati per ogni singola istanza di blocco.
A un blocco inoltre possono essere associati più attributi, a condizione che ciascuno di essi abbia un differente nome identificativo (chiamato *etichetta*).
All'inserimento di un blocco contenete attributi, AutoCAD richiede immediatamente di compilare i dati da memorizzare e visualizzare con il blocco, dati che, comunque, rimangono modificabili in qualsiasi momento, perciò anche dopo la creazione dell'istanza che li contiene.

**Nota**
Rimangono compilabili ed editabili tutti gli attributi, tranne quelli che hanno la proprietà Costante attivata.

Inoltre tutte le informazioni relative agli attributi vengono registrate nel file di disegno e possono essere successivamente estratte per poter essere inserite in un oggetto Tabella o scritte in un file esterno da utilizzare in un foglio elettronico o in un database.

**Nota**
Gli attributi, essendo degli oggetti testuali richiedono l'associazione a uno stile di testo, è quindi possibile utilizzare l'annotatività per controllarne velocemente la leggibilità in fase di stampa.

## Il flusso di lavoro per l'utilizzo degli attributi di blocco

Affinché gli attributi associati a un blocco possano operare correttamente in un disegno è necessario:

1. Creare uno *Stile di testo* apposito per la gestione degli attributi.
2. Disegnare le geometrie che definiranno la grafica del blocco.
3. Creare gli attributi.
4. Definire il blocco, comprendendo nella selezione degli oggetti anche le etichette degli attributi creati.

All'inserimento del blocco gli attributi (non costanti) saranno disponibili per la compilazione.
È possibile associare gli attributi a un blocco esistente, utilizzandone così al punto 2 una sua istanza, ma al punto 4 il blocco andrà ridefinito per comprendere i nuovi oggetti.

**Nota**
È possibile anche creare attributi indipendenti (quindi non associati ai blocchi) per utilizzarli quando il disegno viene inserito in un altro disegno. Quando il file salvato con le definizioni di attributo viene inserito come blocco, verrà automaticamente richiesto di compilare i valori degli attributi.

## Creare una definizione di attributo

La procedura di definizione di un attributo richiede di:

1. Fare clic sull'icona *Definisci attributi* presente nel gruppo *Definizione di un blocco* all'interno nella scheda *Inserisci*.
2. Impostare, nella finestra di dialogo *Definizione attributo* (Figura 18.1), le modalità degli attributi e digitare le informazioni dei segnaposto, la posizione e le opzioni di testo.
3. Fare infine clic su *OK* per definire con un ulteriore clic del mouse la posizione dell'etichetta dell'attributo.

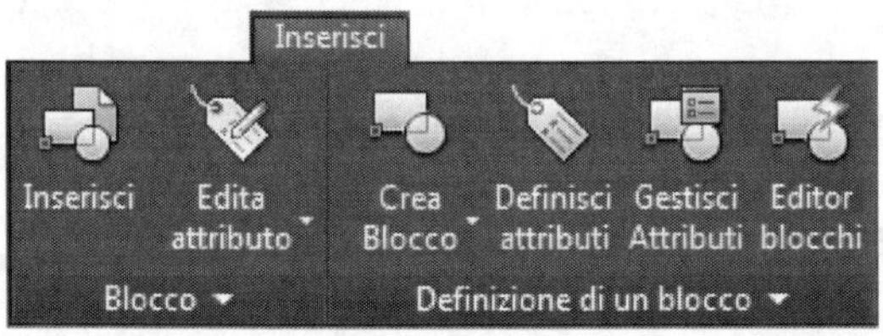

**Figura 18.1**
La finestra di dialogo Definizione attributo.

La finestra di dialogo *Definizione attributo* include quattro sezioni di controllo, chiamate *Attributo, Modalità*, *Impostazioni di testo* e *Posizione punto di inserimento*.
La sezione *Attributo* include:

- L'*Etichetta*, ovvero il nome che identifica l'attributo.
- Il *Messaggio*, ossia la richiesta visualizzata dal sistema al momento dell'inserimento del blocco.
- La voce *Default*, che permette di inserire un suggerimento precompilato, che però diventa obbligatorio nel caso l'attributo sia definito *Costante*. Sulla destra della voce *Default* è presente anche il pulsante *Inserisci campo dati* che permette di rendere l'attributo un elemento calcolato (vedi Capitolo 16).

La sezione *Modalità* permette di controllare il funzionamento degli attributi nei blocchi; in particolare le caselle di opzione permettono di utilizzare i seguenti aspetti:

- **Invisibile**. Se un attributo è visibile o non visibile nel disegno.
- **Costante**. Se un attributo ha un valore costante; in questo caso il valore non verrà richiesto quando verrà inserito il blocco, ma inserito automaticamente.
- **Verifica**. Se una volta inserito il valore, questo debba essere reinserito per verificarne l'identicità di digitazione.
- **Preassegna**. Se il valore di default debba essere sostituito dall'ultimo valore digitato.
- **Blocca posizione**. Se l'attributo può essere o meno spostato rispetto al resto del blocco; opzione che, non spuntata, risulta estremamente utile con gli attributi annotativi.
- **Linee multiple**. Se l'attributo è definito da un testo a riga singola o a più righe. Per gli attributi a più righe sono disponibili più opzioni di formattazione rispetto a quelle disponibili per gli attributi a riga singola e vengono visualizzati quattro grip simili agli oggetti testo multilinea, mentre per gli attributi a riga singola viene visualizzato un solo grip.

La sezione *Impostazioni testo* è decisamente intuitiva e permette di definire lo stile di testo di riferimento per la scrittura dell'attributo, nonché le sue opzioni di allineamento e/o di rotazione rispetto al suo punto di inserimento nel disegno.
Infine la sezione *Punto di inserimento*, se spuntata, permette di definire con un clic del mouse la posizione dell'attributo nel disegno.

**Nota**
In caso di errore, è possibile utilizzare la tavolozza Proprietà, digitare il comando DDEDIT oppure fare doppio clic sull'etichetta per apportare modifiche (limitate) a una definizione di attributo prima che venga associata a un blocco. Nella finestra di dialogo Edita definizione attributo, è possibile quindi specificare l'etichetta, il messaggio di richiesta e il valore di default dell'attributo. Se però è necessario apportare modifiche più estese, è meglio eliminare la definizione di attributo e crearne una nuova.

## Assegnare gli attributi ai blocchi

Dopo aver creato una o più definizioni di attributo, al momento della definizione o ridefinizione di un blocco, e possibile associare gli attributi a quel blocco. Quando viene richiesto di selezionare gli oggetti da includere nella definizione del blocco, è necessario quindi selezionare (anche) gli attributi che si vuole facciano parte del blocco.
Generalmente, l'ordine di visualizzazione degli attributi è lo stesso in cui sono stati selezionati gli attributi quando si è creato il blocco; tuttavia, se si è utilizzata una selezione con intersezione o anche una semplice finestra, l'ordine di visualizzazione è inverso rispetto all'ordine in cui sono stati creati gli attributi.

Il comando *Gestione attributi blocco*, selezionabile dall'icona *Gestisci attributi* del gruppo *Definizione di un blocco* nella scheda *Inizio*, consente di modificare l'ordine con cui vengono richieste le informazioni sugli attributi quando si inserisce il riferimento di blocco.

**Nota**
Quando si apre una definizione di blocco nell'Editor blocchi, è possibile modificare l'ordine con cui vengono richieste le informazioni sull'attributo utilizzando la finestra di dialogo Ordine attributo (comando ORDATTBLOC) attivabile con la pressione del tasto destro del mouse.

Il comando *Gestione attributi blocco* è selezionabile dall'icona *Gestisci attributi* del gruppo *Definizione di un blocco* nella scheda *Inserisci* (Figura 18.2).

**Figura 18.2**
La finestra che permette la modifica dell'ordine di visualizzazione delle richieste di compilazione degli attributi. Basta selezionare l'etichetta e utilizzare i pulsanti Sposta in basso o Sposta in alto per ridefinirne l'ordine.

**Esercizio. Definizione di un attributo.**

1. Aprite il file *base.dwg* del Capitolo 18 del Booksite. Il file presenta il disegno di una lampada da esterni posta sulla destra del prospetto di un'abitazione. Dovete creare come da Figura 18.5 tre attributi annotativi di cui uno variabile, uno costante e uno invisibile, per poi creare un blocco che li conterrà insieme al disegno della lampada.
2. Verificate che il layer corrente sia 0 e che gli oggetti del disegno della lampada siano tutti su 0.
3. Fate clic sull'icona *Definisci attributi* presente nel gruppo *Definizione di un blocco* presente nella scheda *Inserisci*.
4. Impostate, nella finestra di dialogo *Definizione attributo*, le modalità dell'attributo *prodotto* come da Figura 18.3 avendo cura di definire l'attributo **Costante** e di scegliere come *Stile di testo ANN-QUOTE*, che è uno stile annotativo. Fate riferimento anche alla Figura 18.4 per l'impostazionedi queste caratteristiche.
5. Fate clic su *OK* e posizionatene l'etichetta come indicato in Figura 18.5.

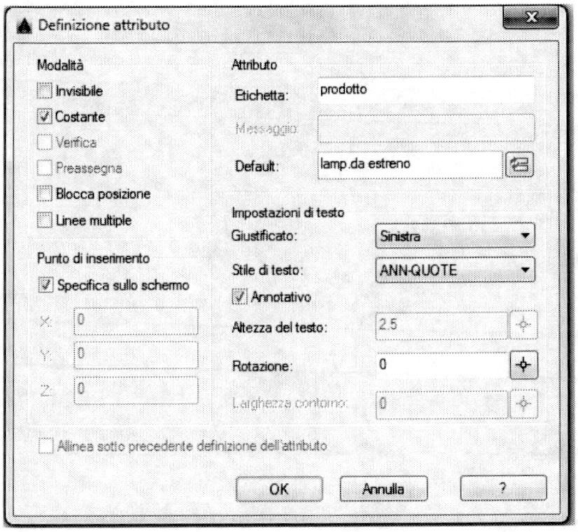


**Figura 18.3**
Le impostazioni per l'attributo costante Prodotto.

6. Premete INVIO per rilanciare il comando *DEFATT* e riaprire così la finestra
7. Compilate i campi dell'attributo ***potenza*** come da Figura 18.4 a destra e, dopo avere attivato la casella della voce *Allinea sotto precedente definizione dell'attributo*, fate *OK*; l'etichetta viene automaticamente posta sotto quella precedente.

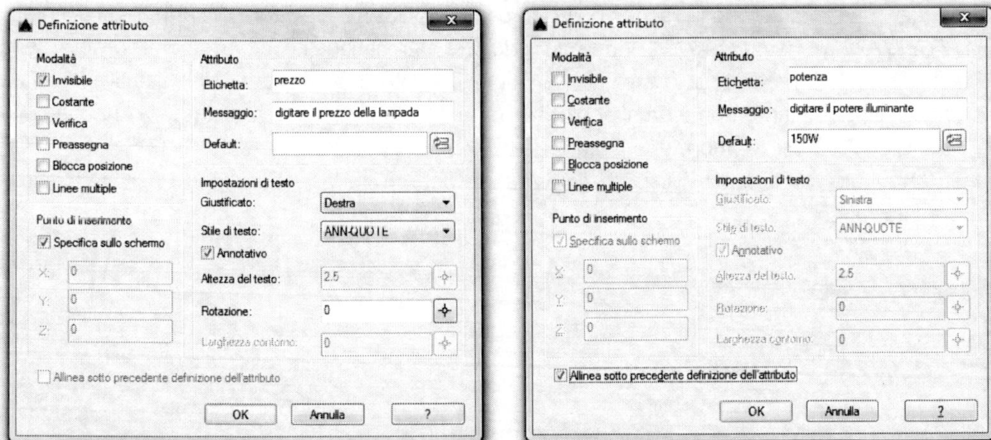


**Figura 18.4**
Le impostazioni per l'attributo variabile *potenza* e per l'attributo, variabile e invisibile, *prezzo*.

8. Premete di nuovo INVIO per riottenere la finestra *Definizione attributo*.
9. Compilate i campi dell'attributo, da rendere invisibile, ***prezzo*** come da Figura 18.4 a sinistra e, dopo avere verificato di non avere attivato la casella della voce *Allinea sotto precedente definizione dell'attributo*, fate *OK* per posizionare l'etichetta (che sarà allineata a destra) come da Figura 18.5.
10. Salvate il file con il nome *base con attributi.dwg* o tenetelo aperto per proseguire con l'esercitazione.

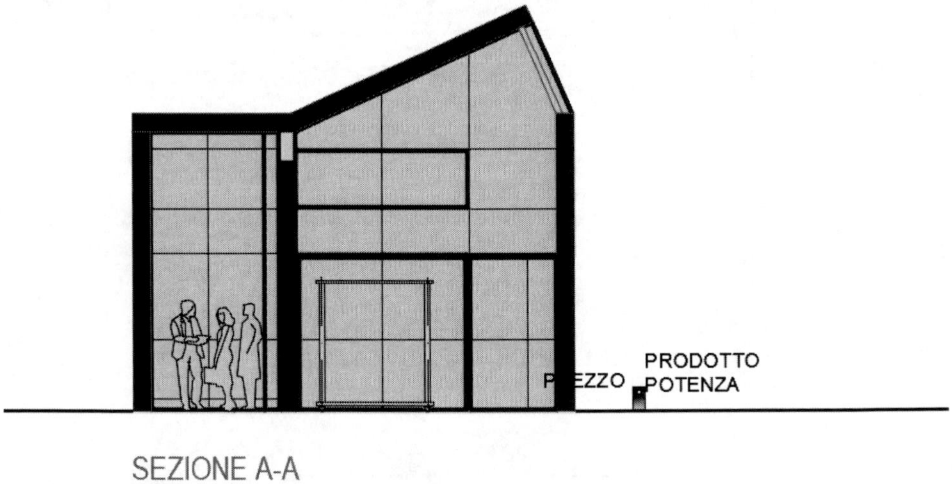


**Figura 18.5**
I tre attributi creati e posizionati rispetto al disegno della lampada.

11. Creati i segnaposto per gli attributi, dovete ora associarli a una definizione di blocco per poterli compilare correttamente (se avete dei dubbi su come fare tornate a leggere il Capitolo 17). Fate clic su *Crea blocco* e nella finestra di dialogo *Definizione di blocco* (Figura 18.6) selezionate il punto in basso a sinistra della lampada come *Punto base*, mentre, dopo avere selezionato gli oggetti che compongono il disegno della lampada fate attenzione a fare clic prima sull'etichetta *PRODOTTO*, poi su *POTENZA*, infine su *PREZZO*, perché questo determinerà l'ordine delle richieste del sistema per la compilazione dei segnaposto degli attributi. Non definite il blocco annotativo, in quanto non è un simbolo, ma rappresenta il disegno in scala della lampada.
12. Fate clic su *OK* per memorizzare il blocco.
13. Salvate il file con il nome *base con blocco e attributi.dwg* e lasciatelo aperto per la prossima esercitazione.

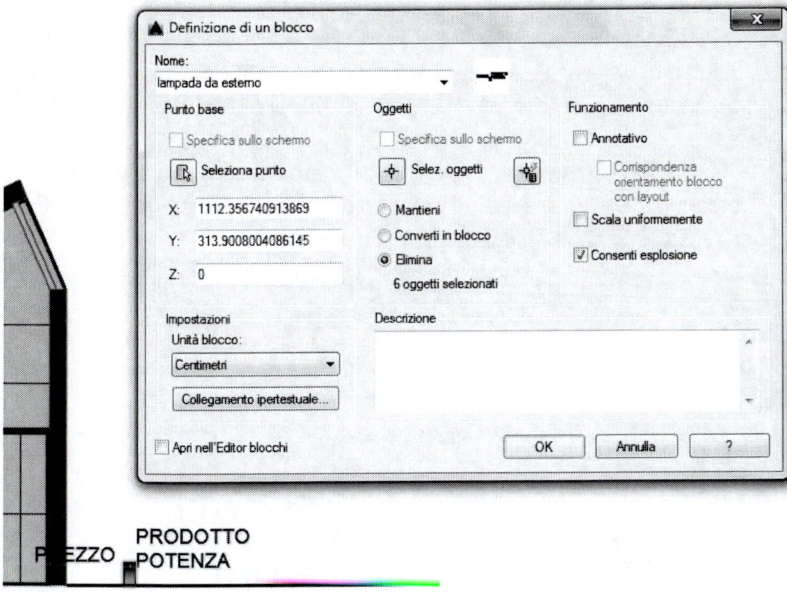


**Figura 18.6**
La finestra Definizione di un blocco che permette la selezione degli attributi come oggetti appartenenti a un blocco.

## Compilazione e modifica degli attributi

Una volta creato il blocco, gli attributi vengono a questo collegati. Quando lo si richiama dall'icona *Inserisci* della barra multifunzione, subito dopo aver fatto clic per posizionarlo nel disegno, AutoCAD richiede di compilare i valori corrispondenti alle etichette degli attributi varabili che questo contiene. La digitazione può avvenire sulla riga di comando o in una finestra di dialogo, a seconda di come sia impostata la variabile *ATTDIA*; se impostata su 1, il valore di default per AutoCAD 2016, viene mostrata la finestra *Edita attributi* di Figura 18.7.

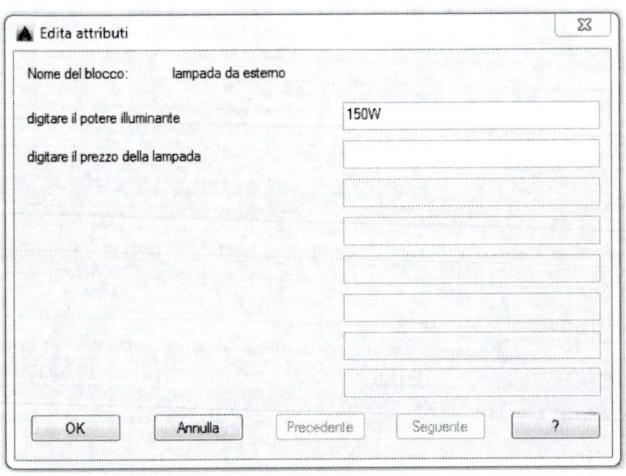


**Figura 18.7**
Con la variabile ATTDIA impostata a 1 la compilazione dei valori degli attributi varabili viene comodamente effettuata nella finestra di dialogo Edita attributi.

Dopo avere inserito un blocco con attributi è possibile modificarne i valori compilati facendo:

- Doppio clic su uno degli attributi. Viene così automaticamente aperta la finestra di dialogo *Editor attributi avanzato* (Figura 18.8).
- Ampliando il menu a discesa dell'icona su *Edita attributo*, posta nel gruppo *Blocco* della scheda *Inserisci*, e scegliendo la voce *Singolo* che permette di accedere ancora alla finestra *Editor attributi avanzato.*
- Utilizzando la Tavolozza *Proprietà* dopo avere selezionato il blocco con attributi.
- Digitando il comando *DDATTE* e selezionando il blocco che contiene glia attributi. Viene così aperta la finestra *Edita attributi* di Figura 18.7.

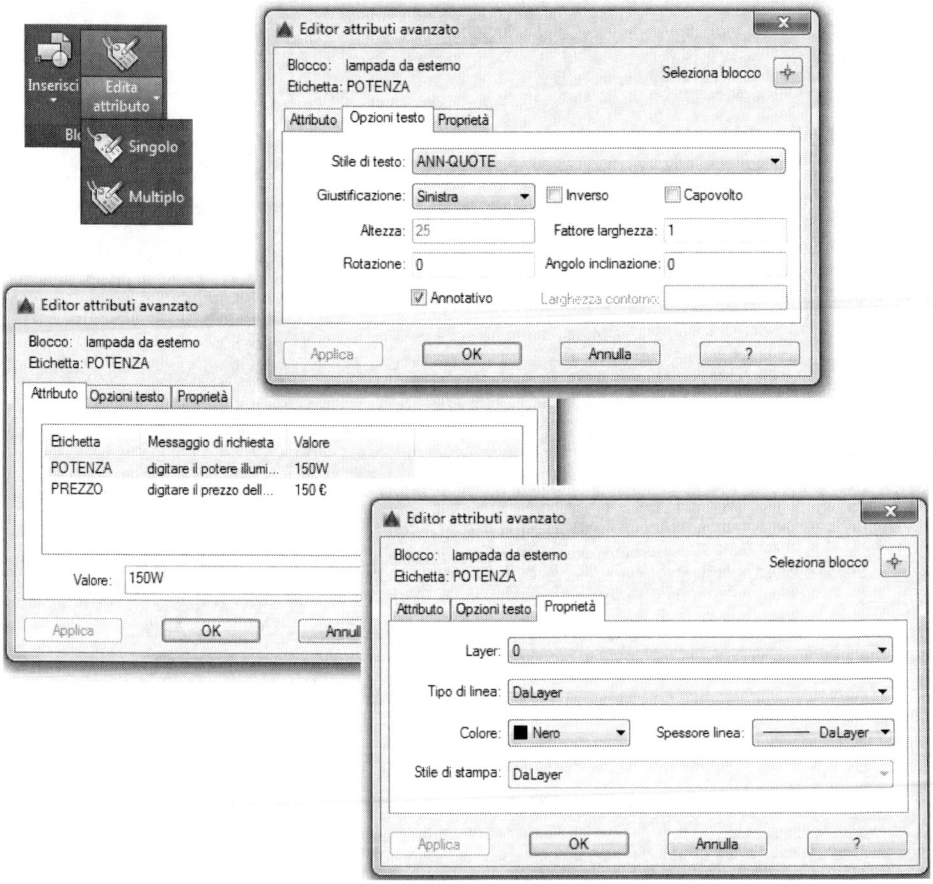


**Figura 18.8**
La finestra di dialogo Editor attributi avanzato che permette la gestione degli attributi di un blocco già inserito in un disegno.

La finestra di dialogo *Editor attributi avanzato* permette oltre alla modifica dei valori non costanti, nelle schede *Opzioni testo* e *Proprietà*, di intervenire anche sull'orientamento, il colore, la rotazione e molte altre caratteristiche che il singolo attributo presenta all'interno del blocco.

**Esercizio. Compilazione e modifica degli attributi associati a un'istanza di blocco.**

1. Se avete chiuso il file *base con blocco e attributi.dwg* dell'esercizio precedente, riapritelo o recuperatelo nella cartella del Capitolo 18 del Booksite.
2. Create e rendete corrente il layer *Lampade da esterno.*
3. Verificate che la *Scala di annotazione* sia **1:100**.
4. Fate clic sull'icona *Inserisci* e selezionate dal menu a discesa il blocco lampada da esterno.
5. Fate clic per posizionare l'istanza sulla destra del prospetto dell'abitazione e a un metro da questa (il disegno è in cm).
6. Subito dopo avere fatto clic, compilate il valore del prezzo della lampada digitando **230** e mantenete quello proposto per la potenza illuminante. Premete *OK* per confermare. L'istanza si presenterà come da Figura 18.9 in alto a sinistra.
7. Ora copiate l' istanza creata sulla destra a una distanza di tre metri.
8. Digitate **DDATTE** e selezionate l'istanza copiata e modificate il valore del potere illuminate a **100W**.

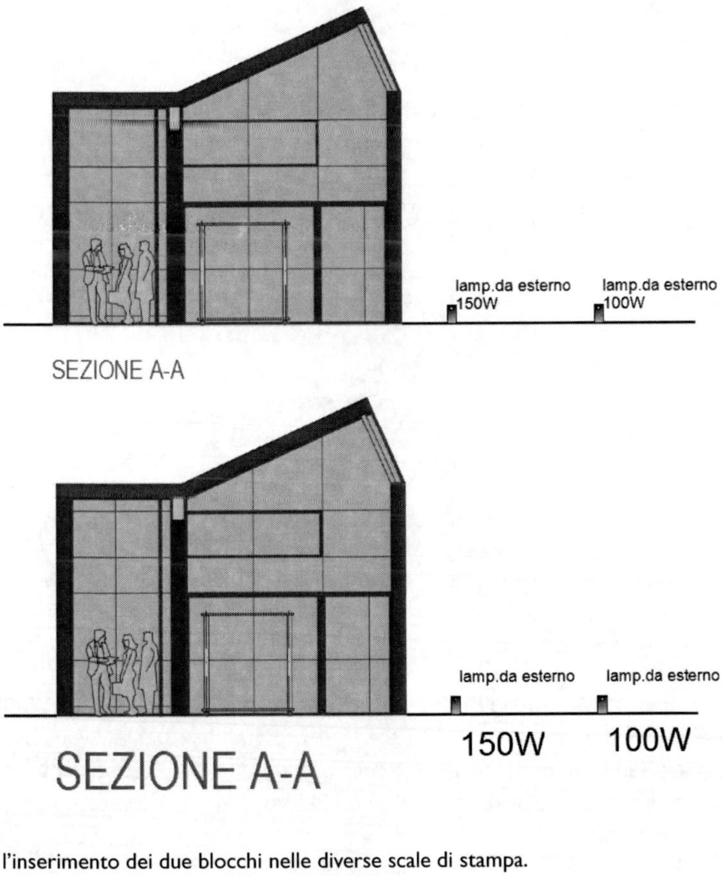


**Figura 18.9**
Il disegno dopo l'inserimento dei due blocchi nelle diverse scale di stampa.

9. Definite corrente la *Scala di annotazione* **1:200** .
10. Le espressioni numeriche si ingrandiscono adeguandosi alla scala, ma gli attributi costanti pur appartenendo a uno stile annotativo no. Selezionate una delle istanze e spostate il valore numerico in basso come nella Figura 18.9 in basso e ripetete l'operazione anche per

l'altra. Notate che gli attributi costanti non presentano alcun grip e quindi non permettono il riposizionamento dell'elemento testuale anche se questo appartiene a uno stile annotativo.

11. Salvate il file con il nome *prospetto con luci.dwg* e chiudetelo.

**Nota**
Un attributo Costante non segue le regole dell'annotatività, mantiene posizione e altezza decisi nel momento della sua creazione. È possibile controllarne altezza e posizione, legate a diverse scale annotative, definendole solamente prima dell'associazione dell'attributo a un blocco.

## Gestione della visibilità degli attributi

La visibilità degli attributi può essere facilmente gestita attraverso i comandi riportati nella Figura 18.10, che si possono utilizzare espandendo il gruppo *Blocco* della scheda *Inserisci*. Gli strumenti a disposizione permettono di decidere se:

1. Mantenere la visualizzazione in base alle proprietà degli attributi di blocco.
2. Visualizzare anche gli attributi invisibili.
3. Nascondere tutti gli attributi.

I comandi permettono di gestire la visibilità di tutti gli attributi anche in fase di stampa.

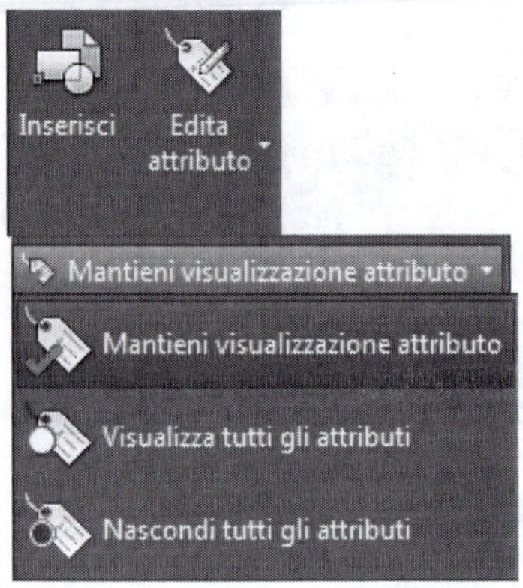


**Figura 18.10**
I comandi permettono di gestire la visibilità di tutti gli attributi (anche e soprattutto in fase di stampa).

## Estrarre dati dagli attributi dei blocchi

L'estrazione delle informazioni presenti nei blocchi con attributi consente, direttamente dai dati presenti nel disegno, di produrre con facilità un elenco utilizzabile per ricavare per esempio una distinta dei materiali. Come altro esempio, il progetto di un ufficio potrebbe contenere blocchi che rappresentano tutti gli elementi di arredo. Se ciascun blocco presenta degli attributi che identificano il modello, il prezzo e il produttore degli arredi, è possibile generare un rapporto che consente di stimare il costo dell'intera fornitura.

La procedura guidata *Estrazione dati,* attivabile dall'icona Estrai dati presente nel gruppo *Collegamento ed estrazione* della scheda *Inserisci*, guida l'utente nella selezione di disegni, istanze dei blocchi e attributi e consente di creare un file con estensione *.dxe*, che contiene tutte le impostazioni impiegate, per un suo eventuale riutilizzo successivo (Figura 18.11).

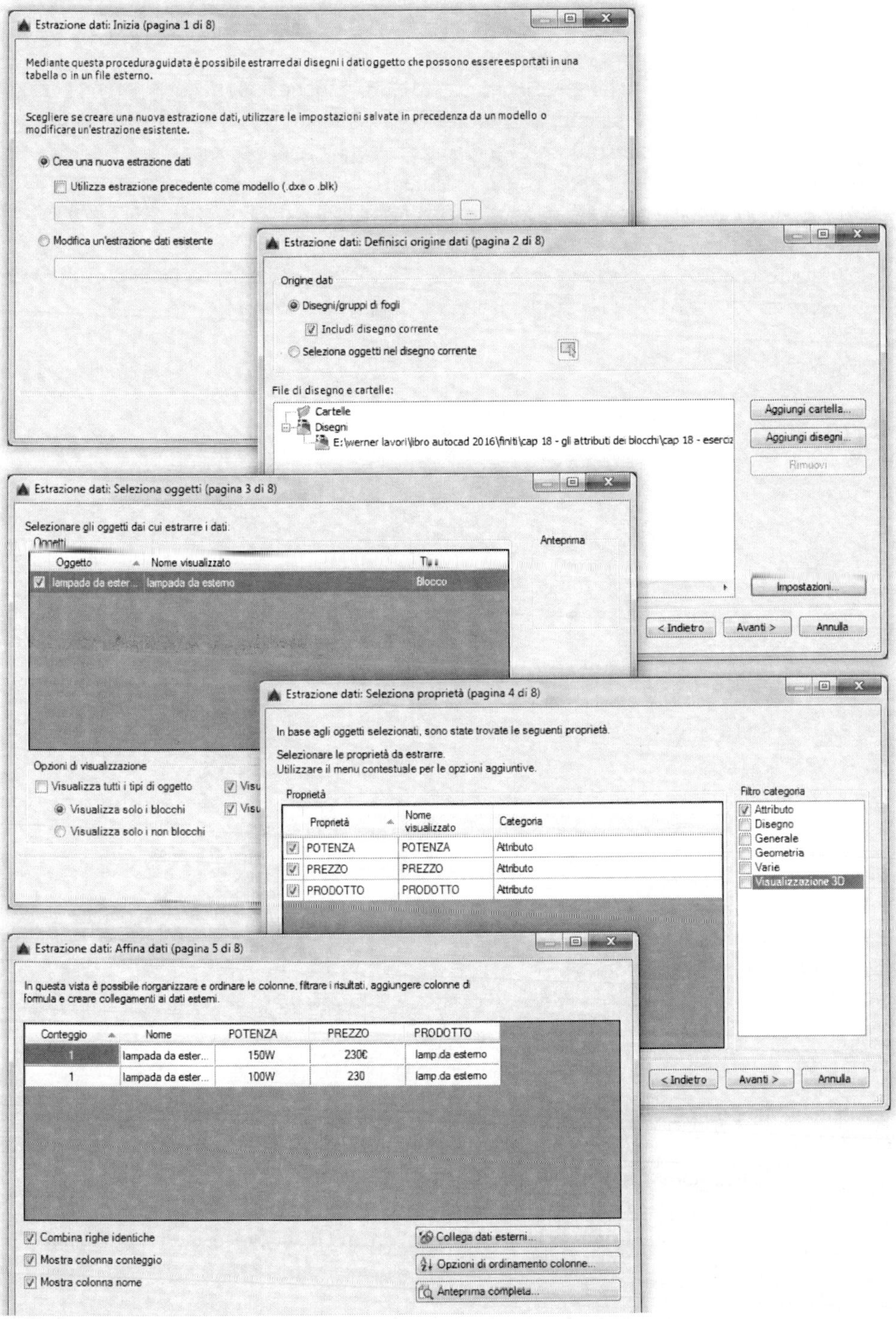


**Figura 18.11**
La procedura per l'estrazione dei dati dagli attributi dei blocchi presenti in un disegno, applicata al file prospetto con luci.dwg.

Estraendo i dati degli attributi in un oggetto Tabella (approfondito nel Capitolo 16), la tabella viene inserita nello spazio corrente (spazio modello o spazio carta) del disegno e, naturalmente, sul layer corrente (Figura 18.12).
Quando si aggiorna la tabella, le informazioni sugli attributi vengono nuovamente estratte e le righe di dati della tabella vengono sostituite. L'aggiornamento non comporta la sostituzione di righe del titolo o di una o più righe di intestazione eventualmente aggiunte alla tabella.
Se, invece si decide di salvare i dati in un file esterno, sono disponibili il formato file separato da virgole (*.csv*), il formato file separato da tag (*.txt*), il formato file di Microsoft Excel (*.xls*) e quello di Microsoft Access (*.mdb*).
Quando i caratteri punto (.), virgola (,) o cancelletto (#) vengono scritti in un file Microsoft Excel o Microsoft Access, vengono sostituiti con la rispettiva rappresentazione *Unicode*.

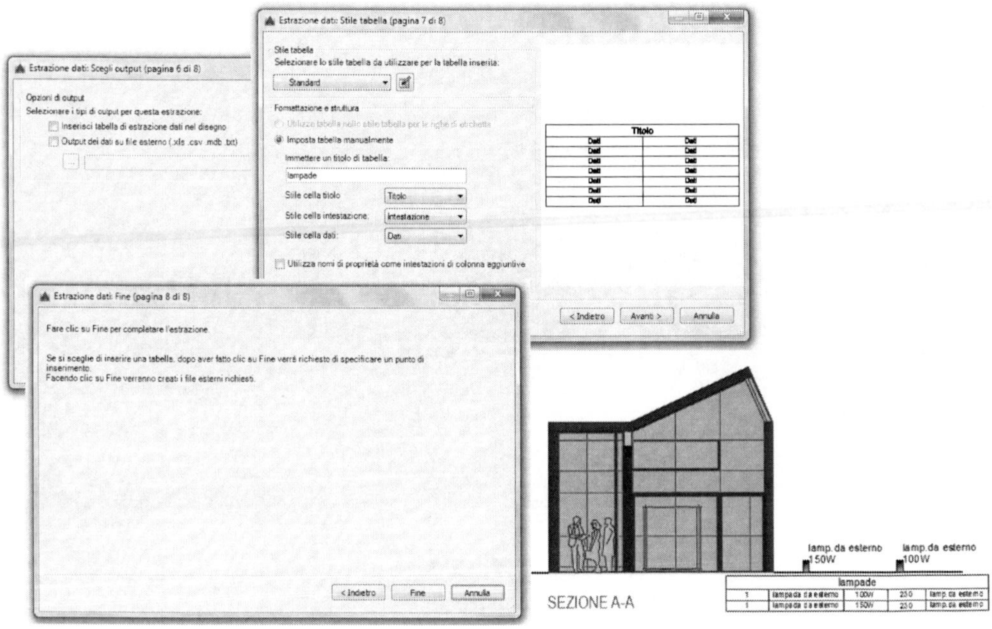


**Figura 18.12**
La procedura per l'estrazione dei dati in una tabella, applicata al file prospetto con luci.dwg.

# Conclusioni

Gli attributi dei blocchi permettono di rendere, in un certo qual modo, dinamiche le informazioni alfanumeriche associabili all'utilizzo delle istanze dei vari blocchi. Questi, però rimangono ancora delle forme statiche, non manipolabili. Nel Capitolo 21 vedrete come poter trasformare, con parametri e azioni vincolate, questi oggetti dalla forte staticità grafica in vere e proprie entità trasformabili, versatili e multiformi, che permettono un modo nuovo e interattivo di gestire il disegno in AutoCAD: i Blocchi dinamici.

## Capitolo 19

# I riferimenti esterni

Nei capitoli precedenti abbiamo affrontato la tematica dei blocchi e dei loro attributi e abbiamo visto come un blocco esternalizzato o un intero disegno possa essere inserito, sempre come blocco, in un altro disegno. Questa operazione, però, comporta la memorizzazione di una nuova definizione di blocco che provoca sia l'aumento della memoria del disegno incorporante, sia il completo scollegamento tra il file importato e quello memorizzato.
I riferimenti esterni, invece, che possono essere relativi a altri file di disegno vettoriale (*.dwg* di AutoCAD o *.dgn* di MicroStation), immagini raster, file di pubblicazione web (*.dwf*) o documenti *.pdf*, permettono, poiché allegati, un vero e proprio collegamento continuo con il file di disegno che si sta realizzando in AutoCAD.
Legando, quindi, a un *.dwg* un riferimento a un file esterno è possibile visualizzarne il contenuto e mantenerne il legame che fra questi si viene a instaurare.
In verità in AutoCAD è doveroso fare una distinzione: quando si allega un file vettoriale *.dwg* si parla propriamente di *Riferimenti* esterni o, per brevità, di *Xrif* (dall'inglese Xref, External Reference), mentre quando si inseriscono altri tipi di file questi vengono chiamati Sottoposti.

## Gestire i riferimenti esterni

L'interfaccia, che è possibile utilizzare per gestire efficacemente il collegamento di tutti i file allegati esternamente, è la tavolozza *Riferimenti esterni* accessibile tramite la piccola freccia posta accanto al nome del gruppo *Riferimento* della scheda *Inserisci* (Figura 19.1).

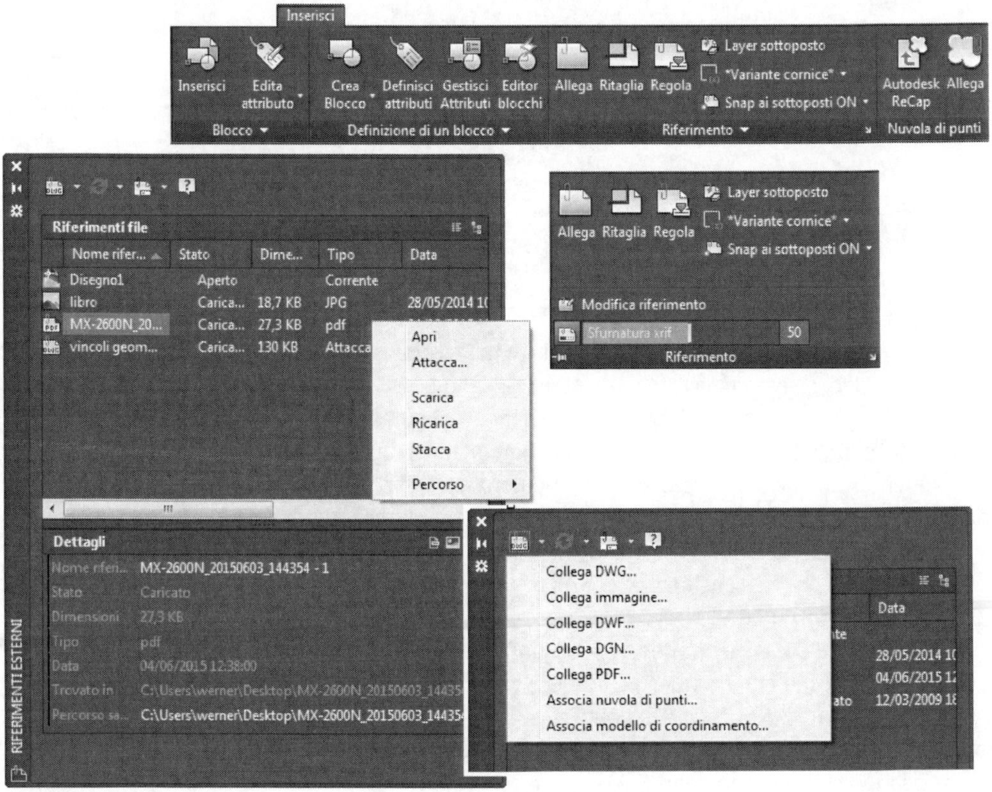


**Figura 19.1**
La tavolozza che permette la gestione dei riferimenti esterni.

I pulsanti della parte superiore permettono di associare nuovi file o di aggiornare la visualizzazione di quelli presenti; inoltre tramite il menu ottenibile attraverso la pressione del tasto destro del mouse, puntando un qualsiasi elemento dell'elenco è possibile eseguirne il completo distacco o lo scaricamento temporaneo.

La tavolozza quindi risulta essere il metodo più agevole per poter gestire l'insieme degli elementi allegati. Naturalmente a seconda della tipologia di documento inserito, la sua interazione con AutoCAD sarà differente, infatti selezionandone la visualizzazione depositata nell'area di lavoro si aprirà contestualmente sulla barra multifunzione una scheda apposita (Figura 19.2).

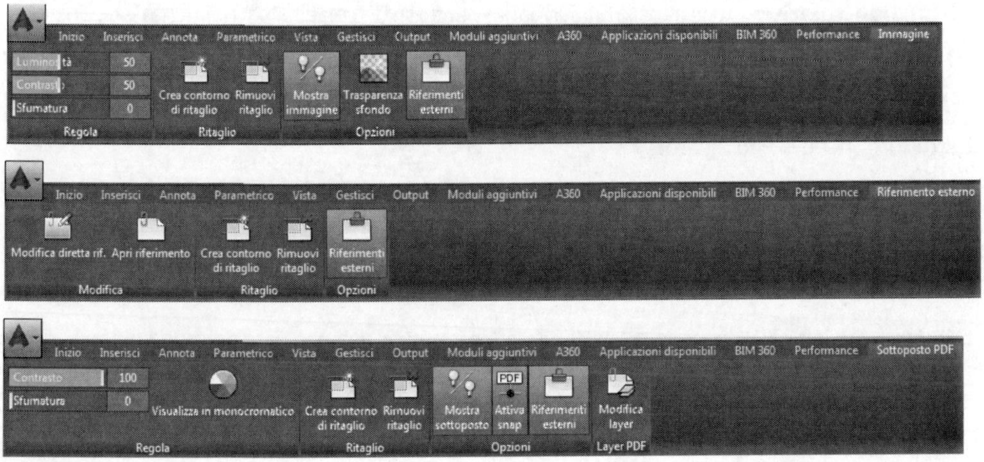


**Figura 19.2**
Le schede vengono contestualmente visualizzate sulla barra multifunzione quando si seleziona un Xrif, un sottoposto o un'immagine.

Il comando *Attacca* permette di inserire file di riferimento, mentre *Stacca* permette di scollegare definitivamente il file esterno selezionato.

---

**Nota**
La cancellazione di un riferimento esterno nell'area di disegno non provoca il suo distacco da AutoCAD, si deve usare il comando Stacca della tavolozza Riferimenti esterni di Figura 19.1.

---

Il comando *Scarica* fa sì che il file venga momentaneamente disattivato, rendendolo invisibile (utile per velocizzare, quando se ne ha bisogno, le prestazioni del sistema, mentre *Ricarica* oltre a permetterne la riattivazione può essere utilizzato per verificare che gli elementi visualizzati nell'area di disegno siano sincronizzati con il file allegato esternamente.

Per i disegni vettoriali allegati *.dwg* o *.dgn*, viene reso disponibile un ulteriore comando denominato *Unisci*. Questo serve per scollegare il riferimento e trasformarlo in una definizione di blocco, incorporando così la geometria nel disegno ospite.

Infine il comando *Apri* permette di aprire direttamente il file allegato con il programma a esso dedicato, per esempio AutoCAD per un *.dwg* o Acrobat Reader per un *.pdf*.

## Il percorso dei riferimenti esterni

Quando viene inserito un qualsiasi file come riferimento AutoCAD richiede di specificare come deve essere memorizzato il percorso per il ritrovamento e la visualizzazione del file allegato.
È possibile scegliere fra tre tipi di informazioni che indichino come trovare la cartella da salvare con il riferimento associato:

- **Percorso assoluto**. Definisce il percorso completo di tutta la struttura gerarchica (l'albero) delle cartelle, struttura che viene interamente specificata e che consente di individuare il riferimento al file. Include la lettera di un disco rigido locale, l'eventuale URL di un sito Web o la lettera di un server di rete.

- **Percorso relativo**. I percorsi relativi sono percorsi di cartelle parzialmente specificati in cui non viene indicata la lettera dell'unità corrente o la cartella del file ospitato. Si tratta sicuramente dell'opzione più flessibile, che consente di spostare un gruppo di disegni e/o immagini dall'unità corrente a una diversa, in cui però, necessariamente, venga usata la stessa struttura (relativa) ad albero.

**Nota**
Se il file a cui viene fatto riferimento si trova in un disco rigido locale diverso o su un server di rete, il percorso relativo non è disponibile.

- **Nessun percorso**. Alla memorizzazione del riferimento esterno associato non viene indicato alcun percorso, e, quindi AutoCAD alla prossima apertura del disegno cercherà l'allegato:
  - Prima nella cartella locale del disegno ospitante.
  - Poi nei percorsi di ricerca del progetto definiti nella scheda *File* della finestra di dialogo *Opzioni* e nella variabile di sistema *PROJECTNAME*.
  - Quindi nei percorsi di ricerca di supporto definiti nella scheda *File* della finestra di dialogo *Opzioni*.

**Nota**
Evitare di specificare un percorso può risultare utile solamente quando si sa che si deve frequentemente spostare un gruppo di disegni in una gerarchia di cartelle diversa o sconosciuta.

Il percorso, naturalmente, può essere ripristinato o modificato in qualunque momento attraverso la tavolozza *Riferimenti esterni* come riportato nella Figura 19.3 a sinistra.

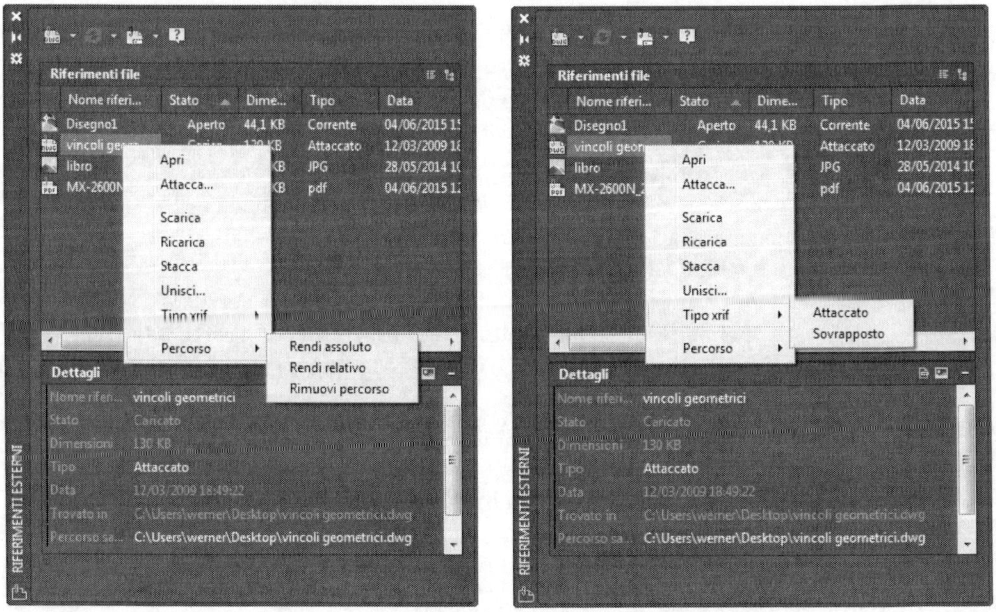


**Figura 19.3**
Il percorso e la visualizzazione dei riferimenti esterni.

# La visualizzazione degli Xrif

Come sottolineato all'inizio del capitolo per Xrif si intendono i file vettoriali di AutoCAD inseriti come riferimenti esterni all'interno di un altro disegno *.dwg*.

Quando si allega un file *.dwg* il sistema, nella finestra di dialogo *Attacca riferimento esterno* richiede principalmente due cose (Figura 19.4):

1. Specificare il *Tipo di percorso*.
2. Specificare il *Tipo di riferimento*. Riferimento che può essere *attaccato* o *sovrapposto*.

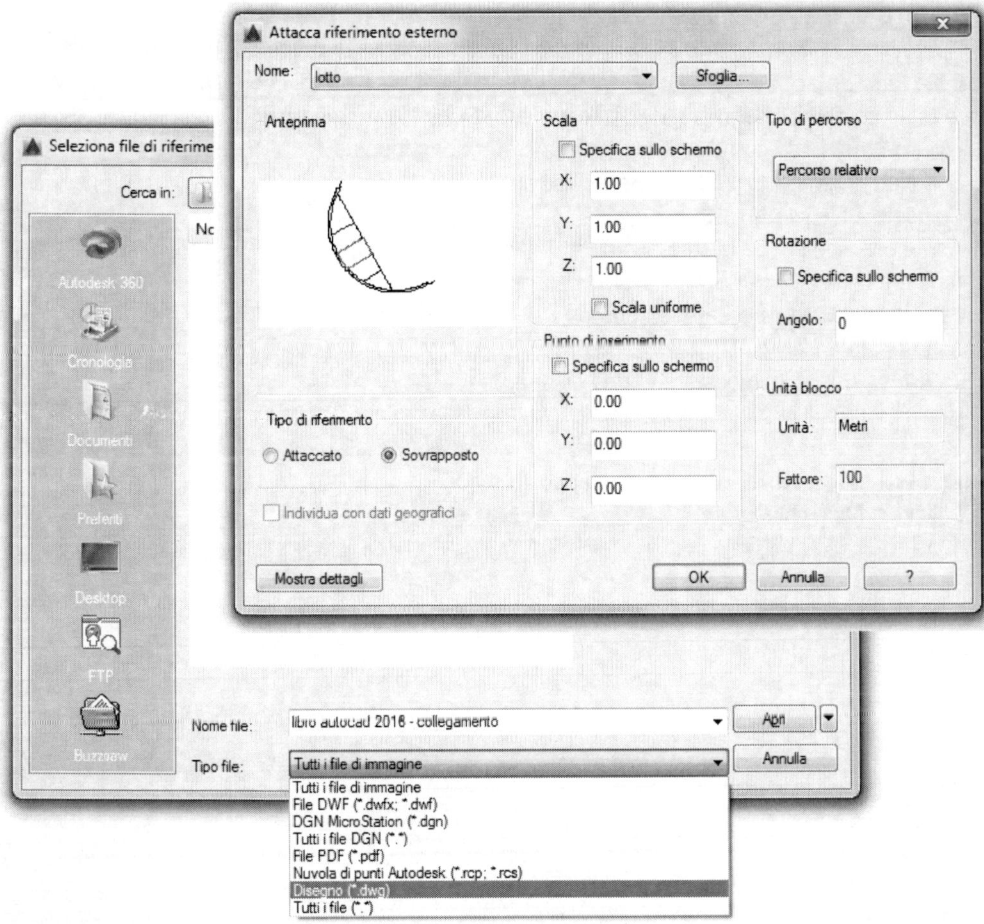


**Figura 19.4**
La finestra di dialogo Attacca riferimento esterno.

Per il *Tipo di percorso* valgono le regole, comuni per tutti i file allegati, definite nel paragrafo precedente; nel caso del *Tipo di riferimento*, invece, specifico per i *.dwg*, è opportuno fare una precisazione.

Gli Xrif possono essere nidificati all'interno di altri Xrif; in poche parole, è possibile allegare un Xrif a sua volta associato a un altro Xrif in due casi:

- Se viene nidificato un Xrif che associa un altro Xrif *attaccato*, verrà visualizzato anche il contenuto del Xrif allegato al file inserito.
- Se viene nidificato un Xrif che associa un altro Xrif *sovrapposto*, non verrà visualizzato il contenuto allegato nel file inserito (è il caso di Figura 19.5).

La prossima esercitazione vi aiuterà a comprendere meglio quanto detto.

**Esercizio. Gestione della visualizzazione degli Xrif nidificati.**

1. Aprite il file *Abitazione.dwg* presente nella cartella Capitolo 19 del Booksite. Il file contiene già il file *lotto.dwg* come Xrif. Notate come i layer del Xrif presentino il nome del layer originale in grigio e preceduto dal nome del file associato. Questi layer sono gestibili come qualsiasi altro layer permettendo così di gestire il disegno autonomamente.
2. Spegnete il layer *lotto*. Il layer viene reso invisibile nell'area di disegno.
3. Chiudete il file senza salvarlo.
4. Aprite ora, sempre dalla stessa cartella, il file vuoto *giardino.dwg*.
5. Rendete corrente (sempre) il layer 0 per importare il riferimento esterno.
6. Fate clic su *Allega* presente nel gruppo *Riferimento* della scheda *Inserisci*.
7. Selezionate il file *abitazione.dwg* (verificate che la finestra di dialogo riporti in *Tipo file* il testo *Disegno (*dwg)*) e impostate il *Tipo di percorso* su *Percorso relativo*.
8. Non spuntate la casella *Specifica sullo schermo* della sezione *Posizione*, premete *OK* e fate uno *Zoom Estensioni*. Malgrado la nidificazione viene visualizzata la sola abitazione e non il lotto poiché il file *lotto.dwg* era stato sovrapposto e non attaccato ad *abitazione.dwg*.
9. Salvate il file e chiudetelo.

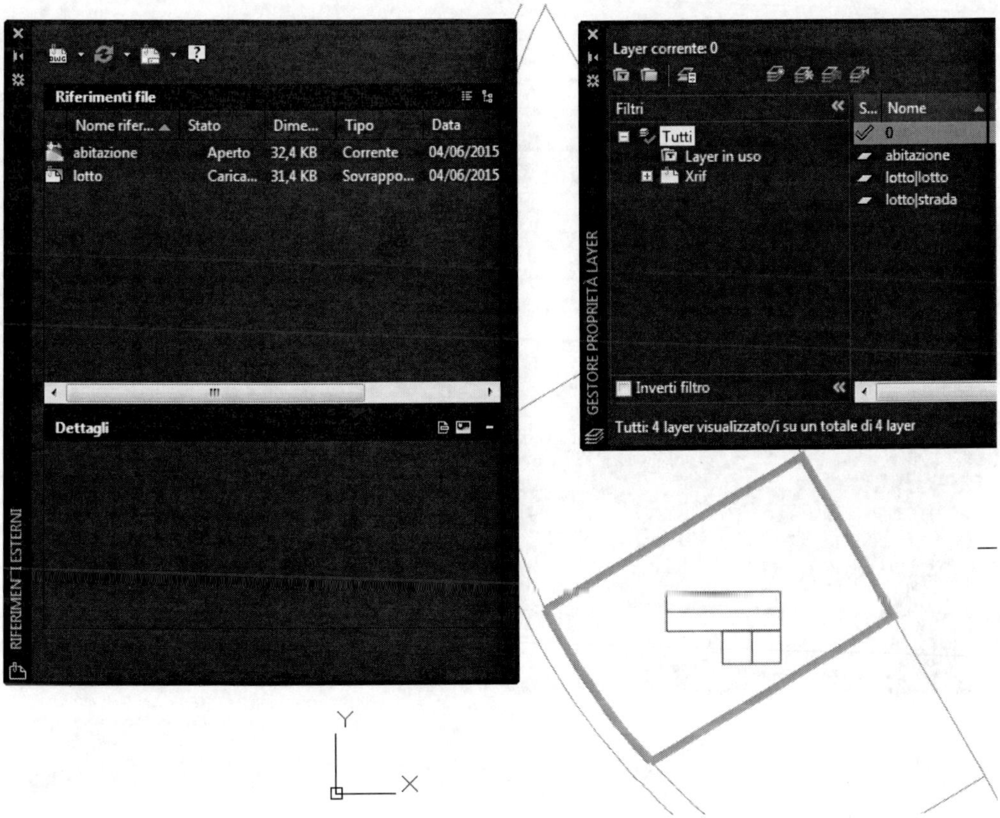


**Figura 19.5**
L'Xrif sovrapposto non è visibile nel file Giardino.dwg.

10. Aprite nuovamente *abitazione.dwg*.
11. Fate clic sulla piccola freccia alla destra del gruppo *Riferimento* per visualizzare la tavolozza *Riferimenti esterni*, fate clic con il tasto destro del mouse sull'icona del file *lotto* e, come da Figura 19.6, modificate *sovrapposto* in *attaccato*.
12. Salvate il file e chiudetelo.
13. Riaprite *giardino.dwg*. Ora il lotto viene visualizzato nell'area di disegno (Figura 19.6).
14. Salvate il file e chiudetelo per terminare l'esercitazione.

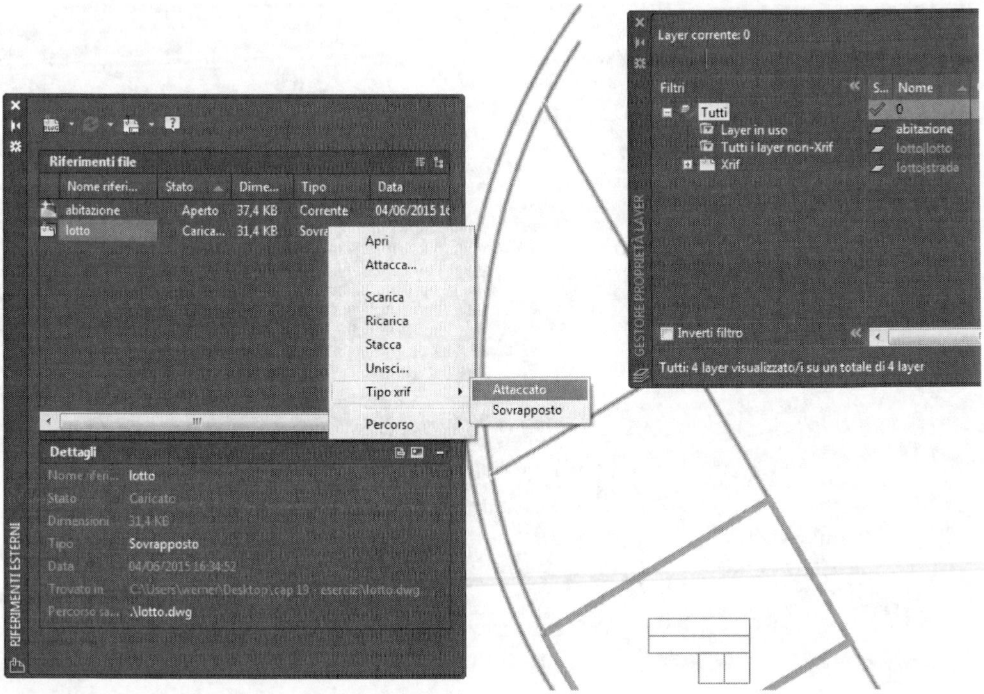


**Figura 19.6**

La modifica del Xrif *lotto.dwg* da sovrapposto ad attaccato.

# Modificare localmente un Xrif

L'utilizzo degli Xrif risulta estremamente valido quando si lavora in team, così da potere, come nell'esercizio proposto, suddividere in parti tra loro associate il progetto. Per far sì che un file, richiamato da un altro utente come Xrif, sia disponibile per le modifiche è però necessario impostare nella scheda *Apri e salva* della finestra di dialogo *Opzioni* la voce *Attivato con copia* del menu a discesa *Caricamento a richiesta degli xrif* (Figura 19.6).

In questo modo si attiva l'accesso contemporaneo di più utenti al file di riferimento.

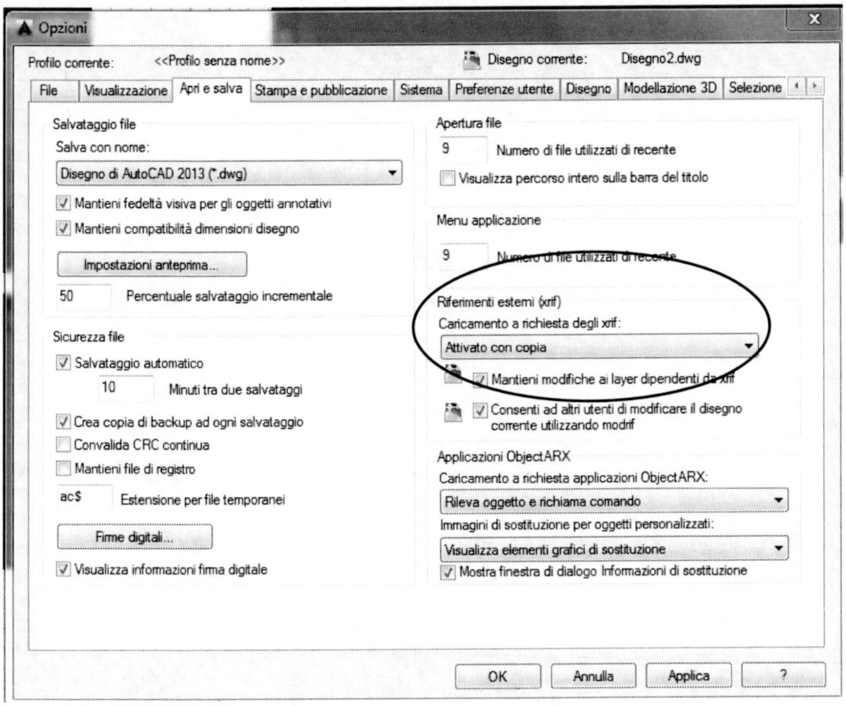


**Figura 19.7**
Le impostazioni di accesso agli Xrif.

La voce *Consenti ad altri utenti di modificare il disegno corrente utilizzando modrif*, si riferisce invece alla possibilità di modificare, senza aprire, un file allegato (o un blocco come abbiamo visto nel capitolo 17) facendovi sopra doppio clic. Facendo *OK* alla finestra *Modifica del riferimento* si apre l'Xrif (in una particolare modalità dove gli altri oggetti vengono bloccati) e alla fine delle variazioni desiderate basta fare clic sull'icona *Salva modifiche* della barra contestuale *Modifica riferimento* per tornare nell'area di disegno "normale" con il riferimento aggiornato.

**Nota**
Utilizzando il comando Aggiungi al gruppo di lavoro è inoltre possibile passare oggetti del disegno corrente all'Xrif aperto localmente.

# Conclusioni

I riferimenti esterni sono uno strumento indispensabile nella gestione dei disegni soprattutto quando si lavora su progetti complessi o all'interno di un gruppo di lavoro. Inoltre permettono di implementare il disegno vettoriale con informazioni provenienti da altri formati o da altri software rendendo così la comunicazione dell'elaborato estremamente efficace.

## Capitolo 20

# Il disegno parametrico

Nei capitoli precedenti abbiamo visto che il processo di creazione di un elaborato grafico necessita di una profonda attenzione soprattutto nella precisione della definizione delle entità geometriche che, nel loro insieme, compongono il disegno progettuale.
L'inserimento di quote non vincola il disegno, ma serve soprattutto per comunicare, con elementi testuali, informazioni che permettono di comprendere con immediatezza la composizione grafica che si è realizzata.
Il disegno parametrico offre, invece, la possibilità di operare sulle entità disegnate con modalità nuove ed estremamente flessibili che permettono di velocizzare le operazioni sia di creazione che di modifica tramite l'utilizzo di vincoli geometrici o dimensionali.
È possibile quindi abbozzare una prima idea formale e poi correggerla applicandovi dei vincoli geometrici e controllarne la forma con l'uso di vincoli dimensionali. Inoltre, dopo avere stabilito le relazioni parametriche che intercorrono tra gli oggetti è possibile modificare la figura disegnata in modo semplice e veloce, in quanto già definita e, in un certo senso, limitata dai vincoli a essa imposti.

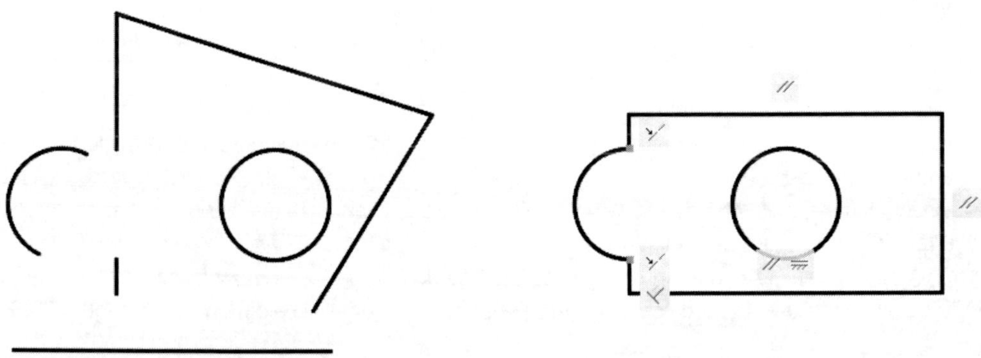

**Figura 20.1**
A sinistra il disegno abbozzato di un insieme di entità, a destra il disegno dopo l'applicazione di vincoli parametrici.

Il disegno parametrico è quindi una tecnica particolare (e particolarmente efficace) che può essere utilizzata per creare disegni o blocchi dei quali si vuole guidare le possibilità di modificazione di forma e misura (Figura 20.2).

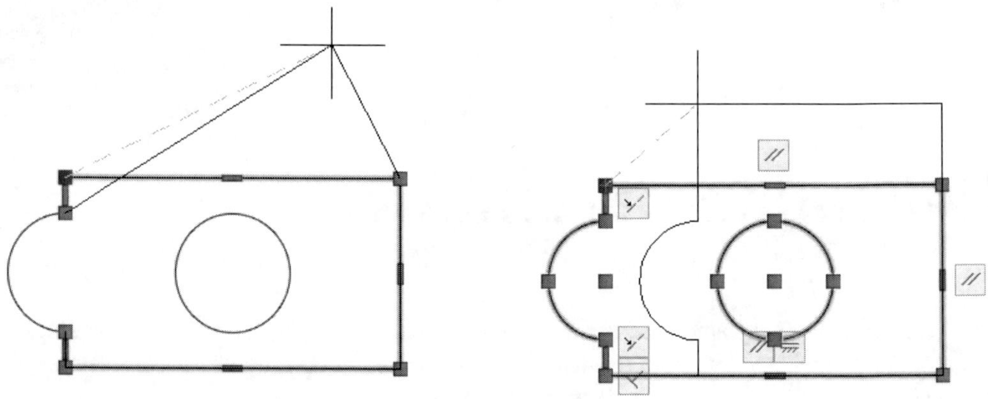

**Figura 20.2**
Esempio di modifica applicata a un oggetto senza vincoli (a sinistra) e con vincoli (a destra).

In questo capitolo affronteremo le principali tematiche riguardanti le possibilità parametriche offerte da AutoCAD per vincolare gli oggetti all'interno dell'area di lavoro, mentre nel prossimo approfondiremo la conoscenza della parametrizzazione applicata ai blocchi, facendoli così diventare delle entità estremamente interessanti, chiamate *Blocchi dinamici*.

## Vincoli geometrici e vincoli dimensionali

Come sottolineato in precedenza gli elementi fondamentali che permettono di trasformare un disegno di AutoCAD in un elaborato parametrico sono la geometria dell'oggetto e i vincoli a questa eventualmente applicati.
Un vincolo, in fondo, è una relazione, un legame che si instaura tra gli elementi disegnati nello spazio bidimensionale.
Generalmente si possono individuare due tipi di vincoli:

1. Vincoli geometrici, che permettono di controllare la posizione reciprocamente assunta dalle entità disegnate.
2. Vincoli dimensionali, che danno la possibilità di gestire i valori (di distanza, lunghezza, angolo e raggio) degli oggetti creati.

AutoCAD dispone, sulla barra multifunzione, di una scheda, chiamata ***Parametrico***, appositamente creata per la definizione, la modifica e il controllo dei vincoli geometrici e dimensionali (Figura 20.3).

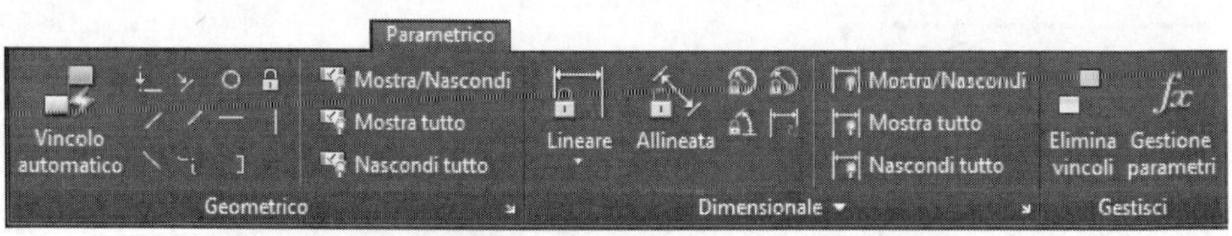


**Figura 20.3**
La scheda Parametrico della barra multifunzione.

I gruppi sono organizzati in tre pannelli:

- **Geometrico**, che racchiude i comandi per l'inserimento e la gestione dei vincoli geometrici.
- **Dimensionale**, che contiene i comandi per l'inserimento e la gestione delle quote parametriche che permettono il controllo dei vincoli dimensionali.
- **Gestisci**, che consente di eliminare i vincoli (dei due tipi) e di attivare la tavolozza per la gestione dei parametri e delle equazioni che legano i tra loro parametri stessi.

In genere dopo avere analizzato la forma che si è disegnata nell'area di lavoro e individuate relazioni tra le entità che si desidera gestire conviene sempre applicare prima i vincoli geometrici e dopo i vincoli dimensionali.

**Nota**
Utilizzare solo i vincoli necessari e prestare molta attenzione a ogni vincolo inserito valutando quali gradi di libertà si è rimosso.

Vincolare significa quindi applicare ai profili disegnati delle regole, regole che possono essere di tipo geometrico o dimensionale, cosicché le forme di comportino coerentemente con le intenzioni del progettista, anche e soprattutto quando si decide di manipolarle (generalmente utilizzando i grip).

## Definire i vincoli geometrici

I vincoli geometrici vengono applicati al disegno per regolare il comportamento degli elementi in caso di modifica creando così delle relazioni formali tra i punti notevoli delle entità che si decide di collegare e/o il sistema di riferimento corrente. In caso di modifica di un oggetto quelli a lui relazionati verranno aggiornati conseguentemente in base al tipo di rapporto creato dal particolare vincolo applicato.
È importante prestare attenzione all'ordine con il quale vengono selezionati i punti da vincolare, è infatti sempre il secondo punto ad adattarsi formalmente al primo, spostandosi o ridimensionandosi. Alcuni vincoli si possono applicare all'intera entità, mentre altri solo ai suoi punti notevoli. A seconda del tipo di oggetto coinvolto, poi, solo alcune tipologie di punti notevoli verranno riconosciute come valide, come illustrato in Figura 20.4.

| Punti di vincolo riconosciuti | Tipo di oggetto |
|---|---|
| Punti finali, punto medio | Linea |
| Centro, punti finali, punto medio | Arco |
| Punti finali | Spline |
| Centro | Ellisse, cerchio |
| Punti finali, punti medi di linea e di sub-oggetti arco, centro di sub-oggetti arco | Polilinea |
| Punto di inserimento | Blocco, Xrif, Testo, Testom, Attributo, Tabella |

**Figura 20.4**
Entità di AutoCAD e punti di vincolo riconosciuti.

In Figura 20.5 vengono illustrate le icone che rappresentano i vincoli geometrici e il loro significato; è interessante notare che quando si applica la relazione scelta, AutoCAD mostra accanto al cursore la stessa icona proposta nel gruppo dei comandi, così da mantenere un rapporto visivo tra vincolo e oggetto prima ancora che questa venga applicata.

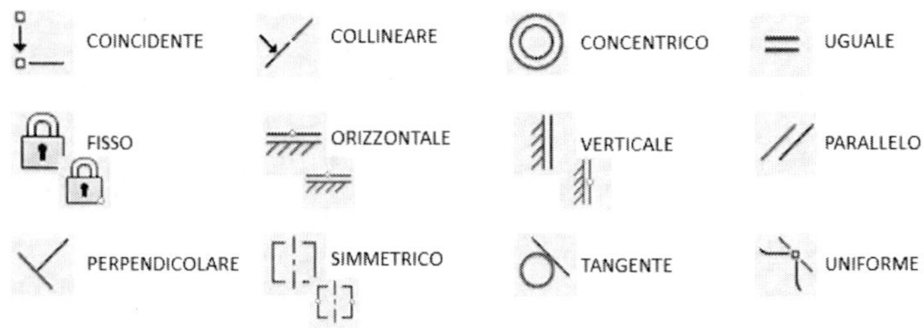


**Figura 20.5**
I vincoli geometrici.

AutoCAD prevede dodici tipi di vincolo geometrico che possono essere applicati al disegno. Nelle prossime righe verranno singolarmente analizzati per comprenderne appieno il significato e le possibilità offerte.

## Il vincolo coincidente

Fa sì che un segmento di linea passi per un punto prima selezionato. Per esempio è possibile collegare i due estremi di una linea così da farli coincidere (la seconda linea si adatterà rispetto alla prima.

Per utilizzare il vincolo coincidente si deve:

1. Fare clic sull'icona del vincolo.
2. Spostarsi sull'area grafica e selezionare il punto notevole desiderato.
3. Spostarsi sull'area grafica e selezionare il secondo punto notevole che andrà a coincidere con il primo.

## Il vincolo collineare

Consente a due entità di allinearsi, anche attraverso un punto particolare del secondo oggetto (per esempio il centro di un cerchio o un arco), l'una all'altra; questo significa giacere su una stessa retta e non, necessariamente, orizzontalità o verticalità.

L'esecuzione può essere applicata:

1. Facendo clic sull'icona del vincolo.
2. Selezionando il primo oggetto.
3. Selezionando un punto notevole sul secondo oggetto.

Inoltre specificando l'opzione *Multiplo*, è possibile allineare una serie di oggetti al primo selezionato.

## Il vincolo concentrico

Permette di controllare la posizione di circonferenze o archi, archi di curvatura di spline o ellissi in modo che condividano le stesse coordinate del centro.

La procedura prevede di:

1. Fare clic sull'icona del vincolo.
2. Selezionare il primo oggetto curvilineo.
3. Selezionare il secondo oggetto curvilineo che dovrà uniformarsi in modo concentrico al primo.

## Il vincolo uguale

Fa sì che le entità assumano la stessa lunghezza oppure che archi, circonferenze o spline siano vincolate ad avere lo stesso raggio.

Per utilizzare il vincolo è necessario:

1. Fare clic sull'icona del vincolo.
2. Spostarsi sull'area grafica e selezionare un'entità di riferimento.
3. Selezionare una seconda linea, arco, circonferenza, o Spline che si conformerà con la prima.

## Il vincolo fisso

Consente di bloccare un punto o una qualunque entità nella posizione in cui si trova; due diverse icone indicano se il vincolo è applicato a un'entità *Punto* (l'immagine associata presenterà un punto) oppure a un altro tipo di geometria.

La sequenza per applicare correttamente il comando prevede di:

1. Fare clic sull'icona del vincolo.
2. Selezionare un oggetto *Punto* o un punto notevole di un'entità per bloccarla su quelle coordinate.

## Il vincolo orizzontale

Permette di creare un allineamento con l'asse X del sistema corrente, di un oggetto *Linea* o di due punti selezionati. Nel caso della coppia di punti, il comando definisce un segmento che li collega e lo rende orizzontale rispetto all'UCS corrente. Quando la selezione riguarda due punti di riferimento, l'icona del vincolo mostrerà un punto.

Per creare un vincolo orizzontale dovete:

1. Fare clic sull'icona del vincolo.
2. Selezionare un oggetto lineare o una coppia di punti.

## Il vincolo verticale

Analogamente a quello orizzontale, causa l'allineamento con l'asse Y del sistema corrente, di un oggetto *Linea* o di due punti selezionati. Anche in questo caso, definendo una coppia di punti, il comando costruisce un segmento virtuale che li collega e lo rende verticale rispetto all'UCS corrente; inoltre, quando la selezione riguarda due punti di riferimento, l'icona del vincolo mostrerà un punto.

Per creare il vincolo verticale è necessario:

1. Fare clic sull'icona del vincolo.
2. Selezionare un oggetto lineare o una coppia di punti.

## Il vincolo parallelo

Permette a due primitive grafiche o a un elemento testuale di posizionarsi reciprocamente in parallelo.

Per utilizzarlo è necessario:

1. Fare clic sull'icona del vincolo.
2. Selezionare un oggetto.
3. Selezionare un secondo oggetto che si porrà parallelamente al primo.

## Il vincolo perpendicolare

Costringe a essere perpendicolari due segmenti di linea o due tratti rettilinei di due polilinee. Inoltre è possibile applicarlo anche agli assi dell'ellisse o alle entità testuali.
La procedura per utilizzarlo prevede di:

1. Fare clic sull'icona del vincolo.
2. Selezionare una linea o un tratto di polilinea.
3. Selezionare una seconda linea o un secondo tratto di polilinea che si porrà perpendicolarmente alla prima selezione.

## Il vincolo simmetrico

Posiziona una coppia di entità selezionate ai due lati di una linea di simmetria. È possibile rendere perfettamente simmetrico uno schizzo o una parte di esso rispetto a uno o più assi di simmetria. Si possono però rendere simmetriche solo entità della stessa tipologia geometrica: linea con linea, arco con arco, etc. L'icona del vincolo simmetrico si differenzia a seconda che identifichi un punto simmetrico, un oggetto, oppure la linea di simmetria.
Questo tipo di vincolo richiede di:

1. Fare clic sull'icona del vincolo.
2. Selezionare un'entità di riferimento.
3. Selezionare un'entità da trasformare.
4. Selezionare una linea che funge da asse di simmetria.

L'asse di simmetria <u>deve</u> essere una linea disegnata, non è quindi possibile indicare due come il comando *Specchio*.
Questo vincolo è molto interessante, in quanto dà la possibilità di ridurre notevolmente il numero di eventuali vincoli dimensionali.

## Il vincolo tangente

Fa sì che cerchi, archi o ellissi si posizionino tangenti a un arco, una circonferenza, un'ellisse, un tratto di polilinea o, semplicemente, a una linea. Per l'inserimento del vincolo dovete:

1. Fare clic sull'icona del vincolo.
2. Selezionare l'oggetto che individua la tangente.
3. Selezionare l'entità che deve porsi tangenzialmente al primo.

È doveroso sottolineare che, geometricamente, la tangenza non implica l'inserimento di un vincolo di coincidenza.

## Il vincolo uniforme

Vincola una spline a mantenere una continuità di tipo G2 (ovvero con una curvatura tangenziale molto morbida) con un'altra spline, linea, arco o polilinea; i punti finali delle curve alle quali si applicano i vincoli di uniformità vengono, se non lo sono, resi coincidenti. Il vincolo di uniformità comprende, inoltre, anche il <u>vincolo di tangenza</u>.

Il suo utilizzo prevede di:

1. Fare clic sull'icona del vincolo.
2. Selezionare l'oggetto a cui ci si vuole uniformare.
3. Selezionare la spline che deve modificarsi in continuità con il primo oggetto selezionato.

---

**Nota**

Le icone dei vincoli, che compaiono vicino agli oggetti ai quali sono assegnate, permettono di ottenere rapidamente la visualizzazione delle entità che sono tra loro in relazione, semplicemente portando il mouse su di esse. Inoltre premendo il tasto destro del mouse su una di queste icone è possibile attivare un menu di scelta rapida che consente di eliminare un vincolo, nascondere una o tutte le icone, oppure richiamare la finestra di dialogo Impostazioni vincolo (Figura 20.11).

---

## Creazione di vincoli geometrici

Ora che abbiamo passato in rassegna i Vincoli geometrici che AutoCAD vi permette di utilizzare, proverete a crearli in un esercizio guidato che vi farà comprendere meglio il loro utilizzo. In questo caso particolare utilizzerete un "classico" di Autodesk; dovete applicare dei vincoli geometrici sull'insieme di geometrie poste sulla destra così che formino il disegno visualizzato sulla sinistra (Figura 20.6).

**Esercizio. Creare vincoli geometrici.**

1. Aprite il file *vincoli geometrici.dwg* presente nella cartella del Capitolo 20 del Booksite.
2. Selezionate la voce *Mostra tutto* posta nel gruppo *Geometrico* della scheda *Parametrico* per rendere sempre visibili i parametri creati.

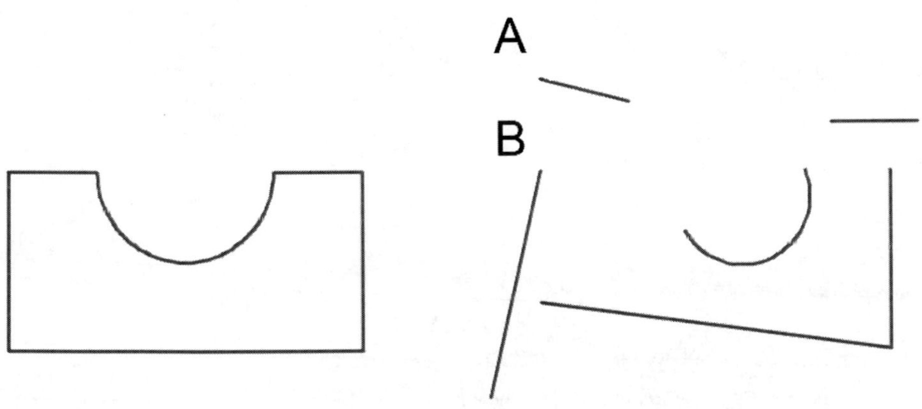


**Figura 20.6**
Utilizzando i vincoli geometrici la figura di destra dovrà apparire come quella posta a sinistra.

3. Fate clic sull'icona *Coincidente* e avvicinatevi al vertice contrassegnato dalla lettera A; la linea verrà evidenziata, così come il punto verrà segnalato da un cerchio con una x rossa nel mezzo e dal simbolo di coincidenza. Fate clic su questo punto e subito dopo fate clic sul vertice indicato dalla lettera B; il secondo segmento si sposterà fino a unirsi al primo (Figura 20.7 a sinistra).
4. Ripetete l'operazione per tutti gli altri vertici così da ottenere la Figura 20.7 a destra.

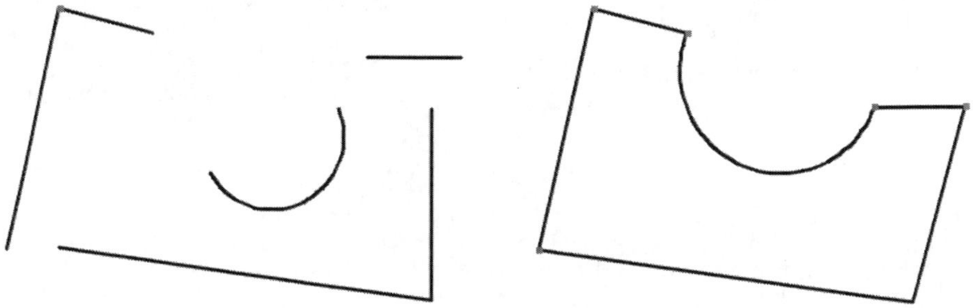

**Figura 20.7**
Il disegno modificato attraverso l'uso del vincolo Coincidente.

5. Fate clic sul vincolo *Parallelo* e applicate il vincolo al segmento in alto a sinistra e a quello posto in basso (Figura 20.8 a sinistra); i vertici rimangono coincidenti.
6. Fate poi clic su *Collineare* e selezionate i due segmenti in alto così che uno giaccia sul prolungamento dell'altro (figura 20.8 a destra).

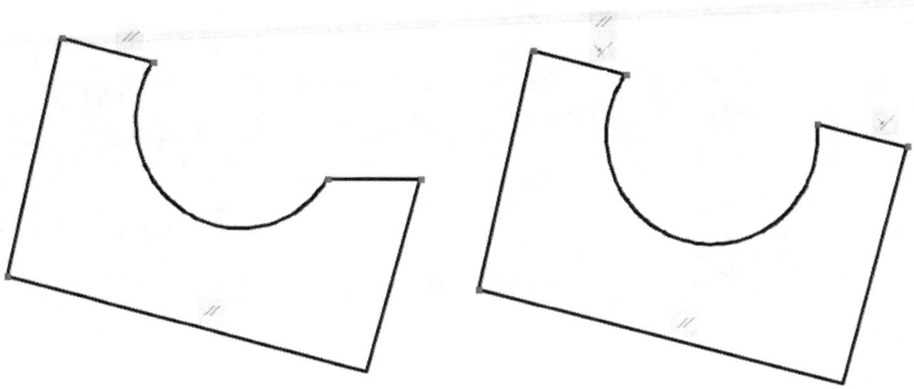

**Figura 20.8**
Il disegno modificato attraverso l'uso dei vincoli parallelo (a sinistra) e collineare (a destra).

7. Fate nuovamente clic sul comando *Parallelo* e selezionate gli altri due lati non ancora vincolati.
8. Utilizzate il vincolo *Perpendicolare* per imporre la perpendicolarità ai due lati in basso e a sinistra; non è necessario applicare il comando agli altri lati poiché vi sono i vincoli di parallelismo imposti precedentemente.
9. Poiché i segmenti che si congiungono all'arco devono avere la stessa lunghezza applicate loro il vincolo *Uguale*.
10. Applicate ora il vincolo Orizzontale al segmento in basso per "raddrizzare" il disegno, rendendolo così parallelo all'asse X (Figura 20.9 a sinistra).

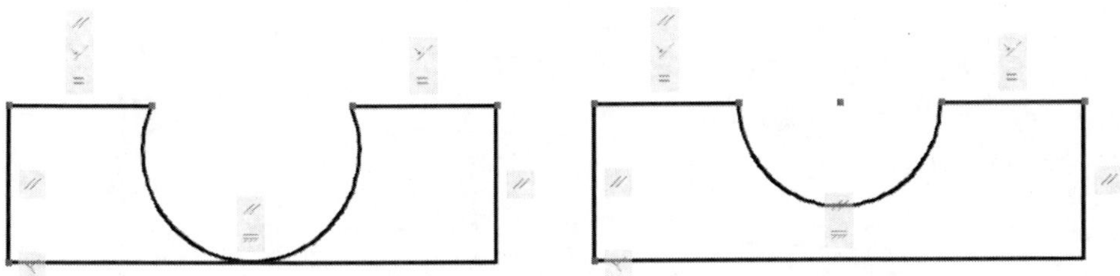

**Figura 20.9**
Il disegno dopo l'applicazione dei vincoli; in particolare a destra con l'applicazione del vincolo coincidente al centro dell'arco.

11. Ora dovete fare cadere il centro dell'arco sulla linea virtuale che passa dai segmenti collineari del lato superiore del disegno. Fate clic su *Coincidente* e con l'aiuto dello snap a oggetto *Centro* selezionate l'arco; ora premete il tasto destro del mouse per utilizzare l'opzione *Oggetto* e quindi fate clic su uno dei due lati superiori. Il disegno diventa come quello di Figura 20.9 destra.
12. Ora per rendere il disegno uguale a quello di sinistra, applicate i vincoli di uguaglianza tra i lati delle due forme, facendo attenzione a selezionare prima i lati della geometria di sinistra e poi quella a destra, perché è quest'ultima che deve uniformarsi all'altra.
13. Salvate il file con il nome *vincoli geometrici inseriti.dwg* e chiudete il file.

## Dedurre automaticamente i vincoli geometrici

È possibile, dopo la creazione di una geometria, utilizzare il comando *Vincolo automatico*, la prima grande icona a sinistra del pannello *Geometrico*, per costringere AutoCAD ad analizzare l'entità selezionata così che ne deduca e definisca autonomamente i vincoli geometrici.
Gli oggetti vengono così vincolati in base a delle impostazioni predefinite che è possibile controllare attraverso la finestra di dialogo di Figura 20.10.
È possibile accedere alle opzioni facendo clic sulla piccola freccia in basso a destra del gruppo *Geometrico* e selezionare la scheda *Vincolo automatico*. È quindi possibile indicare quali tipi di parametri prendere in considerazione e quale sia il loro ordine di priorità.

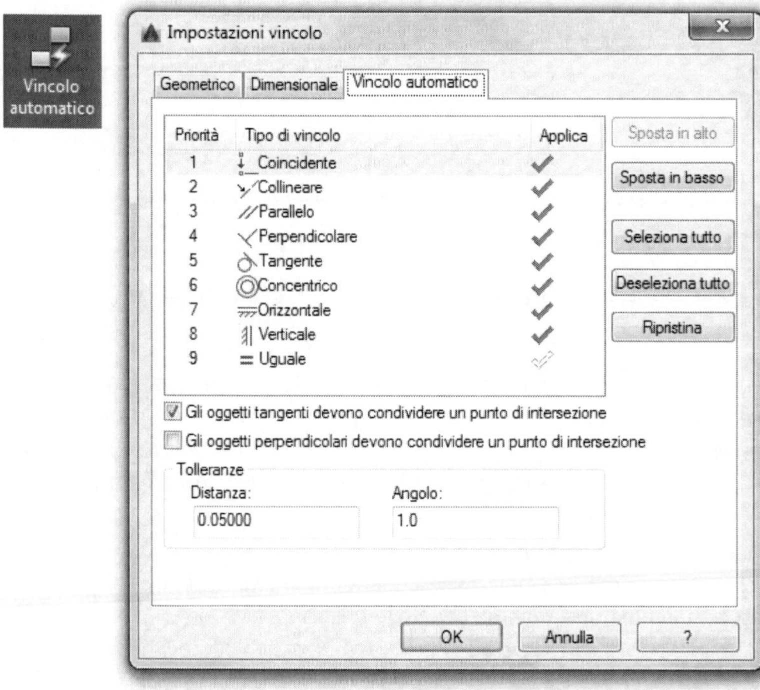


**Figura 20.10**
La finestra di dialogo Impostazioni vincolo, scheda Vincolo automatico e, a sinistra, l'icona del comando Vincolo automatico.

È anche possibile far sì che AutoCAD deduca e crei i vincoli mentre si sta creando o modificando la geometria del proprio progetto. In questo caso si può attivare la modalità *Deduzione di vincoli* posta sulla barra di stato (Figura 20.11).

Questa particolare modalità è disponibile anche in una casella di spunta della scheda *Geometrico* della finestra *Impostazioni vincolo*.

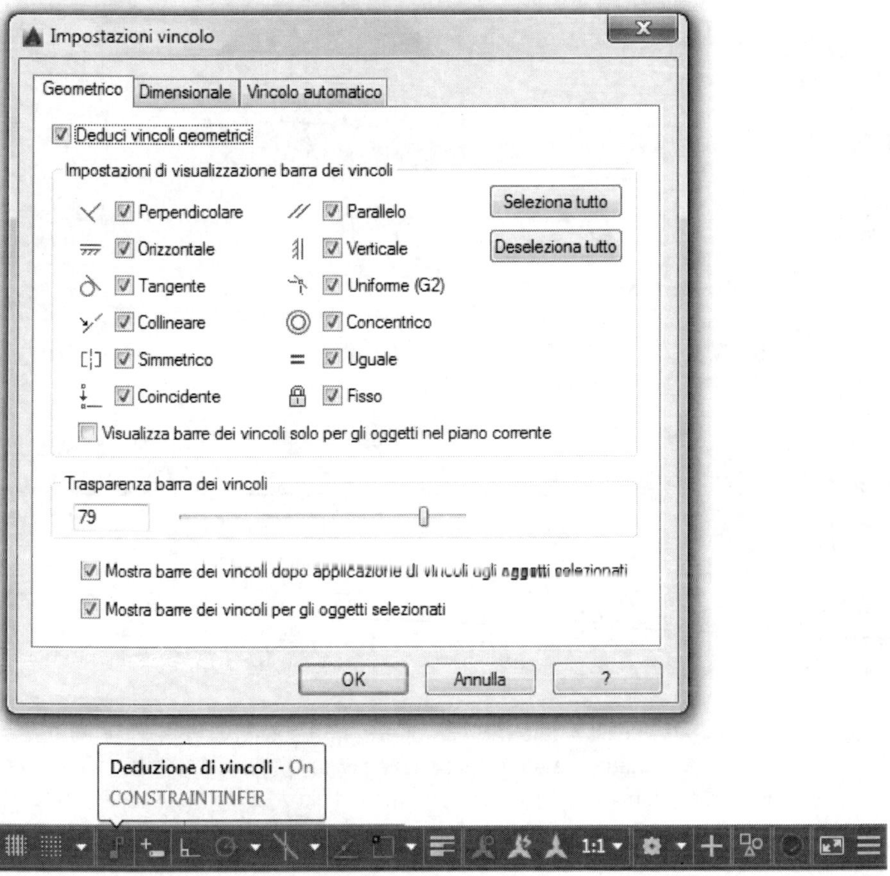


**Figura 20.11**
La scheda Geometrico della finestra di dialogo Impostazioni vincolo, e la modalità Deduzione di vincoli posta sulla barra di stato.

**Nota**
La Deduzione di vincoli traduce in vincoli gli snap a oggetto usati per disegnare o per modificare le entità.

## Definire i vincoli dimensionali

Dopo avere definito i vincoli geometrici che permettono di controllare le possibilità di manipolazione concesse a una forma geometrica disegnata, è possibile utilizzare i vincoli dimensionali per facilitarne il controllo in fase di modifica.

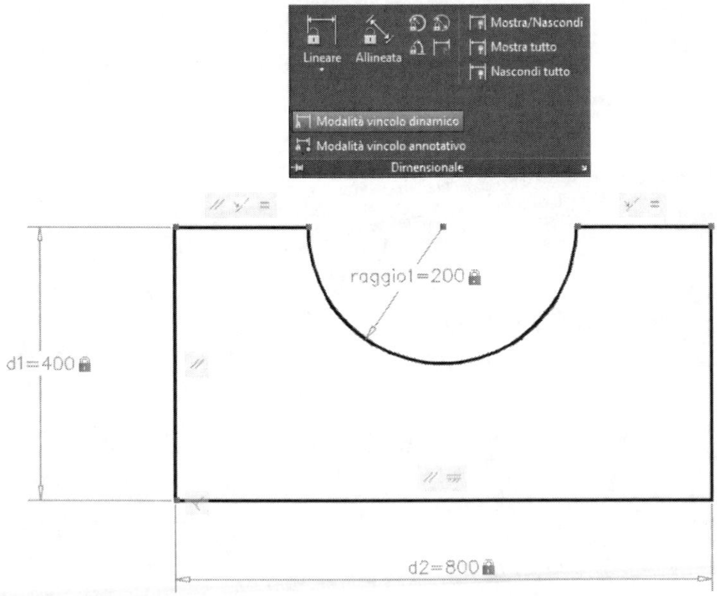


**Figura 20.12**
Vincoli dimensionali applicati a una geometria vincolata geometricamente.

Infatti, come riportato nella Figura 20.12, questi particolari vincoli assumono l'aspetto e le caratteristiche di una quotatura, ma modificandone il valore espresso cambierà anche la geometria a cui essa è associata (Figura 20.13). Questo permette delle vere e proprie trasformazioni controllate e dinamiche del disegno, tanto più che questi vincoli vengono, in AutoCAD, chiamati anche Vincoli dinamici.

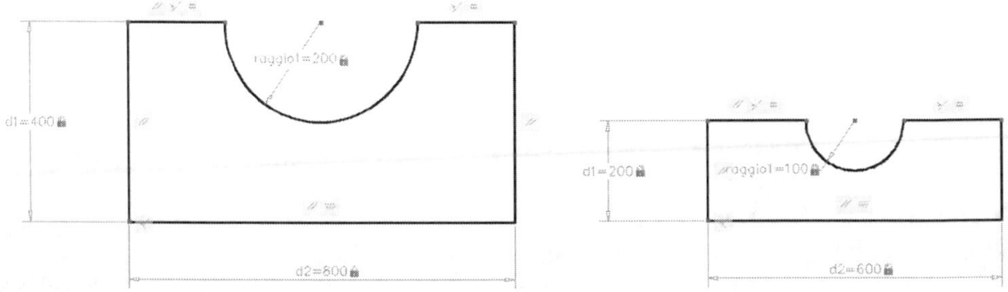


**Figura 20.13**
La modifica dei vincoli dimensionali comporta la variazione controllata della forma geometrica disegnata.

Gli strumenti per applicare i vincoli dimensionali sono disponibili nel gruppo *Dimensionale* della scheda *Parametrico* della barra multifunzione (Figura 20.12 in alto). I vincoli sono delle vere e proprie quote parametriche, che a differenza di quelle "normali" descritte ne Capitolo 15, queste, permettono la variazione dell'entità alla quale sono associate; basta infatti fare doppio clic su una quota parametrica, modificarne il valore, che la forma verrà modificata assumendo la lunghezza (lineare o angolare) digitata.

È d'obbligo sottolineare che, in effetti, AutoCAD definisce due tipologie di vincoli dimensionali (controllabili espandendo il menu del gruppo *Dimensionale* (Figura 20.12 in alto):

- **Dinamici**, che sono concepiti per essere utilizzati in fase di progettazione; infatti hanno le caratteristiche di non essere stampabili e di non apparire nello spazio carta. Inoltre sono insensibili al cambio di stile di quota e vengono visualizzati sempre della stessa grandezza, qualunque sia lo zoom corrente.
- **Annotativi**, che, invece, sono stampabili, appaiono nei layout, vengono modificati in funzione dello stile di quota associato e cambiano le proprie dimensioni a schermo in funzione dello zoom corrente.

Il vincolo dimensionale è costituito da un testo, definito da una variabile e da numero o una formula. Le formule possono contenere delle operazioni algebriche e/o il riferimento ad altri vincoli dimensionali; per esempio (Figura 20.14) è specificato che l'altezza *d1* della forma geometrica sia sempre la metà della lunghezza *d2* della base orizzontale (*fx:d1=d2/2*).

**Nota**
Se sull'oggetto parametrizzato sono presenti (o vengono inserite in un secondo tempo) delle quote associative "normali", queste si aggiorneranno al variare dei valori dei vincoli dimensionali ma non influenzeranno mai la geometria a cui sono collegate.

**Nota**
Utilizzando l'icona Converti, è possibile trasformare una quota "classica" di AutoCAD in un parametro dimensionale.

Nel prossimo esercizio definirete i vincoli dinamici a una forma geometricamente vincolata e proverete a modificarne i valori.

**Esercizio. Creazione di vincoli dimensionali.**

1. Aprite il file *vincoli dimensionali.dwg* presente nella cartella Capitolo 20 del Booksite.
2. Fate clic sull'icona *Raggio*, presente nel gruppo *Dimensionale* della scheda *Parametrico*, e selezionate l'arco disegnato. Ora fate clic in un punto del piano di lavoro per posizionare la quota parametrica e premete INVIO per accettarne il valore espresso.
3. L'applicazione delle quote parametriche segue la stessa procedura della quotatura normale che avete affrontato nel Capitolo 15. Fate clic sull'icona *Lineare* e applicate i vincoli dinamici come da Figura 20.12.
4. Fate doppio clic sul parametro che esprime il raggio e digitate, seguito da INVIO, il valore **100** per modificarne la forma.
5. Modificate ora i valori delle quote parametriche lineari portando quella orizzontale a **600** e quella verticale a **200**. Il disegno si è modificato in modo controllato come da Figura 20.13 a destra.
6. Adesso vincolerete l'altezza della forma geometrica ad assumere un valore che sia sempre la metà di quello della base. Fate doppio clic sulla quota parametrica dell'altezza. Fate subito cli sulla quota della base (il cursore indica il collegamento ipertestuale quando vi portate su una quota parametrica) e completate la formula digitando **/2**.
7. Premete INVIO per confermare la modifica. L'espressione riportata è *fx:d1=d2/2.* La forma è quella assunta nella Figura 20.14.
8. Salvate il file con il nome *vincoli dimensionali inseriti.dwg* e chiudetelo.

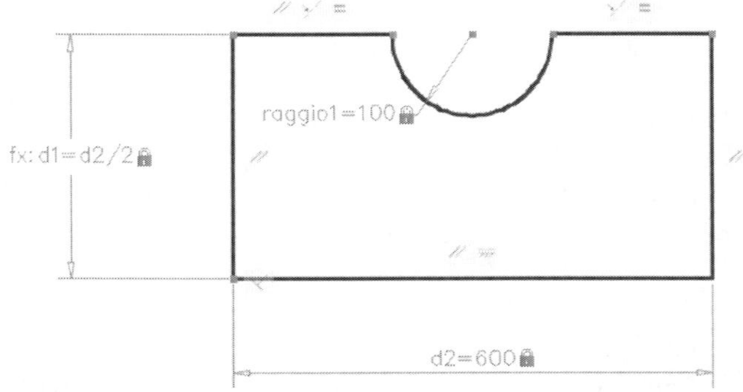


**Figura 20.14**
L'inserimento di formule nel testo di un vincolo dimensionale.

## Gestione dei parametri dimensionali

È possibile definire come *Riferimenti* alcuni vincoli dimensionali. I vincoli riferimento visualizzano il valore, racchiuso tra parentesi tonde (Figura 20.15), della misura dell'oggetto parametrizzato ma non lo influenzano.

Questo tipo di vincolo viene creato automaticamente quando si quota una parte dell'oggetto indirettamente già controllata da un altro parametro (il disegno risulterebbe quindi ipervincolato), ma si vuole comunque avere informazioni dimensionali.

Quando poi il numero dei vincoli risulta essere elevato è possibile attivare la tavolozza *Gestione parametri* dal gruppo *Gestisci* della scheda *Parametrico*.

Grazie a questa tavolozza, oltre che ad avere una visione completa di tutti i parametri dimensionali applicati al disegno, è possibile:

- Modificare il nome di un parametro (facendo semplicemente doppio clic nel campo e ridigitandone il valore) per renderlo maggiormente comprensibile (in Figura 20.15 è presente il parametro *Altezza* invece della voce originaria *d1*).
- Creare *Parametri utente* e utilizzarli all'interno di altre espressioni (in Figura 20.15 è stato creato il parametro canale e lo si è assegnato al parametro *raggio1*) per comprendere meglio l'insieme delle parametrizzazioni e gestirne direttamente i valori nel campo *Espressione*.

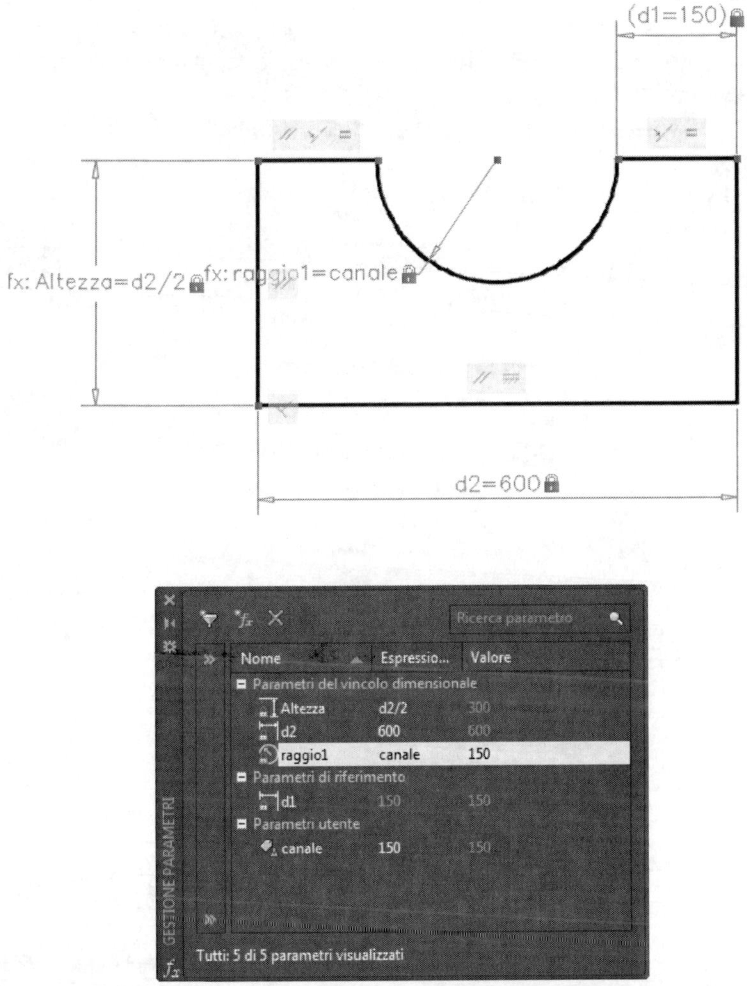


**Figura 20.16**
La tavolozza Gestione parametri.

## Controllare la visualizzazione dei vincoli geometrici e dimensionali

La scheda *Parametrico* della barra multifunzione riporta i comandi che permettono di gestire, in modo intuitivo, la visualizzazione sia dei vincoli geometrici sia di quelli dimensionali.

Quando si desidera lavorare solo con i vincoli geometrici oppure eseguire altre operazioni nel disegno, è possibile nascondere tutti i vincoli dinamici per evitare confusione nell'area di lavoro (e viceversa). Utilizzando i comandi proposti nelle schede (tornate a guardare la Figura 20.3) è possibile visualizzare o nascondere tutti i vincoli geometrici, visualizzare o nascondere tipi specifici di vincoli geometrici, visualizzare o nascondere tutti i vincoli geometrici associati a un oggetto selezionato.

Per default, se si seleziona un oggetto collegato a un vincolo nascosto, tutti i vincoli associati a tale oggetto vengono comunque visualizzati.
Inoltre, premendo il tasto destro del mouse su una delle icone di vincolo geometrico visualizzate accanto a un oggetto, è possibile attivare un menu di scelta rapida che consente di eliminare il vincolo oppure nasconderlo.
In Figura 20.17 è possibile notare che, nella scheda *Dimensionale* della finestra di dialogo *Impostazioni vincolo*, è possibile controllare la visualizzazione dei vincoli dimensionali, o meglio, di come debba essere composta la parte testuale di questo particolare vincolo.

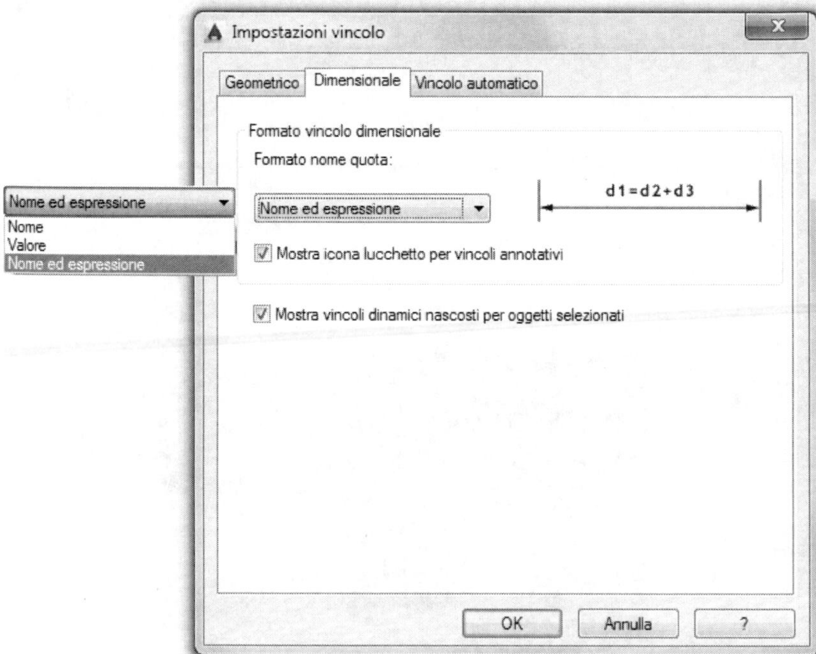


**Figura 20.17**
La scheda Geometrico della finestra di dialogo Impostazioni vincolo, e la modalità Deduzione di vincoli posta sulla barra di stato.

## Conclusioni

Utilizzare il disegno parametrico in AutoCAD significa lavorare con dinamicità e flessibilità, ma con un'attenzione al disegno molto più profonda, quasi viscerale.
Infatti l'aiuto che i vincoli possono dare alla produttività di un elaborato grafico risiedono soprattutto nella gestione oculata delle possibilità di controllo che si vuole siano concesse agli eventuali interventi successivi. Il prossimo capitolo è fondamentale per poter incrementare non solo la velocità di costruzione degli oggetti che compongono un disegno, ma anche e soprattutto per gestire con fluidità le possibilità offerte nelle sue eventuali modifiche. La parametrizzazione risulterà così estremamente utile (e quasi fisicamente percepibile) grazie alla sua applicazione su un oggetto particolarmente "elastico": il Blocco dinamico.

## Capitolo 21

# I blocchi dinamici

In generale, un blocco è un insieme di entità grafiche che durante il processo di creazione vengono aggregate e salvate con un nome.
Essendo un oggetto unico è possibile eseguire i più comuni comandi di modifica "rigida" (quali *Sposta*, *Copia*, *Scala*, *Ruota*), ma se una o più copie del blocco (le istanze) devono essere modificate rispetto alla forma geometrica costitutiva si è costretti a esploderlo vanificando il vantaggio di avere un oggetto unico e perdendo le informazioni memorizzate negli attributi.

Nel capitolo precedente, però, si è sottolineato come gli oggetti del disegno possano essere gestiti e "manipolati" con flessibilità attraverso l'applicazione di vincoli geometrici o dimensionali.
Questa mentalità operativa può essere applicata anche ai blocchi "statici" così da trasformarli in quelli che vengono giustamente e propriamente chiamati "blocchi dinamici".
Così come la parametrizzazione applicata al disegno permette di gestire con maggiore efficacia l'intero elaborato, i blocchi dinamici permettono di essere più efficienti nella fase di disegno e nella gestione delle librerie, risparmiando tempo e lavoro.
Infatti, un blocco dinamico non è solo un insieme di entità grafiche, ma anche e soprattutto di vincoli parametrici che ne permettono il controllo (non solo dimensionale) durante il suo utilizzo nel disegno. Così un singolo blocco dinamico può essere utilizzato per rappresentare le numerose varianti geometriche di un oggetto progettuale.
L'istanza di un blocco dinamico non è, perciò, una parte fissa di un elaborato grafico, ma un'entità che può essere facilmente modificata e manipolata durante la realizzazione del disegno stesso.
Infatti, le definizioni dei blocchi dinamici contengono regole, o parametri, che consentono di modificare un riferimento di blocco quando questo viene inserito nel disegno.
È possibile creare blocchi dinamici utilizzando parametri di vincolo o parametri azione.
I parametri di vincolo consentono di limitare la geometria dell'istanza di blocco attraverso l'applicazione di vincoli geometrici e dimensionali con le stesse identiche procedure che abbiamo analizzato nel capitolo precedente.

**Nota**
I parametri di vincolo, per funzionare, devono essere associati al blocco nell'Editor blocchi e mai nello spazio modello.

Unendo, invece, al blocco parametri di azione si forniscono delle vere e proprie regole per il funzionamento dell'istanza inserita nel disegno, regole che permettono di associare un'azione a un particolare parametro che consente di controllare la modifica della geometria del blocco.
In entrambi i casi, è possibile gestire agevolmente e facilmente aspetto e forma del blocco (Figura 21.1) attraverso i grip e/o utilizzando la tavolozza *Proprietà*.

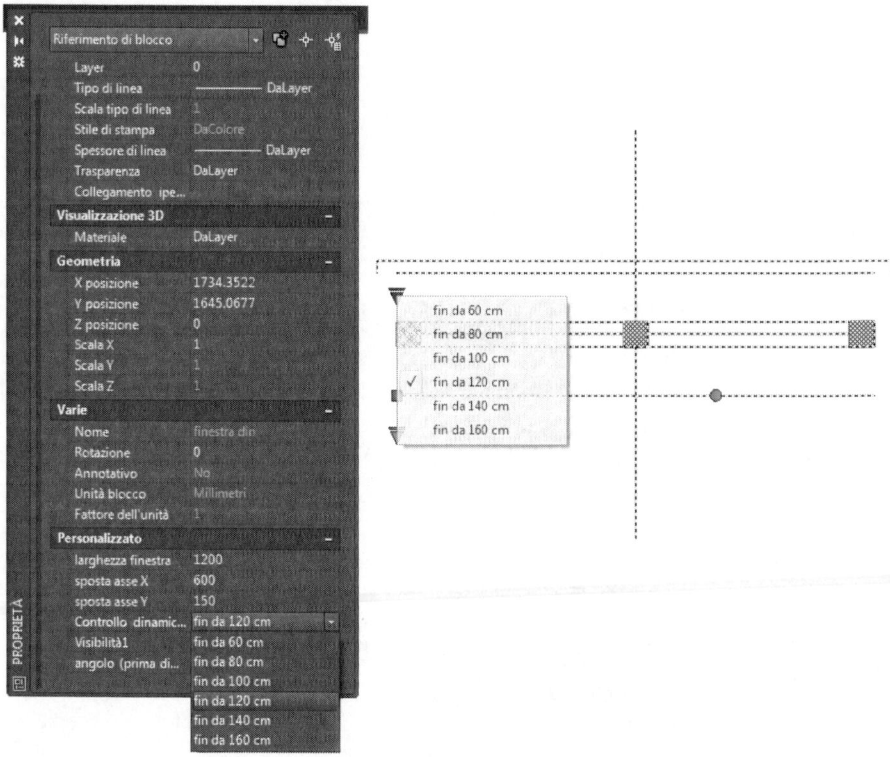


**Figura 21.1**
La forma geometrica dell'istanza di un blocco dinamico può essere facilmente gestita attraverso i grip o la tavolozza Proprietà.

---

**Nota**
I blocchi dinamici si distinguono da quelli tradizionali perché accanto al nome presentano una piccola icona a forma di fulmine

---

Poiché l'utilizzo di entrambi i tipi di parametri nella stessa definizione di blocco è fortemente sconsigliato ed essendo, la definizione di parametri azione, un argomento molto più flessibile e, per di più nuovo, in questo capitolo ci concentreremo su questa modalità di creazione.

Indipendentemente dalla tecnica di parametrizzazione che si decide di adoperare, un blocco dinamico può essere creato in due modi:

1. Durante la definizione di un nuovo blocco.
2. Trasformando un blocco esistente.

In entrambi i casi si deve utilizzare un differente ambiente lavorativo: l'Editor blocchi.

# L'Editor blocchi

Abbiamo già incontrato l'Editor blocchi nel Capitolo 17; si tratta di un ambiente lavorativo vero e proprio dove si possono utilizzare quasi tutti i comandi di disegno e di editing che sono presenti nello spazio modello (Figura 21.2).

Con esso in particolare è possibile:

- Definire e gestire la forma geometrica di un qualsiasi blocco.
- Definire e gestire gli attributi.
- Aggiungere un vincoli geometrici o dimensionali.
- Aggiungere parametri azione.
- Gestire stati di visibilità.
- Verificare e salvare la definizione di un blocco.

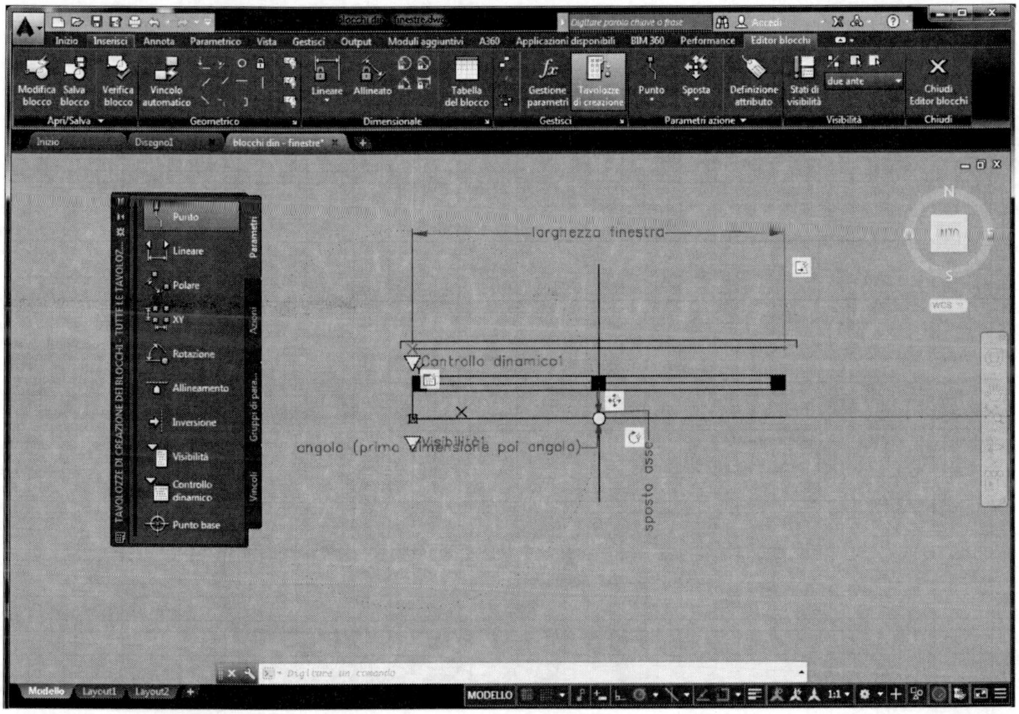


**Figura 21.2**
L'Editor blocchi.

Nell'Editor blocchi, l'origine dell'icona UCS definisce il punto base per il blocco. Questo punto può essere modificato spostando la geometria relativa all'origine dell'icona UCS oppure aggiungendo un parametro *Punto base*, poiché il comando *UCS* non è attivo in questo ambiente lavorativo.

---

**Nota**

La Riga di comando deve essere visibile nell'Editor blocchi, in quanto visualizza i messaggi di richiesta relativi a molti aspetti della creazione dei blocchi dinamici.

Inoltre è possibile trasformare, attraverso il comando *Geometria di costruzione* (attivabile dal gruppo *Gestisci* della scheda *Editor blocchi*) entità disegnate in elementi che rimarranno invisibili nell'istanza di blocco quando inserita nell'area di disegno. Questi oggetti possono essere così utilizzati per facilitare il controllo geometrico attuato dai parametri, ma non compariranno mai nel disegno e in stampa.

**Nota**
Se si chiude AutoCAD mentre la finestra di verifica del blocco è aperta, non verrà chiesto di salvare il file.

## Creazione di un blocco dinamico

Come sottolineato nelle righe precedenti in questo capitolo analizzeremo una delle due procedure che permettono di definire un blocco dinamico, ovvero quella che prevede l'uso precipuo di parametri e azioni
Dopo avere costruito la geometria che costituisce l'aspetto formale del blocco è assolutamente necessario pianificare quali siano le modifiche che si vuole sia possibile apportare all'istanza un volta che la si vuole adoperare nel disegno.
Quindi di deve procedere alla definizione della parametrizzazione attraverso tre momenti che è opportuno siano attuati sequenzialmente:

1. Definire i Parametri.
2. Associare le Azioni ai parametri.
3. Verificarne il funzionamento con un test.

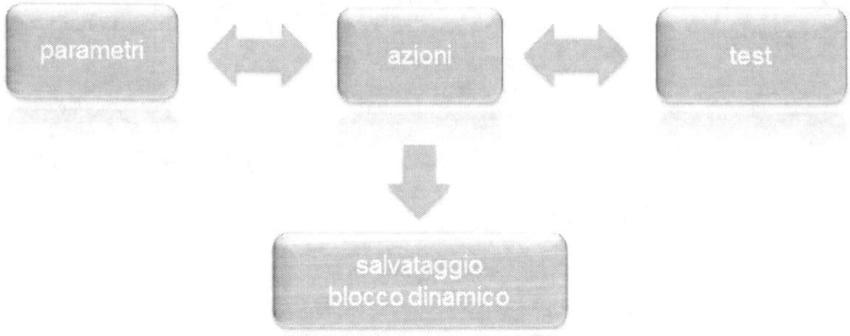


**Figura 21.3**
Il workflow per la creazione di un blocco dinamico attraverso l'associazione di parametri e azioni.

Una volta completata la definizione del blocco dinamico è necessario o aggiornare il blocco eventualmente utilizzato nell'Editor blocchi, o salvarne uno con nome attraverso i comandi posti nel gruppo *Apri/Salva* della barra multifunzione.

**Nota**
Salvata la definizione di blocco, i valori in quel momento correnti della geometria e dei parametri del blocco diventano i valori di default del riferimento di blocco.

Parametri e azioni sono disponibili sia nella tavolozza *Tavolozze di creazione* sia nella barra multifunzione come elenchi a discesa del gruppo *Parametri azione* (Figura 21.4).

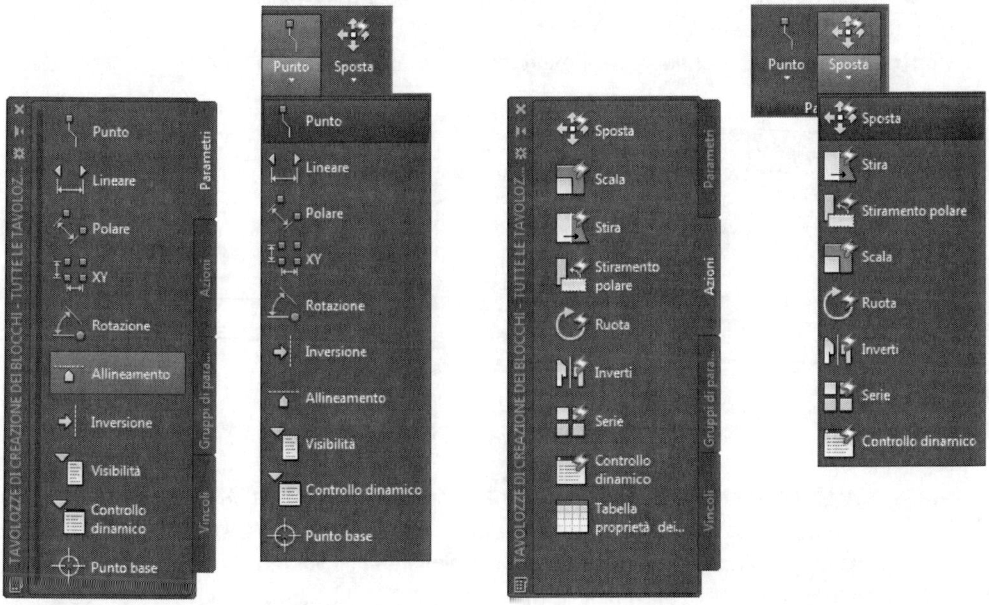


**Figura 21.4**
Parametri e azioni.

All'interno dell'Editor blocchi i parametri vengono visualizzati (Figura 21.2) come delle quote, mentre le azioni con una piccola icona contraddistinta da un fulmine; gli elementi hanno inoltre un nome che permette di distinguerli e quindi di identificarli. In particolare nella sezione *Personalizzato* che si trova in fondo alla tavolozza *Proprietà*, i nomi dei parametri corrispondono ai nomi delle proprietà visualizzate.

# I parametri

I parametri sono strumenti che consentono di specificare, per esempio, posizioni, distanze o angoli della geometria che definisce il blocco, permettendo così di definire il campo di applicazione dell'azione che a essi verrà associata.

Di seguito vengono riportati i parametri con una breve descrizione:

- **Punto**. Aggiunge il controllo delle proprietà X e Y.
- **Lineare**. Definisce la possibilità di controllare la distanza tra due punti chiave. È sicuramente uno dei parametri più utilizzati.
- **Polare**. Consente di controllare una distanza e un angolo passante per due punti chiave nella definizione del blocco.
- **XY**. Permette di controllare contemporaneamente la distanza orizzontale e verticale.
- **Rotazione**. Definisce un angolo per l'azione di rotazione del blocco.
- **Allineamento**. Permette la rotazione del riferimento di blocco attorno a un punto per allinearlo ad altri oggetti del disegno.
- **Inversione**. Permette di definire la specchiatura di un blocco.
- **Visibilità**. Consente di, associato all'azione della tabella *Controllo dinamico*, controllare dinamicamente la visibilità delle singole parti del blocco.

- **Controllo dinamico**. Associato all'azione della tabella *Controllo dinamico*, consente controllare un gruppo di valori associati alle modifiche del blocco.
- **Punto base**. Permette di ridefinire il punto di inserimento del blocco (non necessita di azioni).

**Nota**
Dopo aver inserito i parametri è sempre opportuno controllarne le caratteristiche del comportamento mediante le opzioni della tavolozza Proprietà dell'Editor blocchi.

## Le azioni

Le azioni, associate al parametro opportuno, definiscono la modifica che l'istanza del blocco potrà attuare una volta inserito il blocco nell'area di disegno. Funzionano adoperando una logica molto simile a quella utilizzata per i comandi di modifica dello spazio modello.
I tipi di azione disponibili nell'Editor blocchi sono:

- **Sposta**. Applica l'azione di spostamento ai parametri *punto, lineare, polare* o *XY*. Richiede una selezione di oggetti.
- **Scala**. Scala gli oggetti selezionati e a cui si è applicato il parametro *lineare, polare* o *XY*.
- **Stira**. Permette di stirare gli oggetti associati ai parametri *punto, lineare, polare* o *XY* e necessita di un riquadro di stiramento per indicare l'area coinvolta dalla deformazione.
- **Stiramento polare**. Si applica al solo parametro *Polare*. Richiede un riquadro di stiramento per indicare l'area coinvolta dalla deformazione.
- **Ruota**. Si collega al solo parametro *Rotazione*. Richiede una selezione di oggetti.
- **Inverti**. Applica la specchiatura degli oggetti selezionati al solo parametro di *Inversione*.
- **Serie**. Si associa ai parametri *Lineare, Polare* o *XY*. Richiede una selezione di oggetti.
- **Controllo dinamico**. Si collega al controllo dinamico e apre la finestra *Tabella di controllo dinamico proprietà*.
- **Tabella proprietà del blocco**. Consente di creare un tabella che raggruppa su ogni riga un insieme di valori per i parametri definiti o, anche, per inserire valori personalizzati.

Dopo questa sequenza di informazioni descrittive, applicherete in un'esercitazione guidata quanto appreso, definendo così il vostro primo blocco dinamico.

**Esercizio. Creazione di un blocco finestra dinamico.**

1. Aprite il file *finestra.dwg* dalla cartella del Capitolo 21 del Booksite. Il disegno contiene l'istanza di un blocco, chiamato *finestra*, che dovrete rendere dinamico affinché si adatti a qualsiasi tipologia di muro sia in larghezza che in profondità (applicandovi, quindi uno stiramento) e che, velocemente, possa essere ruotato quando il muro non è disegnato parallelamente agli assi del sistema di riferimento.
2. Fate doppio clic sull'istanza e premete *OK* alla finestra *Modifica definizione blocco* per accedere all'interfaccia definito dall'Editor blocchi (il cui sfondo, generalmente si differenzia da quello dell'area di disegno).
3. Inizierete col definire parametri e azioni che permetteranno di allungare la finestra verso destra. Fate clic sul parametro *Lineare* posto sulla scheda *Parametri* della *Tavolozza di creazione dei blocchi* (d'ora in avanti utilizzeremo i comandi, sia per i parametri sia per le azioni, presenti su questa tavolozza).
4. Fate clic prima sul vertice della linea di sinistra e poi su quello di destra (poiché l'allungamento dovrà andare verso destra); infine fate clic per posizionare la quota parametrica come indicato nella Figura 21.5.

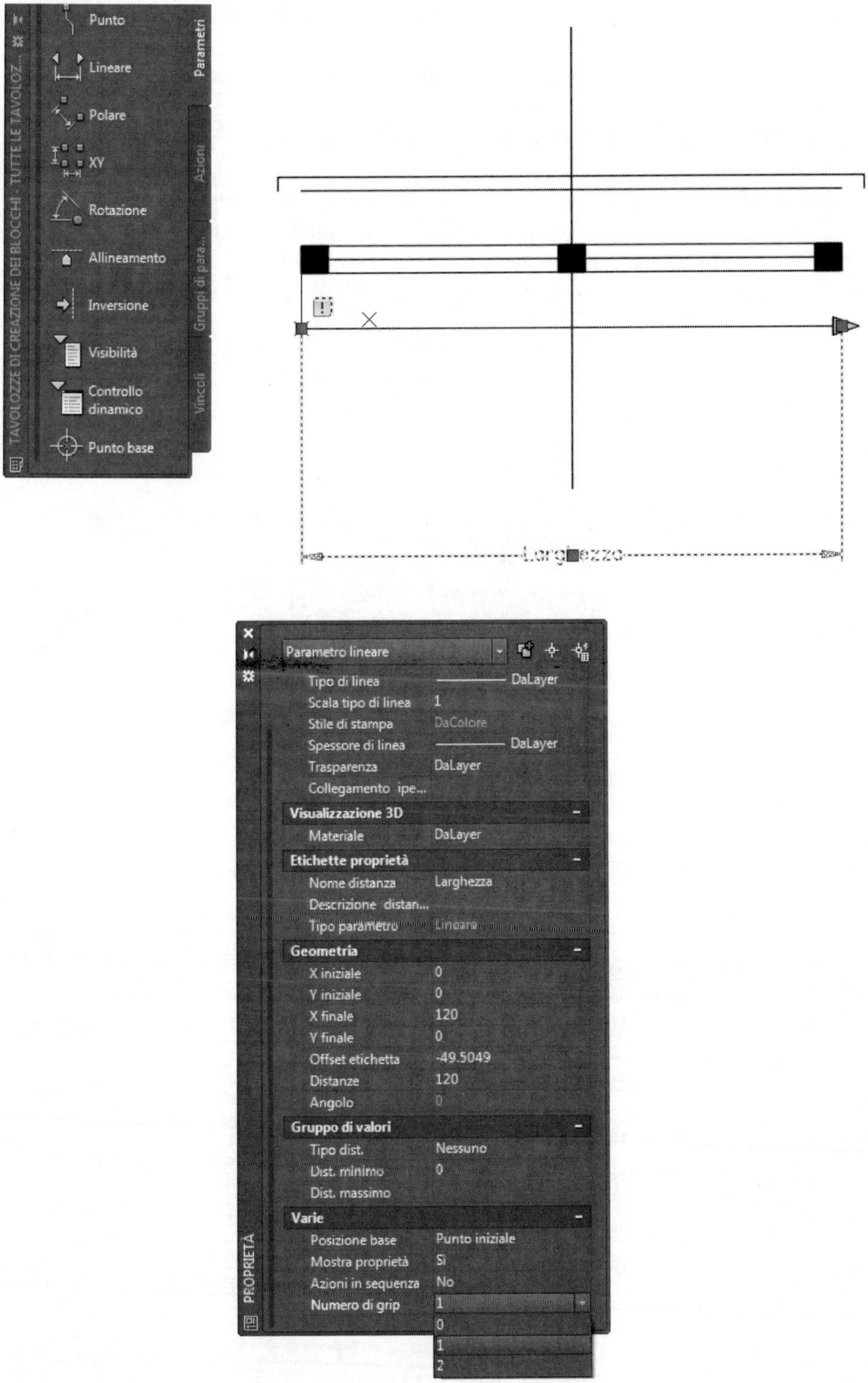


**Figura 21.5**

Applicazione del parametro Lineare e gestione delle sue Proprietà.

5. Selezionate la quota e col tasto destro attivate la tavolozza *Proprietà*. Alla voce *Nome distanza* inserite **Larghezza** (così da rendere il parametro più riconoscibile) e, in fondo, alla voce *Numero di grip* selezionate dal menu a discesa il valore **1** (così da controllare l'allungamento solo da quella parte).
6. Fate ESC per deselezionare e tenere aperta la tavolozza *Proprietà*.
7. Ora è necessario collegare l'azione di stiramento al parametro. Fate clic sull'icona *Stira* della scheda *Azioni* della tavolozza e selezionate il parametro *Larghezza*. Fate clic sul grip di sinistra (che attiverà l'azione), create il riquadro di stiramento, come riportato nella Figura 21.6 a sinistra, che definirà la zona di intervento (rettangolo tratteggiato), infine selezionate con una finestra di *crossing* (quella verde di Figura 21.6 a sinistra) per individuare gli oggetti che dovranno essere stirati e premete INVIO per terminare.

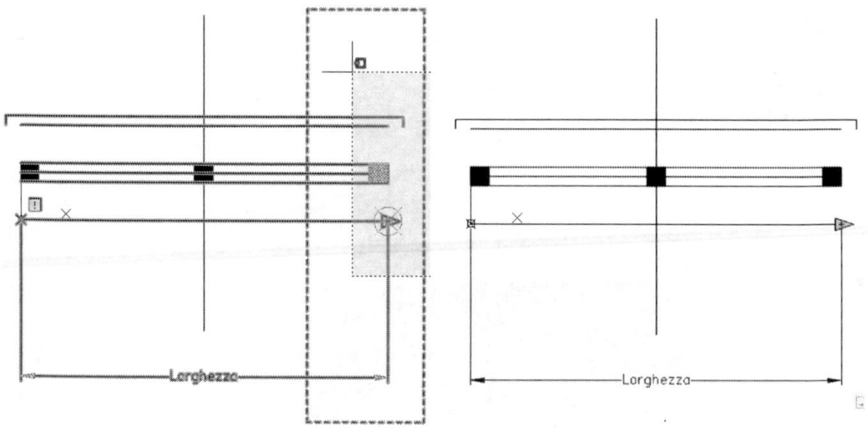


**Figura 21.6**
Definizione dell'azione Stira associata al parametro lineare Larghezza.

8. La prima parte della parametrizzazione è terminata (l'azione è visibile sotto forma di piccola icona con un fulmine in basso a destra); ora dovete testarla (Figura 21.7). Fate clic su *Verifica blocco* attivabile dal gruppo *Apri/Salva* della scheda *Editor blocchi* e in un nuovo interfaccia selezionate il blocco. Appare così il grip definito dalla parametrizzazione, provate a stirare attraverso il grip dinamico la finestra, se tutto avviene correttamente fate clic su *Chiudi verifica blocco* (l'icona è posta in alto a destra) per tornare nell'editor e proseguire con la parametrizzazione.

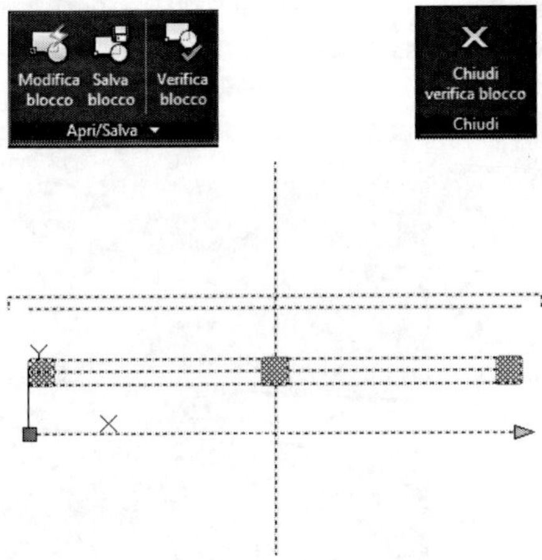


**Figura 21.7**
Il test della parametrizzazione creata.

9. Dovete ora fare in modo che la parte centrale del blocco si muova anch'essa verso destra durante lo stiramento, ma di un distanza pari alla metà della larghezza della finestra (il suo disegno deve rimanere infatti nel mezzo). In questo caso il parametro è già presente, dovete quindi associare a esso una nuova azione che coinvolgerà solo gli elementi centrali.
10. Fate clic sull'icona *Stira* della scheda *Azioni* della tavolozza e selezionate nuovamente il parametro *Larghezza*. Fate clic sul grip di sinistra (che attiverà l'azione), create il riquadro di stiramento, come in Figura 21.8, che definirà la zona di intervento (rettangolo tratteggiato), infine selezionate con una finestra di *selezione* (quella azzurra, sempre di Figura 21.8) per individuare gli oggetti centrali che dovranno essere stirati e premete INVIO per terminare.

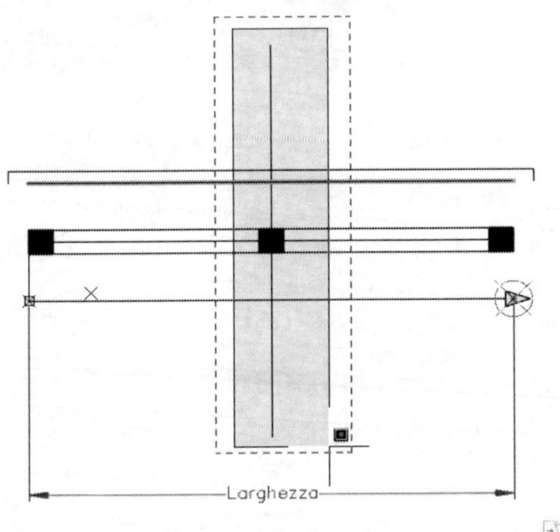


**Figura 21.8**
Definizione della nuova azione Stira associata al parametro lineare Larghezza.

11. Selezionate, come da Figura 21.9, la seconda icona a destra e nella tavolozza *Proprietà* modificate con il valore **0.5** il campo *Moltiplicatore della distanza* per correggerne lo spostamento verso destra.
12. Testatene nuovamente il funzionamento ripetendo il punto 8 di questo esercizio.

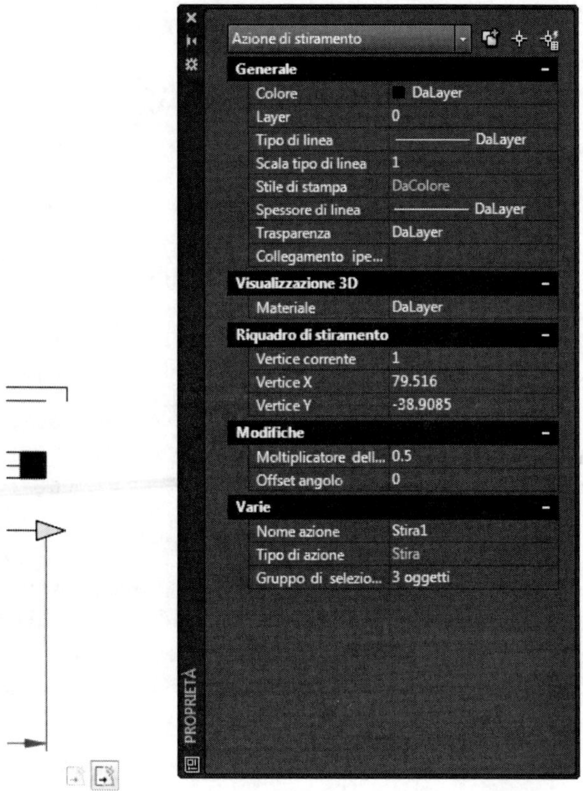


**Figura 21.9**
Il controllo, attraverso il Moltiplicatore della distanza dello stiramento degli elementi centrali della finestra.

13. Adesso dovete creare un nuovo parametro, chiamato Profondità (vedi Figura 21.10) e una nuova azione che permetta di gestire la modifica in senso verticale della finestra (ricordatevi della parte centrale!). Utilizzando la Figura 21.10 come riferimento e utilizzando le informazioni definite dal punto 3 al punto 11, provate a realizzare la parametrizzazione.

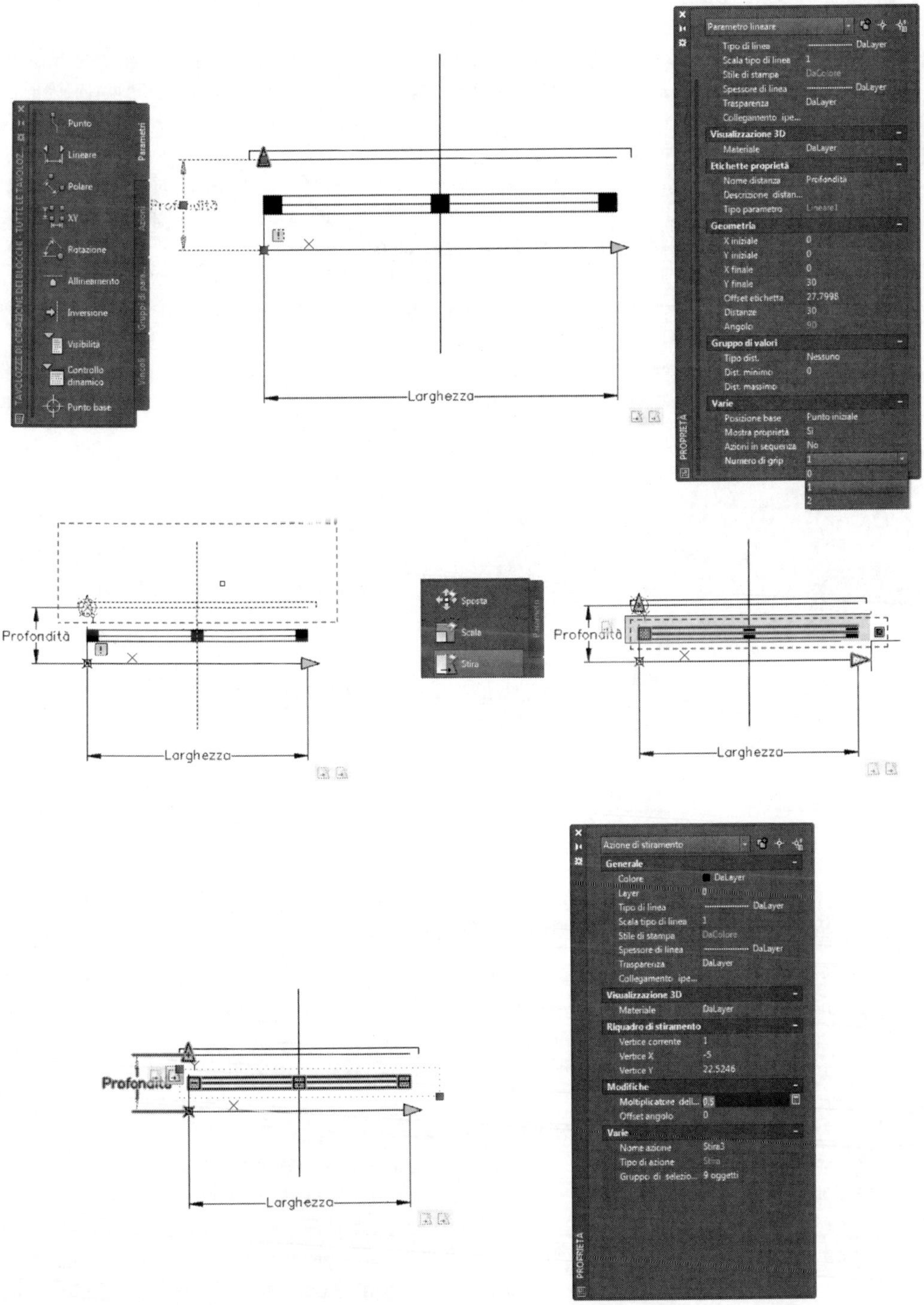


**Figura 21.10**
Le sequenze che permettono la manipolazione dello spessore della finestra.

14. Ora dovete fare in modo di controllare la rotazione della finestra. Se avete avuto qualche problema, aprite pure il disegno *finestra2.dwg* dalla stessa cartella del Booksite e ripetete il punto 2 per rientrate nell'Editor blocchi.
15. Fate clic sul parametro *Rotazione*. Selezionate il vertice in basso a sinistra (il fulcro della rotazione) e un punto subito a destra (Figura 21.11 a sinistra) per definire la linea virtuale di partenza del calcolo dell'angolo.
16. Premete INVIO per confermare 0 come angolo iniziale.
17. Fate clic su *Ruota*, selezionate il parametro appena creato e selezionate tutti gli oggetti presenti nell'area di lavoro, anche i grip e i parametri (figura 21.11 a destra), poiché deve ruotare sempre tutto quando si utilizza il blocco. Premete INVIO per confermare
18. Testate il funzionamento e aggiornate il salvataggio del blocco.
19. Uscite dall'Editor e selezionate il blocco aggiornato. Adesso presenta i grip della parametrizzazione applicata.
20. Salvate il file con il nome *finestra con blocco dinamico.dwg* e se volete, potete prima di chiudere il file esternalizzare il blocco dinamico così da poterlo utilizzare liberamente nella vostra libreria di simboli.

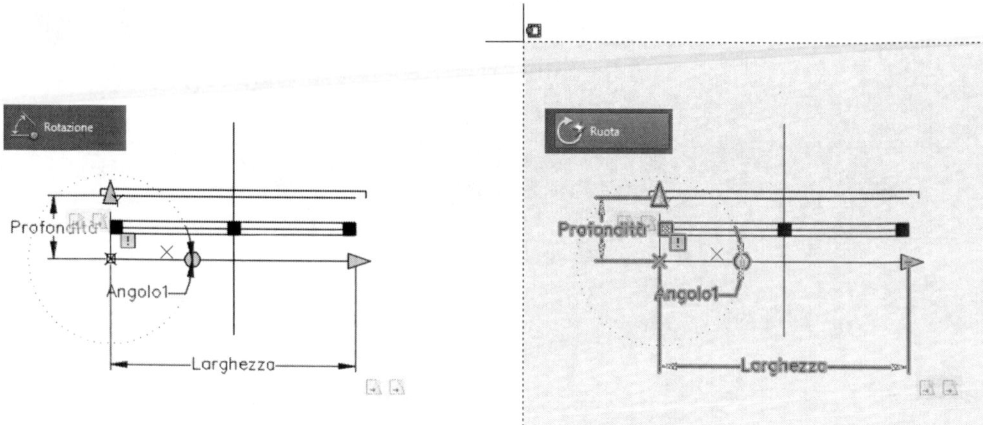


**Figura 21.11**
Le sequenze che permettono la manipolazione dello spessore della finestra.

Nella prossima esercitazione, proseguendo nella comprensione della relazione trai parametri e azioni, definirete un blocco dinamico che possa allinearsi a un altro oggetto, replicarsi in una direzione, (così da creare una ripetizione dell'istanza) e avere anche la possibilità di nascondere, eventualmente, le entità che ne definiscono le maniglie.

**Esercizio. Definizione di una cassettiera modulare dinamica.**

1. Aprite il file *cassettiera.dwg* dalla cartella del Capitolo 21 del Booksite.
2. Fate doppio clic sull'istanza del blocco che trovate nell'area di disegno e premete *OK* alla finestra *Modifica definizione blocco* per accedere all'Editor blocchi.
3. Definite subito il parametro che permette il controllo della visibilità della famiglia: selezionate il parametro *Visibilità* e fate clic per posizionarlo al centro della cassettiera. In questo modo avete definito il punto del grip che attiverà un menu a discesa che permetterà la scelta dello stato di visibilità dell'istanza.

4. Fate clic sull'icona *Stati di visibilità* posta nel gruppo *Visibilità* della barra multifunzione (Figura 25.12). nella finestra *Stati di visibilità* premete il pulsante *Nuovo* per definire lo stato Senza maniglie (che naturalmente dovete digitare nella casella di testo *Nome stato di visibilità*). Premete OK per memorizzarlo.

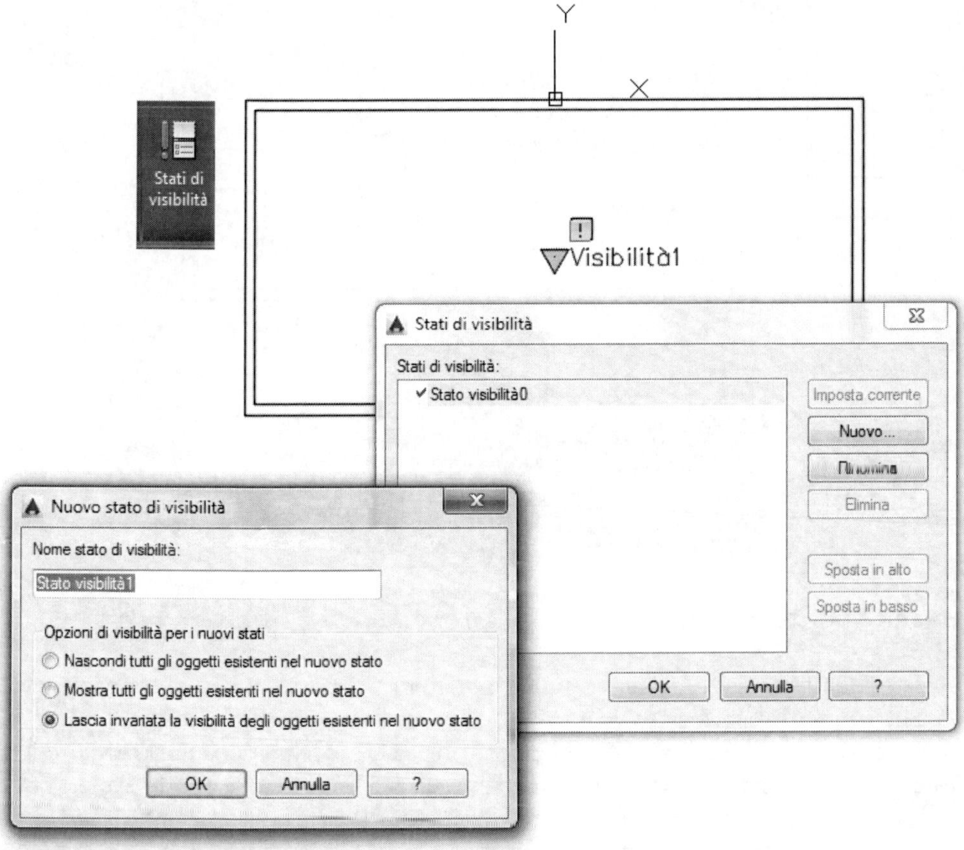


**Figura 21.12**
Definizione degli Stati di visibilità.

5. Rinominate lo *Stato visibiltà1* predefinito in Con maniglie e cliccate due volte su OK per chiudere tutte le finestre di dialogo.
6. Gli stati di visibilità ora sono stati creati e hanno dei nomi significativi, dovete ora associarli al parametro creato al punto 3. Nella barra multifunzione dell'Editor blocchi assicuratevi che sia impostato lo stato di visibilità *Senza maniglie* e selezionate l'icona *Rendi Invisibile* riportata nella Figura 25.13.
7. Fate clic sugli oggetti che definiscono le maniglie e premete INVIO al termine della selezione. Le entità verranno nascoste.

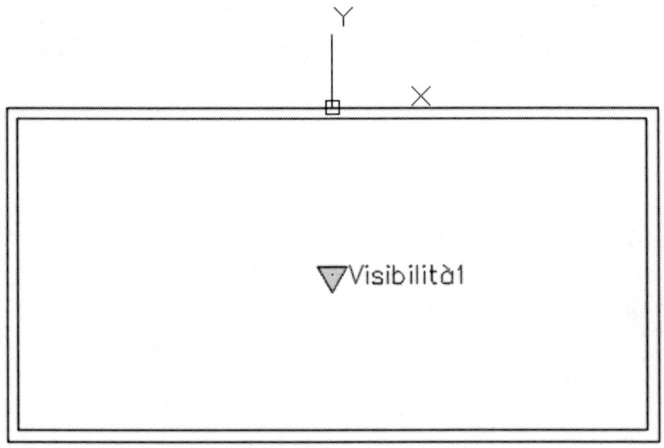


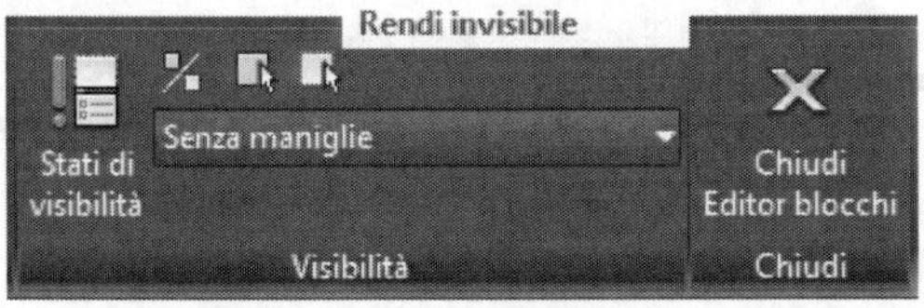


**Figura 21.13**
Il pulsante Rendi invisibile che permette di associare gli oggetti a uno stato di visibilità.

8. Testate il funzionamento del parametro. Se tutto funziona correttamente potete passare alla fase successiva: l'allineamento.
9. Impostate lo stato di visibilità su *Con maniglie*, così da poter operare con tutte le entità visibili.
10. Fate clic sul parametro *Allineamento* e posizionatelo con un clic sull'angolo in alto a sinistra (figura 25.14); fate ancora clic sull'orizzontale per definire la linea di allineamento. Il parametro non necessita di essere associato ad alcuna azione.
11. Testate il parametro. Attenzione: dovete creare una linea fittizia per provare il suo funzionamento.
12. Adesso dovete far si che la cassettiera si replichi orizzontalmente verso destra. Iniziate costruendo il parametro: fate clic sul parametro *Lineare*.
13. Fate clic prima sul vertice della linea di sinistra e poi su quello di destra (poiché la ripetizione dovrà andare verso destra); infine fate clic nuovamente per posizionare la quota parametrica.
14. Selezionate la quota e utilizzando la tavolozza *Proprietà* portate a **1** i numero dei grip.
15. Ora dovete associare l'azione, che essendo un replica costante è un comando tipico della *Serie Rettangolare*. Fate clic su *Serie* nella scheda *Azioni*, selezionate il parametro lineare, poi tutti gli elementi compresi nella area di lavoro, digitate **600** come distanza (è la larghezza della cassettiera) e premete INVIO per terminare.
16. Testate il parametro. Fate attenzione il grip della *Serie* non rimane legato al disegno. Sistemerete questo dettaglio proseguendo nell'esercizio.
17. Se la ripetizione, legata alle possibilità di allineamento è soddisfatta potete sistemare il grip.

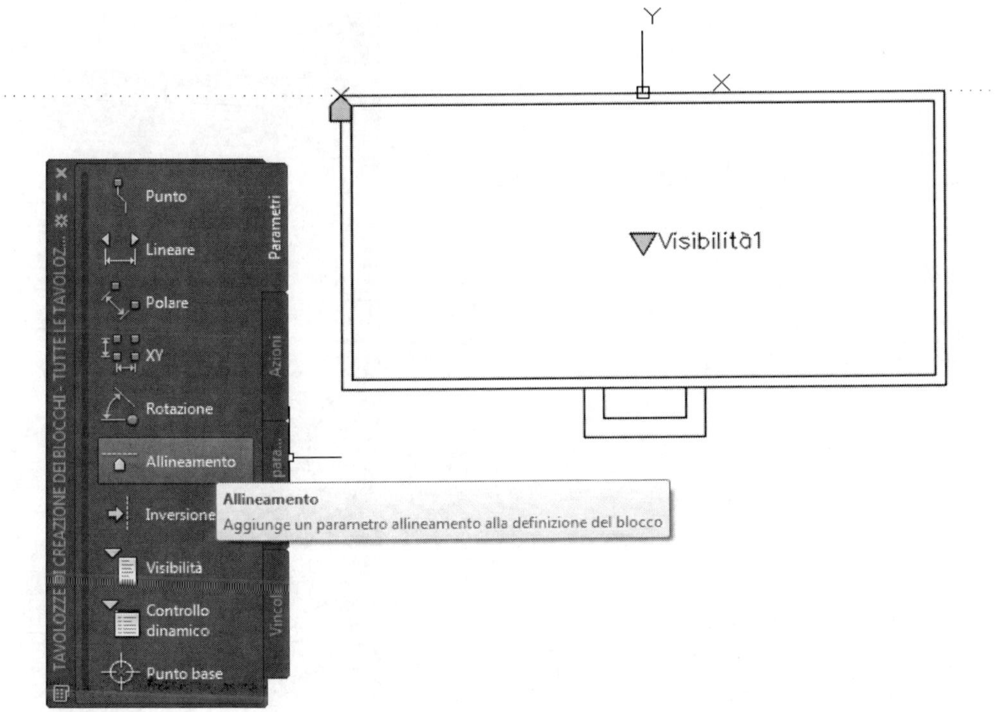


**Figura 21.14**
Il posizionamento del grip per l'allineamento ad altri oggetti.

18. Selezionate il parametro Lineare. Nella tavolozza *Proprietà* (Figura 21.15) alla voce *Tipo dist.* scegliete dal menu a discesa *Incremento* e inserite il valore **600** nel campo *Dist. Minimo.* Avete così costretto il grip a muoversi a scatti di 600 mm alla volta (poiché il blocco è stato costruito in mm).
19. Attivate ora lo stato di visibilità *Senza maniglie.*
20. I parametri e le azioni create con questo stato scompaiono.
21. Fate clic sul comando *Modalità di visibilità* della barra multifunzione per poter visualizzare in trasparenza gli oggetti invisibili. Riappariranno così parametri e azioni.
22. Fate clic sul comando *Rendi visibile* e selezionate parametri e grip che così saranno visibili e utilizzabili anche con lo stato di visibilità *Senza maniglie.*
23. Salvate il blocco così da aggiornarlo e chiudete l'Editor blocchi.
24. Salvate il file con il nome *cassettiera con blocco dinamico.dwg* e chiudetelo. L'esercitazione è finita.

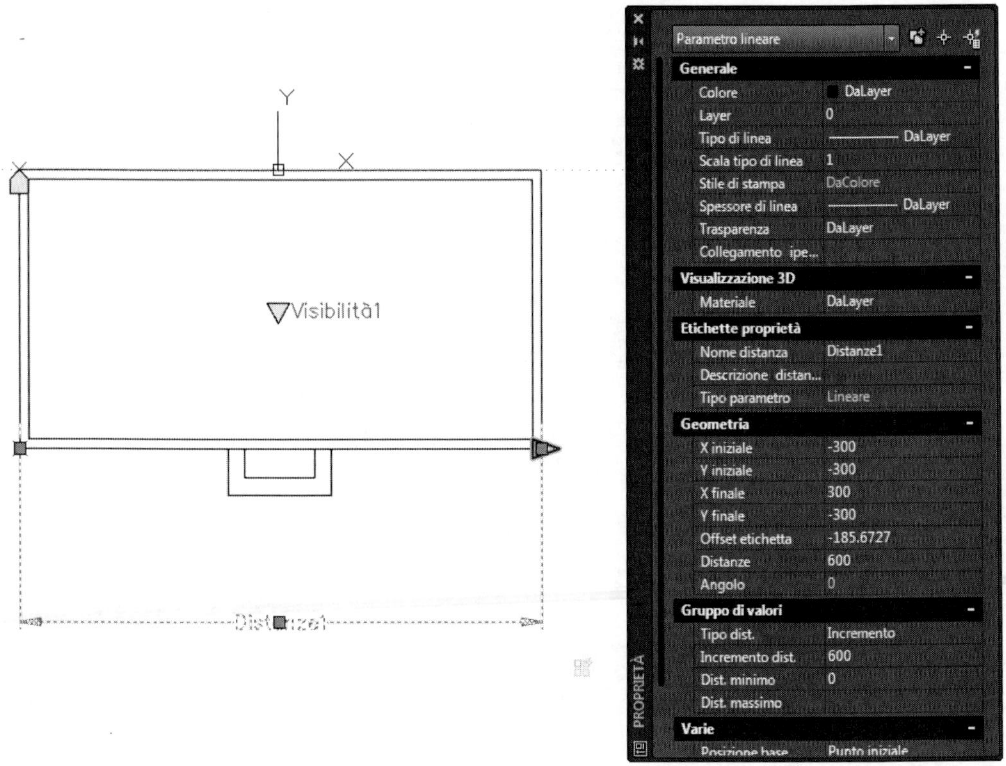


**Figura 21.15**
Il controllo del movimento del grip alla voce Tipo dist.

# Conclusioni

Come avete visto l'utilizzo della procedura proposta all'inizio del capitolo è risultata necessaria per il buon esito della costruzione dei due blocchi dinamici; è sempre importante fare attenzione a selezionare sempre tutti gli elementi che devono intervenire nella eventuale manipolazione successiva dell'istanza: questo vale anche e soprattutto per i grip che esprimono l'associazione tra parametro e azione. Infatti devono necessariamente seguire la geometria del blocco per poter svolgere con efficacia la loro funzione, quella cioè di rendere la modifica del blocco veloce e intuitiva.
Un blocco dinamico, quindi, presenta al suo inserimento dei grip, la cui forma dipende dal comando che sottendono, mentre il numero e la posizione da chi li ha definiti nell'Editor.

Provate ora a utilizzare i blocchi da voi creati in questo capitolo all'interno dei vostri disegni, verificherete che il lavoro fatto ripaga in modo esponenziale in flessibilità e velocità di esecuzione nella stesura del vostro elaborato.

## Capitolo 22

# I layout, la stampa e la pubblicazione

Ancora oggi il fine dell'utilizzo di un sistema di disegno digitale è la possibilità di produrre tavole cartacee, che visualizzano, nella loro impaginazione, il risultato di tutta l'elaborazione progettuale prodotta. La stampa perciò risulta essere non solo il mezzo di comunicazione primario ma l'espressione ultima e finale di tutto il lavoro di un progettista.

In effetti, nonostante vi sia la possibilità di vedere l'anteprima della composizione di un elaborato a video, una stampa (anche di prova) permette di verificare la correttezza di tutti i dettagli del disegno, non sempre perfettamente visibili sullo schermo.

AutoCAD inoltre permette anche di creare impaginazioni che possono essere realizzate in formato elettronico (anche non modificabile), per esempio nei formati *.pdf*, *.dwf* o *.dwfx* che consentono lo scambio delle informazioni digitali, ma che rispettano le impostazioni grafico-compositive di un elaborato cartaceo.

Stampare sfruttando appieno le impostazioni che AutoCAD mette a disposizione significa saper gestire non solo tutti gli elementi che sono stati trattati nel libro fino a questo momento, ma, anche e soprattutto quei concetti di spazio lavorativo che sono emersi all'inizio della pubblicazione.

Infatti è possibile stampare la visualizzazione proposta nella finestra corrente dello Spazio modello o utilizzare i raffinati Layout dello Spazio carta.

Nei prossimi paragrafi analizzeremo entrambe le metodologie che, una volta comprese, faciliteranno enormemente le operazioni di output. Operazioni che, a prima vista, possono sembrare complesse, ma che, invece, permettono di ottenere con estrema semplicità risultati anche graficamente molto accattivanti.

**Figura 22.1**

Un disegno realizzato con AutoCAD

## Gli stili di stampa

Come accennato nel Capitolo 7, in AutoCAD il controllo che permette una dinamica gestione del disegno è basato sul modo in cui si possono governare le proprietà degli oggetti. Infatti l'elaborato digitale segue, sempre e necessariamente, delle impostazioni che sono definite sul suo essere fondato su uno Stile di stampa.

Quando si inizia un nuovo disegno, questo viene costruito, come mostrato in Figura 22.2, dalle opzioni definite nella finestra di dialogo *Impostazioni tabella di stampa* della *scheda Stampa e pubblicazione* della finestra *Opzioni*.

Queste impostazioni possono essere di due tipi:

- **Dipendenti da colore (.*ctb*)**. È l'opzione predefinita, la più diffusa e che, quindi, approfondiremo con più attenzione. In questo caso le proprietà di stampa vengono assegnate basandosi sul colore degli oggetti e grazie a dei file esterni che hanno estensione *.ctb*, chiamati tabelle di stampa, permettono di creare impaginazioni tra loro differenti senza intervenire direttamente sul disegno.
- **Dipendenti da nome (.*stb*)**. Gli stili di stampa con nome (file con estensione .stb) consentono di assegnare le proprietà di stampa agli oggetti indipendentemente dal loro colore, ma direttamente dalle proprietà della singola entità, o dal layer a cui questa appartiene.

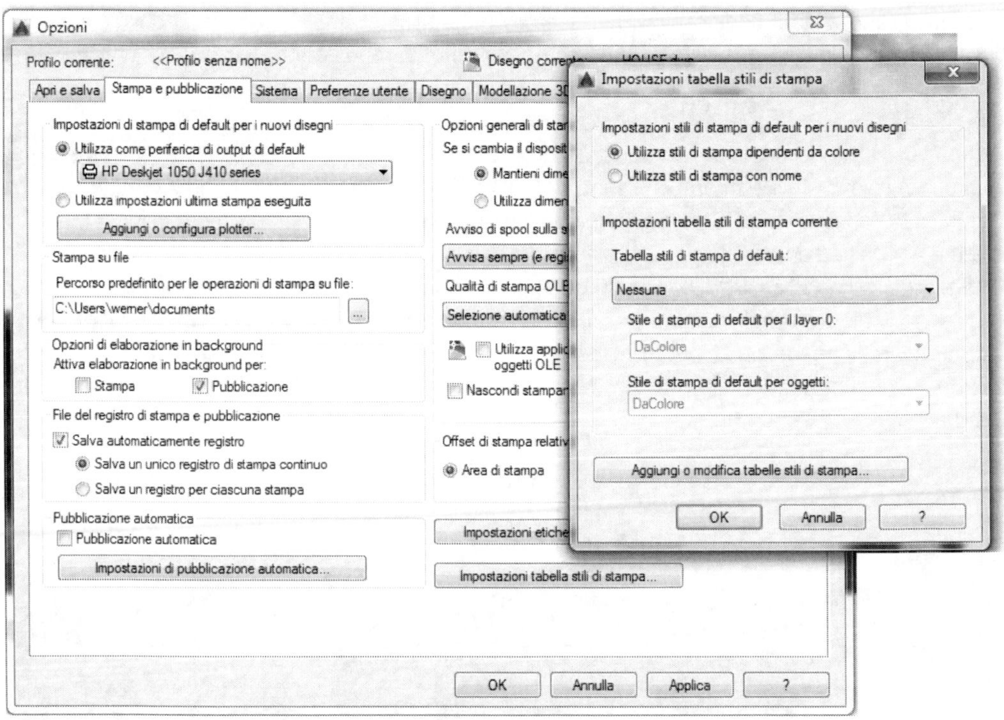


**Figura 22.2**

La finestra di dialogo Impostazioni tabella di stampa definisce come un nuovo file debba "ragionare" riguardo alla sua gestione in fase di stampa.

**Nota**
Lo svantaggio degli stili di stampa dipendenti da colore è che non è possibile assegnare proprietà diverse a due oggetti che hanno lo stesso colore. Un file fondato sul *.ctb* non potrà esser gestito per oggetto, mentre un file *.stb* non potrà essere governato dal colore.

Quando si disegna, quindi, è necessario tenere presente questa impostazione di base per definire la gestione di tutto l'impianto grafico al fine di un utile e flessibile controllo in fase di stampa. E viceversa un controllo dinamico della fase di stampa dipende da come si sono gestiti gli oggetti, che nel disegno sono stati organizzati secondo la logica *.ctb* o *.stb*.
Per fortuna AutoCAD permette una totale compatibilità tra i propri file mettendo a disposizione il comando *CONVERTPSTYLES* che consente di convertire un file *.dwg* dalla modalità dipendente da colore *.ctb* alla modalità tabella stili di stampa con nome *.stb* e viceversa.
Se invece si vuole convertire solo i file di stampa *.ctb* in .stb senza influenzare il disegno corrente è possibile utilizzare il comando *CONVERTCTB*.
Quest'ultimo comando salva una copia di una tabella di stili di stampa dipendenti dal colore come tabella di stili di stampa con nome, la quale può quindi essere collegata ai disegni che utilizzano Stili di stampa con nome.
Va sottolineato che la tabella originale di stili di stampa dipendenti dal colore non viene modificata e il nome nuovo file della tabella di stili di stampa con nome è uguale al nome della tabella di stili di stampa dipendenti dal colore.
*CONVERTCTB* crea uno stile di stampa con nome per ciascun colore dotato di proprietà di stampa uniche, uno stile di stampa con nome per ciascun gruppo di colori assegnati alle stesse proprietà di stampa e uno stile di stampa di default con nome denominato *Normale*.

Poiché gli *Stili di stampa* sono, in fondo, un'opzione (e per questo troppo spesso trascurata) di controllo all'interno dell'interfaccia proposto nella fase di output (Figura 22.3), prima di affrontare la conoscenza sulla gestione delle singole tabelle di stile di stampa è doveroso che si approfondiscano gli argomenti relativi al processo di stampa.

## Il processo di stampa

Nel preciso momento di "mettere su carta" il disegno, Spazio modello e Spazio carta condividono la stessa finestra di dialogo mostrata in Figura 22.3 (e, naturalmente, gli stessi comandi per avviarla), ma differiscono in tre punti sostanziali:

1. Come gestire l'inquadratura dello spazio lavorativo.
2. Come controllarne la scala di stampa.
3. Come gestire gli oggetti, inquadrati nello spazio lavorativo, eventualmente associati agli stili di stampa.

Queste differenze si rivelano sostanziali in quanto permettono di fare la differenza nel controllo del delicato processo di stampa.

### Stampare dallo Spazio modello

Come sottolineato nelle prime righe di questo capitolo, cominciamo con l'analizzare la stampa dallo Spazio modello, in quanto risulta essere ancora (sfortunatamente) la più utilizzata e, in un certo senso, la più immediata; infatti viene preferita (per pigrizia?) al controllo dei layout dello Spazio carta perché <u>sembra</u> non avere bisogno di impostazioni preventive al suo utilizzo.

Prima di tutto va assolutamente sottolineato che, poiché si stampa quello che viene in quel momento visualizzato nello Spazio modello, prima di lanciare il comando, che permette di entrare nell'interfaccia di controllo della stampa, è necessario spegnere o congelare i layer che non si vuole vengano stampati (naturalmente i layer che hanno la proprietà *non stampabile* attivata, anche se visualizzati, non verranno presi in considerazione durante il processo di stampa).
Per attivare il comando *Stampa* si hanno differenti possibilità:

1. Fare clic sull'icona *Stampa* nel gruppo *Stampa* della scheda *Output*.
2. Utilizzare l'icona *Stampa* presente nella barra degli strumenti *Accesso rapido*.
3. Premere il pulsante *Stampa* presente nel *Menu dell'applicazione*.

Lanciato il comando, appare la finestra di dialogo di Figura 22.3 (la finestra è eventualmente espandibile attraverso la piccola icona a forma di freccia posta in basso a destra).
La finestra di dialogo *Stampa* è divisa in numerose sezioni dedicate alla definizione delle impostazioni.

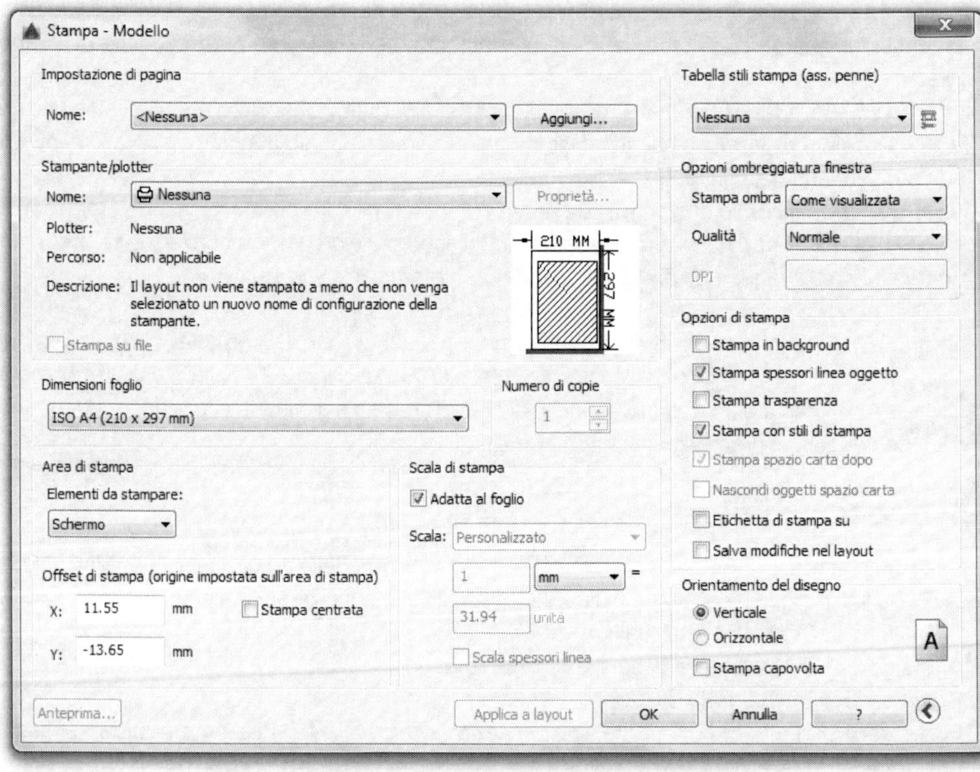


**Figura 22.3**
La finestra Stampa che permette di gestire la stampa dallo Spazio modello.

Analizziamone le componenti principali:

- **Impostazione di pagina.** Attraverso il menu a tendina è possibile scegliere tra le eventuali impostazioni salvate in precedenza. Facendo clic su *Aggiungi* si possono, infatti, salvare con un nome significativo le impostazioni di stampa correnti visualizzate nella finestra di dialogo. Selezionando *Precedente* dal menu a tendina, la finestra *Stampa* apparirà impostata esattamente come è stata lasciata prima della sua ultima chiusura.

- **Stampante/plotter**. In questa sezione è possibile selezionare il nome di dispositivo di output dall'elenco a discesa. Questo elenco contiene, innanzitutto, tutte le stampanti e/o i plotter che sono collegati al PC in locale o all'interno della rete aziendale. Inoltre è possibile visualizzare anche un elenco di stampanti predefinite; si tratta di dispositivi virtuali utili per la stampa su file, dove il disegno viene salvato, secondo il dispositivo selezionato, in un particolare formato. Esse sono:
  - Microsoft XPS Document Writer
  - Fax.
  - Adobe PDF.
  - Default Windows System Printer.pc3.
  - DWF6 ePlot.pc3.
  - DWFx ePlot (XPS Compatible).pc3.
  - DWG to PDF.pc3.
  - PublishToWebJPG.pc3.
  - PublishToWebPNG.pc3.

---

**Nota**
Questo elenco potrebbe apparire differente in relazione alle impostazioni del sistema.

---

- **Stampa su file**. AutoCAD scrive sul disco fisso un file *.plt* che contiene le informazioni della stampa che viene, così, effettuata virtualmente ma con le impostazioni della stampante scelta nel menu a discesa.
- **Dimensioni del foglio**. È possibile, dall'elenco a discesa, definire la dimensione del foglio che conterrà il disegno da stampare. I formati a disposizione dipendono dalla stampante selezionata, dove le stampanti permettono di selezionare solo fogli con dimensioni da loro supportate. Generalmente in questo elenco si possono reperire tutti i formati standard ISO (A4, A3, A2, A1 e A0), oppure ANSI per gli Stati Uniti, o DIN per la Germania. Naturalmente, scegliendo un plotter virtuale, nella parte bassa dell'elenco a discesa vengono visualizzate anche ulteriori dimensioni che fanno riferimento alla risoluzione in pixel della stampa di immagini:
  - VGA (640 × 480 pixel).
  - Super VGA (800 × 600 pixel).
  - XGA (1024 × 768 pixel).
  - Sun standard (1152 × 900 pixel).
  - XGA alta ris. (1600 × 1200 pixel).
  - Sun alta ris. (1280 × 1600 pixel).
- **Area di stampa**. L'*Area di stampa* permette di definire la porzione di *Area di disegno* che si vuole stampare. Questa sezione è molto importante perché permette di definire la parte di disegno che verrà impaginata. Le scelte possibili sono:
  - *Finestra*. Richiede di definire una finestra rettangolare che inquadri la porzione del disegno che si vuole stampare.
  - *Limiti*. Stampa la porzione di spazio lavorativo definita dal comando (ormai obsoleto) Limiti che abbiamo incontrato nel Capitolo 5.
  - *Schermo*. Permette di stampare ciò che è presente a video nel momento dell'attivazione del comando di stampa, definito dallo zoom in quel momento corrente.

- **Offset di stampa**. Con questa opzione è possibile spostare l'*Area di stampa* rispetto all'angolo inferiore sinistro definito come origine dell'inquadratura del disegno, che verrà spostata in alto a destra della quantità indicata nelle due caselle *X=* e *Y=*. A fianco delle due caselle di input, invece, è presente un utilissima casella di stampa per forzare la posizione dell'inquadratura effettuata nell'Area di stampa al centro delle dimensioni del foglio scelto.
- **Scala di stampa**. Permette di definire la scala in cui verrà stampata l'inquadratura del disegno. Attivando la casella *Adatta al foglio* qualunque finestra rettangolare verrà automaticamente rimpicciolita o ingrandita per rientrare nel foglio scelto nella sezione *Dimensioni del foglio*. In caso contrario, nel menu a discesa sono disponibili una serie di scale di default che, come abbiamo visto nel Capitolo 12, sono utili nel caso si abbia disegnato in mm o nel caso in cui si siano impostate, come definito nel Capitolo 13, le Scale annotative (o, opportunamente, chiamate anche Scale di stampa). Se questo elenco a discesa non contiene la scala corretta è possibile selezionare la voce *Personalizzato*. In questo modo è possibile definire il rapporto tra le dimensioni della disegno reale e la sua rappresentazione sulla carta:
  - Nel campo di testo superiore dovete inserire la corrispondenza in **mm** dell'unità di misura usata per disegnare (per esempio inserire 10 se si è disegnato in centimetri, 1000 se si è disegnato in metri).
  - Nel campo subito sotto (che riporta di fianco la voce unità) si deve digitare il valore della scala di stampa voluta (per esempio, digitare 100 se si vuole stampare 1:100, altrimenti 200 se si vuole stampare 1:200). Nel caso di utilizzo dei layout, invece questa sezione va lasciata 1:1, in quanto il disegno viene già scalato nelle finestre che inquadrano lo Spazio modello.

**Nota**
Usando oggetti annotativi è necessario impostare, prima di avviare le procedure di stampa, la scala annotativa che si vuole utilizzare sulla barra di stato, per poi selezionarla identicamente nella sezione *Scala di stampa* della finestra di dialogo *Stampa*.

- **Tabella stili di stampa (ass. penne)**. Qui è possibile definire la tabella di *Stili di stampa* che si vuole governi l'espressione grafica degli elementi inquadrati che si sovrappone, sostituendola, a quella impostata nello Spazio modello. Il prossimo paragrafo è espressamente dedicato all'analisi della definizione di uno *Stile di stampa*.

**Nota**
In fase di stampa gli stili prevalgono sui colori, sugli spessori e su molte altre impostazioni definite nelle proprietà degli oggetti all'interno del disegno.

- **Opzioni ombreggiatura finestra**. Questa sezione permette di stabilire, attraverso il menu a discesa *Stampa ombra*, il modo, lo stile grafico, in cui vengono visualizzati e quindi stampati gli oggetti inquadrati dello Spazio modello; nel disegno bidimensionale generalmente si lascia la voce *Come visualizzata* o tutt'al più *Schizzo* che permette di mostrare il disegno come se fosse stato disegnato senza l'ausilio di strumenti. Le altre impostazioni che il menu *Stampa ombra* rende disponibili permettono di controllare gli oggetti tridimensionali, dando così al disegno effetti comunicativi particolari. La voce *Qualità* non è da trascurare in quanto permette di impostare la qualità di stampa dei modelli "ombreggiati"; le opzioni, dalla peggiore (*Bozza*) a quella più raffinata (*Massimo*) permettono di definire la bontà della stampa, soprattutto se in questa si sono inserite delle immagini fotografiche.

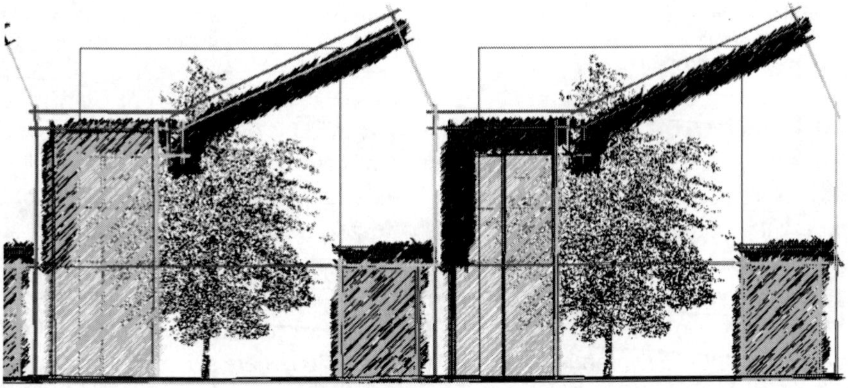

**Figura 22.4**
Disegno stampato utilizzando le Opzioni ombreggiatura finestra definite su Schizzo.

- **Opzioni di stampa**. Questa sezione contiene un insieme di caselle di spunta che permettono di gestire ulteriormente la stampa degli oggetti inquadrati:
  - Selezionare *Stampa in background* se si vuole continuare a utilizzare a disegnare mentre AutoCAD effettua il processo di stampa.
  - Deselezionare l'opzione *Stampa spessori linea oggetto* se si sono utilizzati spessori di linea differenziati nel disegno ma non si desidera stamparli.
  - Selezionare l'opzione *Stampa trasparenza* se è stata definita la proprietà di trasparenza per gli oggetti del disegno e si desidera visualizzarne l'effetto in fase di stampa.
  - Deselezionare *Stampa con stili di stampa* se non si vuole utilizzarli malgrado siano stati assegnati agli oggetti.
  - Deselezionare *Stampa Spazio carta dopo* per stampare prima gli oggetti disegnati sul layout e dopo quelli realizzati sullo Spazio carta.
  - Selezionare *Nascondi oggetti Spazio carta* per nascondere le entità create nello Spazio carta.
  - Selezionare *Etichetta di stampa su* se si vuole inserire un'etichetta contenente i dati del disegno in un angolo del foglio. Spuntando la casella verrà attivato il pulsante *Impostazioni etichette di stampa*: dopo aver fatto clic su di esso, è possibile definire le impostazioni nell'apposita finestra di dialogo.
  - Selezionare *Salva modifiche nel layout* se si vuole salvare nel layout tutte le modifiche alle impostazioni apportate nella finestra di dialogo *Stampa*.
- **Orientamento del disegno**. È possibile selezionare le voci *Verticale* o *Orizzontale* in funzione dell'orientamento che si vuole dare al foglio di stampa rispetto all'inquadratura del disegno. È, inoltre, anche possibile selezionare l'opzione *Stampa capovolta*, utile per la stampa su supporti trasparenti come i fogli di acetato.

In qualsiasi momento si può, attraverso il pulsante posto in basso a sinistra, *Anteprima*, verificare il risultato delle scelte effettuate e alla fine del processo di impostazione è possibile avviare il processo di stampa premendo il pulsante *OK*.

**Nota**
È meglio non fidarsi della qualità visiva proposta dall'anteprima di stampa, soprattutto nella definizione degli spessori; infatti questi ultimi dipendono fortemente da quanti pixel il sistema decide di colorare in base allo zoom in quel momento corrente.

## Definire una tabella di stili di stampa .ctb

Concettualmente la gestione di uno stile di stampa bastato sul colore è molto semplice: a un determinato colore corrisponde un'impostazione grafica. Questo fa sì che, per esempio, tutte le entità rappresentate dal colore verde che nello spazio lavorativo sono tratteggiate e di spessore 0.2, possano, se lo stile di stampa lo impone, essere stampate rosse, continue e di spessore 0.8. Lo stile di stampa basato su colore, però, interviene solo sui *Colori indice*. Per tutti quegli oggetti ai quali si è assegnato un colore *True color* o da *Catalogo colori*, invece, viene mantenuto il colore visualizzato e, quindi, tutte le proprietà a questo associate. In genere si tende a controllare le sole proprietà che esprimono, in fase di stampa, colore e spessore, ma non bisogna dimenticare le altre opportunità offerte dall'interfaccia, perché permettono di intervenire sul disegno nella fase di output senza che questo venga modificato nell'area di lavoro (Figura 22.5).

**Figura 22.5**
Lo stesso disegno definito con grafiche di output differenti grazie agli stili di stampa.

Al momento dell'installazione, AutoCAD permette di disporre immediatamente di nove stili di stampa basta sul colore, ovvero di nove file esterni che hanno come estensione *.ctb* (altri tre sono file .stb appositamente creati per gli stili basati su nome). In verità quelli generalmente più utilizzati sono tre:

- **acad.ctb**. Utilizza tutte le proprietà così come sono state impostate nel disegno.
- **monochrome.ctb**. Imposta, per tutti i colori indice di AutoCAD, la stampa monocromatica (stampa tutto in nero), non intervenendo sullo spessore o sulle altre impostazioni
- **Grayscale.ctb**. Stampa tutto in scale di grigio, rispettando però gli spessori e le altre proprietà definite nel disegno.

Tutti gli stili installati, o quelli personalizzati, sono velocemente raggiungibili attraverso la voce *Gestisci stili di stampa* presente espandendo il menu *Stampa* posto nel *Menu dell'Applicazione* (Figura 22.6).

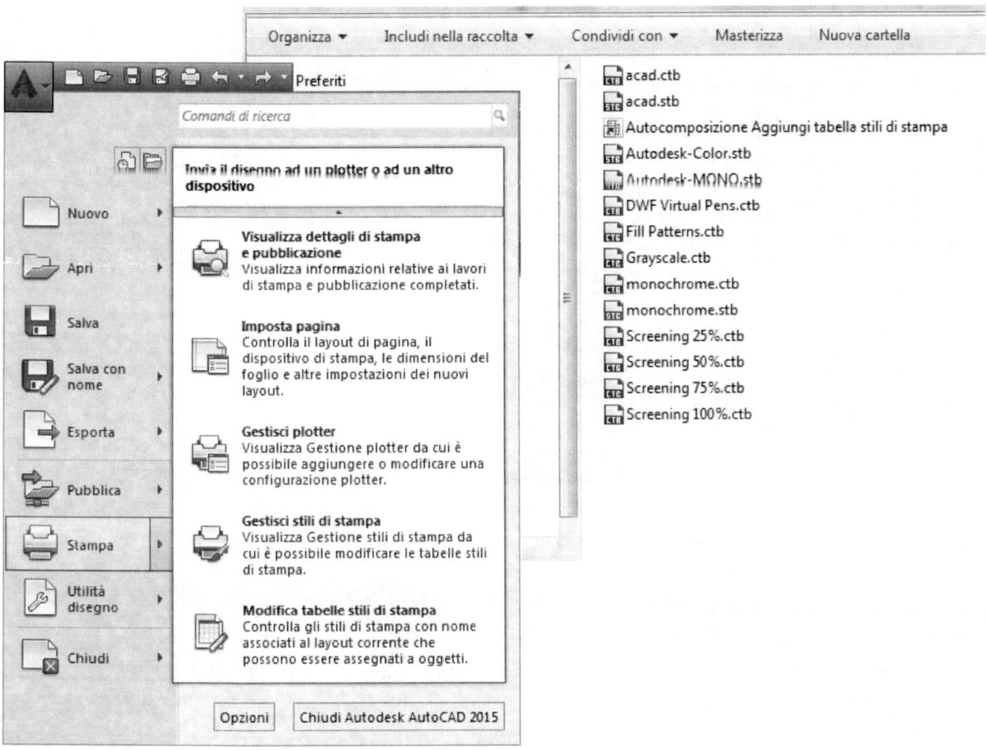


**Figura 22.6**
Gli stili di stampa installati con AutoCAD.

Per la definizione di uno *Stile di stampa* personalizzato il sistema mette a disposizione un interfaccia guidato attivabile dalla voce, visibile in Figura 22.6, chiamata *Autocomposizione aggiungi tabella stili di stampa*, ma risulta essere estremamente più veloce e immediato usare la seguente procedura:

1. Aprire con un doppio clic uno stile già definito.
2. Salvarlo subito con un altro nome (per evitarne la modifica accidentale).
3. Modificarne le impostazioni solo laddove necessita.
4. Aggiornarne il salvataggio.

**Nota**
La stessa procedura è attuabile dalla scheda Stampa, facendo clic sull'icona Modifica nell'area Tabella stili di stampa.

Aperto l'*Editor tabella stili di stampa* (Figura 22.7) è opportuno spostarsi nella scheda *Vista modulo* che permette un immediato e intuitivo interfaccia per la gestione delle impostazioni visualizzate.

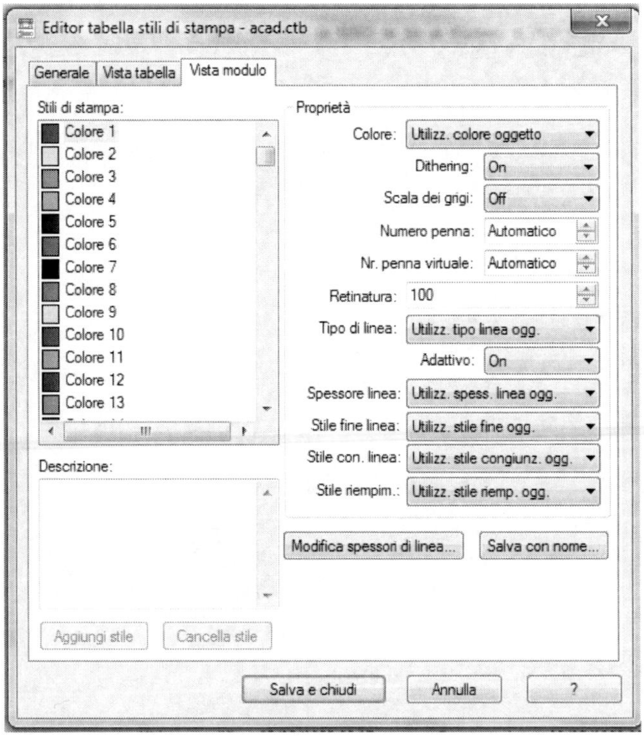


**Figura 22.7**
L'interfaccia della scheda Vista modulo di uno stile di stampa basato su colore.

Selezionando, infatti, nella sezione *Stili di stampa* un colore indice, ne viene proposta sulla destra l'associazione con le proprietà che da questo vengono controllate:

- **Colore**. È possibile specificare attraverso un menu a discesa (per ulteriori opzioni è possibile fare clic su *Seleziona colore* e definire un colore nella classica finestra di dialogo *Seleziona colore*) un colore diverso da quello predefinito, ovvero *Colore oggetto*.
- **Dithering**. È un metodo che utilizza modelli di punti per riprodurre un maggior numero di colori. Non tutti i plotter supportano questa simulazione digitale, che dà l'impressione di avere più colori, ma può anche rendere, in taluni casi, meno visibili linee sottili e colori tenui.
- **Scala dei grigi**. Converte gli oggetti in scale di grigio. È possibile utilizzarla per "alleggerire" la visualizzazione degli oggetti di quel colore.
- **Numero penna assegnato**. Indica quale pennino deve essere prelevato dal plotter, questo valore, naturalmente, vale esclusivamente per i (vecchi) plotter a penna.
- **Nr penna virtuale**. L'impostazione Numero penna virtuale si applica invece a plotter non a penna in grado di simulare quelli a penna.

- **Retinatura**. Specifica la quantità di inchiostro utilizzata per un colore, con una scala da 0 (niente inchiostro, bianco) a 100 (piena intensità del colore, nero). È una funzione ormai superata dalla trasparenza, assegnabile direttamente a oggetti e layer; inoltre alcuni plotter, per esempio quelli a penna, non supportano la retinatura.
- **Tipo di linea**. È possibile specificare un *tipo di linea* diverso da quello predefinito, all'atto della stampa.
- **Adattivo**. È un'opzione interessante ma poco utilizzata perché spesso crea delle distonie visive, che permette di adattare la scala di un tipo di linea all'oggetto così che sia perfettamente visibile.
- **Spessore di linea**. È l'opzione in assoluto più utilizzata. Consente di specificare uno spessore di linea diverso da quello eventulmente definito nel disegno. È così possibile controllare con attenzione e flessibilità lo spessore degli oggetti nelle differenti rappresentazioni che questi eventualmente necessitano cambiando la scala di stampa.
- **Stile fine linea**. Quando si utilizzano gli spessori di linea è necessario specificare come dovranno essere definite le estremità delle linee.
- **Stile congiunzione linea**. Specifica come vengono uniti gli oggetti che possiedono uno spessore di linea.
- **Stile riempimento**. Lo stile di riempimento eventualmente selezionato sostituirà lo stile di riempimento dell'oggetto al momento della stampa.

Riassumendo: se in fase di stampa volete mantenere le impostazioni definite nel disegno è sufficiente che compaia il termine *Oggetto* nella scelta di quella particolare voce che tutto rimarrà invariato.

Naturalmente non è necessario intervenire su tutte le voci, ma solo su quelle che effettivamente necessitano una modifica, inoltre è possibile selezionare più colori nell'elenco proposto sulla sinistra per poter modificare lo loro impostazioni contemporaneamente (basta tenere premuto CTRL o SHIFT mentre si fa uso del tasto sinistro del mouse).

I pulsanti *Salva e chiudi* e *Salva con nome* permettono, rispettivamente, di aggiornare i cambiamenti o di creare un nuovo stile di stampa. In genere non è consigliabile modificare la tabelle fornite da AutoCAD, è quindi preferibile creare nuove tabelle che riportino nomi significativi.

Tutte le volte che si apre un disegno e si attiva la finestra di stampa, se AutoCAD non riesce a ritrovare nella cartella preposta lo stile assegnato al disegno, appare un messaggio che avverte del mancato ritrovamento e, nel campo in alto a destra, comparirà la voce *(mancante)*. In questo caso il sistema, non avendo alcuna associazione, stamperà con le impostazioni definite nel disegno.

## Definire una tabella di stili di stampa .stb

Il procedimento indicato nel paragrafo precedente è identicamente applicabile anche nel caso si voglia creare una tabella di stili di stampa *.stb*. Basta solo aprire un file esterno *.stb* (Figura 22.7) con le stesse procedure.

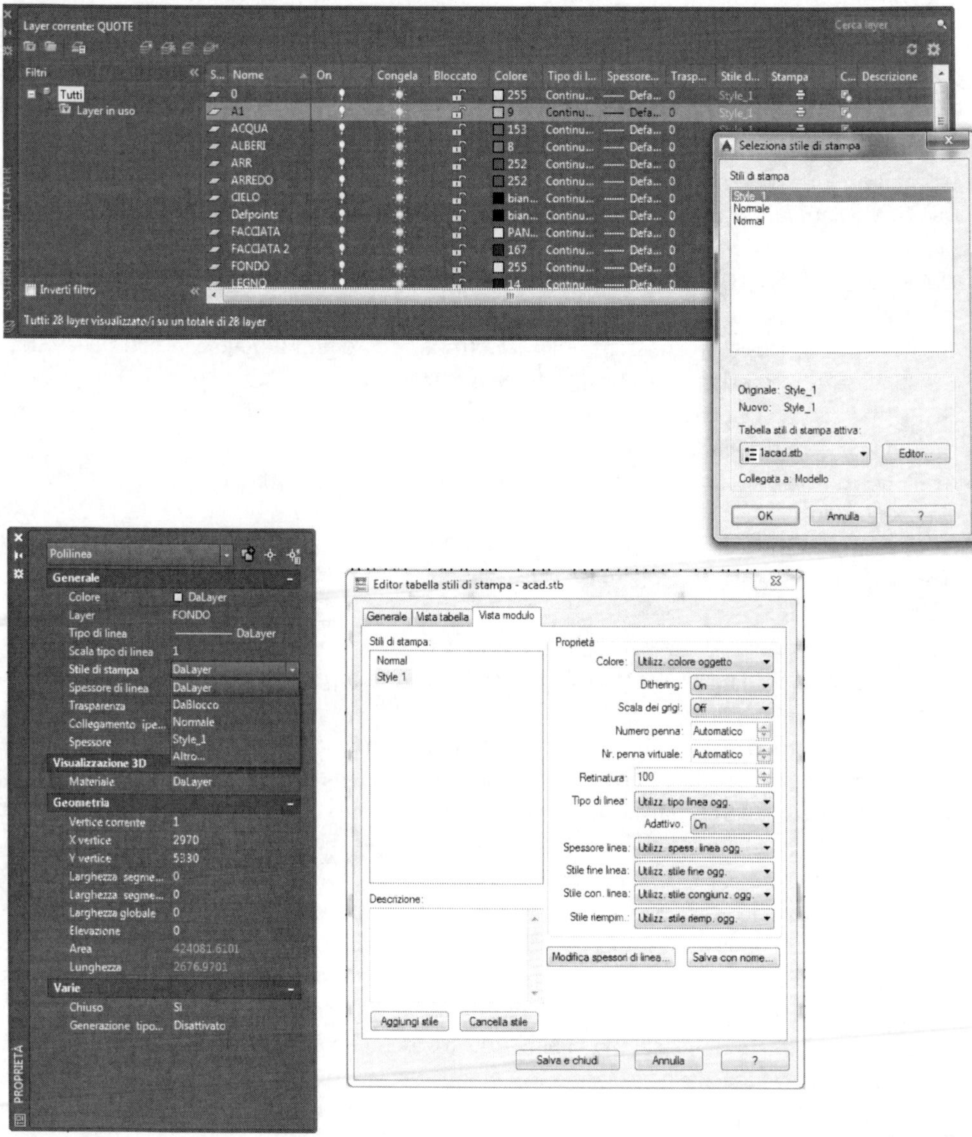


**Figura 22.8**
La Vista modulo di uno stile di stampa basato su nome e la sua assegnazione a layer o entità disegnate.

La logica della gestione del disegno però, è completamente differente. In questo caso a ogni oggetto (o layer) è possibile associare un **nome** di stile di stampa unito alla tabella di stili di stampa selezionata (Figura 22.8). A ogni nome corrisponde un'impostazione grafica che verrà applicata in fase di stampa.

# Spazio carta, layout e finestre mobili

Come sottolineato all'inizio del capitolo AutoCAD consente di stampare sia dallo Spazio modello sia dallo Spazio carta. Quest'ultimo, però, permette la memorizzazione e la gestione di un insieme di impaginazioni, i layout, che consentono così di tenere separato il disegno progettuale (effettuato nello Spazio modello) dalle tavole di stampa che, nelle diverse scale e con le diverse impostazioni a esse attribuite, costituiscono le differenti visualizzazioni dell'output dell'elaborato.
Questo significa che ogni layout è una sorta di anteprima di stampa, nella quale, però, è possibile intervenire sia sugli oggetti del progetto sia sugli elementi che eventualmente vengono aggiunti nello Spazio carta che quel layout rappresenta.
Lo Spazio carta perciò è uno spazio operativo dove il disegno creato nello Spazio modello viene visualizzato per essere impaginato (in un layout) attraverso degli oggetti particolari: le finestre mobili.
In sintesi, i nuovi elementi che dobbiamo prendere in considerazione sono due: i layout e le finestre mobili.

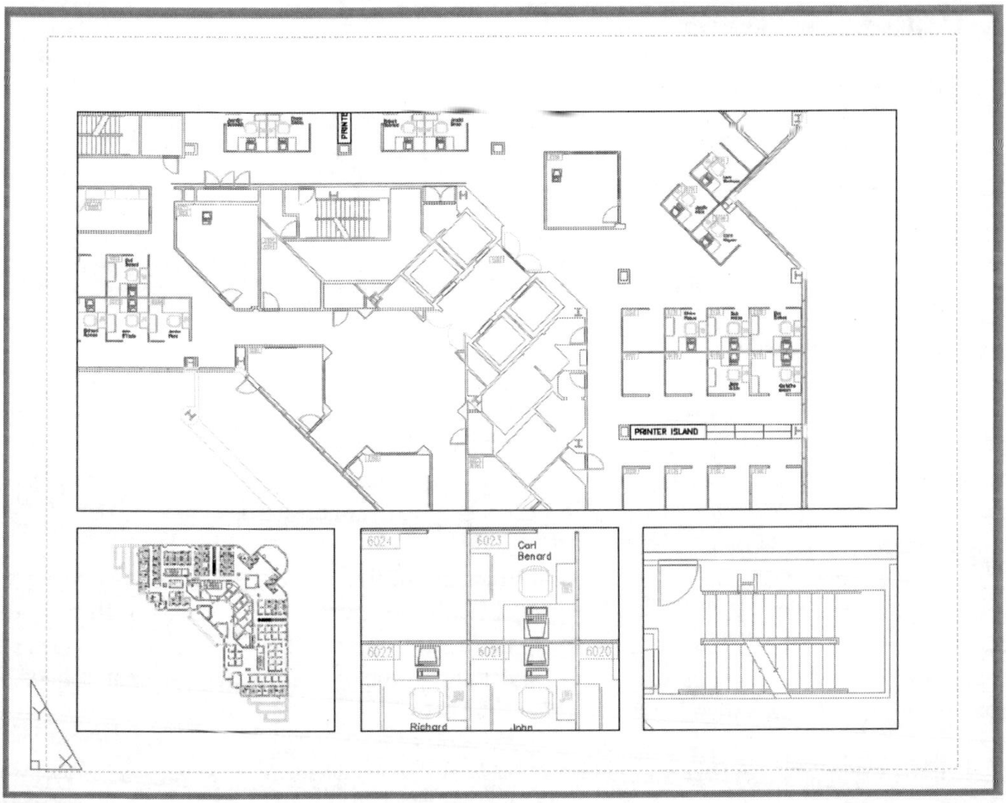


**Figura 22.9**
Grazie alle finestre mobili è possibile, in unico layout, avere più configurazioni visive di ciò che si è disegnato nello Spazio modello.

Un disegno creato ex-novo, generalmente, presenta due layout predefiniti che sono visibili e gestibili dalle schede poste in basso a sinistra nella finestra di AutoCAD.

Facendo clic con il tasto sinistro del mouse su una scheda è possibile accedere all'impaginazione che questa sottende (in alternativa, utilizzando quella che presenta il nome *Modello*, si può tornare nuovamente nello Spazio modello). Lo Spazio carta è infatti rappresentato dalla visualizzazione di un foglio di carta virtuale, dove, tutto ciò che rimane compreso all'interno del rettangolo tratteggiato, verrà stampato in fase di output (Figura 22.8).
Per creare velocemente un nuovo layout e, quindi, una nuova impaginazione, basta fare clic sul "+" posto sulla destra del nome delle schede o, facendo clic con il tasto destro su una di queste, selezionare la voce *Nuovo layout* dal menu di scelta rapida (Figura 22.9).

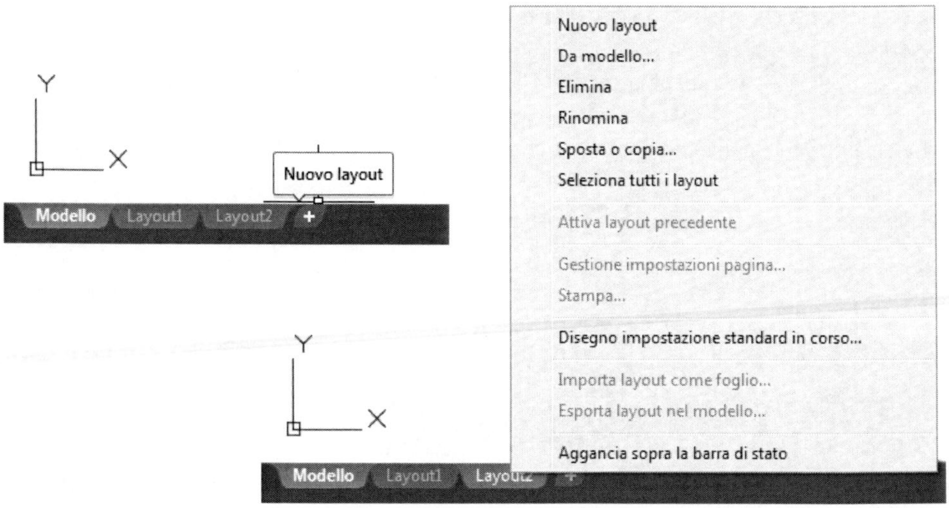


**Figura 22.10**
La creazione di un nuovo Layout.

Lo stesso menu di scelta rapida permette la gestione completa del Layout, consentendo, tra l'altro, la possibilità di definire un nome significativo all'impaginazione creata (facilitandone così il ritrovamento in caso di riutilizzo). Trascinando le schede si può, inoltre, posizionarle in un ordine che sia logico per la loro visualizzazione e gestione e non sia così casuale come proposto dal programma.
Com'è possibile notare dalla Figura 22.8, entrare in un layout comporta il passaggio in un ambiente lavorativo estremamente simile a quello dello Spazio modello, nel quale viene automaticamente creata una nuova scheda nella barra multifunzione (Figura 22.11). Questa scheda, denominata opportunamente *Layout*, contiene gruppi di comandi che permettono un'agevole gestione di questo particolare ambiente lavorativo.

**Figura 22.11**
La scheda Layout creata contestualmente nella barra multifunzione, quando si accede allo Spazio carta.

Attivando un layout è opportuno verificarne e/o impostarne immediatamente le dimensioni della pagina rappresentata; creare un'impaginazione con il foglio sbagliato, infatti, non è sicuramente una buona idea, anche se è possibile modificarne il formato in qualunque momento, si dovrà quasi sicuramente operare anche nel solo riposizionamento degli oggetti che si sono disposti, perdendo ulteriormente tempo e risorse.

Facendo clic sul comando *Impostazione pagina* posto nel gruppo *Layout* della scheda omonima, o utilizzando il menu di scelta rapida riportato in Figura 22.10, è possibile accedere alla finestra di dialogo *Gestione impostazioni pagina*. Qui è possibile selezionare il nome del layout che si vuole gestire e, premendo il pulsante *Modifica* raggiungere l'interfaccia della finestra *Imposta pagina*.

Questa finestra presenta tutte le caratteristiche della finestra *Stampa* incontrata nei paragrafi precedenti, ma a differenza di questa fa sì che le opzioni impostate vengano memorizzate nel layout per essere poi sfruttate al momento della procedura di stampa vera e propria.

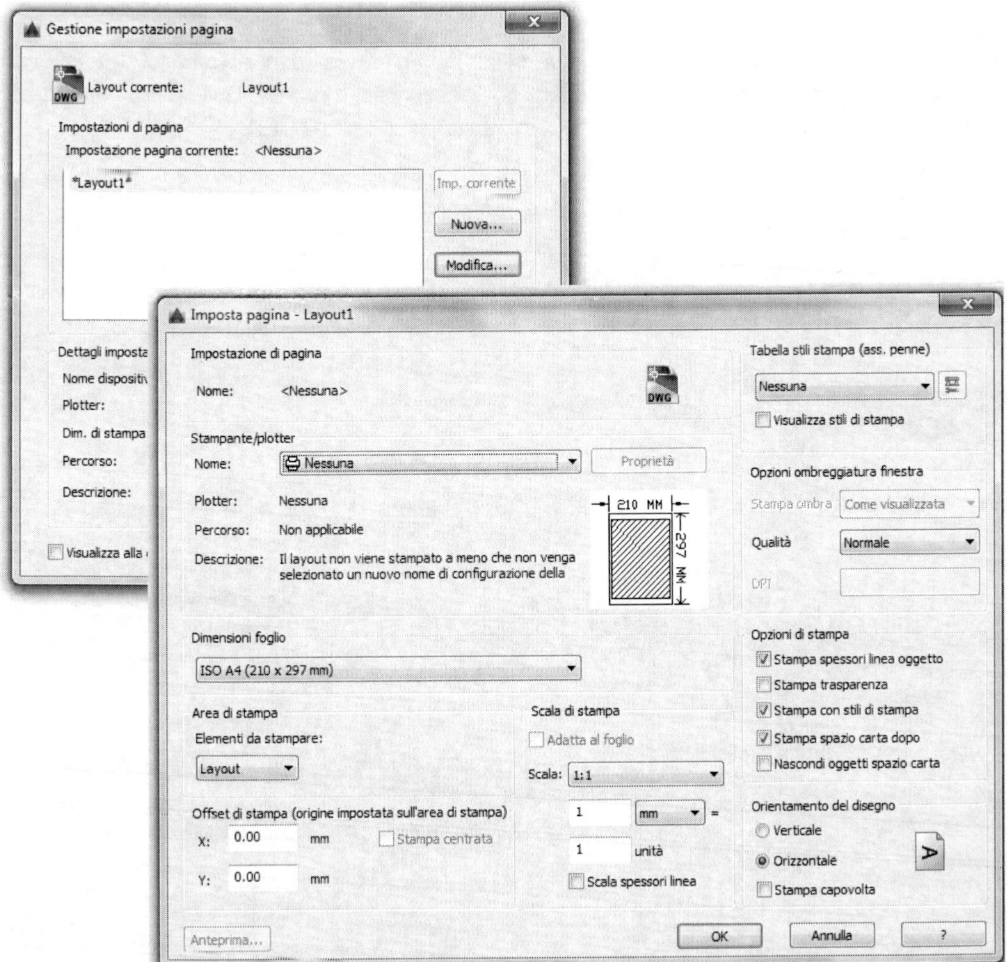


**Figura 22.12**
La finestra Imposta pagina che permette di definire le impostazioni di impaginazione del Layout.

Le sole opzioni che è veramente necessario gestire sono:

- Le *Dimensioni del foglio.*
- L'*Orientamento del disegno.*

Quelle che non vanno assolutamente modificate sono:

- La voce *Layout* che definisce l'*Area di stampa*. Modificandola si perderebbe il vantaggio di avere un foglio dimensionato rappresentato nello Spazio carta
- La *Scala* 1:1. In quanto il foglio di disegno viene dimensionato nell'area (in mm) dello Spazio carta e una sua variazione comporta un errore nel controllo delle scale di stampa eventualmente impostate nelle finestre mobili.

Per le altre opzioni valgono le considerazioni fatte per la stampa dallo Spazio modello, impostandole si personalizzano per il layout in oggetto e non si deve poi intervenire nella fase di stampa vera e propria.

Visualizzando il layout che si vuole stampare utilizzando gli stessi identici comandi della stampa dallo Spazio modello si attiva la stessa identica finestra di dialogo *Stampa* la cui unica differenza è la presenza della voce *Layout* nella sezione *Area di stampa* (Figura 22.13).

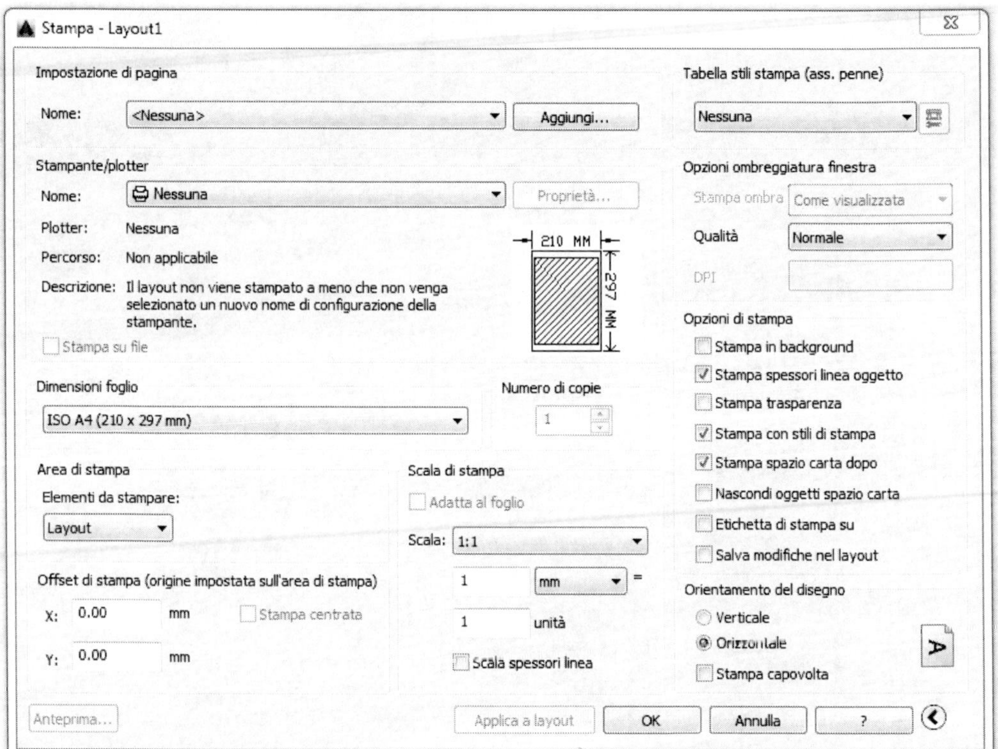


**Figura 22.13**
La finestra Stampa, attivata dal layout, è identica a quella dello Spazio modello e simile alla finestra di dialogo Imposta pagina .

Lo Spazio carta, quindi è uno spazio di lavoro infinito, dove, però, la delimitazione offerta dal formato del foglio permette di individuare l'area rettangolare (determinata da un rettangolo tratteggiato) che verrà considerata al momento della stampa.

È uno spazio la cui unità di misura è il mm, perciò tutto ciò che qui si decide di disegnare (squadratura, cartiglio, note informative, ecc.) va realizzato in scala reale, ovvero in mm, come se si stesse utilizzando un tecnigrafo (virtuale) vero e proprio e un foglio di carta (virtuale) vero e proprio.

In questa logica le finestre mobili diventano l'elemento cardine di tutta l'impaginazione, in quanto permettono di visualizzare, controllandone la scala di rappresentazione, il contenuto dello Spazio modello.

Quando si accede a un Layout predefinito o quando se ne crea uno nuovo, AutoCAD genera automaticamente e arbitrariamente una finestra mobile che inquadra tutto ciò che si è disegnato nello Spazio modello adattandone la scala alla dimensione che in quel momento viene assunta dalla finestra mobile.

Una finestra mobile è, in tutto e per tutto, un'entità di AutoCAD, è quindi necessario creare un layer appositamente concepito per la gestione di questo particolarissimo oggetto. Perciò prima di creare un oggetto *Finestra di layout* è sempre opportuno renderlo corrente e spostare su questo layer tutte quelle finestre mobili che non lo sono.

---

**Nota**

Se non si vuole che vengano stampate le delimitazioni di una finestra mobile basta che il layer che le gestisce sia impostato su non stampabile; in questo modo le cornici non saranno visibili, ma il contenuto sì.

---

Per creare velocemente una finestra mobile si può selezionare uno dei comandi presenti nel gruppo *Finestre di layout* della scheda *Layout* posta sulla barra multifunzione (Figura 22.14).

I comandi *Rettangolare* e *Poligonale* permettono di disegnare rispettivamente una finestra rettangolare o una finestra poligonale che visualizzano al loro interno lo Spazio modello. Il comando *Oggetto*, invece, richiede che si selezioni un oggetto disegnato nello Spazio carta per trasformarlo, così, in un'entità finestra.

Lo spostamento di una finestra mobile può avvenire con il classico comando *Sposta* oppure con il trascinamento dell'oggetto tramite il tasto sinistro del mouse, mentre la modifica della sua forma può essere velocemente effettuata tramite l'utilizzo dei grip.

---

**Nota**

Poiché la variabile VPROTATEASSOC è impostata a 1 per default, ruotando una finestra mobile con il comando RUOTA verrà ruotato anche il contenuto dello Spazio modello in essa visualizzato.

---

Dopo avere selezionato una finestra mobile, la definizione della scala del suo contenuto può essere attuata principalmente con due modalità (Figura 22.14):

1. Utilizzando le scale di stampa (chiamate anche annotative) direttamente dalla barra di stato.
2. Impiegando la tavolozza *Proprietà*.

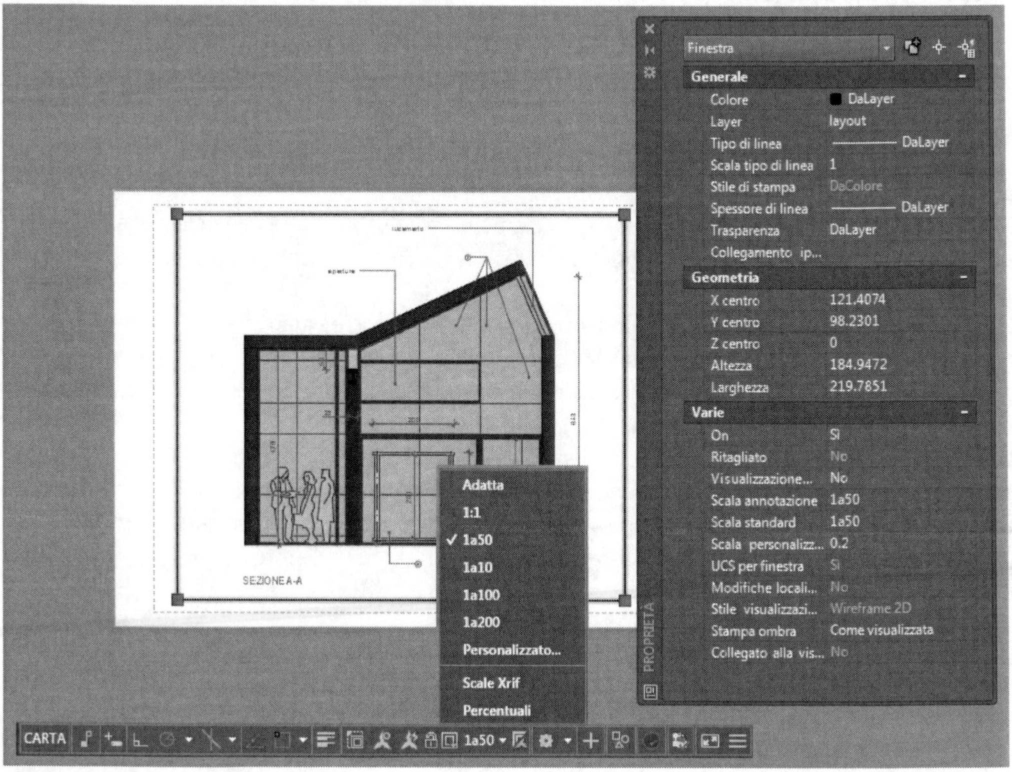


**Figura 22.14**
I comandi che permettono la creazione delle finestre mobili e le possibilità di controllo della scala del loro contenuto.

Adoperare le scale di stampa è obbligatorio se si è utilizzata l'annotatività, in questo modo gli elementi testuali annotativi verranno visualizzati correttamente scalati. L'associazione tra oggetti annotativi e scale annotative (ovvero le scale di stampa), però, deve essere stata effettuata nello Spazio modello con le modalità analizzate nel Capitolo 12.

La tavolozza *Proprietà*, invece permette sia di utilizzare la *Scala annotativa* sia di creare una *Scala personalizzata*. La personalizzazione della scala risulta necessaria quando non si sono costruite le scale di stampa opportune. Il calcolo per la definizione della scalatura è una semplice proporzione tra la corrispondenza tra le unità utilizzate per disegnare nello Spazio modello e i mm dello Spazio carta e la scala di stampa che si vuole utilizzare. Quindi se si è disegnato in cm e si vuole stampare 1:100, bisogna inserire 10/100, mentre se si è disegnato in metri e si vuole stampare 1:200, si deve digitare 1000/200; in effetti è indifferente scrivere il valore frazionario o la frazione stessa (è indifferente uitilizzare la barra o i due punti). Nello stesso modo, Quando si vuole ottenere nella finestra mobile una visualizzazione in scala 2:1 e si è creato il disegno nello Spazio modello in cm, si deve digitare 20/1.

Le finestre mobili permettono, come sottolineato in precedenza di visualizzare lo Spazio modello, questo fa sì che qualsiasi modifica intervenga al disegno nello Spazio modello viene immediatamente visualizzata in tutte le finestre dello Spazio carta che inquadrano quella modifica, aggiornando così, simultaneamente, tutte le impaginazioni.

Inoltre, è possibile "entrare" nello Spazio modello attraverso una finestra mobile (Figura 22.15) in due modi:

- Facendo clic due volte al suo interno.
- Facendo clic sulla voce *CARTA* posta sulla barra si stato.

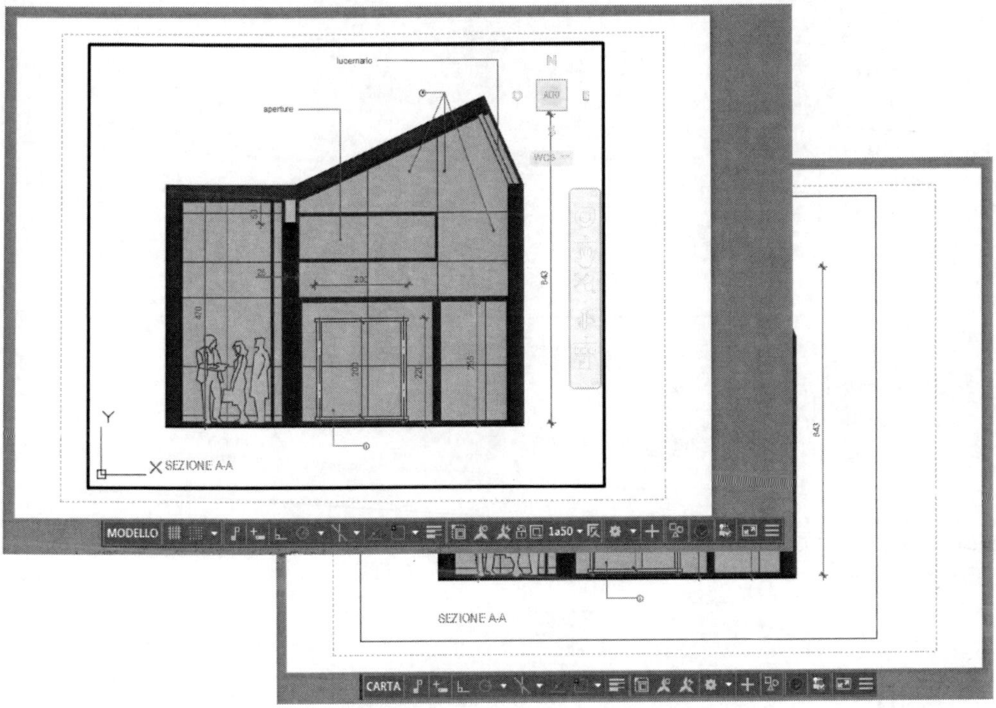


**Figura 22.15**
È possibile accedere allo Spazio modello direttamente da una finestra mobile.

Per poter "tornare" nello Spazio carta del layout visualizzato è possibile:

- Fare doppio clic al di fuori della finestra.
- Fare clic sulla voce (che ora è diventata) *MODELLO* sulla barra di stato.

Poter entrare direttamente nello Spazio modello da una finestra posta nello Spazio carta, permette principalmente di:

1. Modificare il disegno realizzato nello Spazio modello, direttamente nella finestra (naturalmente tutte le modifiche apportate verranno estese al tutti i layout).
2. Utilizzare il comando *PAN*, utilissimo per migliorare l'inquadratura proposta nella finestra mobile.
3. Adoperare i comandi di ZOOM, "pericolosissimo" in quanto modificano la scala in cui viene visualizzato il disegno nello Spazio carta.
4. Gestire i layer comuni e i layer specifici per quella finestra (Figura 22.16). Infatti il *Gestore proprietà layer* propone sulla destra, una replica delle principali proprietà che permettono così di intervenire "localmente" sugli oggetti ma solo in quella finestra mobile. Questo permette di raffinare il controllo della visualizzazione degli oggetti differenziandoli finestra per finestra.

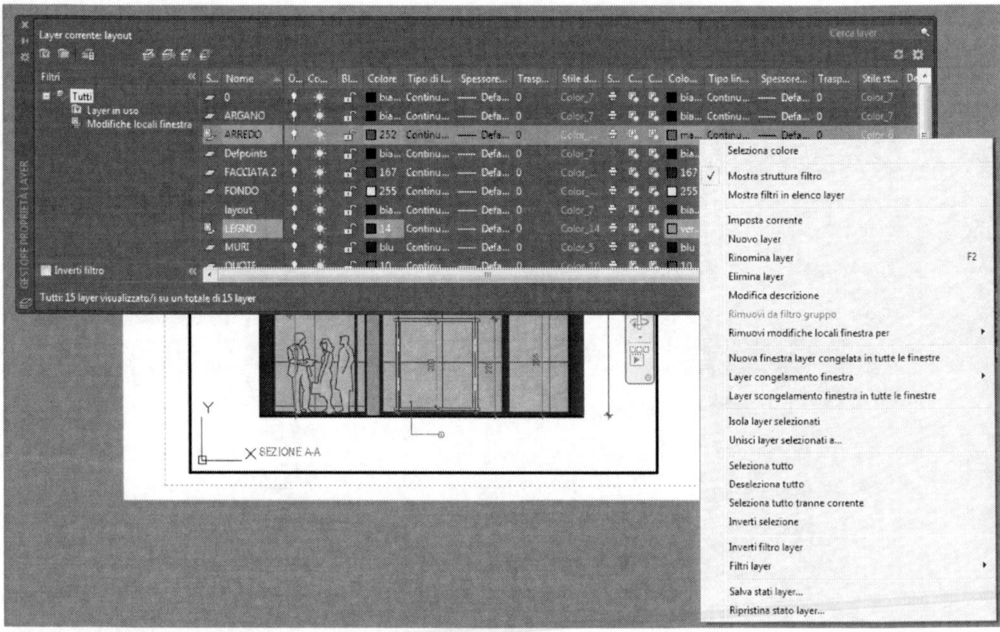


**Figura 22.16**
Attivando lo Spazio modello in una finestra mobile è possibile gestire i layer solo per quella finestra. Le eventuali modifiche "locali" vengono evidenziate tramite una differente colorazione dello sfondo ed è possibile rimuovere tali modifiche grazie al menu del tasto destro del mouse.

---

**Nota**
Al momento della definizione di una modifica "locale" alle proprietà dei layer, AutoCAD genera automaticamente un filtro nella tavolozza Gestore proprietà layer che consente di visualizzare solo i layer che hanno subito delle variazioni in quella finestra mobile di quel particolare layout.

---

Riepilogando, la gestione di un layout comporta le seguenti operazioni:

1. Attivare un Layout e gestirne immediatamente le impostazioni di pagina (e di stampa).
2. Creare le finestre mobili (su un layer apposito e, se necessario, non stampabile), impostare la scala di visualizzazione e definire l'eventuale gestione locale dei layer.
3. Inserire la squadratura, il cartiglio e gli altri elementi necessari al completamento della tavola, disegnando i mm direttamente nello Spazio carta del layout.

---

**Nota**
Impostando a 1 la variabile MSLTSCALE i tipi linea (Capitolo 7) appaiono identicamente disegnati nelle finestre mobili dello stesso layout che presentano scale di visualizzazione differenti.

---

Come avete potuto notare l'utilizzo dei Layout permette non solo di facilitare le operazioni di stampa, ma anche di ottimizzare l'impostazione delle impaginazioni, coordinandone e/o modificandone localmente le visualizzazioni.

Provate, ora, ad aprire il file *layout.dwg* presente nella cartella del Capitolo 22 del Booksite ed esercitatevi nella gestione di questi interessanti e flessibili elementi che sono i layout dello Spazio carta.

# Gestire la impostazioni di un plotter/stampante

Per definire i parametri di un plotter o di una stampante (AutoCAD non fa differenza tra le due tipologie di dispositivi) è possibile attivare l'*Editor configurazione plotter* (Figura 22.17) utilizzando il pulsante *Proprietà* posto, nella finestra di stampa, accanto all'elenco dei plotter.

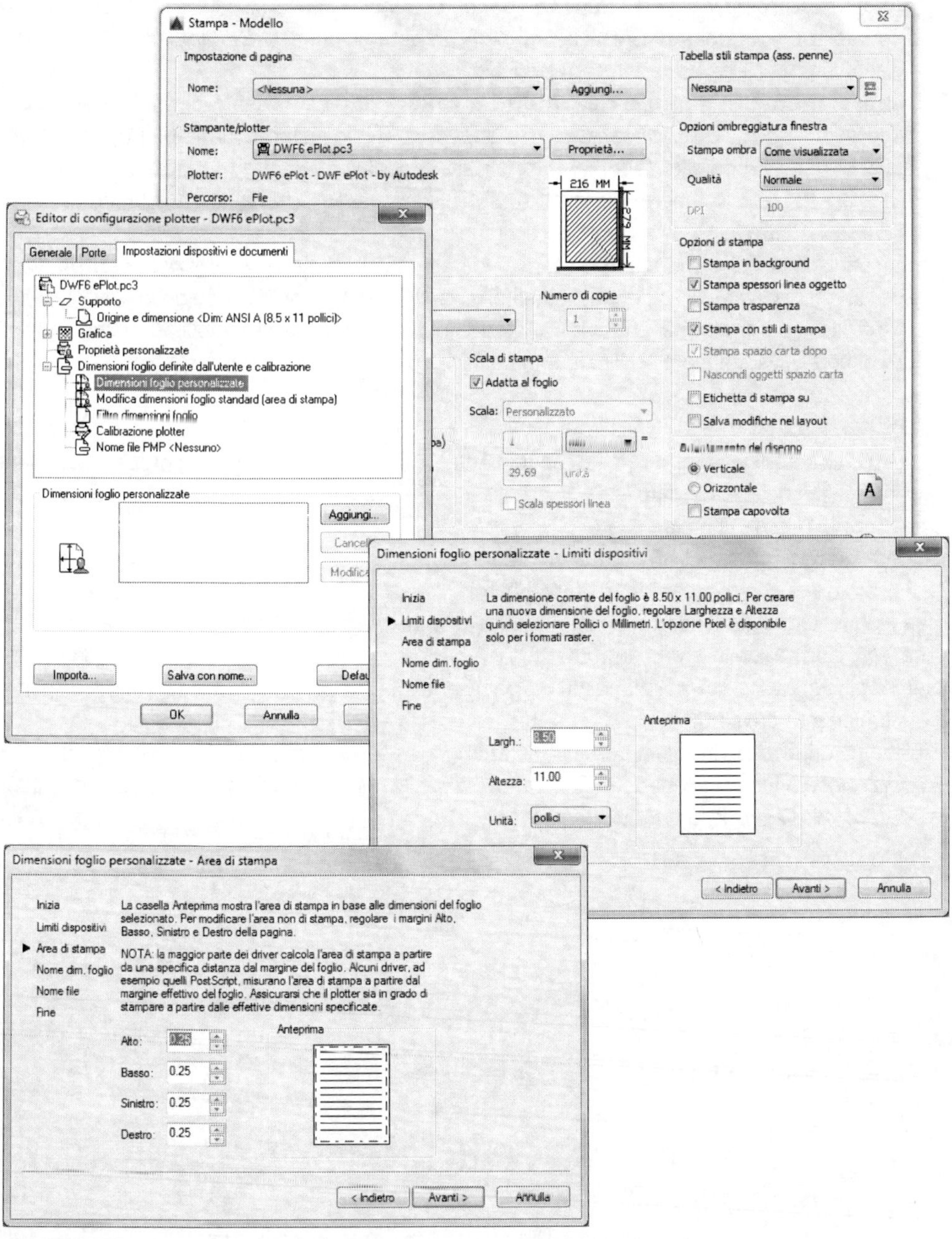


**Figura 22.17**
La finestra di dialogo che permette la gestione delle impostazioni di un plotter/stampante.

La struttura ad albero proposta permette di modificare le impostazioni del processo di output della macchina installata, impostazioni che variano da stampante a stampante.
In genere le voci più utili sulle quali intervenire sono:

- **Grafica**. Permette di regolare la risoluzione di stampa e le impostazioni di controllo raster e vettoriali. In particolare, se presente, la voce *Controllo fusione* consente di fondere gli oggetti colorati invece di sovrapporli. L'effetto risultante è molto simile all'utilizzo della *Trasparenza* associata alle entità di AutoCAD, che va, però, avviata nella finestra *Stampa,* infatti di default è disattivata, per migliorare le prestazioni del sistema.
- **Dimensioni foglio definite dall'utente e calibrazione**. Consente di, attraverso la voce *Dimensioni foglio personalizzate* creare, appunto, dei fogli fuori formato. Con il pulsante *Aggiungi*, se disponibile (altrimenti la stessa possibilità è offerta dalla voce *Proprietà personalizzate* che compare più in alto), si possono gestire la lunghezza e la larghezza del nuovo foglio attraverso un'agevole autocomposizione.

Quando si finisce di gestire le impostazioni (fondamentale è anche la voce ***Area di stampa*** che definisce l'area effettivamente stampabile del formato definito) AutoCAD richiede di salvare quanto fatto in un file *.pc3* che verrà aggiunto all'elenco delle stampanti disponibili (è anche possibile decidere di non salvare il file e applicare le modifiche solo alla stampa corrente).

## Plotter virtuali

Come abbiamo sottolineato all'inizio del capitolo AutoCAD permette di stampare, grazie a i cosiddetti plotter "virtuali", anche in formato elettronico i disegni che si sono creati nel suo ambiente lavorativo, Spazio modello o carta che sia.
I documenti ottenuti, che possono rimanere vettoriali o divenire delle vere e proprie immagini, sono così consultabili anche all'interno di altri software.
Poiché le immagini digitali non sono tutte uguali (un'immagine *.jpg* non ha le stesse caratteristiche in una *.tif*) i driver delle stampanti che consentono di creare immagini raster possono essere implementati per avere a disposizione anche, per esempio, formati, non immediatamente disponibili ma estremamente utilizzati, come .bmp o .tif.
Per installare un plotter virtuale è possibile selezionare *Gestisci plotter* dalla voce *Stampa* del *Menu dell'applicazione*. Viene così aperta la finestra di Figura 22.18 che consente di fare doppio clic sulla voce *Autocomposizione Aggiungi plotter*.

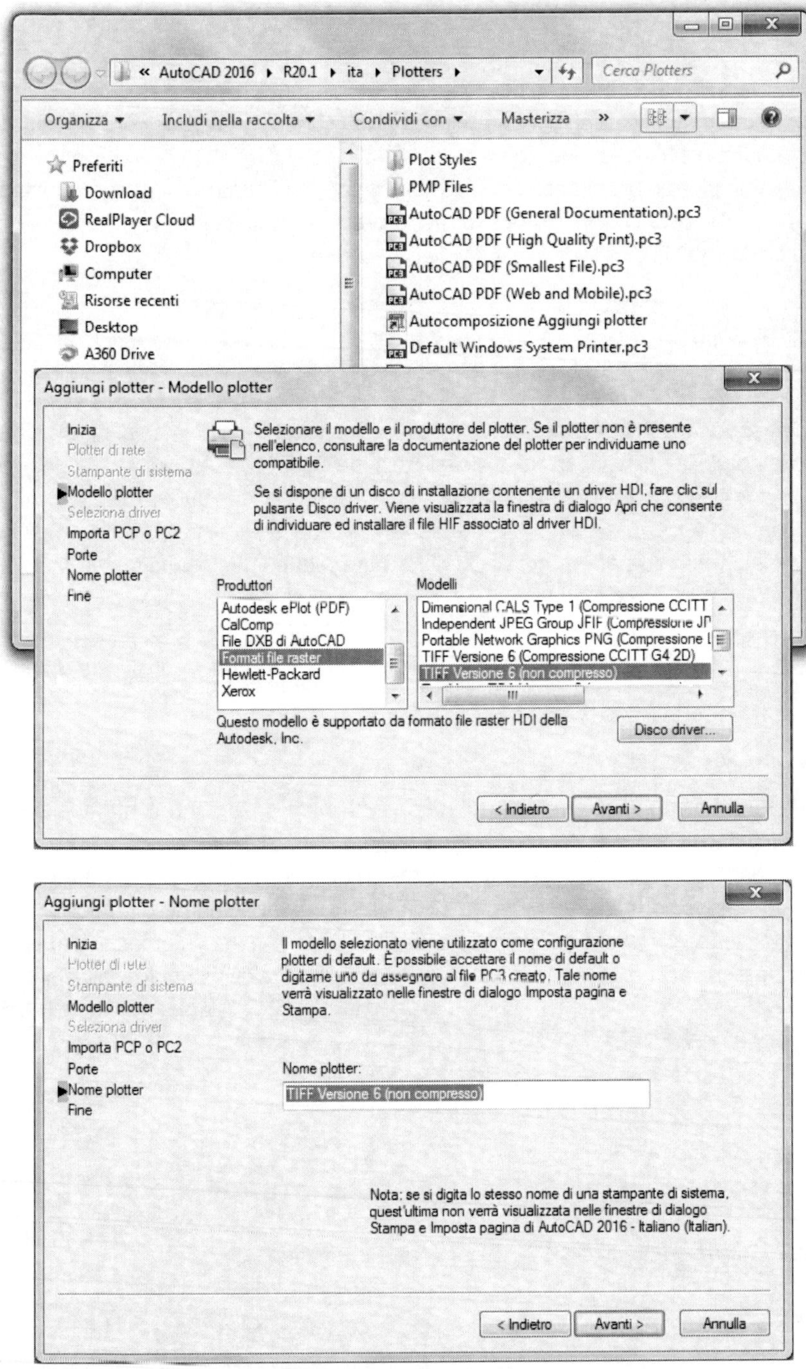


**Figura 22.18**
Aggiungere un plotter virtuale.

Volendo aggiungere, per esempio, una stampate *.tif*, bisogna fare clic due volte sulla voce *Avanti* per raggiungere la scheda *Modello plotter*, dove, sulla sinistra si deve selezionare *Formati raster* e subito dopo, sulla destra, uno dei formati *TIFF* proposti.
Ora basta cliccare sul pulsante *Avanti* per raggiungere l'ultima schermata e concludere premendo *Fine*. Il nuovo plotter viene così aggiunto all'elenco proposto nella finestra di dialogo *Stampa* e può essere utilizzato nel processo di output.
Stampando con un plotter virtuale raster è possibile creare delle immagini, mentre utilizzando una stampante *.pdf*, *.dwf* o *.dwfx* (in cui i driver sono preinstallati in AutoCAD) è possibile produrre documenti digitali vettoriali.

**Nota**
L'icona del comando Esporta, posta nel gruppo Esporta in DWF/PDF della scheda Output, permette di creare direttamente un documento vettoriale digitale, senza utilizzare l'interfaccia della finestra Stampa.

Questi file non sono modificabili, ma possono essere consultati, pur non disponendo di AutoCAD, mantenendo le possibilità di navigazione e visualizzazione dei layer, tipiche di un disegno vettoriale,. Inoltre i file *.dwf* possono essere sovrapposti, in AutoCAD, a qualunque disegno utilizzando il comando, incontrato nel Capitolo19, *Allega* presente nel gruppo *Riferimento* della scheda *Inserisci*. Il comando permette, inoltre di inserire anche il formato .pdf e le immagini raster.

**Nota**
I file sovrapposti .pdf e .dwf o .dwfx permettono l'utilizzo anche degli snap a oggetto o di essere ritagliati favorendo così un'interazione dinamica con il disegno di AutoCAD e gli altri formati.

## La pubblicazione

Quando si deve intervenire nel processo di stampa su molti documenti contemporaneamente è estremamente utile utilizzare il comando *Pubblica* presente nel *Menu dell'applicazione* (Figura 22.19) o il comando *Stampa batch* del gruppo *Stampa* della scheda *Output*. La finestra di dialogo permette infatti attraverso le icone, poste in alto a sinistra, di aggiungere o rimuovere un insieme disegni, dei quali leggerà i layout dello Spazio modello al fine di poterli stampare in una volta sola. L'insieme può essere anche salvato così da poter creare un elenco riutilizzabile in un secondo momento.

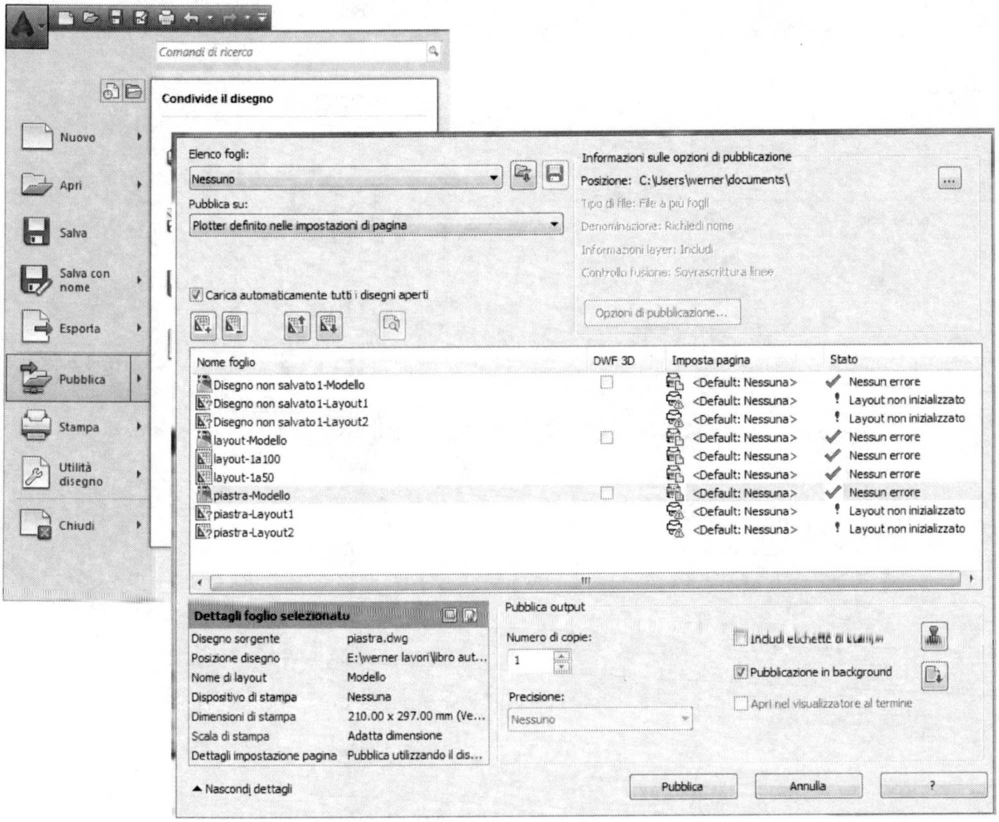


**Figura 22.19**
L'intuitivo interfaccia del comando Pubblica.

I file caricati possono essere stampati utilizzando le impostazioni memorizzate in ogni singolo layout (con la voce *Plotter definito nelle Impostazioni di pagina*) oppure per creare velocemente *.pdf*, *.dwf* o *dwfx* (utilizzando le voci omonime presenti nel menu a discesa della sezione *Pubblica su*). Inoltre, scegliendo di creare una stampa virtuale è possibile, nella finestra che compare premendo il pulsante *Opzioni di pubblicazione*, definire se creare un unico file con più fogli o più file tra loro distinti (Figura 22.20).

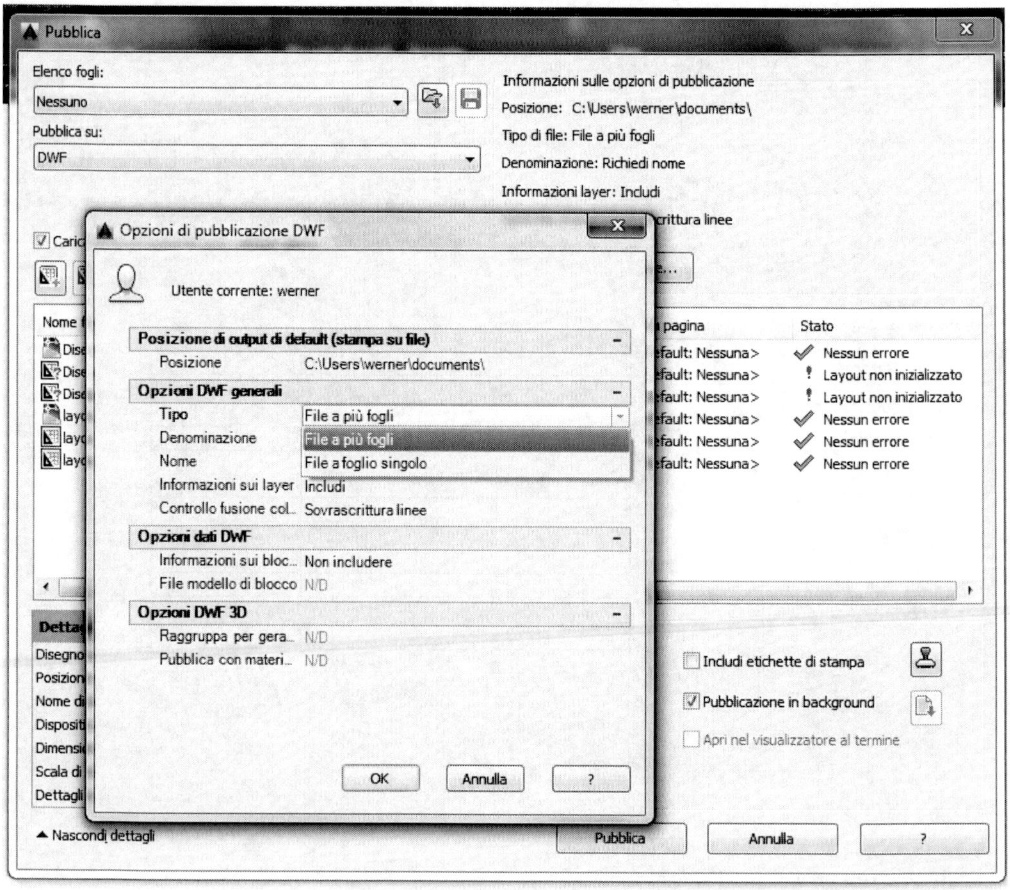


**Figura 22.20**
Le opzioni che permettono di gestire la stampa virtuale dei file selezionati.

## Conclusioni

Stampare con AutoCAD non significa solo creare tavole che possano comunicare con completezza il proprio progetto su carta, ma anche definire formati digitali virtuali, vettoriali o raster. Inoltre l'utilizzo dei layout che lo Spazio carta mette a disposizione, fa sì che il processo di impaginazione diventi dinamico e flessibile, portando il processo di stampa a livelli grafico-compositivi estremamente interessanti.

# Indice analitico

## Q



## R



## S

Chi si aggiorna vale di più!
JLG ULTRABOOM
JLG LIFT

SICUREZZA E BIM
Modelli di gestione per l'asseverazione
VALIDAZIONE
Computo metrico e offerte economiche
DISSESTO
Erosione delle coste tutela del territorio
IL NUOVO
Cantiere
Expo 2015 | Palazzo Italia
Concentrato di tecnologie e sostenibilità

# Accademia tecniche nuove

**Sei interessato a un corso che tratti lo stesso tema di questo libro?**

☐ Si ☐ Corso on-line

☐ No ☐ Corso residenziale

**Ti interessa approfondire altri argomenti sempre tramite un corso?**

☐ Si ☐ Corso on-line

☐ No ☐ Corso residenziale

Indica di seguito gli argomenti che ti interessano!

________________________________________

________________________________________

________________________________________

________________________________________

________________________________________

Nome ____________________________________

Cognome _________________________________

Professione ______________________________

E-mail __________________________________

Telefono ________________ Cellulare ________________

Segnala la tua esigenza compilando questa scheda e inviala all'email: **formazione@tecnichenuove.com** oppure al fax **02/39090335**.



Firma

Data, .......................................... ____________________

# DAL CATALOGO TECNICHE NUOVE

**STAMPA 3D PROFESSIONALE**
*Design, prototipazione e produzione industriale*
Werner S. Villa
288 pagine • ISBN: 978-88-481- 3034-9 • **24,90 €**

La stampa 3D può modificare radicalmente il modo in cui usufruiamo dei prodotti industriali e i designer e progettisti industriali dovranno considerare la progettazione dei propri prodotti anche dal punto di vista dell'ottimizzazione per questa tecnologia. Questa guida tratta tutto il flusso di lavoro, dall'analisi della tecnologia da utilizzare, passando per la progettazione con un CAD professionale, fino all'ottimizzazione del file STL e alla produzione del G-Code.

**AUTODESK 3DS MAX 2016**
*Guida per architetti, progettisti e designer*
Emiliano Segatto
1080 pag. • ISBN: 978-88-481-3041-7• **69,90 €**

Il libro, pensato specificatamente per i settori dell'architettura, del design e della meccanica, è una pubblicazione completa che affronta l'uso di Autodesk 3ds Max, partendo da zero e seguendo il flusso di lavoro necessario a raggiungere i migliori risultati. La guida, aggiornata alla versione 2016, è adatta sia a chi si avvicina a questo software per la prima volta, sia a chi ne è già esperto. È valida per la preparazione all'esame Autodesk Certified Professional. Disponibili dello stesso autore anche le versioni per 3ds Max 2011-15.

**AUTODESK REVIT ARCHITECTURE 2015**
*Guida alla progettazione BIM*
Simone Pozzoli, Marco Bonazza
592 pag. • ISBN: 978-88-481-2951-4 • **49,90 €**

Il libro, aggiornato alla versione 2015, tratta in modo completo l'uso di Revit Architecture per la progettazione architettonica, partendo dalle conoscenze basilari e affrontando l'intero flusso di lavoro. I contenuti sono stati realizzati pensando a tutti coloro che si avvicinano per la prima volta a questo software e che vogliono imparare a utilizzarlo per produrre, in modo concreto, tavole tecniche complete di piante quotate, prospetti, sezioni, viste 3D, dettagli architettonici e costruttivi, viste comparative (stato di fatto/stato di progetto), computi e rendering. Disponibile anche la Guida Avanzata per le versioni 2011-12-13.

**AUTODESK AUTOCAD 2015**
Per *architettura, meccanica e design*
Luca Olivieri, Michela Vissani
1024 pag. • ISBN: 978-88-481-2949-7 • **59,90 €**

Un manuale senza compromessi, profondo e completo su AutoCAD 2015, che spiega il suo utilizzo nel mondo della progettazione grafica assistita al computer per i settori dell'architettura, della meccanica, del design e dell'impiantistica. Gli argomenti sono trattati secondo una logica sequenziale graduale e progressiva; la grande esperienza dell'autore nell'uso del software e nell'insegnamento dello stesso come Autodesk Approved Instructor fa di questa pubblicazione uno strumento essenziale per il lavoro del professionista, del progettista e del disegnatore. Disponibile anche la versione per AutoCAD 2012-13-14